中国古陶瓷研究第二十八辑

广元窑与川渝窑业

中国古陶瓷学会
广元市文化广播电视和旅游局
广元市博物馆
广元万安博物馆
广元市利州区文化旅游和体育局
广元市昭化区文化旅游和体育局
编

科学出版社
北京

图书在版编目（CIP）数据

中国古陶瓷研究. 第二十八辑, 广元窑与川渝窑业 / 中国古陶瓷学会等编. -- 北京 : 科学出版社, 2023.9

ISBN 978-7-03-075540-7

Ⅰ. ①中… Ⅱ. ①中… Ⅲ. ①古代陶瓷—陶瓷艺术—研究—广元 ②古代陶瓷—陶瓷艺术—研究—四川 ③古代陶瓷—陶瓷艺术—研究—重庆 Ⅳ. ①K878.54

中国国家版本馆CIP数据核字(2023)第084386号

责任编辑：张睿洋 / 责任校对：王晓茜
责任印制：肖　兴 / 书籍设计：北京气和宇宙艺术设计有限公司

科学出版社 出版

北京东黄城根北街16号
邮政编码：100717
http://www.sciencep.com

北京汇瑞嘉合文化发展有限公司 印刷

科学出版社发行　各地新华书店经销

*

2023年9月第　一　版　开本：889 × 1194　1/16
2023年9月第一次印刷　印张：31
字数：900 000

定价：420.00元

（如有印装质量问题，我社负责调换）

编委会

目　录

广元窑
及川渝地区瓷窑
瓷器研究

融南北瓷器文化精华创新的广元窑

陈丽琼（重庆中国三峡博物馆）　董小陈（重庆文物考古研究院）

摘要： 20世纪四川、重庆文物考古部门的调查与发掘，发掘砖结构的阶级窑一处、砖砌建的以煤为燃料的蹄形馒头窑三座，其造型与北方宋金时代之窑炉相似。窑具有大量的装烧具的匣钵与支烧件，其支烧的三叉形垫具与北方宋金时代垫具相似。瓷器在建窑黑釉瓷的引领下，以烧黑釉瓷为主，黑釉纹饰有兔毫纹、油滴纹、玳瑁纹。此外兼烧绿釉、黄釉、白釉黑花，其时代为唐末五代至两宋末或元初。广元窑地处四川北部与陕西、甘肃相连，因地缘的优势，它为窑业的发展作出重要贡献，南下嘉陵江至重庆沿长江而下，即可销售产品，又可融蓄沿江制瓷文化的改革创新；北去可吸纳黄河流经内蒙古、陕西、山西等地的陶瓷文化，广元窑对河北、河南磁州窑白底黑花情有独钟，不仅模仿，还传播到长江支流岷江乐山西坝窑、长江上游重庆涂山窑系的昌州窑。广元窑吸收了南北名窑的先进文化、先进技术，其窑业兼容并蓄、模仿创新，发展了窑业，正是在这种内外共同作用的前提下，广元窑才具有浓厚的地方风格、文化特色和辉煌绚丽的成就。

关键词： 广元窑　建窑　南北陶瓷文化　兼容创新

一、广元窑概览

广元市地处四川省东北部，陕西、甘肃、四川三省交界处，北与陕西、甘肃省接壤。广元窑位于广元市北大门瓷窑辅乡，嘉陵江一级台地上。沿嘉陵江左岸分布，南起千佛岩，北至广元溶剂厂厂区，长约2000米，宽约500米，总面积100万平方米。窑址重点集中在广元溶剂厂一带，东靠松林坡，西临嘉陵江及工农镇，1953年西南博物院配合宝成铁路修建，作文物考古调查时发现该窑址，发表了《四川广元黑釉窑初探》始定名“广元窑”[1]。此后1976年《四川陶瓷史》编写组、1978重庆市博物馆曾先后对此窑进行过全面调查和试掘，

1　王家祐：《四川广元黑釉窑初探》，《文物参考资料》1955年第3期。

发表了《四川广元瓷窑的调查收获》[2]。1996年四川省文物考古研究所与广元市文物保护管理所在108国道建设指挥部配合下，对该窑进行了抢救性的发掘。1976—1978年的调查与试掘，共出土砖块砌建的阶级窑一处，以烧黑釉瓷为主，兼烧其他高，低温绿色、黄色褐釉瓷等。其黑釉有兔毫纹、油滴纹、玳瑁纹。1996年发掘出土砖结构馒头窑三座，作坊一处，出土完整和残缺瓷器、窑具数千件[3]。

窑炉 共出土三座以煤为燃料的砖结构馒头窑，窑炉平面呈马蹄形。由操作间、窑门、火膛、窑床、挡火墙、烟囱六部分组成，窑顶残缺。其较完整的三号窑炉全窑长6.52米，最宽处4.38米。这类砖结构以煤为燃料的马蹄形的馒头窑与河南宝丰清凉寺汝窑窑炉相同，与河北曲阳镇定窑遗址出土的金代窑炉极为相似。

窑具

有装烧具与垫烧具两大类，垫烧具有垫圈、垫饼、垫柱、碗形垫、三叉形支垫。装烧具有大小不等的漏斗形匣、碗形匣等，其形制与重庆涂山窑系窑具大同小异[4]，唯三叉形支垫，除四川邛窑五代时以外，还与北方河北邢窑、黄河流域的河南巩县窑、清凉寺窑、陕西黄堡窑、山西介休窑、洪山窑、河津窑、内蒙古的赤峰缸瓦窑的三叉形支垫相同[5]。

瓷器

以黑釉瓷为主，其次有少量青釉及低温黄、绿釉、黑釉瓷，以碗、盘、盏、盏托、罐、瓶壶为主，但又以碗、盏最多，其炉、盒、砼、钵、盂、鸟食罐等次之，另有少量的小动物玩具。除小件瓷塑，均为轮制。其造型比较考究，多有一定比例法则，如大型碗通高与底径多为1∶1左右；盏的口径与底径多为3∶1左右；瓶类，除梅瓶外，口径与底径多为1∶1左右，整个造型给人一种庄重之感。手捏瓷塑物及小玩具，体态生动，栩栩如生。其黑釉瓷之色泽以黑色、绀黑、漆黑、黑褐色为主。胎体结构紧密，气孔不明显，断面有灰黑、黄白、灰白、红褐，以黄白、灰白色为主。胎体一般厚重，施釉厚薄不等，均在釉下施白色化妆土，釉色光亮润泽。花纹装饰有釉中装饰、坯胎装饰、绘画装饰三大类。釉中装饰有兔毫纹、油滴纹、玳瑁纹与窑变纹。坯胎装饰，多在壶、瓶上压印铺首衔环纹，或几何云雷纹，炉足上压印兽面纹等。绘画装饰，较为多样，喜在绿釉瓶、壶上绘褐色牡丹花卉，或于褐釉上绘绿色花卉，亦在乳白釉的瓶、盒、盏托上绘褐色花卉、游鸭水草纹等，这些绘画纹样，既有工整的几何图案，又有奔放不羁的花卉、游鸭、游鱼等纹饰。刻划纹，多在卷沿粗颈扁圆腹圜底小罐上划斜饯篦线纹，颈上饰褐色乳钉纹。这种造型和纹饰

2 重庆市博物馆：《四川广元瓷窑的调查收获》，《考古与文物》1982年第4期。

3 四川文物考古枳究所、广元市文物保护管理所：《广元市瓷窑铺窑址发掘简报》，《四川文物》2003年第3期。

4 陈丽琼：《古代陶瓷研究》，重庆出版社，2001年，第180—185页。

5 朱鑫海：《“黄堡窑剧变”与山西吕梁山中—南段地区五代北宋窑业技术源流的探索》，《宋元窑业技术交流研究》，科学出版社，2020年，第40—55页。

的罐，与日本山梨县热见村出土的褐釉擂座小壶有相同之处[6]，还与朝鲜海底沉船的乳钉茶罐相似[7]。

二、广元窑融南北名窑瓷文化与创新

（一）广元窑与建窑黑釉瓷的交融与创新

建窑位于福建省建阳市水吉镇，始烧于唐，盛于北宋，衰于元末[8]。宋以前以烧青瓷、青白瓷为主，兼烧黑釉瓷，入宋即以烧黑釉瓷为主，兼烧青白瓷、青瓷[9]。宋代黑釉瓷得到快速发展，主要是由于“斗茶之风”，斗茶时即以茶盏浮起一层白沫，并以白沫的优劣决定胜负。要白沫鲜明，自然以黑色茶盏最适宜。故为适应社会的需求，两宋时黑釉瓷盏及其他黑釉瓷亦有突飞猛进的发展。建窑即主烧黑釉瓷兼烧青瓷、青白瓷。宋代建窑黑釉瓷釉色光润，有漆黑、绀黑、褐黑，釉厚，多有下垂欲滴的蜡泪痕，胎黑，不施白色化妆土。器型以束口斜壁浅圈足盏为主。装饰纹样仅有釉中装饰，并以兔毫纹、油滴纹、鹧鸪斑著称，出土黑釉盏盏底有“供御”“御”字铭文，可证它既是民窑，也烧官用瓷或称“官窑”。建窑鹧鸪斑茶盏，最早记载的是北宋开宝三年（970年）以前陶谷撰写《清异录》：“闽中造茶盏，花纹鹧鸪斑点，试茶家珍之。”此闽是福建的简称，即是说福建烧造黑釉盏有鹧鸪鸟纹的斑点。此后是北宋黄庭坚著《和答梅子明王杨休睑密云龙》：”建安瓷碗鹧鸪斑。”[10]诗中之建安即指福建。晁补之撰《次韵提刑毅甫送茶》：“健步远梅安用插，鹧鸪金盏有余春。”[11]秦观著《满庭芳·三首》：”香泉溅乳，金缕鹧鸪斑。”[12]释德洪著《与客啜茶戏成》：“金鼎浪翻螃蟹眼，玉瓯绞刷鹧鸪斑。”[13]周紫芝著《次韵道卿咏雪约遵欧阳文忠公令不得用鹤玉洁白等字》：“鹧鸪茶碗酽，鹦鹉酒杯甜。”[14]南宋时管鉴著《浣溪沙（寿程将）》：“醺醺晴日醉醒间，茶瓯金缕鹧鸪斑。”[15]杨万里著《和罗巨济山居十咏》：“自煎虾蟹眼，同论鹧鸪斑。”[16]又《陈謇叔郎中出闽漕别送新茶李圣俞郎中出手分似》：“鹧斑碗面云萦字，兔褐瓯

6 黄颐寿：《清江出土的乳钉茶杯浅说》，《中国古外销陶瓷研究论文集》，紫禁城出版社，1988年。

7 韩国国立中央博物馆：《新安海底文物》，《中国古窑址瓷片展览》，香港大学冯平山博物馆，1981年。

8 轻工业部陶瓷工业科学研究所编：《中国的瓷器》，轻工业出版社，1983年，第170页。

9 曾凡：《福建陶瓷考古概论》，福建省地图出版社，2001年，第167页。

10（清）吴之振、吕留良、吴自牡选，管庭芬、蒋光煦补：《宋诗钞》，中华书局，2015年，第293页。

11 北京大学古文献研究所编：《全宋诗》，北京大学出版社，1998年，第1287页。

12 唐圭璋编：《全宋词》，中华书局，1965年，第463页。

13 唐圭璋编：《全宋词》，中华书局，1965年，第463页。

14 唐圭璋编：《全宋词》，中华书局，1965年，第17232页。

15 唐圭璋编：《全宋词》，中华书局，1965年，第1571页。

16（清）吴之振、吕留良、吴自牡选，管庭芬、蒋光煦补：《宋诗钞》，中华书局，2015年，第2075页。

心雪作泓。”[17]

以上十二条对鹧鸪斑纹盏的文献记载，最早是五代末北宋初陶谷《清异录》，其次是北宋黄庭坚说鹧鸪斑盏出自福建，至于其他诗文中所赞美的鹧鸪斑纹盏虽未言及出何地，但并不排除是建窑所产，兴许至南宋时，诗人所赞亦有其他地方窑烧造的鹧鸪斑纹盏，同时仍可证明北宋初至南宋中晚期鹧鸪斑纹盏很受饮茶诗人骚客宠爱。

关于兔毫纹盏，北宋大臣蔡襄于皇祐四年（1052年）任福建路转运使著《茶录·茶盏》记："建安所造者，绀黑，纹如兔毫，其坯微厚，熁之久热难冷，最为要用。"与《宣和遗事》云："政和二年（1112年），又以惠山泉，建溪毫盏，烹新贡太平嘉瑞斗茶，赐蔡京饮之。"至南宋时祝穆著《方舆胜览》记："兔毫盏，出瓯宁之水吉。"[18]足证兔毫纹盏出自福建建阳水吉镇建窑所产。歌颂兔毫盏之诗，在北宋初梅尧臣著有《次韵和永叔尝新茶杂言》："兔毫紫盏自相称，清泉不必求虾蟆。"[19]蔡襄著《试茶》："兔毫紫瓯新，蟹眼清泉煮。"[20]苏轼著《水调歌头·尝问大冶乞桃花茶》："老龙团，真凤髓，点将来。兔毫盏里，霎时滋味舌头回。"[21]宋徽宗赵佶对兔毫纹盏更十分赞美："兔毫连盏烹云液，能解红颜入醉乡。"[22]以及宋徽宗著《大观茶论》："盏色贵青黑，玉毫条达者为上。"[23]这玉毫条达，即是兔毫纹。南宋时陆游著《戏作三首》："飕飕松韵生鱼眼，汹汹云涛涌兔毫。"[24]杨万里著《以六一泉煮双井茶》："鹰爪新茶蟹眼汤，松风鸣雪兔毫霜。"[25]至南宋晚期至元初，方凤著《仙华山采茶诗》："既拣兔毫点，应添蟹眼煎。"[26]以上文人学者的赞美之兔毫紫瓯、兔毛斑、兔毛、兔碗、兔瓯、玉毫、兔盏、兔毫玉等，皆是指盛茶之黑釉兔毫纹盏[27]。在王室贵族的倡导下，兔毫纹盏从皇室与士大夫及庶民百姓，都喜爱黑釉与兔毫盏。于是全国南北皆发展黑釉瓷兔毫盏，如北方山西、山东、陕西；江南的浙江、江西；西南的四川、重庆等地域，均烧造出形形色色的黑釉兔毫盏，从而形成了庞大的兔毫纹系[28]。广元窑也紧跟时代，在建窑的引领下，黑釉瓷的

17《四部丛刊·诚斋集》卷19，第8页。

18 南宋祝穆撰：《方舆胜览》卷十一，文海出版社，1981年，第226页。

19（清）吴之振、吕留良、吴自牡选，管庭芬、蒋光煦补：《宋诗钞》，中华书局，2015年，第293页。

20 北京大学古文献研究所编：《全宋诗》，北京大学出版社，1998年，第4764页。

21 曾枣庄、舒大刚主编：《苏东坡全集》，中华书局，2021年。

22 北京大学古文献研究所编：《全宋诗》，北京大学出版社，1998年，第17060页。

23《大观茶论》见清顺治三年浙江委宛山山堂本《说郛》局。

24 北京大学古文献研究所编：《全宋诗》，北京大学出版社，1998年，第25725页。

25 北京大学古文献研究所编：《全宋诗》，北京大学出版社，1998年，第26339页。

26 北京大学古文献研究所编：《全宋诗》，北京大学出版社，1998年，第43332页。

27 廖宝秀：《宋代兔毫盏及其周边茶盏问题》，《故宫学术季刊》，台北故宫博物院，1991年，第70页。

28 陈丽琼、董小陈：《长江上游黑釉瓷之韵》，重庆出版集团、重庆出版社，2022年。

釉色与造型多仿建窑风格，尤在茶盏上，釉色有漆黑、绀、兔毫晶脉纹、鹧鸪斑纹；造型上有大小不等的束口茶盏。但因地域不同，资源有异，仍有显著区别。经测试检验，建窑含铁量为百分之七，广元窑含铁量为百分之五。建窑烧成温度为 1310±20℃，广元窑烧成温度为 1290±20℃，建窑吸水率为 0.7 度，广元窑吸水率为 6.8 度[29]。建窑温度高，质地坚硬，吸水率低，含铁量高，在瓷化程度上高于广元窑。广元窑在工艺上吸收了建窑之美，在传承中兼有创新，如为美化瓷器在黑釉下施白色化妆土，还另辟蹊径烧造黑釉玳瑁纹，在造型上不仅仿建窑大小烧造不同规格的束口茶盏，为适应市场的需要，烧造出不同造型的黑釉玳瑁纹玉壶春瓶、黑釉玳瑁纹双系罐，这是建窑没有的。

（二）广元窑传播与吸纳长江流域陶瓷文化及创新

广元窑地处长江上游支流—嘉陵江上游，在四川、陕西、甘肃三省交界处，可顺水而下至重庆，将吸取建窑的兔毫纹、油滴纹、鹧鸪斑纹及创新的玳瑁纹装饰艺术传播到重庆宋至元代的涂山窑、清溪窑、昌州窑、合州窑[30]，岷江流域南宋至元代的乐山西坝窑[31]。同时广元窑把创新的绿釉绘褐色牡丹纹玉壶春瓶，及类似纹饰，传播到长江中游支流湘江流域的衡山县宋至元代的衡山窑[32]，及赣江流域吉安县始于晚唐五代，发展于北宋，南宋繁荣鼎盛，元代末趋于衰落的永和吉州窑[33]，南宋玳瑁纹饰相互影响[34]。为丰富造型与增强实用性，还吸取长江下游浙江宋元极盛时的龙泉窑宋代多管瓶肩颈上刻印折枝菊花纹立耳[35]。在吸纳的基础上，又进行创新，多在绿釉绘黑褐色折枝牡丹纹，在执壶肩上设对称双灵芝纹立耳[36]。

（三）广元窑吸纳黄河流域陶瓷文化与创新

广元窑越过秦岭，便进入黄河流经的甘肃，陕西、宁夏、内蒙古、山西、河南、山东等地，即分别与当地陶瓷文化交融与创新，无论是窑炉与装烧工艺，多吸纳模仿，如砖结构以煤为燃料的马蹄形馒头窑，即吸取河南清凉寺窑[37]、陕西耀州窑、河北观台磁州

---

29 凌志达：《我国古代黑釉瓷的初步研究》，《硅酸盐学报》1979 年第 3 期。

30 陈丽琼、董小陈：《长江上游黑釉瓷之韵》，重庆出版集团、重庆出版社，2022 年。

31 张文江：《近几年吉州窑遗址考古调查发掘的主要收获》，《国际学术研讨会论文集·中国古代黑釉瓷器暨吉州窑》，文物出版社，2012 年，第 30 页。

32 湖南省文物考古所编：《衡州窑与衡山窑》，湖南美术出版社，2012 年，第 194—197 页。

33 张文江：《近几年吉州窑遗址考古调查发掘的主要收获》，《国际学术研讨会论文集·中国古代黑釉瓷器暨吉州窑》，文物出版社，2012 年，第 30 页。

34 江西省文物考古研究院编：《吉简吉美：吉州窑遗址出土瓷器集萃》，文物出版社，2020 年。

35 朱伯谦编：《龙泉窑青瓷》，台北艺术家出版社，1998 年，第 83 页。

36 陈丽琼、董小陈：《长江上游黑釉瓷之韵》，重庆出版集团、重庆出版社，2022 年。

37 河南省文物考古研究所编：《宝丰清凉寺汝窑》，大象出版社，2008 年，第 28 页。

窑、山东淄博磁村窑[38]、山西河津固镇宋金窑[39]。其三叉形支垫也是仿模以上各窑，及内蒙古赤峰缸瓦窑的三叉形支垫。装饰方面亦很突出，特别是对宋元时期磁州窑系的白地黑花情有独钟，既有原始的磁州窑系的白地黑釉缠枝花卉绘于盒盖，又创新地在乳白釉上绘褐色或黑褐色纹饰于玉壶春瓶、香炉、茶盏托及其他器皿或小动物上[40]。此外，更重要的是在黑褐釉上绘乳白釉折枝牡丹纹、贴饰铺首衔环兽面纹[41]，这种别出心裁的创新，当是在吸收磁州窑系装饰纹样的启迪下之杰作。与此同时，创新地在绿地绘黑褐釉折枝牡丹花卉，或在绿釉上施黑褐釉，再绘绿色折枝牡丹纹，并在纹侧加四条黑褐色直条与两根交叉十字纹组合相隔的简约而耐人寻味的优美纹饰[42]。此外，还将磁州窑系白地黑花传播至重庆涂山窑系的昌州窑、岷江流域的乐山西坝窑。再有，对陕西铜川耀州窑黑釉窑变纹盏与青釉印花纹碗、盘的装饰艺术有所启示，烧造青釉泛黄内底涩圈的莲花水波、缠枝花卉碗盘等[43]。值得注意的，广元窑的黑釉凸弦纹罐与河南禹县扒村窑的产品极为相似[44]，广元窑的米黄色釉绘黑色草叶纹梅瓶，在造型和纹饰上，与河南汤阴鹤壁集窑很难分辨出是两个不同的窑口所出产的[45]。由此可见广元窑是在相互交融中各展其美。

（四）广元窑瓷业得到发展

主要有如下三个原因：一是广元境内及瓷窑铺周围盛产瓷土，如长石、石英石、方解石、石灰石、黏土、原煤等[46]；二是自唐宋以来，国家一再颁布禁令禁止用铜作器，宋代结束了五代十国的混乱分裂局面，南北政治经济文化得到进一步交流发展，制瓷手工业相应地得到发展；三是广元窑地缘优势，它北去可吸取黄河流域优秀陶瓷文化，南下可受长江流域陶瓷文化的启迪，吸收了不少名窑的先进技术因素，其窑业兼容并蓄、模仿及创新，正是在这内外共同作用下，广元窑才具有浓厚的地方风格、文化特色、辉煌成就。

瓷器是我国人民的伟大发明创造。我国地大物博，是一个统一的多民族国家，瓷器文化发展既有相同之处，也因地域的差异、材料的差别，呈现出不同的特点，南北地区瓷器

---

38 中国古陶瓷学会编：《宋元窑业技术交流研究》，科学出版社，2020年，第49页。

39 高振华、梁孝、孙先徒：《河津镇宋金瓷窑址三维数字记录与复原展示研究》，《山西河津窑研究》，科学出版社，2019年，第76页。

40 陈丽琼、董小陈：《长江上游黑釉瓷之韵》，重庆出版集团、重庆出版社，2022年。

41 高振华、梁孝、孙先徒：《河津镇宋金瓷窑址三维数字记录与复原展示研究》，《山西河津窑研究》，科学出版社，2019年，第264页。

42 高振华、梁孝、孙先徒：《河津镇宋金瓷窑址三维数字记录与复原展示研究》，《山西河津窑研究》，科学出版社，2019年，第266页。

43 四川省文物考古研究所、广元市文物保护管理所：《广元市瓷窑铺窑址发掘简报》，《四川文物》2003年第3期。

44 叶喆民：《河南省禹县古窑址调查记略》，《文物》1964年第8期。

45 河南省文化局文物工作队：《河南省鹤壁集瓷窑遗址发掘简报》，《文物》1964年第8期。

46 1930年重修《广元县志》十二卷。

文化在彼此不断交往、相互模仿、相互融合中，其造型与纹饰具有相似性，又有差异性。是它们共同铸造了中国瓷器文化的辉煌。

（五）广元窑的衰落

值得注意的是，从造型、纹饰、釉色看，广元窑产品都是宋或略早于宋代的产品，元代的产品极为罕见，这应与当时的历史背景有着密切关系，南宋末期，南宋与蒙古发生冲突，蒙军于1236年分兵三路侵略南宋政权，西南一路，进取阳平关，又连陷成都、利州（今广元），在掠夺财富后，又从四川撤退[47]。此后，又曾不断进攻四川，一直到1278年，四川全部陷入蒙军统治者手中。持续45年的战争，使广元窑遭到破坏从而停止烧造。

三、关于广元窑的外销贸易瓷

广元窑的瓷器粗糙精细兼有，其精细瓷当为商用瓷，是通过嘉陵江航运到长江的重庆及东南部各地，另一部分是通过陆路运输的。这在四川、甘肃、陕西等地的唐宋墓葬和相关的遗址有所发现[48]。此外另一部分高档精致的商品用瓷，是否可能为外销贸易瓷？关于这个问题，文献上至今还未查到记载，以及掌握资料不够充分，只能持怀疑态度，但它是我们一直关心的重要问题。近来在东亚邻国的考古新发现有三处出土瓷颇似四川广元窑黑釉瓷，第一处是韩国新安沉船打捞起来的乳钉纹罐与广元窑乳钉纹罐极相似[49]；第二处是日本山梨县热见村出土的褐釉擂座水壶，与广元黑釉瓷的刻划篦纹乳钉纹壶相似[50]；第三处是日本富田三太良遗址出土的黑釉碗（盏），该碗（盏）与广元黑釉瓷盏极似。村上勇学者认为富田太良出土的黑釉瓷碗产地难以辨别，笔者根据造型、釉色和露出的白色化妆土判断，很可能是广元黑釉瓷盏。此外，我们赞同日本矢部良明撰《日本出土的唐宋时代的陶瓷》中的记述："把我国出土的大量黑釉瓷茶碗，看作是仿建窑制作，属分支的诸窑的产品，大概是妥当的吧。"[51]矢部良明先生的观点是十分客观的，充分说明了东亚邻国出土的黑釉瓷不一定全属建窑产品，它也包括了我国其他各地烧造的黑釉瓷，广元窑黑釉瓷也应当是其中之一。

---

47 陈世松、匡裕彻、朱清泽：《宋元战争史》，四川省社会科学院出版社，1998年。

48 四川省文物考古研究所、广元市文物保护管理所：《广元市瓷窑铺窑址发掘简报》，《四川文物》2003年第3期。

49 韩国国立中央博物馆：《新安海底文物》，《中国古窑址瓷片展览》，香港大学冯平山博物馆，1981年。

50 黄颐寿：《清江出土的乳钉茶杯浅说》，《古陶瓷研究》1982年第1辑。

51〔日〕矢部良明：《日本出土的唐宋时代的陶瓷》，《中国古外销陶瓷研究资料》1984年第3辑。

广元窑外销的路线分陆路、海路两条。陆路从广元经陕西长安，至河西走廊出敦煌的玉门关到新疆，沿丝绸之路再到中、西亚。海路从广元顺嘉陵江而下至重庆，沿长江东下，从扬州、宁波运到朝鲜、日本及东南亚地区；或从湘江到漓江至广州出海，到东南亚与西亚，直至阿拉伯地区，以及波斯湾沿岸。

关于广无元窑外销贸易瓷的研究，是一个新课题，本文之研究虽有些依据，但总还是不足，只是抛砖引玉而已。要全面有据的论证，还需学术界学者提供新资料共同磋商再认真论述。

广元窑的宋代茶具与创烧年代

唐志工　宋元柏　马敏　马正军

摘要：本文从广元窑烧制的茶具类型，茶具釉色与装饰工艺等方面，进一步分析了20世纪90年代中期考古发掘出土遗物的相对年代，从地层学上可见早晚不同时期的产品，从制作工艺、釉色、器型、装饰方面，又与四川地区和国内南、北诸窑进行了比较，再结合广元地区考古出土的器物对比，较以前的认识有所提高。同时对广元窑的创烧年代进行了讨论，对其创烧的背景作了进一步分析，结合地方历史、文献、石刻资料分析，认为广元窑的创烧年代应在北宋后期，即元丰至元祐前后。从千佛崖石窟南宋初期题刻中，可见有来自同州白水人氏的瓷窑户崇佛的史事。进一步证明了广元窑与耀州窑为直接传承的关系。为今后进一步探讨广元窑与耀州窑的源流、演变与发展提供了珍贵的史料。

关键词：广元窑　宋代　茶具　创烧年代

广元窑是1953年由西南博物院文物考古调查队配合宝成铁路的建设，在沿线做文物考古调查时，于广元城北工农镇西北方向发现的[1]。窑址位于嘉陵江东岸，在遗址及邻近的河滩、台地和山坡上，分布有大量的宋代黑釉瓷器残片。在1976—1978年，由四川省陶瓷史编写组、重庆市博物馆先后对窑址又进行了再次调查，并进行了试掘[2]。此后，又于1996年7月至9月，由四川省文物考古研究所、广元市文物管理所等单位组成考古队，为配合108国道的建设，对遗址局部又进行了抢救性的发掘，此次发掘又获得了一批新的资料[3]。近几年来，四川省文物考古研究院又进行了两次发掘，目前资料尚待整理发表。

广元窑从20世纪50年代发现以来，虽然公布了20世纪70年代后期和90年代中期的考古发掘资料。至今，我们对广元窑的认识还不够。综观近年来中国陶瓷考古学的发展，无论对广元窑源流的认识，还是在交通地理区位上的认识，还是在区域经济上的认识，都

1　王家祐：《四川广元黑釉窑初探》，《文物参考资料》1955年第3期。

2　丁祖春：《广元磁窑铺黑釉窑》，《四川古陶瓷研究（一）》，四川省社会科学院出版社，1984年；重庆市博物馆：《四川广元瓷窑的调查收获》，《考古与文物》1982年第4期。

3　四川省文物考古研究所、广元市文物保护管理所：《广元市瓷窑铺窑址发掘简报》，《四川文物》2003年第3期。

反映出明显的滞后现象。对此，本文试从广元窑窑址出土的宋代茶具和广元地区宋代墓葬出土的瓷器来作进一步的探讨，不当之处，敬请各位专家指教。

一、茶具类型

通过大量的考古调查资料证明，从器型上看，广元窑在宋代生产的茶具主要有三种类型，黑釉盏、联体盏与托、托。

（一）黑釉盏

从黑釉盏的器形上看，我们可以进一步分为两种形制的造型，可分为 A、B 两型，A 型为折沿敞口盏，B 型为直沿敞口盏。

A 型：折沿敞口盏，为圆唇，斜折沿，斜腹壁，小底。内施满釉，外施釉至腹下部，足底粘有石英沙粒，砂胎，多饼形足和玉璧底以及玉环底。

B 型：直沿敞口盏，为圆唇，口外敞，斜腹壁，底较大，内施满釉，外施釉至用腹下部，少量足底粘有细石英砂颗粒，砂胎，圈足。

（二）联体盏托

从联体盏托的器形上看，我们又可以进一步分为三种形制的造型，可分为 A、B、C 三型。A 型为平底联体盏和托，B 型为外底内凹的联体盏和托，C 型为圈足形盏和托。

A 型：平底联体盏托。上部盏，为圆唇，敞口，斜腹壁，下部盏托托盘为圆唇，斜腹壁，矮饼形足，内施满釉，外施釉至托盘口沿下，泥胎。

B 型：凹底联体盏托。上部盏为圆唇，敞口，斜腹壁，下部盏托托盘为圆唇，斜腹壁，矮足，外底内凹，内施满釉，外施釉至托盘口沿下，泥胎。

C 型：圈足形盏托。上部盏为圆唇，敞口，斜腹壁，下部盏托托盘为圆唇，斜腹壁，矮圈足，内施满釉，外施釉至托盘口沿下，泥胎。

（三）托

从联体盏托来看，这一类器形为联体盏的下半部，即托盘，托为圆唇，直口，直腹，托盘矮浅，圈足，器内上下相通，内外上部施釉，泥胎。

二、茶具釉色

从茶具的釉色来看，可分为两种，一种为单色釉，另一种为釉下彩。

（一）单色釉

在广元窑单色釉大类中可分为：黑釉、酱釉、青釉、绿釉、黄釉、白釉。

（1）黑釉

又可分为:①纯黑色釉，釉色极其光亮，釉面无窑变产生；②兔毫釉，为带兔毫纹釉面的黑色釉，日光下釉面泛浅蓝色，极光亮，由于内外壁由口沿向器底内外流釉，故呈现出极细的毫毛状流釉痕迹现象，故多称为兔毫纹〔图1〕；③为玳瑁釉，在黑色底釉上，人为施以一种着色剂，使其呈现出黄色斑点，呈流动状分布于器物内外。釉面极其光亮。由于类似于东海所产的十三龟龟甲色，故而以此定名；④为鹧鸪斑釉，底釉呈黑褐色，釉面呈现似油滴状的白色圆形斑点纹，好似鹧鸪身上的白色圆形斑纹，故以此种鸟定名〔图2〕。

图1　兔毫盏与黑釉盏

图2　玳瑁斑与鹧鸪斑

（2）酱釉

手感施釉较薄，釉面光亮度比黑釉差。

（3）青釉

青釉釉面略呈浅灰，釉面光亮度差。

（4）绿釉

为草绿色，部分釉面中泛银灰色〔图3〕。

（5）黄釉

釉面光亮。但非正黄，色微浅。

（6）白釉

非正常白釉，实为晒坯后器表施上一层护胎釉而已，没上外层釉水，为半成品。

图3　绿釉与酱釉

（二）釉下彩

广元窑釉下彩，釉色光亮如新，此种釉色下基本为绘制的花卉图案，由花朵和折枝花及花瓣组成。所谓米黄色釉面，实际上为一种微呈黄色的亮青釉。釉下褐色花纹为酱色的颜料（半成品中可见）。颜料之下为器表所施的白色护胎釉。从半成品看，颜料和护胎釉的半成品（已经第一次烧制后）形态呈不透明的乳状物质。

三、装饰工艺

广元窑的装饰工艺方面，我们从20世纪90年代中期发掘的资料[4]，可分为如下五种类型。

（一）印花

按发掘报告中的探方、探沟、地层、遗迹等分述如下。

96GCT8①:94。碗，已残，灰褐胎，青中泛黄釉，内壁印缠枝花卉图案。

96GCT4②:136。器物腹部残片，褐胎，外饰白色化妆土。器壁外呈排模印类似圆形雷纹的连续组合图案，为半成品。

96GCG1:98。器物腹部残片，褐胎，器外壁饰白色化妆土。器物外饰凹弦纹二周，模印方框内为“X”纹，呈排的连续组合，为半成品。

96GCT3③:149。碗，已残，褐胎，釉面青中泛黄，内壁饰有莲花、莲花瓣饰，荷叶，水波纹组成的图案。

96GCT2③:121。碗，已残，褐胎，釉面青中泛黄，器壁内饰有水波纹、花叶纹。

96GCT2③:108。碗，已残，褐胎，釉面青中泛灰，器形内中下部模印牡丹花纹。

96GCT4③:162。器物腹部残片，褐胎，器外饰化妆土，上部饰凹弦纹二道，下部为模印的四组方形雷纹。

96GCY3:94。碗，已残，灰褐胎，釉面青中泛黄，器内壁模印折枝花卉图案，线条流畅。

96GCT8Y3:98。碗，已残，灰褐胎质，釉面青中泛黄，器内壁模印水藻、条线、弧线勾纹等。

（二）刻花

96GCT2②:111。器物腹部残片，褐胎，器内壁青中泛白，器内壁刻画折枝花卉图案。

96GCT5F1 Ⅲ:95。钵，已残，褐胎，黑褐色釉，器壁外上部和中部各刻二周弦纹，用来间隔上下两组不规则竖短线组成的横向带状纹饰。

（三）剔刻

96GCT4②:187。罐，已残，褐胎，器外壁施黑釉，在第二次入窑烧制前于器物外壁刻竖线条作装饰。

4　四川省文物考古研究所、广元市文物保护管理所：《广元市瓷窑铺窑址发掘简报》，《四川文物》2003年第3期。

96GCT3②∶103。罐，已残，褐胎，黑釉，腹部为规则的竖线条作装饰。

96GCY2∶101。罐，已残，褐胎，黑釉，腹部为规则的竖线条作装饰。

（四）堆塑

96GCF1Ⅲ∶94。器物残片，灰胎，黑釉，唇部一周无釉，似在第二次入窑烧制前于施黑釉的器口部刮去釉层，器外壁近口部饰堆塑的附加堆纹。

96GCT6③∶115。器物残片，灰胎，器外饰堆塑的附加堆纹。

（五）釉下彩绘

96GCF1Ⅲ∶2。盏托，已残，托为敞口，斜直腹，底附着在茶船内。托盘为卧底，褐胎，青釉，内饰釉下彩草叶纹。

四、年代分析

对于广元窑的年代分析时，我们主要从两个方面进行，一方面，根据1996年的发掘资料来进行分析其相对年代的关系；另一方面，以四川地区古窑址和北方邻近地区的古窑址以及江南地区的古窑址作参考对比，再和广元本地近年来出土的宋代墓葬资料进行综合分析，以便得出更为准确的广元窑烧制各种产品的时段及比较具体的年代。

（一）相对年代的分析

依1996年对广元窑遗址的发掘资料显示，在所发掘的探方和探沟内，文化层及遗物的堆积情况单纯，多数探方内地层为四层，少数有三层，各层的厚薄极不统一，堆积形状有差异，但地层连贯、清晰[5]。

以96GCT8西壁刻石为例。

第1层：为扰土层，厚18.2—26.6厘米。为近代文化堆积层。

第2层：距地表深18.2—24.6厘米。厚57.4—76厘米。土层较硬，土色为灰褐略泛黄色。包含物有瓷器、瓷片、窑具等，为第一文化层。

第3层：距地表深98.1—127.6厘米，厚0—25.6厘米，黄褐色土，夹沙砾较重，土质板结，包含物有瓷器、瓷片、窑具等，为第二文化层。该层下压作坊F1的废弃堆积。

生土层黄色黏土，土质纯净，较疏松。

窑址内出土的遗迹现象比较丰富，但破坏较严重。在96GCT1第1文化层下发现残窑

5　四川省文物考古研究所、广元市文物保护管理所：《广元市瓷窑铺窑址发掘简报》，《四川文物》2003年第3期。

炉一座；在 96GCT2 第 2 文化层下发现残马蹄形窑炉一座；在 96GCT8 第 2 文化层下发现残作坊一处；在 96GCT5 第 2 文化层下发现规模较大、保存较好的马蹄形窑炉一座。

据以上发掘资料反映的地层关系如下。

（1）探方层位与窑址层位

①在 96GCT1 ①层下为 96GCY1。平面呈马蹄形，残高 0.58 米。

②在 96GCT2 ②层下为 96GCY2。平面似马蹄形，残宽 2.3 米。

③在 96GCT5 ③层下为 96GCY3。平面呈马蹄形，全长 6.52 米，最宽 4.38 米，残高 0.8—2.78 米。

（2）探方层位及房址层位

96GCT8 ②文化层下为 96GCF1 Ⅰ—Ⅲ

综合地层与遗迹的关联（在遗址内地层统一的情况下），又可分为两个组别。

第一组：

96GCT1 ①（近现代层） 96GCT2 ②（第 1 文化层）

↓ ↓

96GCY1 96GCY2

96GCT5 ③（第 2 文化层）→ 96GCY3

第二组：

96GCT8 ②（第 2 文化层）→ 96GCF1 Ⅰ—Ⅲ

由以上第一组关系表明，Y1 与 Y2 有两种年代可能性，一是同时，但 Y1 上部已被近现代文化层所破坏。二是不同时，有相对的早晚关系。只有通过器物对比才能判断相对的早晚关系。Y2 与 Y3 具有可靠的相对年代早晚关系，因 Y2 在第 1 文化层下，Y3 在第 2 文化层下。

在第二组关系中，由于 F1 Ⅰ—Ⅲ在第 2 文化层下，它与第一组相比，应与 Y3 的年代相当，或略有早晚关系，尚需作器物的比较。

通过对上述二个组别的比较，得出相对年代的结果如下：

96GCT1 ①（近现代层）

↓

96GCT2 ②（第 1 文化层）

↓

96GCY2

↓

96GCT5 ③（第 2 文化层） 96GCT8 ②（第 2 文化层）

↓ ↓

96GCY3 96GCF1 Ⅰ——Ⅲ

（二）广元窑与南、北方诸窑的比较

（1）广元窑与四川本地和南方地区诸窑的比较

①从制作工艺上来看。施化妆土的做法早在唐代时期的四川邛崃窑和青羊宫窑均有使用，到宋代广元窑与彭县窑仍继续沿用此作[6]。在南方地区的湖南长沙窑和江西洪州窑在唐代也同样施化妆土[7]。

②从釉色上来看。浙江地区的德清窑是烧制黑釉瓷最早的窑口。从东晋到南北朝均有烧制[8]。到宋代时，江西吉州窑、福建建窑、广东西村窑均烧制黑釉瓷器[9]。在四川、重庆又有涂山窑在烧制黑釉瓷器[10]。

③从器型上看。从晚唐到五代时期，器型在类别上差别不是很大，多为日常生活用具。入宋以后至南宋后期，蒙古统治前，器型相对变化不大，器型基本一致，且较稳定，多以茶、玩具、供器、生活用器为主。

④从装饰来看。广元窑有点彩、刻花、印花、划花。点彩在四川地区出现在南朝时期的邛崃窑和青羊宫窑中[11]，同样在青羊宫窑中又存在印花、刻花。其后，在宋代的彭县窑中有刻花、印花、堆钱纹。因此，从四川境内的青羊宫窑址出土器物的装饰来看，到宋代的彭县窑有可能继承了青羊宫窑的部分装饰技法，鉴于彭县窑是南方唯一的以烧制白釉瓷器为主的窑址，其技术也不排除是直接从北方中原传入四川的。因为，在广西的永福窑、广东的西村窑均烧青釉瓷器，且都受耀州窑的影响[12]，故分析，有可能属于直接传播，不属于间接传播的技术。

（2）广元窑与北方诸窑的比较

①从制作工艺上来看。施化妆土的做法在唐代、五代和宋代时期已广泛使用[13]，有河北的邢窑，唐和五代时期的定窑，宋代河南鹤壁窑、当阳峪窑、郏县窑，唐代山西的浑源窑。

②从釉色上来看。在唐代有山东的淄博窑、河南巩县窑，陕西的耀州窑均烧制黑瓷，在宋代有河北的定窑、河南的扒村窑（白地黑花）、磁州窑[14]。

③从器型上看。宋代广元窑烧制的器型与北方黑釉窑口大多相同，唯独没有发现瓷枕。北方诸窑极少黑釉类茶具，多其他釉色茶具，这种现象应当与制瓷原料和地方饮茶风尚有

---

6 陈文平：《中国古陶瓷鉴赏》，上海科学普及出版社，1992 年。

7 陈文平：《中国古陶瓷鉴赏》，上海科学普及出版社，1992 年。

8 陈文平：《中国古陶瓷鉴赏》，上海科学普及出版社，1992 年。

9 陈文平：《中国古陶瓷鉴赏》，上海科学普及出版社，1992 年。

10 陈丽琼：《重庆宋代天目瓷》，《四川古陶瓷研究》（一），四川省社会科学院出版社，1984 年。

11 陈文平：《中国古陶瓷鉴赏》，上海科学普及出版社，1992 年。

12 陈文平：《中国古陶瓷鉴赏》，上海科学普及出版社，1992 年。

13 陈文平：《中国古陶瓷鉴赏》，上海科学普及出版社，1992 年。

14 陈文平：《中国古陶瓷鉴赏》，上海科学普及出版社，1992 年。

密切关系[15]。

④从装饰上看。广元窑多素面器，印花、刻花、点彩广泛见于北方地区诸窑址中[16]。

（三）广元地区宋代墓葬中出土的广元窑瓷器。

从20世纪50年代以来，在广元及周边地区的宋代墓葬和窖藏中出土了一部分广元窑的瓷器，有黑釉、酱釉、绿釉、米黄釉釉下彩、茶叶末釉以及部分半成品瓷器。

从墓葬买地券的具体年代来看，主要集中在南宋早、中期，南宋晚期较少。釉色以黑釉为主，其次为酱釉和玳瑁斑釉及其他釉色，黑釉漆黑光亮，并施有化妆土。从墓葬出土瓷器来看，在南宋早期到中期，为广元窑烧制瓷器的高峰时期，拉坯规整，釉色纯正[17]，到中期偏后阶段的瓷器，釉色种类较多，但烧制技术不很高，可能与蒙古南下入侵有关[18]，另外，在部分石室墓的顶端壁龛内，刻有部分瓷器的各种造型。如香炉、瓶、盏及盏托、温壶、盘等。

在广元地区的北宋墓葬较少，仅有少量的北宋晚期的砖室墓，且已残，未有瓷器出土[19]。

五、相关问题探讨

（一）关于广元窑创烧的年代问题。

自20世纪50年代以来，关于广元窑的创烧年代有几种不同的认识，有五代至元初的认识[20]，有唐宋时期的认识[21]，也有宋元时期的认识[22]，还有宋至明时期的认识[23]。

从以上各家认识的广元窑年代来看，均从窑址内出土的标本来进行判断的。由于没有明确纪年的实物来证明他们的判断正确与否，故到目前为止，在认识上仍然是一种不确切的说法。因为，在他们提出的时代早晚上，无法找到确切的实物证据来证明，仅仅是从窑址标本中的器型、工艺、釉色、装饰来进行判断分析的。由此，产生了长期以来认识上的

---

15 陈文平：《中国古陶瓷鉴赏》，上海科学普及出版社，1992年。

16 陈文平：《中国古陶瓷鉴赏》，上海科学普及出版社，1992年。

17 近四十年来，广元地区的南宋早、中期纪年墓中出土很多双耳鼓腹盖罐和双耳直腹罐。黑釉釉面光可鉴人，也有少量的玳瑁釉荷叶盖罐和酱釉双耳罐及绿釉盏、联体水盂等。

18 韩儒林等主编：《中国大百科全书·中国历史·元史》，中国大百科全书出版社，1985年。

19 唐志工：《四川广元张家沟北宋砖室墓》，《考古》1995年第7期。

20 陈丽琼：《四川广元瓷窑的调查收获》，《考古与文物》1982年第4期。

21 王家祐：《四川广元黑釉窑初探》，《文物参考资料》1955年第3期。

22 冯先铭：《四川省古瓷窑》，《故宫博物院院刊·三十年来我国陶瓷考古的收获》1980年第1期。

23 丁祖春：《广元磁窑铺黑釉窑》，《四川古陶瓷研究（一）》，四川省社会科学院出版社，1984年；重庆市博物馆：《四川广元瓷窑的调查收获》，《考古与文物》1982年第4期。

不确定因素，诸如创烧的时代问题、窑系问题、传承关系问题等。

（二）对广元窑创烧年代的再认识

我们通过对1996年考古发掘资料的再分析，对广元窑的创烧年代，我们认为应当创烧于北宋时期，兴盛于南宋早、中期，停烧于南宋后期。至于广元窑创烧于北宋何时，我们认为创烧于北宋中、后期，其理由如下。

①从1996年考古发掘的地层关系和遗迹单位关系来看，在遗址区的北部中、下段（即国道108线上下），其烧制瓷器的年代跨度不长，相对时间较短。因为，在F1内出土的盏和盏托与Y3内出土的盏和盏托均相似，而Y3内的盏托又与探方中的盏托（96GCT7③:62）相同。作坊F1的盏（96GCT5F1 Ⅲ:58）又与探方中出土的盏（96GCT1③:2）相同。作坊F1的盏托（96GCF1 Ⅲ:2）又与探方中盏托（96GCT6③:B）相同。故1996年发掘的地层关系和遗迹关系紧密，从发掘报告中没有反映出有时间间隔的现象，因此，地层与遗迹的相对年代关系紧密，只存在一定时空范围内的相对年代早晚关系〔图4、图5〕。

图4　不同形制的盏底

图5　不同釉色的盏托

②在1996年发掘的器物类型中，我们初步分为十个类型，另外，窑具可单列一个类别，它不属于产品类，只能作附属产品看待。类型有酒具、加工用具、梳妆用具、日常生活用具、茶具、供器、照明、水具、玩具及窑具。在地层中，部分类别有大量的半成品，可能为在第二次烧制入窑前已损坏，故废弃。

从作坊F1内出土的器物类型来看有酒具、加工用具、日常生活用具、茶具、供器。在Y3内也出土有同F1一样的器物类型，故作坊F1与窑炉Y3应同时。在Y3中有玩具类，而作坊F1中无此类型的器物，故窑炉的烧制时间上可能有所延长，作坊F1的废弃埋藏应早于Y3。

从窑炉Y3的器物类型来看，在探方内不仅出土有与Y3相同的器类，还增加了梳妆用具、照明、水具。

从窑具上看，F1 内出土的各种类型窑具一部分在 Y3 有相同者，在探方的文化层中均出土较多且相似，说明从 F1 至 Y3 以后的各文化层时期所烧制瓷器的工艺、用具及方式有相似性，即具有一定的连续与传承性。

③结合广元近年来考古发掘情况来看，由于广元尚未发现唐代、五代时期墓葬，故未见有唐至五代时期的广元窑黑釉瓷器。北宋墓葬虽有，也未出土广元窑的黑釉瓷器。出土的广元窑各类型瓷器，主要集中在南宋早期和中期的墓葬中[24]，南宋后期的墓葬较少且出土文物更稀少，也未见有广元窑瓷器，元代尚未有明确的墓葬出土。

（三）关于广元窑创烧的背景分析。

（1）唐代中、后期藩镇割据与使职确立

在唐代中、后期，由于节度使使职的职权重大，由此导致了多处藩镇割据的局面，在西南地区的东西两川也不例外，虽然，在财税上朝廷有所加强，但随着地方势力的不断膨胀，借以中央的财税政策，不断组织、加强各自的武装与势力范围，渐渐地摆脱了中央王朝的直接控制，由此产生了晚唐、五代时期的分裂[25]。

在 9 世纪时，由于使职的不断增加，由此产生了茶马、盐运之类的使职，在两川则产生了各种著名的茶叶，品种很多，遍布川内[26]。

（2）五代时期、前后蜀的建立与南北的分裂

在晚唐时期，由于东西两川地方势力的不断扩大，王建建立了前蜀，其后孟昶又建立了后蜀。前后蜀时期为了巩固和加强自己在两川的政权，在川北利州设立了昭武军节度使，统治沿边诸寨军政事务，制止了北方政权南侵[27]。因此，在五代时期，南北文化及手工业的交流已隔绝。

在 20 世纪 50 年代，广元皇泽寺出土的五代广政二十二年的《大蜀利州都督府皇泽寺唐则天皇后武氏新庙记》碑中，也不曾记载有与瓷器有关的供器类器物[28]。

（3）北宋转运使的职掌与饮茶时尚

在公元 960 年，北宋建立。宋仁宗康定年间（1040—1041 年），因北宋与西夏多年征伐未果，北宋政府在财政上感到了沉重的压力，故在仁宗后期，对于转运使监察考课的做法上有了较大的发展，并以各路每年上缴课利的数量多少作为考课转运使正副的具体指标，

---

24 近四十年来，广元地区的南宋早、中期纪年墓中出土很多双耳鼓腹盖罐和双耳直腹罐。黑釉釉面光可鉴人，也有少量的玳瑁釉荷叶盖罐和酱釉双耳罐以及绿釉盏、联体水盂等。

25 张国刚 :《唐代藩镇研究》，湖南教育出版社，1987 年。

26 宁志新 :《隋唐使职制度研究》，中华书局，2005 年。

27 五代广政二十二年《大蜀利州都督府皇泽寺唐则天皇后武氏新庙记》碑，现保存于皇泽寺内。

28 五代广政二十二年《大蜀利州都督府皇泽寺唐则天皇后武氏新庙记》碑，现保存于皇泽寺内。

并以增减祖额（原来上供收入数的比例）奖罚转运使[29]。

叶清臣设计的考课内容有五个方面：一是户口耗登情况；二是土田荒僻与否及其程度；三是盐、茶、酒税统比增亏弟年祖额；四是上供、和籴、和买物不亏年额的抛数；五是报应朝省文字及帐案齐足否[30]。

又于嘉祐二年（1057年）秋，对于转运使的考课，进一步制定了明确的内容：一是称荐贤才，各堪其任；二是按劾贪谬，修举政事；三是实户口，增垦田；四是财用充足，民不烦扰；五是兴利除害[31]。

在北宋后期，钦宗朝徐丞相曾言，京西转运使寻问监窑官之日烧窑柴几灶之事。充分说明各路的转运使对涉及国家公用钱税管理方面的仔细程度[32]。

由唐代宫中饮茶的盛行到五代时期各国的延续，传至北宋时期，饮茶的用具随着统治者依附于传统的文化艺术，进一步提高到对精神的最高追求，导致了感观上极致需求的物质化反应。从大量的文献中就可见北宋统治者对黑瓷类茶盏的高度重视，当然，也离不开由于茶叶的工艺是制成半发酵的膏饼，在饮前需碾成细末，放于茶碗内，再沏以初沸的开水，在黑釉碗内的水面浮起一层白色的沫，其色彩黑白分明[33]，使其：观之悦目，气溢清香，饮之味纯。

①北宋初陶谷《清异录》：“闽中造盏，花纹鹧鸪斑点，试茶家珍之。”

②祝穆《方舆胜览》：“兔毫盏出瓯宁。”

③蔡襄《茶录》：“兔毫紫瓯新，蟹眼清泉煮。”

④苏东坡《送南屏谦师》：“道人绕出南屏山，来试点茶三昧手，忽惊午盏兔毛斑，打出春瓮鹅儿酒。”

⑤赵佶《大观茶论》：“色贵青黑，玉毫条达者为上。”

⑥《宣和遗事》：“政和二年……又以惠山泉建溪异毫盏烹新贡太平嘉瑞茶赐蔡京饮之。”

⑦僧洪：“点茶三昧须饶汝，鹧鸪斑中吸春露。”

⑧杨万里：“鹰爪新茶蟹眼汤，松风鸣雪兔毫霜。”

⑨陈蹇叔：“鹧斑碗面云萦字，兔毫瓯心雪作泓。”

⑩黄山谷：“研膏溅乳，金缕鹧鸪斑”、“兔褐金丝宝碗，松风蟹眼新汤。”

---

29 戴杨本：《北宋转运使考述》，上海古籍出版社，2007年。

30 戴杨本：《北宋转运使考述》，上海古籍出版社，2007年。

31 戴杨本：《北宋转运使考述》，上海古籍出版社，2007年。

32 戴杨本：《北宋转运使考述》，上海古籍出版社，2007年。

33 冯先铭：《古陶瓷鉴真》，北京燕山出版社，1996年。

（四）利州路转运使司的设立及相关问题。

“北宋转运使作为地方行政长官的设置，正是循着太祖太宗对藩镇的权限逐步紧缩，最终实现剪除目的之轨迹同步进行的”[34]。转运使一职经历了自乾德三年（965年）作为地方州军监司一职以来，至太宗太平兴国二年（977年）罢支郡讫，历经十年，才成为中央与地方州军的唯一行政机构。其后，又历二十年，到至道三年（997年）将正式成为十五路[35]。

到咸平四年（1001年）将原西川路分为益州、利州西路。按《舆地纪胜》卷一八三：“皇祐三年（1051年），提、转不许同在一州，故宪居兴元（今汉中），而漕居利州（今广元）。”在司马光《涑水纪闻》卷一记云：“明道二年，先公为利州路转运使。”又见《舆地纪胜》卷一八四记利州有司马温公世德堂，温公年十三时随侍父亲司马池来此云云，都是利州路转运司治所在利州的证明。

关于广元窑的创烧时间，我们从北宋转运使的研究中分析如下。

在嘉祐三年（1058年），“两川和买绢以给陕西戎兵，而蜀人苦于重敛，都转运使陕西曹颖叔为岁出本路缗钱五十万以易军衣之余，遂纾两川之扰”[36]。到北宋中期，两川的经济并非能正常负担陕西戎兵之用，说明其经济状况不是很好。到熙宁四年（1071年）利州路转运使欲定上缴助役钱数四十万。转运副使鲜于侁以为本路民贫，二十万足矣。又进一步说明利州路的经济状况也不很好。至元祐元年（1086年），殿中侍御史吕陶奏：“伏见利州路转运副使蒲宗闵始附会李稷，以贩茶为名，兴贩诸物，贫息冒赏，累次迁宫。”[37]说明本路已广种茶叶，也不排出已烧瓷器。

在元祐后期，来之邵为秦凤常平、利州、成都府路转运判官，入为开封府推官[38]。其职官从陕西的秦凤路到利州路，再到成都又转至开封府仅此一人。在此之前只有咸平四年（1001年）张佶由陕西转运副使到西川转运副使，再到利州任转运使[39]。出于文献中又对建盏的记述时间在北宋后期，因此，我们认为广元窑的创烧年代应在北宋后期为宜，即元丰至元祐前后。

对广元窑各种特色瓷器品种产生的背景分析。

1. 釉色

（1）黑釉

在广元窑的黑釉器类中，以黑釉折沿盏和直口盏为大宗，其次为黑釉双耳鼓腹盖罐和

---

34 戴杨本：《北宋转运使考述》，上海古籍出版社，2007年。

35 戴杨本：《北宋转运使考述》，上海古籍出版社，2007年。

36 戴杨本：《北宋转运使考述》，上海古籍出版社，2007年。

37 戴杨本：《北宋转运使考述》，上海古籍出版社，2007年。

38 戴杨本：《北宋转运使考述》，上海古籍出版社，2007年。

39 戴杨本：《北宋转运使考述》，上海古籍出版社，2007年。

图 6　圆唇黑釉直口盏

图 7　黑釉折沿盏

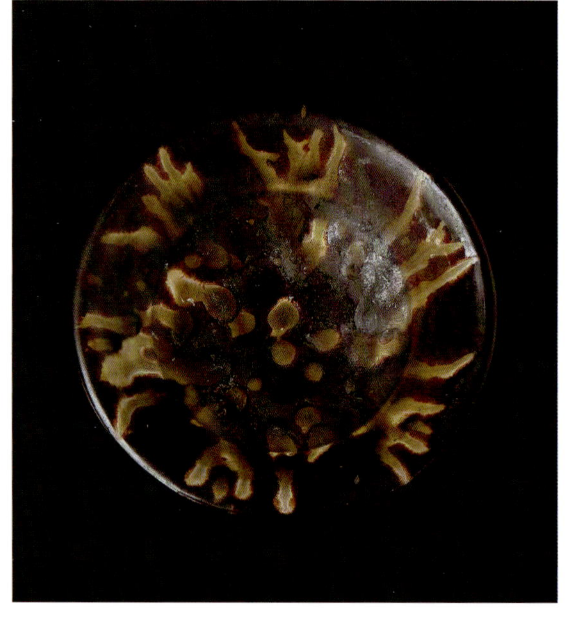
图 8　玳瑁釉盏

图 9　黑釉双耳盖罐

双耳直腹罐为多。荷叶盖罐与双耳尊较少见，在这两种器类中，少数器物不上白色化妆土，大多数器物上化妆土。在盏类器物的釉色中，兔毫盏较多，玳瑁次之，油滴釉和鹧鸪斑釉较少。从大量的标本的墓葬出土的器物来看，上白色化妆土的盏类和罐类器物釉色最佳，烧制技术成熟。烧制时代应在北宋后期到南宋时期，从技术的传承上来看，应当晚于吉州窑和建窑的同类型产品[40]〔图 6—图 10〕。

40 冯先铭：《古陶瓷鉴真》，北京燕山出版社，1996 年。

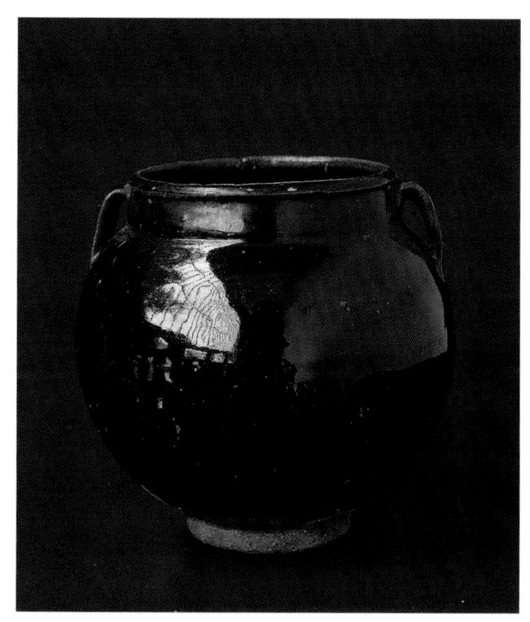

图 10　黑釉双耳罐

（2）米黄釉

广元窑中，米黄釉类器物以罐和盘类较多。粉盒、茶盏和茶托较少，尤以罐类器物烧制的技术成熟，釉色最好的当为釉下黑褐釉双耳鼓腹罐。盘类釉色欠佳，烧制时代应在南宋时期，技术上与北方磁州窑有一定的传承性[41]。

（3）绿釉

广元窑中，绿釉烧制技术不是很成熟。温度较低，釉色不纯，器类有盏、瓶、香炉、罐，烧制时代应在南宋时期。

（4）青釉

广元窑中，青釉烧制技术不成熟。釉色不纯，器类有碗、盘、盏，烧制时代应在北宋后期到南宋时期均有烧制。

2. 纹饰

（1）印花

广元窑印花瓷类中，器型有瓶、碗、香炉。釉色以青中泛微黄色为主。有莲花、荷叶、湖水、水波、缠枝花、水藻、方形雷纹、弦纹等。印花技法广泛见于唐、五代、宋。就四川地区而言，在宋代彭县窑中已使用，鉴于彭县窑属定窑系[42]，在叠烧的技法上可能存在一定的直接传承性。而广元窑烧制的青釉系列产品，在制瓷邻近的北方耀州窑中为主要产品，且印花精美。时间上比广元窑烧制早，较有可能为耀州窑技术的南传结果。因为，在广元窑遗址南约 500 米处的千佛崖石窟第 213 号龛的窟门右侧上方有题记一则："同州吕再兴、刘立阆，瓷窑户田忠三人等，同发愿心，重妆释迦佛一龛，共一十九尊，乞保各人家眷安宁，然愿天下太平。同州白水人吕再兴、刘立（缺"阆"）。绍兴八年（1138 年）二月初八日，刊字齐整。"[43]

（2）刻花

广元窑刻花器物有碗、罐类。一为成组的细线刻于碗的内壁用作底纹；二为粗线饰于罐类的外壁。邻近的北方耀州窑瓷器在北宋中期时，青釉的刻花已发展成熟[44]，已具备技术传播的可能性。

41 冯先铭：《古陶瓷鉴真》，北京燕山出版社，1996 年。

42 冯先铭：《古陶瓷鉴真》，北京燕山出版社，1996 年。

43 广元皇泽寺博物馆、成都市文物考古研究所：《广元石窟》，巴蜀出版社，2002 年。

44 中国硅酸盐学会编：《中国陶瓷史》，文物出版社，1997 年。

（3）剔刻

广元窑的剔刻类器物主要有瓶、罐两类。剔刻在器外壁，这种工艺广泛见于北方诸窑中，如磁州窑的剔刻技法在宋代已相当成熟[45]。剔刻技法应当是从刻花中分离出来的一个亚品种，只是前者在施釉前，后者在施釉后。

（4）附加堆纹

广元窑遗址中出土的附加堆纹器物极少，且残，仅见于仿古香炉。

（5）釉下彩绘

从广元窑釉下彩瓷器来看，米黄釉釉下彩最为丰富，有壶、瓶、双耳罐、带托盏、粉盒、盘、碗等器类。其制作工艺与磁州窑系的部分产品应当是有一定的直接传承性，如北方的鹤壁窑。

六、结语

通过以上分析，广元窑的产生背景与北宋统治阶级上承唐制有关，特别是茶事，上行而下效，上好而下求的人类社会行为又给各地封疆大吏提供了良好的机会。如建窑的“供御”之外还有“进盏”[46]。特别是熙宁至元祐年间的大发展时期，政治改革的加强与边防经费的扩大，以及人口的增加，促使社会手工业生产的空前发达。由此，产生了南北手工业技术推广、交流。当然，在此中间起到主要传播作用的官吏应该是各路一级的转运使官员。因此，广元窑的产生年代上限我们认为暂定在北宋的中后期为宜，虽然没有直接的纪年证据，但考虑到南宋初期和中期成熟的产品，应当有一个前期阶段发展的过程。另外，北宋的兴茶和瓷业是相辅相成的，两者税额都相当高。南北地区的建盏和吉州窑的玳瑁盏与品茶用具风行各地，这与地方风尚和生产用料及烧制技术是紧密相联的。由此，广元窑烧制的折沿盏和圆唇直口盏以及米黄釉釉下彩盏、盏托、绿釉盏托茶具的烧制时段应该在北宋后期到南宋中期之间。

附记：本文在写作过程中得到故宫博物院冯小琦研究员的大力支持与帮助，在此表示衷心的感谢。

45 中国硅酸盐学会编：《中国陶瓷史》，文物出版社，1997年。

46 冯先铭：《古陶瓷鉴真》，北京燕山出版社，1996年。

广元溶剂厂宋代瓷窑遗址考古新发现

郑万泉（四川省文物考古研究院）

摘要： 考古发掘工作表明，溶剂厂遗址是广元窑的组成部分之一，新出土的大量陶瓷器丰富了广元窑的器物群，新发现的一座浅火膛小窑炉丰富了广元窑的炉形种类，同时首次发现使用炉栅的现象，对认识广元窑的文化面貌具有重要意义。

关键词： 溶剂厂　广元窑　炉栅　黑釉　工艺

2022 年 12 月 10 日，在广北二专线瓷窑铺段改造工程的施工过程中意外发现了一处包含有大量陶瓷片的宋代堆积，推测与广元窑有一定的关系，因其堆积区域全部分布在广元市溶剂厂旧厂房下方，故将其定名为溶剂厂遗址。溶剂厂遗址位于利州区嘉陵街道，原工农镇千佛村 2 组，地处省级文物保护单位广元瓷窑铺遗址的东侧，遗址呈坡状堆积，由东南向西北倾斜，分布面积约 500 平方米。

2022 年 12 月至 2023 年 1 月，四川省文物考古研究院对其进行了抢救性考古发掘工作，发掘面积 100 平方米。因该遗址在施工过程中遭到的破坏程度较大，发掘区域内发现有一层堆积，堆积厚度 0—2.15 米，仅分布在探方中西部，由东向西倾斜。土色呈浅灰色，土质为黏土，结构较致密，土壤内包含有植物根系、炭粒、红烧土粒，出土有较多窑渣、石块、陶片、瓷片、窑具等，从出土遗物情况来看，该层堆积应为窑址倾倒的废弃物堆积层。此次发掘新发现窑炉 2 座（残），现场采集各类铜器、陶瓷器、窑具等文物小件 421 件，收集陶瓷片 3 万余片。

溶剂厂遗址的主体堆积虽然仅为废弃堆积，但因其毗邻瓷窑铺遗址，应该属于广元窑的组成部分。尽管此次的发掘面积较小，但还是取得了一些成果，主要收获有以下几点。

第一，新出土了一大批陶、瓷器遗物，丰富了广元窑的器物群。

广元窑是一处以烧造民间日常用器为主的地方窑口，1953 年为配合宝成铁路建设开展考古调查工作时发现，并将其定名为“广元窑”[1];1976—1978 年，四川省古陶瓷编写组、重

1　王家祐：《四川广元黑釉陶新探》，《文物参考资料》1955 年第 3 期。

庆市博物馆曾先后对此窑址进行过调查和试掘，出土完整瓷器60余件，以黑釉器为大宗，其次是青灰色釉器、米黄釉带黑器、素胎器等[2]；1996年，为配合108国道建设，四川省文物考古研究院等单位对瓷窑铺遗址进行了考古发掘，发掘面积305平方米，清理窑炉3座，作坊1处，出土完整或残损瓷器、窑具等遗物7000余件[3]；2015—2016年，四川省文物考古研究院对瓷窑铺遗址进行了抢救性考古发掘，清理宋代窑炉3座[4]。

结合以往广元窑的发掘工作，此次发掘出土的遗物数量大，为广元窑历次发掘中出土陶、瓷片数量之最。出土器物种类有碗、盏、碟、盘、杯、瓶、罐、钵、壶、炉、盒、鸟食罐等，其中主要器型以碗、盘居多，盏、碟次之，另有少量瓷塑玩具等。瓷器釉色以黑釉为主，另有青灰色、米黄色、黄色、绿色釉等，胎以灰白色为主，另有灰黑色、黄白色，多使用化妆土，碗盏类器物内部多施全釉，外壁多为半釉，流釉现象较为常见。此次出土了一枚用瓷土烧制的色子，整体略呈梭形，两端为尖锥形，中部为六边形，每面戳有1—6个不等的小孔。另外还发现有多个黑釉或黄褐釉的“马上封侯”“牧童骑牛”等瓷塑。

除此之外，此次发掘中还发现了一大批素胎瓷器，以罐、瓶、炉为主，由瓷土烧制而成，一部分器物为全素面，一部分器物上施白色化妆土，这类器型在以往发现的广元窑产品中较为少见，此次出土的数量较多。

第二，新发现了一处年代稍早、形制较小的窑炉，出土了一批陶质炉栅，这对认识广元窑窑炉形制的多样化具有重要意义。

以往发现的广元窑窑炉主要以马蹄形窑为主，窑床距火膛较高，为半倒焰窑室，如1996年发掘的三座窑炉的火膛均为半月形，膛底距窑床底部约1米，窑床壁均为砖砌。

而此次发掘的2座窑炉中，Y2位于探方西南角，开口①层下，打破生土层。土筑，保存状况极差，仅存火膛和部分窑床、窑壁。火膛平面大致呈扇形，火膛残长1.3米，宽0.5—1.7米，火膛较浅，膛底距窑床底部0.18米，火膛底部较平整，发现有多枚梯形陶质炉栅；窑床残存部分呈不规则形状，残长0.35—0.85米，残宽2.4米；东侧窑壁残长2.17米，残高0.3—0.46米，厚约0.26米，西侧窑壁残长2.54米，残高0.28—0.89米，厚约0.28米，壁面较平整，窑床底部为较平整的灰色烧结面。

尽管Y2被破坏得较为严重，但其形制上仍属于馒头窑的范畴。从层位关系上看，Y2开口在①层下，根据①层出土陶瓷器的形制来看，其年代大体在北宋晚期到南宋时期，所以该窑炉的年代应不晚于北宋晚期。从该窑炉的结构上看，与广元窑前期发现的窑炉相比，Y2的规模整体要偏小，火膛深度极小，而在窑床底部又未发现陶瓷片遗存，因此推测Y2

---

2 重庆博物馆：《四川广元窑的调查收获》，《四川古窑瓷研究（一）》，四川省社会科学院出版社，1984年，第221—234页。

3 四川省文物考古研究所、广元市文物保护管理所：《广元市瓷窑铺窑址发掘简报》，《四川文物》2003年第3期。

4 资料现存四川省文物考古研究院。

为一处烧制其他材料或具备其他功能的窑炉，而非一般意义上烧制瓷器的窑炉。

我们在 Y2 火膛底部发现有 21 枚炉栅，这也是首次在广元窑发现使用炉栅的现象。炉栅均为夹砂灰陶，平面呈长方形或梯形，散乱地分布在火膛底部。炉栅的出现多与使用煤作为燃料有关，这也从另一个侧面验证了广元窑是使用煤作为燃烧物的论断。

第三，出土的大量窑具，尤其是粘连有瓷器残件的各类匣钵，进一步丰富了我们对广元窑装烧工艺的认知。

就以往我们对广元窑的了解，多认为其装烧方法有三，一是装匣正烧，一匣一器，多为漏斗形匣钵，烧制浅腹的碗、盏类器物；二是叠烧，不用匣钵，主要烧制内底有涩圈的碗、盘等器物；三是大小套烧，大件套小件，在钵、罐、瓶内套烧小件器物。

此次的发掘中出土了大量的匣钵，除个体略大的漏斗形匣钵外，还有很多小型筒腹匣钵，应该是烧制小件器物所用，而未见有套烧现象；一匣一器中除正烧外，我们还发现有罐类的瓷器是采用覆烧，口部由一垫托支撑；垫饼、垫片、垫环等垫具在此次发掘中也发现了很多，但未发现使用齿状支钉。

总之，通过此次对溶剂厂遗址的考古发掘，我们获得了一批广元窑的新材料、发现了一类广元窑的新炉形，进一步认识了广元窑的装烧方式，这对我们系统总结广元窑的窑口特色与文化面貌具有一定的价值。

透视四川广元窑瓷器，挖掘若干历史信息

张天琚（四川省成都西藏中学）

摘要： 四川广元窑瓷器与同时期全国各大瓷窑一样，具有粗者甚粗，精者甚精，粗多精少，多实用器，少陈设器的特点；其众多实用器物，与当时四川的茶文化、酒文化、饮食文化和祭祀文化一脉相通；在工艺技术和瓷器品种上充分体现了对省内外各瓷窑优点的兼收并蓄，相得益彰。本文对广元窑的地理位置、产品特点、历史背景等方面进行了深入研究。

关键词： 广元窑概况　地位和成就　鉴定要点　研究意义

在四川省广元市西北门外约 6 公里处的一个叫瓷窑铺的地方，有一处始烧于唐代、停烧于宋末元初的古窑址——广元窑。这一个面积达一百万平方米的瓷窑遗址是 1953 年修宝成铁路时发现的。由西南博物院文物考古调查队定名为“广元窑”。四川省博物馆研究员王家佑先生当年曾参加宝成铁路文物保护委员会的工作，故而，对广元窑进行过最早的实地调查、试掘。1976 年和 1978 年，四川省陶瓷编写组和重庆市博物馆先后对该窑址进行了两次调查清理工作，初步地摸清了广元窑的基本面貌与烧造历史。1996 年 7 月至 9 月，

图 1　元代广元窑黑釉玳瑁纹深腹涩圈大碗

四川文物考古研究所、广元市文物保护管理所、绵阳市文物保护管理所、绵阳博物馆等单位组成广元瓷窑铺窑址考古队，正式对窑址进行了抢救性的考古发掘，最终确定广元窑出土瓷器的烧造年代大致为北宋中晚期至南宋晚期。不过笔者从器型学的角度认为，有实物证据表明，元代广元窑仍然在生产瓷器〔图1〕。

唐宋时期，巴蜀地区有不少瓷窑生产黑釉瓷器，如西坝窑、广元窑、涂山窑、金凤窑、邛窑、磁峰窑等，但就黑釉品种而言，以广元窑和西坝窑烧制时间最长，花色彩釉品种最多。就其彩斑彩绘器物而言，广元窑的精品瓷器器形规整，釉面蕴润、色彩鲜亮、彩绘手法多样，高超工艺技术可圈可点。

究其原因，历史上连接巴蜀和陕西、中原的道路主要是剑门道（又叫金牛道或石牛道），广元是必经之地。广元在嘉陵江边，顺江而下可进长江，嘉陵江和长江又把广元与长江中下游地区联系起来了。广元的特殊交通地理位置，决定了它是古代巴蜀与外地区人口相互流动、迁徙的交汇点和集散地。历史上的唐皇“幸蜀”和历代中原人士入川基本上都是经川陕栈道入剑门关进入四川腹地的。

宋代近三百年，四川是抗击金人、元人入侵的大后方和最后的根据地，其间全国各地曾有许多人口进入巴蜀。广元瓷窑铺恰恰处于川陕交通要道之上，是四川南北水陆交通重要通道，所以，随之而来的全国各地陶瓷工艺技术与巴蜀本土工艺的交流和融合是必然的，这就促进了广元窑瓷器生产品种的多样化和工艺技术的进步。

虽然，考古工作者对广元窑分别在三个时段进行过实地调查、试掘和调查清理工作，对广元窑的基本面貌与烧造历史已经有了清晰结论。但是，由于民国时期修筑川陕公路、20 世纪 50 年代在川陕公路对面修建宝成铁路，都经过了广元窑遗址地区，出土的完整实物十分有限，精美器物更是罕见，加之信息的发布和宣传的不足，人们对广元窑黑釉瓷器的面貌，特别是突出成就还是远远不够清楚的。

改革开放以来，随着四川各地城市基本建设规模的逐渐扩大，各地出土的广元窑瓷器不断面世，广元窑的精品渐渐被更多的爱好者所熟知。一些民间收藏者成为广元窑瓷器的专题收藏家和研究者。

2000 年 3 月 4 日，新华社曾转发《华西都市报》的一篇报道，报道说：“日前，成都市文物总店在整理库房时发现一件罕见的宋代描金龙纹黑釉罐”“这件黑釉描金龙纹罐高 14 厘米，腹径 13 厘米。灰白胎，胎质较粗。釉色黑中微泛灰褐，黑釉上用棕红釉彩绘纹饰。在罐腹部饰有一条体态轻盈的描金腾龙，其下为海水纹。此描金龙双目突出，龙角弯似鹿角，四脚腾空，张牙舞爪，气势非凡。”这件黑釉罐是该店从一广元农民手中收购的，该店经理认为：“从其磨损程度来看，当为传世品。从其胎、釉、纹饰风格分析，均显现了明显的北宋晚期、南宋初期广元窑器物的特征。”

根据历年来的出土器物和窑具分析，广元窑主要产品是民间实用器，计有碗、盘、盏、碟、杯、瓶、罐、壶、钵、盒、洗、盏托、水匜、香炉、陈设器和小瓷塑动物、玩具及鸟食罐等，除手制捏塑的小动物外，多数生活实用器均为轮制修坯；釉色以黑色为主，兼有青灰色、米黄色、酱色、黄色、绿色，此外，还有无釉素胎器；由于广元窑使用煤炭作为燃料，各种器物烧成温度高，瓷土虽然因为淘洗不够，夹杂有石英颗粒，但胎骨结构坚硬、紧密，没有明显气孔，从断面上看，胎骨呈色多样，有灰黑色、黄白色、灰白色、褐黑色、红褐色等，其中，普品以褐黑色为多，精品则以黄白色、灰白色为主，另外也有罕见的白色〔图 2〕；盘、碗等器物的外壁多为半釉或施釉不到底，碗足有饼形足、玉璧底足或矮环底足；所有施釉器物往往在施釉前，以白色化妆土和黑色化妆土修饰胎面，从而，大大地提高了器物釉面的光洁度，这一点和广元窑瓷器多挂半釉即露胎多、施釉不到底构成了区分广元窑黑瓷与建窑黑瓷的最大差别〔图 3〕。

图 2　广元窑瓷器胎质、胎色剖面图

图 3　广元窑碗类圈足底部图

图 4　广元窑各种瓷碗

广元窑的黑釉呈色丰富，其黑色的变化是由于釉层厚薄的不同而形成的，一般可分为正黑、绀黑、棕黑三种。在黑釉瓷中，因独具匠心地施撒黄色彩斑而形成的玳瑁纹、虎皮纹及油滴纹、兔毫纹等盘、碗、盏等器物〔图 4—图 8〕，其美学价值和观赏性足以与吉州窑、建窑同类器物媲美。以往人们多以为广元窑只生产黑釉窑变器物，随着出土实物的增多，人们也认识到广元窑也有采用刻划、模印、堆粉、描金、釉上釉下彩绘等装饰手法生产的器物。其黄釉瓷器和绿釉黑色彩绘瓷器别具一格。

四川省博物馆研究员王家佑先生根据在窑址收集的品种繁多的瓷片断言："这些残片说明了这个古窑是可能烧过或交流过四川邛窑、大邑窑、川东窑，甚至遥远的钧窑、越窑的釉彩与技术。"此外，陈丽琼先生在专门论述广元窑不同瓷器品种与北方陕西、山西、河南和南方福建、江西、浙江等地古代瓷窑产品的"相似"和"相同点"的同时，还根据海外的考古发现资料，指出广元窑产品"也有外销东亚的可能"。因此，对广元窑及其产品的研究意义是十分重大的。

图5　广元窑各种瓶类

著名古陶瓷专家叶喆民先生在《中国古陶瓷科学浅说》一文中，曾指出建阳阶级窑起源于宋代，而考古资料表明，广元窑瓷器也是用阶级窑装烧而成的。广元窑的阶级窑是由隔室龙窑进化而来的，是馒头窑与龙窑的结合体，即从单个窑室看是一个半倒焰的馒头窑，

图6　广元窑各类壶罐炉

几个相互连通的馒头窑建在坡度较大的山坡上组成一个呈阶梯状的大龙窑，从而使馒头窑和龙窑的优点都得以利用和发挥。使用这种先进窑炉的装烧的方法一般有三：一是一匣一器，装匣正烧，匣底以石英砂作介质；二是把涩圈碗直接重叠于支托上进行无匣叠烧；三是采用垫饼、支柱、三叉形支点等垫具按器物的大小隔离进行无匣套烧。

掌握以上广元窑瓷器及其装烧的特点，对于鉴定广元窑瓷器是具有重要的指导意义。比如，广元窑的一些精品彩斑黑釉窑变碗，内底满釉，外壁施釉至腹下，但底足为饼形足或玉璧底足或矮环底足且粘有沙粒，这就是采用匣钵单件装烧法烧成的器物；而器内有白

图 7　广元窑各种茶盏、盏托

色涩圈，较高的圈足并涂有白色化妆土，圈足四周露胎较多，这样的器物就是叠烧或套烧的结果。用装匣单件正烧出来的器物自然属于上品，其胎普遍比用叠烧和套烧的器物的胎质要细，要轻薄一些；由于使用化妆土和先进窑炉装烧，精品黑釉彩斑器物釉面的光亮度比建窑、吉州窑同类器物要高。

综上所述，四川广元窑瓷器与同时期全国各大瓷窑一样，具有粗者甚粗，精者甚精，粗多精少，多实用器，少陈设器的特点；其众多实用器物，与当时四川的茶文化、酒文化、饮食文化和祭祀文化一脉相通；在工艺技术和瓷器品种上充分体现了对省内外各瓷窑优点的兼收并蓄、相得益彰。所以，四川广元窑文化是值得深入研究的。

图8 广元窑彩绘瓷片

丰富多彩的四川广元窑古陶瓷

李铁锤

摘要： 概括介绍广元窑的基本情况，对广元窑烧造的优秀品种黑釉、绿釉彩绘、黄釉、玳瑁釉、白釉黑花作扼要说明。

关键词： 广元窑　黑釉　白釉黑花　玳瑁釉

广元古称利州，是武则天的故乡，这里有皇泽寺、千佛崖等。著名的广元窑古陶瓷窑址就在广元老城以北约7公里的瓷窑铺（今名工农）小镇附近。由于建工厂、修高速公路、筑沿江大道等，古窑遗存已难觅踪迹，如今再也见不到几十年前瓦片、窑具堆积如山的景象，幸好刻着"广元县文物保护单位 唐代瓷窑铺遗址 广元县人民政府一九五六年公布 广元县文物管理所立"的石碑依稀可辨〔图1〕。

图1　广元窑址的早期标识

该窑1953年修建宝成铁路文物调查时发现，1954年初步发掘并命名为"广元窑"。1976年以后，四川省及广元市文物研究和考古专业人员发掘收集了大量陶瓷实物、标本与窑具。研究表明，广元窑的烧造年代为晚唐至元代，兴盛期主要在北南两宋。本文所举实例，多为兴盛期的制品。由于广元窑特殊的地理位置，呈现南北文化交融的特点，因此广元窑陶瓷丰富多彩，从本文所举十几例中，亦可窥豹之一斑。

图2　黑釉壶

图2是件广元窑黑釉壶，它釉面光亮如镜，

图 3–1　黑釉兔毫盏

图 3–2　黑釉兔毫盏（内部）

就黑釉瓷而言，广元窑的亮黑釉无论如何都称得上一流。壶身呈荸荠形，短流，足圈矮宽似玉璧，且有三个三角形槽，具有晚唐、五代风格，烧造时间应不会晚于北宋。这样优美、流畅的酒壶是否供利州防御使王诜那样的达官显贵所用，今天已不得而知。图 3–1、图 3–2 的广元窑黑釉兔毫盏跟建窑兔毫盏是何等的相似。这表明二者达到了同样的高水平。兔毫盏是宋代斗茶佳器，当时跟四川关系密切的苏东坡、黄庭坚、陆游、范成大等文人雅士都精于此道。其实，若仔细查看，广元窑兔毫盏跟建窑兔毫盏的区别还是明显的，二者的根本区别在于胎，广元窑为褐色砂胎，远不如建窑胎那么黑，因为广元窑广泛采用了深色护胎釉。经测定，二者的烧成温度相差无几，广元窑为 1290℃，建窑为 1310℃。由此看出，古代的茶酒文化推动了当时陶瓷业的发展。以上三例，都是黑釉瓷，黑釉瓷是广元窑的主流产品。在黑釉器物中，除了兔毫外还有油滴、鹧鸪斑、虎皮斑和玳瑁斑等；釉色除了纯黑外还有褐、酱、茶叶末等。

图 4　绿釉白彩双铺首瓶

图 4 的绿釉白彩双铺首瓶可以说是广元窑绿釉器物中的杰作。瓶高 24 厘米，其工艺大有玄机。该瓶主体成形后刻四道弦纹，再贴上一对模制的兽首衔环铺首。然后，倒置蘸涂瓶颈至弦纹部分的白色化妆土，再用白色化妆土绘出下半部的牡丹花纹饰，通体罩上一层透明绿釉，最后经烧制而成。这样制出的花瓶上半部，在白色化妆土的衬映下，显得格外翠绿；其下半部无化妆土处呈深灰色，而用化妆土绘出的牡丹花卉则深浅起伏、变化多端。图 5 是广元窑绿釉白彩水注，1971 年广元市剑阁县宋墓出土，现藏于四川博物院。它跟上述的绿釉瓶工艺相同，只是多了几道沥

图 5　绿釉白彩水注

图 6　绿釉黑彩壶

图 7　绿釉黑白双彩壶

图 8　黄釉褐彩刻花炉

彩的条纹。图 6 的广元窑绿釉黑彩壶也是这类制品，不过黑白颠倒，在通体白色化妆土的衬底上，绘制出黑彩牡丹纹饰和沥彩竖条纹。图 7 的广元窑绿釉黑白双彩壶更是别具特色，它先用白色化妆土对局部打白底，又用黑釉对局部铺底并绘制黑花，再用白色化妆土绘制白花，最后整体罩上一层透明绿釉。这样一来则黑绿分明，色彩更加艳丽、丰富。无论白彩还是黑彩，所绘牡丹等花草纹饰皆为写意牡丹花卉画法。宋代广元窑和唐代琉璃厂窑颇多的写意牡丹画表明，早在明代万历时期的徐渭以前，没骨写意画就已在陶瓷上频频出现，这对我国绘画史的研究，是有重要意义的。

图 8 的广元窑黄釉褐彩刻花炉向我们显示出广元窑的另一品种，这种艳丽的金黄色器物，在宋代诸窑中并不多见。但该炉不仅是黄釉，而且有褐色斑彩，它的腹部还有一圈刻花。四川陶瓷的彩绘装饰起步很早，宋代四川各窑的装饰手法更加多样，此炉的刻花与斑

图 9　白釉黑彩壶

图 10　虎皮斑茶罐

彩，正体现出当时广元窑的某些装饰特征。图 9 的广元窑白釉黑彩壶体现出宋代川窑彩绘的潇洒与流畅。它跟图 6 的绿釉黑彩壶工艺相同，但是由于它底下的白色衬底和表面的无色透明釉，使得黑彩显得格外醒目、养眼。这种白釉黑彩器物，四川阆中出土较多。起初，有不少人把这类器物误认为是磁州窑产品，的确它跟磁州窑的纹饰有些相似。不过，广元窑的黑彩跟白彩一样，都是釉下彩，在这一点上是继承了四川邛窑釉下彩技术传统的。

众所周知，黑釉瓷系中除了油滴、兔毫等以外，还有虎皮斑、玳瑁斑等。图 10 是件广元窑虎皮斑茶罐，图 11 是件广元窑玳瑁斑大盏。从图中不难看出，广元窑这类斑纹釉制品也是非常优秀的。

通过以上诸例可以看出，广元窑陶瓷的造型、釉色与纹饰多种多样，既有四川及南方其他窑口的传统，又有北方陶瓷文化的影子。一方面，四川处于南北丝绸之路即南北方文化的交汇处，广元又是四川毗连陕西、甘肃的北部重镇，有机会经历南北、东西方文化的撞击。另一方面，广元窑产品不仅面对川渝沿江各地的用户，而且还要适应西安、兰州等地用户的需求，因此它必须采用南北各方都喜爱的式样与装饰。由于它所处的地理位置，也便于同时吸取东西南北相关的文化营养。如今，出土广元窑遗物较多的地方有四川广元、阆中、遂宁、成都重庆合川等地，还有北方的西安、宝鸡、兰州、天水等地。这些出土物的地理分布向我们展示出古代广元窑产品的广泛市场分布和巨大影响力。

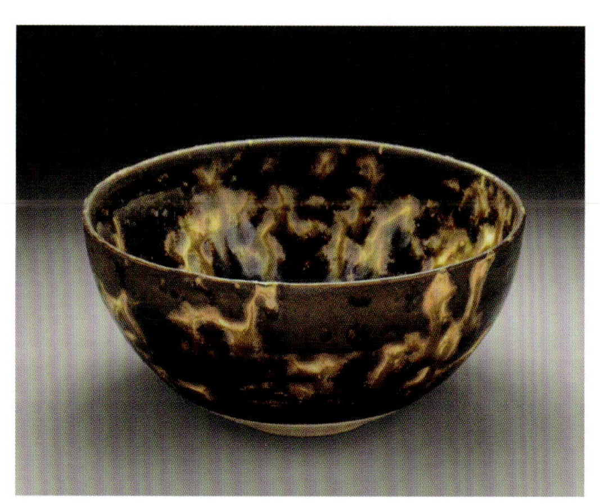

图 11　玳瑁斑大盏

通过以上诸例，大致把古代广元窑陶瓷制品的基本面貌比较清晰地呈现了出来。总之可以理直气壮地说，广元窑是一个丰富多彩的、非常优秀的古代窑口。

广元窑的四种釉色
——凝结着古人对美的向往对意境的表达

罗勇　罗梓文

摘要：陶瓷，是我国古代智慧发明的之一，历代文人墨客望瓷兴叹，留下了千万首咏瓷的名篇。四川，作为南北陶瓷业技艺的交汇之地，古陶瓷历史悠久而丰富。其中，距今已有一千多年历史的广元窑是唐宋时期极具代表性的一个窑口。为此，研究广元窑瓷器，需要足够的认识深度、足够的热情和毅力。广元窑陶瓷作为中国陶瓷西部的重要分支，即使不能与定窑、汝窑等官窑相比，但作为民窑仍是中国陶瓷史上不可缺少的重要组成部分。

关键词：南北陶瓷业　利州　广元窑 瓷窑铺　唐宋

陶瓷，是我国古代先民最智慧最伟大的发明之一，是泥、火、技、艺、冶完美的结合，具有物质和精神的双重属性。追溯陶瓷的历史，在新石器时代，中国先民发明陶器仅仅是为了生活便利，用于盛物之用。随着瓷器的出现和社会的发展，逐渐便注入了宗教、民俗、审美、道德等因素。历代文人墨客望瓷兴叹，留下了千万首咏瓷的名篇。杜甫道“茗饮蔗浆携所有，瓷罂无谢玉为缸”，表达了对瓷器实用性的夸赞；皎然说“素瓷雪色缥沫香，何似诸仙琼蕊浆”，是对瓷器莹缜如玉、青莹葱翠的美的感知。千百年来，人们的生活和意趣完全与瓷器密不可分。

一、从悠久历史脉络中来认知广元窑的历史

四川作为南北陶瓷业技艺的交汇之地，古陶瓷烧造历史悠久，窑口众多，产品丰富，精品迭出。其中，距今已有一千多年历史，四川北部地区的广元窑是唐宋时期极具代表性的一处古代民间窑场。为此，我们研究广元窑瓷器，需要足够的认识深度、足够的热情和毅力。

广元，古称利州，地处南北方交通要道上，在没有现代化交通工具的古代中国，是南

图 1-1　广元窑遗址

图 1-2　广元窑遗址

下北上比较快捷的唯一通道。也是天之娇女中国唯一女皇武则天的故里，同时素有“川北门户”“兵家必争之地”之称。新中国成立初期，文物考古工作者为配合修建宝成铁路进行田野调查时，在嘉陵江沿岸距离著名的千佛崖石窟不到一公里的地方，发现一处古代窑址群〔图1〕，并将其定名为“广元窑”。

汉唐—北宋时，四川商旅云集，经济贸易文化十分发达，人们生活相对比较富足。而面临嘉陵江上游的黄金航道，背靠山坡的广元窑，有着得天独厚的地理优势，为广元窑的发展奠定了先天基础。因窑址附近盛产瓷土、长石、石英、方解石、石灰石、黏土、柴薪和煤等，烧造瓷器就地取材具有得天独厚的先决条件。因为地理优势广元的航路极其发达，商品外运大部分通过嘉陵江航运下行到四川的东南部各地，另一部分则是经嘉陵江航运上行加陆路运输的方式通过河西走廊到达中亚地区。在四川、甘肃、陕西、重庆、青海，新疆等地的唐宋墓葬和遗址都有发掘出广元窑的器物。

广元窑陶瓷作为中国陶瓷西部的重要分支，即使不能与定窑、汝窑等官窑相比，但作为民间窑场生产的瓷器仍是中国陶瓷史上不可缺少的重要组成部分。广元窑的烧造年代是非常悠久的，从宝轮战国船棺墓葬出土的陶器到东汉三国昭化出土的画像砖瓦，说明广元在秦汉时期就有烧制陶器的窑口。从昭化古城出土的汉砖和瓷窑铺出土瓷器的各种器形及釉色来看，广元窑是中国几千年陶瓷发展技术和艺术的积累而结就的硕果，自然有其深厚的、哲学的、美学的、文化的、技艺的因素。而且地域分布较广，从狭义来看，广元市城北嘉陵江左岸的瓷窑铺古窑址群（后被地产开发商毁坏，所剩无几）及后来在广元城区建设中发现的古窑址群（已被建筑商全部毁坏）属于广元窑，从广义的角度来看，柏林沟古窑址、剑门关下寺古窑址、朝天羊木古龙窑窑址、苍溪汉昌古窑址等，以及嘉陵江沿岸过去属利州路管辖范围内的古窑址都属于广元窑系，此观点得到了国内文博专家的一致认可。广元窑也可称利州窑，在宋代，广元地区建制利州路，广元的行政划分由元代所始，所以，广元窑称利州窑亦为确切。

据资料考证，广元窑在唐代后期开始烧造，早期生产的陶瓷器与咸阳老机场醴泉坊窑后期生产器物的胎釉大致相同。在两宋时达到鼎盛，南宋末年蒙人南下，广元窑在宋元长达五十年的战乱中毁于一旦。广元窑在宋代以烧黑瓷为主，胎体有灰色、黑色、土黄色、灰白色、黄白色、褐黑色、红褐色、白色、褐色、土红色等色。胎质较粗，但致密，瓷化程度较高，有些器物在胎体中还添加石英砂颗粒来增加强度，没有明显气孔，吸水率较低。普通产品胎体以褐黑色居多，这类产品釉色黑中微泛灰褐，不太光亮。器型有碗、盘、瓶、灯、熏、罐、壶、钵、盆、炉、盏、托盏（有连体和分体式两种），及小型动物瓷塑等。精品瓷器胎体则以黄白色、灰白色为主，如香炉、香薰、执壶、瓶、枕、洗等。另外也有罕见的白色，白胎瓷器均属于小件而精细的产品，如茶盏、粉盒、文房器等。纹饰常见有兔毫纹、虎皮纹、油滴纹、玳瑁纹、鹧鸪斑纹等。常见工艺有划花、刻花、剔花、印花、洒釉、搅化妆土、贴塑等，内容多为花草纹、珠圈纹、钱文、回纹、祥云纹、水波纹等。黑釉小瓷塑南北风格皆有，造型灵动，活泼可爱。

广元窑在鼎盛时期，所烧造的瓷器有黑釉、绿釉、黄釉、白釉、三彩、酱釉、褐釉、青黄釉、绿釉黑花、绿釉褐花、黄釉褐花、白釉黑花、绿釉白花、黑釉白花、和无釉素胎器等器物。产品釉色丰富，以黑釉瓷器产量最大。建窑兔毫盏、吉州窑玳瑁釉、鹧鸪斑、浑源窑油滴釉、赣州窑刻树叶纹柳斗罐、淄博窑凸线纹罐、磁州窑白釉黑花等，此窑也都有烧造，这在当时窑场林立的巴蜀地区极为少见。

而在发展过程中，通过不断的交流和学习，广元窑充分吸收南北制瓷技术的养分，青黄釉瓷器可能是受到离广元窑最近的耀州窑影响，刻花、剔花、划花、模印纹工艺及透明釉下彩都有相似之处，瓷塑玩具、鸟食罐、小水盂等和成都平原邛窑的风格、制法一致，部分产品如出一辙，最终诞生了品类极其丰富、造型独特并极具地方特色的广元窑陶瓷产品，尤其生产的绿釉和黄釉高温瓷器皆属瓷器佳品，装饰方法特色鲜明为广元窑所独有。

综上所述，可以看出来广元窑与周边窑口有很深的文化交流融合。广元窑在学习其他窑口陶瓷工艺特色的同时，又创造了属于自己的独特风格、烧造的产品具有自己的特点。其他窑口后期反而还在学习借鉴广元窑制瓷技艺，从众多窑口中脱颖而出成为四川黑釉窑口的典型代表，独树一帜，成为古蜀道上遗失的一颗明珠，中国古陶瓷的一朵奇葩。

二、广元窑及其瓷器工艺传承独具匠心

许多年以来，人们都错误地认为广元窑只烧造黑釉瓷及其窑变器。随着中国的改革开放，国家加大了各地基本设施建设，出土的广元窑瓷器也越来越多。随着大量精美的实物面世，人们认识到广元窑生产的瓷器装饰手法丰富多彩，采用刻、划、剔、描、洒、印、戳、绘等技艺。广元窑地理位置很特殊，处于川陕甘交通要道上，自古就是四川南北水陆交通重要的通道，我国南北陶瓷烧造工艺和技术的交流在广元窑瓷器上有广泛的体现。同时，还根据海外多地的考古资料发现，两宋时期广元窑生产的部分器物在当时就销往了海外。这对广元窑及其产品的研究，和对两宋时期中国与海外的贸易意义是十分重大的。

广元窑瓷器烧制方法是很独特的，首创了采用阶级窑正装烧，这种窑炉结构可以节省大量的燃料，降低生产成本，是古代劳动人民在长期工作中的智慧成果。广元窑的阶级窑由龙窑变化而来，是由倒焰窑和龙窑结合而成，从单个窑室看是半倒焰的馒头窑，几个通连的馒头窑在落差较大的山坡上建成呈台阶状的龙窑，让馒头窑和龙窑的优点都得以最大利用和发挥。这种瓷窑装烧一般有几个特点：首先是一匣一器或一匣多器大小套装，用匣钵正烧，匣钵底铺撒石英砂防止瓷器与匣钵粘连，现在一些广元窑器物的底部还可以看到沾有石英砂颗粒。川北地区，尤其是磁窑铺附近有大量的石英砂矿，有这个条件；再者是把涩圈器重摞于垫托，进行不用匣钵的摞烧，也称叠烧；其次是采用大小不同的支柱、垫饼、三叉支钉、垫圈等垫具进行无匣钵的大小套烧、叠烧。节省燃料是阶级窑的另外一大特点，它能像龙窑一样一次装入大量的胚胎，提高产量；又能像馒头窑一样控温容易，提高产品质量。阶级窑在烧窑时由低至高逐室烧成，充分利用前一室燃烧的余热来烘烤下一室的胚胎，从而达到节省燃料的目的。

广元煤炭资源丰富，瓷窑铺遗址还一度成为工农镇煤矿的煤炭露天堆放场地，所以广元窑也是中国最早使用煤作燃料烧造瓷器的窑口之一。因为各种各样的历史原因，广元窑遗址自 20 世纪 30 年代以来就遭受了严重的破坏，窑址极少出土精美器物，严重影响了世

人对广元窑瓷器工艺水平和成就的认知。掌握了解广元窑装烧的特点，也是对鉴定广元窑瓷器具有很大的帮助。

三、广元窑瓷器釉色以黑釉、绿釉、黄釉和白釉为主〔图 2〕

广元窑瓷器的釉色以黑色为主，兼有青黑色、姜黄色、酱红色、黄色、象牙白、青黄色、绿色等，此外还有无釉素胎器。盘、碗等器物的外壁多为半釉或施釉不到底，碗足有饼形足、玉璧底足或矮环底足。高档产品在施釉前以白色化妆土或黑色护胎釉修饰稍粗的胎面，从而，大大地提高了器物釉面的光洁度。

广元窑黑釉瓷产量最大〔图 3-1〕，有似南方建窑兔毫盏、吉州窑玳瑁釉盏、江西赣州窑烧造的刻划柳树叶纹罐及北方诸多窑口生产的黑釉线条纹罐。两宋时期广元窑所产的黑釉瓷器，品质优良，釉色丰富变化多端。黑色釉所产生的窑变是由于多次施釉后，釉层厚薄不一而形成的，一般可以分为正黑釉，也叫绀黑釉、乌金釉，经过多次施后，釉层比较厚，光洁温润，釉色如漆，近圈足处有流釉（垂珠）现象，产品多为高档的茶盏、香熏、花瓶和香炉等，为世人所喜爱，万金难索；蓝黑釉，和绀黑釉施釉方法相同，与绀黑釉不同是蓝黑釉的釉料中除了含铁外，还添加有其他少量贵金属而产生有窑变的瓷器，如兔毫盏等。在兔毫釉盏中，又分为蓝兔毫、金兔毫、银兔毫、红兔毫。其中，金兔毫尤其罕见，是藏家梦寐以求的珍稀藏品。绀黑釉与蓝黑釉瓷器都有一个共同点，那就是制作精良，修胎精细，胎体施白色化妆土，底部有黑色护胎釉。兔毫釉盏在东洋被称为“天目瓷”，从我国流传过去后变成了他们的国宝；褐黑釉又叫褐釉，只施一道釉，釉层稀薄没有窑变更无流釉现象，颜色深

图 2　广元窑四种釉色

图 3-1　广元窑黑釉三供器

浅不一是黑釉器中最为普通的瓷品，市面上售价低廉，因而受到寻常百姓的喜欢。广元窑的窑工在常年制瓷烧造过程中，他们独具匠心地施不同颜色釉料而形成的三彩、玳瑁（黑釉黄彩）、虎皮（黄釉黑彩）以及油滴、鹧鸪斑、搅化妆土等纹饰。产品有盘、碗、洗、盏、瓶、炉、熏等器物，其美学品鉴和观赏性可与吉州窑、建窑等同类器物媲美。有的品种甚为独特，比如广元窑生产的搅化妆土三彩束腰枕，就为其所孤有，成为绝唱。广元窑烧制的黑釉盏，盏形与建窑盏也不尽相同，前者的线条比较圆润，口有灯草边。底足有小平底、玉璧形底与浅圈足底，以玉璧形底居多。广元窑黑釉盏的胎体施有白色化妆土，底部施有黑色护胎釉，有薄有厚，这也是广元窑黑釉盏的一大特色，这一点是广元窑黑瓷与建窑黑瓷的最大区别。

四、广元窑烧造的绿釉和黄釉瓷器是少见的精品

长期以来，广元窑产品被世人熟知的只是它的黑釉瓷器物，其存世数量大，质量上乘。而绿釉和黄釉瓷器相对存世量较少，文博部门的考古发掘资料又不对民间开放。所以人们对广元窑这两种釉色的瓷器长时间的处于知识盲点中。只能在现有的一些文献中零零碎碎模糊的了解，比如最早调查广元窑《四川广元黑釉窑初探》中就有将广元窑的绿釉和黄釉描述为：“银灰色开银片陶片、绿色釉陶片、蛋壳色黄釉绘绿花似琉璃厂窑残盘。”《广元瓷窑铺黑釉窑》中也提到广元窑有绿釉和黄釉，并认为绿釉含铅量重，故绿中闪银灰色。重庆市博物馆《四川广元窑的调查收获》中提到：“黄色釉，鲜明而光亮，有化妆土，施香炉和瓶上。绿色釉，有草绿及绿中闪银灰色，以草绿色为优，可能由于这种釉色珍贵或不易掌握火候关系，仅见用于香炉及瓶上。”1966 年考古工作者在广元瓷窑铺窑址调查时，就发现过黄釉和绿釉瓷器。最近几年对广元磁窑铺遗址发掘中，在窑址中又发现大量精美的黄釉和绿釉瓷器标本。

广元窑瓷器在全国各地宋代窖藏中也有不少遗存。《四川考古报告集》之《重庆市荣昌县宋代窖藏瓷器》一文中就记载了在重庆荣昌宋代窖藏中，出土了广元窑瓷器 9 件，其中黑釉盏 4 件，绿釉瓶 1 件和黄釉瓶 4 件，瓶的造型为觯瓶。遂宁青瓷窖藏中也有数件广元窑瓷器，尤其是那件撇口玳瑁釉斗笠盏让人过目难忘。其他比如在德阳、简阳、什邡等

地区，宋元战争时就入藏的诸多窖藏中亦发现有广元窑黄釉和绿釉瓷器。

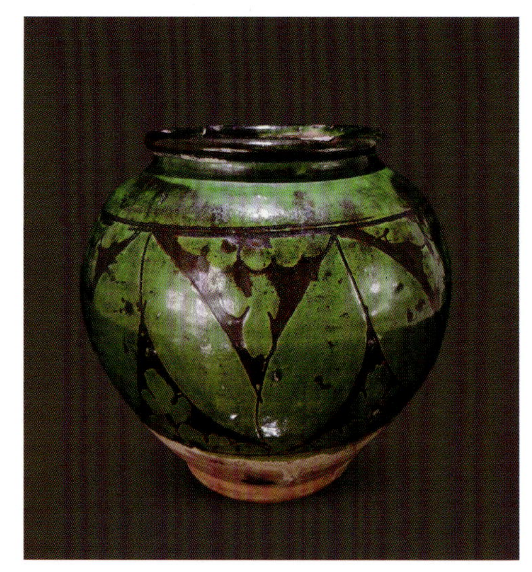

图 3-2　绿釉剔花罐

广元窑绿釉瓷器装饰方法特色鲜明，从考古发掘资料和遗世实物的相互印证，绿釉瓷器产品中有执壶、瓶、罐、盘、托盏、炉、熏、渣斗等〔图 3-2〕，托盏目前只见到分体式一种。胎质分为低温陶胎和高温瓷胎两种，胎上都施有白色化妆土。低温陶胎体多为砖红色，胎质细腻不含石英砂，吸水率较高；高温瓷胎为黑色或褐黑色含石英砂细颗粒，吸水率低。绿釉瓷器大多数釉色干净，有不透明的绿中闪银灰色釉和透明翠绿色釉两种，前者据考证实际上是绿釉返铅现象，是低温釉的一种，釉料中含铅。翠绿色釉是用草木灰和石灰等为配料，釉料中不含铅，玻璃质感强，属碱性釉。绿釉瓷器大多数为素面无花纹。也有部分产品带纹饰，装饰技法有刻、画、描、剔、绘、戳印等。其中釉下彩绘最具特色，又分为釉下描绘和釉下刻（剔）绘。

广元窑绿釉瓷器釉下描绘是在施了白色化妆土的器物上先用白色、绿色或黑色画出花草等纹饰，再罩上透明釉入窑烧成，这类产品皆是高温瓷胎器。其中白色和部分黑色纹饰采用化妆土绘制，有凹凸感。釉下刻（剔）绘是在施了白色化妆土半干的胚胎上，用工具或剔或刻绘出花草、鱼纹、线条等纹饰，罩上透明釉烧制，这部分产品皆是低温陶胎器。另外，戳印技法是用提前雕刻好的阳纹模具，在潮湿的胚胎上戳（压）印而成，有花草、鱼纹、回纹、云纹、如意头纹等纹饰。一般印在器物的肩、腹处，还有一类比较特殊，就是器物的全身都印满回纹，这种仅见于绿釉高温瓷器。

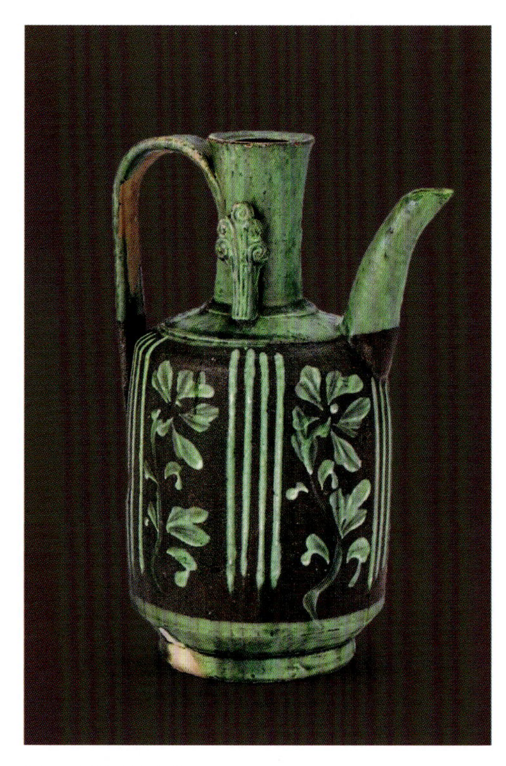

图 4　绿釉白花执壶

在故宫博物院众多珍贵的藏品中，那件国家一级文物绿釉黑花执壶就是广元窑所生产的〔图 4〕。广元窑绿釉执壶的造型主要有几种，一种是长颈直筒壶，流较长，C 形柄；一种是短颈球形壶，流较短，曲柄。另外还有瓜棱形壶，瓜棱形壶又有高矮之分，高瓜棱形壶有 C 形柄和曲柄，矮瓜棱（南瓜）形壶仅见 O 形柄。瓶的造型有觯瓶〔图 5-1〕、兽耳衔环长颈瓶、长颈瓶〔图 5-2〕、嘟噜瓶、玉壶春瓶等，觯瓶皆为素器。长颈瓶的口沿分为

图 5-1　玳瑁釉鲜瓶

图 5-2　绿釉长颈瓶

两类，一类是直口型，颈部细长，无唇边，球形腹，这类产品器形较小，制作精良，民间又称之为柳叶瓶或是净瓶，器身光素无纹；一类是唇口型，口沿外卷而形成唇边，球形腹，器身光素或有釉下彩绘。另外有一种长颈瓶，器形较小，满身戳印回纹，高温瓷胎。兽耳衔环长颈瓶是在普通长颈瓶的肩腹结合部贴塑一绳纹环，与颈部的 C 形兽耳相连，造型别致。有釉下彩绘和素器之分，亦有大器。笔者曾见一兽耳衔环长颈瓶素面无纹之器，高度达 50 厘米左右，打破川瓷宋无大器的片面之言。四川博物院那件绿釉白花嘟噜瓶，是广元窑绿釉瓶中的瑰宝，亦被列为国家一级文物。

广元窑绿釉炉的造型主要有以下几种，一种是三足冲天耳鼎式炉，直足较高足内中空成管状，修胎工整施白色化妆土，炉身外面罩透明釉内无釉，炉膛内有墨书款；一种是三足山字耳鼓腹炉，实足较矮稍稍外撇，折沿直颈鼓腹，釉面光洁，有的在炉身鼓腹处模印有鱼纹、回纹和花草纹；还有一种是直筒炉，直筒炉中又分为山字足唇口和圈足直口等。两种香熏皆为直筒形，也可分为两种，一种是子母口瑞兽盖熏，器身有剔刻线条纹和剔刻牡丹纹等；另一种是直口镂空盖熏，镂空盖有的还镂空成万字纹，这可能与佛教有关。广元窑绿釉器的高温瓷胎和低温陶胎并存，其釉下彩绘瓷器装饰特色鲜明，在同时期的其他窑口中没有见到过，为广元窑所独有的产品。

广元窑生产的黄釉瓷器，釉色光洁，温润而艳丽，制作工艺、器形和绿釉瓷器基本相同，也分高温瓷胎和低温陶胎。产品有鲜瓶、香炉、长颈瓶、盏、玉壶春瓶、渣斗、托盏、罐、香薰等。广元窑烧造的黄釉瓷器，是当时巴蜀地区质量极好的高档产品。我国烧制绿釉和黄釉的历史起源很早，在汉代就有精美的低温铅釉陶器，此后唐代的寿州窑、郏县窑、浑源窑、巩义窑、耀州窑、邛窑、长沙窑，以及宋代的磁州窑、定窑、吉州窑等都生产有黄釉器物，这些窑口的产品在成品质量上多数不如广元窑黄釉瓷器。

广元窑黄釉瓷器产品中，虎皮纹釉比较有特色。是在器物黄色底釉未干时淋洒上黑釉，烧造出的成品，釉面色彩黄黑相间，变化多端，深浅不一。呈现出老虎身上的条纹和斑块状花纹形成了独特的现象。故而称其为“虎皮纹釉”，许多广元窑黄釉瓷器上都有这种釉色。在诸多广元窑黄釉瓶的器物中，只有觯瓶、长颈瓶、玉壶春瓶，而不见绿釉和黑釉器中的兽耳衔环长颈瓶，一些瓶有釉下彩绘花草纹。广元窑生产的黄釉罐有两类，装饰技法较多：唇口直颈双系罐，装饰技法有剔线、虎皮纹、减地剔花等；园腹唇口罐，有沥线纹、刻画云纹、虎皮纹等。黄釉渣斗，口沿有撇口和花口，有沥线纹、虎皮纹、剔线纹和素面釉等。香炉与香薰装饰技法和绿釉器大致相同。广元窑生产的绿釉和黄釉瓷器，在我国颜色釉瓷器发展历史上写下了浓墨重彩的一笔，占有及其重要的地位。以质量而言，广元窑的黄釉瓷器为上品。

五、广元窑瓷器珍品解读之白釉瓷器

广元窑瓷器中还有一种釉色器物长期被大家所忽视，这就是广元窑烧造的白釉瓷器，广元窑的白釉瓷器以往都被当作了同时期其他窑口的器物。经过我们多年的收集和整理，发现广元窑的白釉瓷器火候高，胎体饰白色化妆土，瓷化程度好，呈土黄色、黑褐色等，质地坚硬，吸水性差。釉面多呈微晶开片状，釉水光亮莹润。广元窑的白釉瓷器纹饰很有特点。主要有模印纹、剔刻纹、釉下彩等几种。模印纹，在胎体未干时用印模压印纹饰，常见于施了白色化妆土的白地素胎器上。也有在胚胎上模印回纹、云雷纹、万字纹、宝相花纹等。剔刻纹，施了白色化妆土的胚胎半干之时，用竹刀等工具采用剔、刻、划出篦状

图 6-1　划划钱纹五管器

图 6-2　绿釉黑彩长颈瓶

图 6-3　白釉褐花双系罐

纹、水波纹、花草纹等，手法简洁、干净、利落、明快、随意。其代表作为白釉钱纹剔刻牡丹五管器〔图6-1〕，独此一器，绝无仅有，珍贵无比。釉下彩纹饰，在施了白色化妆土的胎体上绘黑（褐）色折枝花，创作随意即兴，简约豪放。所绘多为芍药花、牡丹花、戏鸭、鹿纹、水波纹、草叶纹等，然后在上面施一层透明釉。其代表作有白釉褐花梅瓶、白釉黑花长颈瓶、白釉褐花玉壶春瓶、白釉褐花山字足直口炉、白釉褐花执壶等。

广元窑生产的白釉钱纹剔刻牡丹纹五管器，制作精良，装饰方法独特。露胎处胎骨呈黑褐色掺杂小颗粒石英砂，胎体饰白色化妆土，高温瓷胎，致密坚硬，不吸水。器身为直筒形，靠近肩部及底部各有两道内凹的旋纹，肩部平折。束腰（直边内折）式盘口，这种口沿形制的五管器至今都没有在同类器物上见到过。周围五管中空直立于肩上，稍微外撇，与中空的主管直通腹内。圈足极浅，淡淡的铁锈红色布满整个底足。此白釉五管器装饰方法甚为独特，除了腹壁上下的四道旋纹外，还对称地刻画了四个大的方孔金钱纹。双勾线条又将园钱内部分为五个独立的区域，每个区域内各刻画一朵牡丹花。四道旋纹是施化妆土之前刻画的，显白色；钱纹及牡丹纹是在化妆土上刻画的，露胎之处呈赭红色。整个器物除底部外均罩了一层透明釉，釉面光洁温润，积釉处返青，呈玻璃质感。广元窑生产的白釉钱纹剔刻牡丹纹五管器与国内本来就不多的同类器物相比较，创造了三个第一：其一，束腰式盘口（其他是折沿口）;其二，直筒形腹壁（其他是下小上大）;其三，腹壁刻画旋纹、钱纹及牡丹纹（其他只有龙泉窑的五管器在腹壁刻有莲纹）。

广元窑烧造的高温胎白釉瓷器珍品还有：白釉黑花梅瓶、白釉褐花玉壶春瓶、白釉黑花盖钵、白釉褐花山字足直口炉、白釉褐花执壶、白釉黑花直颈唇口双系罐等。人们长时间的误解让这些珍品蒙尘，但今天，我们面对古人留下的瑰宝不得不肃然起敬而怦然心动。

六、广元窑与其他民窑的关系

广元窑遗址在没有被发现之前，烧造的精美瓷器都被当作了其他窑口的精品，如黑釉瓷器都被世人当做是建窑器物。广元窑瓷器与建窑瓷器风格相近，有许多共同点，二者在造型和釉色方面相似点太多，尤其是在烧造茶盏方面。广元窑瓷器与建窑瓷器在釉色方面都是以黑釉为主打色调，都有釉色如漆的乌金釉；在纹饰方面均有兔毫纹、鹧鸪斑纹、油滴纹等。广元窑茶盏口沿釉层因为烧造火候较高的原因，较薄处显出圆润的黄褐色边，俗称灯草边、灯草口，这是其他窑口没有的。茶盏腹部以下，釉面的流动减缓，釉层逐渐增厚堆积于底和圈足周围，形成一圈；有的釉流淌成条状，像水滴，人们称其为泪滴或是垂珠，这些与建盏又几乎一致。

广元窑瓷器与建窑瓷器不同之处是，建窑有专为烧造皇家贡瓷御盏的历史，生产广泛性、制作工艺的随意性都要受到束缚。广元窑是民间窑口，产品多样化，制瓷工艺灵活多变，

图 7-1　广元窑玳瑁釉洗

图 7-2　广元窑兔毫盏

图 7-3　广元窑窑变釉

器物精粗都有，这是建窑所不能比拟的。建窑瓷器烧造温度较高，质地较为坚硬，结构致密，吸水性弱，瓷化程度略高于广元窑的产品。广元窑为提高产品质量，多采用化妆土，而且广元窑的压印纹和刻划纹、釉下彩花纹〔图 6-2、图 6-3〕是建窑没有的。根据资料和世面遗存器物发现，广元窑与江西吉州窑、浙江武义窑、河南禹县扒村窑、河南鹤壁集窑、河北磁州窑、山东淄博窑的产品也有很多相似的地方。广元窑与吉州窑所产的玳瑁釉、鹧鸪斑、洒釉瓷器等如出一辙〔图 7〕。广元窑的白釉黑（褐）花瓷器和磁州窑白地褐花瓷器几乎相同，两者的区别在于，磁州窑是釉面彩绘，广元窑是釉下彩绘。广元窑与武义窑所烧造的黑釉茶盏有许多的相同之处，但武义窑茶盏器形略浅，胎釉皆弱，不施化妆上，无黑色护胎釉，远不及广元窑茶盏釉面的光亮莹润肥厚。相比之下，广元窑瓷器是远远优于武义窑瓷器的。

广元窑瓷器与扒村窑瓷器、淄博窑瓷器亦相似，扒村窑和淄博窑的黑釉线条纹罐和广元窑沥粉线条纹黑釉罐极为相似，扒村窑瓷器的胎体上也施白色化妆土，与广元窑的粗料细作相似。广元窑也偶有类似钧釉窑变器物。

由此可见，在当时，广元窑瓷器与全国各地瓷窑产品的风格相似，是南北陶瓷文化及窑业烧造技艺交流融合的最好见证，同时也证明了古代广元窑的工匠们善于学习吸收全国各地窑口所长，创烧出具有独特风格自己窑口的产品。

七、结语

广元窑始烧于唐末 - 五代，盛于两宋，衰败于宋元长达半个世纪的战乱，明清直至 20 世纪八九十年代都还有零星的窑口在烧造〔图 8〕，但规模和质量都相去甚远。研究广元窑，可以探索当时与南北其他窑口文化交融的历程。就目前来看，考古界和收藏界对广元窑瓷窑铺窑址出土的标本虽有一定的认识和研讨，但很少有人把探究的目光转向与广元窑瓷器紧密关联的社会环境、哲学、美学等更深层的研讨上，这就需要提高我们每个人的认知能力，并向广大人民群众普及广元窑的丰富知识和人文内涵，率先担当起恢复广元窑的烧造责任。

文化传承，我们任重而道远！

图 8　20 世纪 50 年代—80 年代广元窑的青花瓷

绚丽多彩的广元窑玳瑁釉瓷器

戴开林（四川省三都博物馆研究员）

摘要： 四川广元窑玳瑁釉瓷是宋瓷的一朵奇葩，精美绝伦，可与吉州窑媲美。它的产生与宋人饮茶文化有关，与广元地区悠久的茶文化历史有关，更与广元的特殊地理位置有关。广元是南方的北方、北方的南方，通过嘉陵江这一纽带，南北窑业技术在这里交融碰撞，创造出灿烂的黑釉瓷文化，玳瑁釉瓷、玳瑁釉陶更是独领风骚。

关键词： 玳瑁釉　广元窑　黑釉瓷

玳瑁釉是宋代黑釉瓷中的一朵奇葩，在中国陶瓷装饰工艺史上有着重要的地位，代表着古人道法自然的审美观，其惟妙惟肖的仿生装饰手法体现了古代制瓷工匠的高超技艺，具有独特的美学价值。当人们论及玳瑁釉时，第一个想到的便是如梦如幻的江西吉州窑，黄褐斑斓的交融变幻让人惊叹不已，在中国陶瓷史上树起了一座丰碑。谁也没有想到这只是滚滚长江的前浪，随着考古调查的深入，爱好者的挚爱求索，远在千里之外的长江上游川渝地区又迸发出许多惊艳，四川广元窑、西坝窑、金凤窑、武胜窑，重庆涂山窑、清溪窑、昌州窑等，纷纷在宋代生产玳瑁釉瓷器，且产量大、纹饰丰富，器型众多，如滚滚巨浪，演绎出中国玳瑁釉瓷的千里江山画卷。浪峰上的西坝窑斑斓多姿让人目不暇接，而广元窑精美多彩更是达到了史上的高峰，蓦然回首，让人惊艳不已。

一、来自大洋彼岸的惊艳求助

2015年，一封来自美国哈佛大学艺术博物馆的求助信件引起了笔者的高度关注。消息由重庆市一位古陶瓷研究者陈先生披露，求证两件流落异国他乡的宋代玳瑁釉瓷器是否为宋代重庆涂山窑生产的，一件为玳瑁釉梅瓶，一件为玳瑁釉茶盏。两件宋瓷极其精美，尤其是那件玳瑁釉梅瓶可谓斑斓璀璨、光芒摄魂，观后让人心绪难平〔图1〕。经辨认，确定两件器物为宋代川窑生产，但从胎釉、纹饰上来看均不符合重庆涂山

图1　宋代广元窑玳瑁釉梅瓶

图 2　宋代玳瑁釉盏

窑风格，却具有典型的四川广元窑特征，应为广元窑产品无疑。

梅瓶短胫丰肩，肥硕圆润，与北宋修长挺拔有别，属于南宋生产。器物施釉近底，胎足微露，依稀可见广元窑典型的施乳白色化妆土胎体；褐色釉面莹润光亮，金黄色斑纹挥洒自如，恣意流淌，与深褐色底釉水乳交融，酷似玳瑁斑纹，惟妙惟肖的仿生技艺，极具视觉冲击力，给人带来了无限的想象空间，不得不惊叹古代川人的高超制瓷工艺。这件绚丽多彩的玳瑁釉梅瓶，从国内外相关资料来看，可能很难找到与之相媲美者，它让“六宫粉黛无颜色”，成为广元窑代表性作品之一。玳瑁纹茶盏〔图 2〕系仿宋代四川金银茶盏样式，品相完美，半圆形器身，圈足较高，釉不及底，胎体施乳白色化妆土，深褐色的底釉下交融着金色的玳瑁斑纹，流淌自然，变化多端，十分精彩，以此物来品茗论道当妙趣横生，让人爱不释手。

综观两件宋代广元窑玳瑁釉瓷器，无论从胎釉和纹饰均透显出朴拙自然、恣意率真的境界，它不仅代表广元窑，也代表着中国宋代制瓷业的水平。对于陶瓷界来说，大多数人不太清楚这个偏居一隅的川北小镇，即便听闻过广元窑，也无法想象它的灿烂与辉煌。为了揭开这个川北古窑神秘的面纱，笔者从其玳瑁釉瓷着手探讨，让大家管窥一斑。

二、广元窑的独特地域位置

广元窑位于四川北部广元市区的瓷窑铺镇，地理位置极为独特，这里与陕西南部、甘肃南部接壤，中国南北地理分界线秦岭横亘境内，是南方的北方、北方的南方，可谓针尖对麦芒之处，被誉为川北重镇。李白笔下感叹的“蜀道难，难于上青天”正难于此处，“明月峡”山高路险，全靠栈道，剑门险关一夫当道万夫难开，唐玄宗、唐僖宗两帝遇难经此亡命蜀中，逃过大劫，险地成为福地。高山峡谷之中嘉陵江连接陕、甘、川、渝南北四地，滔滔江水成为沟通中国南北窑业技术交流的纽带，两地陶瓷科技在这里碰撞交融，创造出独特而灿烂的陶瓷文化。

贯通中国南北两地的嘉陵江，是长江上游的主要支流之一。其源流有两条，一是发源于陕西省凤县代王山的东峪河，二是发源于甘肃省天水市秦州区齐寿乡齐寿山的西汉水，因流经陕西凤县东北嘉陵谷而得名。汇入主要支流有八渡河、西汉水、白龙江、渠江、涪江等，四川广元市昭化区境外以上为上游，昭化至重庆市合川区为中游，合川区至重庆市河口为下游。江水流经三省一市，在重庆市朝天门汇入长江，全长 1345 千米，流域面积 3.92 万平方千米。嘉陵江这条黄金水道不仅是沟通中国南北两地的大通衢，在历史上还是著名的丝茶之路，把巴蜀地区的主要特产丝绸和茶叶源源不断地运入中原，流入丝绸之路，承担起丝绸之路前段的重要功能，由此可以看出它的特殊作用和重要性。

图 3　汉代黄釉陶马

作为南北交通大动脉的嘉陵江其重要的功能远非如此，除了作为南北物资贸易的渠道，更是南北两地人才交流、文化交流、科学技术交流的重要纽带。从陶瓷文化来讲，远在汉代，北方的釉陶生产技术通过嘉陵江传入巴蜀地区，成为同期全国最大的釉陶生产基地，其产品有绿釉、黄釉、褐釉，生产出各类生活器皿、冥器等，尤以各类人物俑、动物俑著称，器物不但精美，还十分高大，其釉陶马高达一米至一点五米左右〔图 3〕，成为同时代的佼佼者；与此同时还创造出中国最早的釉上彩绘技术〔图 4〕，为隋唐邛窑高温釉下彩绘瓷的发展奠定了坚实的基础，功莫大焉。晚唐至宋代，北方的白瓷、白釉褐彩瓷、黑釉瓷及黄釉褐彩陶、绿釉褐彩陶生产工艺流传至嘉陵江中游的广元窑。与此同时，通过长江，南方建窑的黑釉瓷生产技术、江西吉州窑玳瑁釉瓷生产技术（目前尚不能确认是吉州影响了广元窑，还是广元窑影响了吉州，暂论）溯嘉陵江而上，在嘉陵江畔的瓷窑铺汇合、碰撞，形成了中国南北窑业技术的大交融，创造出与众不同的广元窑陶瓷文化，从而引发外界的关注。

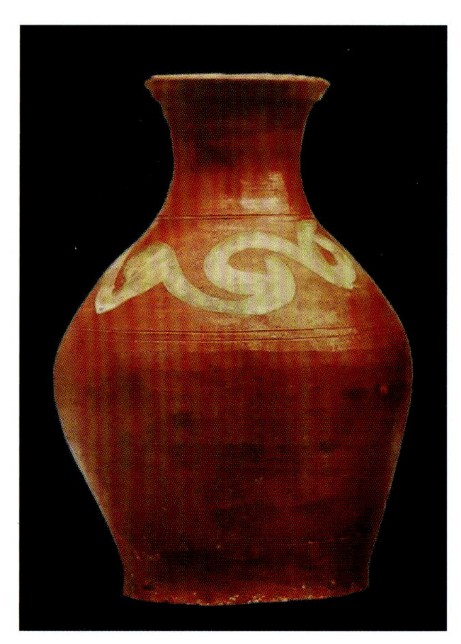

图 4　汉代黄釉绿彩陶壶

广元窑始于唐，兴于两宋，终于元，烧造历史并不算特别长，北宋灭亡南宋政权南迁后，这里成为抵抗金人入侵四川的主要屏障。由于南宋政权对金人采取媾和策略，金人对此地知难而止，并没有对广元地区进行大规模的入侵和骚扰，从而得到百年（1127—1228 年）的一息苟安，广元窑仍处在相对的安稳繁荣期。至元人崛起灭金后，蒙古铁蹄纷至沓来，这里成为南宋抵抗蒙元战争的前沿，兵燹之灾首先降临广元。

史记载，1228 年，蒙军首次从广元入侵四川，扫荡一周后撤出。绍定四年（1231 年），拖雷率军经利州（今广元市）、阆州（今阆中市）、果州（今南充市）长驱直入，广元从此门户大开，制瓷业遭到摧毁。1236 年，皇子阔端率总帅汪世显，一路破关斩将，成都沦陷，只有嘉陵江上的八座城池坚守；1259 年，蒙哥汉率军进攻重庆合川钓鱼城，中炮因伤而亡，各地征战的可汉回撤争夺皇位，元人从此停下对欧亚大陆疯狂侵犯的脚步。景炎三年（1278 年），西川行枢密院招降西蜀、重庆两地抗元宋军，同年八月，四川纳入元朝统治。由此可见，广元窑应在元初停烧，比四川其他窑场更早歇业，让人扼腕叹息，尽管明清时代，这里又续零星烧造，但已无昔日的辉煌。

三、广元窑瓷器概说

广元窑坐落在广元市北嘉陵江畔东侧的瓷窑铺（今名工农镇）山丘上，一条小溪流经窑区，1953 年在修建宝成铁路时被发现。1976 年至 1978 年间，四川文物部门趁当地修建溶剂厂动土之机，进行了小范围的考古发掘，收集到不少标本、窑具等，从而确认广元窑的始烧年代为唐。从陕、甘、川、渝民间收藏的大量实物来看，它的创烧时间应为唐晚期，唐早中期产品罕见。这里盛产制瓷原料，有长石、方解石、石英、紫金土、红色黏土，以及用于胎体化妆的白色观音土，除此外这里还盛产煤炭、木柴，得天独厚的条件为制瓷业的发展奠定了坚实的基础。

目前文博界和收藏界对广元窑的认识，大都停留在广元瓷窑铺这个窑区上，客观上说瓷窑铺窑区的产品质量非常的精美，但它不是广元窑的全部，而是广元窑的中心和灵魂。从笔者多年的收集和调查来看，这个中心窑区的生产辐射到嘉陵江流域的陕、甘、川、渝地区，在甘肃成县、礼县、辉县、两当等地，以及陕西略阳县就有许多以窑命名的地方，一些收藏爱好者为其提供了相关信息，其产品与广元窑风格相近，由于笔者未能深入实地考察，尚不敢妄言。瓷窑铺以下的四川苍溪县有宋代窑址，其下游嘉陵江畔的四川武胜县有武胜窑，生产的黑釉瓷质量非常好，风格与广元窑接近，许多产品笔者曾亲眼看见，在其下的重庆市合州窑也深受影响，近来广元市朝化区也发现了窑址。由此可见在嘉陵江上中下流域以广元窑为中心，形成了一个庞大的广元窑体系，风格趋同，目前所知只是些皮毛，这个课题值得深入探索。

广元市古称利州，是女皇武则天的诞生之地。西魏元钦三年（554 年）改西益州为利州，历经南北朝、隋唐、两宋时期。唐时两次改为郡制，北宋时升为利州路，为四川四路（含今重庆市在内）之一，其所辖区域以四川广元市为中心，包括今四川南充、广安、重庆市部分地区，以及省外甘肃省东南部、陕西省南部县市，虽变动较为频繁，但主体仍为今四川省广元市，治所长设广元市老城区。从历史行政辖区来看，也为今天提出广元窑系这个概念找到了依据，如果按窑以州名之惯例，广元窑系当以利州窑为名最为妥切。

广元窑在唐宋期间的特色产品可分为以下四类。

（一）唐代白釉瓷

晚唐时期，广元窑主要生产一些带化妆土的白釉瓷，胎体灰黑，上施化妆土，外罩一层玻璃釉，白中闪黄，部分积釉处开细片，类同河南巩县窑白瓷，与邢窑相比体量较轻，以碗盘居多，兼及其他生活用品。这类白釉瓷，在四川省内，尤其是陕、甘嘉陵江流域内大量出土，窑口一直不明确，有人认为是陕西耀州窑的，有人认为是甘肃境内生产的，还有人认为是四川大邑生产的白瓷，一直争论不休。从各方面的信息来看，应是嘉陵江上的广元窑生产的最为可信。除此外还有些缸胎黑釉瓷、褐釉瓷。

（二）宋代黑釉瓷

广元窑最具代表性的产品当属宋代生产的黑釉瓷，以及由黑釉延伸出来的玳瑁釉瓷。黑釉瓷的产品主要有黑釉盏、黑釉碗、盘、托、罐、香炉、渣斗、唾盂、茶入、觯瓶等，以茶器为多，显然受到建窑影响。受到建窑影响最大的当属黑釉盏，其仿“乌泥建盏”（黑色胎体）不但精美绝伦，且惟妙惟肖，十分相似，很难区分，即便在藏界也大有人不辨，当作建盏，视若珍宝〔图5〕。这类产品主要以兔毫盏、乌金釉盏为主，鹧鸪斑和油滴较少，尤以兔毫为佳，金毫条达，丝纹毕现；蓝毫盏最为奇特，显得幽玄神秘，更有奇妙者一盏内呈现四道光晕，宛若彩虹〔图6〕；乌金釉盏大多深黑如漆，宝光闪烁，至妙者其色绀黑，即所谓的黑中带火焰青，透闪蓝焰，深受藏者珍爱。广元窑黑釉盏因胎体含铁量不高，多黄褐色，或浅灰色，为了仿制建窑黑色胎体，在盏足露胎处大都施一道含铁量高的黑色护胎釉，在视觉上达到与建盏一致。有趣的是许多盏往往上施淡黄色化妆土，以此美化胎体，让釉面平整光亮，下施黑色护胎釉，个别做工较为粗率的盏由于遮盖不严，可同时见到黄

图5　宋代广元窑兔毫盏

图 6　宋代广元窑彩晕兔毫盏

图 7　宋代广元窑玳瑁釉盏

图 8　宋代广元窑盏底部

图 9　宋代广元窑盏口沿挂釉状

图 10　宋代广元窑盏酱釉口

图 11　宋代广元窑黑釉白胎盏

色胎体、乳白色化妆土、黑色护胎釉〔图 7、图 8〕。由于广元盏的含铁量和致密度不够，胎体较轻，为了增加同建窑稳重的手感和保持盏中的茶温，往往把胎体做得比较厚重，从而显得敦厚笃实，这也是个重要特点。

广元窑黑釉盏虽然大量吸收了福建建窑的烧造工艺，看似与建窑相同，实则有着许多不同：一是就地取材，形成质地上的不同；二是更多地融入当地文化习俗、审美情趣等，最后形成本土化的器形，这就是古代窑业技术交流融合“和而不同”的特点。从这个角度来看，广元窑黑釉盏还有两处与建盏不同，首先在器形上与建盏下半部至底足呈锥形收敛斗笠状不同，广元窑盏大多浑厚饱满呈圆墩形态，即便刻意模仿建盏类产品也留下这种痕迹；其次是盏口挂釉饱满，莹润如玉，与建盏口沿挂釉稀薄多露粗涩胎体刺人口唇的美中不足形成鲜明对比。广元窑盏口沿挂釉饱满的原因应是施化妆土胎体变得细腻，同时还可能是烧造温度比建窑略低，让口上釉料没有大量往下流淌形成的，从其盏脚无建窑大量流釉垂珠痕可以看出烧造工艺的精致与不同，或者是窑工为了保持盏口挂釉饱满有意降温烧造而为之，另一个特点是口沿多为酱黄色〔图 9、图 10〕。除此外，广元窑还有一种白瓷胎黑釉盏惹人喜爱，质地为石英类，莹白细腻，修胎规整，不施化妆土，釉面光润，其兔毫纹条达清晰尤为突出，是广元窑中不可多见的精品〔图 11〕。由黑釉延伸出的玳瑁釉瓷更是出类拔萃。

（三）宋代白釉瓷及白釉褐彩瓷

宋代广元窑继续烧造白釉瓷，但胎体不白，多为浅黄色或灰黑色，上施化妆土，釉色白中闪黄，器型以盘、碗、盏、托居多，大都拙朴粗犷，精细者少。广元窑白釉瓷虽不够出众，但白釉褐彩瓷却十分精美，蜚声收藏界，受到追捧。由于受到北方磁州窑的影响，宋代广元窑生产出许多白釉褐彩瓷，上施化妆土，釉色黄白，玻璃质感强，褐彩画在胎上，属典型釉下褐彩瓷，纹饰多为牡丹、芍药、菊花、莲花、缠枝花等，笔法潇洒率真，简洁流畅；器物以梅瓶、玉壶春瓶、花瓶、深腹盖碗居多，也有少量盏、托、执壶等茶、酒具，与北方磁州窑十分相似，一般情况下较难区分〔图 12〕。

图 12　宋代白釉褐彩花卉纹梅瓶

（四）釉下褐彩陶器

除白釉褐彩瓷外，广元窑在宋代还生产了许多与磁州窑风格相近的褐彩釉陶，种类有绿釉褐彩、黄釉褐彩，褐釉黄彩，以及三彩和黄〔图 13〕、绿单彩等〔图 14〕。这类低温铅釉绿釉褐彩、黄釉褐彩、褐釉黄彩其彩绘有釉下也有釉上，同时还在器物上模印、刻绘、贴塑纹饰进行装饰，纹饰以牡丹、芍药、菊花、蔓草纹等，花瓶常贴塑铺首纹〔图 15〕；胎质多为黄色黏土或紫金土，上施化妆土，也有少量白胎，烧结温度较高，多在 900—1000℃之间；大部分产品为日常生活用器，同时也烧造陪葬用的冥器，部分器物釉中含铅量较高，出土

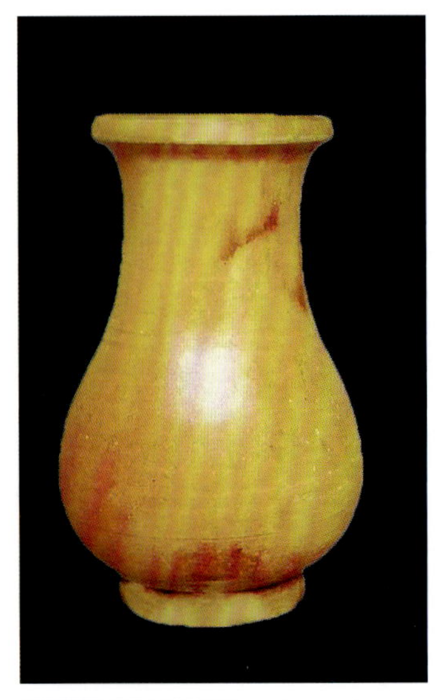

图 13　宋代黄釉瓶

图 14　宋代绿釉条纹执壶

图 15　宋代绿釉条纹褐彩执壶

时身上析出一层银白色铅光，如镀银一般美丽。

（五）广元窑的流播

广元窑由于处在陕、甘、川三省交界处的特殊地理位置，其产品自然行销到相邻的地区，加之嘉陵江这条黄金水道横跨中国南北，其上连接丝绸之路和中原王朝等广袤地区，其下经重庆入长江连接南方经济、文化发达的富庶地区，由此向西穿越沙漠，向东漂洋过海，传播到世界各地。近十多年来，收藏者不断从甘肃嘉峪关及新疆境内购买到广元窑陶瓷器物，虽然现在还没有直接证明它流播到西亚、南亚的相关材料，但理论上推测沿着风沙漫漫的丝路传播到西亚是可能的。从相关拍卖信息得知，日本经常有广元窑拍卖的信息，以黑釉盏、绿釉执壶居多，甚至前文提到的远在大洋彼岸的哈佛大学艺术博物馆也收藏有相关产品，除此外，韩国相关机构已收藏有广元窑陶瓷；除流播到国外，广元窑在古代还可能作为贡品，奉献给皇室，故宫博物院就收藏有一把宋代广元窑绿釉线条壶，可见其当年的珍贵程度；除此外，远在扬州、杭州的朋友也展示过当地城市遗址出土的广元窑黑釉盏、玳瑁釉盏残片，遗憾的是当时没有保留好这些信息，无图片可分享，但记忆犹新。

总体来看，广元窑缘于独特的地理位置，让中国古代南北窑业技术在这里交融碰撞，逐步形成了自己独立的风格，成为中国陶瓷史上的一个典范，外加嘉陵江黄金水道的加持，把产品传播到中国和世界许多地方，让世界感受到中国陶瓷的魅力，从而成为广元人民的骄傲。

图16　宋代西坝窑火焰纹瓯

四、广元窑黑釉瓷产生的背景

“唐煎宋点，明清瀹泡”。唐代的饮茶方式在宋代发生了根本变化，流行已久的煎煮方式逐渐式微，取而代之的是在盏中点饮。“南青北白”的青瓷茶碗、白瓷茶碗不再流行，浑厚凝重的黑釉茶盏此时迸发出耀眼的光芒〔图16、图17〕，走进了舞台的中央，成为宋人手中的掌上明珠。黑釉瓷的这场前无古人后无来者的成功逆袭，登上了中国美学史上的尖峰，我们不得不佩服宋人平和淡雅的审美情趣，与乾隆的浓艳嗜好有着天壤之别。

今天对于黑釉瓷的关注，更多原因在于民间茶文化热的兴起，人们对宋人饮茶方式的崇拜，爱屋及乌而已。回望东瀛扶桑国的传承与珍爱，让我们倍感“天目”的奇珍，拉近了与宋人审美的距离。

宋人对黑釉瓷的狂热挚爱之情，今人只能依靠猜想，获得一些肤浅的感受，但无论如何也不能阻碍人们对它的热爱与探索，即便是在大洋彼岸的异国他乡也开展了对它的研究。对于大美不言的厚重黑釉，不同的人群正试图用不同的维度来解读它，从中发现宋人非凡的审美情趣，当手指艰难地拨开尘封的历史，每当有丁点发现都充满着愉悦，即便指尖滴血，也无法消减欣慰，对于宋瓷的探索难道不应该有这样的执着吗？这个话题是否有些沉重和伤感，却激励着步履蹒跚的踽踽独行客。

图 17　宋代西坝窑窑变瓯

广元窑黑釉瓷的兴起虽离不开宋代的大背景，但更离不开广元悠久的茶文化历史，从而让它走向辉煌。在中国茶文化历史上第一个以茶来命名的城市当数四川广元市，晋代常璩《华阳国志》载："昔蜀王封其弟于汉中，号曰苴侯，因命之邑曰葭萌。"这段记载表明，战国晚期，蜀国开明九世蜀王杜尚将其弟分封到四川北部（今广元地区）做诸侯王，属地封为苴国，都城（位于今广元市朝化区）取名葭萌（茶之复音古称）。国存不久，遭秦国觊觎离间，公元前 316 年，被秦惠王所灭。汉扬雄《方言》："蜀人谓茶（今之茶字）曰葭萌，盖以茶氏郡也。"由此可知，广元在古代以盛产茶叶而闻名，是中华名副其实的茶都。这里产茶的历史还可追溯到更遥远的时期，与广元靠近的巴地在西周初即把茶作为贡品向周王室贡奉，《华阳国志·巴志》载："武王既克殷，以其宗姬封于巴，爵之以子……土植五谷，牲具六畜，桑、蚕、麻、纻，鱼、盐、铜、铁、丹、漆、茶、蜜、灵龟、巨犀、山鸡、白雉，黄润、鲜粉，皆纳贡之。其果实之珍者：树有荔芰，蔓有辛蒟，园有芳蒻、香茗、给客橙、葵。"由此可见广元悠久的茶文化历史。

巴地位于嘉陵江下游，所供奉的茶叶必经广元周转进入中原，这里很早就成为茶叶贸易集散地。至唐宋茶马易市的形成，广元成为茶马古道的重镇，本地盛产的茶叶和外地途经周转的茶叶，源源不断地经过广元运抵边关和朝廷。繁荣的茶叶生产、转运和贸易极大地促进了当地茶文化的繁荣，从而带动了当地黑釉茶瓷的生产，为广元窑丰富多彩的茶文化元素提供了宽广的舞台。

五、广元窑玳瑁釉瓷与玳瑁釉陶

玳瑁釉是宋代黑釉衍生出的窑变釉，属于仿生瓷范围。其黄褐斑纹模仿一种名叫玳瑁的海龟壳上纹饰，金黄色花纹与深褐色底釉交融在一起，栩栩如生，如梦似幻，极大地提升了黑釉瓷的文化内涵和魅力，成为中国陶瓷装饰史上的一座里程碑。窑工们通常在器物上施一道含铁量较高的深褐色底釉，然后再使用含铁量较低的釉料挥洒其上，或在胎上洒蜡液再罩上黑釉，形成有规律或潇洒的黄色斑点，再经炉中高温熔化自然流淌，与底釉交融一起，

图 18　宋代广元窑玳瑁釉斗笠盏

产生令人意想不到的效果，从而形成类似玳瑁的金黄色绚丽斑纹。这种纹饰半是人为半是天成，奇妙无穷，深受人们的喜爱。

通过长期对宋代广元窑大量的玳瑁纹饰器物的观察分析，广元窑的玳瑁釉可分为瓷器类和釉陶类，两者各有特点，均称得上中国宋代陶瓷器的代表之作〔图 18〕。

（一）玳瑁釉瓷器

1. 胎体

广元窑玳瑁釉瓷器的胎体可分缸瓦胎和白色胎。缸瓦胎采用宋代瓷器常见的紫金土做成，因含铁量较高多呈紫红色，为了美化胎体衬托釉面色泽，多施白色或淡黄色化妆土，扣之声音清脆。白色胎体为含铝量较高的观音土做成，胎面平整光滑，既薄且轻，不再施化妆土，但胎骨相对紫金土胎软，扣之声音发闷〔图 19〕。

2. 斑纹

绚丽多彩的广元窑玳瑁釉斑纹有褐色、茶红色、赤金色和菜花黄色，还有黄中带绿〔图 20〕；纹饰有稀有密，斑有大有小，有单独斑有连片斑，有水滴状有牵丝流淌状，有放射状，有闲云漂浮状，有如波涛汹涌，有如春风吹皱湖水，变化万千，不胜枚举。衬托斑纹的底釉色泽有淡黑色、褐色、深褐色和浅绛色等，如绿叶映衬红花，让斑纹更加绚丽多彩〔图 21、图 22〕。

图 19　宋代广元窑玳瑁釉觯瓶

图 20　宋代广元窑玳瑁釉斗笠盏

图 21　宋代广元窑玳瑁釉盘

图 22　宋代广元窑玳瑁釉盘

3. 器型

广元窑玳瑁釉器物种类繁多，涉及人们日常生活需求的方方面面，详细归纳起来主要茶具、酒具、香具、供器类，尤以茶具为多。茶具有注子、斗笠盏、敦式盏和仿金银器各形盏、盏托、茶入、觯瓶等，酒器有梅瓶、罐、碗、盘等，以及各类香炉和供奉用的花瓶等〔图 23—图 26〕。

图 23　宋代广元窑玳瑁釉盏

图 24　宋代广元窑玳瑁釉香炉

图 25　宋代广元窑玳瑁釉盏

图 26　宋代广元窑玳瑁釉梅瓶

图 27　宋代广元窑带涩圈玳瑁釉碗

4. 其他特点

从大量的玳瑁釉器物来看，其制作通常比其他器物精美，首先是修胎规整，中规中矩不变形，线条流畅，圆润轻盈，无笨拙之态。大多数器物施釉不及底，露出白色圈足，显得朴拙率真；底大多为圈足，也有饼足、卧足、玉璧底，个别碗修足如定窑，直立规整，打磨光滑；还有部分产品为了降低生产成本，采用叠烧，碗心有一涩圈〔图 27〕，有人以为用作壶沉或温碗，可能牵强。有些碗、盘、盏内部底心出现一个凹下的小圆圈，应是模仿当时贵重的金银器造型，别具风格，为宋代川窑的共有特征。

（二）玳瑁釉陶器

广元窑在宋代不仅生产玳瑁釉瓷器，还生产了类似纹饰的釉陶器，虽不及玳瑁釉瓷器那样精美绝伦，但它与普通三彩釉陶相比，仍个性鲜明，从全国同期的窑业来看较为罕见，且种类繁多，流播区域广，深受当时消费者喜爱。

玳瑁釉陶器，严格意义上来讲它属于三彩陶器类，只是它刻意模仿玳瑁釉瓷器，其纹饰酷似玳瑁纹而单独为其命名，从此也可看出广元窑的独特性，通过观察梳理它主要有以下特点。

1. 胎体

制作玳瑁釉陶器的胎体与一般釉陶有所不同，部分采用含铁量高的紫金土，烧结温度较高，扣之声清脆，从其残损断面看，可见内里有深褐色烧结物和少量的石英颗粒，为了美化胎体，在上施化妆土；还有一部分采用白色观音土加红色黏土混合制成的胎体，胎色黄白，直接施釉。

2. 斑纹

玳瑁釉陶底釉多为黄色，可分为浅黄和深黄两种，上施深褐色釉，从而形成斑纹。它的斑纹看似与玳瑁釉瓷相近，实则不太相同，除少量类似玳瑁纹外，大多数为虎皮斑纹。

褐彩釉以甩洒、点、抹为主，从而在黄色底釉上形成各种花纹，有的交融在一起，有的则分开洒落在不同的地方，然后经炉中高温熔化自然流淌变幻，从而再形成不同的纹饰，有的斑纹绵延连片，有的分散呈丝状流淌，如空中飘浮的云彩，靓丽迷人〔图 28〕。

图 28　宋代广元窑玳瑁釉陶罐

3. 器型

这类釉陶器器型十分丰富，有花瓶、有香炉、有罐子，还有茶盏托和碗，以实用器为多，也有少量作为陪葬的冥器，个别连体茶盏托做得精细但特别小，显然不是实用器，应为陪葬之物。

4. 其他特点

大多数罐类施半釉，甚至采用叠烧，口沿留有三至五个红色支烧点，花瓶与香炉则施釉近底，做工精细，有的还采用印花与刻花装饰，炉脚有的还做成中空葱管状，极为独特。

六、与西坝窑、吉州窑等的区别

把广元窑玳瑁釉瓷作为一个单独课题来收藏研究，笔者已耗时十多年，其间两次考察窑址，并走访了陕、甘、川、渝大量收藏者、市场和博物馆，对其有了进一步的了解，但由于缺乏专业的考古发掘报告作参考，仍属管窥蠡测，肤浅片面，目前就已掌握的信息与其他窑口玳瑁釉瓷作一个简单的比较，抛砖引玉。

（一）与西坝窑之别

四川宋代生产玳瑁釉瓷的窑场主要为广元窑、西坝窑、涂山窑、金凤窑等，精美者为广元窑，产量大当数乐山西坝窑。西坝窑位于四川省乐山市五通桥区西坝镇，毗邻长江源头岷江，2007 年因修建乐宜高速公路被发现，是四川宋代著名的黑釉窑场，以生产蓝色窑变釉瓷而著称，其玳瑁釉瓷变化多端，种类繁多〔图 29、图 30〕。它和广元窑虽同属川窑，地理上却一南一

图 29　宋代西坝窑八方形玳瑁釉盏

图 30　宋代西坝窑窑变釉盏

北，相距 600 公里，风格迥异。从胎体上来讲，西坝窑粗松偏厚，轻薄者少，扣之声音发闷，手感较轻；其玳瑁釉瓷器胎体与其他黑釉瓷器、蓝色窑变釉瓷器胎体并无特别区分，多为当地特有的红色黏土掺杂颗粒较粗的岩砂组成，从残损断面可见粗松的结构。器身多施化妆土，底足施黑色护胎釉或薄薄一层酱釉，形成黑足或紫足，也有施乳色护胎釉至底的浅黄圈足；底足以玉璧底、饼足居多，圈足反而少见，个别足底粘有白色石英砂颗粒。

由于胎土不够细腻，釉面多不平整，加之烧造温度偏低，普遍釉光不如广元窑靓丽。斑纹以黄、褐色斑块为主，与广元窑较为接近，如果不看底足、不上手掂重量较易混淆。西坝窑有一种玳瑁窑变釉极为独特，烧造温度较高，在浅黑色或暗红色的底釉上烧出火焰纹及火焰青，褐中带黄、带蓝，呈丝状流淌，灿若晚霞。器型上来讲，西坝窑玳瑁瓷可称得上川窑之最，种类繁多，有盏、托、盘、碗、瓶、壶、香炉等，且风格各异，超出想象，稀奇古怪的玳瑁釉瓷多为西坝窑产品。

（二）与吉州窑之别

在中国玳瑁釉瓷器的大花园里，吉州窑可谓一枝独秀，享誉天下。过去因信息闭塞，对广元窑玳瑁釉瓷认知有限，收藏界许多人把广元窑误认为是吉州窑，甚至文博界也把它往吉州窑上靠，讹传已久，这个问题至今都没厘清，值得大家重视。

从胎体上来讲，吉州窑的胎为灰白色的瓷土做成，烧成温度较高，瓷化程度好，体量较重，且不施化妆土，扣之声音铿锵，有金属质感；修足与广元窑也大不相同，特别是盏、碗类迥异，吉州窑呈斗笠锥形状，足如模制，广元窑为玉璧底、饼足和圈足，这些特征明显不同。从釉光来讲，广元窑玻璃质感较强，与吉州窑哑光状有别；斑纹上来说，吉州窑玳瑁斑纹有一种连绵散落的满天星纹与广元窑较为相同，其余带红、白、蓝丝状流淌的窑变纹与四川西坝窑有较多的相似之处，可用姊妹关系来比较，只看纹饰不看圈足极易混同。广元窑玳瑁斑颜色中还有一种菜花黄透绿色的斑纹也极具特点，是其他窑口不常见的品种。

（三）关于耀州窑玳瑁釉瓷器

在陕西、甘肃、北京等北方地区收藏界，常遇见有人出示所谓陕西耀州窑玳瑁釉瓷器，甚至一些拍卖图录和著作中也有类似的认定，起初笔者有些诧异，查阅相关考古资料，并无明确的说法，让人疑窦丛生。经十多年的大量接触观察，这类所谓的耀州窑产品均与广元窑品质相同，无论是胎、釉、斑纹、修足毫无区别，最终判断这类产品就是广元窑的。经与藏界朋友多年的交流，逐渐达成共识，但也有人提出反对的意见，认为耀州窑遗址出现过类似的东西，由此找到依据。这种偶然几件出现在窑址上并不足为奇，很可能作为商品流通到窑址上，除非在窑址中大量发现这类烧造残次物，才有充分的说服力，这个问题值得继续探讨。

关于广元窑玳瑁釉的特点与其他窑口的比较区分，必须是在对各窑口充分了解的基础上，由于当前笔者的认知有限、参考资料有限，仍存在着不少盲区，简单谈一些肤浅的感受，敬请各位专家不吝赐教，共同把广元窑的研究推向深入。

四川广元窑古陶瓷探析

李融武（北京师范大学物理学系） 李国霞（郑州大学物理学院）

摘要：广元窑是川渝地区唐、宋、元时期极具特色的重要窑场，烧制的黑釉、绿釉、青釉、黄釉等器物具有自己的特色。本文根据广元窑古陶瓷的发掘、窖藏等资料，探析广元窑古陶瓷的特点、交流、传播与鉴别方法。

关键词：广元窑 古陶瓷 特点 交流 传播 鉴别

广元窑始烧于唐，终于宋末元初的战乱时期，以烧黑釉瓷为主，同时兼烧少量绿釉、青釉、黄釉、青灰釉、白釉、黄釉褐花、白釉黑花和无釉素胎器等器物。早在20世纪五六十年代，此窑址就有遗物发现，后来考古调查队在广元市发现了此窑址，始定名为广元窑。该窑生产的陶瓷品类丰富，造型独特，是川渝地区极具特色的重要窑场，在中国古陶瓷史上占有重要的地位。

本文根据广元窑的发现、两次调查试掘和抢救发掘资料，各地的窖藏、传世、墓葬出土资料，以及多位广元窑古陶瓷学者已发表的资料，探析广元窑古陶瓷的特色、交流传播与鉴别方法，不当之处，敬请方家指正。

图1 广元窑址位置

一、广元窑址的发现与发掘

广元窑是1953年由西南博物院文物考古调查队配合宝成铁路的建设，在沿线进行文物考古调查时发现的，1954年初步发掘并命名为广元窑[1]。窑址位于川陕交界的广元市北郊约6公里处嘉陵江东岸，依山面水[2]，见

1 唐志工、马正军、尉涛：《汇集南北——从宋代瓷器认识广元窑》，《收藏》2020年第3期。

2 张园：《广元窑重燃千年窑火》，《广元日报》2020年11月10日。

图 1[3]。在遗址及邻近的河滩、台地和山坡上，分布有大量的宋代黑釉瓷器残片。

自 1976 年至 1978 年，由四川省陶瓷史编写组、重庆市博物馆先后对窑址又进行了再次调查，并进行了试掘[4]。窑址重点集中在广元市溶剂厂一带，东靠松林坡，西临嘉陵江，南及工农镇，北接作坊沟，由山脚向山腰呈坡状阶梯分布，长约 2000 米，宽约 500 米，总面积约 100 万平方米。同时出土了大量陶瓷实物、残片、窑具，釉色纷繁，以黑釉最具代表性[5]。

1996 年 7 月至 9 月，由四川省文物考古研究所、广元市文物管理所等单位组成考古队，为配合 108 国道的建设，对遗址局部进行了抢救性的发掘，此次发掘又获得了一批新的资料[6]。

二、广元窑古陶瓷的特点与交流

从几次发掘资料看，广元窑主要生产民间实用器物，器型有碗、盘、瓶、罐、盆、壶、碟、杯、钵、灯、粉盒、洗、盏托、香炉、鸟食罐、瓷塑人物、动物、饰品等，此外还生产一些小件动物瓷塑玩具；施釉厚薄不等，外壁多施釉不到底，或流釉成堆，釉色以烧黑釉瓷为主，同时兼烧少量绿釉、黄釉、青灰釉下彩绘、白釉褐花，以及无釉素胎器等。花纹装饰有窑变纹、刻花、印花和釉下彩绘等多种，以窑变装饰最多，计有兔毫、油滴、玳瑁、星点和鹧鸪斑纹等。彩绘分为素胎彩绘和有釉彩绘两种。素胎彩绘有白色化妆土上绘酱色牡丹，褐色地上绘白色花卉、草纹等。有釉彩绘实物标本可分为釉上彩绘和釉下彩绘两种。釉上彩绘有深黄地上绘浅黄色花卉、绿色地上绘黑色花卉、白色地上绘褐色花纹；釉下彩绘有青灰釉下绘黑褐色折枝、缠枝牡丹、草叶纹等。

图 2　宋代广元窑白胎黑釉瓷标本

图 3　广元窑兔毫盏底部

广元窑的胎以灰白色为主，另有灰黑色和黄白色，见图 2、图 3[7]。由于胎土较粗，胎中含砂较多，多数器物的胎上均施有白色化妆土，以增加釉面的光洁度。广元窑瓷器的特点是胎骨一般比较厚重，断面以黄白色为主，含铁量多，未上釉的部分

3　来源于高德地图。

4　唐志工、马正军、尉涛：《汇集南北从宋代瓷器认识广元窑》,《收藏》2020 年第 3 期。

5　张园：《广元窑重燃千年窑火》,《广元日报》2020 年 11 月 10 日。

6　伍秋鹏：《宋代四川广元窑绿釉和黄釉瓷器赏析》,《东方收藏》2010 年第 3 期。

7　李铁锤：《忽惊午盏兔毫斑，打作春瓮鹅儿酒——广元窑黑釉瓷赏析》,《东方收藏》2010 年第 3 期。

在焙烧的过程中由于氧化作用而呈现红褐色乃至黑褐色。广元窑器物大部分采用匣钵装烧，另有涩圈叠烧和大小套烧、对口烧等装烧方法[8]。

广元窑陶瓷的烧造明显受到外来陶瓷的影响，陶瓷塑像小品深受唐风黄堡窑浸染及宋代磁州窑、定窑的影响；广元窑黑釉凸弦纹与河南扒村窑产品极相似；广元窑米黄色釉黑色草叶纹梅瓶，在造型和纹饰上与河南鹤壁集窑梅瓶相比，很难分辨是两个不同的窑口所出[9]。南宋时的广元窑不仅在露胎的外底上仿建窑的乌泥黑，还仿吉州窑的鹧鸪斑、北方黑釉窑的油滴盏，同时还独创了金色和银灰色的星点釉，其纯黑釉器物光亮如黑漆一般，有的底露胎呈"铁足"，器表有"泪痕"。因此，广元窑发展到南宋，可以说既集全国各黑釉名窑的特点，又有独创，反过来影响了其他窑口的制瓷业[10]。

广元位于甘、陕、川交会的地方，地处南北方交通要道，唐宋时期经济文化发达，商旅云集，广元窑的器物销往嘉陵江畔及与其江河相连的各地，如阆中、南充、泸州、成都、重庆及合川等。近年来，在宝鸡、兰州、天水、西安等地施工中，广元窑瓷器也有所现身[11]。已发现刻有"供"字款的广元窑黑釉盏,这是否表示广元窑也曾烧制过专门供给皇帝和宫廷使用的贡瓷,还值得作进一步的探讨。目前国外已有三处出土疑是广元窑的黑釉瓷：一是日本梨县出土的褐釉小壶，二是韩国新安海底沉船发现的乳钉纹罐与广元窑黑釉刻画乳钉纹杯相似,三是日本富田三太良遗址出土的天目釉碗与广元窑黑釉茶盏极似[12]。对四川古陶瓷很有研究的陈丽琼先生认为，宋代广元窑制品可能销往朝鲜半岛和日本，可见当时广元窑之兴盛。

三、窖藏、传世和墓葬出土的广元窑陶瓷

窖藏一般是人们在特殊情况下（如战争、自然灾害）对自己珍惜的物品的一种权宜性保存方式，因此，窖藏中出土的器物一般较精美，大多属于当时的上等产品。四川地区的窖藏发掘集中在20世纪七八十年代，配合大规模的基础设施修建，大量窖藏文物出土，20世纪90年代至今，四川地区宋元瓷器窖藏发掘进入了一个崭新的阶段，多个大型窖藏被发现[13]。窖藏中出土的器物一般较精美,多属当时的上等产品,往往反映了一个时期物质文化发展的主流[14]。出土器物以景德镇湖田窑青白瓷和龙泉青瓷为主,也有部分四川本地的

---

8 陈杨：《四川地区广元窑瓷器窖藏综述》,《文物春秋》2011年第10期。

9 贾红丁：《追寻广元窑（下）》,《收藏界》2008年第8期。

10 陈扬：《四川地区宋元瓷器窖藏综述》,《文物春秋》2011年第10期。

11 李铁锤：《忽惊午盏兔毫斑，打作春瓮鹅儿酒——广元窑黑釉瓷赏析》,《东方收藏》2010年第3期。

12 贾红丁：《追寻广元窑（下）》,《收藏界》2008年第8期。

13 陈扬：《四川地区宋元瓷器窖藏综述》,《文物春秋》2011年第10期。

14 裕階书房主人：《四川地区窖藏出土宋元瓷器概述》，http://blog.sina.com

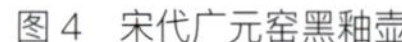
图 4　宋代广元窑黑釉壶

图 5　广元窑黑釉带盖双耳罐

图 6　广元窑绿釉管状三足炉

磁峰窑白瓷和广元窑黑瓷。广元窑器型主要是饮茶具，以碗、盏为代表器物，其中中江县窑藏出土的Ⅶ式黑釉瓷碗，彭山县窖藏出土的黑釉杯，郫县窖藏的黑釉盏，德阳县窖藏的黑釉瓷碗都为广元窑产品，特征明显[15]。

图 4 是宋代广元窑黑釉酒壶，壶身漆黑银亮，釉面极佳，可谓宋代黑釉瓷的极致之作[16]。图 5 是广元皇泽寺博物馆馆藏瓷器黑釉带盖双耳罐，内外施黑釉至腹下部，足跟平切，腹下部至底下部施白色化妆土，该罐于 1975 年在广元红星大队宋墓出土，是目前保存最好的代表作品之一[17]。图 6 是成都顺达博物馆收藏的宋代广元窑绿釉管状三足炉，历经近千年的风风雨雨，铅绿釉还如此鲜亮，实在难得[18]。

四、广元窑陶瓷的鉴别

为了正确鉴别广元窑古陶瓷，一些古陶瓷专家通过长期观察、触摸不同窑口类似古陶瓷的器型、釉色、胎色，图案、图形、胎釉厚度、重量等特点，反复对比广元窑古陶瓷和其他窑口类似古陶瓷之间的异同，寻找、归纳、总结出了一套鉴别广元窑古陶瓷的方法。

古陶瓷中元素组成的变化是由胎、釉配方或原料矿源的差异所造成的。由于古陶瓷通常是就地取材烧制，不同产地的古陶瓷原料矿源不同，这有利于用元素组成对古陶瓷进行断源研究；同一窑口在不同的历史阶段，配方的改进或原料矿源的改变，如矿源枯竭等，同样会导致古陶瓷元素组成的变化，这使得用元素组成对古陶瓷进行断代成为可能。科技

15 陈扬：《四川地区宋元瓷器窖藏综述》，《文物春秋》2011 年第 10 期。

16 李铁锤：《忽惊午盏兔毫斑，打作春瓮鹅儿酒——广元窑黑釉瓷赏析》，《东方收藏》2010 年第 3 期。

17 唐志工、杨栋、夏林：《广元皇泽寺博物馆藏瓷器赏析》，《收藏界》2009 年第 11 期。

18 悠然：《宋代四川广元窑瓷器的釉色与装饰》，《收藏界》2009 年第 10 期。

鉴定模式采用从已知探未知的方法，步骤可分为标本收集、测试分析、数据处理和演绎归纳等四个阶段，即先收集有明确发掘遗址、可靠地层和年代依据的标本进行系统的测试分析，将所得数据通过多元统计分析等方法进行运算和处理，从中总结出待鉴定陶瓷样品所含特征元素的特征规律和鉴别指标分布规律，并将其归纳上升为科技鉴定的理论[19-21]。能量色散 X 射线荧光分析 EDXRF 具有无损、分析浓度范围宽、从主量组分到痕量组分都能够测定（从 100% 到 ppm 级）X 荧光谱线简单、分析方法比较简便等特点，是研究古陶瓷样品元素组成的一种有效手段[22]。

广元窑古陶瓷专家鉴定和科技鉴定相结合，可以提高古陶瓷的正确鉴定率。

五、小结

广元窑是川渝地区唐、宋、元时期极具特色的重要窑场，以烧黑釉瓷为主，同时兼烧少量绿釉、青釉、黄釉、青灰釉、白釉、黄釉褐花、白釉黑花和无釉素胎器等器物，其烧造的陶瓷明显受到外来陶瓷的影响，发展到南宋，可以说既集全国各黑釉名窑的特点，又有独创，反过来影响了其他窑口的制瓷业。

致谢：国家自然科学基金（51172212），2021 年度河南省高等学校哲学社会科学基础研究重大项目“河南陶瓷通史”（2021-JCZD-16），2022 年河南兴文化工程文化研究专项项目“官瓷通史研究”项目支持。

---

19 李家治、王昌燧：《中国古陶瓷科技鉴定的基础和现状》，《中国会议》2002 年第 6 期。

20 杨大伟、冀勇、李融武，等：《不同时期古耀州瓷的无损鉴别研究》，《陶瓷学报》2010 年 6 月 15 日。

21 刘舜民、杨大伟李融武，等：《景德镇与德化青花瓷原料来源的质子诱发 X 射线荧光分析》，《原子能科学技术》2010 年 2 月 20 日。

22 张小丽：《用多种现代分析技术研究古钧瓷的无理性能和呈色机理》，《郑州大学硕士论文》2007 年 5 月 1 日。

广元窑瓷器的流布初探 *

伍秋鹏（成都中医药大学国学院）

摘要：广元窑是一处烧造规模较大的宋代窑址，产品种类较丰富，特点鲜明，产品流布范围较广。广元窑产品的销售地域除川渝地区外，还远达甘肃、陕西、贵州等地区。广元窑瓷器的传播路线可以分为陆路、水路和水陆结合三种。

关键词：广元窑　宋代　瓷器　流布

广元窑是一处烧造规模较大的古代窑址。窑址位于四川广元市北郊约 6 公里处嘉陵江左岸的瓷窑铺。窑址分布范围南起千佛岩，北至广元溶剂厂，南北长约 2000 米，宽约 500 米，总面积约 100 万平方米。窑址在 1953 年建造宝成铁路时发现，王家祐[1]、魏达议[2]、丁祖春[3]等学者和重庆市博物馆[4]先后对窑址进行了调查。1996 年，四川省文物考古研究所、广元市文物保护管理所对窑址进行了抢救性发掘[5]。经过多次考古调查及发掘，广元窑的瓷业面貌和产品特征现已比较清楚。从现已发表的资料及其他可以检索到的资料来看，广元窑产品的流布范围主要为川渝地区，此外在甘肃、陕西、贵州等省市也出土有部分广元窑瓷器。除出土器物外，在北京故宫博物院、瑞典斯德哥尔摩远东古物博物馆等国内外博物馆中也收藏有少量广元窑瓷器。本文拟在对广元窑瓷器的产品特征进行简要介绍的基础上，对广元窑瓷器的流布情况进行初步研究。

* 本文为教育部人文社会科学研究项目“川渝地区古代制瓷业与外地制瓷业之间的关系研究”（项目编号 22XJA780003）阶段性成果。

1 王家祐：《四川广元黑釉窑初探》，《文物参考资料》1955 年第 3 期。

2 魏达议：《记广元宋墓腰坑出土文物》，《文物资料丛刊》7，文物出版社，1983 年；魏达议、高久诚：《广元黑釉瓷窑调查记》，《中国古陶瓷研究专辑》第一辑，江西省陶瓷工业公司，1983 年。

3 丁祖春：《广元磁窑铺黑釉窑》，《四川古陶瓷研究（一）》，四川省社会科学院出版社，1984 年。

4 重庆市博物馆：《四川广元窑的调查收获》，《考古与文物》1982 年第 4 期。

5 四川文物考古研究所、广元市文物保护管理所：《广元市瓷窑铺窑址发掘简报》，《四川文物》2003 年第 3 期。

一、广元窑瓷器的产品特征

关于广元窑的烧造年代，曾经有五代晚期至南宋末或元初[6]、唐宋时期[7]、宋元时期[8]、宋至元明时期[9]、北宋中晚期至南宋[10]等几种观点。从窑址调查、发掘出土器物结合墓葬、遗址出土及窖藏器物来看，广元窑的烧造年代应为北宋中晚期至元初，其中南宋是其烧造的鼎盛时期。广元窑产品的种类有黑瓷、白瓷（含青灰釉瓷）、绿釉瓷、黄釉瓷、素胎器等，以黑瓷类产品的数量最多。产品以民间实用器物为主，有碗、盘、盏、碟、杯、洗、钵、瓶、罐、壶、粉盒、盏托、香炉等，此外还有小件瓷塑动物等玩具。黑釉盏的造型多为弇口、弧腹、玉璧形足。广元窑瓷器的胎质有灰白色、灰黑、黄白、暗红等色，胎质普遍较粗，胎中沙粒较多，多数器物的胎上均施有一层白色化妆土。许多黑釉瓷器的底足露胎处刷一层黑色护胎釉。产品除素面外，各类产品的装饰较丰富。黑瓷类产品的装饰有兔毫、油滴、玳瑁、星点、鹧鸪斑、凸线纹等。白瓷产品的装饰有釉下黑彩、釉下褐彩、印花、刻划花等。绿釉瓷的装饰有堆粉彩绘、剔刻花、印花等，彩绘所用颜料为白色、绿色或黑褐色，彩料凸出器表，既有釉上彩，也有釉下彩。黄釉瓷器的装饰有褐色洒彩、剔刻花等。无釉素胎器的装饰主要为堆粉彩绘，所用彩料为白色化妆土或黑褐色彩料。

二、川渝地区出土的广元窑瓷器

川渝地区是广元窑瓷器的主要流布区域，在宋代墓葬、窖藏、遗址及古井中常出土广元窑瓷器。按照地理分布划分，可以分为川北、川东、成都平原各市县和重庆四个区域。在目前已发表的资料中，川南的内江、自贡、宜宾、泸州等地未发现可以判定为广元窑的产品。

1. 川北地区

川北地区发现的广元窑瓷器主要出土于广元利州区（原市中区）、万源、剑阁、青川、南充市顺庆区、阆中、巴中等地区，其中广元利州区和剑阁县发现的广元窑瓷器数量较多。

在广元市博物馆编著的《葭萌遗珍——广元历史文物集萃》一书中收录了 22 件宋代广元瓷器，除 2 件为窑址出土器物外，其余为广元利州区、万源市、剑阁县等地出土，青

---

6 重庆市博物馆：《四川广元窑的调查收获》，《考古与文物》1982 年第 4 期。

7 王家祐：《四川广元黑釉窑初探》，《文物参考资料》1955 年第 3 期；魏达议、高久诚：《广元黑釉瓷窑调查记》，《中国古陶瓷研究专辑》第一辑，1983 年。

8 冯先铭：《三十年来我国陶瓷考古的收获》，《故宫博物院院刊》1980 年第 1 期。

9 丁祖春：《广元磁窑铺黑釉窑》，《四川古陶瓷研究（一）》，四川省社会科学院出版社，1984 年。

10 四川文物考古研究所、广元市文物保护管理所：《广元市瓷窑铺窑址发掘简报》，《四川文物》2003 年第 3 期。

川县文管所收藏或广元市中区公安分局移交[11]。这些广元窑瓷器分别为1958年广元大西门窖藏出土的1件黑釉玳瑁纹盘，1975年广元河西红星大队出土的1件黑釉双系盖罐、1件黑釉双系罐，1987年广元人民医院窖藏出土的1件黑釉碗、1件白釉划花碗，2004年广元市中区出土的1件黑釉玳瑁纹荷叶盖罐，广元发掘出土的1件黑釉双系罐，万源出土的1件黑釉壶、2件黑釉盏托、2件白釉褐花梅瓶〔图1〕，利州区宝轮出土的1件绿釉梨形执壶、1件绿釉盏托、1件绿釉三足炉，剑阁县采集的1件黑釉行炉，青川县文管所收藏的1件玳瑁纹盏、1件黑釉觯式瓶，以及1999年广元市中区公安分局移交的1件黑釉荷叶盖罐、1件白釉釉下褐花小壶、1件白釉釉下褐彩小梅瓶等。

图1　宋代广元窑梅瓶

1968年在广元上西乡上西大队发现了1座宋代双室石椁墓，左右两室均设棺台，棺台下各有一个腰坑，在两个腰坑中各出土了1件黑釉盖罐，此外还有铜器、玉器、钱币等文物。两件黑釉盖罐的形制相同，为广元窑产品[12]。

1971年剑阁宋墓中出土了1件绿釉褐地彩绘小口瓶〔图2-1〕。

1980年在广元河西公社下西大队发现的宋代画像石室墓中出土的1件施白色化妆土的双耳罐、3件黑釉双耳罐、1件施白色化妆土的小罐和1件黑釉小罐，从造型和胎釉特征来看属于广元窑产品[13]。

1977—1988年间先后在剑阁县白龙乡、武连乡武侯村、县城北郊卧龙山、县城小东街发现了宋代窖藏，其中有部分瓷器属于广元窑产品。分别为武连乡武侯村窖藏出土的1件黑釉盏，白龙乡窖藏出土的2件绿釉瓶，县城小东街窖藏出土的2件绿釉瓶，卧龙山窖藏出土的1件无釉素胎瓶等[14]。

1990年在剑阁古城东门发现1口宋代砖井，在砖井内及周边遗址中出土了一批瓷器，其中黑釉碗、黑釉盏、黑釉碟、黑釉梨形执壶〔图2-2〕、黑釉炉、黑釉杯、黑釉双耳罐标本、绿釉花口瓶等器物属于广元窑产品[15]。

---

11 广元市博物馆编：《葭萌遗珍——广元历史文物集萃》，四川美术出版社，2016年，第125—142页。

12 魏达议：《记广元宋墓腰坑出土文物》，《文物资料丛刊7》，文物出版社，1983年。

13 四川省博物馆、广元县文管所：《四川广元石刻宋墓清理简报》，《文物》1982年第6期。

14 母学勇：《剑阁宋代窖藏综述》，《四川文物》1992年第3期。

15 母学勇：《剑阁发现宋代砖井》，《四川文物》1999年第1期。

图 2　四川地区出土广元窑瓷器

2012 年发掘的广元田湾墓地出土的 1 件宋代黑釉双耳罐，从造型、胎釉特征来看为广元窑产品 [16]。

2016 年在广元利州区浩口村发掘的一座南宋绍熙纪年墓中出土的 4 件瓷器均为广元窑产品。4 件瓷器分别为黑釉双耳罐、白釉褐彩小壶、白釉褐彩粉盒、1 件白釉褐彩盏托 [17]。

2020 年 10 月在青川县青溪镇石牛寺山底广平高速建设工地发现了一处宋代墓葬群，在出土文物中有 1 件绿釉长颈瓶为广元窑产品 [18]。

川北地区发现的广元窑瓷器，除出土于广元地区各区市县外，在阆中、南充顺庆区和巴中等地也有发现。1981 年发现的阆中丝绸厂宋代窖藏中出土了瓷器、铜器等器物 500 余件（瓷器有 81 件），其中有 4 件黑釉玳瑁纹盘为广元窑产品 [19]〔图 2-3〕。南充顺庆区南门新城 F 区建筑工地宋代窖藏出土了 206 件瓷器，出土瓷器以龙泉窑青瓷和景德镇窑青白瓷为主，有少数黑釉盏为广元窑产品 [20]。阆中民间收藏者收藏有 1 件宋代广元窑绿釉黑花瓶 [21]。1989 年发现的巴中县医院住院部宋代窖藏出土了瓷器、铜器、铁器等器物 84 件，瓷

16　四川省文物考古研究院：《天府皕宝图》，文物出版社，2013 年，第 161 页。

17　四川省文物考古研究院、广元市博物馆、西华师范大学历史文化学院：《四川广元市利州区浩口村宋墓清理简报》，《四川文物》2019 年第 6 期。

18　腾讯新闻：《四川发现宋代墓葬群》，https://new.qq.com/rain/a/20201013A08MMT00。

19　张启明：《四川阆中县出土宋代窖藏》，《文物》1984 年第 7 期；王兴堂：《南充地区宋代窖藏瓷器初步研究》，《中国陶瓷工业》2018 年第 4 期。

20　王兴堂：《南充地区宋代窖藏瓷器初步研究》，《中国陶瓷工业》2018 年第 4 期。

21　高阿申：《难忘阆中鉴宝》，《检察风云》2013 年第 14 期。

器中有 4 件黑釉碗和 1 件黑釉兔毫盏，简报作者认为黑釉兔毫盏为广元窑产品[22]。

2. 川东地区

川东地区发现的广元窑瓷器主要出土于遂宁金鱼村一、二号窖藏和达州通川区白岩村宋墓中。

1991 年发现的遂宁金鱼村一号窖藏中出土了 4 件黑釉玳瑁纹盏。4 件盏的造型相同，均为敞口，斜腹较直，小饼足〔图 2-4〕。发掘简报将其定为景德镇窑仿吉州窑产品[23]。其后有学者认为其为“受耀州窑影响的南宋广元窑黑瓷茶盏中的精品”[24]。在 2012 年出版的发掘报告中，这 4 件黑釉玳瑁纹盏被称为“不明窑口黑瓷”。在发掘报告附录《遂宁金鱼村南宋窖藏出土部分瓷器的科学分析》一文中对其中的两件黑釉玳瑁纹盏进行了科学分析，分析结果表明两件黑釉盏釉的成分与以往发表的广元窑黑釉瓷器的成分类似，但胎质的分析结果与以往发表的数据差别较大。目前的科学分析结果尚不能判定两件黑釉盏为广元窑产品。研究者认为它们是四川本地窑场仿吉州窑、建窑等窑口的黑瓷产品[25]。从 4 件黑釉玳瑁纹盏的造型、胎釉及玳瑁纹特征来看，它们有较大可能是广元窑产品。要最终确定它们是否为广元窑产品，除了需要从胎、釉、造型及纹饰等方面进一步将它们与广元窑黑瓷进行细致对比外，也需要进一步借助现代科技手段进行测试分析。

图 3　成都市区建筑工地采集的广元窑瓷片

在 2003 年发现的遂宁金鱼村二号窖藏，共追缴收回瓷器 46 件，其中有 7 件为黑釉盏〔图 2-5、图 2-6〕。发掘简报认为它们可能是福建建窑产品[26]。在 2012 年出版的发掘报告中，将 7 件黑釉盏称为“不明窑口黑瓷”，按造型不同分为 A、B 两型，其中 A 型 5 件，B 型 2 件。报告编写者认为它们与都江堰金凤窑、瓦岗坝窑的黑瓷产品特征比较接近[27]。窖藏中出土的 A、B 两型黑釉盏，无论是造型、底足特征，还是胎釉特征，均与广元窑中的同类黑釉盏相同，应为广元窑产品。

22 程崇勋：《巴中县出土宋代窖藏》，《四川文物》1989 年第 4 期。

23 遂宁市博物馆、遂宁市文物管理所：《四川遂宁金鱼村南宋窖藏》，《文物》1994 年第 4 期。

24 何瀛中、庄文彬：《试论金鱼村出土宋瓷》，《宋瓷精萃——金鱼村宋瓷窖藏研究》，四川美术出版社，2001 年。

25 成都文物考古研究所、遂宁市博物馆：《遂宁金鱼村南宋窖藏》，文物出版社，2012 年，第 271、358 页。

26 四川宋瓷博物馆：《四川遂宁金鱼村二号南宋窖藏》，《文物》2011 年第 7 期。

27 成都文物考古研究所、遂宁市博物馆：《遂宁金鱼村南宋窖藏》，文物出版社，2012 年，第 305、311、320 页。

1998年在达州市（现达州市通川区）东城街道办事处白岩村发掘的一座宋代石室墓中出土了4件瓷器，其中有1件褐釉碗、1件黑釉兔毫盏和1件黄釉梨形执壶属于广元窑产品[28]。

3. 成都平原

成都平原发现的广元窑瓷器主要出土于大邑、彭山、德阳、三台、绵竹、江油等地的窖藏及遗址中。此外，近年在成都市区建筑工地也采集到较多广元窑瓷器的标本。

1973年发现的大邑安仁镇宋代窖藏，出土了瓷器、铜器、铁器等文物60余件，瓷器中有1件酱釉鼓钉罐（原报告称为“绳纹酱釉釜”），简报作者认为可能是赣州窑产品[29]。考虑到在广元窑窑址中也曾出土过类似的鼓钉罐[30]，窖藏中出土的这件酱釉鼓钉罐有可能为广元窑产品。

彭山罐头厂宋代窖藏中出土了广元窑黑釉盏14件[31]。

1983年发现的德阳景福公社宋代窖藏出土了铜器、瓷器等器物61件，其中有16件黑釉盏，从造型及胎釉特征判断为广元窑产品。其中有的黑釉盏口沿包有一周银边[32]。

1988、1989年三台县先后发现了两处宋代窖藏，清理出土和收回出土瓷器、陶器、铜器、铁器等文物59件，瓷器中有14件为黑釉瓷碗（盏）[33]。黑釉瓷碗（盏）在资料发表时未附图，从文字描述来看，其中应有部分为广元窑产品。

2002年发现的绵竹城关胜利街道宋代窖藏，收集到10余件瓷器，其中有1件黑釉兔毫盏，资料发表时未附图，从文字描述来看，可能为广元窑产品[34]。

2002—2003年发掘的江油小溪坝阴平遗址中出土的宋代黑釉碗、盘、盏，发掘者推测为广元窑产品[35]。

除以上发表的资料外，民间收藏者近年在成都市区建筑工地也采集到较多广元窑瓷器标本。这些广元窑标本以黑釉盏为主，另有少量酱釉盏、黑釉罐、黑釉瓶、黄釉长颈瓶、绿釉瓶、三彩香炉、白地黑花瓶、罐、白釉划花盘等标本〔图3〕。黑釉盏除素面外，主要装饰有兔毫纹和玳瑁纹，有的黑釉盏内壁绘有银彩纹饰，有的黑釉盏的口沿包一周银口。

4. 重庆地区

重庆地区发现的广元瓷器主要分布在荣昌、合川、巫山、忠县等市县。

---

28 马幸辛、王平、李建琪：《达川市发现宋代墓葬》，《四川文物》1999年第1期。

29 大邑县文化馆：《四川大邑县安仁镇出土宋代窖藏》，《文物》1984年第7期。

30 重庆市博物馆：《四川广元窑的调查收获》，《考古与文物》1982年第4期。

31 帅希、彭方明：《彭山发现南宋窖藏》，《四川文物》1996年第1期。

32 四川省文物管理委员会、德阳县文物管理所：《四川德阳县发现宋代窖藏》，《文物》1984年第7期。

33 景竹友：《三台出土宋代窖藏》，《四川文物》1990年第4期。

34 宁志奇：《绵竹宋代瓷器窖藏》，《四川文物》2008年第6期。

35 四川省文物考古研究所、江油市文物管理所：《江油小溪坝阴平遗址发掘报告》，《四川文物》2004年增刊。

1984年发现的重庆荣昌县合靖镇祝家村窑藏，共收回145件瓷器。发掘简报认为分别为定窑、广元窑、建窑、龙泉窑、耀州窑、吉州窑等窑口的产品。简报判断为广元窑产品的瓷器有4件黑釉兔毫盏、5件黄釉瓶和1件绿釉瓶。简报中判断为吉州窑产品的瓷器有48件，釉面均有玳瑁纹，简报将其胎质特征描述为“胎质细腻，胎色白偏红”[36]。这一批定为吉州窑产品的玳瑁纹瓷器，实际上应为广元窑产品。从《中国出土瓷器全集》[37]一书刊载的彩色图片〔图4〕和重庆中国三峡博物馆陈列的实物来看，这一批玳瑁纹瓷器的胎质表面大多施有一层白色化妆土。而吉州窑黑瓷的底足露胎部位一般无化妆土，因此可以排除窑藏中出土的玳瑁纹瓷器为吉州窑产品的可能性。窑藏中出土的碗、盘上的玳瑁纹，与1958年发现的广元老城大西门窑藏中出土的1件玳瑁纹碗和1981年发现的阆中丝绸厂宋代窑藏中出土的4件玳瑁纹盘较一致。从玳瑁纹的风格来看，窑藏出土瓷器上的玳瑁纹与吉州窑瓷器上的玳瑁纹之间存在一定的差别。窑藏出土瓷器上的玳瑁纹颜色艳丽，流动性较强，而吉州窑瓷器上的玳瑁纹颜色略暗淡。

图4　重庆荣昌窖藏出土的广元窑瓷器

1984年发掘的重庆合川南宋绍熙元年（1190年）墓中出土了1件广元窑绿釉觯式瓶[38]。

在配合三峡工程建设进行的考古发掘中，发掘出土的广元窑瓷器有重庆巫山出土的1件黑釉瓜棱罐、忠县出土的1件黑釉玳瑁纹盏[39]。

三、陕西、甘肃、贵州、湖北出土的广元窑瓷器

广元窑瓷器除集中发现于川渝地区外，在陕西、甘肃、贵州等地区也有零星发现。湖北地区虽然未发现明确可以判定为广元窑瓷器的器物，但是从川渝地区其他宋代瓷窑产品

---

36 重庆市博物馆、荣昌县文化馆：《重庆市荣昌县宋代窖藏瓷器》，《四川考古报告集》，文物出版社，1998年。

37 张柏编：《中国出土瓷器全集·10》，科学出版社，2008年，第197—199页。

38 陈丽琼、董小陈：《三峡与中国瓷器》，重庆出版社，2010年，图版第116页。

39 陈丽琼、董小陈：《三峡与中国瓷器》，重庆出版社，2010年，图版第136、137页。

图5 陕西出土的广元窑瓷器

在巴东、秭归等地的发现情况来看，可以推测湖北地区也是广元窑瓷器的流布区域。

1. 陕西

陕西地区发现的广元瓷器主要出土于西安市、旬阳市、汉中市西乡县等地。

1992年陕西旬阳县菜湾乡刘湾村村民在建房时出土瓷器、陶器、铜器、铁器等文物29件，其中有1件绿釉瓜棱执壶，从造型、胎釉特征来看，属于广元窑产品[40]。

在西安市北大街工地采集的1件绿釉荷叶口陶罐，《西安古瓷片》一书认为属于磁州窑系产品[41]（图5）。此件绿釉罐的造型与成都隋唐窑址博物馆举办的"闲品·广元窑陶瓷艺术展"中的1件黄釉荷叶口罐造型相同，从造型和胎釉特征来看应为广元窑产品。同书刊载的1件黑釉玳瑁纹觯式瓶，作者认为是磁州窑系产品[42]。从造型和胎釉特征来看，应是乐山西坝窑产品。

2008年在陕西西乡县阳光工程二期工地发现了1座宋代墓葬，出土了瓷器、铜镜等文物，瓷器中有1件黑釉梨形执壶，发现者推测为广元窑产品[43]。该黑釉梨形执壶的造型及装饰与前文所述1990年剑阁宋井中出土的黑釉梨形执壶较相似，两者均应是广元窑产品。

2. 甘肃

甘肃地区发现的广元窑瓷器主要出土于天水市清水县和麦积区金墓中。

1997年发掘的甘肃清水县贾川乡董湾村金墓中出土了3件陶瓷器，分别为黑釉刻花罐、黑釉碗和灰陶瓶[44]（图6-3，图6-4）。黑釉刻花罐的造型为直腹，口沿内凹一周成子母口状，圈足，外壁剔刻三角形与草叶纹组合的纹饰。这件黑釉刻花罐的造型与广元窑黄釉子母口直腹罐、绿釉子母口直腹罐的造型几乎完全相同。广元窑黄釉子母口直腹罐和绿釉子母口直腹罐的外壁大多饰剔刻竖线纹。从造型和装饰方法来看，董湾村金墓中出土的这件黑釉刻花罐，应是广元窑产品。同墓出土的黑釉碗，造型与广元窑窑址中出土的同类黑釉碗相同，也应是广元窑产品[45]。

40 旬阳县博物馆：《旬阳出土宋代名窑瓷器》，《文博》1998年第6期。

41 卢均茂、张国柱：《西安古瓷片》，陕西人民出版社，2003年，第67页。

42 卢均茂、张国柱：《西安古瓷片》，陕西人民出版社，2003年，第66页。

43 秦育春：《陕西西乡县宋墓新出土瓷器》，《收藏》2013年第21期。

44 北京大学中国考古学研究中心、甘肃省文物考古研究所：《甘肃省清水县贾川乡董湾村金墓》，《考古与文物》2008年第4期。

45 重庆市博物馆：《四川广元窑的调查收获》，《考古与文物》1982年第4期。

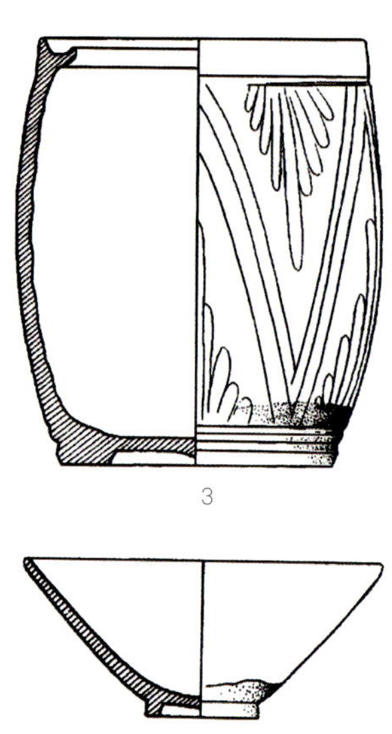

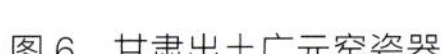
图 6　甘肃出土广元窑瓷器

甘肃天水市麦积区出土的 1 件金代白地黑花梅瓶[46]〔图 6-1〕，不仅造型与万源市出土的 1 件广元窑白地黑花梅瓶基本相同，同时在纹饰上也有较多相似之处[47]。二者的纹饰均为缠枝花卉纹，枝叶均较细，风格较相似，二者的肩部和下腹均划双弦纹，主题纹饰位于上下弦纹之间。从造型、纹饰及胎釉特征来看，天水市麦积区出土的这件金代白地黑花梅瓶应为广元窑产品。2022 年嘉德四季第 60 期网络直播拍卖会拍卖的 1 件明磁州窑褐彩缠枝花卉纹梅瓶[48]〔图 6-2〕，肩部饰一周用短弧线绘成的褐彩花卉纹，肩部和下腹划双旋纹，上下双弦纹之间绘缠枝花卉纹，造型和纹饰风格与麦积区出土的白地黑花梅瓶相似，两者的肩部纹饰几乎完全相同。因此，这件嘉德四季网络拍卖的白地褐彩梅瓶，也应是广元窑产品，年代应为南宋，并非其标注的明代。

3. 贵州

贵州地区发现的广元窑瓷器主要发现于遵义地区。

1957 年清理的贵州遵义南宋播州安抚使杨粲夫妇墓，在发现时已被盗，墓中出土的随葬品较少。出土遗物有 2 件铜鼓、5 件影青瓷碗、1 件白地黑花梅瓶和 1 件铜镜[49]。白地黑花梅瓶的肩部和下腹分别绘弦纹，上下弦纹之间折枝绘牡丹纹，从造型、胎釉和纹饰风格

46　张柏编：《中国出土瓷器全集 · 16》，科学出版社，2008 年，第 70 页。

47　广元市博物馆编：《葭萌遗珍——广元历史文物集萃》，四川美术出版社，2016 年，第 141 页。

48　雅昌艺术网，https://auction.artron.net/paimai-art0105385940。

49　周必素、彭万、韦松恒：《牧司一方——播州杨氏土司墓葬管窥》，科学出版社，2020 年，第 102、103 页。

1

2

3

图 7　贵州遵义出土的广元窑瓷器

来看，应为广元窑产品〔图 7–1〕。

2000 年发掘的遵义桐梓县马鞍山观音寺南宋墓 M1 中出土了 3 件青白釉碗和 1 件绿釉长颈瓶 [50]〔图 7–3〕。绿釉瓶的腹部一周在黑褐地上用绿釉绘牡丹花卉纹，其余部位施绿釉，瓶口有三个支钉痕。这件绿釉瓶从造型、釉色、装饰及装烧工艺来看，属于广元窑产品。

遵义市博物馆收藏的 1 件白地黑花瓶，口沿至肩部和下腹部施褐色釉，腹部在白地上绘黑褐色折枝牡丹纹，彩料较浓厚，突出器表。从纹饰风格判断，应为广元窑产品〔图 7–2〕。

值得说明的是，贵州遵义地区除出土广元窑瓷器外，在相关墓葬中还曾出土重庆涂山窑黑瓷、清溪窑乳浊釉青瓷等川渝地区宋代瓷窑的产品。

4. 湖北

从目前已发表的相关资料来看，湖北地区目前尚未发现可以明确判断为广元窑产品的器物，但在巴东、秭归等地发掘出土了较多宋代川渝地区其他瓷窑的产品。

在 20 世纪 90 年代至 21 世纪初，为配合三峡工程建设，在巴东、秭归等地的遗址、墓葬中发掘出土的宋代瓷器中有不少西坝窑、金凤窑、涂山窑、琉璃厂窑的产品。在湖北秭归何家屋场墓群 M11、M13、M14、M15 中分别出土了 1 件黑釉盏，底足均为饼足，胎质呈红褐色或灰白色，M15 中出土的黑釉盏器内有玳瑁纹 [51]。从造型和胎釉特征来看，M11、

50 贵州省文物考古研究所、桐梓县文物管理所：《贵州桐梓县马鞍山观音寺宋墓清理简报》，《江汉考古》2013 年第 4 期。

51 秭归县博物馆：《秭归何家屋场墓群发掘报告》，《湖北库区考古报告集》第六卷，科学出版社，2010 年。

M13 中出土的红褐色胎黑釉盏应为乐山西坝窑产品，M14、M15 中出土的灰白胎黑釉盏应为重庆涂山窑产品。在秭归何家岭墓地 M6 中出土的 3 件酱釉（黑釉）盏，底足为平底，胎质呈青灰色[52]。从造型和胎釉特征来看，应为乐山西坝窑或都江堰金凤窑产品。在巴东龙堆包墓群 M8（宋代石室墓）出土的 1 件黑釉盏，底足为饼足，胎质为灰胎泛红色，从造型和胎釉特征来看，应为乐山西坝窑产品。此外，地层中出土 1 件黑釉玉壶春瓶（T1 ④:2）和 1 件黑釉盏（T7 ②:1）从造型和胎釉特征来看，应为川渝地区窑场产品，其中黑釉盏应为西坝窑产品，黑釉玉壶春瓶为西坝窑或广元窑产品[53]。在《三峡与中国瓷器》一书中收录了几件湖北巴东县出土的宋代川渝地区瓷窑产品。其中有 1 件黑釉三足炉、1 件黑釉鼓钉罐、1 件黑釉灯盏、2 件黑釉玳瑁纹盏为重庆涂山窑产品[54]。有 1 件巴东县出土的黑釉盏，作者认为是广元窑产品[55]。从图片来看，此件黑釉盏的底足为饼足，胎质呈红褐色，从造型和胎釉特征判断，应为乐山西坝窑产品。有 2 件酱釉小盘，作者认为为涂山窑产品[56]，但是从器物的造型及胎釉特征来看，应为四川彭州磁峰窑酱釉产品[57]。

通过在湖北境内发现的川渝地区宋代瓷窑产品来看，可以推测长江三峡湖北段沿岸一带也应是广元窑产品的流布区域。

四、国内外博物馆收藏的广元窑瓷器

除川渝地区的各个博物馆外，在北京故宫博物院、瑞典斯德哥尔摩远东古物博物馆等国内外博物馆中也收藏有少量广元窑瓷器。北京故宫博物院收藏有 1 件宋代广元窑绿釉花卉纹执壶，壶身的口沿至肩部和下腹部施绿釉，腹部饰黑褐釉，褐釉上以四道用绿釉绘制的竖线为一组，将腹部间隔成六格，每格内用绿釉绘折枝花卉纹[58]〔图 8-1〕。在故宫博物院官网数字文物中共收录了 1 件标注为元代的绿釉黑花瓶[59]〔图 8-3〕，从造型、釉色和纹饰特征来看，应为南宋广元窑产品。

在台北故宫博物院编著的《海外遗珍·陶瓷》（二）一书中收录了 1 件瑞典斯德哥尔摩远东古物博物馆收藏的南宋广元窑绿釉花卉纹执壶〔图 8-2〕。原书将其标注为“辽·磁

---

52 潜江市博物馆：《秭归何家岭、沙包岭墓地发掘简报》，《湖北库区考古报告集》第五卷，科学出版社，2010 年。

53 湖北省文物考古研究所：《巴东龙堆包墓群发掘报告》，《湖北库区考古报告集》第三卷，科学出版社，2006 年。

54 陈丽琼、董小陈：《三峡与中国瓷器》，重庆出版社，2010 年，第 147、148、154—156 页。

55 陈丽琼、董小陈：《三峡与中国瓷器》，重庆出版社，2010 年，第 138 页。

56 陈丽琼、董小陈：《三峡与中国瓷器》，重庆出版社，2010 年，第 153 页。

57 伍秋鹏：《四川磁峰窑酱釉瓷探索——兼议紫定的有关问题》，《收藏界》2007 年第 6 期。

58 任民之：《两宋瓷器》，中国鉴赏出版社，2003 年，第 172 页。

59 故宫博物院数字文物库，https://digicol.dpm.org.cn/cultural/detail?id=4b69e53c02904bdaa8ddc083516e455f&source=0&page=4。

图 8　故宫博物院、瑞典斯德哥尔摩远东古物博物馆收藏的广元窑瓷器

州窑系·绿釉贴花花卉纹水注”[60]。此件绿釉执壶的造型、釉色、纹饰与北京故宫博物院收藏的宋代广元窑绿釉花卉纹执壶较相似。

五、被误认为广元窑产品的瓷器

在以前发表的资料中，有一些窖藏和墓葬中出土的瓷器，在发表资料时被判断为广元窑产品的器物，实际上并非广元窑产品。

在《中国文物定级图典》一书中，将 1975 年成都出土的 1 件黑釉兔毫盏，定为广元窑产品[61]。从器物造型、胎釉特征来看，此件黑釉盏应为都江堰金凤窑产品。

1978 年在郫县红星公社发现 1 处宋代瓷器窖藏，出土瓷器 69 件，其中黑釉瓷器有 11 件盏，原报告推测为广元窑产品[62]。11 件黑釉盏底足均为平底（即饼足），从原文描述及附图来看，应是金凤窑产品，而非广元窑产品。

1983 年发现的武胜县治口乡团岭堡村窖藏出土了 45 件瓷器，资料发表者认为该窖藏的年代为宋代，其中有 3 件黑釉高足碗是广元窑产品[63]。从出土瓷器的造型来看，该窖藏的年代应为元代。在历次对广元窑窑址的调查和发掘中，未发现有黑釉高足碗类产品。窖藏

60 台北故宫博物院：《海外遗珍·陶瓷（二）》，台北故宫博物院，1989 年，第 85 页。

61 马自树主编：《中国文物定级图典·一级品（下）》，上海辞书出版社，1999 年，第 138 页。

62 梁文骏：《郫县出土的宋代瓷器窖藏》，《文物》1984 年第 12 期。

63 刘家同：《武胜县出土宋代窖藏瓷器》，《四川文物》1985 年第 1 期。

中发现的3件黑釉高足碗，应不是广元窑产品。

1984年在成都金牛区簇桥凉水井村发现的一处南宋窖藏中出土了110多件瓷器，其中有43件黑釉盏、酱黄釉盏，简报作者认为黑釉盏、酱黄釉盏为广元窑产品[64]。黑釉盏、酱黄釉盏在资料发表时未附图，从文字描述来看与广元窑产品的特征差别较大。该批黑釉类盏现陈列于成都博物馆，简报中的酱黄釉盏应是指玳瑁纹盏。从实物来看，黑釉盏几乎全部为都江堰金凤窑产品（陈列说明也定为金凤窑产品），玳瑁纹盏可能是乐山西坝窑产品。

1995年发现的中江县西山乡龙华村宋元窖藏，出土了瓷器、陶器、铁器、铜器等文物100余件，其中有42件黑釉高足杯、5件褐釉高足杯、2件黑釉碗。资料介绍者认为2件黑釉碗为广元窑产品，黑釉、褐釉高足杯多数为广元窑产品[65]。黑釉碗的底足为饼足，从原文描述及附图来看，应为都江堰金凤窑或乐山西坝窑产品。高足杯从造型及胎釉特征来看，也非广元窑产品。

在广元市博物馆编的《葭萌遗珍——广元历史文物集萃》一书中有2件被定为广元窑产品的瓷器，实际上并不是广元窑产品[66]。1987年广元人民医院窖藏出土的1件米黄釉划花碗，其造型和纹饰与陕西铜川立地坡耀州窑址中出土D型Ⅳ式青釉碗（03LYJ2③:20）十分相似，应为耀州窑产品[67]。1978年在窑址出土的1件黑釉鹧鸪斑纹盏，从造型、釉色及纹饰判断，应为吉州窑产品。在窑址调查和发掘中出土的瓷器，有时可能是来自外地其他瓷窑的产品，这是一种较普遍的现象。

成都博物馆官网藏品数据库中定为广元窑产品的黑釉盏、玳瑁纹盏的瓷器共有29件。从网页上的藏品图片来看，其中并无与广元窑产品特征相符的瓷器。黑釉盏绝大多数都是都江堰金凤窑产品，玳瑁釉盏的胎质均呈红褐色，胎上不施化妆土，应是乐山西坝窑产品。

六、广元窑产品的流布特点和传播路线

从以上对广元窑瓷器发现情况的梳理来看，广元窑产品的流布范围较广，分布在四川、重庆、甘肃、陕西、贵州、湖北等省市，其中川渝地区是广元窑瓷器的主要销售区域，其余各省发现的广元窑瓷器数量相对较少。川渝地区发现的广元窑瓷器按地理可以划分为川北、成都平原、川东和重庆四个区域。其中川北地区和成都平原发现的广元窑瓷器数量较多。川北地区发现的广元窑瓷器，主要出土于以广元为中心的利州、万源、剑阁、青川等广元地区各区县（县级市），此外在南充顺庆区、阆中、巴中等地也有少量发现。成都平原发

64 高风薏：《金牛区发现南宋瓷器窖藏》，《成都文物》1984年第3期。

65 王启鹏、吴梅：《四川省中江县出土宋元窖藏》，《四川文物》2005年第2期。

66 广元市博物馆：《葭萌遗珍——广元历史文物集萃》，四川美术出版社，2016年，第137、143页。

67 耀州窑博物馆、陕西省考古研究所、铜川市考古研究所：《立地坡·上店耀州窑址》，三秦出版社，2004年，第54页。

现的广元窑瓷器，主要出土于大邑、彭山、德阳、三台、绵竹、江油等地的窖藏及遗址中，此外近年在成都市区各建筑工地也出土了较多广元窑瓷器的标本。川东地区和重庆发现的广元瓷器数量较少。川东地区发现的广元瓷器，主要出土于遂宁金鱼村第一、二号窖藏和达州通川区白岩村宋墓中。重庆地区发现的广元瓷器，主要出土于荣昌宋代窖藏、合川宋墓和巫山、忠县等地。除川渝地区外，在陕西西安、旬阳、西乡，甘肃天水麦积、清水，贵州遵义等地的宋金墓葬或城市遗址中也发现有少量广元窑瓷器。湖北地区目前虽然未发现可以明确判断为广元窑产品的瓷器，但是从巴东、秭归等地发掘出土的重庆涂山窑、乐山西坝窑、彭州磁峰窑等川渝地区宋代瓷窑产品来看，长江三峡湖北段沿岸一带也应是广元窑产品的销售区域。

从广元窑瓷器的分布情况来看，以广元为中心的广元地区各区县发现数量较多，随着距离的增加，各地发现的广元窑瓷器逐渐减少。成都平原各市区县的窖藏、遗址中出土的广元窑瓷器数量不多，但在成都市区建筑工地出土的广元窑瓷器标本数量较多。这是因为两宋时期成都作为四川的政治经济中心，城市繁荣、商业发达，对瓷器有很强的消费能力。

从传播路线来看，成都平原各市区县出土的广元窑瓷器主要是通过陆路交通运销而来。阆中、南充、合川、荣昌及长江沿岸忠县、巫山等地出土的广元窑瓷器主要是通过嘉陵江、长江水道运销到沿途各地。陕西西安、西乡、旬阳出土的广元窑瓷器主要是通过金牛道进行运输。甘肃天水麦积、清水出土的广元窑瓷器主要是通过阴平古道进行运输。贵州遵义出土的广元窑瓷器主要是通过嘉陵江水道运输至重庆，然后由陆路运输至遵义。

七、结语

广元窑是一处烧造规模较大的宋代窑址，产品种类较丰富，特点鲜明，产品流布范围较广。从已发表的资料来看，广元窑产品的流布范围主要集中在川渝地区，此外在陕西、甘肃、贵州等地也有少量出土。广元窑瓷器的传播路线，可以分为陆路、水路、水路结合三种。陆路主要是广元直接运输到成都平原各市县，通过金牛道到达陕西西乡、旬邑、西安等地，通过阴平古道到达甘肃天水麦积、清水等地。水道主要是通过嘉陵江、长江以及涪江等水道沿途到达阆中、南充、合川、遂宁、忠县、巫山及长江三峡湖北段的巴东、秭归等地。水陆结合主要是通过嘉陵江到达重庆，然后通过陆路转运到贵州遵义等地。

除各地考古发掘出土外，广元窑瓷器还被北京故宫博物院、瑞典斯德哥尔摩远东古物博物馆等海内外知名博物馆收藏，表明广元窑瓷器具有较高的艺术价值和文物价值。

广元窑黑釉瓷器研究

施泳峰（上海市文物交流中心研究馆员）

摘要：本文以广元窑生产的黑釉瓷器为研究课题，通过对广元窑黑釉瓷器的胎体、釉色、器型、装饰、烧造技法的阐述，探讨了广元窑黑釉瓷器广受市场欢迎的原因、与周边瓷窑的关联性，以及烧造工艺改进后对广元窑黑釉瓷器生产的影响等问题。

关键词：广元窑　黑釉　黑釉瓷

广元窑始烧于唐代、停烧于宋末元初，窑址位于广元市北郊约6公里处，依山面水，沿嘉陵江北岸分布，东靠松林坡，西临嘉陵江，南及工农镇，北接作坊沟，由山脚向山腰呈阶梯形分布。1953年西南博物院文物考古调查队在遗址及邻近的河滩和山坡上，发现了大量的宋代黑釉瓷器残片，并于1954年进行初步发掘，命名为“广元窑”〔图1〕。

一、广元窑概述

四川省广元市，位于甘、陕、川交会处，地处南北方的交通要地，自古以来为入川的重要通道，有“川北门户”“兵家必争之地”的说法。广元是苴国故地、三国重镇，是一代女皇武则天的家乡，唐宋时期经济文化发达，商旅云集。

1953年我国修建第一条电气化铁路宝成铁路，西南博物院（今重庆市博物馆）文物考古调查队配合宝成铁路建设，在沿线开展文物考古调查，发现了广元窑的窑址。

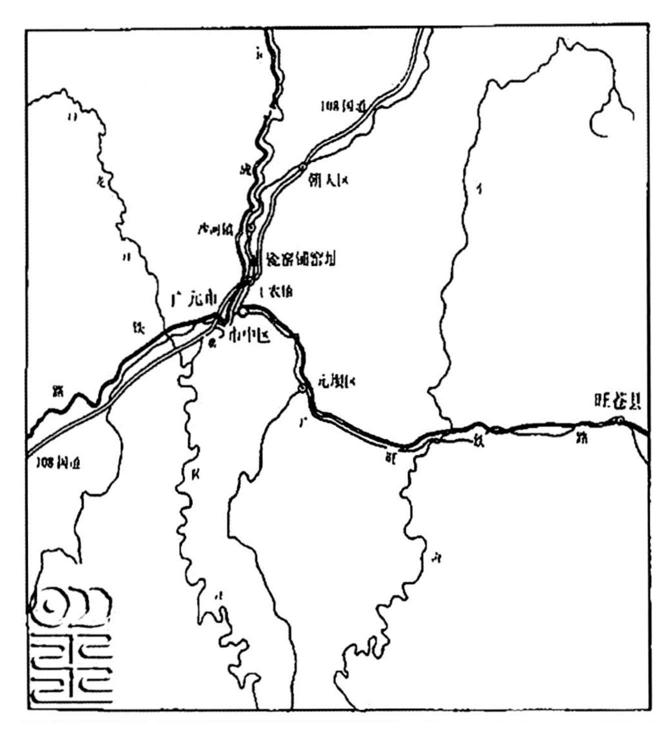

图1　广元窑地理位置示意图

广元窑的地理位置极佳，临水依山，

面临嘉陵江，背靠渐渐高耸的山坡，一条溪水把广元窑与嘉陵江紧密地联系在一起，附近盛产瓷土、长石、石英、方解石、石灰石、黏土、柴薪和煤等，在此处烧造瓷器可谓是有着自然天成的先决优势。沿着黄金水道嘉陵江，广元窑的产品一路销往相连的阆中、南充、成都、重庆及合川等地。近年来，在宝鸡、兰州、天水、西安等地的墓葬与遗址中也发现有广元窑瓷器的身影，可谓是“雄踞川渝两地之首”。

广元窑的窑址，长约2000米，宽约500米，总面积约100万平方米。1954年，西南博物院文物考古调查队对广元窑进行了初步发掘；1976年至1978年，四川省陶瓷史编写组、重庆市博物馆对广元窑进行调查和试掘；1996年7月至9月，四川省文物考古研究所、广元市文物管理所对广元窑进行抢救性发掘；2015年，四川省文物考古研究院因“工农镇棚户区改造项目”对广元窑进行抢救性考古发掘，发掘面积400多平方米，发现4座瓷窑，其中1座较为完整，1座被建房基槽打破，2座仅发现线索。

广元窑自从20世纪50年代发现以来，虽然公布了20世纪70年代后期和20世纪90年代中期的考古发掘资料，但由于历史原因，窑址所在地曾经大举建工厂、修筑沿江大道、棚户区改造建设等，使得广元窑的窑址遭到严重破坏，窑址核心区域的大部分瓷窑都遭到破坏，唐宋窑址群濒临消失，精美器物出土不多，许多代表性器物难觅踪迹。

四川省处于南北丝绸之路即南北方文化的交汇处，广元市位于我国的南北分界线上，是四川省毗邻连接陕西省、甘肃省的北部重镇，自古以来是出四川、入陕甘的交通要道，这使得广元窑有机会吸收南北方瓷窑的特点。在广元窑的发展过程中，可以清晰地观察到与周边瓷窑文化交流融合的历史事实。在釉色上，广元窑以南北方瓷窑的釉色为基础。在纹饰上，广元窑既有四川及南方其他瓷窑的传统，又有北方瓷窑的影子。在器型上，广元窑既有南方建窑的特点，也有南方吉州窑的特点，还有北方磁州窑的特点。在工艺上，广元窑传承了北方耀州窑的烧造工艺技法。因此，广元窑是集南北方瓷窑优势于一体的综合性瓷窑，是承接我国南北方瓷器过渡的重要产物，在我国陶瓷史及文化发展史上具有独特地位。

广元窑在充分吸收南北方制瓷技术的基础上，因地制宜，创新创造，烧造出种类丰富、造型独特、具有地方特色的产品。广元窑产品釉色多样，交相辉映，目前已经发现有黑釉、绿釉、黄釉、白釉、青釉、酱色釉等。其中，黑釉瓷器的产量最大，器物造型也最丰富。黄釉瓷器的釉面光亮，常见米黄色釉，以罐与盘的数量较多。绿釉瓷器呈草绿色，部分釉面泛银灰色，以瓶、罐、香炉的数量较多。青釉瓷器的釉面光亮度差，釉色不纯呈灰青色，以碗与盘的数量较多。酱色釉瓷器的釉面较薄，光亮度不足。白釉瓷器是在晾坯后直接在器物表面施一层白色护胎釉，随后入窑烧造，釉面的光泽度较差。在出土的广元窑产品中还发现有釉下彩绘产品，画面由花朵与花瓣组成，在工艺技法上与鹤壁窑有一定的关联性。

图 2　宋代广元窑黑釉双耳盖罐

图 3　宋代广元窑黑釉荷叶盖罐

图 4　宋代广元窑黑釉双耳罐

图 5　宋代广元窑黑釉筒形双耳罐

二、广元窑黑釉瓷器的工艺特征

作为秦岭以南、川西平原以北罕见的以黑釉为大宗的瓷窑，广元窑最为出彩的当属黑釉瓷器。毫不夸张地说，广元窑的黑釉瓷器能看到什么是真正的“五彩斑斓的黑”。

广元窑最具代表性的产品是黑釉瓷器（图 2—图 5），黑釉质量优良，呈色丰富，黑色的变化是由于釉层厚薄的不同形成，一般可以分为正黑、绀黑、棕黑三种。广元窑还独具匠心地烧造出玳瑁纹、兔毫纹、鹧鸪斑纹等，美学价值和观赏性可与吉州窑、建窑等同类器物媲美。

（一）广元窑黑釉瓷器的胎体

瓷土因淘洗不够，夹杂石英颗粒，但胎体结构坚硬紧密，没有明显气孔，呈多种颜色，有灰黑色、黄白色、褐黑色、红褐色等胎色，其中，黑褐色胎体多为普通品，黄白色和灰色胎体多为精品。

（二）广元窑黑釉瓷器的釉色

①纯黑色釉。釉面极其光亮，釉色分成正黑、绀黑、棕黑三种，这是广元窑黑釉瓷器的大宗产品。

②兔毫黑釉。为带兔毫纹釉面的黑釉，日光下釉面泛浅蓝色，极光亮，由于内外壁由口沿向器底内外流釉，故呈现出极细的毫毛状流釉痕迹现象，故而以此定名。

③玳瑁黑釉。在黑色釉面上，人为洒以着色剂，使其呈现出黄色斑点，呈流动状分布于器物内外。釉面极其光亮。由于类似于东海所产的十三鳞龟甲颜色斑纹，故而以此定名。

④鹧鸪斑黑釉。釉色呈黑褐色，釉面呈现似油滴状的白色圆形斑点纹，好似鹧鸪鸟身上的白色圆形斑纹，故而以此定名。

（三）广元窑黑釉瓷器的器型

在广元窑的黑釉器型中，以黑釉折沿碗、黑釉直口碗为大宗，其次为黑釉双耳鼓腹盖罐、黑釉双耳直腹罐为多。这两种器型中，少数器物不上白色化妆土，大多数器物上化妆土。

①黑釉沥粉线条梨形壶。壶身宛如一枚熟透的雪梨，口沿至壶底处，采用沥粉工艺制作成粗细一致的线条突出于器物表面，别具一格。

②黑釉瓜楞荷叶盖罐。整体以瓜楞造型，通身施黑釉，盖为荷叶形，造型精巧、比例恰当。

③黑釉菊瓣形盏。仿唐金银器造型，犹如一朵盛开的菊花，内外满施以黑釉，釉色如漆，温润如玉，极为生动可爱，这是广元窑烧造的精品瓷器。

④黑釉小碗。碗形与建窑不同，线条比较圆润，足有小平足、玉璧形足与浅圈足，以玉璧形足居多。

⑤彩斑黑釉窑变碗。内底施满黑釉，外壁施釉至腹下，底足为饼形足、玉璧底足、矮环底足且粘有沙粒。

此外，还有仿建窑兔毫盏、吉州窑玳瑁釉盏、赣州窑黑釉刻柳叶纹罐及北方常见的黑釉线纹罐等。

（四）广元窑黑釉瓷器的装饰

随着出土实物的增多，在广元窑黑釉瓷器中还发现有采用刻划、模印等装饰技法生产的器物。

①刻花。广元窑黑釉瓷器刻花器物有碗与罐两类。用成组的细线刻于碗的内壁用作底纹或者用粗线刻于罐的外壁。刻花技法在耀州窑相当成熟，广元窑的黑釉刻花技法有可能是受耀州窑的影响。

②剔刻。广元窑黑釉瓷器剔刻器物主要有瓶与罐两类，剔刻在器物的外壁。剔刻技法在磁州窑相当成熟，广元窑的黑釉剔刻技法有可能是受磁州窑的影响。

（五）广元窑黑釉瓷器的烧造技法

①在广元窑生产的黑釉瓷器中，纯黑色釉产品最多，其次是兔毫黑釉产品，再次是玳瑁黑釉产品，鹧鸪斑黑釉产品最少。

②从大量的窑址标本和墓葬出土的器物综合分析，上白色化妆土的碗类与罐类器物的釉色最佳，烧造技术最成熟。施化妆土的做法在唐代的四川邛崃窑和成都青羊宫窑均有使用，广元窑继续沿用此做法。

③采用匣钵单件装烧技法烧造器物。装匣单件技法烧造出来的器物属于精品，其胎体普遍比用叠烧或套烧技法烧造的器物胎质要细腻、轻薄。由于使用化妆土与匣钵单件装烧，器物的釉面光亮度比建窑、吉州窑同类器物要高。

④采用叠烧或套烧技法烧造器物。叠烧或套烧技法烧造出来的器物属于普通产品，器物内有白色涩圈，较高的圈足并涂有白色化妆土，圈足四周露胎较多。

⑤广元窑黑釉茶盏的烧造时代应在北宋后期到南宋时期，从技术传承上来看，应当晚于吉州窑和建窑的同类型产品，烧成温度为 1290 ± 20℃。

三、广元窑黑釉瓷器盛行的原因分析

在广元窑烧造的所有产品中，黑釉瓷器的产量最大，最受市场欢迎，究其原因有三点。

第一个原因是广元窑优质的瓷土适宜烧造黑釉瓷器。四川广元盛产瓷土、长石、石英、方解石、石灰石、黏土、柴薪和煤等，烧造黑釉瓷器可谓具有自然天成的先决优势。一般的瓷窑烧造黑釉瓷器，瓷土中的含铁量在 5%—6% 之间，而广元窑瓷土中的含铁量在 4% 以下，这是广元窑瓷土的天然优势。这样的瓷土烧造而成的黑釉瓷器胎体厚重，压手感强，胎体中含有排列不均匀的颗粒，底部会遗留着没有去除的棱角痕迹。

第二个原因是受到道教清净无为思想的影响。唐宋时期道教盛行，人们受老子和庄子思想的影响，追求自然恬静的生活情趣，崇尚自然、浑然天成的审美情趣。黑釉瓷器质朴无华，古朴沉静，釉色自然内敛，含蓄典雅而不张扬，尽显文人士大夫的雅致与修养，实用而不失风雅，符合社会大众的审美需求。

第三个原因是与当时的饮茶习惯有关。我国是世界上最早种茶、制茶、饮茶的国家。

图 6　宋代广元窑黑釉茶具（一套三件）

图 7　宋代广元窑兔毫黑釉盏

相传上古之时，神农氏“尝百草，日遇七十二毒，得茶而解之”。西汉的王褒在《僮约赋》中说“烹茶尽具，酺已盖藏”，这是最早关于饮茶的文字记载。魏晋时期“坐客竟下饮”已经成为时尚，文人士大夫视饮茶为高雅享受。

唐代饮茶之俗风靡全国，称饮茶为“煎茶”或“煮茶”，陆羽在《茶经》中说“盛于国朝，两都并荆渝间，以为比屋之饮”。宋代饮茶之风兴盛，茶成为人们日常生活的必需品之一，朝廷设有茶马司一职，将茶与盐、酒等同列为国家公卖。各地的城市里茶肆、茶馆、茶坊林立，茶汤品种繁多，斗茶之风兴起。

斗茶时先把茶叶制成半发酵的膏饼，把膏饼碾成细末放在茶盏内，再沏以初沸的开水，水面上会浮起一层白沫。观察茶盏内壁留下的白色茶痕，先退去者为负。斗茶的重点在于它的观赏性，尤其是当初沸的水倒入茶盏白沫尽显之时，不仅扣人心弦，而且妙趣横生。使用黑釉瓷器盛茶，便于观察茶沫的白色茶痕，视觉上黑白分明，较为清晰。

斗茶之风在宋代盛极一时，甚至连皇帝也不能免俗。宋徽宗赵佶本人酷爱斗茶，常与大臣一试身手。宰相蔡京在《延福宫曲宴记》中记载，宣和二年（1120 年）宋徽宗赵佶在延福宫赐宴并表演斗茶。宋徽宗在《大观茶论》中说：“天下之士励志清白，竟为闲暇修索之玩，莫不碎玉锵金，啜英咀华，较筐篋之精，争鉴裁之别。”由于宋徽宗赵佶的倡导，上行下效，一时间文人士大夫均以斗茶作为高雅的嗜好。宋代苏轼评论斗茶是“雪沫乳花浮午盏，蓼茸蒿笋试春盘。人间有味是清欢”。

宋代有各种瓷器釉色，如白釉、青釉、青白釉、酱色釉、黑釉等应有尽有，但若以斗茶的效果而论，黑釉瓷器的效果最好，这是因为黑釉瓷器的色泽黑亮，能够与白色的茶沫形成鲜明的对比（图 6）。

黑釉本身不是讨人喜欢的色调，但是广元窑的制瓷工匠利用釉料中所含金属氧化物的呈色原理和窑炉的烧造气氛，烧造出了富有变化的结晶釉，变化无穷，丰富多彩，比如兔毫黑釉（图 7）、玳瑁黑釉（图 8）、鹧鸪斑黑釉等。在黑亮的釉面上，夹杂着细密的丝状条纹，带有金属光泽，纤细修长，如细雨霏霏，自然垂流。既不需要施加艳丽的色彩，又不需要附加彩绘的雕饰，仅仅凭借自然本质的美感，就能产生震撼人心的强大艺术魅力，受到文人士大夫的追捧与推崇。所以，宋代苏轼在《送南屏谦师》中说“道人晓出南屏山，来试点茶三昧手。忽惊午盏兔毫斑，作出春瓮鹅儿酒”。

图8　宋代广元窑黑釉玳瑁敞口茶盏

四、广元窑黑釉瓷器与周边瓷窑的关联

在广元窑的发展过程中，可以清晰地观察到广元窑与周边瓷窑文化交流融合的事实。

1. 黑釉与周边瓷窑的关联

黑釉瓷器的主要呈色剂是氧化铁及少量或微量的氧化锰、氧化钴、氧化铜、氧化铬等，当釉料中的氧化铁比例达到8%左右，或将釉层加厚到1.5毫米时，烧成的釉色即呈纯黑色。

黑釉瓷器最早出现于东汉时期，釉面呈黑色或黑褐色，釉层薄厚不均。烧造黑釉瓷器最成功的当推东晋德清窑，釉面滋润光亮，色黑如漆，可与漆器媲美，德清窑也是烧造黑釉瓷器最早的瓷窑。

黑釉瓷器从东晋到南北朝均有烧造，唐代的黑釉瓷器较为盛行，宋代则是黑釉瓷器生产的高峰时期，大江南北的瓷窑均有烧造，比较有代表性的瓷窑有江西吉州窑、福建建窑、山东淄博窑、山西浑源窑、河南巩县窑、河南扒村窑、河北磁州窑、宁夏灵武窑、广东西村窑等。四川地区的重庆涂山窑、乐山西坝窑烧造的黑釉瓷器，其产品与广元窑黑釉瓷器极为相近。

2. 器型与周边瓷窑的关联

唐宋时期各地瓷窑烧造的黑釉瓷器的器型多为日常生活用器，在类别上差别不是很大，器型上基本一致，常见碗、盘、盏、碟、杯、瓶、罐、壶、钵、盒、洗、托、盆、炉、鸟食罐、瓷塑动物等，造型实用。

广元窑烧造的黑釉瓷器在器型上与北方瓷窑基本相同，只是没有发现瓷枕。北方瓷窑极少生产黑釉茶盏，但是广元窑烧造的黑釉茶盏的数量惊人，这可能与制瓷原料与市场需求有密切关系，北方斗茶是建窑黑釉茶盏独步天下，南方斗茶则是各地瓷窑黑釉茶盏百花齐放。

3. 装饰技法与周边瓷窑的关联

在黑釉瓷器的胎体上施加化妆土的技法在唐宋时期已经被广泛使用，广元窑黑釉瓷器中的素面、刻花、剔刻等装饰技法广泛见于南北方的瓷窑。

四川彭县窑与成都青羊宫窑在宋代都存在刻花装饰技法，陕西耀州窑的刻花装饰技法在北宋达到了历史的巅峰，这些都对广元窑有着极大的影响。

剔刻装饰技法广泛见于北方瓷窑，河北磁州窑的剔刻装饰技法在宋代已经相当成熟，这对广元窑有着极大的影响。

综上所述，广元窑是集南北方瓷窑特点于一体的综合性瓷窑，因地制宜，兼容并蓄，生产出独树一帜具有地方特色的黑釉瓷器，所以陕西省考古研究所的禚振西研究员认为“广元窑是父亲山（秦岭）与母亲河（嘉陵江）交汇的重要产物”。

五、烧造工艺的改进对广元窑黑釉瓷器生产的影响

广元窑黑釉瓷器在烧造工艺上，吸取了南北方瓷窑烧造工艺的先进经验，推陈出新，改进了烧造工艺，提高了产量，稳定了质量，深刻地体现出南北方制瓷工艺相互交流融合发展的趋势。

第一，采用馒头窑与龙窑相结合的新式窑炉来烧造瓷器，提高了广元窑黑釉瓷器的烧造产量。

馒头窑，亦称“圆窑”，因形状近似馒头而得名，出现于战国时期，在北方地区流行。馒头窑一般由窑门、火膛、窑室、烟囱等部分组成。点火后，火焰自火膛喷至窑顶，再倒向窑底，流经瓷坯，烟气从后墙底部的排烟孔进入烟囱排出。馒头窑的结构简单，属于半倒焰式窑炉，烧成温度可达 1300℃。

龙窑，亦称“长窑”，依一定的山体坡度建筑，因斜卧似龙而得名，出现于商代，在南方地区流行。龙窑一般由窑头、窑床、窑尾等部分组成，在山坡建造成一条长隧道形窑炉，最长可达 100 米，窑头有预热室，窑尾不设烟囱。龙窑烧造时，在窑室内码装瓷坯，将所有窑门封闭，先烧窑头，由前向后依次投柴，逐排烧成。龙窑的结构简单，属于半连续式窑炉，烧成温度可达 1300℃，并可控制还原火焰。

馒头窑与龙窑在实际使用的过程中，各有优缺点。馒头窑容易控制烧造温度，但装烧量小，难以控制还原火焰。龙窑的装烧量大，过火速度快，但烧造温度不容易控制，影响烧造质量。龙窑的火焰抽力大，可以维持还原火焰，适宜烧造黑釉、青釉等瓷器。馒头窑的保温性好，适宜烧造胎体厚重、釉层黏度大的黑釉、黄釉等瓷器。

广元窑充分吸取了馒头窑与龙窑的优点，推陈出新，将两种窑炉的优点成功地结合在一起。虽然从单个窑室看是一个半倒焰的馒头窑，但是把几个相互连通的馒头窑建在坡度较大的山坡上组成一个呈阶梯状的龙窑，从而使馒头窑和龙窑的优点都得以利用和发挥，极大地提高了广元窑黑釉瓷器的烧造产量，能够充分满足市场需求。所以，清华大学叶喆民教授提出了“广元窑是馒头窑与龙窑的结合体”的观点。

第二，采用改进后的匣钵装烧技法来烧造瓷器，提高了广元窑黑釉瓷器的烧造质量。

匣钵，亦称“匣子”，是烧造瓷器的一种窑具。在烧造瓷器的过程中，为防止气体及有害物质对瓷坯与釉面的破坏或污损，制瓷工匠将做好的瓷坯放在专门制作的容器中焙烧，这种容器就是匣钵。由于匣钵具有导热性和热稳定性，确保不会有烟尘落在胎釉上，所以使用匣钵装烧瓷器，不仅可以提高产量，而且可以提升质量。匣钵的形状，往往依照器物的形状而有所不同。考古资料证明，山东龙山文化在烧造蛋壳黑陶时已经使用专门的匣钵装烧。

广元窑的制瓷工匠在采用改进后的结合馒头窑和龙窑优点的新式窑炉后，对传统的匣钵装烧技法进行了改进，吸取建窑、磁州窑、耀州窑的先进经验，与时俱进，具体表现在以下两点。

首先是广元窑的匣钵造型多样，可以满足不同产品的烧造需要。目前已知的广元窑匣钵有以下 4 种类型：①直口、尖底的漏斗状匣钵；②直口、上大下小凹圈足形的匣钵；③敞口、斜直壁、凹圈足的碗状匣钵；④直口、平底的桶状匣钵。此外，还有根据所烧造器物造型的变化单独设计的匣钵。

其次是广元窑在采用匣钵装烧时，往往在匣钵的底部放置石英砂，防止瓷坯在烧造过程中收缩变形。石英砂是石英石经过破碎加工而成的颗粒，坚硬、耐磨、化学性能稳定。广元窑在瓷器装烧前，在匣钵的底部放置石英砂，不仅能够增强瓷坯的胎体强度，增加釉料与瓷坯的黏合度，而且能够防止瓷坯在烧造过程中因胎体缩水而发生的弯曲变形、釉料脱落等缺陷的出现，有效地提高了产品的烧造质量。

因此，广元窑在吸取了南北方瓷窑的先进烧造工艺经验的基础上，改进了传统的烧造工艺。使用馒头窑与龙窑相结合的新式窑炉，大幅度提高了黑釉瓷器烧造的产量。使用改进后的匣钵装烧技法，大幅度提升了黑釉瓷器烧造的质量。当产量与质量都得到保证时，再加上市场上对黑釉瓷器的需求，黑釉瓷器便成为广元窑的拳头产品，供需两旺。充沛的生产能力，加上不断扩大的消费市场，这种良性循环，使得广元窑在黑釉产品的烧造上能够不断推陈出新，以“五彩斑斓的黑”惊艳后人。

窑火千年，从瑰丽灿烂的釉色到变幻多端的器型，广元窑历经漫长的蝶变，沉淀出精美的黑釉瓷器，展示出巴蜀大地的审美意趣，反映出四川民窑瓷器烧造技术的独具匠心。虽然广元窑停烧于宋末元初，但是其艺术魅力在历史长河中仍不失光亮，散发出质朴无华而别具一格的神韵与灵气。

故宫博物院藏广元瓷窑铺窑址标本的整理与研究

王照宇（故宫博物院器物部）

摘要：本文系对故宫博物院藏广元瓷窑铺窑址标本的全面整理。通过整理标本发现部分器类和造型属以往考古发掘中并未刊布的新资料，可在一定程度上丰富窑址的内涵。在此基础上，本文根据瓷窑铺窑址所见M形匣钵与耀州窑出土匣钵相似而三叉形窑具普遍见于北方窑场中的情况，加之这两种窑具在川渝其他窑场极少出现的客观事实，认为瓷窑铺窑与耀州窑等北方窑场存在直接的技术交流，这应是其窑业技术的部分来源。

关键词：瓷窑铺窑　故宫博物院　技术交流　广元窑

广元瓷窑铺窑址位于四川省广元市北嘉陵江沿岸地区。瓷窑铺窑发现于1953年[1]，1976—1978年，四川省陶瓷史编写组、重庆市博物馆先后对窑址进行了调查和试掘[2]，1996年四川省文物考古研究所、广元市文物保护管理所等单位联合对窑址进行了考古发掘，获得了较为丰富的资料[3]。一般认为，瓷窑铺窑兴盛于宋代，是一处以烧造日用瓷器为主的地方性民间窑场，也是宋代四川黑釉瓷的典型烧造窑口。故宫博物院藏广元瓷窑铺窑址标本共204件，这批标本为故宫博物院几代陶瓷研究学者于1966年、1976年、1980年和2015年分四次前往瓷窑铺窑址所采集的[4]，其中尤以1966年采集的标本数量最多，品种和质量也较高。这批标本中少数曾于故宫博物院延禧宫“故宫博物院藏中国古代窑址标本展”和武英殿“中国古陶瓷窑址标本展”展出。鉴于这批标本大部分采集时间远早于瓷窑铺窑址发

1　王家祐：《四川广元黑釉窑初探》，《文物参考资料》1955年第3期。

2　丁祖春：《广元瓷窑铺黑釉窑》，《四川古陶瓷研究（一）》，四川省社会科学院出版社，1984年；重庆市博物馆：《四川广元窑的调查收获》，《考古文物》1982年第4期。

3　四川省文物考古研究所、广元市文物保护管理所：《广元市瓷窑铺窑址发掘简报》，《四川文物》2003年第3期。

4　据故宫博物院冯小琦老师记述：1966年、1976年，故宫博物院冯先铭等前往瓷窑铺窑址进行调查；1980年，故宫博物院冯先铭、邵长波等前往瓷窑铺窑址进行调查；2015年，故宫博物院冯小琦、黄卫文、赵聪月、高晓然、赵山等前往瓷窑铺窑址进行调查。

掘时间，部分器类和造型可弥补发掘的空白。故笔者对这批标本进行了整理，并在此基础上，就窑址所见窑具，探究窑业技术的部分来源。

一、故宫博物院藏广元瓷窑铺窑址标本的整理

故宫博物院藏广元瓷窑铺窑址标本共204件，按用途可大致分为产品和窑具两大类，可辨识器类的标本178件，完整的或可复原的标本有56件。产品包括瓷器和陶器两大类。多数拉坯成形，少数部件捏塑成形。可辨器类的有碗、盏、盘、碟、罐、盏托、盖盒、水注、瓶、急须、器盖、炉、研磨器、瓷塑玩具等。按釉的品种又可分为黑釉、白釉、绿釉、黄釉等，其中黑釉数量最多，因受釉料元素配比、釉面薄厚、烧成气氛等影响，釉色呈现黑、黑褐、褐、酱色等不同色调，有些还有兔毫、玳瑁等窑变现象。部分黑釉器釉下施褐色、褐紫色护胎釉，白釉釉下则施浅色化妆土。胎多选用本地黏土制备，胎色有棕黄、棕红、灰色、深棕等。装饰工艺有彩绘、粉绘、刻花、划花、贴塑和戳印等。窑具多数拉坯成形，少数捏塑成形。匣具分为匣钵和匣钵盖，支烧具有覆钵形和撇口器形，间隔具有三叉形窑具、垫饼、垫圈。

（一）产品

器类有碗、盏、盘、碟、罐、盏托、盖盒、水注、瓶、急须、器盖、炉、研磨器、流、瓷塑玩具等。

1. 碗

共有碗类标本35件，其中残损可复原的14件。釉色有黑、黄白、黄绿、褐、酱色等，其中黄白、黄绿色釉下多施浅色化妆土，胎色多呈棕黄、棕红、灰色，少数器物施褐色护胎釉，多数器物内底刮圈，足端斜削。依据器形，可分为六型。

A型3件。敞口，浅斜弧腹，圈足。根据体量大小又可分为二亚型。

Aa型1件。体量较大。2015GY67，残损，可复原。内外施釉，釉色白中泛绿，釉下施浅色化妆土，内底刮圈，棕红胎。口径19.5厘米，足径7.2厘米，高6.4厘米〔图1-1、图2〕。

Ab型2件。体量较小。敞口，弧腹，圈足。2015GY77，残损，可复原。内外施釉，釉色白中泛绿，釉下施浅色化妆土，内底刮圈，灰胎。口径11.9厘米，足径4.4厘米，高4厘米〔图1-3、图3〕。

B型1件。敞口，深弧腹，圈足。2015GY24，残损，可复原。内外施褐釉，足内无釉，棕黄胎。口径12.5厘米，足径4.7厘米，高6.1厘米〔图1-2〕。

C型1件。侈口，深弧腹，圈足。2015GY23，残损，可复原。内外施釉，釉色黄绿，垂釉，内底刮圈，棕红胎。口径19.5厘米，足径6.8厘米，高8.7厘米〔图1-4〕。

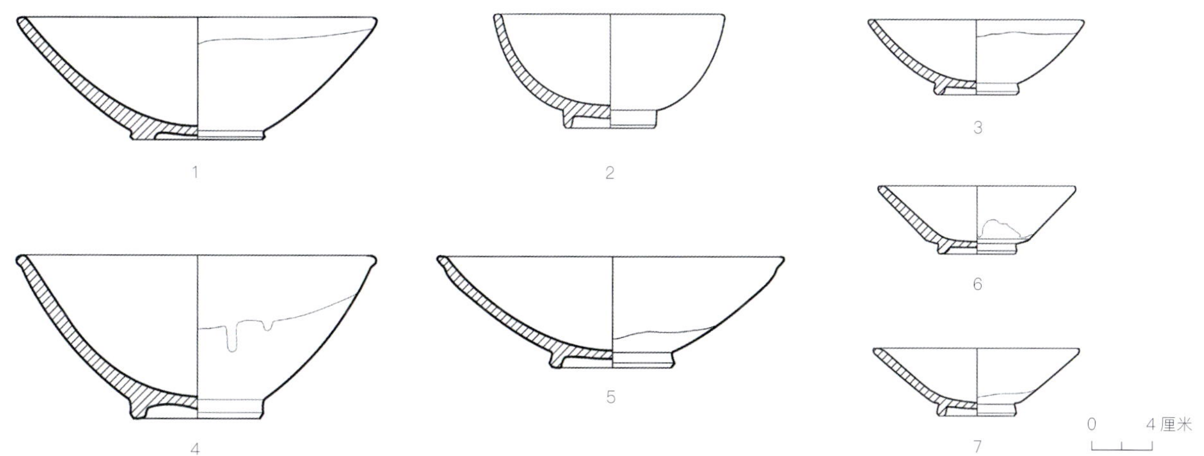

1.Aa 型碗（2015GY67） 2.B 型碗（2015GY24） 3.Ab 型碗（2015GY77） 4.C 型碗（2015GY23） 5.D 型碗（2015GY27） 6.E 型碗（2015GY4） 7.F 型碗（1966GY2）

图 1　瓷窑铺窑址采集碗

图 2　Aa 型碗白釉碗及底面（2015GY67）　　图 3　Ab 型白釉碗及底面（2015GY77）

D 型 1 件。侈口，浅弧腹，圈足。2015GY27，残损，可复原。内外施黑釉，釉面欠光亮，灰胎。口径 18.9 厘米，足径 6.4 厘米，高 5.9 厘米〔图 1-5〕。

E 型 7 件。敞口，斜直壁，折腹，圈足。2015GY4，残损，可复原。内外施釉，釉色黄

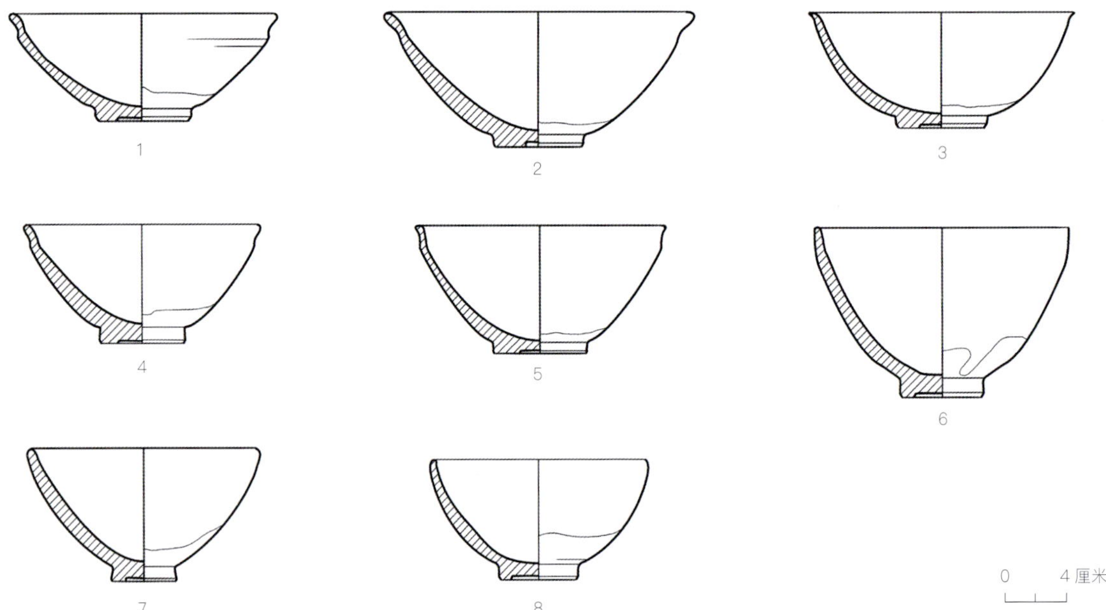

1.A 型盏（1966GY4） 2.B 型盏（2015GY66） 3.C 型盏（1980GY9） 4.Da 型盏（1966GY86） 5.Db 型盏（2015GY72）
6.Ea 型盏（1976GY5） 7.Eb 型盏（1980GY16） 8.F 型盏（1966GY89）

图 4 瓷窑铺窑址采集盏

图 5 B 型黑釉盏及底面（2015GY66）

图 6 Da 型黑、酱釉盏底面（1966GY86）

图 7 Db 型黑、酱釉兔毫盏及底面（2015GY72）

图 8 Ea 型黑釉兔毫盏底面（1976GY5）

图9　F型黑釉盏底面（1966GY89）

绿，内底刮圈，棕红胎。口径10.8厘米，足径4.1厘米，高3.5厘米〔图1-6〕。

F型2件。敞口，浅斜直腹，圈足。1966GY2，残损，可复原。内外施釉，釉色黄绿，内底刮圈，棕红胎。口径11.2厘米，足径4.1厘米，高3.5厘米〔图1-7〕。

2. 盏

共有盏类标本36件，其中完整的或残损可复原的16件。釉色以黑釉类为主（包括黑釉、黑釉兔毫、黑釉玳瑁等）还有少量褐釉、酱釉，施釉多至下腹部。胎色以棕黄为主，另见有灰色和棕红色。部分黑釉器物釉下施褐紫色护胎釉。足部以璧足最为常见，其次为圈足褐饼足，绝大多数足缘斜削，部分器物足端黏砂。依据器形，可分为六型。

A型4件。侈口，束沿，斜直腹，璧足。1966GY4，完整。内外施褐釉，棕红胎。口径10.2厘米，足径3.4厘米，高4.1厘米〔图4-1〕。

B型2件。侈口，束沿，弧腹，璧足。2015GY66，残损，可复原。内外施黑釉，釉面光亮，棕黄胎。口径11.8厘米，足径3.3厘米，高5.1厘米〔图4-2、图5〕。

C型1件。侈口，弧腹，璧足。1980GY9，残损，可复原。内外施黑釉，釉面较光亮，棕黄胎。口径10.2厘米，足径3.3厘米，高4.3厘米〔图4-3〕。

D型4件。敞口，束沿，弧腹，璧足。根据体量大小，又可分为二亚型。

Da型2件。1966GY86，完整。内外施釉，釉呈褐色，欠光泽，棕红胎。口径9.2厘米，足径3.3厘米，高4.4厘米〔图4-4、图6〕。

Db型2件。体量较Da型大。2015GY72，残损，可复原。内外施黑、酱釉，内壁呈兔毫状，棕黄胎。口径9.6厘米，足径3.6厘米，高4.7厘米〔图4-5、图7〕。

E型3件。敞口，弧腹，矮圈足。根据体量大小，又可分为二亚型。

Ea型2件。1976GY5，残损，可复原。内外施黑釉，釉面光亮呈兔毫状，垂釉明显，棕黄胎，施褐紫色护胎釉，足部黏砂。口径9.7厘米，足径3.1厘米，高6.4厘米〔图4-6、图8〕。

Eb型1件。体量较Ea型小。1980GY16，完整。内外施黑釉，釉面欠光亮，釉下施褐紫色护胎釉，器身及足部黏砂。口径8.8厘米，足径2.5厘米，高5厘米〔图4-7〕。

F型2件。微敛口，弧腹，圈足。1966GY89，残损，可复原。内外施黑釉，釉面光亮，棕黄胎，施褐紫色护胎釉，腹部粘连匣钵残件，足部黏砂。口径8.3厘米，足径3厘米，高4.5厘米〔图4-8、图9〕。

3. 盘

共有盘类标本8件，其中残损可复原的4件。釉色有褐釉、白釉、酱釉，白釉釉下施

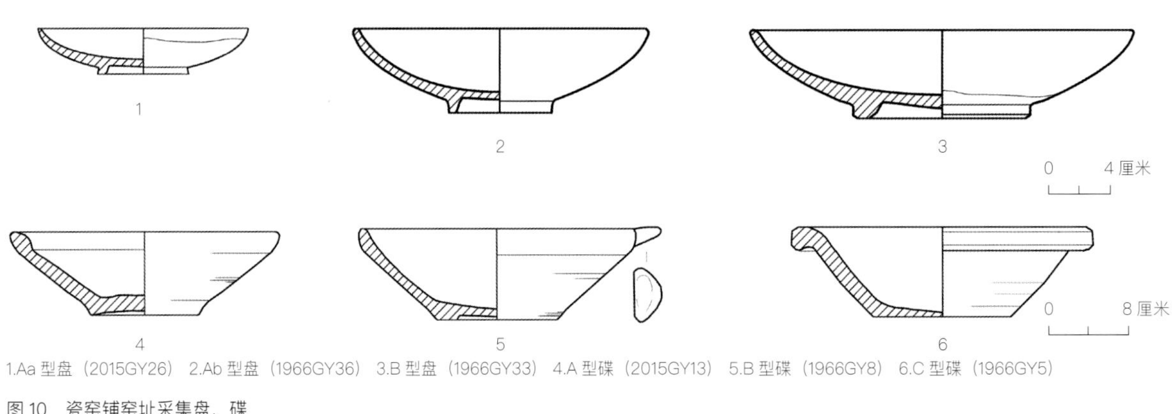

1.Aa 型盘（2015GY26） 2.Ab 型盘（1966GY36） 3.B 型盘（1966GY33） 4.A 型碟（2015GY13） 5.B 型碟（1966GY8） 6.C 型碟（1966GY5）

图 10　瓷窑铺窑址采集盘、碟

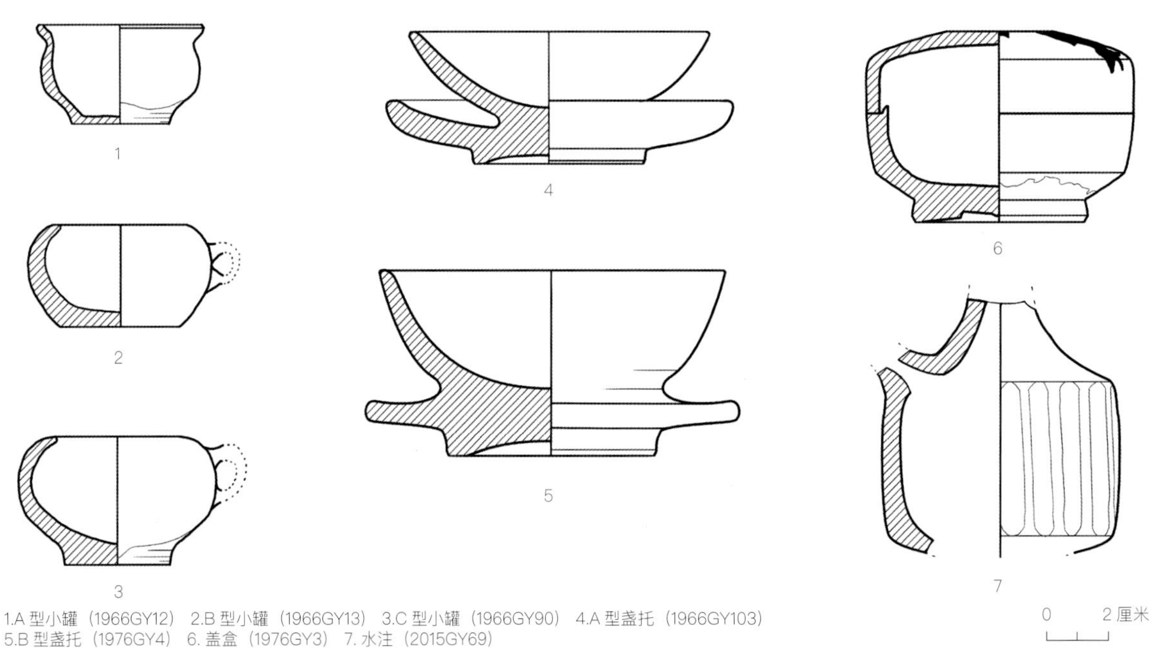

1.A 型小罐（1966GY12） 2.B 型小罐（1966GY13） 3.C 型小罐（1966GY90） 4.A 型盏托（1966GY103）
5.B 型盏托（1976GY4） 6. 盖盒（1976GY3） 7. 水注（2015GY69）

图 11　瓷窑铺窑址采集小罐、盏托、盖盒、水注

浅色化妆土，内底刮圈，胎色有棕黄、灰色，圈足挖足过肩。根据器形，可分为二型。

A 型 3 件。敞口，浅弧腹，圈足。根据体量大小，又可分为二亚型。

Aa 型 2 件。体量较小。2015GY26，残损，可复原。内及外壁上部施褐釉，内底刮圈，棕黄胎。口径 11.4 厘米，足径 5 厘米，高 2.5 厘米〔图 10–1〕。

Ab 型 1 件。体量较大。1966GY36，残损，可复原。内外壁及足外底施酱釉，足端无釉，内底刮圈，灰胎。口径 16.2 厘米，足径 5.6 厘米，高 4.5 厘米〔图 10–2〕。

B 型 1 件。敞口，浅弧腹，圈足，足缘斜削。1966GY33，残损，可复原。内外施白釉，釉色泛黄，釉下施浅色化妆土，内底刮圈，棕黄胎。口径 20.7 厘米，足径 9.6 厘米，高 4.7 厘米〔图 10–3〕。

4. 碟

共有碟类标本 11 件，其中完整的或残损可复原的 7 件。内壁及内底施釉，釉色有黑釉、酱釉，胎色有棕黄、灰色。根据器形，可分为三型。

A 型 5 件。敞口，口内出唇，斜直腹，平底或微内凹。2015GY13，残损，可复原。内壁及底施黑釉，外壁及底无釉，棕黄胎。口径 7.3 厘米，底径 3 厘米，高 2.2 厘米〔图 10–4〕。

B 型 1 件。敞口，斜直腹，卧足，附短执柄。1966GY8，残损，可复原。内壁及底施黑釉，外壁及足部无釉，棕黄胎。口径 7.5 厘米，足径 3.3 厘米，高 2.4 厘米〔图 10–5〕。

C 型 1 件。敞口，厚方唇，唇部下垂，斜直腹，平底。1966GY5，完整。内壁及底施酱釉，釉面较光亮，外壁无釉，灰胎。口径 8.1 厘米，底径 3.7 厘米，高 2.3 厘米〔图 10–6〕。

5. 罐

共有罐类标本 21 件，其中器形较完整的 5 件，均为小罐。其余罐类残片多为口沿部位，残损严重，不好判断具体器形。因此本文仅针对小罐进行了分型介绍。小罐釉色有褐釉、酱釉，胎色有棕黄、棕红、灰色。根据器形，可分为三型。

A 型 1 件。撇口，束颈，弧腹，腹下内收，近底处外展，平底。1966GY12，完整。内外施褐釉，施釉不及底，灰胎。口径 3 厘米，底径 1.8 厘米，高 1.7 厘米〔图 11–1〕。

B 型 3 件。敛口，弧腹，平底，腹上部置系。1966GY13，残损。内外施酱釉，釉面光亮，棕红胎。口径 2.4 厘米，底径 2.2 厘米，高 1.8 厘米〔图 11–2〕。

C 型 1 件。敛口，弧腹，腹下内收，近底处外展，平底，腹上部置系。1966GY90，内外施酱釉，施釉不及底，釉面欠光亮，棕黄胎。口径 2.3 厘米，底径 2.0 厘米，高 2.3 厘米〔图 11–3、图 12〕。

6. 盏托

共有盏托标本 3 件，其中残损可复原的 2 件。均为白釉制品，釉下施浅色化妆土，内壁绘褐彩纹饰，胎色有深棕、棕黄。根据器形，可分为二型。

A 型 1 件。敞口，浅弧腹，盏沿内凹，底内凹。1966GY103，残损，可复原。内外施白釉，釉色泛黄，釉下施浅色化妆土，内壁绘三组褐彩花叶纹，内底有窑渣，深棕胎。口径 5.5 厘米，沿径 6.4 厘米，底径 3.1 厘米，高 2.4 厘米〔图 11–4、图 13〕。

B 型 2 件。敞口，深弧腹，平盏沿，底内凹。1976GY4，残损，可复原。内外施白釉，釉色泛黄，釉下施浅色化妆土，内壁点绘三组褐彩斑点纹，深棕胎。口径 6.3 厘米，沿径 6.9 厘米，底径 3.8 厘米，高 3.3 厘米〔图 11–5、图 14〕。

7. 盖盒

共有盖盒标本 2 件，其中完整器 1 件。分酱釉和白釉两类，白釉釉下施浅色化妆土，绘褐彩纹饰，胎色有灰、棕黄。2 件器形相同。

1976GY3，完整。盒盖直壁，折面，盒身子口、微敛，直壁，折腹，足墙外斜，足端削棱一周。盖面、盒身外施白釉，施釉不及底，盒身内施黑釉，釉面光亮，盖内无釉，盖面绘褐彩花叶纹，灰胎。盒盖口径 4.9 厘米，盒身口径 4.1 厘米，足径 3.1 厘米，通高 3.4 厘米〔图 11-6、图 15〕。

8. 水注

1 件。2015GY69，残损。细颈，折肩，直腹，腹下内收，肩部置一流，腹部刻数道凹线纹，器外施黑釉，欠均匀，近底处无釉，棕黄胎。腹径 4.3 厘米，残高 4.8 厘米〔图 11-7、图 16〕。

9. 瓶

共有瓶类标本 22 件，其中完整器 1 件，13 件无法辨识具体器形。品种有黑釉、绿釉和素烧器，部分素烧器胎上施浅色化妆土，有些在化妆土上还绘深色纹样，还有少数以浅色化妆土描绘纹样，大部分素烧器应还需施釉二次烧成。制作工艺有彩绘、刻划、贴塑和

图 12　C 型酱釉小罐（1966GY90）

图 13　A 型白釉褐彩花叶纹盏托（1966GY103）

图 14　B 型白釉褐彩斑点纹盏托（1976GY4）

图 15　白釉褐彩花叶纹盖盒（1976GY3）

图 16　黑釉线纹水注（2015GY69）

戳印。胎色有棕红、棕黄、灰色。根据器形，可大致分为二型。

A 型 9 件。此型器均残，不可复原。根据残损器形可辨识此型特征为溜肩，垂腹，圈足。又根据肩、腹部有无兽首衔环，可大致分为二亚型。

Aa 型 4 件。肩、腹部贴塑对置的兽首衔环。1976GY2，残损。无釉，颈部、腹下部及足部施浅色化妆土，腹中上部露棕红胎色，其上以浅色彩绘这支牡丹纹，肩、腹部贴塑对置兽首衔环，一环残，腹上部刻划弦纹二道。棕黄胎。足径 6.3 厘米，残高 13.3 厘米〔图 17-1、图 18〕。

Ab 型 5 件。1966GY61，残存。无釉，胎上施浅色化妆土，腹部绘褐彩折枝牡丹纹，颈部、肩部、足墙部各饰数道弦纹。棕红胎。足径 4.9 厘米，残高 11.5 厘米〔图 17-2、图 19〕。

B 型 1 件。广口外侈，垂腹，圈足。1976GY1，完整。无釉，外壁至近足处施浅色化妆土，灰胎。口径 6.5 厘米，足径 5.3 厘米，高 14.9 厘米〔图 17-3〕。

1.Aa 型瓶（1976GY2）　2.Ab 型瓶（1966GY61）　3.B 型瓶（1976GY1）　4. 急须（1966GY1）　5. 器盖（2015GY58）

图 17　瓷窑铺窑址采集瓶、急须、器盖

10. 急须

1 件。1966GY1，完整。广口微侈，弧腹，矮圈足，足缘斜削，U 形流。内、外壁施黑釉，施釉不及底。灰胎。口径 22.9 厘米，流长 4.5 厘米，足径 9.6 厘米，高 14.5 厘米〔图 17-4〕。

11. 器盖

1 件。2015GY58，残损，可复原。圆拱盖面，平沿，子口。盖面、沿及内拱面施酱釉，釉面较光亮。棕黄胎。口径 7.7 厘米，最大径 10.5 厘米，高 3.2 厘米〔图 17-5〕。

12. 炉

共有炉类标本 16 件，均残损不可复原，9 件残留底足，按足部特征可大体分为三型。品种有黑釉、绿釉、黄釉、白釉和素烧器，素烧器胎上施浅色化妆土，大部分素烧器应还需施釉二次烧成。制作工艺有刻划、贴塑和模印。胎色有棕红、棕黄、灰色。

A 型 2 件。山字型足。1966GY29，残损。近直腹，腹壁中部、下部刻划弦纹，倒“山”字形足。棕红胎。残长 10.4 厘米，残宽 6.1 厘米〔图 20-1〕。

B 型 3 件。兽面足。1966GY43，残损。弧腹，下承三足，足部模印兽面纹。灰胎。足距 6.7 厘米，残高 7.2 厘米〔图 20-2〕。

C 型 4 件。蹄足。1966GY80，残损。弧腹，下承三足，平底微内凹。外壁施黑釉，施釉不及底，内无釉，腹部粘连匣钵残片。棕黄胎。足距 7.9 厘米，残高 9 厘米〔图 20-3、图 21〕。

13. 研磨器

1 件。2015GY51，残损。弧腹，平底。外壁施黑釉，内壁刻划数组弦纹。棕黄胎。残长 9.3 厘米，残宽 8.1 厘米〔图 20-4、图 22〕。

图 18　Aa 型褐彩折枝牡丹纹铺首衔环瓶（1976GY2）

图 19　Ab 型褐彩折枝牡丹纹瓶（1966GY61）

14. 流

2 件。大小不等。2015GY50，残损。白釉，釉下施浅色化妆土，灰胎。残长 7.7 厘米，口径 1.2 厘米〔图 20-5〕。

1966GY56，残损。白釉，釉下施浅色化妆土，棕红胎。残长 3 厘米，口径 0.7 厘米

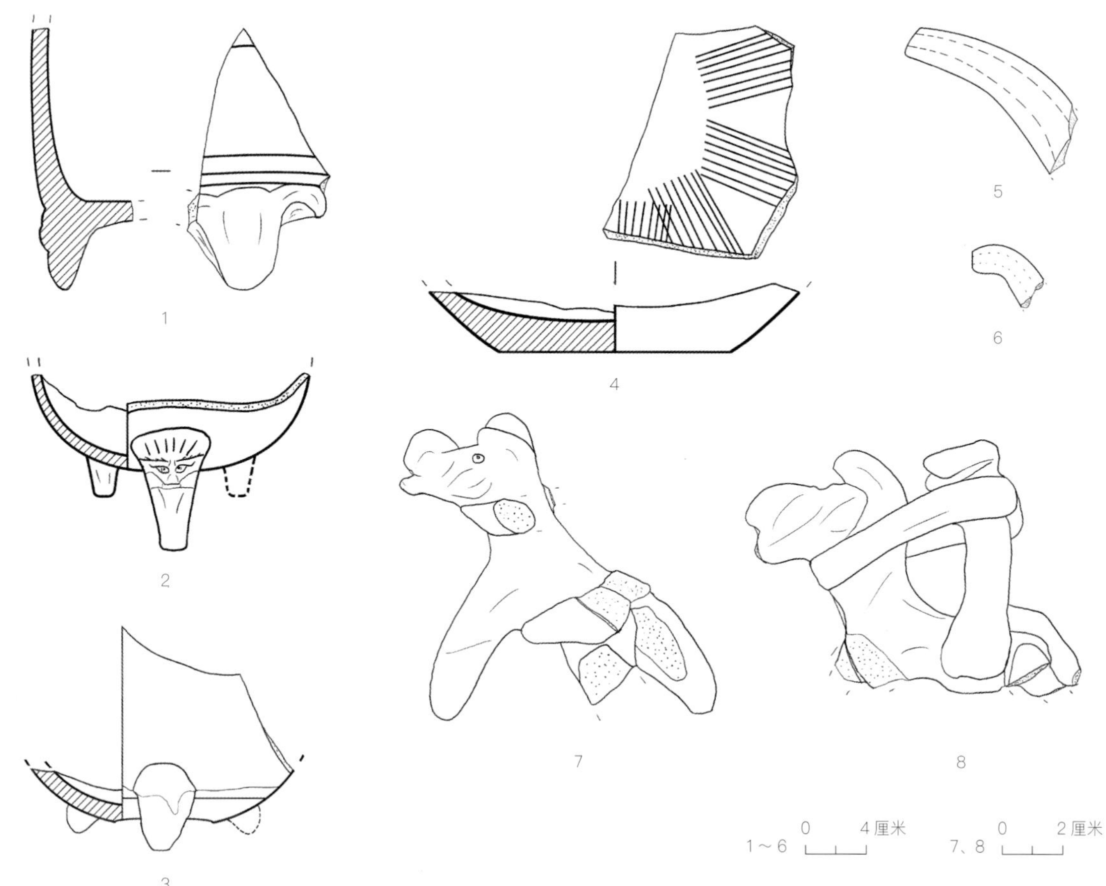

1.A 型炉（1966GY29） 2.B 型炉（1966GY43） 3.C 型炉（1966GY80） 4. 研磨器（2015GY51）
5、6. 流（2015GY50、1966GY56） 7、8. 瓷塑玩具（1966GY95、1966GY91）

图 20 瓷窑铺窑址采集炉、研磨器、流、瓷塑玩具

〔图 20-6〕。

15. 瓷塑玩具

3 件。1966GY95，残损。马昂首，目视前方，嘴微张，骑马者残损，具体不详。施白釉，釉下施浅色化妆土，深棕胎。残长 13.2 厘米，残高 12.1 厘米〔图 20-7、图 23〕。1966GY91，残损。马昂首，嘴微张，骑马者双臂平伸，圆肩直背。施酱釉，棕黄胎。残长 13.7 厘米，残高 9.5 厘米〔图 20-8、图 24〕。

（二）窑具

多用耐火材料制作而成，分为匣具、支烧具、间隔具。

1. 匣具

匣钵 4 件。根据形制的不同，可分为二型。

A 型 3 件。漏斗形，壁有孔。1966GY78，完整。褐胎。口径 15.1 厘米，底径 4.1 厘米，

图 21　C 型黑釉蹄足炉（1966GY80）

图 22　黑釉研磨器及底面（2015GY51）

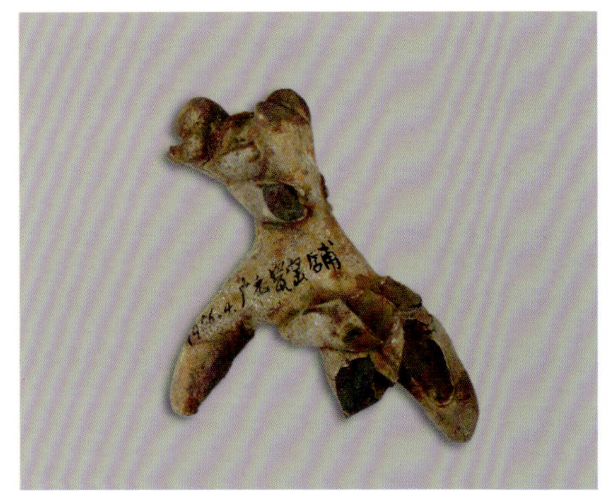

图 23　瓷塑玩具（1966GY95）

图 24　瓷塑玩具（1966GY91）

高 10.3 厘米〔图 25-1〕。

B 型 1 件。钵形，卧足，壁有孔。1966GY19，残损，可复原。棕黄胎。口径 12.7 厘米，足径 8.5 厘米，高 5 厘米〔图 25-2〕。

匣钵盖 2 件。根据形制的不同，可分为二型。

A 型 1 件。覆盘形。2015GY9，残损，可复原。棕黄胎。口径 14.3 厘米，底径 5.5 厘米，高 4.9 厘米〔图 25-3〕。

B 型 1 件。盖面拱形。1966GY9，完整。棕红胎。直径 12.9 厘米，高 1.7 厘米〔图 25-4〕。

2. 支烧具

3 件，根据形制的不同，可分为二型。

A 型 1 件。覆钵形，矮圈足。1966GY71，完整。棕黄胎。口径 9.7 厘米，足径 6.1 厘米，高 6.3 厘米〔图 25-5〕。

B 型 2 件。撇口，平底微内凹。1966GY63，残损，可复原。棕黄胎。口径 10.1 厘米，

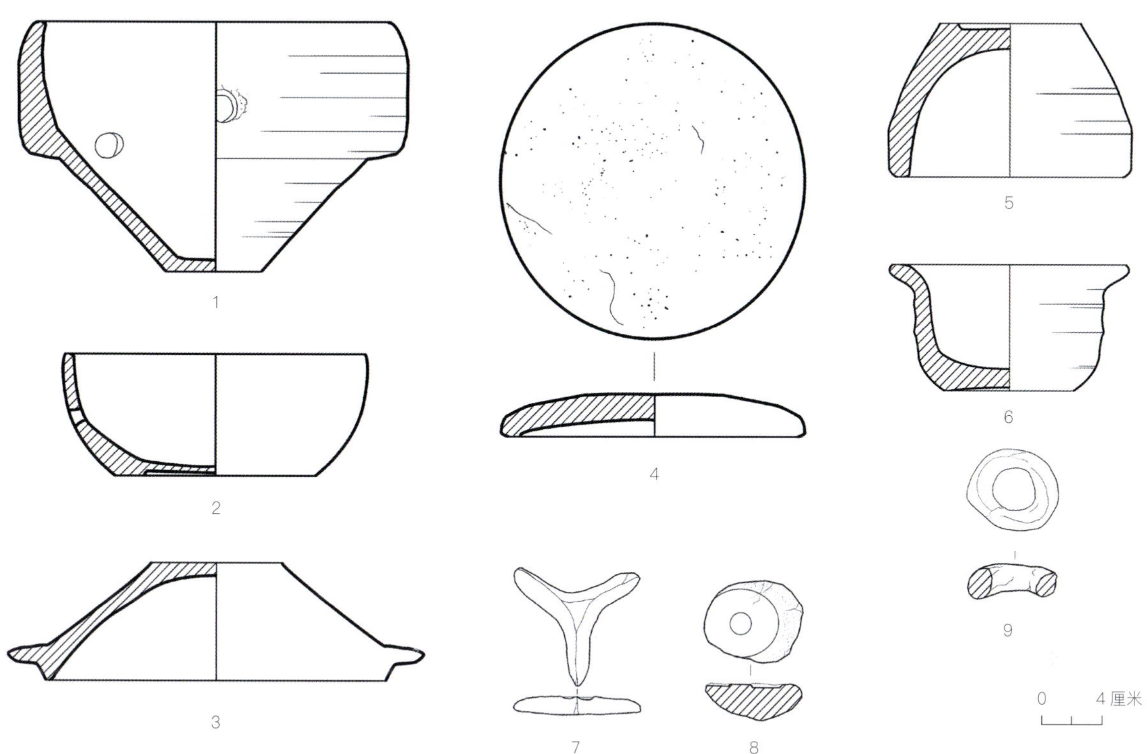

1.A 型匣钵（1966GY78） 2.B 型匣钵（1966GY19） 3.A 型匣钵盖（2015GY9） 4.B 型匣钵盖（1966GY9）
5.A 型支烧具（1966GY71） 6.B 型支烧具（1966GY63） 7. 三叉形窑具（1966GY87） 8. 垫饼（1980GY7） 9. 垫圈（1966GY68）

图 25 瓷窑铺窑址采集窑具

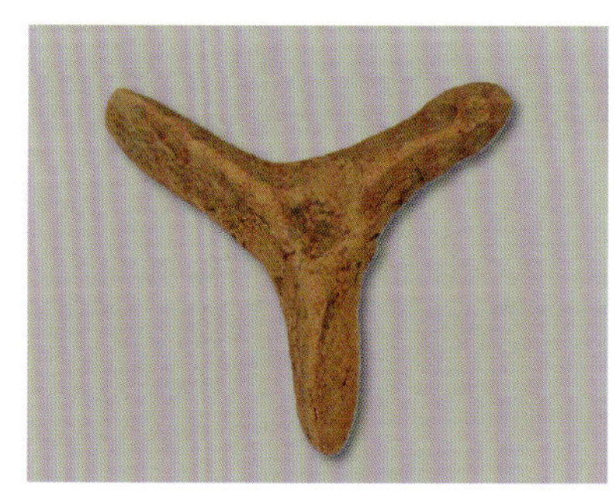

图 26 三叉形窑具（1966GY87）

底径 5.5 厘米，高 5.2 厘米〔图 25-6〕。

3. 间隔具

6 件，根据形制的不同，可分为三叉形窑具、垫饼、垫圈。

三叉形窑具 3 件。

大小不等，均为棕红胎，2 件粘有绿釉。1966GY87，完整。夹角相似三叉形，平底，每叉呈下大上小状，棕红胎。边长 2 厘米，高 0.3 厘米〔图 25-7、图 26〕。

垫饼 2 件。1980GY7，完整。可见璧足垫印痕，棕黄胎。最大径 1.6 厘米，高 0.5 厘米〔图 25-8〕。

垫圈 1 件。1966GY68，完整。棕胎，有粘砂。最大径 1.4 厘米，高 0.4 厘米〔图 25-9〕。

二、窑业技术部分来源探讨

根据窑址发掘刊布的资料和故宫博物院所藏标本看，瓷窑铺窑的窑具种类较丰富，其中 M 形匣钵和三叉形窑具值得特别关注。

瓷窑铺窑址所见M形匣钵为1996年发掘出土于Y3窑炉内[5]。M形匣钵按照容纳坯件方式可大体分为两个体系，一是坯件的放置于下部匣钵上，上部匣钵向下扣合，这类匣钵约于晚唐开始在杭州湾南岸地区的窑场中流行，以越窑为代表，特点是裙壁较深；另一是坯件放置于下部匣钵内，上部匣钵向下叠放，这类匣钵最晚于五代时期出现于耀州窑窑场，其特点是裙壁相对较浅，少数与腹同深，多数不及其深[6]。瓷窑铺窑址所见M形匣钵裙壁相对较浅，不及腹深，属耀州窑体系M形匣钵。

瓷窑铺窑址还见有大小不等的三叉形窑具，故宫博物院所藏标本中有2件可见粘有绿釉。三叉形窑具一般被认为是产生于北朝时期并一直使用至宋金时期的北方窑场中常见的代表性窑具之一，其在宋金时期，除山西地区用其烧造瓷器外，其他北方地区主要用其烧造低温釉陶[7]。瓷窑铺窑址所见三叉形窑具上粘有绿釉，据此推测其可能用于低温绿釉器的烧造。

川渝地区五代至宋元时期经过考古发掘或试掘且刊布资料的窑场记有四川磁峰窑[8]、瓷碗铺窑[9]、金凤窑[10]、琉璃厂窑[11]、瓦岗坝窑[12]、玉堂窑（6号窑包）[13]（17号窑包）[14]、邛窑十方堂窑[15]、西坝窑[16]、灌县窑[17]，重庆瓷窑里窑[18]、涂山窑[19]等，根据刊布资料，以

5　原报告称其为“C型匣钵”。四川省文物考古研究所、广元市文物保护管理所:《广元市瓷窑铺窑址发掘简报》,《四川文物》2003年第3期。

6　李坤、王小蒙:《10世纪耀州窑生产转型及技术渊源——从M形匣钵说起》,《中原文物》2020年第4期。

7　罗相喆、王云飞、秦大树:《中国三叉形窑具的发现与海外传播》,《华夏考古》2020年第3期。

8　丁武明、黄晓枫、姜世良，等:《2000年磁峰窑发掘报告》,《成都考古发现2000》，科学出版社，2002年;陈丽琼、魏达议、丁祖春:《四川彭县瓷峰窑调查与试掘的收获》,《中国古代窑址调查发掘报告集》，文物出版社，1984年。冯德安、丁祖春:《四川彭县磁峰宋代白瓷窑址试掘》,《四川古陶瓷研究（一）》,四川省社会科学院出版社,1984年。

9　蔡革、任超俗、任江:《四川达州市通川区瓷碗铺瓷窑遗址发掘简报》,《四川文物》2005年第4期。

10　张擎、黄晓枫、倪林忠，等:《都江堰市金凤窑发掘报告》,《成都考古发现2000》，科学出版社，2002年;黄晓枫、张擎:《都江堰市金凤窑址发掘简报》,《文物》2002年第2期。

11　江章华、曾雳、陈睿，等:《成都市琉璃厂古窑址2010年试掘报告》,《成都考古发现2000》，科学出版社，2002年;成都文物考古研究院:《成都琉璃厂窑址2018—2019年考古发掘报告》，文物出版社，2021年。

12　卞再彬、樊拓宇、颜劲松，等:《都江堰市金凤乡瓦岗坝窑发掘报告》,《成都考古发现2001》，科学出版社，2003年。

13　黄晓枫、樊拓宇、易立，等:《2007年玉堂窑遗址六号窑包试掘简报》,《成都考古发现2007》，科学出版社，2009年;刘雨茂、易立、李平，等:《都江堰市玉堂窑遗址马家窑包（6号）2013年试掘简报》,《成都考古发现2012》，科学出版社，2014年。

14　黄晓枫、易立、樊拓宇，等:《2007年四川都江堰玉堂窑遗址17号窑包试掘简报》,《南方民族考古》2010年第6期。

15　陈显双、尚崇伟:《邛窑古陶瓷简论——考古发掘简报》,《邛窑古陶瓷研究》，中国科学技术大学出版社，2002年。

16　四川省文物考古研究院、乐山市文物保护研究所、五通桥区文物保护管理所:《乐山西坝窑址》，文物出版社，2017年。

17　四川省文物管理委员会、灌县文物管理所:《四川灌县古瓷窑遗址试掘简报》,《中国古代窑址调查发掘报告集》，文物出版社，1984年。

18　林必忠、朱寒冰、黄广民，等:《重庆市荣昌区瓷窑里宋代瓷窑址调查、试掘简报》,《四川文物》2020年第3期。

19　林必忠、李大地、杨爱民:《重庆涂山窑—酱园窑址发掘简报》,《江汉考古》2007年第1期;陈丽琼:《重庆涂山窑小湾瓷窑发掘报告》,《四川考古报告集》，文物出版社，1998年;重庆市文物考古所:《重庆涂山窑》，科学出版社，2006年。

上窑场均未见有与瓷窑铺窑址相似的 M 形匣钵及三叉形窑具。从窑业技术的交流层面来看，瓷窑铺窑在宋代相较川渝地区的其他窑场而言，与耀州窑和一些北方窑场存在较为直接的技术交流。而耀州窑 M 形匣钵及和北方地区三叉形窑具的产生年代普遍早于瓷窑铺窑、窑具的种类也较之丰富。推测瓷窑铺窑在技术交流中应是接收方。瓷窑铺窑所在的广元地区位于四川盆地北部边缘，是西北、中原地区通往西南地区的交通枢纽，重要的地理位置使其具有沟通中、西部地区的客观条件。加之宋代商品经济的发展让广大民间窑场的生产以产品为导向，这在一定程度上增加了瓷窑铺窑接收其他窑场窑业技术的可能性。

三、结语

故宫博物院所藏瓷窑铺窑标本，大部分器类、造型、釉色、装饰工艺与 1996 年发掘所刊布的资料相吻合，不过仍有 C 型碟、A 型小罐、B 型小罐、盖盒、水注、Aa 型瓶、Ab 型瓶、B 型瓶、急须、器盖、B 型炉、B 型匣钵、A 型匣钵盖、B 型匣钵盖、B 型支烧具等未见刊布，因此，这批资料可以在一定程度上丰富瓷窑铺窑址的内涵。瓷窑铺窑的 M 形匣钵和三叉形窑具在同时期川渝地区其他窑场中极少见到，两种窑具的发现说明瓷窑铺窑在宋代相较川渝其他窑场而言与耀州窑等一些北方窑场存在较为直接的技术交流，这应是瓷窑铺窑窑业技术的部分来源。

兼收并蓄的四川广元窑

王涛

摘要：瓷器是中国文明的一个标志性产物，宋瓷则是其中最杰出的代表之一。它的文物历史地位和艺术地位，此后的千年以来，一直牢牢地、不可动摇地占据着中国古典艺术鉴赏的巅峰，完全不会逊色于商畲周鼎、魏碑晋帖。而巴蜀地区的制瓷历史虽源远流长，但自南宋末期遭到蒙古铁骑的一场浩劫后，之后一场接一场的劫难，户十不存一，古籍文献被付之一炬。古窑址更是湮没于历史长河之中了，导致历史文献中很难出现关于巴蜀窑口的记载。到后来，明以后的古陶瓷更是被景德镇占据半壁江山。巴蜀地区再也没有了唐宋时期的辉煌，不管是从人口、科技还是财力。没有了需求，生产力自然就下降，以至于国内很多专家都认为巴蜀地区的古陶瓷史是没有多少可圈可点之处的，勉强值得一提的只有邛窑、青羊宫窑、广元窑而已，产品粗糙、工艺简陋、科技含量低，但这当中会不会存在因为我们后人对古代巴蜀地区制陶瓷业真实状态的无知而造成当代这种认识上的重大错误？考古学家迄今为止没能给出令人满意的答案，也没有考古学家对此进行过认真的思索。当代的专家对这些已知的窑口作品的历史文化并没有给予足够的评价。本文管中窥豹，结合四川茶文化的悠久历史，试图通过巴蜀窑口之一的广元窑生产的宋代茶道具探讨巴蜀窑口生产的瓷器的可圈可点之处。

关键词：宋瓷　川窑　广元窑　茶文化　茶道具

中国历史上有很长的饮茶纪录，已经无法确切地查明到底是在什么年代了。据唐陆羽《茶经》记载："茶之为饮，发乎神农氏。"而晋常璩《华阳国志·巴志》记载："周武王伐纣，实得巴蜀之师，……茶蜜……皆纳贡之。"这一记载表明在周朝的武王伐纣时，巴国就已经将茶与其他珍贵产品纳贡予周武王了。《华阳国志》中还记载，那时就已经有了人工栽培的茶园了。

至于饮茶最早是从哪里传出的，历史学家们众说纷纭，但至少早在秦汉以前，四川一带已然盛行饮茶。早至周朝，晚至西汉，茶是四川的特产，史书上都有通过进贡到京城的记载。古代四川东部与鄂西就是茶树的发祥地，而这里正是三皇五帝最早生息之地。神农氏是“三苗”“九黎”部族之首领，在《史记·吴起传》与《说苑》等古籍中有“三苗氏，衡山在其南，岐山其北，左洞庭之坡，右彭蠡之川”的记载，这说明神农氏的部族发源在四川东部和湖北西部山区，这正是今日大神农架的地域。这也与陆羽《茶经》的记载相吻合。

既谈饮茶，就不得不说饮茶用的用具了。古代茶具主要指盛茶、泡茶、喝茶所用器具。这一概念与今所说的茶具基本相同。唐宋以来的茶具在用料上主要是陶瓷，金属类茶具在唐宋以来是少见的。因为金属茶具泡茶远不如陶瓷品，所以除了作为茶道的辅助用品，泡茶一般来说是不会用金属器物的。至于陶瓷产品，估计大家对古代的越窑、邢窑、相州窑、岳州窑、长沙窑等都耳熟能详了吧。前人对于这些窑口的论述已经很多，就不作赘述了。这里专心地谈谈巴蜀地区一个重要的窑口——广元窑生产的古陶瓷中的茶道具。

广元窑在今四川广元瓷窑铺，故名。始烧于宋元时期（据考古发掘资料。而出土器物表明广元窑早至晚唐—五代时期就已开始烧制），该窑烧造的品种较多，有黑釉、白釉、绿釉、黄釉和黄釉褐彩、白釉褐彩、绿地黑彩、白釉黑彩、素烧白地褐彩等等。黑釉盏和建窑盏极为相似，品质高的黑釉兔毫盏与建窑盏难分伯仲，唯胎土有所区别，修足独具川窑特色。玳瑁斑、虎皮斑的盏类与吉州窑类似，修足比吉州更为规矩，形制上既有北方窑口常见的薄胎斗笠型，也有南方窑口常见的敛口，束口型。斗笠型的精细品种多为北方窑口常见的细圈足，圈足直立，底满釉，修足一丝不苟，粗糙点的施釉不到底，和耀州同类器物类似；敛口，束口型修足为四川窑口常见的玉璧底和饼足底，其玳瑁斑、虎皮斑除极个别的外，没有吉州窑的绚丽多姿。壶、瓶、罐类的线条凸线纹，白釉褐彩等装饰技法多和耀州，磁州等北方窑口类似，黄釉绿釉器应传承自邛窑三彩，分高亮和哑光两种。高亮的是玻璃釉，高温瓷胎，比较罕见。绿地黑彩北京故宫博物院有把比较知名的壶，素烧白地褐彩元代湖南白梅窑也有烧制。

因广元窑品种繁多，陈丽琼先生、李铁锤先生、罗勇先生、伍秋鹏先生等对该窑口都写过一些文章论述，在这里篇幅所限就不赘述了，仅仅就广元窑的茶具类作一些探讨。

图1、图2是北宋中期广元窑仿建窑盏，内外兔毫，底施黑褐色护胎釉，胎体厚重。蔡襄在《茶录》中说：“茶色白，宜黑盏，建安所造者绀黑，纹如兔毫，其坯微厚，炙热难冷，最为要用。出他处者，或薄或色紫，皆不及也。其青白盏，斗试家自不用。”这段话说的是建窑兔毫盏，但出于他处的广元窑所出的精细品种并不比同品级的建盏逊色。

蔡襄，北宋兴化仙游（今属福建）人。字君谟，为北宋著名茶叶鉴别专家。宋仁宗庆历年间，任福建转运使，负责监制北苑贡茶，创制了小团茶，闻名于当世。他曾有诗赞颂兔毫盏“兔毫紫瓯新，蟹眼青泉煮”，宋人关于兔毫盏的诗句还有很多，比如梅尧臣和苏辙的诗句“兔毛紫盏自相称，清泉不必求虾蟆”“蟹眼煎成声未老，兔毛倾看色尤宜”，苏轼《送南屏谦》词“道人绕出南屏山，来试点茶三昧手，忽惊午盏兔毛斑，打出春瓮鹅儿酒”等等。

图1　北宋中期广元窑仿建窑盏

图2　北宋中期广元窑仿建窑盏

图3　建阳芦花坪窑斗茶盏（左）、广元窑斗茶盏（右）

图4　建阳芦花坪窑斗茶盏（左）、广元窑斗茶盏（右）

图3—图5是建阳芦花坪窑斗茶盏和广元窑斗茶盏的对比（左建窑、右广元窑）。

图5　建阳芦花坪窑斗茶盏（左）、广元窑斗茶盏（右）

图6、图7是南宋广元窑的兔毫斗笠盏，斗笠盏是宋代茶盏盏型的一种，一般配有茶托，因形似斗笠，故名。该盏和建窑盏的釉色也极为相似，但器型却是典型的北方窑口（比如磁州、定窑）的形制。笔者曾经拿该盏图片与福建行家讨论，得到了“有老气，会不会是高仿建窑盏”的结论，图片拿给北方的行家看，他们却认定是磁州窑。说明广元窑的产品既有南方窑口的特征又兼具北方窑口的特征，做到了兼容并蓄、南北结合。该盏灰白胎，胎质较为疏松，施釉及底，这在巴蜀窑口生产的茶盏中比较少见。

图8—图9是成都一位藏友的南宋广元窑的玳瑁窑变盏，该盏购于陕西西安古玩市场，典型北方窑口茶盏的形制，与吉州窑常见的形制不同，胎施白色化妆土，圈足直立，釉不及底，形制规整，釉色莹润，是广元窑中不可多得的珍品。

图 6　南宋广元窑的兔毫斗笠盏

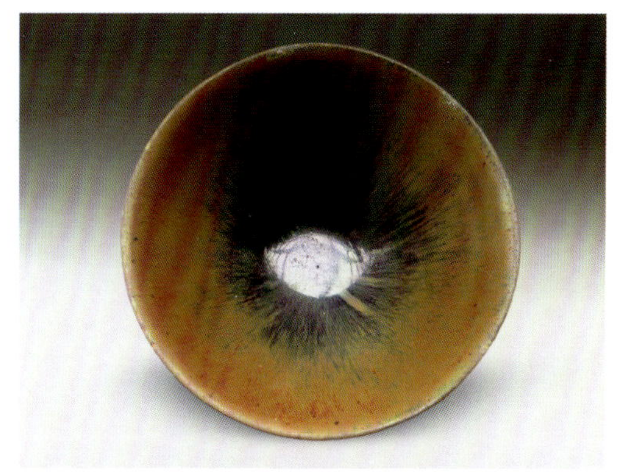

图 7　南宋广元窑的兔毫斗笠盏

图 8　南宋广元窑的玳瑁窑变盏

图 9　南宋广元窑的玳瑁窑变盏

图 10　宋广元窑茶盏

图 11　宋广元窑茶盏

玳瑁盏在日本叫玳瑁天目。玳瑁是宋代黑釉瓷的品种之一，它的特点是在黑釉为底釉的器物上烧制出黄褐相间的斑块，这种斑块与玳瑁身上的花斑极为相似，玳瑁釉因此而得名。玳瑁（学名：Eretmochelysimbricata）属于海龟科，我们把黄褐相间的窑变釉形似这种海龟壳的釉面称为玳瑁釉。除了玳瑁釉，用这种技法还可以制作出虎皮斑、鹧鸪斑等花色的茶盏。

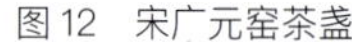

图 12　宋广元窑茶盏

图 13　南宋广元窑斗茶小盏

图 10—图 12 是宋广元窑茶盏类中极为经典的一个器型，口径，底径和高度完美结合，极具美感。该盏经多次施釉，通过窑变形成一圈黄色的圈口，黄与黑相映成趣。

图 14　南宋广元窑斗茶小盏

图 13、图 14 是南宋广元窑的斗茶小盏，“茶色白，宜黑盏”，此盏釉色纯黑，虽达不到宋徽宗说的色贵青黑的标准，亦难能可贵。宋代喝茶的盏与现代标准不同，现代多用 6 厘米左右口径的小盏，而宋代标准的斗盏一般要达到 12.5—12.8 厘米的口径。宋徽宗《大观茶论》说：“底必差深而微宽，底深则茶宜立而易于取乳，宽则运筅旋彻不碍击拂，然须度茶之多少。用盏之大小，盏高茶少则掩蔽茶色，茶多盏小则受汤不尽，盏惟热则茶发立耐久。”这里说的宽就是指盏的口径。图中这只 10.5 厘米的口径，在斗盏中属小盏，茶不宜多放。

图 15、图 16 是广元窑黑釉蓝毫深腹茶盏。口径 11.5 厘米，高度竟达到 6.5 厘米的高度。通体施黑釉，釉子黑中泛青，胚体厚重，只可惜兔毫烧得不够好，且被土沁了。宋徽宗在《大观茶论》中提到：“盏，色贵青黑，玉毫条达者为上。”宋代斗茶，茶汤崇尚白色，青黑色茶盏可以相互衬托。但青黑色茶盏稀少而贵重。其中尤其看重青黑釉色上有细密的纹路的，这种颜色青黑且又丝丝分明，条达碗底的“兔毫”的茶盏方为上品。宋人在斗茶时，以茶面泛出的汤茶色白为止，乳即指白色汤花。底深而口径略大的茶盏斗茶时用筅搅拂茶汤不会有妨碍。宋代苏轼《试院煎茶》诗云：“雪乳已翻煎处脚，松风忽作泻时声。”无独有偶，蔡襄在《茶录》中也提到茶色白，宜黑盏，建安所造者绀黑，纹如兔毫，其坯微厚，炙热难冷，最为要用。绀，藏青色，纹如兔毫，指黑釉表面有细丝状白色斑纹，像兔毫一样。

其坯微厚，炙热难冷，指胎体厚重，古人点茶在注汤前需用沸水或炭火给茶盏加热，胎体厚重的盏斗茶最好。

图 17、图 18 是南宋广元窑黄釉带托茶盏和绿釉茶托，黄釉和绿釉瓷器也是广元窑一个大类的产品，精者极精，粗者极粗。凡白胎施白色化妆土的均较为精致，砖红色胎不施化妆土的一般较粗，巴蜀地区烧造黄釉的历史较长，自汉代开始就有烧造，烧造黄釉的窑口也比较多，比如唐代的寿州窑、郏县黄道窑、山西浑源窑、四川邛窑等，但入宋以后，除了辽瓷及广元窑外，其他窑口倒是鲜有烧造。

这件黄釉托盏由茶盏和托盘组成。上面碗盏呈斗笠状，承载碗盏的托盘外面一圈做成花口，中部竖起一个梯形圆柱，柱内中空，且直通与之相接的托盘底部，以便使碗盏小圈足直接纳入。这样的结构，同时期其他窑口也有相同的设计，都是着眼于品茗人的方便。

图 19、图 20 是个人推测为广元窑独创的素烧黑地白彩执壶（也有白地黑彩执壶、瓶、

图 15　广元窑黑釉蓝毫深腹茶盏

图 16　广元窑黑釉蓝毫深腹茶盏

图 17　南宋广元窑黄釉带托茶盏

图 18　南宋广元窑绿釉茶托

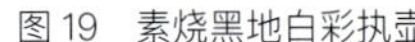
图 19　素烧黑地白彩执壶

图 20　素烧黑地白彩执壶

尊类）。

执壶，又称注子、注壶、偏提、汤瓶。基本造型是敞口、溜肩、弧腹、平底或带圈足，肩腹部安流口，腹部间安执柄。它盛行于唐中期至宋，在其他朝代也有发现。唐中期的执壶壶流较短，作六角形、八角形或圆形。五代时壶流与执柄开始加长。宋代变得瘦长，常见瓜棱形。唐、宋时越窑、长沙窑、耀州窑、磁州窑、景德镇窑烧制较多。巴蜀窑口中的各个窑口也都有生产。

执壶一般用于点茶，即将茶末放在碗内，再将执壶中开水冲入碗中。此法起于晚唐而盛行于宋。为点茶之需，嘴越做越长，后来呈曲流状。很多后学者常依此来生搬硬套一件器物的年代，唐代执壶一定是短流？宋官窑都是紫口铁足的？元青花都是胎体厚重、泛锡光的？规律是相对的，仅仅巴蜀窑口的宋代执壶短流者就十分常见。一把所有特征都符合宋代某个窑口的生产特征仅因为流短就认定是唐代产品那是不严谨的。

该壶从实物上看制作还比较复杂，推测应该是壶形制作完毕后先施一层白色化妆土，然后剔去一部分，再在剔去的那一部分中施黑色化妆土，然后在黑色化妆土上画出白色的花卉，最后入窑烧制而成。该壶的特色是通体不施釉，仅通过黑白两色的化妆土造成强烈的视觉冲击力，符合宋人朴素的审美观点。

图 21、图 22 是广元窑的白地黑彩执壶及白地黑彩花口尊。

图 23 是南宋瓜棱银注子及广元窑绿釉仿金银器造型瓜棱注子。

图 24、图 25 是宋金时期广元窑黑釉凸线纹执壶。该壶器身通体施黑釉，釉子黑中泛蓝，腹部以多道黄褐色凸线纹装饰，简洁大方，令人耳目一新。这种装饰技法陕西耀州窑，河南清凉寺窑、鲁山窑、鹤壁集窑，河北磁州观台窑，山东淄博窑，四川清溪窑、琉璃厂窑均有生产，多为瓶，罐、碗、钵一类，执壶以此装饰的极为少见。

图 21　白地黑彩执壶

图 22　白地黑彩花口尊

图 23　广元窑绿釉仿金银器造型瓜棱注子

图 24　宋金时期广元窑黑釉凸线纹执壶

图 25　宋金时期广元窑黑釉凸线纹执壶

黑釉凸线纹装饰有几种制作方式，都较为复杂，这件器物似乎是运用古代漆器生产中“堆漆”工艺的沥粉法制作，以此类装饰制作的器物档次都不低。这类装饰在北宋时期便已经出现，但极为罕见，目前据出土资料多数出于南宋或金代地层、墓葬。这种技法在元代以后呈现衰落趋势，几乎见不到什么实物。虽然它流行的时间比较短暂，在中国陶瓷装饰上也并非占主导地位，但它利用线条的组合、呈色与材质的完美结合，形成了独特的艺术语言，在中国陶瓷文化史上留下了浓墨重彩的一笔。

图 26　宋广元窑剔花注子

图 27　剔刻花黑釉大梅瓶

图 26 是宋广元窑剔花注子，以此种工艺制作器物的多见于北方窑口，特别是耀州窑的青釉瓷比较多见，瓶，罐一类，壶在耀州窑也很少见，笔者还是倾向于耀州，但有喜好巴蜀窑的同行认为是广元窑，并说在广元窑址采集过同类器物残片，暂时归于广元窑。

图 27 是同一窑口同种工艺的来自美国大都会博物馆的剔刻花黑釉大梅瓶。

本文仅以偏概全地列举了元代以前巴蜀窑口之一的广元窑所生产的古代茶具，试图证明巴蜀窑口也是能生产一些赏心悦目的瓷器的。学识浅薄，难免有不少谬误，尚请行家学者指正！

广元窑瓷器之其他窑场因素初探

陈扬（天津市文化遗产保护中心）

摘要：广元窑是以生产黑釉瓷器为主的综合性窑场，产品品种丰富，富于装饰和变化，两宋时期是其瓷业生产的繁荣时期。广元窑瓷器广泛吸收南、北方制瓷工艺及产品风格，在其黑釉、白釉褐花、绿釉、白釉以及素胎器物上能找到南、北方不同窑场及四川本地窑场的工艺特点。本文以广元窑窑址调查和发掘资料为基础，与同时期其他地区窑场产品进行比较研究，从器物造型、装饰技法、烧造工艺等方面来探讨广元窑瓷器与其他窑场瓷器的相互关系。

关键词：广元窑　黑釉　器物造型　装饰　工艺

广元地处四川北部边缘，位于秦岭南麓、嘉陵江上游，北与川陕两省交界，乃沟通南北的重要关节点。广元辖区内山川、河流众多，历来为兵家所占领之要道，不仅交通便利而且矿产资源丰富，唐代以来就已经形成了较为繁荣的市镇。五代时期由于分裂割据，广元地区先后为前蜀、后唐、后蜀所辖，经历了战争的摧残和毁坏。两宋时期，广元地区迎来了稳定发展的时期。广元窑窑址位于今广元市北部，主要分布在嘉陵江左岸沿线的坡地上，20世纪50年代就已被发现，是四川地区代表性的综合性窑场。

广元窑历经过几次发掘和调查，第一次是为配合宝成铁路的修建所进行的文物调查，窑址被发现并进行了初步的调查，确认了广元窑址的具体位置和产品种类，黑釉瓷器占据绝大多数，釉彩装饰相当丰富，此外还有素胎、绿釉、青釉、白釉等品种，器表也有不同工艺的装饰纹样。因广元窑址地处川陕边界，这次调查也关注到了该地瓷器与甘肃、陕西窑场的工艺交流的问题[1]。

第二次是20世纪70年代，四川古陶瓷编写组、重庆博物馆分别对广元窑址进行了调查和试掘，也获得了一批丰富的资料。这次试掘不仅出土了大量瓷器标本，还有各式窑具，并揭露窑炉残迹。广元窑址的烧造年代在唐宋时期，部分产品具有五代时期的特征，因此窑址产品上限可达五代，下限为元初，其中大多数瓷器属于两宋时期，与福建的建窑、江

1　王家祐：《四川广元黑釉陶新探》，《文物参考资料》1955年第3期。

西的吉州窑以及河南的扒村窑、鹤壁集窑都有相似的产品[2]。随后，考古工作者又再次调查广元窑址，发现了早到唐代的黑釉产品，特点是不使用化妆土、不在外底附加黑色护胎层[3]。这几次调查在之前基础上扩充了广元窑瓷器的内涵，进一步确认了广元窑瓷器的发展源流。

第三次是20世纪90年代为配合国家重点公路建设而进行的抢救性发掘工作，是一次规模较大、科学正规的考古发掘，发现了作坊、窑炉遗迹，出土大量瓷器、窑具，不仅瓷器品种繁多，而且装饰工艺也相当复杂，器物具有两宋时期特点[4]。

经过半个世纪的调查与发掘，我们已经可以对广元窑瓷器的品种、造型、装饰技法以及烧造工艺有了初步的认识。广元窑主要烧造黑釉产品，以碗、盏、盏托等器型为主，还兼烧其他品种的瓷器，如白地褐花、绿釉、白釉，以及素胎器物，这些产品除了碗、盘等饮食用具以外，还有瓶、炉、盒等陈设器具。装饰工艺十分丰富，并非仅局限于釉面装饰，还有釉下绘画、印花、剔刻、刻花、堆贴等装饰技法。广元窑并非完全仿烧建窑黑釉瓷器的窑场，其产品不仅有南、北方不同窑场的工艺元素，还具备四川本地窑场的工艺传统，具有较强的民窑属性，善于汲取各地区产品风格，用于提升自身的产品质量。因此，本文从器型、装饰、烧造工艺等几个方面来探讨广元窑瓷器所具备的其他窑场因素。

在探讨广元窑瓷器中其他窑场因素之前，首先要明确广元窑瓷器的主要流行时间。窑址资料显示广元窑瓷器始烧于唐代，终于元初。根据更多考古资料来看，其大部分产品应该主要流行于两宋时期，南宋时期应该是其制瓷业最为繁荣的时期。因此，在对广元窑瓷器与其他窑场瓷器的对比研究中，也同样要关注器物本身的相对年代，这样才能获得更加科学的结论。

一、器物造型

（一）茶碗（盏）、盏托

广元窑以黑釉瓷器为大宗产品，器物造型最为多见的是黑釉盏、碗、杯以及盏托，器物功用明显与蜀地盛行的饮茶风俗相关，应该作为饮茶器具使用。无论宋代蜀地流行何种茶叶处理方式，茶盏的使用都是必不可少[5]。广元窑黑釉碗、盏及盏托明显受到建窑黑釉瓷器的影响。建窑是两宋时期生产黑釉茶具最为著名的窑场，窑址位于福建省南平市水吉镇，

2　丁祖春：《广元磁窑铺黑釉窑》，《四川古陶瓷研究（一）》，四川省社会科学出版社，1984年，第213—220页；重庆市博物馆：《四川广元瓷窑的调查收获》，《考古与文物》1982年第4期。

3　魏达议、高久诚：《广元黑釉瓷窑调查记》，《景德镇陶瓷》1983年总第21期。

4　四川省文物考古研究所、广元市文物保护管理所：《广元市瓷窑铺窑址发掘简报》，《四川文物》2003年第3期。

5　黄晓枫：《成都平原考古发现的宋代茶具与饮茶习俗》，《成都考古研究（二）》，科学出版社，2013年。

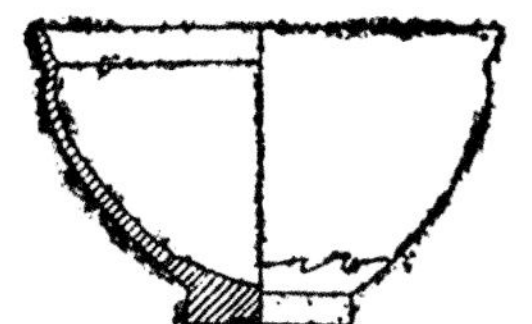

图 1–1　广元窑出土束口碗

图 1–2　建窑芦花坪窑址出土束口碗

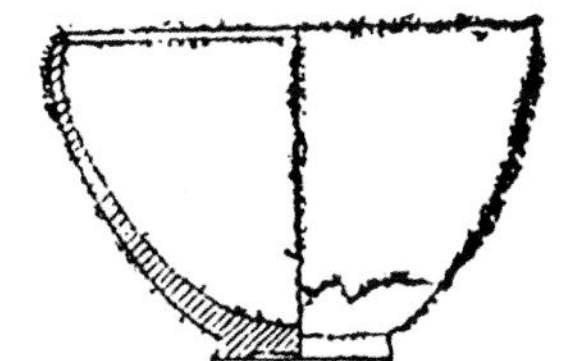

图 2–1　广元窑出土敛口碗

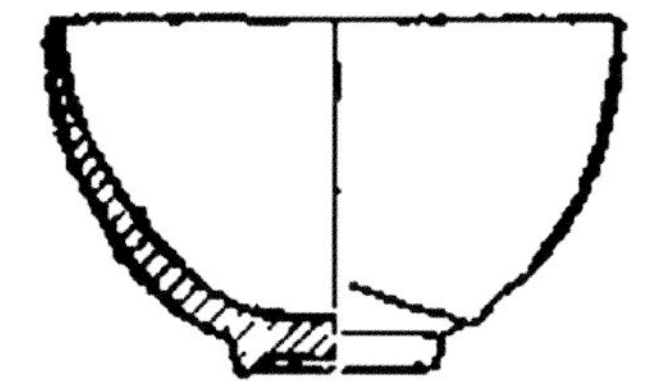

图 2–2　建窑大路后门山窑址出土敛口碗

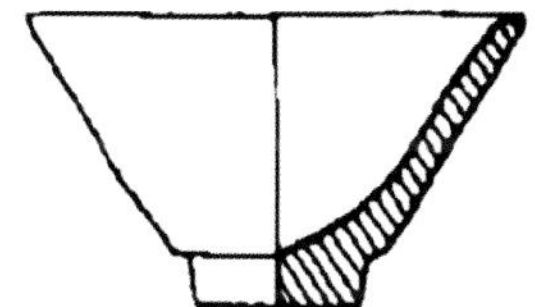

图 3–1　广元窑出土斜直腹碗

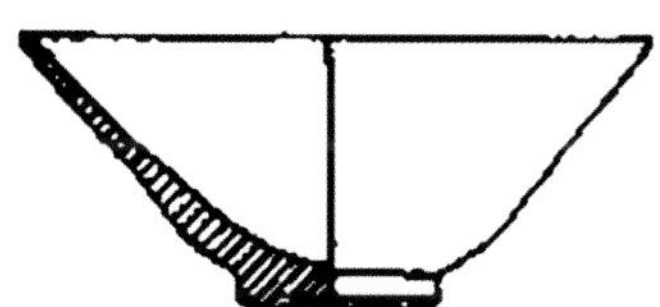

图 3–2　建窑芦花坪窑址出土斜直腹碗

目前调查和发掘窑址主要分布在芦花坪、牛皮仑、大路后门和营长墘四处地点[6]。以大路后门山和源头坑两处窑址为例，两处窑址主要产品为黑釉瓷器，器型有各种形制的碗，占器型总数的99%，其中碗类分为束口碗、撇口碗、敛口碗、盅式碗四种，其中作为俗称“建盏”的束口碗出土数量占碗类总数的26%，敛口碗占碗类总数的47%[7]，这也说明束口碗和敛口碗都是当时比较流行的建窑茶器。束口碗为建窑最具代表性的碗形，也是其他窑场竞相仿烧的产品。广元窑的黑釉茶盏盅也以束口碗最为多见，还有斜腹碗和敛口碗以及各式盏托，很多工艺细节也尽量模仿建窑黑釉产品，如广元窑为了模仿建窑黑釉盏，在紫黑色胎体的茶盏、碗、杯的露胎部分增加一层黑瓷色衣，这样露胎部分与黑色的色差趋于一致[8]。

束口碗　广元窑址1978年发掘出土，口沿有凸弦纹，足壁外张，假圈足，内底有兔毫纹，黑色釉。口径11.3厘米，足径4厘米，通高7厘米。1996年窑址发掘的A型碗均为束口碗，出土数量较大，探方内、窑炉内及作坊内均有发现，形制上有细微的变化，均为黑釉或者灰黑釉产品，底足多数旋削成玉璧形，还有少数为饼足，而建窑产品的底足往往是旋削较浅的浅圈足〔图1–1、图1–2〕。

敛口碗　广元窑址1978年发掘出土，方唇，足瘦小，内壁有褐色兔毫纹。口径10.5厘米，足径3.8厘米，通高7厘米。1996年窑址发掘的C型碗均为敛口碗，但整体造型与建窑敛口碗差距较大，而且器壁粗笨厚重，唯有C型Ⅲ式碗器型浑圆矮小，腹部略呈半球形，但均为青釉、青灰釉产品〔图2–1、图2–2〕。

斜直腹碗　又称“斗笠碗”，腹壁斜直，是北宋时期比较常见器型。广元窑址1996年发

6　厦门大学人类学博物馆：《福建建阳水吉宋建窑发掘简报》，《考古》1964年第4期；福建省博物馆、厦门大学、建阳县文化馆：《福建建阳芦花坪窑址发掘简报》，《中国古代窑址调查发掘报告集》，文物出版社，1984年，第137—145页；建窑考古队：《福建建阳县水吉北宋建窑遗址发掘简报》，《考古》1990年第12期；建窑考古队：《福建建阳县水吉建窑遗址1991—1992年度发掘简报》，《考古》1995年第2期。

7　建窑考古队：《福建建阳县水吉北宋建窑遗址发掘简报》，《考古》1990年第12期。

8　重庆市博物馆：《四川广元瓷窑的调查收获》，《考古与文物》1982年第4期。

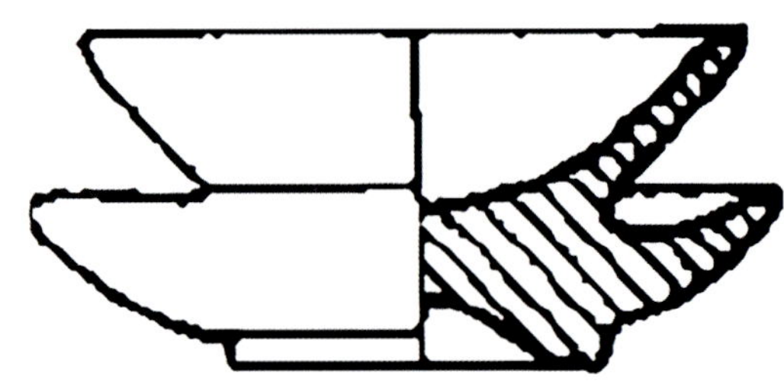

图 4-1　广元窑出土盏托

图 4-2　建窑盏托
南平市建阳区博物馆藏

掘出土（96GCT5 ②：186），尖唇，浅圈足。灰褐色胎，黑釉。内施全釉，外施釉不及底。内釉面呈现红褐色兔斑，外釉近口部及下腹部有红褐色釉滴斑块，釉表呈现红褐色兔毫斑纹。口径 12.4 厘米，底径 4.2 厘米，高 5.1 厘米。建窑芦花坪窑址也生产造型接近的产品，但数量不及上述两种碗型，兔毫纹呈灰色。北宋时期，这种斗笠碗广泛见于南北各地窑场产品，如江西湖田窑的青白釉碗、陕西耀州窑的青釉碗等等〔图 3-1、图 3-2〕。

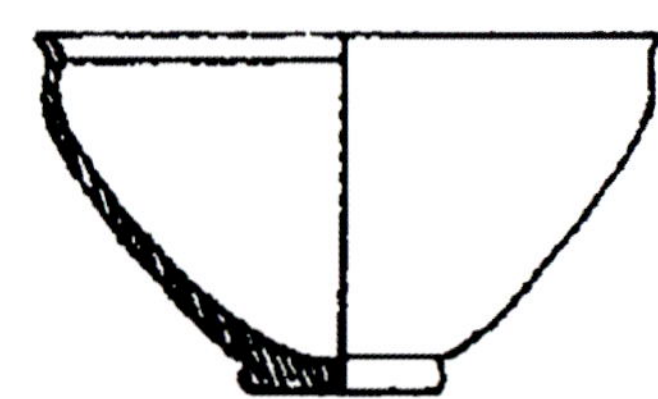

图 5-1　涂山窑小湾窑址出土束口盏

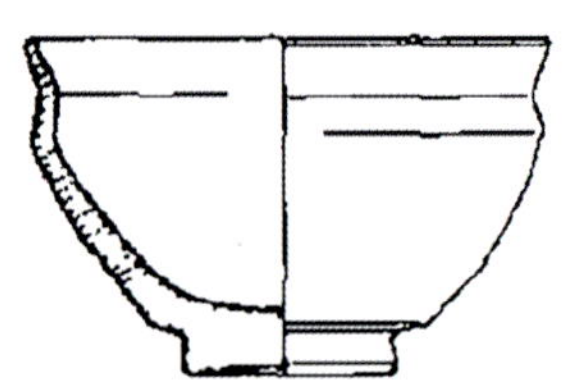

图 5-2　金凤窑出土束口盏

盏托　广元窑址 1996 年发掘出土（96GCT7 ③：62），敞口，尖唇，斜直腹，底心下凹。托盘口微敛，尖唇，弧腹，盘身短浅，假圈足，底心上凸。内施黑釉，饰红褐色云斑，器表施红褐色釉，施釉不及底，褐胎。口径 7.4 厘米，托盘底径 4 厘米，器高 3.6 厘米。建窑也生产造型、工艺特点相似的盏托，圈足浅挖，口沿釉薄处呈现红褐色。除了建窑以外，盏托也是两宋时期南、北方窑场常见的茶具〔图 4-1、图 4-2〕。

可见，广元窑生产的黑釉碗、盏等饮茶器具明显受到建窑黑釉盏的影响，底足以及工艺特点均有可以模仿的痕迹，但明显制作工艺、胎釉都质量更差，圈足也不及建盏圆润精美。受到同时期建窑茶具的影响也是川渝地区宋代瓷业的一个重要趋势，由于蜀地饮茶风俗的流行，两宋时期川渝地区的窑场都会生产仿建盏、盏托的黑釉瓷器，重庆的涂山窑[9]、成都平原都江堰市的金凤窑[10]也都有生产这类产品〔图 5-1、图 5-2〕。

（二）瓶、壶、罐

广元窑并非如建窑绝大多数生产碗、盏类茶具，也生产瓶、罐、炉等陈设或者贮藏器具，这些器物体现了同时期江西吉州窑及北方诸窑场的因素。吉州窑位于江西省

9　陈丽琼：《古代陶瓷研究》，重庆出版社，2001 年，第 102—205 页。

10　成都市文物考古工作队、成都市文物考古研究所：《都江堰市金凤窑址发掘简报》，《文物》2002 年第 2 期。

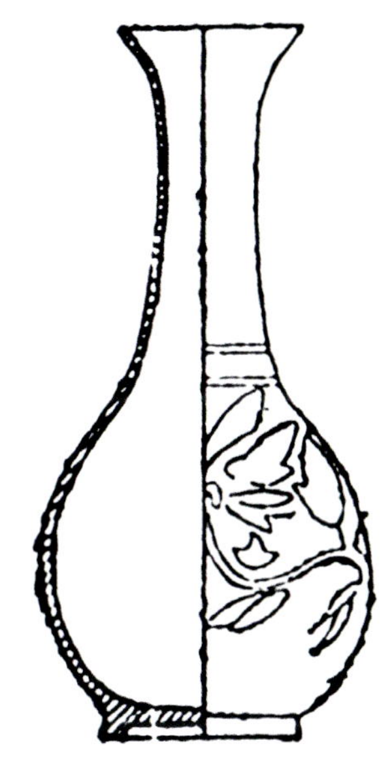

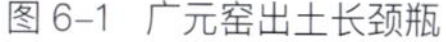

图 6-1　广元窑出土长颈瓶

图 6-2　吉州窑东昌路窑址出土南宋黑釉剔花长颈瓶

中部吉安县永和镇，窑址工序齐全、分工细致、布局合理，形成瓷窑遗址与市镇聚落交错分布的格局。建国初期，吉州窑遗址就已经发现[11]。经过若干年的考古发掘，吉州窑的窑址分布、制瓷工序、烧瓷历史、产品种类、产品分期已经基本明晰。吉州窑宋元时期是装饰题材极其丰富的综合性窑场，其始烧于晚唐五代，主要生产青釉瓷器，发展于北宋，南宋进入鼎盛并延续至元代早期，元代晚期衰落。北宋时期开始，吉州窑逐渐形成青白釉、酱釉、黑釉、绿釉、白釉、黄釉、三彩瓷器的生产格局，南宋至元代更是将黑釉、白釉彩绘瓷器发展至顶峰[12]。广元窑瓷器虽不及吉州窑在同时期的影响力，但是汲取了其民窑属性的特点，在品种和造型上受到吉州窑的影响又发挥了自身的创造力。广元窑 1978 年发掘出土了大量的瓶、壶类器物[13]。

长颈瓶　喇叭口，鼓腹，圈足。腹部多施褐色釉，或施白色化妆土，绘牡丹芍药等纹饰。口径 4.7 厘米，底径 5 厘米，通高 17.8 厘米。广元窑址 1996 年发掘也出土了类似瓶颈残件，有素烧、青黄釉及绿釉产品[14]。吉州窑两宋时期也生产大量长颈瓶，品种繁多，有黑釉剔花、釉下褐彩、黑釉等等，大多数都是喇叭口、鼓腹、圈足的造型，釉下彩绘纹饰比较丰富〔图 6-1、图 6-2〕。

鹅颈瓶　撇口，厚唇，颈腹难分，圈足。多施绀黑色釉或素胎。口径 5 厘米，足径 4 厘米，通高 14.5 厘米。吉州窑也有类似造型的瓶，但数量不多。此种造型是南方窑场南宋时期常见的器型，如 1963 年武昌卓刀泉南宋嘉定六年（1213 年）墓出土的龙泉窑青釉鹅颈瓶[15]〔图 7-1—图 7-3〕。

小口短颈瓶　撇口，丰肩，深腹，平底，米黄釉绘草叶纹。口径 2.5 厘米，底径 2.8 厘米，

11　何国维：《吉州窑遗址概况》，《文物参考资料》1953 年第 9 期。

12　江西省文物考古研究院编著：《吉简吉美——吉州窑遗址出土瓷器集萃》，文物出版社，2020 年，第 8—47 页。

13　重庆市博物馆：《四川广元瓷窑的调查收获》，《考古与文物》1982 年第 4 期。

14　四川省文物考古研究所、广元市文物保护管理所：《广元市瓷窑铺窑址发掘简报》，《四川文物》2003 年第 3 期。

15　湖北省文物管理委员会：《武昌卓刀泉两座南宋墓的清理》，《考古》1964 年第 5 期。

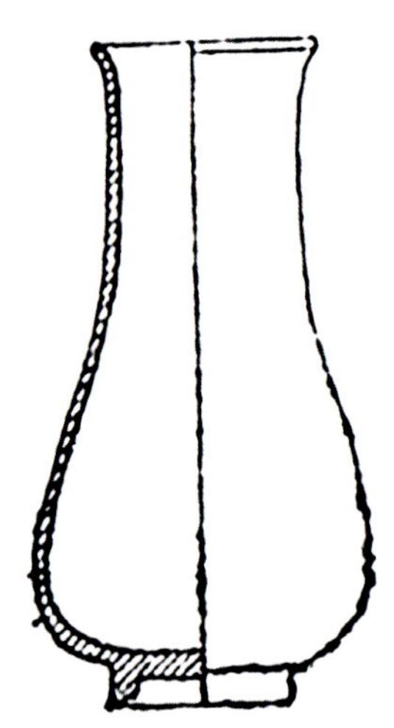

图 7-1　广元窑出土鹅颈瓶

图 7-2　吉州窑蒋家岭窑址出土南宋黑釉鹅颈瓶

图 7-3　南宋嘉定六年（1213 年）墓出土的龙泉窑青釉鹅颈瓶

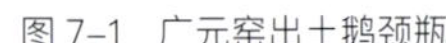

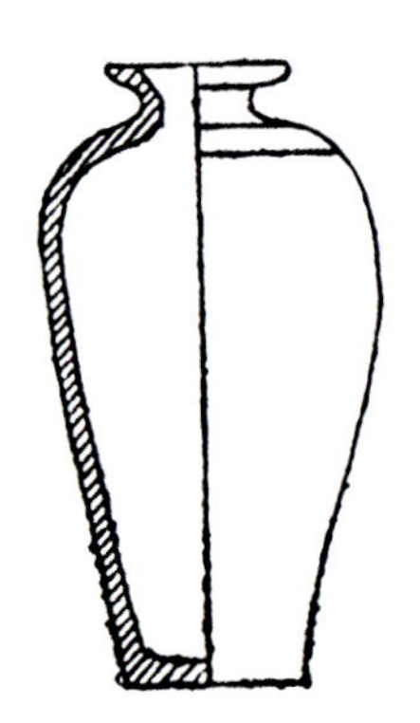

图 8-1　广元窑出土小口瓶

图 8-2　河南方城县出土鲁山窑白釉珍珠地划花小口瓶

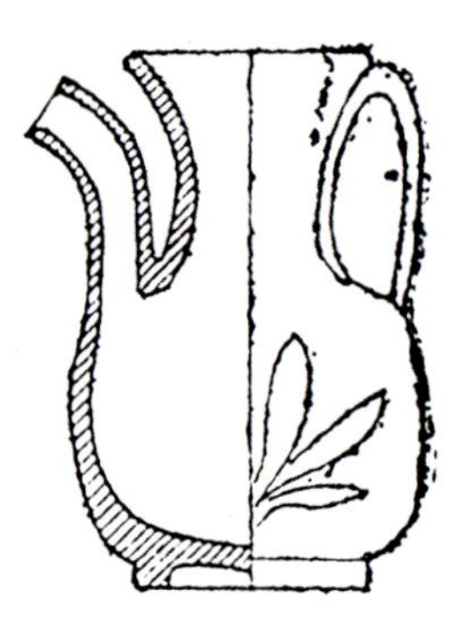

图 9-1　广元窑出土执壶

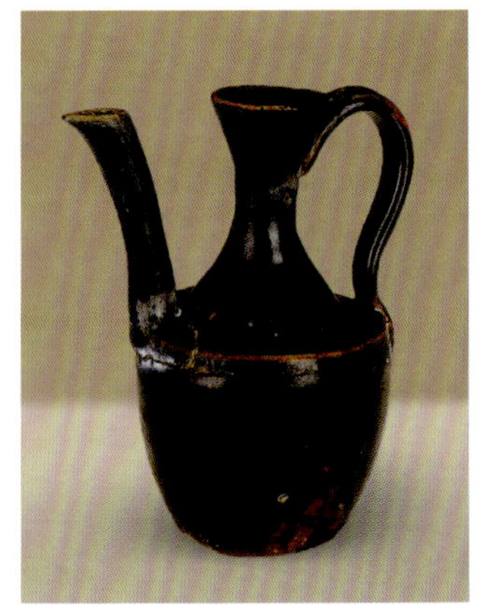

图 9-2　吉州窑黑釉执壶
吉安市博物馆藏

高 5 厘米。这种造型即为后世所称“梅瓶”，吉州窑及其他南方窑场在南宋时期均有生产，北方的磁州窑、登封窑、鹤壁窑、鲁山窑等窑场也都有烧造〔图 8-1、图 8-2〕。

执壶　喇叭口，宽扁把手，管状流，鼓腹，假圈足。米黄釉，饰黑彩草叶纹。口径 3.5 厘米，底径 3.5 厘米，通高 7.5 厘米。吉州窑两宋时期也多见此类执壶，以单色釉居多，不同的是颈、肩分界明确，多数为折肩〔图 9-1、图 9-2〕。

双耳罐　撇口带盖，颈肩有双立耳，深腹，圈足。各种釉色均有，也有绘花纹及直弦纹等。足径 8.5 厘米，通高 18.3 厘米。双耳罐是明显带有北方窑场特色的产品，宋金时期河北磁州窑、陕西耀州窑、河南鹤壁窑等窑场都烧造这类双系罐，不同的是北方窑场的产品双系多呈泥条形，捏制比较粗犷厚重〔图 10-1、图 10-2〕。

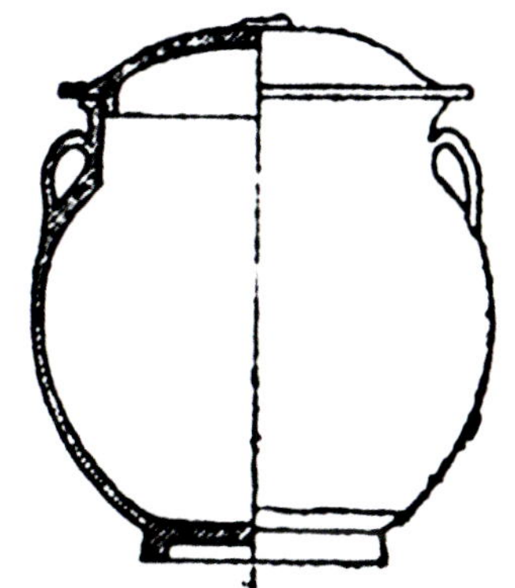

图 10-1　广元窑出土双耳罐

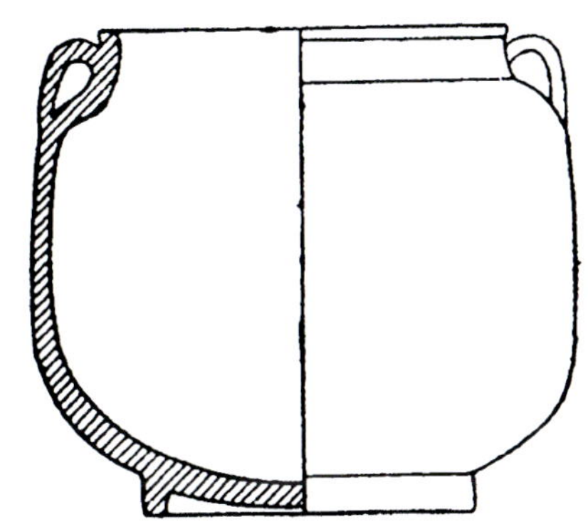

图 10-2　耀州窑黄堡镇窑址金元时期姜黄色青釉双耳罐

图 11-1　广元窑出土骑兽瓷人

图 11-2　邛崃窑乳浊青釉骑马瓷人
邛崃市博物馆藏

图 11-3　吉州窑茅庵岭窑址出土白釉彩绘骑马瓷人

（三）捏塑玩具

四川地区窑场唐宋时期有生产捏塑玩具的传统，邛崃窑就大量生产各式捏塑的小玩具，有人物、动物形象，姿态各异，体现了较高的工艺水平[16]。广元窑也见有瓷塑玩具，如小猴骑马、牛、羊、狗、鱼、骑兽人物、踞坐人物等[17]。此外，吉州窑也生产较多捏塑玩具，有骑马人物、牧童骑牛、顽童、寿星、仕女、佛像及各种动物，釉色多样，包括有青白釉、黑釉、绿釉、白地彩绘等[18]。然而，北方窑场如耀州窑、磁州窑等地生产的瓷塑则与广元窑产品呈现较大差别〔图 11-1—图 11-3〕。

---

16 四川省文物管理委员会、邛崃县文物保护保管所：《邛窑发掘的初步收获》，《四川古陶瓷研究（二）》，四川省社会科学院出版社，1984 年，第 43—93 页。

17 重庆市博物馆：《四川广元瓷窑的调查收获》，《考古与文物》1982 年第 4 期；四川省文物考古研究所、广元市文物保护管理所：《广元市瓷窑铺窑址发掘简报》，《四川文物》2003 年第 3 期。

18 张文江、李育远、袁胜文：《吉州窑遗址近几年考古调查发掘的主要收获》，《中国国家博物馆馆刊》2014 年第 6 期。

二、装饰工艺及纹饰题材

（一）印花装饰

印花装饰一般多用于单色釉瓷器之上，使用印模在素胎上压印纹样，再施釉入窑烧造成器。北宋时期的定窑白釉瓷器、耀州窑青釉瓷器都盛行印花装饰，均为盘、碗内壁满印装饰纹样，纹饰主次得当、乱中有序。广元窑瓷器也大量使用印花装饰工艺，1996年发掘出土不少印花碗残片，釉色均呈青中泛黄或泛灰，印纹题材有莲花水塘、缠枝花卉、水藻、牡丹等，其中一件可复原残器(96GCT3③:95),圆唇，斜直腹微弧，近底直线内收，圈足，内底心有涩圈。内施全釉，外釉不及底，器表有滴釉痕。内壁印荷花、水波纹饰。砖红胎，青中泛白釉。口径19.8厘米，底径6厘米，高8.2厘米[19]〔图12-1〕。

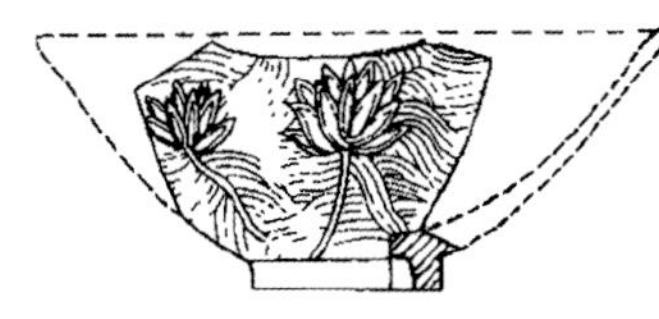

图12-1　广元窑出土印花青釉碗

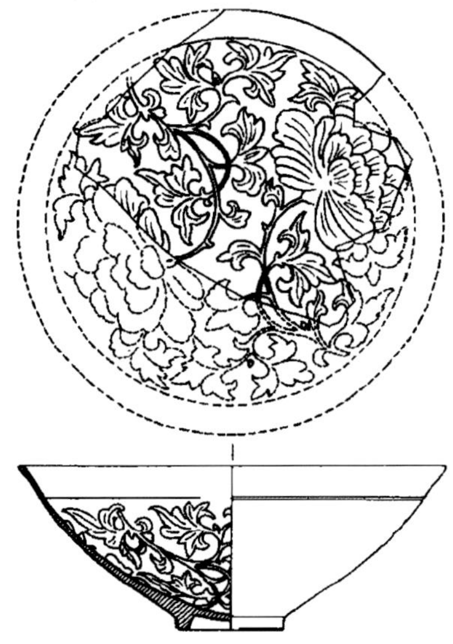

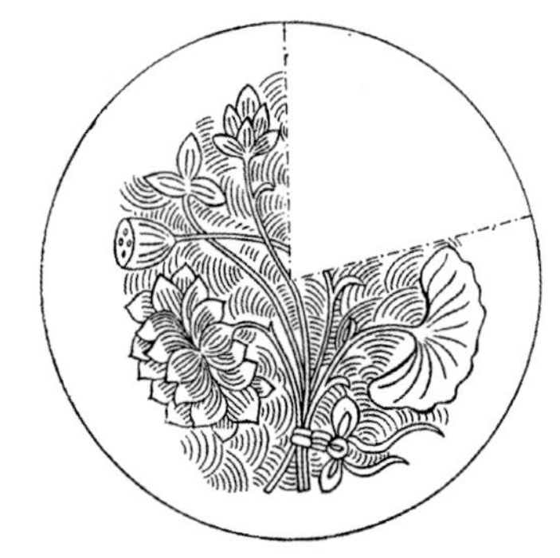

图12-3　耀州窑出土印花碗

图12-2　耀州窑出土印花碗

从广元窑瓷器印花装饰瓷器的题材、釉色等来看，很明显其更多受到北面耀州窑的影响，只是耀州窑的印花纹饰题材更加丰富。耀州窑北宋时期以生产青釉瓷器著称，装饰工艺以刻划花和印花为主，其中印花题材有折枝牡丹、缠枝菊花、缠枝莲花、水波三鱼、水波双鸭、莲池鸳鸯、凤凰牡丹、群鹤博古、花卉婴戏等纹样[20]〔图12-2、图12-3〕。

广元窑瓷器还见有在素烧瓷器上压印连续排列的组合图案，有圆形雷纹、方形雷纹及方框“十”字纹等[21]。根据同时期其他窑场发掘资料来看，这应该是绿釉瓷器的半成品，需再施绿釉二次烧成。吉州窑窑址出土素烧器与绿釉瓷器的造型、纹样完全一致，看得出绿釉瓷器经由先素烧，再施釉低温烧造两个阶段[22]，特别是瓷枕残片，其中不乏有连续排列的压印图案，多见水波纹。

19　四川省文物考古研究所、广元市文物保护管理所：《广元市瓷窑铺窑址发掘简报》,《四川文物》2003年第3期。

20　陕西省考古研究所：《陕西铜川耀州窑》，科学出版社，1965年，第20—37页。

21　四川省文物考古研究所、广元市文物保护管理所：《广元市瓷窑铺窑址发掘简报》,《四川文物》2003年第3期。

22　江西省文物考古研究院、南开大学历史学院、吉安县文物局、吉安市博物馆：《吉安县窑门岭南侧吉州窑遗址调查简报》,《中国国家博物馆馆刊》2018年第6期。

图 13-1　广元窑出土釉下褐彩盘

图 13-2　山西河津窑出土"正隆四年"（1159 年）款白釉酱彩草叶纹碗

（二）釉下褐彩装饰

釉下褐彩装饰是以磁州窑为代表的北方诸窑场的特色产品，河南、山西、山东等地宋元时期的窑场均生产这类瓷器，多数为白地黑彩，少数呈现褐彩。南方窑场以吉州窑为代表，宋元时期大量生产白地褐彩瓷器，褐彩装饰有的满布器表，也有的布局疏朗，釉面多呈黄白色。广元窑也生产白地褐彩瓷器，器型有碗、盘、盏托、盒、盒盖、执壶、罐、瓶等，产品的装饰特征兼具南北方特色。

广元窑的褐彩装饰均绘制于米黄色或白色化妆土之上，再上釉入窑烧造，其釉色也并非透明釉或者白釉，釉色呈色不够稳定，多为米黄色、青中泛黄或者青釉。褐彩纹样简单疏朗，以草叶、花叶、朵花为主[23]〔图 13-1〕。广元窑的釉下褐彩装饰工艺学习北方窑场风格，采用化妆土上绘画的方法，而釉面呈现米黄釉褐彩的产品特征又与吉州窑产品十分相似。然而，广元窑的釉下褐彩纹饰题材和绘画方式与吉州窑产品大相径庭，吉州窑釉下褐彩绘画工巧细致，彩绘纹饰注重层次，喜用开光形式烘托主题纹饰，常见彩绘纹样满饰于器表。广元窑釉下彩绘的点画式绘画风格及题材更接近于北方窑场的特点，河南禹县扒村窑、河北磁州窑及山西等地窑场均多见草叶、花叶的黑彩或褐彩装饰〔图 13-2〕。

（三）刻划、剔刻、堆贴装饰

这几类装饰工艺广元窑瓷器均有使用，但数量不多，其中比较有特色装饰工艺有剔刻凸弦纹、贴塑乳钉纹、刻划篦纹等。广元窑址 1978 年出土的黑釉罐，卷沿，鼓腹，圜底，颈上有褐色乳钉纹，内壁满釉，外壁无釉，刻划篦状条纹[24]。贴塑乳钉纹也是吉州窑常见的装饰手法，往往见于罐类的口沿一周，瓷器品种很丰富，有绿釉、酱釉、白釉等，也有的外壁为素胎[25]。江西赣州七里镇窑址也生产同类产品，而且造型与广元窑该件产品基本一致，

---

23 四川省文物考古研究所、广元市文物保护管理所：《广元市瓷窑铺窑址发掘简报》，《四川文物》2003 年第 3 期。

24 重庆市博物馆：《四川广元瓷窑的调查收获》，《考古与文物》1982 年第 4 期。

25 张文江、李育远、袁胜文：《吉州窑遗址近几年考古调查发掘的主要收获》，《中国国家博物馆馆刊》2014 年第 6 期。

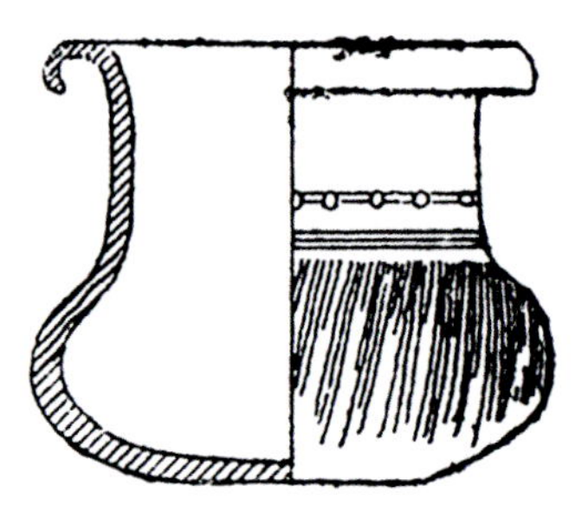

图 14-1　广元窑出土乳钉纹钵

图 14-2　吉州窑出土绿釉、酱釉乳钉纹残片

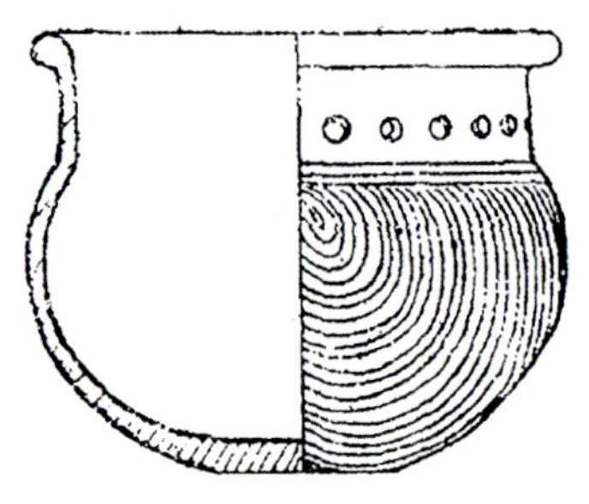

图 14-3　赣州七里镇窑出土乳钉纹钵

也有的腹部为素面[26]〔图 14-1—图 14-3〕。

广元窑还生产一种黑釉剔刻瓷器，在器表剔刻出条纹，烧造过程中形成流釉不匀，凸线条则釉层较薄[27]。这种工艺多见于北方地区的河北磁州窑，河南扒村窑、鹤壁窑，山东淄博窑等窑场，多为罐或者双系罐器型[28]。

三、烧造工艺

根据目前明确揭露的窑炉遗迹来看，广元窑采用马蹄形窑炉进行烧造，并且设有窑道、窑门、火膛、窑床、挡火墙、烟道及排烟室，窑炉构造完整，是典型的馒头型窑炉形制[29]。川渝地区两宋时期的窑场确以使用馒头型窑炉居多，如彭州市的磁峰窑，都江堰市的金凤窑，重庆市的涂山窑、达州瓷碗铺窑等，同时期南方的吉州窑、龙泉窑、建窑都使用依山而建的龙窑进行烧造，反而是北方的磁州窑、耀州窑及河南等地窑场在宋金时期广泛使用馒头型窑炉。这很可能是宋代北民南迁造成的北方馒头窑技术的被动南传[30]〔图 15-1、图 15-2〕。

广元窑瓷器使用匣钵装烧，其中发现的匣钵主要有漏斗形和钵形、碗形三类，可见碗、盘类器物多使用匣钵装烧，烧造方式既有一匣一器，也有一匣多器的叠烧，表现在器物上是内底有涩圈一周。未发现筒形匣钵，瓶、壶、炉类器物很可能为裸烧或内部套烧小件器

26　江西省文物考古研究所、赣州地区博物馆、赣州市博物馆：《江西赣州七里镇窑址发掘简报》，《江西文物》1990 年第 4 期。

27　四川省文物考古研究所、广元市文物保护管理所：《广元市瓷窑铺窑址发掘简报》，《四川文物》2003 年第 3 期。

28　叶喆民：《论当阳峪窑与磁州窑系》，《中国陶瓷》1982 年第 1 期。

29　四川省文物考古研究所、广元市文物保护管理所：《广元市瓷窑铺窑址发掘简报》，《四川文物》2003 年第 3 期。

30　袁胜文：《南方地区唐宋制瓷馒头窑研究》，《中国国家博物馆馆刊》2015 年第 2 期。

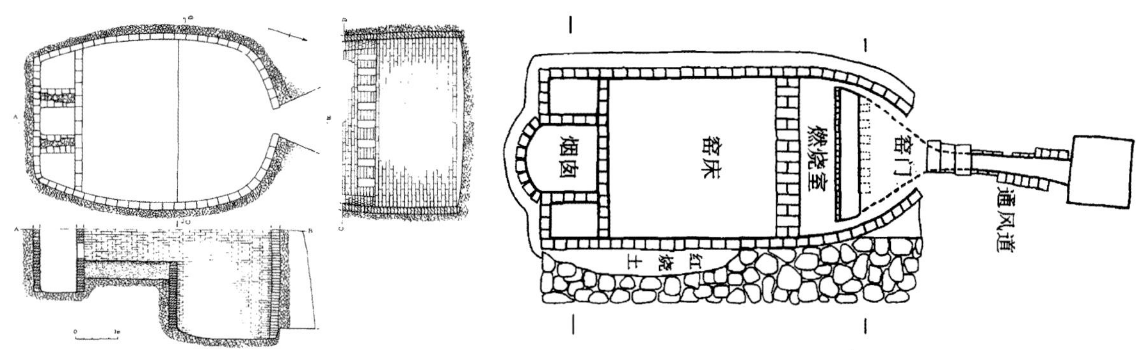

图 15–1 广元窑窑炉形制

图 15–2 耀州窑窑炉形制（47 号窑炉）

物而成，这相较于四川地区其他窑场而言，烧造工艺略显粗犷[31]。除了匣钵以外，还见有三叉形支钉、垫圈、工形垫柱等窑具。广元窑所使用的窑具及装烧工艺带有浓厚的北方窑场因素。

四、结语

通过对广元窑产品器型、装饰工艺及题材、烧造工艺等方面的总结，可以看出广元窑产品具有汇集南北窑场风格的特点，也兼具川渝地区两宋时期瓷器发展特点。从广元窑以生产黑釉为主的特点来看，其与重庆涂山窑产品风格、器型比较接近；而从广元窑的瓷器品种来看，其与成都平原的金凤窑比较接近，同时生产黑釉、白釉、白地褐花瓷器，南宋时期开始以生产黑釉茶具为主，装饰特点也比较接近，如盒盖多装饰铁锈色和黑色的绘花装饰[32]；广元窑的烧瓷工艺、捏塑玩具等也都带有浓厚的蜀地风格。

广元窑产品体现了川渝地区两宋时期共同的瓷器风格，也吸纳了同时期南北不同窑场的特点。广元窑生产的素胎及绿釉瓷器是以磁州窑为代表的北方窑场的重要瓷器品种，南方的吉州窑将绿釉瓷器发展到了新的高度。广元窑产品的装饰技法从工艺特点来看也同样兼具南北方特点，但其产品所具备的北方窑场因素在四川地区窑场之中存在共性。因此，从广元窑产品特点出发，综合考虑瓷器品种、器型、装饰等方面，广元窑产品可能受到江西地区的吉州窑影响更大，广元窑与吉州窑都具有强大的创造力及兼容南北的包容力。

31 颜劲松：《唐宋时期四川馒头窑及其装烧技术的探讨》，《成都考古研究（一）》，科学出版社，2009 年，第 542—554 页。

32 成都市文物考古工作队、成都市文物考古研究所：《都江堰市金凤窑址发掘简报》，《文物》2002 年第 2 期。

试论宋元时期广元窑产品中的磁州窑因素

郭静璇（中国社会科学院大学研究生）

摘要：宋代是中国陶瓷制造业迅猛发展的时代，当时所烧造的窑场遍布于大江南北，而磁州窑与广元窑则是众多窑场中两大著名的民间窑场。从地理位置上看，两大窑场相隔较远，但是在广元窑产品中却能发现一些磁州窑风格的特点。本文梳理广元窑产品中的磁州窑因素，找出广元窑装饰风格的独特性，探讨南北瓷业交流问题。

关键词：广元窑　磁州窑　装饰　白地黑花　彩绘　黑釉凸线纹　绿釉

广元瓷铺窑于1953年修筑宝成铁路时发现，窑址位于距广元市北6公里的嘉陵江东岸坡地上。窑址堆积物以黑釉瓷器残片为主，伴有匣钵等窑具。1976年与1978年，四川省古陶瓷编写组、重庆市博物馆先后对窑址进行了调查与试掘，清理出一座窑炉残迹。1996年，为配合108国道拓宽改道工程，四川省文物考古研究所、广元市文物保护管理所、绵阳市文物保护管理所等单位组成广元瓷铺窑址考古队，对广元瓷铺窑进行了抢救性发掘工作，获得了丰富的文物资料。

广元窑位于嘉陵江畔，地处南北丝绸之路的交汇点，交通十分便利。产品可经丝绸之路与水陆航运销往全国各地，中原、西北、西南等地都有广元窑产品畅销的踪迹。得天独厚的地理位置也让广元窑有着充分的经济与贸易条件吸收南北方不同的文化，南北方制瓷业也因而在这里产生了碰撞交流。广元窑持续学习其他窑口制瓷工艺，产品中就有着诸多与南北方各窑场相类似的器物。在吸收学习的过程中，广元窑也不断推陈出新，生产出一批具有独特风貌的特色产品，成为宋元时期四川地区的重要窑场。

根据考古资料显示，广元窑出土器物的烧造年代大致为北宋中晚期至南宋时期，是一处以烧造民间日用器物为主的民窑，器型有碗、罐、瓶、壶、盏、盏托、盒、炉、钵、盂等，另有少量瓷塑玩具及陈设器[1]。出土窑具有匣钵、垫圈、垫柱等。广元窑产品胎质较粗，胎色以灰白色为主，另有黄白色、灰黑色，多使用化妆土避免器物表面粗糙，提高产品整体光洁度。广元窑釉色以黑釉为主，另有绿釉、黄釉、米黄釉、酱釉、乳白釉等。纹饰常

1　四川省文物考古研究所、广元市文物保护管理所：《广元市瓷窑铺窑址发掘简报》，《四川文物》2003年第3期。

见有黑釉窑变产生的兔毫、油滴、玳瑁、鹧鸪斑等，此外还有白地黑花、白地褐花、绿地黑花等装饰手法，刻花、划花、印花等装饰工艺。

磁州窑是我国北方著名的民窑，位于古磁州的漳河和滏阳河流域观台、彭城一带，现在邯郸市的磁县和峰峰矿区。磁州窑是指从晚唐、五代起，一直到近代，在古代磁州范围内存在的一批制瓷窑场[2]。窑址有河北省邯郸市观台镇、东艾口、冶子村、彭城、临水等地。磁州窑烧造历史悠久，宋金元时期繁荣鼎盛。磁州窑装饰技法、种类丰富，有学者对历年来磁州窑漳河、滏阳河流域的多处窑址考古资料为依据进行整理分析，根据其装饰技法及釉色不同，将之分为 57 种之多[3]。主要有白釉、白釉褐彩、白釉绿彩、白釉划花、白釉剔花、白地黑花、珍珠地划花、黑釉剔花、黑釉、黑釉酱彩、酱釉、绿釉、绿釉黑彩、绿釉剔花、三彩等。其中的白地黑花装饰艺术，使磁州窑能在以五大名窑为主的单色釉盛行的时代仍然能独树一帜，并能得到长足的发展。磁州窑产品极富民间风情，生动风趣，物美价廉，深受消费喜爱与推崇，影响了同时期诸多窑场竞相生产同类型产品，形成了庞大的“磁州窑系”。古代磁州窑系分布范围广阔，河北、河南、山东、山西、安徽、辽宁、内蒙古、宁夏等诸多窑口均生产磁州窑类型产品。除了北方窑场，磁州窑还和南方诸多窑场有过一定的联系。广元窑作为宋元时期四川地区的重要窑场，出土产品丰富，一些白地黑花、白地褐花、绿釉黑花等彩绘瓷与凸线装饰的黑釉瓷等可以明显看出具有一定的磁州窑产品风貌。

一、广元窑产品中的磁州窑因素

磁州窑传播广泛、影响深远，目前已知的四川地区（包括重庆）受到北方磁州窑影响而生产磁州窑风格产品的窑口有广元窑、金凤窑、涂山窑、清溪窑等。广元瓷铺窑受磁州窑影响生产相关类型产品，突出表现在其装饰技法与装饰题材上。

1. 广元窑绘花艺术

在广元窑产品的一大类型彩绘瓷中，大量彩绘的运用与磁州窑的典型装饰——白地黑花彩绘有着极为相似的表现技法。磁州窑白地黑花装饰技法出现在观台二期后段，在观台三期即金代后期在各种器物上普遍使用，发展到鼎盛阶段[4]。同时期广元窑出土器物，如瓶、罐、壶、盏托、水盂、盖钵、三足炉、盒〔图 1—图 8〕等器型均有类似的装饰手法。其制作过程是在已经施白色化妆土胎体上，以毛笔为工具，蘸取黑褐色颜料绘出各种纹饰，再罩以透明釉入窑烧造，这样烧成的绘花产品与磁州窑典型的白地黑花器物相似。与之同样

2　秦大树、李凯、郭三娟：《磁州窑考古与研究的百年历程》，《文物春秋》2021 年第 6 期。

3　马小青：《磁州窑瓷器装饰艺术赏析》，《收藏界》2005 年第 10 期。

4　北京大学考古学系、河北省文物研究所、邯郸地区文物保管所：《观台磁州窑址》，文物出版社，1997 年。

图1　广元窑白釉褐彩牡丹纹梅瓶

图2　广元窑白釉褐彩牡丹纹双耳罐

图3　广元窑白釉黑花双耳壶

图4　广元窑白釉黑花盏托

图5　广元窑白釉黑彩水盂

图6　广元窑白釉黑彩盖钵

图 7　广元窑白釉褐彩三足炉

图 8　广元窑白釉黑彩缠枝花纹盒盖

图 9　广元窑米黄釉绘褐彩执壶

图 10　广元窑绿釉黑花牡丹纹瓶

图 11　广元窑绿釉黑花长颈瓶

风格的彩绘还有米黄釉绘褐彩（图 9）、绿釉黑彩等。广元窑彩绘常见的纹饰有牡丹、芍药、草叶、折枝花等，这些纹饰多取于现实，根据器型在不同部位写意而成，简朴自然，同样在磁州窑器物中可以看到。这种黑白对比分明的装饰手法风格独特，质朴大方，反映出中国古代人民淳朴自然的审美意趣，深受普通民众喜爱。不同的是，广元窑白地褐彩装饰较磁州窑白地黑花装饰更为简约疏朗，且褐彩多数浓淡不一，具有浓厚的中国画韵味，这种布局与画法的差异可能是广元的地方特点。

图 12　广元窑绿釉绘花长颈瓶

图 13　广元窑绿釉腹褐釉彩绘牡丹纹执壶

图 14　广元窑绿釉画花水注

在广元窑彩绘产品中，绿釉彩绘占据重要地位。其中绿釉黑彩器物的装饰工艺同磁州窑的绿釉黑绘花产品相似。制作过程与白地黑花前期工序相同，只是在最后罩一层绿釉料浆后二次入窑低温烧成，形成黑色、绿色的反差对比。磁州窑绿釉黑绘花工艺在观台二期末出现，三期流行，主要集中在北宋末至金代[5]。广元窑绿釉黑彩器物主要有瓶、执壶等。其中绿釉黑彩长颈瓶颈部常伴有分组弦纹，应为广元窑特色〔图 10、图 11〕。此外，广元窑绿釉彩绘瓷中存在一种独特的装饰技法，即先在器物腹部用黑彩或褐彩绘制大面积条带铺底，再用白色化妆土画上纹饰，最后罩上一层透明绿釉烧制〔图 12、图 13〕。这样烧成的产品黑绿分明，色彩更加丰富精致。

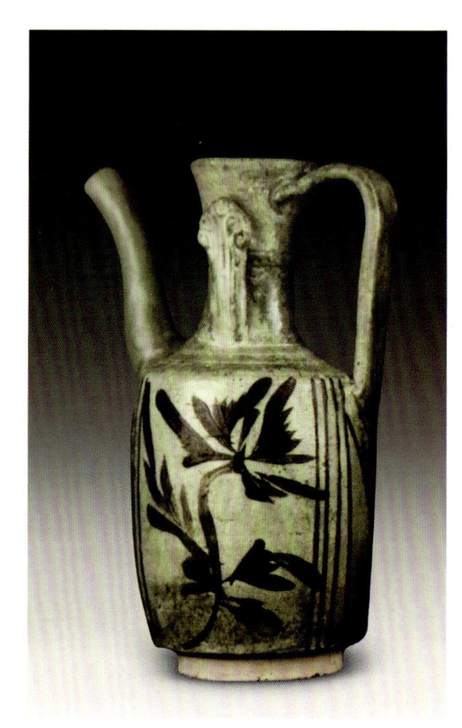

图 15　广元窑绿釉黑彩牡丹纹执壶

此外，在广元窑绿釉彩绘瓷中，一些器型将线条分割与绿釉黑彩装饰结合起来，自然地分隔了绘图的每一部分，突出了绘制的主题纹饰，使得画面构图清晰，形成独特的艺术风貌。现藏于四川博物院的广元窑绿釉画花水注〔图 14〕，和以上的绿釉长颈瓶、绿釉执壶工艺相同，另多了几条绘制的直线分隔画面。这种特殊的装饰技法同样出现在广元窑绿釉黑彩牡丹纹执壶上〔图 15〕。这两件器物所绘花卉纹舒展鲜活，花叶饱满，充分体现了绘制者高超的艺术笔触，不失为广元窑绘花器物的精品。

2. 广元窑黑釉艺术

广元窑作为四川黑釉瓷窑场的典型代表，出土黑釉产品丰富，品质优良呈色丰富。根

5　北京大学考古学系、河北省文物研究所、邯郸地区文物保管所：《观台磁州窑址》，文物出版社，1997 年。

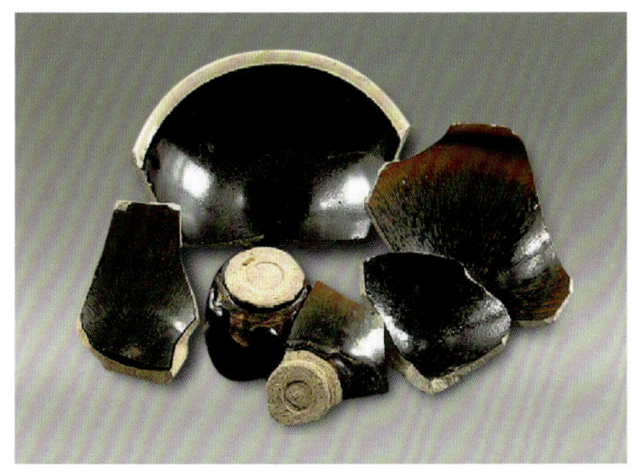

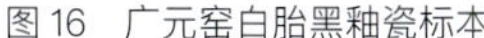

图 16　广元窑白胎黑釉瓷标本

图 17　北宋磁州窑白覆轮油滴天目盏

据釉层厚薄及所烧器物窑位不同，釉色略有不同。除黑釉瓷盏外，广元窑黑釉产品主要有双耳罐、荷叶盖罐、双耳瓶、执壶、炉等，釉面有纯黑素面也有窑变装饰。广元黑釉瓷就地取土，胎土较松，多施化妆土。黑釉瓷盏多在圈足外底加一层含铁较多的乌泥黑，并有窑变产生的油滴、兔毫、玳瑁、鹧鸪等，品类丰富[6]。磁州窑黑釉瓷同样是就地取土，观台二期前段即北宋中晚期，磁州窑黑釉器发展迅速，流行在釉上洒斑花石的鹧鸪斑纹。也有不少的油滴与兔毫状结晶斑[7]。

磁州窑黑釉瓷装饰中有一种黑釉白唇的技法，在施满釉后把器物口部的黑釉刮掉，再施一周白色化妆土与透明釉的混合物，入窑高温烧成，日本学者称之为“白覆轮”。这种口部不施釉，仅施白色化妆土浆料的做法，可以在进行叠烧时避免粘连[8]。对比图 16、图 17，可以明显看出广元窑黑釉瓷盏中这种黑釉白唇工艺的体现。

除了“白覆轮”装饰，广元窑黑釉器物中另一种凸线纹装饰同样有着明显的磁州窑风格。黑釉凸线纹又称黑釉堆线纹、黑釉白筋、黑釉粉杠，主要是在尚未干透的器坯上用沥粉法或压印修棱法，作出凸于器表的线条[9]。黑釉在高温熔融的状态下，流动性强，器物外壁上凸起的线条部分因釉料稀薄露出化妆土的颜色，使得器物色彩对比分明，极富特色。黑釉凸线纹技法发源于北宋后期的冀南窑场，至金代中后期，凸线纹工艺进一步发展，多以均匀满布或分组凸线的形式出现在罐、壶等器型上[10]。这种装饰品种在观台磁州窑、鹤壁集窑、

6　郑建明：《21 世纪以来瓷窑址考古的新进展》，文物出版社，2019 年。

7　北京大学考古学系、河北省文物研究所、邯郸地区文物保管所：《观台磁州窑址》，文物出版社，1997 年。

8　马小青：《磁州窑瓷器装饰艺术赏析》，《收藏界》2005 年第 10 期。

9　杨浩淼：《浅谈黑釉凸线纹装饰艺术——以鹤壁集窑、淄博窑出土凸线纹瓷器为例》，《文物鉴定与鉴赏》2014 年第 3 期。

10　李蔚然：《北方地区宋辽金黑釉器的考古学研究》，吉林大学硕士学位论文，2012 年。

禹县钧台窑、淄博窑场均有烧造，是磁州窑系产品的典型装饰技法。以黑釉凸线纹最典型的造型罐为例，在金代中后期，河北、河南、山东多处窑口黑釉凸线纹罐出土数量大为增加、生产范围扩大，罐的形制大体定型为矮领双耳罐与高领双耳罐两种，凸线纹的排列也大体为等份凸线与分组凸线两种固定的方式[11]。广元窑黑釉凸线纹装饰器型有双耳罐、梨形壶，其中双耳罐的造型与装饰特点与金代中后期北方磁州窑系窑址出土的高领双耳罐高度相似，有着高领、鼓腹、圈足、圆唇、双立耳等特点〔图 18〕。广元窑梨形执壶也发现有等分凸线与分组凸线两种〔图 19、图 20〕。

图 18　金磁州窑黑釉凸线纹双耳罐

图 19　广元窑黑釉凸线纹梨形壶

图 20　广元窑黑釉凸线纹梨形壶

3. 广元窑剔刻艺术

广元窑的剔刻类器物主要有罐、炉。一般剔刻在器物外壁，这种剔刻工艺宋元时期广泛应用于北方诸多窑口。如磁州窑观台三期盛行的绿釉剔花装饰以及少量的绿釉黑剔花装饰。这两种装饰技法分别由白釉剔花、白釉黑剔花装饰变化而成。广元窑剔刻产品中有一类产品使用了绿釉黑剔花的装饰技法。在施白色化妆土后的器胎未干透时，在需装饰的部

11　马萌萌：《黑釉凸线纹瓷器初探》，《中国国家博物馆馆刊》2017 年第 2 期。

图 21　广元窑绿釉剔花双耳罐

图 22　广元窑黄釉剔花罐

图 23　广元窑黄釉剔线双耳罐

图 24　广元窑黄釉剔线桶式炉

图 25　广元窑绿釉剔线翻口尊

图 26　广元窑黄釉沥线翻口尊

位涂黑色料浆，快速用工具划出主题花纹后，用尖状工具划出叶脉等，然后剔掉花纹以外的全部黑色料层直至白色化妆土层，最后罩绿色透明料浆入窑烧成，或是反向剔除花纹内的黑色釉料，形成黑底剔绿花的效果。值得注意的是，宋代广元窑剔黑花或剔褐花产品有绿釉与黄釉两种〔图 21、图 22〕，黄釉剔刻装饰不见于磁州窑产品，应为广元窑特有的艺术风格。

此外，剔线手法在广元窑剔刻类器物中同样具有特殊性的装饰意义，器型有双耳罐、桶式炉、翻口尊〔图 23—图 25〕。制作手法同剔花艺术相同，主要在绿釉与黄釉器腹上剔出排列均匀的线条。这种装饰技法与黑釉凸线纹装饰形成的色彩对比鲜明的效果相似。并且在同一器型上分别使用了剔线与沥粉两种装饰技法〔图 25、图 26〕，可能是窑工们对新的装饰技法的多次实验与创造。笔者推测宋元时期广元地区的窑工吸收学习了凸线纹的装饰手法，并在制瓷过程中不断实验新技术并与自身产品的融合，这种碰撞与交流催生出了一批具有地方特色的产品，极大丰富了当地制瓷业的产品类型。

从以上所述的宋元时期广元窑产品装饰特点，可以看出广元窑在彩绘瓷、黑釉瓷、剔刻器物中，在装饰技法与题材上与磁州窑产品有明显的相似性，二者都是深受普通民众推崇的地方性民窑。但不能忽视的是广元窑在吸收与学习磁州窑装饰技法的同时，也保留了自身的地方特色，并不断推陈出新，成功烧制地方特色风格产品，这应与当地人民的审美偏好有较大关系。两窑产品类型丰富、民趣盎然，在我国陶瓷制造史上留下了鲜明又生动的印迹。

二、磁州窑风格产品在广元得以发展的原因

广元窑之所以成为川窑中带有北方磁州窑风格窑场的代表，关键取决于广元得天独厚的地理位置。古代巴蜀地区与中原地区交通不便，连接巴蜀与陕西、中原地区的道路主要是金牛道，广元正是必经之地。而广元又毗邻嘉陵江，顺江而下可通长江，进而连接整个长江中下游地区。可以说，水路两通的广元成为了古代四川与其他地区人民交流交往的交汇点。因此，广元就有了充分的经济与贸易发展环境，南北方瓷业在此产生交流碰撞也就不足为奇了。四川曾是南宋抗金入侵的大后方，动乱年代大量人口入川，瓷业烧制技艺也随之传入，经与本地窑工融合后形成了丰富多彩的广元窑业。

宋元时期，工匠所受的封建人身束缚有所松弛，促成这一时期手工业的进步，同时工商业的发展与城市的繁荣，都促成了市民阶层的不断发展壮大。市民文化的发展使得人们的审美民俗化、大众化。磁州窑与广元窑同属地方民窑，贴近百姓日常生活的文化表达更容易被接受，而民窑产品不论是技术难度还是花费成本较之官窑都更能负担起，因此这些有着磁州窑风格的产品得以在广元流行，并发展成为满足不同地区人民喜好的大众产品。

三、结语

宋元时期是中国陶瓷生产的鼎盛时期，不管是制瓷技术还是生产发展，都达到了很高的水准。陶瓷种类繁多，装饰纹样丰富多样。本文中介绍的广元窑与磁州窑这两大民窑，在装饰艺术方面，充分体现了当时浓厚的民间生活气息，百花齐放，竞相争彩。我们从中可以发现两个相距甚远的窑口之间的关系，也能体会到两窑之间技艺融合带给我们的视觉享受。窑工们不断吸收学习、求变创新、不拘一格的精神使得瓷器的品种和纹样不断地增加，为中国陶瓷事业的发展作出了贡献。

中国国家博物馆藏邛窑系纪年瓷及相关问题探讨

胡朝辉（中国国家博物馆）

摘要：中国国家博物馆藏有三件邛窑纪年瓷，其中唐代“广福窑”朱书“大历元年”青绿釉枕是新近认定为邛窑系的藏品。这三件邛窑系纪年瓷器上的道教文化和粟特文化因素，反映了川西地区中西文化的交流与融合。

关键词：中国国家博物馆　唐代　邛窑　纪年瓷

中国国家博物馆藏有三件邛窑纪年瓷，分别是唐代邛窑“天宝七载午时造”款乳浊青灰釉碗（748年）、唐代邛窑“开成元年十月造”款乳浊青灰釉碗（836年）以及属于邛窑系的唐代“广福窑”朱书“大历元年”款青绿釉枕（766年），其中唐代“广福窑”朱书“大历元年”青绿釉枕是新近认定为邛窑系的藏品。

一、藏品介绍

1. 唐代邛窑“天宝七载午时造”款乳浊青灰釉碗

高4.3厘米，口径14厘米，足径5厘米，1959年征集。敛口，圆弧壁，玉璧底。碗内外施乳浊青灰釉、有开片。外壁施釉不及底，底足无釉，露胎处呈灰褐色，胎质粗疏松糙。釉面有鼓包现象。碗内有釉上褐彩书“天宝七载午时造”竖行年款，文字的一侧绘一人挥舞长剑穿行于云端，另一侧绘人面兽身的形象〔图1〕。

图1　唐代邛窑“天宝七载午时造”乳浊青灰釉碗

2. 唐代邛窑“开成元年十月造”款乳浊青灰釉碗

高6.1厘米，口径17.2厘米，足径8.6厘米，1958年征集。碗明显变形，撇口，折腹，饼形足〔图2〕。灰色粗胎，碗内外施乳浊青灰釉。外壁施半釉，腹下流釉呈月白色乳浊状。碗内有五个条形支钉痕，以釉上赭褐彩绘水波、星相等纹样以及“日月星辰、水火土木”等文字并落“开成元年十月造”款〔图3〕。

图 2　唐代邛窑“开成元年十月造”青灰乳浊釉洗

图 3　唐代邛窑“开成元年十月造”青灰乳浊釉洗内底

图 4　唐代广福窑朱书“大历元年”款青绿釉枕

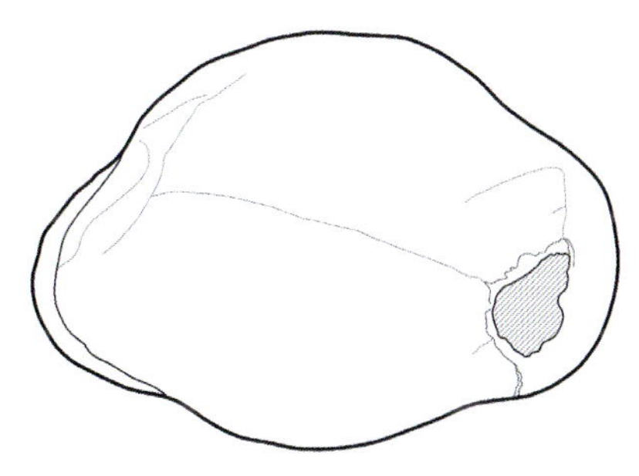

图 5　唐代广福窑朱书“大历元年”款青绿釉枕底部

3. 唐代“广福窑”朱书“大历元年”款青绿釉枕

2013 年底，笔者在编辑《中国国家博物馆百年收藏集萃》陶瓷部分目录时，发现一件 1957 年征集的唐代“大历元年”款青绿釉枕〔图 4〕，经过窑址调查，确定为成都市崇州境内“广福窑”产品（现在称“天福窑”），属邛窑系。呈海棠形，枕高 7.6 厘米，口径 14.5 厘米，足径 5.7 厘米。枕面微凹，底微内凹，有一个气孔〔图 5〕。灰褐色胎，枕面无釉，四壁施青绿色釉，釉面有细开片，上有朱书铭文。铭文内容为“人有不必山高水长虽二十年□存大大吉昌。大吉大利。东三里河沙坝五分一水是当日月为证此地万年千秋。大唐大历元年六月二日吉羊（祥）唐安郡晋原县永和乡长庆里广福窑三川工大匠焦元造定”。

二、相关问题探讨

（一）唐代“广福窑”朱书“大历元年”款青绿釉枕窑口的确定

1. 唐安郡晋原县历史沿革

这是一件带有铭文的唐代纪年枕，其上不仅有生产时间——唐大历元年，即公元 766

年；还有生产窑口——唐安郡晋原县永和乡长庆里广福窑。根据铭文可知该枕具有买地券性质，可补唐代买地券资料之缺。

“广福窑”虽然未见文献记载，但从枕上的铭文“唐安郡晋原县”可以判断该窑口在今天的四川省成都市崇州境内。

据《旧唐书.地理志》记载:“蜀州，垂拱二年，分益州四县置。天宝元年，改为唐安郡，乾元元年复为蜀州也……晋原，汉江源地，蜀州。李雄立江源郡，晋改为多融县，又改为晋原。”[1]“唐安郡”在隋代为益州，唐垂拱二年（686年）称蜀州，天宝元年（742年）改为唐安郡，乾元元年复为蜀州（759年）。该枕生产时间为唐大历元年，即公元766年，此时唐安郡已经改为蜀州管辖了，为什么枕上铭文还自称“唐安郡”呢？实际上，青釉枕是沿用了唐安郡旧名，这种情况并非孤例。陆游在南宋乾道九年（1173年）和淳熙元年（1174年）曾两度出任蜀州通判，写下了许多描写蜀州山水景物的诗，如《自唐安之成都》:“出门犹苦雨，度堑喜新晴。日正车无影，风高盖有声。疏疏稚苗立，郁郁晚桑生。宿醉行犹倦，无人为解酲。”他在晚年回归故里时又写了一些怀念蜀州的诗篇，如《雨夜怀唐安》:“归心日夜逆江流，官柳三千忆蜀州。小阁帘栊频梦蝶，平湖烟水已盟鸥。萤依湿草同为旅，雨滴空阶别是愁。堪笑邦人不解事，区区犹借陆君留。”又如《枕上作（二首）其一》:“无地容锥四壁空，浩然亦未怆途穷。梦回倦枕灯残后，诗在空阶雨滴中。徂岁易成双鬓秃，故人难复一樽同。唐安万里音尘绝，谁为寒沙问断鸿？”[2]宋代时崇州应为蜀州管辖，但陆游在诗里仍把蜀州称为“唐安”，可见古人对地名有沿袭历史上称呼的习惯。因此，枕上铭文“唐安郡”即隋代的“益州”、唐宋时期的“蜀州”。

据《读史方舆纪要》记载：“崇庆州。府西南百十里。西南至邛州百十里，东南至眉州二百里，西北至灌县四十五里。秦蜀郡地。汉、晋因之。李雄据蜀，置汉原郡。永和中改为晋原郡治江原县。刘宋因之。萧齐改晋康郡。梁曰江原郡。后周并入犍为郡。隋属益州。大业初，属蜀郡。唐初仍属益州。垂拱二年分置蜀州。天宝初改为唐安郡。乾元初复故。《新唐书》:州城内有镇静军。乾符二年，节度使高骈置。宋因之。绍兴十年，升崇庆军以高宗潜邸也。淳熙四年又升为府。元至元二十年降为州。明初因之，以州治江原县省入编户十二里，领县一。今亦曰崇庆州。”[3]“晋原县”在隋代属益州，唐垂拱二年（686年）属蜀州，天宝元年（742年）改属唐安郡，乾元元年（758年）又改属蜀州；宋代绍兴十年（1140年）升崇庆军、淳熙四年（1177年）为崇庆府，元至元二十年（1283年）改为崇庆州，明初沿袭元代名称，清代仍称崇庆州。民国二年（1913年）改崇庆州为崇庆县，1994年撤县

---

1 （后晋）刘昫等：《旧唐书》卷二十一，中华书局，1975年，第1667页。

2 （宋）陆游：《剑南诗稿校注一》，上海古籍出版社，2005年，第326、428、2718页。

3 （宋）欧阳修、宋祁撰：《新唐书・地理志》，中华书局，1975年，第1079页。

设立崇州市[4]。可见，枕上铭文“晋原县”即今天的崇州市。

唐初因山川形势将全国分成十道，唐安郡等三十八州被划归剑南道[5]。上元二年（761年），分剑南道为东、西川节度使。“广德二年复合为一，大历二年又分为两川”[6]。青绿釉枕制作于“大唐大历元年”（766年），距剑南道第一次分为东、西川已经五年，其间虽然又经历了东、西二川合并，但人们已经习惯将位于西南地区的剑南东川、剑南西川及山南西道合称为“剑南三川”（又称“三川”），这正好与绿釉枕上铭文的地名“三川”之谓相符。

从上述分析基本可以得出以下结论：“广福窑”即在现在的四川省成都市崇州境内。

2. 与天福窑址采集青瓷的比对

事实上，除了“广福窑”，唐代唐安郡晋原县境内还有其他窑口。1948年，著名考古学家、古陶瓷鉴定家杨啸谷先生在大邑、崇州一带调查窑址[7]，在东关场（今崇州王场镇东关场）曾发现一件带有“大唐天宝三年”（744年）纪年的白釉窑王像，上有刻款“大唐天宝三载六月四日唐安郡晋原县德信里永昌窑敬造窑王像”共二十七字[8]。从刻款看，烧造这件白釉窑王像的“永昌窑”窑址与烧造中国国家博物馆所藏唐代广福窑朱书“大历元年”款青灰乳浊青釉枕的“广福窑”窑址地理位置接近，同在“唐安郡晋原县”境内。杨啸谷先生发现的“永昌窑”白釉窑王像制作于“大唐天宝三年”（744年），中国国家博物馆藏唐代广福窑朱书“大历元年”款青灰乳浊青釉枕制作于“大唐大历元年”（766年），这说明中晚唐时期唐安郡晋原县的窑业十分兴盛，“广福窑”是境内系列窑口之一。

图6　天福窑青绿釉碗残件

为了搞清楚青绿釉枕的来源，2014年春节前夕，笔者前往四川省崇州市公议乡天冬堰村天福窑址进行实地调查。同行者有崇州市文管所所长何树全先生等三位同志。根据调查情况看，天福窑生产的瓷器，胎质粗糙，胎体厚重，器类简单，器物少装饰，施釉不及底，釉面可见细小开片，具有早期瓷器的特点。将中国国家博物馆所藏青绿釉枕与在天福窑所采集青釉碗残件进行比对，二者都胎体粗糙厚重、胎色灰褐，在釉下都上了一层薄薄的化妆土，釉层薄且满布开片，釉面有流釉现象，除枕的釉色有些偏黄外，基本特征一致〔图6〕。

唐代川西地区多民间窑场，其产品主要为生活用品，以价廉、

4　四川省崇庆县志编撰委员会：《崇庆县志》，四川人民出版社，1991年，第62页。

5　（宋）欧阳修、宋祁撰：《新唐书·地理志》卷42，中华书局，1975年，第1079页。

6　（唐）卢求：《成都记序》，《全唐文》，中华书局，2001年，第7702页。

7　杨啸谷，四川大邑人，1961年入四川省文史研究馆。四川武备学堂毕业。曾任北京国立艺专、华西大学教授，省参议员。四川省博物馆研究员。著有《东瀛考古录》和《古月轩瓷考》。

8　杨啸谷：《四川陶瓷概论》，《四川古陶瓷研究（一）》，四川省社会科学院出版社，1984年，第24页。

实用为主，采用含铁量较高的黏土制胎，烧成后胎的颜色一般为浅灰色、灰褐色或土黄色，如果是生烧，则呈砖红色，胎体厚重、胎质较为粗糙。代表性窑口有邛崃固驿瓦窑山窑[9]、大渔村窑[10]、成都青羊宫窑[11]和都江堰玉堂罗家窑[12]，以及崇州天福窑等。邛窑青瓷胎Al_2O_3含量在15.21%—20%之间，F_2O_3含量在1%—5%之间，TiO_2含量在0.9%—1.5%之间[13]；都江堰玉堂窑青瓷胎Al_2O_3含量为15.21%，F_2O_3含量为2.04%，TiO_2含量为1.15%，与邛窑情况一致[14]。

唐代川西地区生产的青瓷在化学组成上都属于石灰釉系统，邛窑CaO含量在14%—21%之间，P_2O_5含量在1%—2%之间[15]；都江堰玉堂窑CaO含量为20.32%，P_2O_5含量为2.28%。川西地区青瓷釉中P_2O_5含量高于同时期江浙地区，与选用了特殊品种的草木灰有关，具有明显的地方特征。

与成都青羊宫窑、都江堰金马窑和邛崃白鹤大渔村窑一样，天福窑采用含铁量较高的黏土制胎，选用特殊品种的草木灰制釉。青瓷是天福窑的主要产品，一般先在胎上施化妆土，再罩青釉，施釉较薄。因铁含量不同和受烧成气氛的影响，呈青绿、淡青和青灰等不同色调，玻化程度好的釉都有细开片；胎釉结合不紧密，部分器物有脱釉现象。中国国家博物馆藏唐代“广福窑”朱书“大历元年”款青绿釉枕的胎、釉特征与天福窑青瓷一致，体现出唐代川西地区青瓷生产工艺的共同特征。

3. 确定产地

经过文献考证和实地调查，基本可以认定国家博物馆所藏唐代朱书“大历元年”款青绿釉枕铭文上的“广福窑”在现在的四川省成都市崇州市境内；中晚唐时期唐安郡晋原县的窑业十分兴盛，“广福窑”是境内的系列窑口之一；青绿釉枕的胎、釉和制作工艺体现出唐代邛窑系青瓷生产工艺的共同特征。

（二）道教因素

中国国家博物馆所藏三件邛窑系纪年瓷都与道教有关。

唐代邛窑“天宝七载午时造”款乳浊青灰釉碗内所绘一人挥舞长剑穿行于云端、另一侧为人面兽身的形象，与道教消灾祈祥有关。道教认为法剑有治病祛邪的功能，因此挥舞

---

9 四川省文物管理委员会、四川省考古研究所、四川省邛崃县文物管理所：《四川邛崃县固驿瓦窑山古瓷窑遗址发掘简报》，《西南民族考古》第三辑，1991年，第364页。

10 成都文物考古研究所、北京大学考古文博学院、邛崃市文物保护管理所《四川省邛崃市大渔村窑区调查报告》，《成都考古发现（2005）》，科学出版社，2007年，第333页。

11 刘雨茂：《青羊宫窑初探》，《成都考古研究（一）》，科学出版社，2009年，第529页。

12 四川省文物管理委员会、灌县文物管理所：《四川灌县古瓷窑遗址试掘简报》，《中国古代窑址调查发掘报告集》，文物出版社，1984年，第276页。

13 张福康：《邛崃窑和长沙窑的烧造工艺》，《邛窑古陶瓷研究》，中国科技大学出版社，2002年，第54页。

14 李国桢、郭演仪：《中国名瓷工艺基础》，上海科学技术出版社，1988年，第73页。

15 张福康：《邛崃窑和长沙窑的烧造工艺》，《邛窑古陶瓷研究》，中国科技大学出版社，2002年，第54页。

长剑之人应为道士做法事的场景。人面兽身形象在《山海经》里多有出现，体现了先民的动物崇拜和神灵人格化，人们将情感寄托在“人面兽身”的异类身上，以达到减少内心恐惧、祈求平安的目的。唐代墓葬里也出现了“人面兽身”的镇墓兽，以起到辟邪厌胜、守卫死者亡灵不受侵扰、使墓主亡灵能够平安升入天国的作用〔图7〕。碗内的人面兽身形象，应为道教超度科仪的体现。此碗烧制得很粗糙，再结合绘画内容看，应为随葬品。

唐代邛窑“开成元年十月造用”款乳浊青灰釉碗所绘水波、星相纹样，以及“日月星辰、水火土木”文字皆为道教法事之需，根据《隋书.经籍志》记载：“消灾度厄之法，依阴阳五行数术，推人年命书之，如章表之仪，并具贽币，烧香陈读。云奏上天曹，请为除厄，谓之上章。夜中于星辰之下，陈设醮脯饼饵币物，历祀天皇太一，祀五星列宿，为书如上章之仪以奏之，名之为醮。又以木为印，刻星辰日月于其上，吸气执之，以印疾病，多有愈者。”[16]

国家博物馆所藏唐代“广福窑”朱书“大历元年”款青绿釉枕上的朱书铭文包括立券日期、地之所至、见证与祷语，说明其买地券性质。买地券又称“地券”，为随葬明器，是虚拟的冥世土地买卖契约，券文内容一般模仿现实中的土地文书，质地有玉、铅、砖、石、铁、瓦、陶瓷、木等。根据洪亮吉《北江诗话》记载：“古人卜葬，必先作买地券，或镌于瓦石，或书作铁券，盖俗例如此……又必以天地日月为证，殊为可笑。然此风自汉晋时已有之。”[17]

在陶瓷器和铁券上用朱书撰写铭文，是汉代方士和太平道所从事的迷信活动之一，后来逐渐演变为民间葬俗。关于此习俗历代文献多有记载。《后汉书·方士列传·第七十二·下》记载方士“善为丹书符劾、厌杀鬼神而使命之”。宋代陶穀《清异录》“土筵席”条记载:“葬家听术士说,例用朱书铁券。若人家契贴,标四界及主名,意为王者居室之执守,不知争地者谁耶？”指出买地券葬俗与道教方术之间的关系。因此，从国家博物馆所藏唐代“广福窑”朱书“大历元年”款青绿釉枕上能看到道教文化对川西地区葬俗的影响。

川西是道教发源地，根据晋陈寿《三国志·魏志》卷八和晋常璩《华阳国志·汉中志》记载，张陵在成都市大邑县鹤鸣山创建了道教。道教在川西地区影响很大，特别是唐代时期道教得到了皇室的尊崇和提倡，川西地区的道教也得到很大发展。白居易在《长恨歌》中所写的“临邛道士洪都客”里的“临邛”就是邛窑所在地，国家博物馆所藏三件与道教有关的邛窑系纪年瓷反映了唐代川西地区道教盛行的历史。

16（唐）魏征等撰：《隋书·四·志传》，中华书局，1973年，第1092页。

17（清）洪亮吉：《北江诗话·卷六·十九》，人民文学出版社，1983年，第105页。

（三）粟特因素

图7　唐代瓷人面镇墓神兽
湖南省博物馆藏

唐代瓷枕有箱形枕和兽形枕两种。箱形枕主要有长方形、圆角长方形、椭圆形、腰圆形等等，海棠形较少。唐代铜川黄堡镇窑出土过一件赭色釉枕，座为长圆形，仅枕面为海棠形。国家博物馆所藏唐代“广福窑”朱书“大历元年”款青绿釉枕受粟特金银器影响，整体造型为海棠形，在唐代瓷枕中极为罕见。

四川盆地四面环山，对外交通不便，通过一代代人的顽强开拓，建成了我国的西南丝绸之路。以川西为西南丝绸之路的起点，中国与南亚、中亚、西亚和东南亚地区许多国家进行了贸易往来。据《史记·大宛列传》载：“大夏在大宛西南二千余里……有市贩贾诸物，其东南有身毒国。骞曰，臣在大夏时见邛竹杖、蜀布。问曰：‘安得此’，大夏国人曰：‘吾贾人往市之身毒，身毒在大夏东南可数千里。’”张骞在大夏见到蜀布、邛竹杖等物品，说明早在汉代通西域之前，川西平原的物产就已经到了上述地区。

两晋南北朝时期便开始有粟特人入蜀，其中康国人善于经商，入蜀经商者多为其人。如释道仙“本康居国人，以游贾为业，梁、周之际，往来吴、蜀江海上下，集积珠宝，故其所获赀货乃满两船，时或计者云：直钱数十万贯”。有些粟特人甚至在蜀中定居下来。何国商人何细胡“通商入蜀，遂家郫县，事梁武灵王纪，主知金帛，因致巨富，号为西州大贾”，直至隋唐时期，蜀中仍有粟特商人的踪迹。粟特商人入蜀，不仅带来舶来品，也带来外来文化的影响。

中国传统器型中并没有海棠形造型，而6世纪至7世纪粟特银器中的碗类，器体多分曲或作花瓣形。粟特银器花朵式的多瓣造型传入中国后与中国文化融合，成为唐代的金银

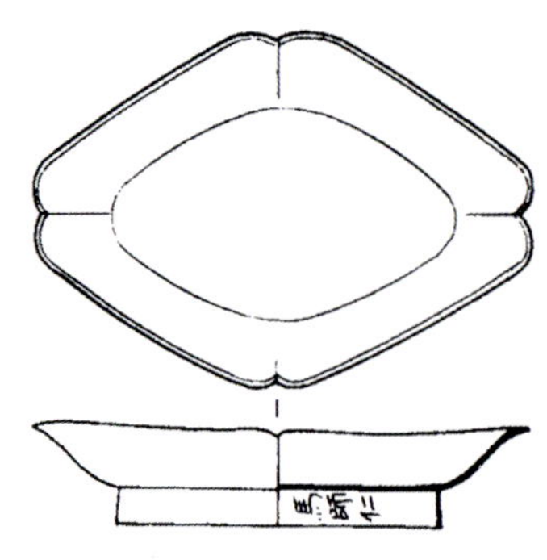

图8　9世纪繁峙海棠形银盘

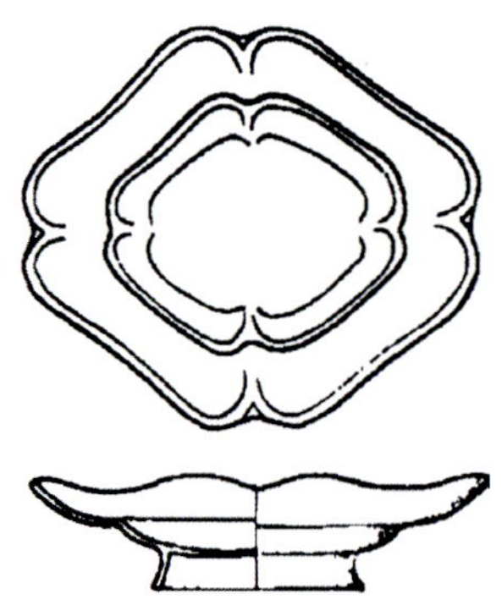

图9　唐光化三年（900年）钱宽墓海棠形白瓷盘

图10　邛窑褐彩带把杯
李铁锤先生藏

器和陶瓷器的流行造型。9 世纪的繁峙海棠形银盘〔图 8〕和唐光化三年（900 年）钱宽墓出土形制相同的海棠形白瓷盘〔图 9〕，都模仿了粟特银器的造型，中国国家博物馆所藏唐代“广福窑”朱书“大历元年”款青绿釉枕同样也模仿了粟特银器的造型。

邛窑系瓷器仿粟特银器造型十分普遍、粟特因素也非常明显，例如邛窑的褐彩带把杯仿的是粟特筒形银把杯〔图 10、图 11〕。邛窑瓷塑中还有粟特人形象，高鼻深目有须髯，头戴尖顶帽，怀抱来通杯，是蜀中粟特人的真实写照〔图 12〕。粟特人是雅利安人中进入伊朗高原东部和中亚地区的东伊朗人，属欧罗巴人种，文献记载其“人皆深目高鼻多须髯”。敦煌佛爷庙湾唐代墓出土了大量牵骆驼粟特商人的模印砖，他们同样是深目高鼻须髯、头戴尖顶帽的形象。邛窑粟特人瓷塑所戴尖顶帽是最具粟特民族特色的服饰之一，这种尖顶帽在中亚地区可以追溯到公元前 10—前 9 世纪，是粟特人区别于中亚其他斯基泰人，以及花剌子模人和巴克特里亚人的服饰特征。来通杯本是位于小亚细亚的卡帕多西亚地区的赫梯文明古老血祭的用具，后来盛行于希腊、萨珊和粟特等文化区。粟特人是来通杯传入中国的主要媒介，在粟特本土和中原粟特人墓葬石棺中都发现了粟特人手持来通杯宴饮的场景。西安北周史君墓石堂左侧的葡萄园宴饮场面，左侧盘腿而坐的粟特男子手里高举着的便是来通杯〔图 13〕。

国家博物馆所藏三件邛窑纪年瓷器上的道教文化和粟特文化因素反映了川西地区中西文化的交流与融合，它们是研究西南丝绸之路文化交流的宝贵资料，同时也体现出唐代川西民窑艺术风格的独特魅力。

图 11　粟特筒形银把杯

图 12　邛窑褐绿彩釉抱来通杯粟特人瓷塑
邛崃文管所藏

图 13　西安北周史君墓举来通杯粟特男子图

四川邛窑三彩瓷标本的科技研究

赵兰 李合 冯小琦 王照宇 董健丽 陈志鸿（故宫博物院）

摘要：四川邛崃窑是中国古代著名的民间窑场，也是我国南方地区较早烧制彩瓷重要窑口之一，其中“邛三彩”是其典型代表产品之一。本文运用光学显微镜和X射线能谱仪两种无损分析方法对故宫博物院8片邛窑彩瓷标本的显微结构和胎釉元素成分进行测试分析；对其釉料和胎料的制瓷工艺特征进行了讨论，并结合胎体的成分结果，对这些邛三彩瓷片的产地进行了科学讨论。本文从无损检测的科技角度初步揭示了邛三彩的制瓷工艺特征，这些数据资料为进一步科学认知邛三彩提供了科学依据。

关键词：邛窑 黄釉 三彩 彩瓷

一、前言

“邛崃窑”，亦被世人称为“邛窑”，始烧于南北朝，发展于南朝，成熟于隋，兴盛于初唐，至唐末五代长盛不衰，结束于南宋中晚期，共经历约 9 个世纪，是四川古陶瓷窑址中，烧造时间最长、产品最丰富、造型纹饰最美的名窑。邛窑是四川省古代最大的民间青瓷窑系，也是彩绘瓷的发源地。通过对邛窑的考古研究发现，邛窑是最早对陶瓷器进行彩绘装饰的窑址。三彩是“邛窑”的代表作品较早烧制成功，唐代以邛三彩著称，最初是黑、绿、褐三彩，后为黄、绿、褐、蓝等数种颜色，从单色釉到二彩釉、再演进到三彩釉这样一个简单轮廓是邛窑勾画的，其工艺传播于江南诸名窑，而又以湖南长沙“铜官窑”受其影响最深[1]。

邛三彩因其时期早，窑口多，时间长，有其陶瓷史上独特的意义，但能查到的分析结果并不多[2-4]。本文有幸在院藏窑址标本库中得到几件邛三彩样品，拟对其胎釉成分含量以及微观结构进行无损分析，以期从科技角度探讨邛三彩的制瓷工艺特征，为进一步科学认知

1 耿宝昌：《邛窑古陶瓷研究》，中国科学技术大学出版社，2002 年，序言及第 97—117 页。

2 吴俊芳：《邛窑古陶瓷发展初步研究》，四川省社会科学院硕士学位论文，2019 年。

3 栾天、毛振伟、王昌燧：《邛崃窑彩绘瓷彩绘工艺的 SRXRF 研究》，《光谱学与光谱分析》2006 年第 8 期。

4 何平杨：《“邛三彩”探索》，《上海工艺美术》2005 年第 84 期。

邛三彩提供科学依据。

二、样品

本文研究的 8 片样品均取自故宫博物院藏窑址瓷片库，分别是黄釉（单色三彩）和三彩瓷片，1—6 号样品信息记录名称为邛三彩，但没有明确出土的窑址和年代记录，7—8 号样品是明确邛窑遗址出土的唐代样品，样品信息见表 1，样品照片见图 1。

表1　样品信息表

样品序号	样品名称	原始编号	标本描述
1	黄釉残片	GSJ001	施化妆土处黄釉，未施化妆土处褐釉，红胎
2	黄釉碗残片	GSJ002	施化妆土处黄釉，未施化妆土处褐釉，红胎
3	黄釉（单色三彩）碗残片	GSJ003	黄釉、化妆土，红胎
4	三彩残片	GSJ004	黄绿彩、化妆土，红胎
5	三彩残片	GSJ005	黄绿彩、化妆土，红胎
6	三彩残片	GSJ006	黄绿彩、化妆土，红胎
7	黄釉瓶片	GSC001	唐，黄釉、化妆土，红胎
8	褐彩片	GSC002	唐，白釉褐彩、黑色瓷胎

图1　样品照片

三、分析方法

显微结构：采用 Leica 公司型号为 Mz16a 的光学显微镜，使用 1 倍物镜观察拍摄。

胎釉成分含量：采用美国 EDAX 公司的 EAGLE Ⅲ XXL 大样品室能量色散 X 射线荧光光谱仪对这些陶器进行分析。共分析 Na、Mg、Al、Si、K、Ca、Fe、Pb、Cu、Mn、Ti 及 Rb、Sr、Y、Zr15 种元素，均以氧化物表示。

实验测试条件为：主次量元素采用的电压为 25kV，电流 600μA，束斑 0.3mm，测量时间 300s，经标准样品校准校正后得到近似定量分析分析结果，微量元素采用的电压为 40kV，电流 400μA，束斑 0.3mm，测量时间 200s，采用半定量分析。

四、结果和讨论

1. 显微结构

本文首先采用 LeicaMz16a 用光学显微镜对样品的表面和断面进行了观察，典型的显微结构见图 2。

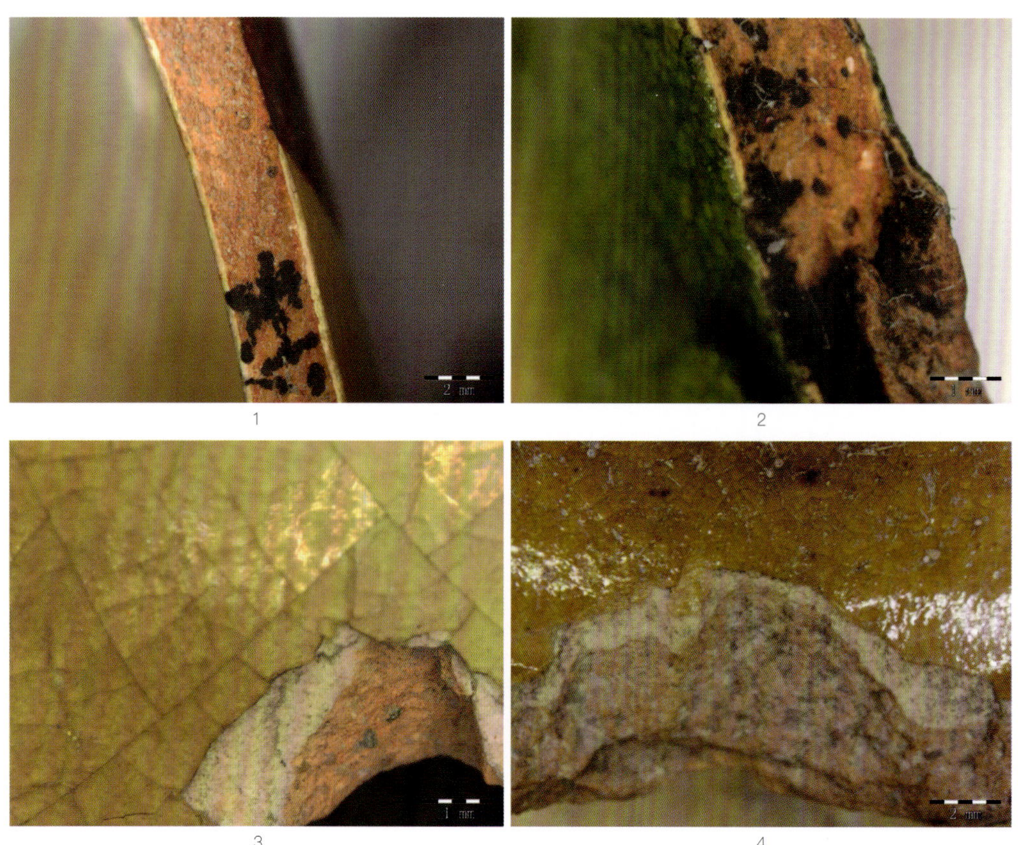

图 2　样品显微照片（照片下数字即为样品号）

观察瓷片标本及图 2 可知，这些彩瓷瓷片有以下几个特点。

①釉有光泽，且均有裂纹，釉面可见“蛤蜊光”，胎普遍为红胎，陶胎，较细腻但也掺有较大颗粒物；

②胎釉中间广泛使用化妆土，黄釉、绿釉下面均满施化妆土，但褐色区域〔图 2-1〕没有使用，可能因为红胎更能突出褐色的颜色效果；

③釉层和化妆土的厚度均约为 100μm。

2. 釉料成分

本文利用 EDXRF 对这几片彩瓷标本进行了胎釉的成分分析，釉料分析结果见表 2。

表2　彩瓷样品釉的主次量元素组成（wt%）

釉	Na_2O	MgO	Al_2O_3	SiO_2	PbO_2	K_2O	CaO	TiO_2	MnO	Fe_2O_3	CuO
1-黄	0.18	0.48	5.25	34.54	57.28	0.79	0.41	0.37	0.02	0.65	0.04
2-褐	0.37	1.57	10.16	40.74	43.04	1.05	0.42	0.63	0.04	1.88	0.02
2-黄	0.38	1.02	7.94	41.37	46.56	0.95	0.28	0.44	0.05	0.83	0.03
3-黄	0.39	1.03	6.23	40.61	49.15	1.03	0.30	0.51	0.00	0.65	0.04
4-黄	0.38	0.54	6.99	35.73	53.72	0.68	0.40	0.44	0.00	0.98	0.09
4-褐	0.27	0.97	8.73	33.35	51.02	0.84	0.55	0.39	0.08	3.31	0.06
4-绿	0.72	0.88	7.27	33.45	54.96	0.52	0.42	0.40	0.01	0.72	0.54
5-黄	0.45	0.38	6.78	37.23	52.95	0.93	0.30	0.37	0.01	0.45	0.12
5-绿	0.52	1.05	6.62	40.04	48.94	1.23	0.29	0.27	0.02	0.57	0.38
6-黄	0.33	0.69	6.58	38.10	52.19	0.79	0.28	0.31	0.00	0.62	0.04
6-绿	1.11	1.18	7.82	34.61	51.20	1.07	0.69	0.35	0.02	0.81	1.04
7-黄	0.75	1.04	9.57	69.23	13.63	3.34	0.52	0.67	0.01	0.65	0.08
8-白	0.56	7.43	9.90	60.76		1.19	16.88	0.66	0.18	1.44	
8-褐彩	0.37	3.36	9.62	59.68		2.21	14.31	0.85	0.28		

从表 2 所测数据可知，根据这些彩瓷釉的元素成分可将其分为 3 类：第一类是 1—6 号瓷片，是典型的 PbO—SiO_2—Al_2O_3 系的三彩釉，其中 PbO 的含量平均为 51%，SiO_2 的含量平均为 37%，通过与文献发表的唐三彩、辽三彩数据 [5、6] 对比可知，这些三彩的釉料成分与唐三彩、辽三彩的釉料组成含量是非常类似的，是典型的三彩釉；第二类是 7 号样品为低铅釉，SiO_2 的含量约为 70%，PbO 的含量约为 14%；第三类是 8 号样品，釉料特点为 KO（CaO，MgO）—SiO_2—Al_2O_3 系的高温釉，SiO_2 的含量约为 60%，碱土金属（CaO+MgO）的含量分别为 24% 和 17%。通过上述分析可知，所测 1—7 号样品均为铅釉制品，8 号为无铅釉，其中 7 号样品的铅含量较低，推测可能是邛窑采用了低温铅釉与高温钙釉技术相结合而烧制的过渡产品，是否如此尚待进一步研究。

一般釉彩颜色与呈色元素种类与含量有关，本文测试的彩瓷瓷片中，绿釉的着色元素

5　李家治：《中国科学技术史：陶瓷卷》，科学出版社，1998 年，第 464—485 页。

6　Shen, JY.A study of the glazing techniques and provenances of Tang sancai glazes using elemental and lead isotope analyses，Archaeometry Apr. 2019。

是铜，黄釉和褐釉的着色元素是铁，根据含铁量做箱式图〔图 3〕可知，黄釉中铁的氧化物含量明显低于褐釉，尤其是 8 号的褐彩瓷片，其 Fe_2O_3 的含量高达 8.32%，比低温黄釉高几倍。

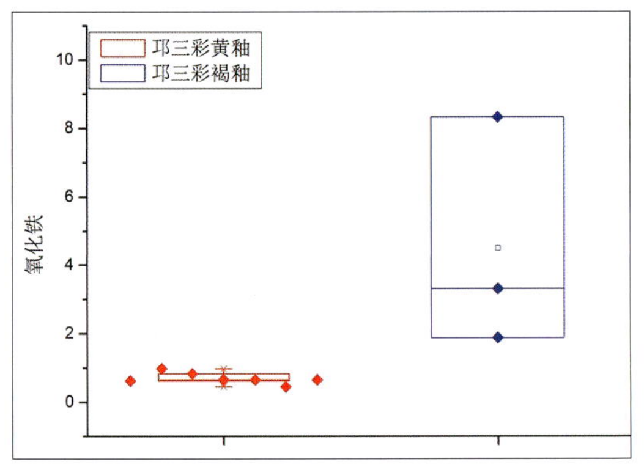

图 3　邛三彩黄釉与褐釉的含铁量箱式图

3. 胎料及产地分析

本文所选样品中 1—6 号标本窑址并不明确，7—8 号是明确邛窑出土的瓷片，鉴于胎体的元素成分对产地鉴别非常有帮助，为从科技角度进一步确认这些标本是否为邛窑烧制，故本文不仅对这 8 片彩瓷片进行了胎体元素的成分分析，还另外从故宫院藏窑址瓷片库提取了 4 片明确为邛窑产地的褐绿彩等标本（3323，3324，3342 及 3363）一并对胎体进行了测试分析，结果见表 3。

表3　彩瓷样品胎的主次量及微量元素组成（wt%）

胎	Na_2O	MgO	Al_2O_3	SiO_2	K_2O	CaO	TiO_2	MnO	Fe_2O_3	PbO	Rb_2O	SrO	Y_2O_3	ZrO_2
1	1.95	1.11	17.19	69.35	2.45	0.54	1.21	0.03	5.16	0.0142	0.0079	0.0056	0.0030	0.0166
2	0.52	1.20	17.29	68.62	2.74	0.86	1.51	0.07	6.19	0.0341	0.0111	0.0062	0.0016	0.0154
3	0.41	1.26	18.64	69.28	2.65	0.81	1.49	0.04	4.41	0.2202	0.0146	0.0099	0.0000	0.0462
4	1.35	1.41	18.03	69.96	2.54	0.50	1.25	0.03	3.93	0.0232	0.0122	0.0072	0.0039	0.0241
5	0.35	1.09	19.84	67.72	2.37	0.61	1.31	0.04	5.67	0.0224	0.0110	0.0067	0.0027	0.0171
6	1.19	4.04	16.24	59.37	3.46	9.02	0.62	0.14	4.92	0.0481	0.0131	0.0183	0.0087	0.0236
7	0.94	2.21	18.85	68.16	2.69	1.04	1.49	0.04	3.59	0.0118	0.0103	0.0063	0.0036	0.0147
8	1.06	1.83	16.14	69.76	2.83	1.72	1.18	0.03	4.44	0.0110	0.0121	0.0123	0.0039	0.0196
3323	0.37	1.03	25.70	65.13	2.91	0.31	1.06	0.03	2.47	0.0117	0.0172	0.0058	0.0067	0.0272
3324	0.90	1.10	19.05	71.74	2.75	0.34	1.00	0.02	2.09	0.0093	0.0157	0.0051	0.0053	0.0171
3342	1.01	1.30	18.31	69.70	2.34	0.80	2.31	0.05	3.19	0.0191	0.0160	0.0080	0.0000	0.0390
3363	1.17	0.94	19.10	66.92	2.01	0.55	1.40	0.02	6.89	0.0148	0.0116	0.0083	0.0061	0.0262

从表 3 可以看出，所测彩瓷标本的胎料成分整体特点为硅高铝低、其中 SiO_2 含量除 6 号样品为 59% 外，其余平均为 69%，Al_2O_3 含量平均约为 19%，K_2O 约为 2.6%，Fe_2O_3 在 2%—7% 之间。相对而言，这些标本的胎体属于含铁量较高的陶土，故烧成后的胎体颜色普遍偏红。

本文还对胎体主量元素组成含量进行了主成分分析，提取前 2 个主成分特征，并对这些样品进行散点投图，分析结果见图 4。从图 4 可以看到，所测 1—5 号三彩标本与邛窑标本的胎体组成分析数据基本上聚在一起，因此可以推测这些三彩标本确为邛窑烧制的邛三彩。此外，从图 4 还可以看出所测 6 号样品单独为一类。结合表 3 数据可知，6 号样品的胎料特点为碱土金属含量较高，CaO 和 MgO 含量之和约为 13%，而其他样品的 CaO 和 MgO 含量之和不到 2%，两类数据差别较大。查阅相关关于邛窑瓷器胎体数据

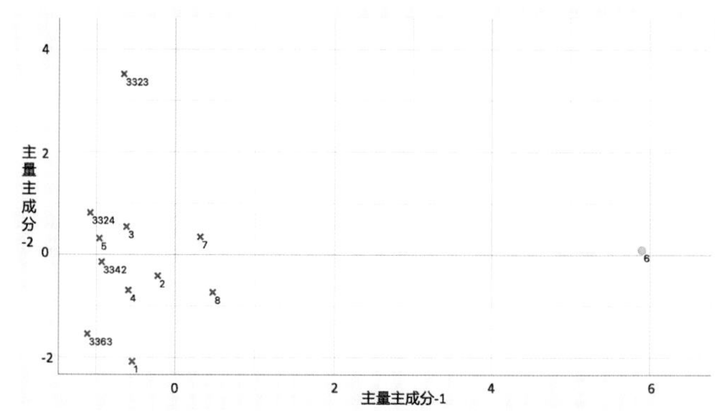

图 4　邛三彩样品胎体主量元素主成分分析图

的文献可知，邛窑目前没有发现这类高 CaO 含量的样品。通过比对崔剑锋测试的四川本地其他陶片以及北方辽三彩的数据结果发现[7、8]，四川本地某些用于制陶的黏土的钙含量也挺高，北方辽瓷或辽三彩胎体也有高钙的。基于此，本文推测 6 号样品可能是四川当地窑口采用高钙黏土烧制的，也可能是北方烧制的三彩制品通过贸易流通到四川本地。鉴于本次测试的瓷片数据有限，准确的结论还需进一步研究确认。

五、结论

本文通过显微结构和无损成分分析得到了一些有意义的邛窑三彩的制瓷工艺特征。

1. 邛窑三彩釉的光泽较好且均有裂纹，釉面可见“蛤蜊光”；胎体普遍为陶质红胎且广泛使用化妆土技术来遮盖胎体，故其釉色更加纯净亮丽。

2. 邛窑三彩瓷的釉料整体上应为典型的 PbO—SiO_2—Al_2O_3 系的三彩釉，其中 PbO 的含量约为 50%。有一件邛窑样品的铅含量仅为 14%，推测可能为邛窑采用了低温铅釉与高温钙釉技术相结合而烧制的过渡产品。

3. 邛三彩的绿釉的着色元素是铜、邛三彩的黄釉和褐釉的着色元素是铁，并根据含铁量的高低呈黄色和褐色。

4. 邛三彩的胎体中 SiO_2 含量约为 69%，Al_2O_3 含量约为 19%，K_2O 约为 2.5%，Fe_2O_3 在 2%—7% 之间，为含铁量较高的红色陶胎。

5. 通过主成分分析可知所测 1—5 号邛三彩标本与邛窑烧制的标本的胎体组成类似，6 号样品胎体成分较为特殊，需要进一步研究确认其产地。

因样品数量的限制，更多的结论需要后期进一步的工作支持。本文的文物资料均取自故宫博物院院藏的瓷片标本，部分为 1957 年 7 月，陈万里、冯先铭、李辉柄等先生前往四川调查邛窑窑址采集。部分为戴开林先生捐赠，一并表示深深感谢。

7　崔剑锋、吴小红、杨颖亮：《四川茂县新石器遗址陶器的成分分析及来源初探》，《文物》2011 年第 2 期。

8　崔剑锋、刘爽、彭善国、吴小红：《赤峰北部辽代窑址出土陶瓷残片及窑具的成分分析》《边疆考古研究（第 8 辑）》，科学出版社，2009 年。

故宫博物院收藏琉璃厂窑瓷器的分期与断代

郑宏

摘要： 琉璃厂窑是四川成都平原一处著名的民间瓷业窑场，晚唐五代时期至明代一直烧造。故宫博物院收藏的琉璃厂窑产品类型丰富，本人通过对这些藏品的梳理，参照琉璃厂窑考古发掘报告将故宫藏品分为四期。第一期：唐代晚期至五代十国；第二期：北宋至南宋中期；第三期：南宋晚期至元代；第四期：明代。这些藏品以青瓷为主，兼烧白釉、酱釉、黑釉瓷器，流行褐、绿彩绘装饰，产品体现了本土文化特征。

关键词： 故宫博物院　琉璃厂窑　分期　断代

一、概述

成都平原古代早期烧造青瓷的代表窑场有始烧于西晋的青羊宫窑，青羊宫窑于唐末五代衰落，邛窑则成为成都地区青瓷生产中心，隋唐时期成都的琉璃厂窑与都江堰的玉堂窑也逐渐兴起，宋代，彭城磁峰窑白瓷、都江堰金凤窑黑瓷窑场迅速崛起，形成成都地区青瓷、白瓷、黑瓷，加之邛窑隋唐时期高温釉下彩和邛窑三彩的瓷业生产格局，一直持续至南宋末年。

琉璃厂窑，又称琉璃厂窑或华阳窑，旧址位于成都市中心东南约 7 公里外的琉璃厂老镇内，是四川成都平原一处著名的民间瓷业窑场。对琉璃厂窑的文献记载只见晚期文献零星记载，民国时期《华阳县志》记载："马家坡之东南约二里曰祝王山，山下多蜀王墓，故亦名蜀王山……屋舍参差，仿佛城郭。而此山之北，即琉璃厂，明世官烧琉璃地也。"[1] 指出"琉璃厂窑"明代曾大量烧造蜀王府、蜀王陵以及寺观、庙宇所需的绿、黄色琉璃瓦和兽头等建筑构件和各种明器而被俗称的。

目前考古发掘成果可知，琉璃厂窑始烧于晚唐五代时期，直至明代。器物类型有盘、碗、碟、盏、灯、盆、盒、水盂、砚、罐、壶、瓶、研磨器、小动物塑像等，釉色有白釉、青釉、

1 《华阳县志》卷二山水条，民国二十三年（1934 年）。

黑釉、三彩，流行褐、绿彩绘装饰。自20世纪30年代，时任华西协合大学古物博物馆馆长的美国学者葛维汉（David Crockrtt Graham）与副馆长林名均等人对琉璃厂窑进行了短期发掘，并于1939年出版了《琉璃厂窑址》英文报告，随后的20世纪50—70年代，考古部门对该窑及周边墓葬进行了考古调查和发掘，根据出土器物及采集的标本，将琉璃厂窑的烧造历史上限定为晚唐五代时期，同时对该窑的产品类型、制作技术、装烧工艺等方面都有了初步的认识。此后，1997年、2010年成都市文物考古工作队对该窑址进行了局部的试掘工作[2]，2010年发掘地点为琉璃厂窑针织器材厂窑址区，发掘报告将瓷器烧造时间主要分为两个时期，第一期为前后蜀时期，即唐末五代时期。第二期为北宋末至南宋中期。2018年5月至2019年7月，成都文物考古研究院对成都市“印染厂地块”地区进行了考古发掘[3]。发掘报告将此地区的琉璃厂窑瓷器烧造分为四个时期，一是五代—北宋早期为创始期，二是北宋中后期—南宋中期为繁荣期，三是南宋晚期开始衰落，四是明代专控于蜀王府的生产时期。

二、故宫博物院对琉璃厂窑的调查及藏品情况

1960年故宫博物院老一辈陶瓷考古专家陈万里、冯先铭先生对琉璃厂窑址进行了窑址调查，并采集到一些标本，认为该窑“从晚唐至明代一直没有停烧过，这样历史悠久的一个窑场，是值得予以清理的”[4]。2016年故宫博物院冯小琦老师带队对四川地区进行了新一轮窑址调查，并采集了一些标本资料。故宫博物院琉璃厂窑器物有170余件，标本90余件，这些器物来源为20世纪五六十年代国家文物局调拨、四川省博物馆拨交、私人捐赠和窑址采集等，故宫琉璃厂窑藏品主要器型有碗、盘、杯、洗、盆、灯、盏、盖盒、壶、瓶、罐、砚、铃铛、哨、动物塑像等，釉色有白釉、青釉、酱釉、黑釉等，品类丰富，几乎涵盖了琉璃厂窑址出土的代表性器物。故宫博物院对琉璃厂窑瓷器作了大跨度的年代划分，即唐代、宋代、元代、明代，但一直没有做更细致的断代分期。笔者借鉴考古工作的进展以及两份考古发掘（试掘）报告的成果，拟对故宫博物院藏品进行比照研究，在此基础上，对这批故宫藏品进行进一步的分期和断代。

故宫藏品可分为以下四个时期。

1. 第一期：唐代晚期至五代十国

晚唐五代时期，北方地区战乱纷扰，四川地区在前、后蜀政权的统治下，社会局势相

2　江章华、曾雳、陈睿，等：《成都市琉璃厂古窑址2010年试掘报告》，《成都考古发现（2010）》，科学出版社，2012年（下文简称《2010年报告》）。

3　成都文物考古研究院：《成都琉璃厂窑址——2018～2019年考古发掘报告》，文物出版社，2021年。

4　陈万里、冯先铭：《故宫博物院十年来对古窑址的调查》，《故宫博物院院刊》1960年第2期。

对稳定，社会发展基本上未受到影响，成都平原“土地膏腴、物产繁复”，吸引了大量外来移民，他们不仅带来了先进的生产技术，同时，增加了人口数量，也扩大了生活用品的需求量。当时的成都地区成为经济、商贸中心，也成为全国经济最发达的地区。此时期成都地区琉璃厂窑成为一处著名的民间瓷业窑场，其瓷器生产为成都地区的民众提供了日常生活用品需求，产品主要以日常生活用品为主。故宫藏品中主要有日常生活用品、文房用具，器型主要为杯、盘、柳斗杯、壶、洗口瓶、水丞、砚等，品种有青釉、青釉加彩瓷器。青釉产品胎体多砖红色或褐色，表面多挂化妆土。釉下彩绘瓷器，纹样以草叶纹、卷草纹、斑块纹多见。本人借鉴考古资料将故宫博物院琉璃厂窑藏品分期如下。

表1　第一期（唐代晚期至五代十国）

编号	名称	故宫藏品	故宫断代	出土器物	考古断代
1	琉璃厂窑青釉绿彩卷草纹双系穿带瓶		唐	10号灰坑（H10:106）出土青釉穿带瓶[5]	五代
2	琉璃厂窑青釉绿彩卷草纹双系穿带瓶		五代		
3	琉璃厂窑青釉绿彩卷草纹四系穿带瓶		唐	2号探方（TNO2W03⑤:136）出土青釉穿带瓶[6]	五代

5　江章华、曾雳、陈睿，等：《成都市琉璃厂窑古窑址2010年试掘报告》，《成都考古发现（2010）》，科学出版社，2012年，第367页。

6　江章华、曾雳、陈睿，等：《成都市琉璃厂窑古窑址2010年试掘报告》，《成都考古发现（2010）》，科学出版社，2012年，第367页。

（续表）

编号	名称	故宫藏品	故宫断代	出土器物	考古断代
4	琉璃厂窑酱黄釉双系罐		五代	2号灰坑（H2:455）出土Ia型酱釉双系罐[7]	下限为北宋中期

故宫这一时期的藏品数量不多，其中有三件穿带瓶和1件双系罐与《2010年考古报告》中出土的器物颇为相近（见表1）。藏品来源均为20世纪50年代收购。

穿带瓶是四川地区典型的器物造型，这几件穿带瓶造型相近，均为盘口，短束颈，肩部置横系，平底，棕灰胎。装饰技法均是胎面挂化妆土，化妆土施至瓶腹部，外壁肩部两侧对称装饰绿彩卷草纹。横系有双系和四系两种，四系为两侧面上下各对称置两系，施青釉偏黄。

故宫传统将三件器物判代为唐或五代，根据《2010年考古报告》，此类器物出土于10号灰坑和2号探方，属于考古分期第一期，即晚唐五代时期，故宫藏品的器型、釉色、烧造工艺与探方出土器物相近，器物饱满的造型有晚唐遗风，但此类造型的穿带瓶流行时间主要在10世纪上半叶的五代时期，可以断定为同一时期产品。因此可以认定，故宫三件穿带瓶的年代为五代时期烧造。

另一件酱黄釉双系罐，与2001年成都市成华区三圣乡花果村庆元六年（1200年）墓出土的B型Ⅰ式双耳罐相近，其造型均为口部微敛，最大径位于肩、腹部，形体瘦高凹底，施酱黄釉。从该墓出土的买地券内容可知，下葬年代为北宋皇祐四年（1052年）[8]。据此可以推断器物下限年代为北宋中期，根据其器型和最大腹径，笔者认为可以断为五代时期。

7　成都文物考古研究院：《成都琉璃厂窑址——2018 ~ 2019年考古发掘报告》，文物出版社，2021年，第213页。

8　周尔太、王军、胡大刚：《成都市成华区三圣乡花果村宋墓发掘简报》，《成都考古发现（2001）》，科学出版社，2003年，第209页。

表2　第二期（北宋至南宋中期）

编号	名称	故宫藏品	故宫断代	出土器物	考古断代
1	琉璃厂窑青釉急须		宋	17号灰坑（H17:85）出土青釉急须[9] 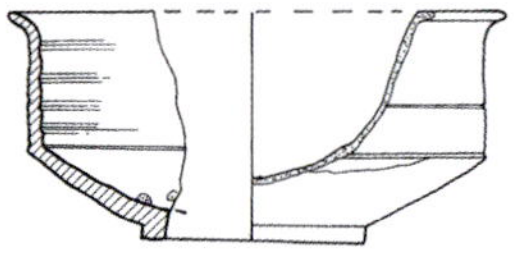	北宋中晚期至南宋中期
2	琉璃厂窑青釉绿彩花卉纹碗		宋	10号灰坑（H10:1077）出土Aa型青釉圈足碗[10] 	北宋中晚期至南宋中期
3	琉璃厂窑青釉加彩花卉纹碗		宋	2号灰坑（H2:236）出土Ab型青釉圈足碗[11] 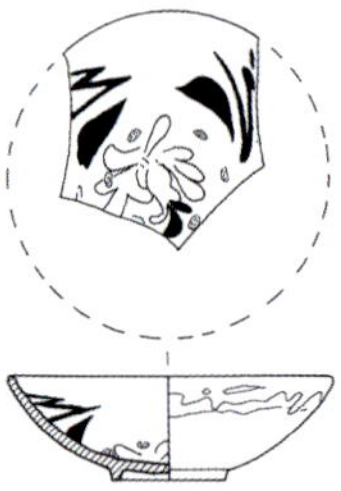	北宋中晚期至南宋中期
4	琉璃厂窑青釉黄绿彩刻绘双鱼纹盆		宋	17号灰坑（H7:87）出土青釉盆残片[12] 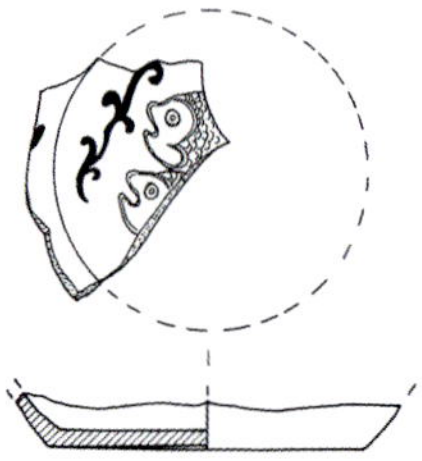	北宋中晚期至南宋中期

9　成都文物考古研究院：《成都琉璃厂窑址——2018～2019年考古发掘报告》，文物出版社，2021年，第105页。
10　成都文物考古研究院：《成都琉璃厂窑址——2018～2019年考古发掘报告》，文物出版社，2021年，第57页。
11　成都文物考古研究院：《成都琉璃厂窑址——2018～2019年考古发掘报告》，文物出版社，2021年，第58页。
12　成都文物考古研究院：《成都琉璃厂窑址——2018～2019年考古发掘报告》，文物出版社，2021年，第77页。

（续表）

编号	名称	故宫藏品	故宫断代	出土器物	考古断代
5	琉璃厂窑酱釉双系注壶			9号灰坑（H9:228）出土Ic型酱釉注壶[13] 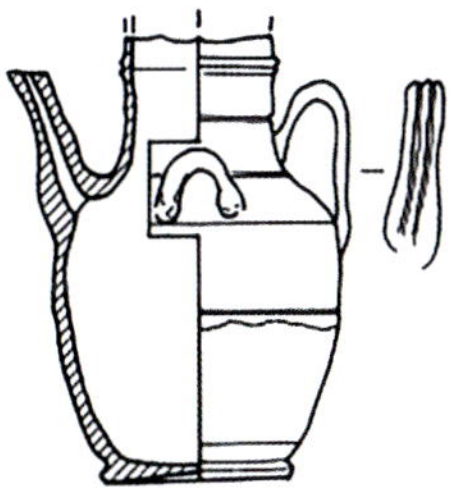	北宋中晚期至南宋中期
6	琉璃厂窑酱黄釉斜线纹双系注壶			1号探方（T1②:65）出土B型酱釉注壶[14] 	北宋中晚期至南宋中期
7	琉璃厂窑酱釉白条纹双系罐			10号灰坑（H10:912）出土Gb型酱釉罐[15] 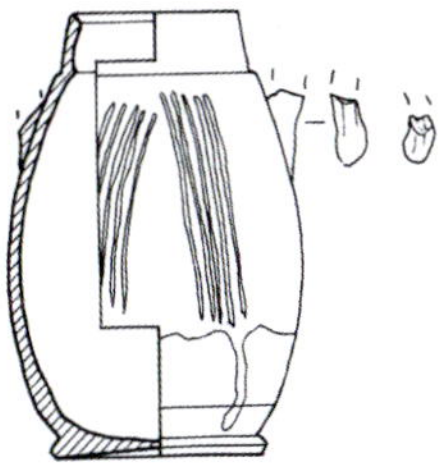	北宋中晚期至南宋中期

13 成都文物考古研究院：《成都琉璃厂窑址——2018 ~ 2019年考古发掘报告》，文物出版社，2021年，第195页。

14 成都文物考古研究院：《成都琉璃厂窑址——2018 ~ 2019年考古发掘报告》，文物出版社，2021年，第180页。

15 成都文物考古研究院：《成都琉璃厂窑址——2018 ~ 2019年考古发掘报告》，文物出版社，2021年，第213页。

（续表）

编号	名称	故宫藏品	故宫断代	出土器物	考古断代
8	琉璃厂窑黑釉花口盒			2号灰坑出土B型黑釉盒[16]	北宋中晚期至南宋中期
9	琉璃厂窑黑釉蛙形灯			9号灰坑（H9∶1055）出土A型黑釉蛙形灯[17]	北宋中晚期至南宋中期
10	琉璃厂窑黑釉研磨器			1号灰坑（H1∶336）出土黑釉研磨器[18]	北宋中晚期至南宋中期

2. 第二期：北宋至南宋中期

北宋早期，琉璃厂窑还处于创始期，北宋中期至南宋中期，琉璃厂窑进入了繁荣时期。这一时期琉璃厂窑产品数量和品类丰富，不仅有生活用瓷，也出现陈设用瓷、丧葬用品等。故宫藏品主要集中于这一时期，产品类型以生活用品为主（表2）。

16 成都文物考古研究院：《成都琉璃厂窑址——2018～2019年考古发掘报告》，文物出版社，2021年，彩版七六2。

17 成都文物考古研究院：《成都琉璃厂窑址——2018～2019年考古发掘报告》，文物出版社，2021年，彩版七八1。

18 成都文物考古研究院：《成都琉璃厂窑址——2018～2019年考古发掘报告》，文物出版社，2021年，第248页。

这一时期产品盘、碗、盏等流行饼足，碗也见浅圈足，盏盘厚唇口，浅腹，饼足。胎体有褐色、褐红色、灰褐色，挂化妆土，上罩釉，外釉不到底，釉色偏米黄色。盘、碗内的石英砂垫烧痕，支钉支烧痕。胎体挂化妆土，外施釉，釉不到底。北宋早期产品器形较为粗壮，胎体厚重。碗、盘、钵等器物饼足流行，注壶、罐、腹等最大径偏上，流行短直流，罐系为单股。

产品釉色有青釉、酱釉、黑釉等，多见青釉产品，青釉产品胎体多褐色或砖红色，胎体表面常挂黄白色化妆土，外罩青釉，还有青釉、酱釉加彩绘瓷器，从釉色上分主要有以下几类。

图 1　琉璃厂窑白釉盏

（1）白釉

白釉器物有盏、盘口四系罐，盏形制不同，一种为圆唇口，饼足，足内有旋削痕，碗内釉面磨。另一种为方圆口，饼足微内凹。四系洗口罐肩部有四桥形系，平底，褐色胎，釉施至胫部，器身最大径在上腹部。

图 2　琉璃厂窑白釉盏

白釉盏〔图 1、图 2〕，圆唇口或方圆口，浅腹，饼足，外施釉不到底。

白釉盘口四系罐〔图 3〕，罐盘口，溜肩，肩部有四个对称横系，深腹，腹以下渐收，平底。褐色胎，胎体挂黄白色化妆土，外施青釉，釉面不匀，有黏渣和破裂的釉泡。釉色偏灰白。

（2）青釉

有青釉和青釉加彩绘品种，青釉釉下彩绘多为褐、绿彩瓷器，常绘于碗、盆器物内，罐、壶等肩、腹部，主要有草叶纹、卷草纹，有时以刻划纹饰配合釉下彩绘共同构成装饰纹样，故宫青釉黄绿彩刻绘双鱼纹盆为代表作品。

图 3　琉璃厂窑白釉盘口四系罐

器型主要有碗、盘〔图 4〕、盏、鸟形盏、洗、急须、盆、瓶、注壶、罐等。

其中青釉急须，敞口微撇，口沿一侧出宽流，侧面把柄残失，直壁，下腹内折，内底有五支钉痕，浅圈足，胎体褐色，胎面挂化妆土，外施青釉。与 2018—2019 年成都市“印染厂地块”17 号灰坑（H17：85）出土青釉急须相类，17 号灰坑考古断代为北宋中晚期至南宋中期，故此件急须归入第二期北宋中晚期至南宋中期。

图 4　琉璃厂窑青釉盘

青釉加彩花卉纹碗，敞口，圆唇口，浅弧腹，浅圈足，碗内壁釉施化妆土，褐绿彩绘草叶纹，上罩青釉。纹饰自然流畅，造型、纹饰与 2018—2019 年成都市“印染厂地块”10 号灰坑（H10：1077）出土 Aa 型青釉圈足碗、2 号灰坑（H2：236）出土 Ab 型青釉圈足碗造

图5　琉璃厂窑青釉绿彩塑鸟形盏

图6　青灰釉黑花双系注壶

图7　青灰釉黑花双系注壶

图8　青釉绿彩花卉纹双系注壶

型、纹饰相近，10 号和 2 号灰坑考古断代为北宋中晚期至南宋中期，故这类碗时代为北宋中晚期至南宋中期。

青釉盆、青釉加彩绘鱼纹盆，均为盘口，弧腹，平底，胎面挂粉黄色化妆土，外罩青釉至外口沿，口沿以下无釉露胎，灰白胎。其中青釉盆内壁釉面有多处起泡现象。青釉黄绿彩刻绘双鱼纹盆装饰技法有彩绘加刻花，口沿及内壁彩绘草叶纹，内底绘、刻双鱼纹，鱼周围环绕折枝忍冬纹。草叶纹饰舒展灵动，与 2018—2019 年成都市“印染厂地块”17 号灰坑（H7:87）出土青釉盆残片相类，17 号灰坑考古断代为北宋中晚期至南宋中期，故此碗时代为北宋中晚期至南宋中期。

青釉绿彩塑鸟形盏（图5），挂米黄色化妆土，口沿一侧塑一鸟立于口沿之上，鸟侧首向内，鸟首、鸟身、内壁加以黑、绿彩点彩，器形较独特。

青灰釉黑花双系注壶（图6、图7），两件注壶盘口，短直颈，颈部有凸弦纹，肩部一侧出短直流，一侧为双股曲柄，另两侧为双股竖系，褐色胎，胎体表面挂化妆土至腹下部，加饰褐彩草叶纹，外罩青釉，釉至下腹部。这类器物不见考古出土资料，但其造型及短直流的形制笔者是否可断为北宋早期。

另一件青釉绿彩双系注壶（图8），直口，短颈，扁圆腹，长流，肩部饰绿釉点彩，是

图 9　琉璃厂窑酱釉黄边碗

图 10　青釉加彩条纹单柄杯

图 11　琉璃厂窑酱釉白线纹罐

否可断为北宋中晚期至南宋中期。

（3）酱釉

此时期酱釉瓷器数量较多，有酱釉、酱釉加彩器物。主要有器型有碗〔图 9〕、杯、水盂、注壶、罐、小动物瓷塑等。酱釉加彩多为化妆土装饰，以黄白色化妆土绘纹饰，有斑块纹、平行起线纹、网格纹等，多装饰于壶、瓶、罐的肩和上腹部。平底露胎。

酱釉加彩条纹单柄杯〔图 10〕，圆唇口，口以下渐阔，近底折回，一侧置一曲柄，饼足，褐色胎，外壁施以黄白色化妆土均匀绘六组平行斜条纹，施酱釉。

酱釉白线纹水罐〔图 11〕，圆唇口，球形腹，饼足内凹。肩腹部均匀饰六组化妆土线纹装饰，三条线纹为一组。褐红胎，足无釉。

酱釉双系注壶，直颈，斜肩下折，深腹，饼足，颈肩部一侧为双联曲柄，一侧出流，另两侧各有一横系，褐红胎，外施酱釉至下腹部，流釉明显，与 2018—2019 年成都市“印染厂地块”9 号灰坑（H9∶228）出土 Ic 型酱釉注壶形制相类。

酱黄釉斜条纹双系注壶，口微敛，短颈，椭圆腹，肩部两侧各有一对称竖系，另两侧一侧为流，一侧为曲柄，外壁以化妆土在肩腹部等距装饰四道平行交叉斜线纹，上罩施酱黄釉至下腹部，有流釉，平底，灰胎。与考古报告中 1 号探方（T1 ②∶65）出土遗物 B 型注壶相同。

酱釉白条纹双系罐，直口，短颈，肩部平切，两侧对称各有一横环形系，深弧腹，饼足。

外施黑釉至近底，釉面不匀，灰白胎，外壁以黄白色化妆土绘V字形平行斜线纹，器型与10号灰坑（H10:912）出土Gb型酱釉罐器型相类。这三件注壶9号、10号灰坑和1号探方考古断代为北宋中晚期至南宋中期。

酱釉加彩罐〔图12〕，罐直口，短颈，圆肩，肩以下渐收，平底。砖红胎，从胎釉上看，胎体挂化妆土，釉下颈肩部均匀对称分布三个斑块纹装饰，外施酱釉，釉至下腹部，流釉明显。

图12　酱釉加彩罐

酱釉小动物雕塑，如图酱釉小乌龟〔图13〕。

（4）黑釉

黑釉瓷器有碗、洗、盘、盒、水盂、研磨器、蛙形水盂、杯、罐、瓶、缸等。

图13　酱釉乌龟

大部分胎色呈棕红或砖红，不挂化妆土，素面，少数釉色偏酱黑。

黑釉单柄洗〔图14〕，圆唇口，浅腹，一侧有一环形系，口至底渐阔，平底。施酱釉。

酱釉加彩花卉纹浅碗，敞口，圆唇口，浅弧腹，圈足宽矮，内底留有五支钉垫烧痕，碗内壁釉下加黄白色化妆土绘草叶纹，口沿挂化妆土一周。

黑釉花口盒，尖唇，子口内敛，出花瓣形沿，深腹，饼足，外施黑釉，褐色胎。与2018—2019年成都市“印染厂地块”2号灰坑出土B型黑釉盒相类，考古断代为北宋中晚期至南宋中期。

图14　黑釉单柄洗

黑釉蛙形灯，敛口，口部两侧附加一蛙形提梁，提梁塑一蛙趴伏于灯口，圆鼓腹，腹部为贴饰一周花边，外表施黑釉，釉至灯腹部，腹以下露胎，平底。这种蛙形灯在北宋墓葬中有出土[19]，为琉璃厂窑的特色产品，窑址也有出土，与2018—2019年成都市“印染厂地块”9号灰坑（H9:1055）出土A型黑釉蛙形灯（水盂）相类，考古断代为北宋中晚期至南宋中期。

研磨器有黑釉、青釉产品。造型为方唇，直口，上腹较浅，外壁上、下腹之间一道凸棱，平底。黑釉研磨器与2018—2019年成都市“印染厂地块”1号灰坑（H1:336）出土黑釉研

19 成都文物考古研究所、温江区文物保护管理所：《成都温江区“学府尚郡”工地五代及宋代墓葬发掘简报》，《成都考古发现（2006）》，科学出版社，2008年。

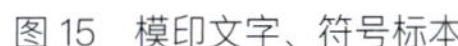

图 15　模印文字、符号标本

图 16　模印符号标本

磨器相类，考古断代为北宋中晚期至南宋中期。

模印文字、窑工记号碗底标本〔图 15、图 16〕，标本为圈足碗底，底印文字、丝网纹、窑工记号等，这种印记碗琉璃厂窑新产品数量多，印记内容丰富，其中有纪年款、宅堂款、姓氏款、吉语款、几何图案款等，印模制作简单，是用手将范泥捏成饼状，蘸上少许粗石英沙粒，抵按在圈足内，为方便脱模，部分碗底还垫有一层丝布，在碗底留下丝网纹印[20]。1977 年四川省博物馆在四川灌县发掘玉堂窑北宋龙窑时，同时发现有此类垫石英叠烧的装烧方式，为北宋时期的烧造工艺，这种印字碗流行于北宋中晚期，故宫此类标本具体可以断代到北宋时期。

表3　第三期（南宋晚期至元代）

编号	名称	故宫藏品	故宫断代	出土器物	考古断代
1	琉璃厂窑酱釉加彩花卉纹浅碗			1号灰坑（H1:670）出土Bc型酱釉碗[21]	南宋晚期至元代

20 蒲存忠：《成都琉璃厂窑北宋窑工印记》，《四川文物》2004 年第 6 期。

21 成都文物考古研究院：《成都琉璃厂窑址——2018 ~ 2019 年考古发掘报告》，文物出版社，2021 年，第 146 页。

（续表）

编号	名称	故宫藏品	故宫断代	出土器物	考古断代
2	琉璃厂窑青釉“风”字形砚			7号灰坑出土A型青釉砚台（H7:29）[22]	南宋晚期至元代
3	琉璃厂窑青釉小铃铛			1号灰坑（H1:797）、1号探方（TNO1E03③:562）出土青釉铃铛[23]	南宋晚期至元代

3. 第三期：南宋晚期至元代

南宋晚期以后，琉璃厂窑开始走向衰弱，产品数量、品种减少，产品以酱釉为主，青釉产品次之，器物类型有碗、砚、小铃铛、小哨等（表3）。

其中酱釉加彩花卉纹浅碗与1号灰坑（H1：670）出土Bc型酱釉碗相近，1号灰坑考古断代为南宋晚期至元代。

“风”字形砚台有三方，均有足。青釉一方，褐釉一方，黑釉一方。

青釉“风”字形砚，平面呈“风”字形，方唇，内底自顶部至口由深至浅，外口下部有二锥形足，以支撑砚体底面平稳。褐色胎，口沿顶部一半至施化妆土，外罩青釉，与2018—2019年成都市“印染厂地块”发掘报告中7号灰坑出土砚台器型相同。7号灰坑年代断代为南宋晚期至元代。

琉璃厂窑青釉铃铛

铃铛有六件，有青釉、素胎加绿釉，素胎加酱釉〔图17〕。青釉铃铛铃铛圆球形，顶部带一穿孔系，内中空，有一小陶球。与2018—2019年成都市“印染厂地块”1号灰坑中出土铃铛器型相类，1号灰坑考古断代为南宋晚期至元代。

22 成都文物考古研究院：《成都琉璃厂窑址——2018～2019年考古发掘报告》，文物出版社，2021年，第109页。

23 成都文物考古研究院：《成都琉璃厂窑址——2018～2019年考古发掘报告》，文物出版社，2021年，第111页。

图 17　素胎酱釉朵花纹小铃铛

图 18　青釉鸡心形哨

图 19　黑釉堆塑龙纹罐

图 20　青釉谷仓罐

图 21　素胎花边谷仓罐

琉璃厂窑酱釉鸡心形哨〔图 18〕，哨呈鸡心形，器身中部施酱釉，中有哨孔。

4. 第四期：明代

琉璃厂窑明代地层尚未有出土瓷器，这一时期，主要是为蜀藩内部烧造建筑材料，出土器物主要是建筑构件。故宫藏品有三件谷仓罐，如图 19 黑釉堆塑龙纹罐，图 20、21 青釉谷仓罐。这三件谷仓罐故宫传统定为宋代。但是在川渝地区宋代墓葬中没有出现谷仓罐，谷仓罐及随葬谷仓罐的藏俗均为宋代两湖地区常见，川渝地区直至明代才出现[24]，因此，这几件谷仓罐断为明代。

24 周静 :《川渝地区明墓出土谷仓罐研究》,《考古》2019 年第 12 期。

图 22　青釉褐斑双系壶

图 23　青釉褐绿彩花卉纹长颈盘口瓶

三、问题

1. 器物定名不一致

针对一些器物的定名，故宫博物院的定名与发掘报告的定名不一致。如表2编号9，琉璃厂窑黑釉蛙形器，故宫博物院定名为琉璃厂黑釉“蛙形水丞”，考古报告定名为“蛙形灯”。笔者认为瓷器形应为“蛙形灯”。

2. 窑口归属问题

故宫藏品中被认定为琉璃厂窑的有些器物，应为邛窑产品，如唐代青釉褐斑双系壶〔图22，左〕被定为琉璃厂窑产品，此类产品与成都正科甲巷唐宋坊市遗址出土器物相近〔图22，右〕[25]，应为邛窑产品。

唐代青釉褐绿彩花卉纹长颈盘口瓶〔图23，左〕，被定为琉璃厂窑产品，此类产品与邛崃市临邛镇十方堂窑址出土的长颈盘口瓶〔图23，右〕相近，仅纹饰不同[26]，应为邛窑产品。

四、结论

故宫收藏的琉璃厂窑器物品类丰富，基本上代表了琉璃厂窑的时代发展脉络。琉璃厂窑是四川地区一处著名的民间窑厂，繁荣时期生产数量相当大，产品主要是为了满足当地广大民众生活的需要，以生活用品为主，产品制作总体比较粗糙，胎泥淘洗不细，一些器物多有变形，施釉不到底，露胎，这些特征均显示出其工艺制作的粗糙。它的一些器物与邛窑产品有相近之处，但工艺不如邛窑精细，有些器型为四川地区所特有，产品体现出区域性本土文化特征。

笔者根据考发考古发掘成果，对故宫藏品进行了对比和梳理，将其分为四个时期，有些器物在考古发掘中没有出土，本人根据类型推断，难免有疏漏之处，请专家指正。

25 成都文物考古研究院：《邛窑出土瓷器选粹》，文物出版社，2022年，第115页。

26 成都文物考古研究院：《邛窑出土瓷器选粹》，文物出版社，2022年，第60页。

四川省眉山市窑业资源调查初步成果及认识

黄一汀（四川省文物考古研究院）

摘要：四川盆地窑业资源丰富，但窑业发现与相关研究均集中于成都平原及周边地区。2022年，四川省文物考古研究院对眉山市域内部分窑址进行较为系统的田野调查与采集，涉及眉山市多个区县，窑址点主要包括洪雅县瓦子坡窑、青神县坛罐窑、彭山窑区。三处窑址年代相互承接，体现了眉山地区唐至南宋的陶瓷生产面貌，充实了岷江中游古代窑业生产格局，丰富了四川窑业技术系统。本文简要介绍本年度调查的初步收获与认识。

关键词：窑业调查　眉山　岷江中游

中华人民共和国成立以后，随着田野考古调查、发掘工作的逐步展开，大量窑址在川渝地区被发现，成为四川盆地古代陶瓷业生产最直接的实物材料。基于数十年的田野工作成果，成都平原及周边区域的窑业生产序列已基本勾勒出一个大致轮廓：南朝至隋，主要生产青釉产品的青羊宫窑和固驿瓦窑山窑成为最早的两个代表性窑场；唐中期以后，成都平原彭州—都江堰—邛崃一线形成了具有本地传统特点的青瓷瓷业生产地带；至于宋，主产青釉产品的什邡堂窑、大渔村窑、黄鹤窑、尖山子窑等，主产白釉产品的彭州磁峰窑等，主产黑釉产品的都江堰金凤窑、瓦缸坝窑、玉堂窑、乐山西坝窑等，构成宋代以降四川地区瓷业生产的基本格局[1]。同时，其他地区的青瓷和黑瓷生产窑场也纷纷兴起，四川盆地的瓷业生产在宋代达到了高峰。宋代以后的四川地区窑业遗址发现数量急剧减少，至于明清时期，除凉山州会理地区数处地点的青花瓷窑业外，几无其他材料。

四川境内有多条流域，尤以金沙江、雅砻江、大渡河、岷江、沱江、嘉陵江六江为主。在尚未开展系统的陶瓷考古田野调查、目前考古发现大多为配合基建或综合性调查所见的情况下，岷江流域仍呈现出远丰富于其他流域的窑业面貌，侧面说明其应为四川地区窑业资源最为集中的流域。然而，着眼于岷江流域的窑址发现，彭州磁峰窑，都江堰玉堂窑、金凤窑、瓦岗坝窑，成都青羊宫窑、琉璃厂窑，邛崃固驿瓦窑山窑，乐山西坝窑等均经过

1　黄晓枫：《四川出土宋代瓷器初步研究》，四川大学硕士学位论文，2002年。

一次或数次发掘，并已公布发掘所得成果。崇州天福窑，犍为金花庵窑，青神坛罐窑，邛崃大渔村窑、尖子山窑等则经过调查、试掘等工作，同样积累了较为丰富的材料。此外，金堂、郫县、彭山、乐山、新津、温江、崇州、蒲江等地均有古代瓷业遗址踪迹，但大多材料较少，面貌不全且较为零散。

在窑业资源所见最为集中的岷江中游（即岷江都江堰至乐山段），同样存在窑业考古发现不均的情况。岷江是四川境内的重要河流，其流域中游（都江堰至乐山）基本处于成都平原及中部低山丘陵地带，自古以来为省内社会经济核心地区，窑业遗存集中且丰富。自 20 世纪开始至今，岷江中游的窑业资源已有多处显露踪迹。若在此区域内按照成都段、眉山段、乐山段划分，最北端成都地区的玉堂窑、金凤窑、金堂窑、邛窑、琉璃厂窑、磁峰窑等均已得到多次调查或发掘，有较为丰富的材料可供了解其面貌。中部，眉山地区已公开刊布的窑业资源包括青神县坛罐窑、彭山区武阳窑（东、西两处）及彭山区瓦子堆窑（上、中、下三处地点），其中坛罐窑为规模最大的一处窑业遗址，已有相关调查工作开展，另两处窑址相关考古工作较少。最南端，乐山市已知窑业资源点较多，但除金花庵窑[2]、西坝窑[3]已有相关资料刊布外，其余窑口大多情况不明。整体看来，除成都地区陶瓷考古工作成果较为丰硕外，眉山、乐山地区窑业生产面貌仍较模糊，亟待摸清。由上述可见，虽目前所见四川地区陶瓷考古收获颇丰，但仍存在一定局限。不论从窑业发现还是相关研究来看，整个四川地区的陶瓷考古在时代和区域上都非常集中，时代集中于宋代，区域集中于成都平原，其他时空则非常零星，仍有待进一步考古发现的填充。

2022 年，四川省文物考古研究院对眉山市域内部分窑址进行田野调查与采集，涉及眉山市多个区县，窑址点主要包括洪雅县瓦子坡窑、青神县坛罐窑、彭山窑区，其中对洪雅县瓦子坡窑进行调查、勘探与小规模试掘，对青神县坛罐窑进行网格化系统调查与标本采集，对彭山窑区仅为试点调查。本年度调查初步构建了眉山地区的古代窑业生产面貌，补充了岷江中游眉山段的窑业状况，是对全省窑业系统完善的一次探索。本文对三处窑址的初步调查成果简述如下。

一、洪雅瓦子坡窑

瓦子坡窑业遗址位于四川省眉山市洪雅县将军镇阳坪村，为一处窑业废弃堆积遗址。2021 年 11 月，洪雅县文物保护中心在本区域进行基建项目前期踏查时，发现地表有大量陶瓷器及窑具遗存。2022 年 1 月中旬至 3 月初，四川省文物考古研究院联合洪雅县文物

2　胡昌钰、任江等：《四川犍为县金花庵唐宋窑址调查试掘简报》，《四川文物》2017 年第 2 期。

3　四川省文物考古研究院、乐山市文物保护研究所、五通桥区文物保护管理所：《乐山西坝窑址》，文物出版社，2017 年。

保护中心在此地进行调查勘探与试掘，采集了一定数量的窑业生产标本，但尚未发现窑炉及其他手工业生产遗迹〔图1〕。

图1 瓦子坡窑址堆积状况

瓦子坡窑业遗址所处地理位置属青衣江流域。所处区域在1949年后一直作为农场被开发和使用，地表植被为密集茶树林、柑橘林及其他经济作物林，并有一处早年修建的山庄，对窑业堆积造成了一定破坏。窑业堆积核心区主要分布于一处低山丘陵的斜坡，堆积厚度达2米以上，已被部分盗掘。本次调查主要在堆积核心区采集标本，并进行小范围试掘。

瓦子坡窑址出土遗物主要分为瓷器与窑具两大类。瓷器分为青釉、酱釉两种釉色，部分器物表面施米白色或米黄色化妆土，多数素面。在为数不多的带装饰器物中，主要可见三种装饰手法：刻划弦纹、釉下彩装饰、化妆土装饰〔图2—图4〕。三种装饰手法运用的器物种类单一、纹饰同质化严重。

瓷器器型均为日用器具，青釉产品包括碗、盏、碟、钵、罐、壶、盆等，酱釉产品包括碗、盏、钵、罐（带系罐/无系罐）、壶（注壶/无流壶）、急须等，以碗、盏类为最多，其他器物采集较少。窑具则可见垫饼、窑柱、支钉、垫盘及少量匣钵。此处选取部分代表性器物列举如下（表1、表2）。

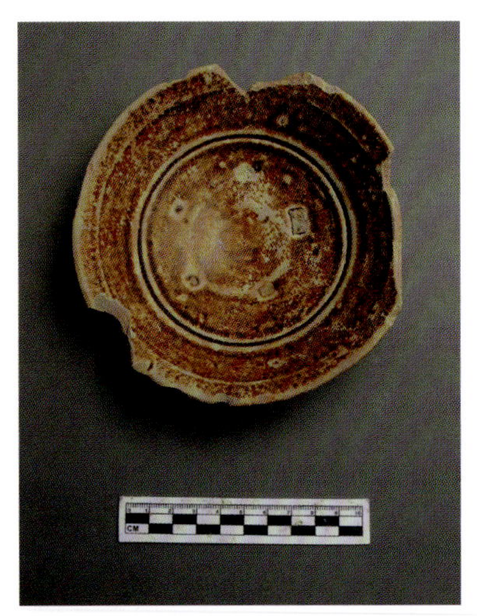
图2 刻划弦纹

图3 釉下彩绘

图4 化妆土装饰

表1 洪雅瓦子坡窑主要产品组合

釉色	种类	型式	图片
青釉	碗	A型	
		B型	
	盏	Aa型	
		Ab型	
	钵		
	碟		
	罐		
酱釉	碗	Aa型	
		Ab型	
		Ba型	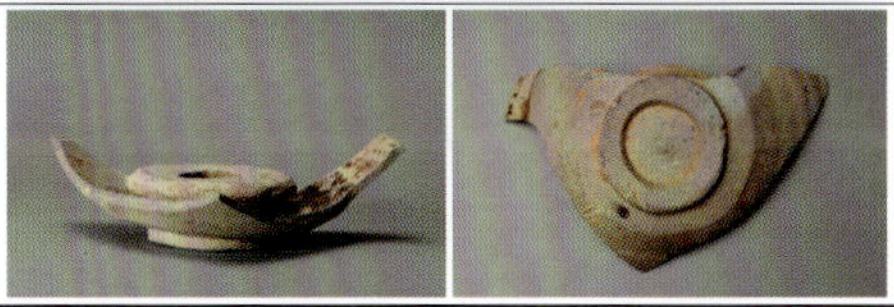

（续表）

<table>
<tr><th>釉色</th><th>种类</th><th>型式</th><th>图片</th></tr>
<tr><td rowspan="11">酱釉</td><td>碗</td><td>Bb型</td><td>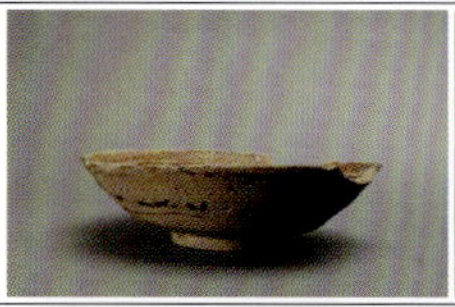 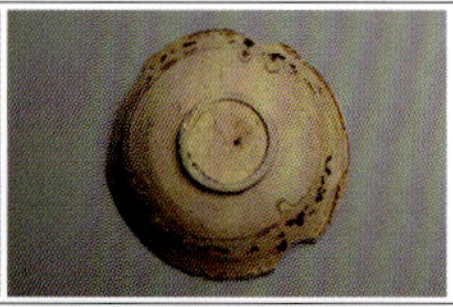</td></tr>
<tr><td rowspan="3">盏</td><td>Aa型</td><td>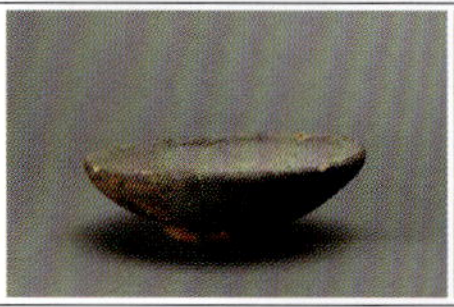 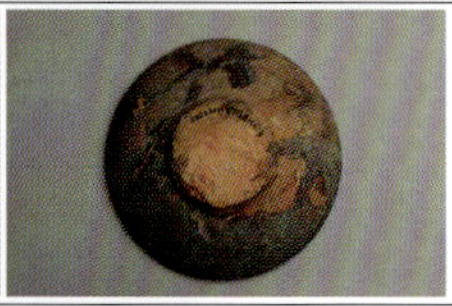</td></tr>
<tr><td>Ab型</td><td>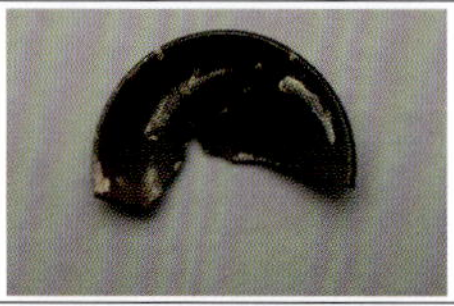</td></tr>
<tr><td>B型</td><td>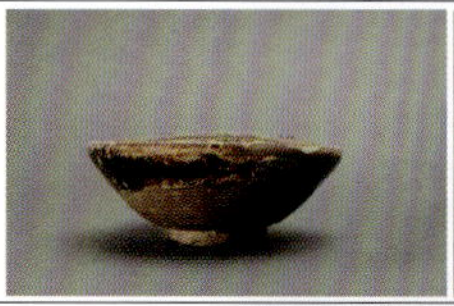 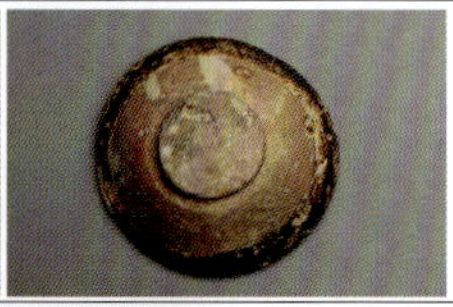</td></tr>
<tr><td>无系罐</td><td></td><td>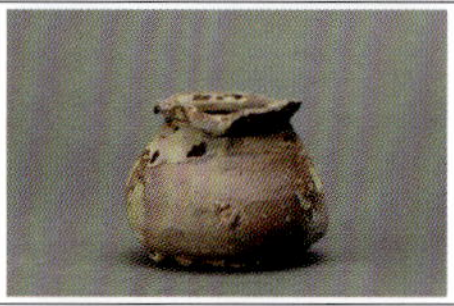</td></tr>
<tr><td>急须</td><td></td><td>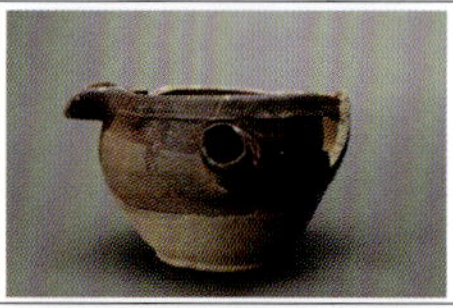</td></tr>
<tr><td>壶</td><td></td><td>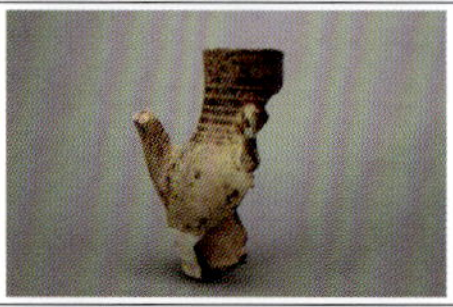</td></tr>
<tr><td rowspan="3">带系罐</td><td>Aa型</td><td>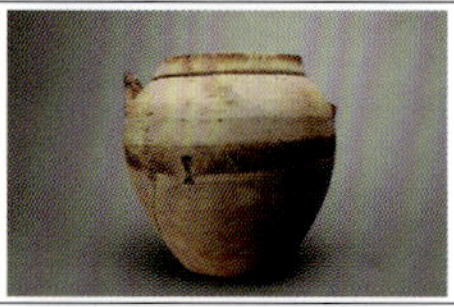</td></tr>
<tr><td>Ab型</td><td>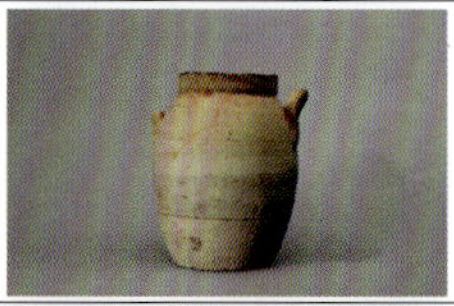</td></tr>
<tr><td>B型</td><td>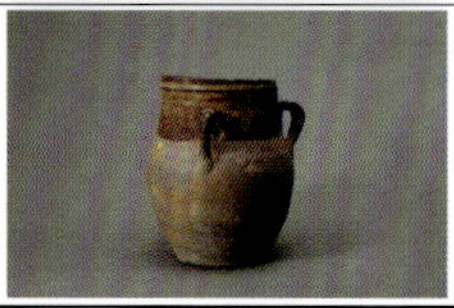</td></tr>
</table>

表2　洪雅瓦子坡窑典型窑具组合

种类	型式	图片
垫饼		
垫盘	A型	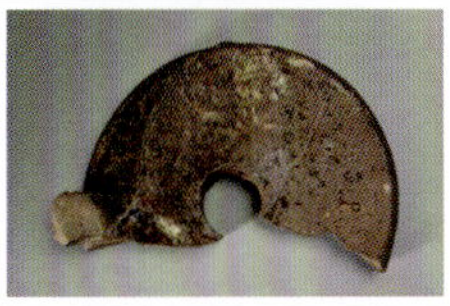
	B型	
垫柱	A型	
	Ba型	
	Bb型	
匣钵		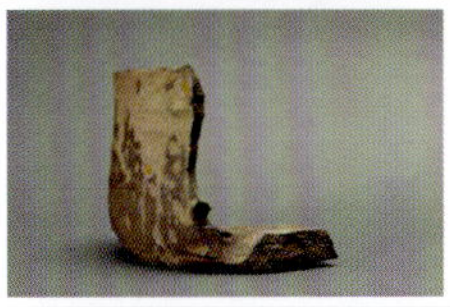
支钉		

由窑具及器物残留装烧痕迹可见，瓦子坡窑址主要的装烧方式为以垫盘和垫饼垫烧、各类窑柱支烧，以支钉间隔叠烧（或有少量石英砂间隔的器物），并存在不同釉色一同叠烧的现象。由于调查与试掘所见匣钵数量极少，推测窑场内使用匣钵装烧的数量不大。

经过器物比对，瓦子坡窑业堆积出土碗、盏、罐、钵、壶等几类器物在成都博瑞都市花园汉宋墓葬群[4]、成都市清江东路张家墩南宋砖室墓[5]、成都市成华区成华广场宋墓[6]、成都市青龙乡海滨村墓葬[7]、成都市青龙乡石岭村宋墓[8]、成都北郊甘油村北宋宣和六年墓[9]、成都二仙桥南宋墓[10]、永陵公园古遗址[11]、双流华阳镇骑龙村欧香小镇墓群[12]、双流九龙湖社区宋墓[13]、彭州市北宋徐氏墓[14]、蒲江县杨柳村宋墓[15]、广汉县雒城镇宋墓[16]等两宋纪年墓葬中均能找到类似材料。窑址材料比对方面，青釉碗有与成都琉璃厂窑 Aa 型青釉圈足碗、D 型青釉圈足碗及都江堰玉堂窑六号窑包酱釉 Aa 型碗形制类似者，青釉罐与成都琉璃厂窑 Ia 型酱釉罐类似。琉璃厂窑前述三类器物均属于该窑第二期产品[17]，属北宋中晚期至南宋中期，而玉堂窑酱釉 Aa 型碗被归为玉堂窑六号窑包后期产品[18]，即北宋中晚期至南宋。瓦子坡窑酱釉器物中，带系罐有与都江堰玉堂窑 17 号窑包酱釉 Aa 型双系罐形制类似者，玉堂窑 17 号窑包整体生产年代判断为北宋中期至南宋[19]，该类器物被整体归为南宋类型。结合看来，瓦子坡窑场的产品年代应集中于北宋中晚期至南宋中期。

二、青神坛罐窑

坛罐窑遗址属四川省重点文物保护单位，位于眉山市青神县，为一处分布广泛的窑群〔图 5〕，所处区域基本地形为植被茂密的缓坡丘陵。由于该区域为村庄生活区，经历了反复的房屋建设、农田改造、经济林种植等土地活动，表层地面已经过较多翻扰，窑包大多破坏严重。目前所见的窑包面积大小不等，残存形态包括山包状、坡状及垄状。据民间传说，坛罐窑鼎盛时期原有窑址 48 座，分布范围广而集中，器物种类多而丰富，但此前除

---

4 刘雨茂、王仲雄等:《成都博瑞“都市花园”汉、宋墓葬发掘报告》,《成都考古发现（2001）》,科学出版社,2003 年。

5 易立、杨波 :《成都市清江东路张家墩隋唐至南宋砖室墓》,《考古》2018 年第 12 期。

6 周志清、刘祥宇等 :《成都市成华区成华广场宋墓发掘简报》,《成都考古发现（2015）》，科学出版社，2017 年。

7 王瑾、杨兵等:《成都市青龙乡海滨村海滨湾社区墓葬发掘简报》,《成都考古发现（2017）》，科学出版社，2019 年。

8 成都文物考古研究所 :《成都市青龙乡石岭村宋墓发掘简报》,《成都考古发现（2003）》，科学出版社，2005 年。

9 成都市文物考古工作队 :《成都北郊甘油村发现北宋宣和六年墓》,《四川文物》1999 年第 3 期。

10 王仲雄、王军 :《成都市二仙桥南宋墓发掘简报》,《考古》2004 年第 5 期。

11 成都文物考古研究所 :《2008 年度永陵公园古遗址发掘简报》,《成都考古发现（2008）》，科学出版社，2010 年。

12 刘雨茂、易立等 :《双流县华阳镇骑龙村“欧香小镇”唐宋墓葬发掘简报》,《成都考古发现（2011）》，科学出版社，2013 年。

13 索德浩、陈平等 :《双流县九龙湖社区宋墓发掘简报》,《成都考古发现（2014）》，科学出版社，2016 年。

14 龚扬民、杨素荣 :《四川彭州市北宋徐氏墓发掘简报》,《考古》2014 年第 4 期。

15 刘雨茂、邱艳等 :《四川蒲江县杨柳村宋墓发掘简报》,《四川文物》2019 年第 5 期。

16 陈显双、敖天照 :《四川广汉县雒城镇宋墓清理简报》,《考古》1990 年第 2 期。

17 成都文物考古研究院 :《成都琉璃厂窑址 : 2018—2019 年考古发掘报告》，文物出版社，2021 年。

18 黄晓枫、樊拓宇等 :《2007 年玉堂窑遗址六号窑包试掘简报》,《成都考古发现（2007）》，科学出版社，2009 年。

19 黄晓枫、易立等:《2007 年四川都江堰玉堂窑遗址 17 号窑包试掘简报》,《南方民族考古（第 6 辑）》，科学出版社，2010 年。

图 5　坛罐窑调查网格及窑包分布

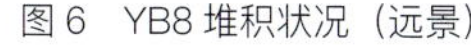

图 6　YB8 堆积状况（远景）

图 7　YB8 堆积状况（近景）

一篇调查简报[20]外并无相关研究发表。2022 年，四川省文物考古研究院对该窑群制定了调查与研究计划，并达成第一阶段目标：以网格化系统调查的方法，划定坛罐窑遗址整体范围，圈定其中小窑址的点位与范围，并采集陶瓷标本。

2022 年度调查共发现现存窑址 27 处，以当地人称“白坡儿”为核心区。根据初步整

20 伍秋鹏：《四川青神县坛罐窑调查》，《四川文物》2009 年第 2 期。

理结果，各窑包生产年代从宋至近现代，除 2 处为近现代遗存外，其余产品面貌类似，年代基本相近，应以南宋为多。产品类型包括青釉、酱釉、黑釉、白釉[21]四种，总体以碗、盏类为多，但器类较之洪雅瓦子坡窑更为丰富，未见于后者的研磨器、香炉等器具在此处出现不少，并发现有数枚陶丸。窑包之间略微可见一些产品种类上的生产差异，如 YB15、YB16 遗物中包含较大比例的壶、罐类器物，常见青釉、酱釉罐的泥条横系；YB3、YB24 等其他大多数窑包则以碗、盏类器物居多。

坛罐窑产品大多素面，少量装饰手法表现为化妆土装饰与刻划装饰。所见窑具包括各类匣钵、五齿支钉、垫饼、垫环、垫柱、垫盘等，数量均十分庞大。根据窑具种类及器物残留装烧痕迹可见，坛罐窑装烧方式多样，包括裸烧、匣钵装烧、支圈支烧、对口叠烧等，并以垫饼、支钉、石英砂等间隔，石英砂出现频率明显高于瓦子坡窑，这一装烧技术的广泛运用也体现出南宋的时代特征。此处仅以 YB8、YB24 为代表进行简要介绍。

图 8　酱釉盏（YB8 采 :54）

图 9　香炉（YB8 采 :9）

图 10　不同釉色碗类叠烧标本（YB8 采 :27）

图 11　YB24 堆积状况（远景）

图 12　YB24 堆积状况（近景）

21 以白色化妆土施透明釉的手段形成白色器表。

图 13　黑釉束口盏（YB24 采∶27）

图 14　青釉花口盏（YB24 采∶29）

图 15　青釉碗（YB24 采∶41）

YB8：山包状，面积约 2050 平方米，最大高度 7.6 米。窑包西面表面被果树覆盖，东部破坏严重〔图 6、图 7〕。窑包堆积较丰富，从断面处看，堆积厚度达 3 米以上，堆积密集，基本无土壤，整个山包由紧密叠压的陶瓷残件组成。器物以红胎、灰胎为主，产品釉色包括黑釉、酱釉、青釉，可辨器型有碗、盏、罐、壶、炉等及各类窑具〔图 8—图 10〕。

YB24：位于"坛罐窑遗址"省保碑立碑处、坛罐窑群核心区域。堆积呈山包状，分布面积约 3000 平方米，最大高度 10 米〔图 11、图 12〕，器物以红胎、灰胎为主，釉色有青黄釉、酱黑釉。器型以碗、盏为主，见各类窑具〔图 13—图 15〕。

三、彭山窑区

彭山区位于整个眉山市域北部，紧靠成都。南河、府河两条河流分别在彭山境内江口镇处合流汇为岷江，彭山窑区即位于江口以北的南河、府河之间。彭山区内已登录的窑址点有三处：瓦子堆窑址（上瓦子堆、中瓦子堆、下瓦子堆）、武阳城窑址（东窑包、西窑包）、青岗咀窑址。三处窑址均已被纳入文物保护范围，但尚未进行有针对性的田野调查、标本采集与整理研究。目前所见的已刊布材料仅见 2006 年四川省文物考古研究院的岷江中下游文物点整体调查中对瓦子堆窑址、武阳城窑址有所涉及，并判断此两处窑址年代为

图 16　上瓦子堆窑址堆积状况

图 17　上瓦子堆窑址采集器物及窑具标本

图 18　武阳城东窑包采集窑具标本

宋代[22]，青岗咀窑址在以往公布的考古材料中未有提及。2022 年 5 月，笔者对其中保存相对较好的上瓦子堆〔图 16〕、武阳城东窑包两处堆积点进行试点调查，并采集少量标本〔图 17、图 18〕。由于此两处窑址器物面貌较为类似，下文将此两处窑址统称为彭山窑区。

22 黄家全：《岷江中下游考古调查简报》，《四川文物》2007 年第 2 期。

图 19　彭山窑区五齿支钉序列（自左向右依次为 A 型、B 型、C 型）

彭山窑区所见器物面貌与洪雅瓦子坡窑、青神坛罐窑均不相同。窑址可见遗物类型主要包括碗、钵、壶类产品和各类窑具，因后期人类活动破坏，器物残片较为破碎，地表少见完整器物。窑具种类可见五齿支钉、垫盘等，表明其装烧中结合使用支钉与垫盘间隔器物，但具体的技术形态有待进一步细致考察。

彭山窑区的窑具中，垫盘与洪雅瓦子坡窑、青神坛罐窑主流的厚壁垫盘不同，形制宽薄、直径更大，且中心开孔较大。此外，值得注意的是，三件五齿支钉显示出其生产的时间序列。其中，A 型支钉器身较高、口大底小，与 2007 年玉堂窑遗址调查中的 A 型五齿支钉[23]、崇州公议镇天福窑址 D 型支钉[24]、大渔村 1 号窑包 A 型支钉[25]类似，呈现出较早的时代特征，至少应早至唐代。而 C 型支钉器身短矮，基本仅余齿厚，是宋代支钉较为普遍的特征。根据支钉的变化，结合器物形态，推测彭山窑区生产年代包括唐至北宋时期〔图 19〕。

四、结语

对洪雅瓦子坡窑业遗址、青神坛罐窑遗址、彭山窑区的调查与发现，反映了眉山地区古代手工业面貌，充实了岷江中游古代窑业生产格局，丰富了四川窑业技术系统，并有利于考察省内窑业技术传播与流变。三处窑址的产品面貌与生产技术面貌各不相同，洪雅瓦子坡窑以青釉、酱釉产品为主，窑具多间隔具而少匣钵，推测主要为裸烧；青神坛罐窑主

23　黄晓枫、樊拓宇等：《2007 年玉堂窑遗址调查报告》，《成都考古发现（2007）》，科学出版社，2009 年。

24　何树全、施权新等：《四川崇州公议镇天福窑址考古调查简报》，《成都考古发现（2008）》，科学出版社，2010 年。

25　秦大树、黄晓枫等：《四川省邛崃市大渔村窑区调查报告》，《成都考古发现（2005）》，科学出版社，2007 年。

体器物种类最为多样，包括青釉、酱釉、黑釉、白釉等类型，除常见的碗、盏、壶、罐等器型外还见研磨器、香炉、陶丸等，并普遍使用匣钵装烧、各类窑具间隔的方法；彭山窑区因尚未进行系统调查，所见器物类型最少，窑具也仅见支钉、垫盘等部分间隔具，但其窑具明显反映出与前两者相异的时代特征。

结合目前所见的器物与窑具判断，推测洪雅瓦子坡窑生产年代集中于北宋中晚期至南宋中期；青神坛罐窑生产年代自宋至近现代，主要集中在南宋；彭山窑区的生产年代则包括唐至北宋时期。由此看来，彭山窑区—洪雅瓦子坡窑—青神坛罐窑三者的生产年代形成前后承接的序列，共同反映了唐至南宋时期眉山地区的窑业状况。

然而，本文材料仅为2022年度对上述三处窑址调查的初步收获，彭山窑区更是暂未进行全面考察，所得结论或有片面之处，并还有许多随之而来的问题尚未解决。如三处窑址在各自时期的流通、消费范围如何？年代上的承接并不能直接反映窑业生产序列，三者的窑业活动之间是相互独立，或是在技术和生产角色上有相互继承、转移的关系？彭山窑区紧邻成都，而青神坛罐窑南靠乐山，两者在技术来源和技术交流的层面是在同一语境下讨论，还是应分别视之？三者之间的产品与技术差异，是出于时代差异，还是生产技术源流上的不同？这些问题都有待更详细的材料整理、更广泛的窑址调查，以及眉山市内更多墓葬、遗址材料的发现来讨论。

浅析玉堂窑的历史文化与文物价值

卞再斌　文图（原都江堰市文物局副局长　文博副研究员）

摘要：玉堂窑是唐宋时代四川都江堰市的一处古窑遗址，经文物部门多次勘测调查和考古发掘，已发现18处古窑包，遗址面积约2.5平方千米，烧窑时间长达600多年。由于该窑址具有重要的历史文化价值、艺术价值和科学价值，2002年12月，玉堂窑址被公布为四川省文物保护单位，2013年3月，公布为全国重点文物保护单位（简称"国保"），国家文物局已将玉堂窑址列入大遗址保护规划。

关键词：都江堰　玉堂窑　历史文化　文物价值

一、千年古窑，沉睡荒野

玉堂窑址因位于都江堰市玉堂镇而命名〔图1〕，遗址面积约2.5平方千米，在遗址范围内，散布着18处废弃的窑包，民间早有"上九堆、下九堆"和"羌窑包"之说。在窑包周围和附近的田地下，有很多瓷器残片和带支钉的窑具散布其间，有的地方堆积厚达5—10米。村民在修房、种地、栽树、打井、挖坑时，偶尔还能挖出比较完整的碗、盘、壶、罐等生活瓷器。但在以前，被有的村民视为废弃之物，被随手砸烂扔掉，如遇修路、建房时，便将这些残渣瓷片拉去埋入地下。

图1　玉堂窑址文物保护标志碑

图2　玉堂窑1号窑包

图 3　2007 年考古发掘现场

图 4　2007 年考古发掘现场

1977 年，四川省文物考古研究所和灌县文管所在文物普查中被发现，并对 3 处窑包进行过局部考古发掘〔图 2〕，在罗家窑包清理出龙窑一座。2007 年 5 月，成都文物考古研究院与都江堰市文物局，再次对玉堂窑址进行了全面的文物复查，并对另外 2 处窑包进行了考古发掘〔图 3、图 4〕。通过 2 次考古发掘，不仅出土了数量众多、釉色精美、器形多样的瓷器残件和窑具，同时探明玉堂窑在唐代为创烧期和发展期，与成都平原的邛窑、青羊宫窑等青瓷窑场有着较深的渊源，在胎质、釉色、器型等方面都相同或类似。玉堂窑在宋代为鼎盛期，一些窑包的生产显示出受到北方定窑系、南方景德镇窑等外地窑口的产品形态与先进生产技术的强烈影响。玉堂窑是唐宋釉下彩发源地之一，不仅丰富了四川盆地陶瓷文化，而且再次证明了成都平原是西南地区陶瓷业的中心，使蜀地瓷业的轮廓更加清晰，为研究四川陶瓷的发展、繁荣和衰亡过程提供了实物例证。

二、历史悠久，文化厚重

在玉堂窑的发掘中，先后出土了唐“开元通宝”（713—741 年）、北宋“皇祐通宝”（1049—1054 年）等钱币，还发现了刻有“咸通十年”（869 年）、“广明□年十月五日”（880—881 年）和“淳熙十四年季冬”（1187 年）的器物，它们为确定这个窑址的时代，提供了可靠依据。玉堂窑的烧造年代应为唐代早中期（618—741 年）至南宋末期（1279 年），历经唐代、五代、北宋、南宋各朝代，时间长达 600 多年。

玉堂窑址共有 18 座窑包，生产规模大，产品数量多，证明都江堰市在唐、宋时期的商贸繁荣，人口众多。据《华阳国志・蜀志》中记载：汶山郡“土地刚卤，不宜五谷，唯种稞麦。多冰寒，盛夏凝冻不释。夷人冬则避寒入蜀，佣赁自食，夏则避暑反落，岁以为常”。由于都江堰市自古就是藏、羌、回、汉等各民族通商往来的松茂茶马古道的起始点和商贸集散地，除了有官兵驻扎和商旅往来外，在每年的秋冬时节，会有大量居住在高寒山区的少数民族结伴迁居到都江堰市等地，以贩卖药材山货、打井或出卖劳力打工挣钱，养家糊口。到了炎热的盛夏，他们又会进山耕种采摘，这种习俗从秦汉时一直延续到清末民初。每年在玉堂窑场上打工的羌民也有很多，因此，当地人称玉堂窑为“羌窑包”。

已故川大著名学者任乃强教授也曾讲：“茂汶羌民，直至清末民初，犹多有男女结队，入成都平原及川北各地卖药、打井及佣力者。”原四川省历史学会会长、省社科院研究员谭继和先生在《玉堂窑的文化解读》中也讲玉堂窑在本地民间还有“羌窑”之说，并非空穴来风。唐宋时期的岷山羌人常来平原佣工，从事包括打井、烧窑等工作。羌人入蜀佣赁之习，首先发生在灌县这一区域，促进了羌族与汉族文化的交流和融会。由此看来，“羌窑”传说，是针对经营和劳作的人是羌族而说的，不是指“羌窑”出土的瓷器。

四川省古陶瓷研究中心和省收藏家协会高级顾问李铁锤先生，曾收藏了一件玉堂窑宋代白釉香炉，直径17.5厘米，尽管炉沿有些残缺，但刻有70多个字铭文的玉堂窑瓷器实属罕见。该香炉上的铭文为“成都府路永康军青城县广济（乡）（瓷）窑居住男弟子苟字少察（乾）（道）（庚）（寅）岁三月二十八日生发心造焚（乾）（坤）（炉）”。据此推断，该香炉的烧制时间为南宋乾道庚寅岁，即公元1170年。该器物不仅印证了史书和县志上的记载，都江堰市在南宋时是成都府管辖的永康军，永康军又管辖河东的导江县和河西的青城县，今天的玉堂镇就是宋代青城县管辖的广济乡，而且还证实了广济乡（今玉堂镇）内有专烧瓷器的瓷窑。该香炉对研究都江堰市在宋代时的建制、经济、文化、宗教、生产生活、民风民俗等，具有很高的历史文化价值。

三、器型丰富，古朴典雅

陶瓷器是我国古代的伟大发明之一，中国陶瓷器对人类的文明作出了巨大的贡献，在世界历史上放射着灿烂的光芒。玉堂窑在唐代至五代时为早期，仅有9处窑包生产瓷器，瓷器主要为青瓷，胎体较厚重，种类不多，装窑时使用五齿状支钉间隔器物，采用柴火重叠仰烧或裸烧的方式，成品率不高。在宋代时为鼎盛期，生产规模迅速扩大，共有17—18处窑包，生产的瓷器主要为碗、盘、洗、盆、碟、盏、杯、壶、罐、钵、瓶、盂、盒、炉、灯、匜、纺轮、圆球、管饰、瓷枕、陶俑等20多个种类。瓷器大多数为民间百姓的日常生活瓷器，也有部分文房用品、玩具、祭祀明器等。这些器物种类齐全，数量较多，器形各异，釉色精美，其烧制的各种瓷器不仅具有经济实用价值，而且还具有很高的历史文化价值和文物研究价值。

酒壶，为古代的一种盛酒器，是酒肆、饭馆、家居和宴席上的必备器物，相当于现代的酒瓶或分酒器。壶上有把，便于手持，又称为执壶，壶嘴有长有短，倒酒方便。在玉堂

图5　玉堂窑各式酒壶

图6　玉堂窑各式花瓶

窑出土了数量众多、大小不一的各类执壶〔图5〕，证明唐宋时川西地区饮酒成风，酒器盛行。大壶可装酒约一斤，小壶装酒半斤，古人饮酒时，既可将壶中酒注入杯盏后再慢慢品饮，也可手握壶把，将酒从壶嘴直接倒入口中开怀豪饮，常言说“文人品酒诗画来，壮士豪饮胆气升”也不过如此吧。

图7　玉堂窑各式花瓶

花瓶，为插花观赏与装饰把玩类器物，历来被文人雅士和老百姓所喜爱和珍藏。玉堂窑烧制的花瓶样式很多〔图6、图7〕，有的是瓜棱形，有的是椭圆形，有的是高腰，有的为鼓腹，有的为大盘口，有的为小圈口；有的是绿釉，有的是白釉，还有的是酱釉，有的是单色釉，有的是釉下点彩或绘画装饰。林林总总，既美观又实用，不仅体现了玉堂窑在拉坯制陶、施釉上色、控制窑火的精湛技术和绘画艺术，而且表明当时社会繁荣和老百姓对美好生活的追求。这些花瓶都具有较高的艺术价值、观赏价值和收藏价值。尤其是其中的宋代绿釉四管插瓶，不仅釉色漂亮，造型精美，而且样式典雅，与众不同，是宋代玉堂窑的代表性器物之一。该瓶曾在2012年四川收藏精品大联展中荣获三等奖。

省油灯，灯盏是古代百姓民众家中必不可少的夜间照明用具，而读书人尤为喜爱邛窑和玉堂窑的省油灯〔图8〕。省油灯又称“夹瓷灯盏”，中空，可将冷水注入夹腹中，以水降低油温，减少燃油挥发，比普通灯盏省油近一半。据陆游在《老学庵笔记》中记载：“省油灯盏，盖夹灯盏也，一端作小窍，注清冷水于其中，每夕一易之，寻常盏为火所灼而燥，

图 8　玉堂窑省油灯和小灯盏

故速干，此独不然，其省油几半。”陆游还进一步赞美它：“书灯勿用铜盏，惟瓷盏最省油。蜀有夹瓷盏，注水于盏唇窍中，可省油之半。”原来，省油灯是专门为读书人设计的，它代替了易于燃手的蜡烛，既设计科学，又经济实用，是中国灯盏科技史上的一项重要发明。省油灯不仅体现了古代蜀中读书风气盛行和勤劳节俭的美德，更表现了窑工们的聪明与智慧。

水匜（茶铫），在古代，匜是一种青铜盥洗器皿，与盘合用，官贵们在餐前或便后洗手时，由仆人持匜倒水盥洗，被称为“奉匜沃盥”。其形如瓢，有流、有柄，流用于倒水，柄用于手持。唐宋时，改青铜器为陶瓷器，老百姓称为水瓢，又称为茶铫，可用于厨房内舀水或煎煮茶水。还可用匜当瓢，舀酒、舀酱油、舀菜油等用途。玉堂窑匜的釉色有黄釉或绿釉，器型有深腹或浅腹，手柄有竹管形或螺纹橄榄形等不同样式，它们也是玉堂窑的代表性器物之一。后来，由于瓷匜烧制困难、成本较高，而且易碎不耐用、不便运输和携带等原因，逐渐被木瓢或竹管器物取代。玉堂窑瓷匜不仅是古代人生活中的器物，更是古代窑工们聪明和智慧的成果〔图 9〕。

罐，是一种陶瓷容器，用途十分广泛，从古至今都在大量生产并普遍使用，不足为奇。但是，由于都江堰市位于川西高原与盆地交界处，冬天气温十分寒冷，为了御寒取暖，玉堂窑早在 1000 多年前的唐宋时期，便创造性地烧制了一种用于御寒取暖的瓷器，名双系紧口罐，老百姓称它叫“水烘笼儿”〔图 10〕。它是玉堂窑的独特器物，其他地方窑子很少烧制。这种罐形体扁圆，重心稳定，腹大口小，盛水不溢。冬季时，将热水注入罐中，用干玉米芯封堵壶口，以防热水外溢。将此“水烘笼儿”放入布袋中包裹保温，白天放在怀

图 9　玉堂窑绿釉匜（茶铫）

图 10　玉堂窑独有的“水烘笼儿”双耳罐

中暖手，夜间放在被窝里暖脚。在一些农村和山区，采用金属制成这种形状的水烘笼儿至今还在生产和使用。但在1000多年前的唐宋时期，这种既能保暖又可防寒的瓷罐罐也算是一种创新产品。

四、釉色精美，装饰多样

玉堂窑的瓷器釉色多样，发色淡雅，沉稳朴素。早期为青瓷单色透明釉，后期釉色更加丰富，有白釉、绿釉、乳黄釉、青釉、酱釉等。器物大多都施乳浊釉、石灰釉，着色剂为铁矿石，主要色调为青色，依含铁量的多少、火候的不同、火焰气氛的差别，呈现出多种多样、多姿多彩的颜色。有青灰色、灰白色、深黄色、浅黄色、深绿色、浅绿色、酱色、褐色、黑色等。有的器物施全釉，有的器物施半釉。胎质以褐胎、灰胎为主，由于胎质粗劣，多数器物在胎釉之间先施一层白色的化妆土，以增加器物的美观，使烧出的器物釉色更加均匀、明亮，这种美容方法跟古今的女人化妆时，要先打粉底再描眉涂口红是如出一辙。

玉堂窑器物的装饰方法主要有印花、划花、点彩、彩绘、彩书、堆贴等。釉下彩书是以酱色或褐色釉料书写于器物内底或腹部，书写自然，是工匠们随手写上去的。如“好”“大”“古”“日月”“元”等。釉下彩绘内容有兰草花、虫、鸟、莲瓣、云朵、波浪、圆弧、条线纹等。彩书和彩绘广泛用于碗、盘、钵、罐等器物身上，构图简单、线条粗放，自然醒目，富于早期釉下彩的特色，艺术效果尤佳。

综上所述，玉堂窑不仅是成都平原唐、宋时期一处重要的大型窑场，它丰富的生产技术源流和产品形态及特征，是四川地区陶瓷史研究的重要实物资料。玉堂窑处于青瓷发展繁荣阶段，是青瓷向其他颜色瓷发展过程中的一个重要环节，其唐代釉下彩与邛窑、长沙窑同时代，是釉下彩发源地之一。玉堂窑在产品特征上和装烧方法上都有其鲜明的地方特色，但又与邛窑、金凤窑、磁峰窑等相邻的川西地方窑存在时代的关联，充分体现了川窑在生产和贸易过程中，相互交流与影响的关系。玉堂窑不仅丰富了四川盆地陶瓷文化，而且再次证明了成都平原是西南地区陶瓷业的中心，使蜀地瓷业的轮廓更加清晰，为研究四川陶瓷的发展、繁荣和衰亡过程提供了实物例证，也将为中国陶瓷史的研究提供更多、更新、更全面的材料。

四川地区古代陶瓷窑变特征的科技探析

李媛（故宫博物院文保科技部） 王允丽（故宫博物院文保科技部） 李合（故宫博物院文保科技部）
冯小琦（故宫博物院器物部） 王照宇（故宫博物院器物部） 董健丽（故宫博物院器物部）
陈志鸿（故宫博物院器物部）

摘要： 为了解四川地区古代陶瓷的窑变特征及其影响因素。本文采用三维视频显微镜、大样品室X射线能量色散谱仪对四川广元窑、乐山西坝窑的典型窑变釉进行了无损分析。结果表明：四川地区主要生产两类窑变，一类是仿建窑兔毫盏，不同窑场的产品外观差别较大。广元窑的窑变毫纹突出，乳浊感强烈，略带黄色，而西坝窑窑变毫纹稀疏且流动性不明显。另一类是仿河南钧瓷、鲁山花瓷的乳光窑变釉，这类产品的外观都比较接近。虽然窑工在生产两类窑变产品为达到不同的外观效果，采用了不同的两类原料，但都提高了釉料中助熔原料的比例。其主要原因可能是各窑场窑工所掌握的高温技术的差异，另外一个不容忽视的原因可能是窑工有意识地节省成本。

关键词： 四川地区　窑变　兔毫　乳光　助熔原料

一、前言

从以往的考古调查与窑址考察来看，四川省的古陶瓷窑址已发现10余处，已发现窑址的年代上起东晋，下迄民国[1,2]。纵观四川地区的制瓷工艺发展，在其发展的各个时期都受到了其他窑场先进技术的影响，从早期邛崃窑等窑场受浙江越窑影响采用龙窑烧制青瓷，到两宋时期，馒头窑在四川地区众多窑场开始盛行，除烧制仿定窑的白釉瓷之外，还大量烧制了仿福建建窑的黑釉瓷[3]。在其所生产的青釉瓷、白釉瓷等主流陶瓷产品之外，不乏一些别具特色的品种，比如邛窑名扬四海的“邛三彩”、省油灯等，也有一些令人过目难忘的神秘产品，“窑变”釉瓷就是其中的一类[4]。

1　郑建明、郝雪琳：《21世纪以来南方黑釉瓷窑址考古新进展》，《文物天地》2019年第9期。

2　傅裕：《重庆地区宋代黑釉瓷的研究》，《重庆师范大学》2011年第5期。

3　颜劲松：《唐宋时期四川馒头窑及其装烧技术的探讨》，《成都考古研究》2009年第1期。

4　吴俊芳：《邛窑古陶瓷发展初步研究》，《四川省社会科学院》2019年第10期。

"窑变",若从字面理解,是指在窑中发生的变化。那么,任何一类陶瓷,无论古今都可以说是窑变的结果。因为,就其本质而言,陶瓷就是天然原料在窑炉中,经过高温发生的一系列物理化学变化的结果。但随着历史的发展演变,"窑变"的含义已逐渐被人们专指在窑炉中所发生的不可预判的那一类产品。

河南省禹州钧台窑出土的钧瓷就是人们所熟知的一类"窑变釉",它的色彩变化多样,质感也千变万化,通过其产品的命名,如玫瑰紫、海棠红、茄皮紫、天青、天蓝、月白就可以看出窑变产品"入窑一色,出窑万千"的魅力。而这些钧瓷窑变釉之所以能够产生这样的窑变现象,主要与它所使用的原料和工艺有关。其中,形成不受人为控制的色彩和质感的主要原因在于其釉层内部存在着活跃的着色元素(铜、铁元素)以及不稳定的玻璃态结构(液液分相结构),着色元素与玻璃态结构二者之间不同的交叉组合就出现了上述的"入窑一色、出窑万千"的奇妙现象[5]。

宋代建窑的茶盏则是另一个为人们所津津乐道的窑变釉,在黑色的釉面之上时而形成线条流动感极强的毫纹盏,时而形成斑点大小不一的油滴盏,同时毫纹、斑点不仅可出现金色、银色、黄色等不同颜色,而且在其表面有时还会出现如彩虹般五颜六色的耀眼光芒,尤其是目前保存在日本的国宝级曜变盏,其机理及工艺至今都未能完全破解[6]。

故宫博物院窑址考察工作已开展数十年,考察窑址数量500余处,遍及中国23个省、市和直辖市[7],考察及研究成果作为故宫博物院的常设展览,为海内外古陶瓷研究学者提供了一个学习讨论的平台。2005年,在故宫博物院建院80周年之际,故宫博物院成立了古陶瓷检测研究实验室,自那时起,更多的自然科学方法融入古陶瓷的研究当中来,在原始瓷、汝窑、钧瓷、鲁山段店等窑口都开展了相关的工作[8-10]。本文就是在这样的背景下所开展的,文中所研究的样品均由故宫博物院器物部提供,为历年窑址考察获得的标本,研究主要围绕着四川地区古代陶瓷釉面上的窑变特征,采用现代科技方法对这些特征进行了表征,同时与其他地区窑变釉进行对比,总结了四川地区窑变的微观结构及组成特点,在此基础上探讨了四川陶瓷窑变的形成原因及可能影响因素。

---

5 卢嘉锡、李家治:《中国科学技术史陶瓷卷》,科学出版社,1998年,第417页。

6 陈显求、黄瑞福、陈士萍:《供御油滴和龟背兔毫(建窑二绝)》,《河北陶瓷》1990年第8期。

7 故宫博物院:《故宫博物院藏·中国古代窑址标本:北京、山东、陕西、宁夏、辽宁》,故宫出版社,2013年,第2页。

8 中国古陶瓷学会:《中国古陶瓷研究辑丛——印纹硬陶与原始瓷研究》,故宫出版社,2016年,第112页。

9 中国古陶瓷学会:《中国古陶瓷研究辑丛——汝窑瓷器与鲁山窑瓷器研究》,故宫出版社,2017年,第92页。

10 李媛等:《古代钧台窑钧釉"蚯蚓走泥纹"的成因探析》,《故宫学刊》2013年第1期。

二、样品和实验方法

1. 样品

如图1所示为故宫博物院器物部历年来所收集的典型的四川地区各窑址的瓷片标本，包括邛崃窑、广元窑、彭州窑、青羊官窑、琉璃厂窑、西坝窑、会理窑等窑址。由图不难发现，除青瓷、白釉、黑釉、绿釉、彩绘及青釉褐、绿斑瓷之外，窑变釉瓷的比例也不小。

根据窑变的外观特征，选取了两类共5件典型标本作为本次检测研究对象。第一类窑变样品共3件，外观与建窑兔毫相似，即在黑色底釉上出现流动性比较强的红褐色线条、斑纹，包括四川广元瓷窑铺窑16286#标本，四川乐山五通桥区西坝镇西坝窑16719#

图1　四川地区不同窑址典型标本照片

(1)

(2)

(3)

(1) 广元瓷窑铺窑16286#；(2) 乐山西坝窑16719#；(3) 乐山西坝窑16720#

图2　四川地区第一类窑变标本照片

(1)

(2)

（1）乐山西坝窑 16727#；（2）乐山西坝窑 16730#

图 3　四川地区第二类窑变标本照片

和 16720# 标本，如图 2 所示。第二类窑变样品共 2 件，外观与河南鲁山段店窑、钧窑相似，即在黑色底釉面上呈现白色、蓝色、黄色等颜色的线条、斑纹，包括四川乐山五通桥区西坝镇西坝窑 16727# 和 16730# 标本，如图 3 所示。

2. 实验方法

采用美国 EDAX 公司的 EAGLE Ⅲ XXL 大样品室能量色散 X 射线荧光—光谱仪对瓷片标本的釉层元素组成含量进行测试。实验测试条件为：主次量元素采用的电压为 25kV，电流 400μA，束斑 0.3mm，测量时间 300s，经标准样品校准校正后得到近似定量分析结果。采用日本 Hirox 公司的 KH—8700 超景深三维显微系统对瓷片标本的釉层微观形态和结构进行观察测试。

三、结果与讨论

1. 第一类窑变标本结构和组成特征

图 4 为第一类窑变标本表面釉层放大照片。为便于比较，将福建建窑黄兔毫盏釉层的放大照片也一并列上。由图 4 可以看出，广元瓷窑铺窑 16286# 标本的毫纹与图 4（1）的福建建窑兔毫盏的毫纹相似度比较高，釉层表面形成毫纹的数量也比较大，几乎布满了除口沿之外的全部釉层。但二者之间也存在着比较明显的差别，首先是毫纹的宽度，广元瓷窑铺窑的毫纹明显更宽一些，比较细的也至少 2mm，而建窑的大多数兔毫宽度则在 0.4—

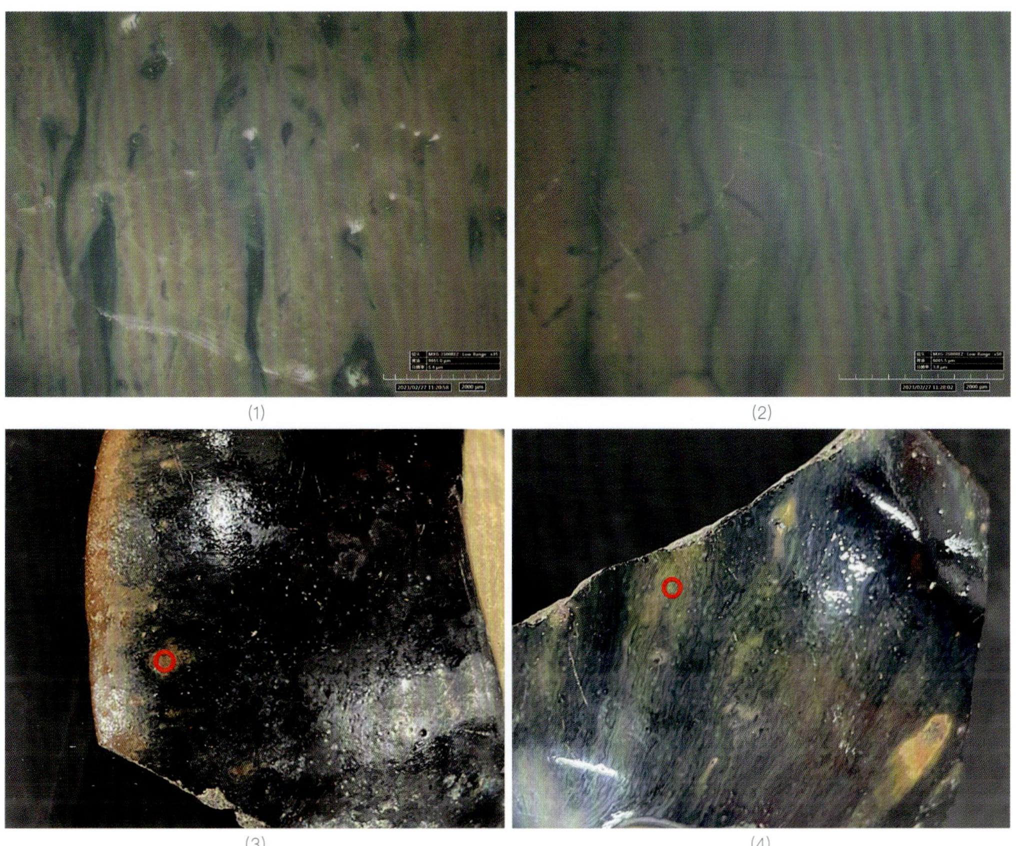

(1) 福建建窑 FJS-28#；(2) 广元瓷窑铺窑 16286#；(3) 乐山西坝窑 16719#；(4) 乐山西坝窑 16720#

图 4　福建及四川第一类窑变标本光学放大照片

1mm 之间，基本没有超过 2mm 的毫纹。另外一个差别是毫纹的色泽与质感，广元磁铺窑的毫纹颜色略黄，带有乳浊感，与建窑带有明显金属光泽的褐色兔毫存在明显不同。

与广元瓷窑铺窑毫纹特征不同，西坝窑两个标本的釉面仍保留着很大面积的黑釉，只有零星的褐色或红色条纹出现，并且流动性也不显著，如图 4 中的（3）、（4）所示。

由以往研究可知，建窑毫纹的产生与氧化铁在高温的分解密切相关。高温时，随胎釉中氧化铁的不断分解形成氧气，氧气在逃离釉层的过程中，不断将新析出的晶体带至釉层表面，从而形成毫纹。毫纹形成的数量不仅与胎釉中的氧化铁含量有关，同时也与烧制过程中温度的高低及高温保温时间的长短有关[11]。

表 1 为福建及四川第一类窑变标本的元素组成结果。由表 1 可知，不同地区不同窑场毫纹黑釉中基础氧化物（氧化铝和氧化硅）含量是大体相当的，但助熔剂和乳浊剂含量存在一定的差别。虽然四川地区瓷釉中氧化铁含量都高于建窑，但其釉层表面并未出现大量

11　王金峰、王黔平：《油滴釉的形成机理及烧成工艺探讨》，《陶瓷科学与艺术》2003 年第 5 期。

流动性很强的毫纹，推测可能有两个原因。一个原因可能与当时四川地区对陶瓷烧制高温阶段的掌控能力仍比较有限有关，即可能窑工很难将窑炉的温度提升并保持至可以产生大量氧气。另一个原因也有可能是四川地区窑场所生产的产品属于民窑、而非用于进贡，故没有严格的制作规范，所以从节省成本的角度，窑工更倾向于降低烧制温度，而去选择助熔剂含量更高的原料进行烧制。以上的原因可能造成了西坝窑即便瓷釉中存在足够的氧化铁但也并未形成大量毫纹的结果。

另外，广元窑瓷釉中还有较高含量乳浊剂氧化磷，这就是其条纹具有强烈乳浊感的内在原因。

表1　四川及福建窑变标本元素组成结果

编号	部位	Na_2O	MgO	Al_2O_3	SiO_2	K_2O	CaO	TiO_2	MnO	Fe_2O_3	P_2O_5
16286	黑釉	1.26	3.76	15.14	62.15	2.99	7.19	0.98	0.40	5.13	3.91
	口沿	0.84	3.26	14.21	65.13	3.43	4.51	1.33	0.25	6.03	1.89
	棕色	0.79	4.25	14.18	61.16	2.70	8.54	0.99	0.46	5.93	4.64
16719	黑釉	0.33	5.00	14.39	62.60	2.44	7.05	0.88	0.30	6.00	1.44
	口沿	0.64	3.15	17.67	62.74	2.90	4.84	1.31	0.24	5.52	1.10
	棕色	0.36	4.27	16.00	61.68	2.60	6.27	1.16	0.28	6.37	1.34
16720	黑釉	0.34	3.46	14.48	66.72	2.56	4.46	1.05	0.16	5.76	1.27
	棕色	0.89	3.21	15.53	66.17	2.77	3.67	1.02	0.10	5.64	1.12
FJS-27	黑釉	0.55	1.62	13.26	72.29	3.48	3.60	0.38	0.63	3.18	0.84
	棕色	0.78	2.82	18.53	59.76	2.87	5.81	0.86	1.06	6.51	1.65
FJS-28	黑釉	0.62	2.54	16.80	64.83	3.21	5.31	0.58	0.58	4.54	1.39
	棕色	0.35	2.46	18.37	61.42	3.26	5.78	0.71	0.57	6.09	1.45
FJS-30	黑釉	0.54	2.28	14.61	68.70	3.42	4.75	0.47	0.68	3.56	0.90
	棕色	0.37	2.38	17.73	60.73	2.85	6.47	0.69	1.02	6.76	1.21

2. 第二类窑变标本结构和组成特征

图 5 为四川地区第二类窑变标本表面釉层放大照片，为便于比较，将河南钧瓷、鲁山段店花瓷的放大照片也一并列上。由图 5 可以看出，四川地区的第二类窑变标本外观与河南地区的钧瓷、鲁山段店花瓷的外观大体上是非常接近的，釉都具有一定的乳浊感，并呈现出比较明显的流动感条纹，而且这些流纹最突出的特点都是以蓝色、白色为主，并且交错排布。当然，钧瓷釉中由于着色剂氧化铜的作用，还出现了不同深浅程度的红色流纹，从而变幻出钧釉的多姿多彩，如图 5（3）所示。

液液分相结构是玻璃态物质的一种存在形式，施在古代陶瓷表面的釉层就是一种玻璃态物质，因此，在我国古代陶瓷釉中常常可以发现液液分相结构。当釉层中液液分相结构中的结构单元若满足瑞利散射条件时，釉层外观就会呈现出天蓝色，若满足米氏散射时，

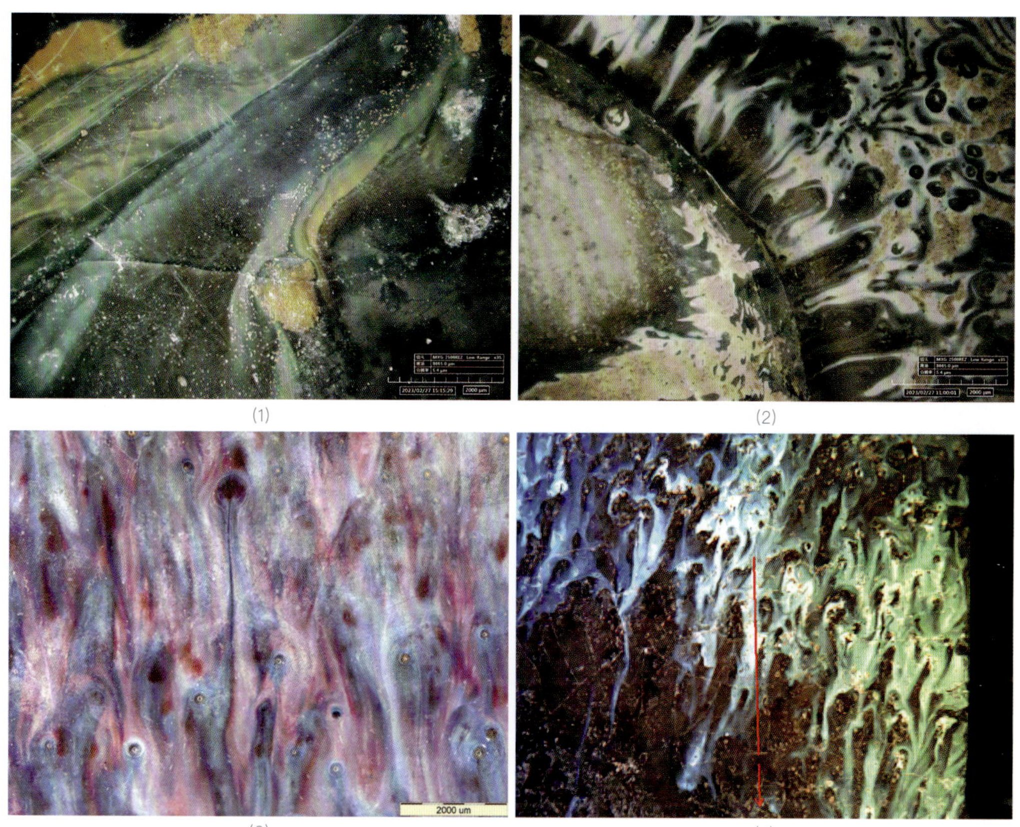

(1) 乐山西坝窑 16727#；(2) 乐山西坝窑 16730#；(3) 河南钧瓷 JS-27#；(4) 唐代鲁山段店 JT-2#

图 5　四川第二类窑变标本光学放大照片

釉层外观则随着变成白色。已有研究表明，瓷釉的组成会影响液液分相结构的产生[12]。

表 2 为四川第二类窑变标本的元素组成结果。由表可知，第二类窑变标本瓷釉中基础氧化物（氧化铝和氧化硅）含量比例不同于四川地区第一类窑变标本，而更接近唐代鲁山花瓷、河南钧瓷釉，因此也就更倾向于产生分相结构，从而形成蓝色、白色相互交错的外观形貌。但也有一点是与第一类窑变标本是相同的，就是它们瓷釉中的助熔剂成分都普遍较高，其可能原因上文已讨论，此处不再赘述。由于本次研究采用都是无损分析方法，所以对于其中西坝窑 16727# 样品黄色流纹的成因还有待于进行进一步的有损分析后，才能确定。

表2　四川及河南窑变标本元素组成结果

编号	部位	Na_2O	MgO	Al_2O_3	SiO_2	K_2O	CaO	TiO_2	MnO	Fe_2O_3	P_2O_5
16727	黑釉	0.34	3.50	12.67	67.23	2.71	5.87	0.92	0.16	5.59	2.34
	棕色	0.35	3.86	13.60	66.78	2.99	4.65	1.04	0.12	5.60	0.93
	蓝色	0.53	1.23	10.64	73.90	2.60	4.89	0.78	0.13	4.31	2.15

12 若干瓷釉的液相不混溶结构。

（续表）

编号	部位	Na_2O	MgO	Al_2O_3	SiO_2	K_2O	CaO	TiO_2	MnO	Fe_2O_3	P_2O_5
16730	黑釉	0.87	4.27	12.64	65.95	3.14	4.97	1.18	0.34	5.65	2.03
	白釉	0.41	1.50	11.10	68.77	3.99	5.74	1.07	0.45	5.97	0.93
	棕色-1	0.34	4.10	14.28	65.26	3.30	4.47	1.15	0.25	5.86	2.05
	棕色-2	0.57	4.63	11.52	66.27	3.03	7.12	0.83	0.38	4.65	2.32

从以上分析可知，四川地区在仿制河南地区乳光窑变釉时，不同窑场的产品外观并没有太多差别，窑工所选用的原料也与河南地区原料比较接近，但它们与第一类仿制建窑窑变釉有较大区别。

上述分析反映了四川地区不同窑场的窑工在借鉴、吸收外来的先进制瓷技术基础上，已逐渐摸索出了具有本地特色的制瓷工艺。

四、结论

在故宫博物院历年来窑址考察的基础上，本文对四川地区古代陶瓷典型的窑变特征进行了无损分析，发现四川地区的窑变釉主要可分为两类，一类是仿福建建窑兔毫盏的毫纹窑变釉，另一类是仿河南钧瓷、鲁山花瓷的乳光窑变釉。之所以形成如此繁荣景象，主要由于四川地区以民窑为主，在借鉴、吸收外来先进制瓷技术的时候，要比贡窑、官窑更加灵活与变通。同时，四川地区窑变标本的釉料组成都是比较易熔的，这可能与窑工未能较好地掌握高温技术有关，但节省成本也是不容忽视的可能因素。

重庆涂山窑的发现、研究及相关问题的探讨

王洪领　蔡亚林（重庆市文物考古研究院）

摘要：涂山窑是重庆宋元时期的重要窑场。自20世纪30年代发现起，尤其是80年代以来，相关研究取得了丰硕的成果。本文主要从考古工作、兴衰原因、分期与年代、装饰艺术、窑炉结构、与周围窑址的关系、科学检测等角度对涂山窑进行梳理，在此基础上，对存在问题及以后工作思路作进一步探讨。

关键词：涂山窑　宋元　发现　研究

涂山窑是重庆宋元时期的重要窑场，主要分布于重庆南岸区黄桷垭镇南山与涂山之间的宽谷地带，取“大禹娶涂山氏”之涂山而得名。自 20 世纪 30 年代发现起，尤其是 80 年代以来，考古工作者相继在巴南、荣昌、合川等地，发现与之类似的窑址。目前，学术界把重庆地区发现的该类窑址通称为涂山窑[1]或涂山窑系[2]。考古资料显示：涂山窑始烧于北宋晚期，是宋金战争背景下窑业技术南移的产物，南宋是其盛烧期，到元代逐渐衰落[3]。涂山窑在历史上并无文献记载。经过几代专家、学者不懈努力，相关研究取得了丰硕的成果。本文主要从考古工作、兴衰原因、分期与年代、装饰艺术、窑炉结构、与周围窑址的关系、科学检测等角度对涂山窑进行梳理，在此基础上，对存在问题及以后工作思路作进一步探讨。

一、考古工作

1. 考古调查

早在 20 世纪 30 年代，美国传教士、汉学家、中国华西协合大学古物博物馆（现四川

1　1982 年，董其祥先生最早提出“涂山窑”这一命名。自提出以来，学术界对涂山窑基本形成了共识。本文亦采用这一观点，并认为：涂山窑应是重庆地区发现的以烧造黑釉、白釉瓷器为主，其窑炉结构均为马蹄形半倒焰馒头窑，其产品为满足人们日常生活需求而生产的民间用瓷这类窑址的统称。

2　陈丽琼：《三峡与中国瓷器》，重庆出版社，2010 年。

3　林必忠、李大地：《重庆涂山窑的几点认识》，《四川文物》2007 年第 6 期。

大学博物馆）馆长葛维汉先生在重庆黄桷垭调查时发现，称之为“重庆的建窑遗址”[4]。80年代以来，重庆市博物馆、重庆市文化遗产研究院（前重庆市文物考古所）等单位做了大量的调查工作，共发现窑址31处。

黄桷垭窑址群：发现最早，共12处，分别为王庄、涂山湖、酱园、航灯厂、慈母山、小湾、中药所、云南会地、庙岗、三块地、老房子、杨家棺山窑址[5]。

清溪窑址群：1976年发现，共3处，分别为华光村、鱼塘坡、梓潼窑址[6]。

瓷窑里窑址群：20世纪90年代发现，共7处，分别为罗汉坟、堰口屋基、桂花屋基、石朝门、石角咀、窑山坡、小山坡窑址[7]。

盐井窑址群：2005年发现，共3处，分别为炉堆子、朱家堡、伍家坡窑址[8]。

除上述外，重庆市文化遗产研究院、重庆市博物馆在铜梁黄门[9]、巴南姜家场[10]、九龙坡沙岚垭[11]、涪陵蔺市[12]等地也发现该类窑址。这些窑址的发现，明确了涂山窑的分布范围，丰富了涂山窑的内涵，为我们了解和研究其产品结构及装烧工艺等方向提供了第一手资料。

2. 考古发掘

涂山窑考古发掘工作始于20世纪80年代初。目前，经过正式考古发掘的窑址多达19处（附表1）。其中，以黄桷垭窑址群开展工作最多，材料也较为重要：

1982年2—4月、1983年3—4月，重庆市博物馆对王庄、涂山湖、航灯厂、小湾、三块田等五处窑址进行试掘，发掘面积490余平方米，清理窑炉2座。此次发掘揭开了涂山窑发掘的序幕[13]。

1985—1988年冬春两季，对小湾窑址进行正式发掘工作，发掘面积共计675平方米，清理窑炉3座、淘洗池1处，还发现有作坊残迹。发掘者认识到窑炉的差别，并根据出土遗物把小湾窑址的烧造历史推定为北宋到元初[14]。

1988年9月—1989年1月底，重庆市博物馆等对锯木湾窑址进行发掘，发掘面积240

---

4 葛维汉：《Chien Yao Kiln Sit Near Chungking Szechwan》，《华西边疆研究学会杂志》1938年总第10卷。

5 重庆市博物馆：《重庆涂山窑小湾瓷窑发掘报告》，《四川考古报告集》，文物出版社，1998年。

6 重庆市博物馆：《重庆市巴南清溪宋代瓷窑址》，《考古学集刊（第13集）》，中国大百科全书出版社，2000年。

7 瓷窑里遗址从2005年11月—2016年10月，共进行三次调查。其中第一次调查共发现4处窑址，分别为罗汉坟、堰口屋基、桂花屋基、石朝门；第二次调查共发现石角咀、窑山坡两处窑址；第三次调查发现小山坡1处窑址。

8 重庆市文化遗产研究院、合川区文物管理所：《合川区盐井瓷窑址发掘简报》，《嘉陵江下游考古报告集》，科学出版社，2015年。

9 重庆市文化遗产研究院、铜梁县文物管理所：《铜梁县黄门窑址试掘简报》，《嘉陵江下游考古报告集》，科学出版社，2015年。

10 陈丽琼：《巴县姜家窑址》，《四川古陶瓷研究（一）》，四川省社会科学院出版社，1984年。

11 重庆市文化遗产研究院、重庆文化遗产保护中心：《2015考古重庆》，2015年年报。

12 重庆市文物考古所：《重庆涂山窑》，科学出版社，2006年。

13 重庆市博物馆：《重庆市涂山宋代瓷窑试掘报告》，《考古》1986年第10期。

14 重庆市博物馆：《重庆涂山窑小湾瓷窑发掘报告》，《四川考古报告集》，文物出版社，1998年。

图1 酱园窑址2003年度发掘区全景

图2 小湾窑址洗料池

图3 梓桐窑址出土的仿钧窑瓷盏

平方米，清理窑炉1座。该窑址以生产茶盏为主，反映出锯木湾窑址生产趋于专门化[15]。

2003年4—5月，重庆市文物考古所对酱园窑址进行了较大规模的抢救性工作〔图1〕，发掘面积705平方米，清理建筑遗迹1处、窑炉17座及灰坑、堆煤场若干处。发掘者结合窑炉间的叠压打破关系，把酱园窑址分为三期，并分析了涂山窑兴衰原因[16]。

2004年4月，重庆市文物考古所再次对小湾窑址进行发掘，发掘面积500平方米，清理建筑遗迹4座、窑炉2座、灰坑1座[17]。2011年2—4月，又对云南会地、小湾两处窑址开展抢救性发掘工作，发掘面积800平方米。其中小湾窑址是在2004年工作的基础上，继续对作坊遗迹进行清理〔图2〕，基本厘清了小湾窑址的制瓷工艺及生产流程[18]。

除黄桷垭窑址群外，重庆其他地区较为重要的材料如下。

1990—1992年间，重庆市博物馆等对巴南清溪乡梓桐、华光村两处窑址进行了两次发掘，发掘面积448平方米，其中梓桐窑址发现有较完整的窑炉1座，在火膛上端发现有月牙形及长方形平台，较为少见，可能为增加窑内容量。出土的遗物中，不仅发现有黑釉、白釉瓷器，还有少量的仿钧窑瓷器〔图3〕，反映了梓桐窑址发展过程中在不断吸收其他名窑优点的同时，并进行仿制[19]。

2005年12月，为了解瓷窑里窑址群的产品

15 重庆市博物馆：《四川重庆涂山锯木湾宋代瓷窑发掘简报》，《考古》1991年第3期。

16 重庆市文物考古所：《重庆涂山窑—酱园窑址发掘简报》，《江汉考古》2007年第1期。

17 重庆市文物考古所：《重庆涂山窑》，科学出版社，2006年。

18 重庆文化遗产保护中心、重庆市文物考古所：《2011考古重庆》，2011年年报。

19 重庆市博物馆：《重庆市巴南清溪宋代瓷窑址》，《考古学集刊（第13集）》，中国大百科全书出版社，2000年。

构成、特征及堆积情况，重庆市文物考古所对石朝门窑址进行考古试掘，发掘面积18平方米，清理宋代窑炉1座，并出土了大量的瓷器标本和窑具[20]。这是首次在渝西地区对涂山窑进行考古发掘工作，为了解涂山窑各窑址间的区别和联系提供了实物资料。

图4　炉堆子窑址出土的白瓷碗

2007年8—10月，重庆市文物考古所为配合嘉陵江草街航电枢纽工程建设对炉堆子窑址和朱家堡窑址进行考古发掘，发掘面积820平方米，两处窑址共清理窑炉5座。出土瓷器中以白瓷为大宗〔图4〕，其中炉堆子窑址白瓷占80.5%，朱家堡窑址白瓷占78%，大量烧造白瓷是盐井窑址群的突出特点[21]。

2013年11月，重庆市文化遗产研究院对黄门窑址进行试掘，试掘面积67平方米，清理窑炉1座。出土瓷器中白瓷略多，约占出土瓷器的52.5%。整体来看，与合川发现的炉

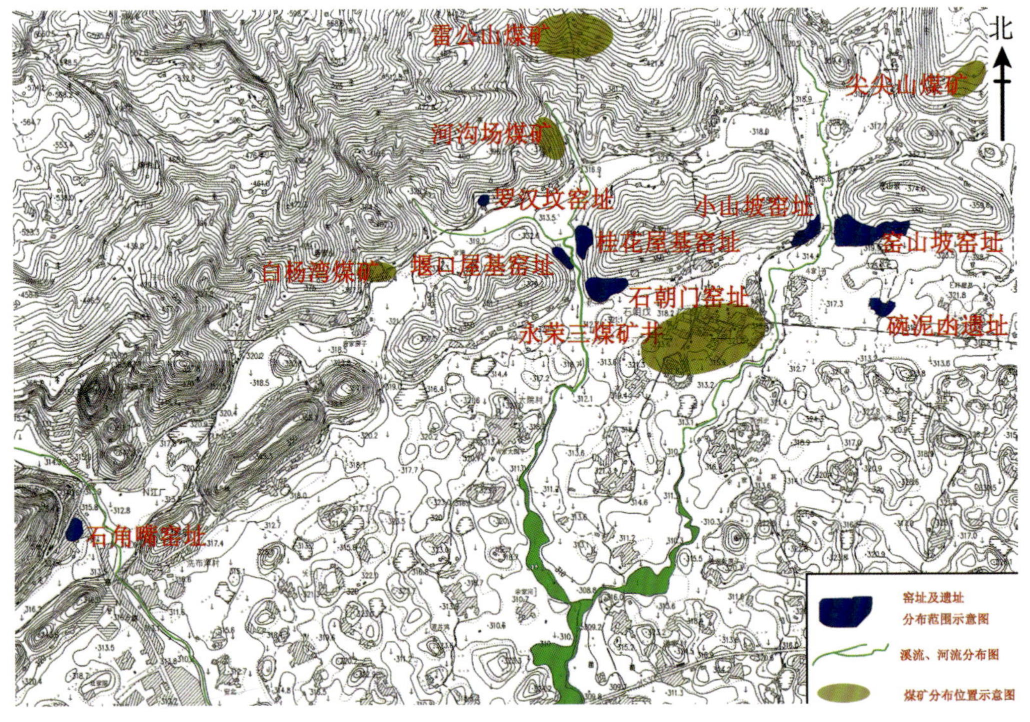

图5　瓷窑里窑址群周边资源环境

20 重庆市文物考古所：《重庆涂山窑》，科学出版社，2006年。

21 重庆市文化遗产研究院、合川区文物管理所：《合川区盐井瓷窑址发掘简报》，《嘉陵江下游考古报告集》，科学出版社，2015年。

图 6　窑山坡窑址出土的釉下彩绘盆

堆子和朱家堡窑址较为类似[22]。

2014 年 10—11 月，重庆市文化遗产院对石朝门窑址、桂花屋基窑址、堰口屋基窑址进行考古发掘（图 5），发掘面积 400.5 平方米，清理宋代窑炉 1 座、房址 1 座、墓葬 2 座。同时，对遗址及其周边进行了系统调查勘探，基本掌握了遗址周边瓷土、煤场、水系等分布状况，新发现了两处宋代窑址[23]。

2016 年 10 月至 2017 年 1 月，重庆市文化遗产院对窑山坡窑址进行主动性发掘，并对小山坡窑址进行试掘，共完成发掘面积 408 平方米。其中窑山坡是此次发掘的重点，共清理宋代窑址 2 座，元代窑藏坑 2 个，出土了大量的器物标本。该窑址主要烧造白瓷，部分器物可见白地黑花釉下装饰（图 6），题材多为单株草叶纹和鱼纹等，这是在其他窑址中较为少见的。

二、既往研究

以上考古工作，对于我们研究涂山窑具有重要的价值。许多专家、学者在此基础上，作出了深入系统的探讨，取得了重要收获。目前，关于涂山窑的研究，主要集中在兴衰原因、分期与年代、装饰艺术、窑炉结构、与周围窑址的关系、科学检测等方面。

关于涂山窑兴衰原因的探讨，许多学者都曾进行论述[24]。其中，关于涂山窑兴起的原因，认识主要集中在：第一，宋金战争背景下，窑工南下，带来了先进的制瓷技术，为涂山窑的兴起提供了技术保障；第二，宋代斗茶之风盛行，黑釉瓷产品有了广阔的市场，是涂山窑兴起的原始动力；第三，涂山窑所在的区域不仅煤炭、瓷土、水资源丰富，而且交通发达，为产品销售提供了方便。关于其衰落，宋末战争应是重要原因之一。长期的战争，造成人口的大量减少，加之元统一战争的结束，外来产品可以顺利到达重庆，原本质量就不上乘的涂山窑产品在周边地区产品的冲击下，很快失去了原有的市场从而走向衰落。

关于涂山窑的分期与年代，发掘者在《重庆市涂山宋代瓷窑试掘报告》[25]和《重庆涂山

22　重庆市文化遗产研究院、铜梁县文物管理所：《铜梁县黄门窑址试掘简报》，《嘉陵江下游考古报告集》，科学出版社，2015 年。

23　重庆市文化遗产研究院、重庆文化遗产保护中心：《2014 考古重庆》，2014 年年报。

24　林必忠、李大地：《重庆涂山窑的几点认识》，《四川文物》2007 年第 6 期；陈丽琼：《重庆宋代天目瓷》，《重庆师范学报》，1983 年。

25　重庆市博物馆：《重庆市涂山宋代瓷窑试掘报告》，《考古》1986 年第 10 期。

窑小湾瓷窑发掘报告》[26]中已初步认识到窑炉与出土瓷器的差别。酱园窑址的发掘者依据地层与窑炉、窑炉之间一系列叠压、打破关系，将酱园窑址分为三期四段[27]〔图7〕。在此基础上，李大地先生在《重庆涂山窑的分期》一文中，把涂山窑分为三期。第一期，A型窑炉，小窑，整体形态瘦长，平面呈椭圆形。盏以侈口为大宗，碗、盘出现四出、五出、六出葵口，瓶多为弧腹。时代为北宋末至南宋初。第二期，B型窑炉，形态与A型窑炉近似，但形体增大，形制更规整。此时盏以敛口、弇口成为主流，碗、盘流行六出葵口，瓶多为鼓腹下垂。时代为南宋中晚期。第三期，C型窑炉，整体形态变圆、胖。盏以敛口、弇口为主，少见侈口，碗、盘类器物不见葵口，瓶的腹部变成扁垂腹，出现了带座瓶，新出现了一种喇叭形高圈足青瓷杯。时代为南宋末到元初[28]。

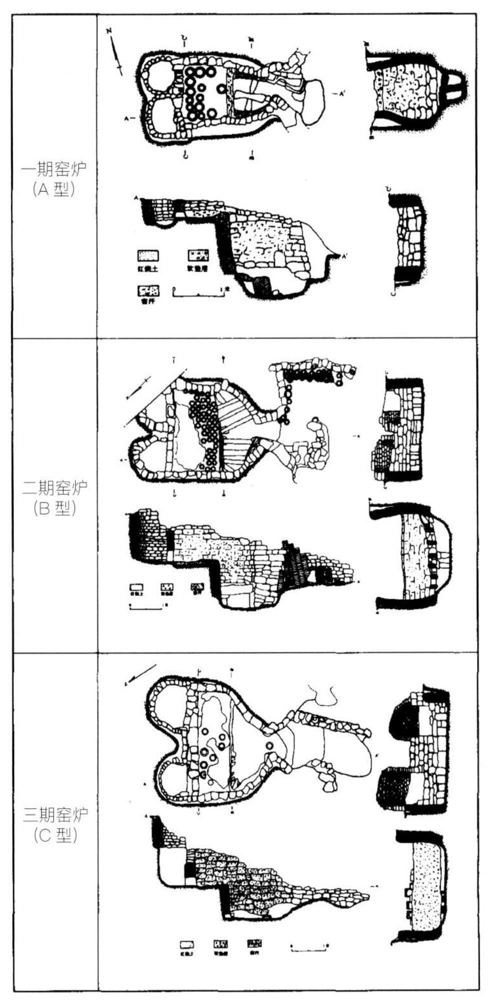

一期窑炉
（A型）
二期窑炉
（B型）
三期窑炉
（C型）

图7　酱园窑址分期图

关于涂山窑的装饰艺术，陈丽琼先生在《宋代重庆涂山窑装饰艺术研究》一文中，把涂山窑装饰分为胚胎装饰、釉下装饰和釉中装饰三类，在对各类装饰进行介绍的同时，着重对曜变形成进行探讨，认为曜变纹釉的形成是复杂的，应是在多种原因、条件下产生，并提出重庆涂山窑曜变纹的产生应是黑釉瓷工艺发展到一定高度的结果；多出现在匣钵粘连的茶盏或与器皿直接叠烧粘连件的密闭部分，应与装烧器件的密封性有关；与煤炭中液出硫无关，而与釉的组成、烧成温度、保温时间、釉层厚度及冷却速度有关[29]。

关于涂山窑窑炉结构，为马蹄形半倒焰馒头窑，一般由窑门、火膛、窑床、挡火墙和烟囱等部分组成，这与陕西耀州窑[30]、河北磁州窑[31]等北方窑炉有很大的相似之处。对于其较唐、五代短而圆，这应与所用的燃料煤有关。有研究表明，陕西地区在发明煤烧窑后，

26 重庆市博物馆：《重庆涂山窑小湾瓷窑发掘报告》，《四川考古报告集》，文物出版社，1998年。

27 重庆市文物考古所：《重庆涂山窑—酱园窑址发掘简报》，《江汉考古》2007年第1期。

28 李大地：《重庆涂山窑的分期》，《四川文物》2007年第6期。

29 陈丽琼：《唐宋时代四川陶瓷装饰艺术特点》，《四川古代陶瓷》，重庆出版社，1987年；陈丽琼：《重庆、四川唐宋时代陶瓷装饰工艺特点》，《古代陶瓷研究》，重庆出版社，2001年；陈丽琼：《宋代重庆涂山窑装饰艺术研究》，《古代陶瓷研究》，重庆出版社，2001年。

30 陕西省考古研究所、耀州窑博物馆：《宋代耀州窑址》，文物出版社，1998年。

31 北京大学考古学系等：《观台磁州窑址》，文物出版社，1997年。

技术迅速传入川渝地区[32]。涂山窑用煤做燃料，煤的火焰短，容易造成生烧，为解决火焰短的问题，势必要改革窑炉，于是便扩大火膛，改变窑室的长、宽度。增加火力，集中瓷坯，从而解决火焰短的问题[33]。

关于涂山窑与周围窑址的关系，主要涉及与福建建窑、陕西耀州窑的关系。在涂山窑与建窑的关系上，早在葛维汉前往重庆调查时，就认为黄桷垭附近发现的瓷器属于建窑。目前，学术界普遍认为两者关系密切，其产生受到建窑的影响，甚至可作为建窑的地方类型，称为"建窑系涂山窑类型"[34]。有学者还列举了两者的共同点，如器型、窑变等，均是受建窑的影响而产生的[35]。至于与陕西耀州窑的关系，研究者认为涂山窑黑釉碗、盘、碟、盏、托、瓶、罐、钵等的发展与耀州窑有一脉相承的明显渊源关系，并进一步认为耀州与四川较近，耀州窑通过影响广元窑，进而通过嘉陵江航运通道而下，从而影响到涂山窑[36]。

学者在对涂山窑进行考古学研究的同时，也开展了多学科的交叉研究。比如通过对荣昌瓷窑里松树林窑址和南岸区酱园窑址出土遗物中各选取的10件不同釉色、胎质的瓷片，进行偏光显微镜分析、胎和釉的X射线荧光光谱分析：胎的Al_2O_3含量偏低，多数在20%以下，铁的含量偏高，在1.5%以上。瓷釉中主要助溶剂为CaO和K_2O，属于石灰釉体系。釉的呈色元素主要是铁的含量，黑釉中Fe_2O_3的含量在7%左右或更高；颜色略变浅，即呈褐色，铁的含量就会下降[37]。关于窑炉的年代，取红烧土标本，采用双无定向磁力仪，测试标本的剩余磁化方向强度，同时运用Tnellier逐步热退磁法，得出与国内其他地区宋代遗存值基本相符。为了解煤的燃烧热量，曾对小湾黑煤遗存进行化验分析，得出此类煤属高温卡的无烟煤。低硫，使得涂山窑产品光洁、斑疵少，说明窑工对燃料应有选择的[38]。

三、相关问题探讨

以上关于涂山窑的研究，使我们对涂山窑有了较为清晰的认识。随着考古新材料的陆续公布，我们愿在以往研究工作的基础上，就具体问题进行继续探讨。不当之处，敬请方

---

32 秦大树：《磁州窑窑炉研究及北方地区瓷窑发展的相关问题》，《考古学研究（四）》，科学出版社，2000年。

33 陈丽琼：《四川瓷器窑炉和装烧工艺的发展》，《四川古代陶瓷》，重庆出版社，1987年；陈丽琼：《宋代石炉栅馒头窑》，《四川古代陶瓷》，重庆出版社，1987年；陈丽琼：《重庆、四川唐宋时代陶瓷窑炉与装烧工艺特点》，《古代陶瓷研究》，重庆出版社，2001年。

34 林必忠、李大地：《重庆涂山窑的几点认识》，《四川文物》2007年第6期。

35 陈丽琼：《试谈耀窑黑釉瓷与重庆、四川黑釉瓷的关系》，《四川古代陶瓷》，重庆出版社，1987年；傅裕：《重庆地区宋代黑釉瓷研究》，《长江文明》2010年第3期。

36 陈丽琼：《试谈耀窑黑釉瓷与重庆、四川黑釉瓷的关系》，《四川古代陶瓷》，重庆出版社，1987年；傅裕：《重庆地区宋代黑釉瓷研究》，《长江文明》2010年第3期。

37 重庆市文物考古所：《重庆涂山窑》，科学出版社，2006年。

38 重庆市博物馆：《重庆涂山窑小湾瓷窑发掘报告》，《四川考古报告集》，文物出版社，1998年。

家指正。

1. 重庆地区制瓷业传统及与涂山窑的关系

重庆地区的制瓷业最早可追溯至南北朝时期。早在1987年第二次全国文物普查时，调查人员在合川七间乡孙家坝村采集到南北朝时期的青瓷器及垫烧窑具等，这应是重庆地区发现的最早制瓷业窑址之一[39]。进入两宋时期，重庆地区制瓷业迎来大发展时期，其窑业遗存明显可分为两类。一类以丰都大沙坝[40]、老院子[41]、铺子河[42]等为代表，以烧造青瓷为主。该类窑址以木柴做燃料；窑炉为利用地势坡度建造而成的龙窑，较为原始，可从当地早期龙窑身上找到其技术传承的影子[43]；产品成品率低，质量低劣，器型单一，主要有碗、罐、执壶、碟、盆等，其形制特征与邛崃十方堂窑址[44]有一定的相似性。另一类为涂山窑，产品以黑釉和白釉瓷器为主。该类窑址以煤做燃料，窑炉为马蹄形半倒焰馒头窑，器型主要有碗、盏、碟、盘、罐等，种类丰富，形制多样。两者在产品种类、燃料、窑炉结构及装烧工艺等方面的不同之处，应源自不同窑业技术背景。前者本地色彩浓厚，其窑业遗存与邛窑的影响是分不开的；后者则是主要受宋金战争背景下窑业技术南移及宋代饮茶之风的影响所致。

2. 涂山窑与建窑的关系

关于涂山窑与建窑的关系，学术界普遍认为两者关系密切。通过对比，我们认为两者的差别还是很大的：涂山窑以黑釉和白釉瓷器为主，后者占了很大的比重，而建窑釉类单一，以黑釉为大宗；器型上，涂山窑器型多样，以碗（盏）、盘、碟、罐等为主，而建窑碗（盏）占了绝大多数；窑炉上，涂山窑为马蹄形半倒焰馒头窑，以煤为燃料，而建窑为龙窑，以木材为燃料。总体来看，建窑更像一个为品茶、试茶服务的专门性瓷窑[45]，而涂山窑则是为满足人们各种需要的日常生活用窑。至于两者共性的部分，比如碗（盏），毕竟在两者的文化因素中所占比例不高，且能不能就此认为直接受到建窑的影响，而非周边其他窑的影响所致有待作进一步探讨。

---

39 重庆市文物考古所、重庆文化遗产保护中心：《重庆文物考古十年》，重庆出版社，2010年。

40 湖南省文物考古研究所、长沙市文物考古研究所等：《丰都大沙坝窑址发掘简报》，《重庆库区考古报告集·2001卷》，科学出版社，2007年。

41 湖南省文物考古研究所、长沙市文物考古研究所等：《丰都老院子窑址发掘简报》，《重庆库区考古报告集·2001卷》，科学出版社，2007年。

42 山西省考古研究所、重庆市文物局：《丰都铺子河遗址考古发掘报告》，《重庆库区考古报告集·2001卷》，科学出版社，2007年。

43 罗敏：《三峡地区古代陶瓷窑炉的考古发现与窑业技术研究》，重庆师范大学硕士学位论文，2011年。

44 陈显双、尚崇伟：《邛窑古陶瓷简论——考古发掘简报》，《邛窑古陶瓷研究》，中国科学技术大学出版社，2002年。

45 福建省博物馆、厦门大学等：《福建建阳芦花坪窑址发掘简报》，《中国古代窑址调查发掘报告集》，文物出版社，1984年；中国社会科学院考古研究所、福建省博物馆：《福建建阳县水吉北宋建窑遗址发掘简报》，《考古》1990年第12期；中国社会科学院考古研究所、福建省博物馆：《福建建阳县水吉建窑遗址1991—1992年度发掘简报》，《考古》1995年第2期。

3. 涂山窑衰落年代

图 8　老鼓楼衙署遗址出土的黑釉碗、盏

关于涂山窑衰落年代，学术界普遍认为衰落于元代，笔者认同这一观点。从最新的考古资料看，我们可对涂山窑的衰落年代作进一步探讨。在《重庆渝中区老鼓楼衙署遗址元代水池发掘简报》[46]一文中，发掘者对出土瓷器进行了详细介绍，所涉及窑口不仅包括浙江龙泉窑、江西湖田窑、四川彭州窑、河南钧窑等，还发现一定数量的涂山窑瓷器〔图 8〕。这批瓷器中如碗、B 型盏、C 型盏、盘、刻槽盆、器盖等与涂山窑前期有明显的承袭关系，应为涂山窑无疑。结合 H43 内所出土龙泉窑、湖田窑瓷器的年代推断，应为元代中晚期。不过，此时期涂山窑瓷器胎质粗疏，颗粒感强，釉层较薄，局部呈黄褐色，胎体轮制痕迹明显。由此可见，至迟在元代中晚期，涂山窑虽继续烧造，但已经衰落，其产品质量已明显不如前期。再结合涂山窑瓷器在 H43 中所占比重较少，从侧面反映出本地涂山窑销售市场的萎缩，其在外来产品冲击下被淘汰的趋势。

4. 其他问题

随着考古新材料的不断公布，关于涂山窑的研究越来越向更深入的方向发展。现阶段较为重要的问题主要有：关于涂山窑区系类型划分的问题，涂山窑分布较广，这些窑址之间存在着怎样联系，能否划分出不同的类型，各类型之间在产品种类、器物特征、装烧工艺、装饰风格等方面的区别、联系，以及与周边窑址的关系等；关于涂山窑分期，受制于材料限制，目前研究仅针对部分典型窑址，这无疑影响了分期的全面性及准确性。随着考古资料的不断增多，其分期应不仅针对各窑址，应着眼于整个涂山窑分期问题；关于涂山窑外销问题，我们在强调涂山窑整体性的情况下，应区别出具体的产地，进而探讨涂山窑内各窑址的销售范围、销售路线。

除以上问题外，涂山窑的装烧工艺、技术的探讨，研究者多根据窑址出土情况对窑具进行简单介绍；窑址内部功能分区、不同阶段窑业分布特点，几乎无涉及；还有多学科交叉研究，除相关针对性检测需加强外，应注重实验考古，还原涂山窑产品烧造过程等等。

46　重庆市文化遗产研究院：《重庆渝中区老鼓楼衙署遗址元代水池发掘简报》，《江汉考古》2018 年增刊。

四、结语

重庆涂山窑自发现至今已有八十多年。目前共发现31处窑址，其中正式发掘的多达19处，为涂山窑的研究提供了丰富的实物资料。关于涂山窑的研究，经过几代专家、学者的不懈努力，在兴衰原因、分期与年代、装饰艺术、窑炉结构、与周围窑址的关系等方面取得了很大的成绩，涂山窑的文化面貌越来越清晰地展现在世人的面前。同时，我们也应该认识到仍有许多问题有待于解决。这些问题的解决，是一个长期的过程，不仅依赖涂山窑的继续发掘、整理以及科技方面的深度介入，还需要我们加强窑址的系统性综合研究，同时开展相关遗址、城址、墓葬、窖藏及周边窑址的全面、深入比较研究也应是我们今后非常重要的方向。

附表1　重庆涂山窑窑址发掘情况一览表

<table>
<tr><th>序号</th><th colspan="2">窑址名称</th><th>地点</th><th>发掘次数(次)</th><th>发掘面积(m^2)</th><th>产品种类</th><th>主要遗迹</th><th>资料出处</th></tr>
<tr><td>1</td><td rowspan="8">黄桷垭窑址群</td><td>酱园窑址</td><td>南岸区黄桷垭镇正街东面</td><td>1</td><td>705</td><td>以黑釉瓷为主，白釉瓷较少</td><td>窑炉17座，房址1座，灰坑2个，堆煤场2处</td><td>《江汉考古》2007年第1期</td></tr>
<tr><td>2</td><td>王庄窑址</td><td>南岸区黄桷垭镇老君洞坡东麓</td><td>2</td><td>16</td><td>以黑釉瓷为主</td><td>无</td><td>《考古》1986年第10期；《重庆涂山窑》第12页</td></tr>
<tr><td>3</td><td>涂山湖窑址</td><td>南岸区黄桷垭镇涂山湖畔</td><td>1</td><td></td><td>以黑釉瓷为主</td><td>窑炉2座</td><td>《考古》1986年第10期</td></tr>
<tr><td>4</td><td>航灯厂窑址</td><td>南岸区黄桷垭镇正街南面</td><td>1</td><td>12</td><td>以黑釉瓷为主</td><td>无</td><td>《考古》1986年第10期</td></tr>
<tr><td>5</td><td>慈母山窑址</td><td>南岸区鸡冠石镇天主教堂后山</td><td>1</td><td></td><td>以黑釉瓷为主</td><td>无</td><td>《重庆涂山窑》第12页</td></tr>
<tr><td>6</td><td>小湾窑址</td><td>南岸区黄桷垭镇锯木湾西南</td><td>5</td><td>1735</td><td>以黑釉瓷为主，白釉瓷较少</td><td>窑炉5座，房址3座，灰坑2个，灰沟1条</td><td>《考古》1986年第10期；《重庆涂山窑》第231—331页；《2011考古重庆》第20页</td></tr>
<tr><td>7</td><td>云南会地窑址</td><td>南岸区黄桷垭镇新力村</td><td>2</td><td>640</td><td>以黑釉瓷为主</td><td>窑炉3座</td><td>《考古》1991年第3期；《2011考古重庆》第20页</td></tr>
<tr><td>8</td><td>三块田窑址</td><td>南岸区黄桷垭镇龙景村</td><td>1</td><td>60</td><td>以黑釉瓷为主</td><td>无</td><td>《考古》1986年第10期</td></tr>
<tr><td>9</td><td rowspan="2">清溪窑址群</td><td>梓桐窑址</td><td>巴南区清溪乡梓桐坝村</td><td>2</td><td>997</td><td>以黑釉瓷为主，白釉瓷较多，少量仿钧瓷</td><td>窑炉2座</td><td>《考古学集刊》（第13集）第284—302页；《2017考古重庆》第66页</td></tr>
<tr><td>10</td><td>华光村窑址</td><td>巴南区清溪乡华光村</td><td>1</td><td>51</td><td>以黑釉瓷为主，白釉瓷较多</td><td>无</td><td>《考古学集刊》（第13集）第284—302页</td></tr>
</table>

（续表）

序号	窑址名称		地点	发掘次数（次）	发掘面积（m^2）	产品种类	主要遗迹	资料出处
11	瓷窑里窑址群	石朝门窑址	荣昌区安富镇通安村	2	201	以黑釉瓷为主，白釉瓷较少	窑炉2座	《重庆涂山窑》第375—387页；重庆市文化遗产研究院发掘资料
12		桂花屋基窑址	荣昌区安富镇通安村	1	222.5	以黑釉瓷为主，白釉瓷较少	窑炉1座，房址1座	重庆市文化遗产研究院发掘资料
13		堰口屋基窑址	荣昌区安富镇通安村	1	5	以黑釉瓷为主，白釉瓷较少	无	重庆市文化遗产研究院发掘资料
14		窑山坡窑址	荣昌区广顺街道黄家冲村	2	466	以白釉瓷为主，黑釉瓷极少	窑炉6座	重庆市文化遗产研究院发掘资料
15		小山坡窑址	荣昌区广顺街道黄家冲村	2	865	黑釉瓷、白釉瓷兼烧	窑炉4座	重庆市文化遗产研究院发掘资料；《2017考古重庆》第40—41页
16	盐井窑址群	炉堆子窑址	合川区盐井镇塘坝村	1	380	以白釉瓷为主，黑釉瓷较少	窑炉1座	《嘉陵江下游考古报告集》第354—397页
17		朱家堡窑址	合川区盐井镇塘坝村	1	193.5	以白釉瓷为主，黑釉瓷较少	窑炉3座	《嘉陵江下游考古报告集》第354—397页
18	黄门窑址		铜梁南城街道黄门村	1	67	白釉瓷略多于黑釉瓷	窑炉1座	《嘉陵江下游考古报告集》第398—420页
19	沙岚垭窑址		九龙坡区走马镇慈云村	1	80	以黑釉瓷为主，白釉瓷较少	窑炉1座	《2015考古重庆》第36页

注1：资料收集截止于2018年。
注2：小湾窑址1982年度、王庄窑址2003年度发掘面积未明。

宋代巴蜀地区黑瓷茶具初探

董远烽

摘要：中国的茶文化起源于神农氏，巴蜀地区是最早种茶、饮茶、制茶的地区，是茶文化的发源地。饮茶必用到茶具，中国陶瓷的发明，给茶具发展带来了空前的兴盛。宋代巴蜀地区窑口众多，生产的陶瓷茶具品类繁多；釉色丰富。本文仅从巴蜀地区部分窑口生产的黑瓷茶具来介绍，以期让大家对巴蜀地区宋代古陶瓷茶具有一个初步的认识。

关键词：宋代　巴蜀　黑瓷　茶具

中国是茶的发源地，茶在中华文明史上起着重要的作用。国人吃茶的历史可追溯到上古的神农时代。成书于东汉时期的《神农本草经》中写道："神农尝百草以疗疾，日遇七十二毒，得茶而解之。"〔图1〕被奉为中国茶圣的唐代陆羽也在《茶经》写道："茶之为饮，发乎神农氏"。种茶、制茶、饮茶最初出现在巴蜀地区，并且也是最早把茶饮推向民间。《蜀志》更明确记载："南安、武阳皆出名茶""什邡县，山出好茶"。南安就是今天的乐山市，武阳即眉山市的彭山江口古镇。饮茶必有其器，汉代王褒在他的《僮约》中有"烹茶尽具""武阳买茶"之句，这足以说明在西汉时，茶就已经是当地人们日常饮品。这里的"具"就是指茶具、茶器，这是在文献中对茶具最早的描写。四川曾经出土了数件战国时期的小口圜底釜，便是当时煮（煎）茶的器具；当时有一种单耳漆器杯就是饮茶用的，与作为酒具的双耳杯（羽觞）有较大的区别，这说明了在当时，饮酒与饮茶有了不同的变化，饮茶已经不像饮酒那样庄重，而是普通百姓平日里比较轻闲的活动。《蜀中广记》卷六十五《方物记》中记载："丞相入蜀得蒙饼沃于汤瓶之上移时尽化以验其真""荆巴间采茶作饼成以米膏和之，欲煮饮先炙，

图1　神农氏

图 2　道家服装

令色赤，捣末置瓷器中以汤烧覆之，用葱姜芼之即茶之始说也，按今蜀人饮擂茶是其遗制”。“自秦人取蜀后，始有茗饮之事。”北方人喝茶要等到秦以后了。时至两晋，蜀地吃茶已是普遍，傅咸《司隶教》有记载：“闻南市有蜀姬作茶粥卖”，这就是蜀地早期茶铺的雏形。南朝及隋唐，四川地区青瓷窑场众多，当时蜀人饮茶器具皆为青瓷所制。如邛窑的撇口单把杯；青莲窑的饼足直口杯；青羊宫窑的绿釉彩绘杯等。青瓷茶具中，有一品种十分独特，剔刻莲纹青瓷盏，有的还带一托盘，盏的外壁和盘内剔刻莲纹，刀法犀利，极具美感。唐代邛窑生产的乳浊釉瓷器中已经有窑变兔毫盏了，到了宋代，四川（含现在重庆部分地区）的经济空前发达，巴蜀地区的瓷业发展也迎来了一个全新的时代，烧造黑瓷的窑系更是完备而庞大。

巴蜀地区烧造黑釉瓷器的历史悠久，时间最早可追溯至两晋及隋唐时期。1987 年，文物工作者在江油市青莲镇的窑址上，发现采集到南朝时期的多系罐黑釉瓷片。2010 年，三台县还出土了一把南朝时期的黑釉双流鸡首壶，从而证实四川地区在南朝时期已经开始烧造黑釉瓷器。巴蜀黑釉瓷窑系成熟于宋代，由于各地釉料中的含铁和其他稀有矿物质比例、釉面薄厚、窑炉温度等各种因素的差异，烧造产品釉面所呈现的黑色也不尽相同。有的黑釉瓷器

图 3　吉州窑茶盏

图 4　黑釉鸡首壶

釉面光泽，色黑如漆，甚至于可以与漆器媲美，这类称之为绀黑亦称乌金，是黑瓷中的极品，万金难索。另外还有酱黑、灰黑、芝麻黑、黑褐、酱褐、褐灰、深灰等深浅不一的釉色，所谓的出窑分五色，指的就是瓷器黑釉的呈色不同。蜀地生产黑釉瓷器的窑口有乐山西坝窑、广元窑、都江堰金凤窑、蒲江县东北窑；渝（巴）地（当今的重庆市）有涂山窑、巴县姜家窑、清溪窑、荣昌刘家拱窑（又名昌州窑，安陶的前身，时代为宋）。兼烧黑瓷的窑口主要有都江堰横山子窑、青神县坛罐窑、武胜礼安窑、达州铁山窑等。而正是在两宋如火如荼的"斗茶"文化背景下，把巴蜀地区的窑场也推上了巅峰，西坝窑和广元窑烧制的兔毫纹茶盏，其造型、瓷质、釉色与其他窑口烧造出来的精品瓷器也不相上下。

宋代斗茶之风盛行，给茶具市场带来了广阔的发展空间，为各地瓷窑场带来了蓬勃的商机。斗茶者们根据经验，认为黑瓷茶盏用来斗茶最为适宜，宋徽宗在《大观茶论》中就提到："盏色贵青黑，玉毫条达者为上"。在宋瓷众多的茶盏中，除了茶汤的白（茶沫色）与茶盏的黑（釉色）形成让人眼前一亮的强烈对比效果外，也与宋代徽宗皇帝大力推崇道教有关，道教是在中国本土逐渐发展起来崇尚自然追求永恒的宗教文化，对黑色极为尊崇，所以道家自古以来都是身穿黑色道袍（图 2），数千年未曾改变过。蔡襄在《茶录》记载："茶色白（茶汤色），宜黑盏"，黑瓷文化受到来自皇帝和王公贵族与庶民百姓的普遍喜爱，黑釉茶盏因此而驰名。宋代全国烧造黑釉类茶具窑口众多（图 3、图 4），发展到了极为鼎盛的时期，并且南北流通广泛，以地处南方的浙、赣、蜀、渝、福建等地最为兴盛。

我们今天初步探讨一下宋代巴蜀地区生产的古陶瓷茶具，其中执壶、茶盏、茶碾、擂钵、贮茶罐、煎茶器等黑瓷茶具，以四川乐山西坝窑、广元窑、重庆涂山窑为代表。

西坝窑，位于岷江支流沫溪河岸边，行政管辖隶属于四川省乐山市五通桥区西坝镇。始烧于唐末--五代，历经了宋、元、明等多个朝代，南宋--元代最为兴盛，明代逐渐落于衰败而清代的窑火最终沉寂。历经了半个世纪的宋元战争，曾经繁华的城镇都变成了废墟，蒙人南下后的疯狂掠夺与凶残杀戮，让巴蜀地区人口锐减。各大窑场的工匠流离失所，四散奔逃，客死他乡，一些古老的技艺从此消失在历史的长河中，西坝窑大量明器出土就是这段历史最忠实的见证。从现有的考古资料得知，西坝窑是以煤炭为燃料，窑炉的形制是马蹄形半倒焰馒头窑，这种窑炉结构设计合理，能让瓷器在窑炉中均匀受热，最大程度地减少残次品。西坝窑当时所烧制的黑釉瓷器，品种繁多、造型丰富、数量巨大。存世最多器物之一的是黑釉茶盏，种类达数十个品种，大小厚薄均不相同。釉色有精美的黑釉窑变、玳瑁（图 5-1）、油滴、洒釉（花釉）等产品。釉彩纹饰十分丰富，有兔毫纹、鹧鸪斑、星点纹、油滴纹、玳瑁纹以及模印的酱彩斑纹等。很多黑釉茶盏的釉面泛蓝，有反射虹彩斑块的晕圈和线条，特别是那些千变幻化的窑变釉盏（图 5-2），让人过目难忘。这也说明了当时宋代时期四川地区斗茶相当盛行，才让各个窑场的茶具生产有了广阔市场和发展空间。巴蜀地区古陶瓷窑口当时与建窑（图 5-3）、吉州窑等众多窑口有交流学习，并且生产水平与全

图 5-1　西坝窑玳瑁纹盏

图 5-2　西坝窑茶盏

图 5-3　建窑兔毫盏

图 5-4　西坝窑盅式盏

国著名窑口不相上下。

比之建窑黑盏，西坝窑黑盏产品（这里特指西坝窑的黑釉和兔毫釉盏，非指其他窑变釉盏）胎的厚度和重量均小于建盏。同为黑色胎，建窑盏胎密而坚硬，西坝窑胎粗而松软。这种粗松的胎体中间有微细的气孔，可以减缓热传导，使用时不会烫伤。由于含铁量的不同，建窑黑盏胎体不用化妆土，而西坝窑黑盏胚胎多施用白色化妆土。这样就增加了胎体表面的光洁度和白度，为以后釉色的变化留出空间，使胎釉结合更加紧密，所以西坝窑很少看到爆釉的现象。作为西坝窑主要服务地域的川西南，气候温和，保温要求不像北方那样严格，盏体轻巧便于携带把玩，这正是西坝窑因地制宜思想的匠心体现。西坝窑虽然在制瓷过程中学习和受到建窑的一些影响，但却有青出于蓝而胜于蓝的势头。

与吉州窑瓷器相比较，西坝窑则与之类似，主要体现在窑变釉器物（这里不包括黑釉和兔毫釉器），特别是茶盏。两窑茶盏的部分造型相似，胎质大体类同，多较粗松，器物厚重度略同，玳瑁、鹧鸪等窑变釉色斑几乎无二，乍看难以分辨。其实两者的区别还是很大，首先胎色有差别，吉州胎多为土黄色和米黄色及少量青灰色，而西坝窑胎多为灰黄色、灰色至灰黑色，胎色一般比吉州窑深。二者最大的区别是：吉州窑胎体均无化妆土，而西坝窑的胎体大多数都施有白色化妆土，有些精细产品在圈足部分还施有黑色的护胎釉。吉州盏的削足很特殊，多数圈足足边见圆，棱角不显，而西坝窑盏是挖足通常比吉州浅，盏底为棱锋毕现的细浅圈足、足沿稍宽的浅圈底、玉璧底足和饼足几种；吉州窑多数釉面光亮度低，有人形容为见水亮，釉面硬度稍显低，而西坝窑盏多数釉面光亮度高，釉面硬度稍高。至于北宋西坝窑部分窑变釉精品盏，除棱锋毕显的细圈足与吉州盏削足区别较大外，亮度很高的釉面和薄而坚细的胎体，则与吉州盏有明显区别。吉州窑和西坝窑都有洒釉（花釉）茶具，吉州窑是用不同的釉料直接漏洒或描绘在器物表面，图案与釉面混为一体而平整；西坝窑则是用化妆土采用沥粉工艺挤洒而成，让那变幻多端的洒釉图案高出器物表面而产生凹凸不平，似雕、似塑、似堆、似刻，极具层次感和空间感。

图 6-1　广元窑遗址

图 6-2　广元窑虎皮纹釉三供器

西坝窑的茶盏色彩绚烂，款式众多，有斗笠式、漏斗式、碗式、盅式、荷叶式、瓜棱式，有薄壁、厚壁，盏沿有内敛的有外撇的，盏沿下有凸棱的（分水线）、无凸棱的，器形大多精致小巧。而盅式盏（图 5-4）是西坝窑特有的产品，两宋时期川渝两地其他窑口几乎未见。西坝窑最具有特色的就在其窑变釉的色彩幻化，古人用“高山云雾霞一朵，烟光空中星满天，峡峪

图 6-3　广元窑茶盏

图 6-4　广元窑素烧茶具

飞瀑兔丝缕，夕阳紫翠忽成岚”的诗句来形容瓷器窑变之美。其纹饰图案，随意挥洒，出窑时却能够吸睛让人浮想联翩。清人蓝浦所著《景德镇陶录》云：“窑变之器有二，一为天工，一为人巧”，西坝窑瓷器的窑变釉色之美，在我看是“天工”和“人巧”完美的融合，是天人合一之杰作，是我们见到两宋瓷器窑变釉色之巅峰，没有最美，只有更美。引用把一生都奉献给巴蜀古陶瓷研究九十岁高龄陈丽琼教授的一句话“入窑一色，出窑万彩”。

广元在四川北部，嘉陵江上游，川、陕、甘三省交汇之处，是蜀道上最为重要的交通节点。广元窑是古代巴蜀著名的民间窑址之一，位于当今广元市利州区北部的磁窑铺，嘉陵江沿岸，与著名的石窟千佛崖相接，古金牛道从窑址穿过（图 6-1）。20 世纪 50 年代修宝成铁路时，文物工作队进行田野调查时发现了此窑址，始定名为“广元窑”。该窑创烧于唐代后期，兴盛于两宋，衰于宋末元初的战乱，有资料表明，自明代到 20 世纪八九十年代广元窑都还在烧造，只是规模及质量远不如宋代。据考证广元窑是目前国内发现最早使用阶级窑生产陶瓷器的，其品种丰富，造型独特，以生活实用器具居多。目前发现有碗、盘、盏、杯、碟、瓶、罐、壶、钵、盒、洗、托、盆、炉、水盂和小瓷塑动物及鸟食罐等，另外还发现广元窑烧制的佛像。釉色有三彩釉、黑釉、绿釉、绿釉黑花、绿釉白花、黄釉、黄釉

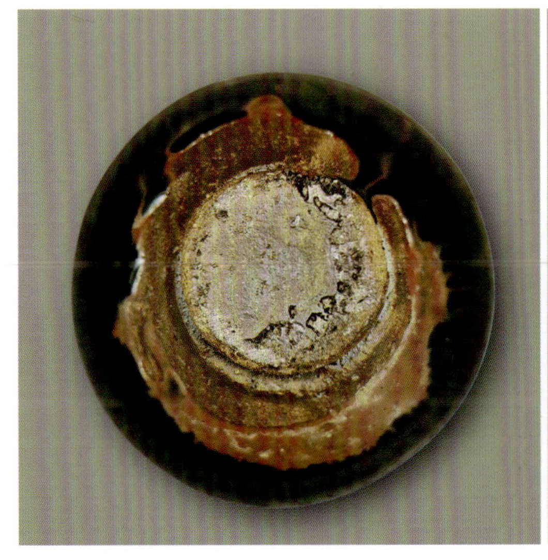
图 7-1　涂山窑茶盏的饼足

图 7-2　梨形壶及注碗

黑花、白釉、白釉黑花等。其中，以黑釉产量最大。南方建窑兔毫盏、吉州窑玳瑁釉、虎皮釉（图 6-2）、赣州窑刻纹柳斗罐；北方黑釉沥白线纹罐、磁州窑的白釉黑花器、当阳峪窑、扒村窑等，此窑中都有烧造的类似器具，这在巴蜀地区瓷窑中极为罕见。广元窑的黑釉瓷制品质量优良，色彩丰富多样，黑色呈现不同的变化，取决于釉层的厚度，包括正黑、绀黑、棕黑、褐黑、酱黑等多种釉色。在黑釉瓷中，还采用了独特的技艺，比如洒、沥、浸黄色或白色的釉，烧造出玳瑁纹、虎皮纹、鹧鸪斑、油滴纹、兔毫纹（图 6-3）等华丽纹样。这些盘、碗、盏、壶、罐、瓶等器皿，不仅具有高超的制作技艺，还蕴含着深厚的美学价值，观赏性更与吉州窑、建窑所烧制的产品等媲美。广元窑的黑釉茶盏虽然有兔毫纹，但是盏形与建窑略有不同，线条比较圆润，足有小平足、壁形足与浅圈足，以璧形足居多。一些制作精良的广元窑茶具胎体也施有白色化妆土和黑色护胎釉，所产的茶具除了满足本地需求，还销往嘉陵江及长江水系沿岸的地区，在新疆、甘肃、陕西、青海、重庆等地，也有发现广元窑茶具的器物。另从国内外的考古发掘材料中得知，目前国外已有多处出土器物疑似广元窑黑釉瓷：日本山梨县出土的褐釉壶与广元窑烧造量极大的褐釉壶类似；韩国新安沉船发现的乳钉纹罐与广元窑黑釉刻划乳钉纹罐极其相似；日本富田三太良遗址出土的天目釉盏与广元窑兔毫盏也是极似；埃及博物馆的黑釉单系壶；美国大都会博物馆的刻花黑釉梅瓶；法国吉美博物馆中的绿釉黑花执壶等。

广元窑中，一些内外皆无釉的素烧器物被大家忽略。这类器物主要有两种：一种是素烧单耳罐，另一种是素烧执壶（图 6-4）。单耳罐制式大多一样，广口、直颈、单耳、鼓腹、平底，尺寸各异。这种单耳罐胎体颜色土黄，烧成温度极高，敲之叮当作响，竟有金属声。素烧单耳罐是用来煮（煎）茶的，时至今日，川北、陇南、陕南等地山区在冬天都还有用类似的小陶罐来煮茶。一家人或是三两好友围炉而坐，先将陶罐放火上烤至烫手，放入茶叶用竹筷翻动两下，在茶叶还未焦糊之前迅速加入山泉水。几分钟的工夫，水沸茶香，汤色金黄，望之生津、饮之唇齿留香。有的地方在放入茶叶的同时，向小罐中加上生姜和晒干的白萝卜片（竹刀所切不用金属刀具）同煮，据说可以止咳。素烧执壶目前发现的有两类，一类是直颈广口短直流，壶身较矮；一类是盘口长曲流，壶身修长。这些素烧执壶的胎质和硬度与素烧单耳罐一样，都是土黄色的胎体，硬度极高，有的壶体上发现火烧过后留下的黑色烟垢。这应该就是审安老人在《茶具图赞》中说到的汤提点（汤茶的执壶），点茶时烧水用的，宋代茶事不可缺少的器具。素烧单耳罐是煮（煎）茶所用，素烧执壶是点茶所用，宋代点茶法盛行，煮（煎）茶是唐代茶事，广元窑遗世陶瓷茶具中，这两种器物并存。广元及周边地区这种煮（煎）茶古老的风格千年未变传承至今，在世界饮茶文化史上是非常少见的。

说到黑瓷茶具，不得不提及巴蜀地区嘉陵江下游重庆市的涂山窑。这也是宋元时期的一处重要民间窑址，主要分布于重庆市南岸区黄桷垭镇南山与涂山之间的宽谷地带。涂山窑在 20 世纪 30 年代就被发现，新中国成立后经文物考古人员对周边诸多窑口遗址的调查，得出涂山窑在北宋左右开始烧造，南宋是它发展的鼎盛期，毁于元初的战乱。是一个宋元时期烧造黑瓷的庞大窑系，并在 2006 年出版《重庆涂山窑》一书。涂山窑大量生产民间日常生活用器，种类也是比较丰富的。产品有熏、盒、碗、盘、盏、壶、罐、瓶、钵、杯、洗、灯、炉、盂等器物，所产瓷器有粗有细，碗、钵、罐、盆多数为粗器；盏、盘、壶、瓶为细器居多。其中满釉盏、玳瑁纹盘，不仅胎质细腻，釉色莹润，造型也端正，是为精细制品。但这种瓷器产量不大，可能是当地大户人家特别订烧之器。器物中碗的数量很多，有大、中、小三类，造型可以分为敞口、侈口、花口、斜直腹、弧壁、深腹、浅腹、玉璧底、饼足、圈足等不同形制。碗的胎体一般较厚重，碗内多有涩圈，外壁施釉不到底。部分精细的碗胎体轻薄，内外施满釉，有窑变但数量较少。涂山窑中烧制的茶盏数量较大，造型、样式较为丰富。盏的造型可以分为介口、敛口、敞口、侈口等，以介口数量最多；底足有平足、圈足、卧足和玉璧底等，以平足为主（图 7–1）。盘、碟类器物也可以分为敞口、花瓣口、浅弧壁、折腰、坦底、饼足、圈足、卧足等形制。瓶的造型可以分为觯瓶、带座瓶、葫芦瓶、玉壶春瓶等。壶有长流执壶、短流梨形壶（图 7–2）等。

综上所述，巴蜀是把种茶、制茶、饮茶并且最早把茶饮推向民间的地区。巴蜀地区的茶具，早在战国晚期就已经出现。黑瓷茶具是在两晋 --- 隋唐青瓷茶具的基础上发展而来，蜀地的青莲窑、青羊宫窑、邛窑、横山子窑、琉璃厂窑等青瓷窑口在当时就大量烧造各类青瓷茶具。大量的考古及文献资料表明巴蜀黑瓷茶具于晚唐开始生产，在那青瓷统领天下的时代，黑瓷犹如一朵小花出现在巴蜀大地，并迅速地蔓延成五彩斑斓的花海。巴蜀黑瓷茶具兴盛于两宋，无论是“入窑一色，出窑万彩”的西坝窑，还是兼南融北的广元窑和奋起直追的涂山窑都在这是得到了长足的发展。辛劳而智慧古代窑场的工匠们，在与其他窑口的交流学习中，博采众长不断地推出自己各具特色的产品，使巴蜀黑釉茶具成为一朵奇葩，有些产品甚至远销海外，为传播中华文化起到了引领作用。大量的文献资料表明，巴蜀烧造黑瓷茶具的窑场几乎都是毁于长达半个世纪的宋元战乱，衰于明而最终消亡于清。无论是久负盛名的建窑茶具、吉州窑茶具，还是同时代西坝窑茶具、广元窑茶具或巴蜀其他古窑的宋代黑瓷茶具，都是已逝去时空里曾经盛开的文化奇葩，都是那段历史与文化的见证和载体。

唐宋时期川渝地区瓷业窑炉技术的选择

冯冕（景德镇陶瓷大学）

摘要：本文梳理唐宋时期川渝地区瓷业窑炉技术的变化，从唐代的南北兼容到宋中期逐渐几乎全部转变为北方馒头窑技术。这种技术的转变可能和采用煤为燃料的同时、开发了与煤共生的高岭土作为制瓷原料有关。

关键词：唐宋时期　川渝地区　窑炉技术

川渝地处西南，陆路以秦岭四道为要道连接川陕，又有长江通向荆楚，连接南北，窑业技术有南北并融的特征。学者们对此已有深入认识。陈丽琼先生最早从窑炉、测温技术等方面提出此地区窑炉建筑材料因地制宜，有龙窑、马蹄窑、阶级窑多种技术，马蹄窑有由长向短、由简单向复杂变化的特点，并且涂山窑的测温技术可能来源于山西[1]。熊海堂先生的《东亚窑业技术发展与交流史研究》中进一步强调了四川窑业技术南北交融的特点，将川渝地区称为“吸收型窑业区”[2]。黄晓枫通过对四川宋代出土的窑业遗迹遗物的具体分析，也认为宋代四川的窑业技术交流层次十分丰富，但主流是北方窑炉和装烧技术，同时融合了南方龙窑技术[3]。

但梳理考古资料会发现，川渝地区的窑业核心技术同时使用南北方系统仅在唐到宋初，到宋中期开始就从南方技术系统全面转变成了北方技术系统。至晚到六朝，川渝地区就开始瓷器生产，成都青羊宫窑[4]、灌县金马六马槽窑[5]、邛崃固驿瓦窑山窑都是从南朝就开始生产青瓷，所使用的齿形垫烧具有明显的南方特征。隋唐到北宋初年，逐渐南北兼用。隋唐时期的青羊宫窑主要使用龙窑，兼用馒头窑，垫烧具为齿形器。隋到唐初的邛崃固驿瓦窑山窑使用

1　陈丽琼：《四川唐宋陶瓷窑炉与装烧工艺特点》，《古陶瓷科学技术 1989 年国际讨论会论文集》，上海科学技术文献出版社，1998 年。

2　熊海堂：《东亚窑业技术发展与交流史研究》，南京大学出版社，1995 年，第 39 页。

3　黄晓枫：《四川出土宋代瓷器研究》，四川大学硕士学位论文，2002 年。

4　四川省文管会、成都市文管处：《成都青羊宫窑址发掘简报》，《四川古陶瓷研究（二）》，四川省社会科学院出版社，1984 年。

5　陈丽琼：《灌县、郫县南朝至唐古窑址群调查》，《四川古陶瓷研究（一）》，四川省社会科学院出版社，1984 年。

龙窑，支烧具为垫饼和齿形器；邛崃十方堂窑[6]、灌县玉堂公社窑[7]、犍为县金花庵窑[8]、江油市青莲镇方水窑[9]从唐延续到北宋初年，除犍为县金花庵窑使用馒头窑、十方堂窑兼用馒头窑和三叉支钉以外，其余几个窑场都采用龙窑并使用齿形器垫烧。从北宋中期开始，窑炉技术发生了很大转变。已发掘的金凤瓦岗坝窑[10]、彭县磁峰窑[11]、金凤窑[12]、广元瓷铺窑[13]、乐山西坝窑[14]、重庆涂山窑[15]，共发现窑炉87座，其中只广元有1座阶级窑的残窑，金凤窑有1座龙窑并未全面发掘，其余85座皆为馒头窑。此阶段川渝地区的窑炉技术几乎全盘转变成为馒头窑系统。那么究竟是什么促成了川渝地区的制瓷业在核心技术上作出全盘改变的选择呢？

一、宋以前的馒头窑技术探源

探讨川渝地区窑炉技术的选择，首先要对其技术源流进行简单的梳理。唐代川渝地区使用馒头窑的窑场有邛崃十方堂窑、青羊宫窑、犍为县金花庵窑，其中犍为的金花庵窑并未进行发掘。青羊宫窑发掘馒头窑1座、邛崃十方堂发掘3座。邛崃十方堂、青羊宫都是唐代规模较大的窑口，能够代表当时四川地区馒头窑技术的主流情况。具体情况如下。

邛崃十方堂窑炉86QS5YY4[16]，馒头窑，为晚唐五代，由窑门、火膛、窑床组成。长3.8米，宽1.2—1.6米，窑门及窑门前的挡墙残损严重，尺寸不明，燃烧室略呈半月形，宽121厘米，进深150厘米；窑床略呈梯形，前宽130厘米，后宽160厘米，进深203厘米；烟囱位于窑床后，大致呈半圆形，宽62—70厘米，深30厘米[17]〔图1〕。

6 陈显双、尚崇伟：《邛窑古陶瓷简论——考古发掘简报》，《邛窑古陶瓷研究》，中国技术大学出版社，2002年；黄晓枫：《邛崃十方堂窑遗址五号窑包的建筑、窑炉遗迹》，《江汉考古》2012年第4期。

7 四川省博物馆、灌县文管所：《灌县玉堂公社古瓷窑址试掘》，《四川古陶瓷研究（一）》，四川省社会科学院出版社，1984年。

8 四川省文物考古研究所、犍为县文物管理所：《四川犍为县金花庵唐宋窑址调查试掘简报》，《四川文物》2017年第2期。

9 黄石林：《四川江油市青莲古瓷窑址调查》，《考古》1990年第12期。

10 成都市文物考古研究所、都江堰市文物局：《都江堰市金凤乡瓦岗坝窑发掘报告》，《成都考古发现2001》，科学出版社，2001年。

11 成都市文物考古所、彭州市博物馆：《2000年磁峰窑发掘报告》，《成都考古发现（2000）》，科学出版社，2002年；冯德安、丁祖春：《四川彭县磁峰宋代白瓷窑址试掘》，《四川古陶瓷研究（一）》，四川省社会科学院出版社，1984年。

12 都江堰市文物局、成都市文物考古研究所：《都江堰市金凤窑发掘报告》，《成都考古发现（2000）》，科学出版社，2002年。

13 四省文物考古研究所、广元市文物保护管理所：《广元市瓷窑铺窑址发掘简报》，《四川文物》2003年第3期；重庆博物馆：《四川广元瓷窑的调查收获》，《考古与文物》1982年第4期。

14 四川省文物考古研究院、乐山市文物保护研究所、五通桥区文物保护管理所：《乐山西坝窑址》，文物出版社，2017年。

15 重庆市文物考古所：《重庆涂山窑》，科学出版社，2006年。

16 此窑炉分别在《邛窑古陶瓷简论——考古发掘简报》《邛崃十方堂遗址五号窑包的建筑、窑炉遗迹》中皆有记录，但公布数据各异。前者数据为长7.5米，宽0.28—0.85米，后者为长3.8米，宽1.2—1.6米。结合窑炉线图比例来看，这个窑炉不可能有7米长，故采用后者的信息。

17 黄晓枫：《邛崃十方堂窑遗址五号窑包的建筑、窑炉遗迹》，《江汉考古》2012年第4期。

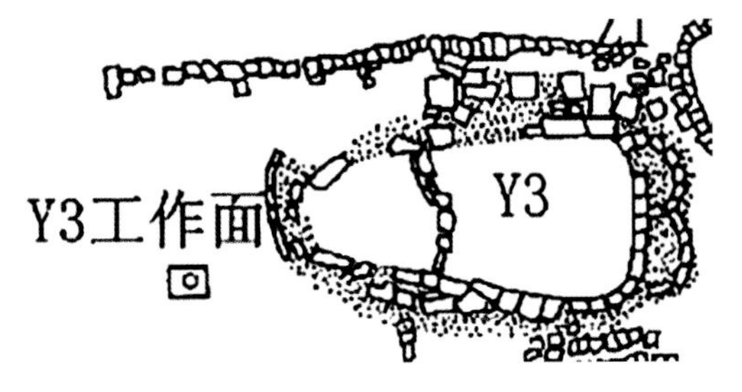

图 1　邛崃十方堂窑炉 86QS5YY4

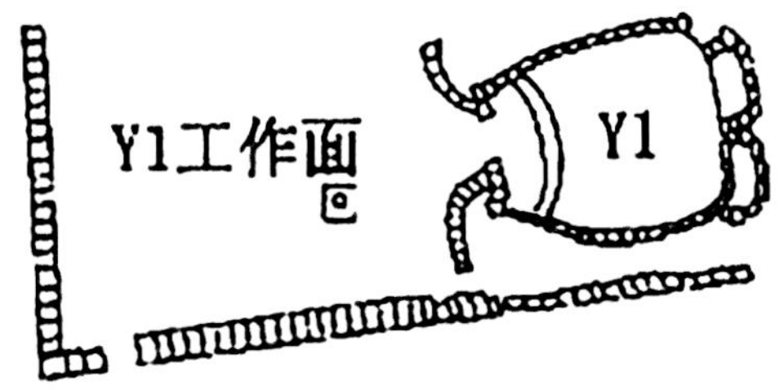

图 2　邛崃十方堂窑炉 86QS5YY3

邛崃十方堂窑炉 86QS5YY2，馒头窑，为晚唐五代，由窑门、火膛、窑床组成。长 1.35 米，宽 0.4—0.9 米，烟囱结构和尺寸没有详细报道[18]。

邛崃十方堂窑炉 86QS5YY3，馒头窑，为唐代早中期，由窑门、火膛、窑床组成。长 2.5 米，宽 1.5—1.7 米。窑门宽 40 厘米，其外的护墙呈“八”字形，北侧护墙长度为 90 厘米，南侧护墙长度为 120 厘米。燃烧室呈扇形，最大进深 62 厘米。窑床略呈梯形，前宽 153 厘米，后宽 171 厘米，进深 164 厘米。烟囱在窑床后部，吸烟孔不明，双烟道略呈长方形，宽 60 厘米，深 32 厘米[19]〔图 2〕。

成都青羊宫窑三号唐窑，馒头窑，为中晚唐时期，长 10 米，中宽 3.76 米，底宽 3.6 米，窑头宽 1.1 米，床壁残高 0.88 米；火膛为椭圆形，长 1.63 米，宽 1.25 米，高（低于床面）0.3 米，烟室长 3.68 米，宽 0.62 米，残高 0.56 米，烟道孔 4 个，每眼长 26 厘米，宽 22 厘米，残高 18 厘米[20]〔图 3〕。

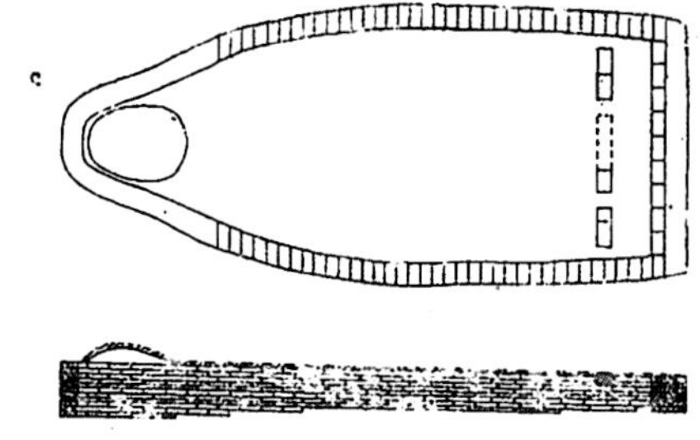

图 3　成都青羊宫窑三号唐窑

这四个馒头窑，都已具备独立的烟室或烟囱，意味着这两处窑场的馒头窑都已经是成熟的形式，并非像唐代南方地区使用的仅有细长烟道的馒头窑。但其中成都青羊宫三号窑炉的结构特征与邛窑十方堂的三个馒头窑并不相同，其烟室是在窑床后部挖一条深沟，再用砖砌出与窑床的隔墙，留出吸火孔的方式建筑的。而邛崃十方堂的馒头窑则是在窑炉后端建筑修建两个烟囱，烟囱与窑室之间以吸火孔连接。不仅如此，青羊宫唐窑的火膛与窑室之间的比例也相对较小，仅约占 1/12，而邛崃十方堂的 Y4、Y3 火膛与窑室的比例约为 1/3 和 1/4，两者差异极大。可见青羊宫窑与邛崃十方堂窑炉技术来源并不一致。那么这两种窑炉技术的来源分别是什么呢？

检索资料我们发现，虽然四川地区唐代窑炉不同于南方的馒头窑，但仍然与砖窑有密切的技术关联。成都青羊宫三号唐窑在结构上与西昌唐代瓦窑[21]〔图 4〕和洛阳隋唐宫城的

18　黄晓枫：《邛崃十方堂窑遗址五号窑包的建筑、窑炉遗迹》，《江汉考古》2012 年第 4 期。

19　黄晓枫：《邛崃十方堂窑遗址五号窑包的建筑、窑炉遗迹》，《江汉考古》2012 年第 4 期。

20　翁善良：《试论近来青羊宫窑址的发现》，《成都文物》1988 年第 4 期。

21　四川省博物馆、西昌地区博物馆、西昌文化馆：《四川西昌高枧唐代瓦窑发掘简报》，《文物》1977 年第 6 期。

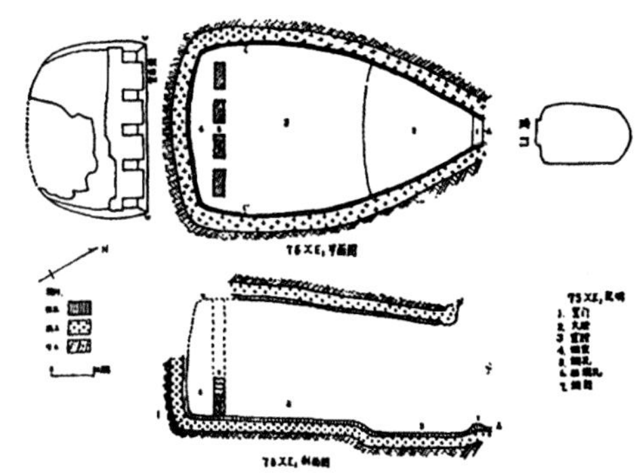

图 4　西昌高枧唐代一号瓦窑

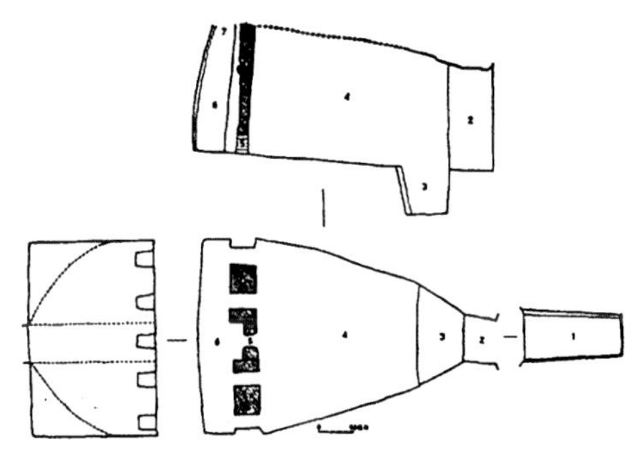

图 5　洛阳隋唐宫城内五号瓦窑

大型瓦窑[22]〔图 5〕相同。不仅在形制上十分接近，皆是一个较长的梯形，最重要的是排烟系统也是在窑炉尾部以砖墙隔出烟室与窑室，底部留出吸烟孔。

纵观隋唐时期半倒焰形的砖窑，窑炉结构以排烟系统的特征划分可分为两类。一类是以河南洛阳隋唐东都外廓城内北部里坊区小型砖窑 Y30[23] 为代表，排烟系统是在窑尾墙壁上凿出的几股（3 条或 5 条）细长的烟道。另一类是以隋唐东都洛阳城外廓城内北部里坊区大型瓦窑 Y5[24] 为代表，排烟系统是用隔墙在窑尾隔出单独的烟室，并在隔墙下部留有吸火孔的结构。这两类半倒焰形砖瓦窑是继承秦汉而来，在陕西秦始皇陵园发现的秦代砖瓦窑中就是这两类窑炉同用[25]。隋唐时期这两种窑炉也继续沿用，许多窑场常常同时使用两种窑炉形式。由此可见青羊宫三号窑炉也是砖瓦窑专门用于烧制青瓷，其技术来源可能是秦汉或隋唐时期北方砖瓦窑技术。

虽然唐代有用砖瓦窑烧制瓷器的情况，但在陕西黄堡窑、定窑出现了更为成熟的窑炉技术。在建筑方式上，黄堡窑唐代窑炉将原本位于窑床后面的烟室建成两个独立的烟囱。并且为适应产品烧成温度的需求，这两处窑场的窑炉结构发生变化，其最主要的特点就是烟囱与窑室面积比例增加，陕西黄堡窑唐代窑炉烟室与窑床的面积比例大约为 1∶3 至 1∶4 之间，河北曲阳县涧磁村五代地层发现的残窑，烟囱与窑室的面积比例达到了 1∶2.8 的程度[26]。在窑床面积不变的情况下增大烟囱，从而增强了窑炉烟囱的抽力，进而可以提高窑炉的烧成温度。而邛崃十方堂馒头窑，虽然烟室与窑床的面积比例仅在 1∶7 左右，但已经采用在窑炉后建筑单独烟囱的方式。可见这种技术是不同于砖瓦窑技术的一种瓷窑技术。

虽然川渝地区发掘的唐代窑炉仅有 4 座，却反映了两种不同的源于北方的技术。而且邛崃十方堂馒头窑从唐初开始使用，一直延续到五代，所使用的窑炉具有北方瓷窑窑炉唐代以来呈现的新技术趋势，可见与北方较为密切的技术联系。

---

22 洛阳博物馆 :《洛阳隋唐宫城内的烧瓦窑》,《考古》1947 年第 4 期 ; 洛阳市文物工作队 :《隋唐东都洛阳城外廓城砖瓦窑址 1992 年清理简报》,《考古》1999 年第 3 期。

23 洛阳市文物工作队 :《隋唐东都洛阳城外廓城砖瓦窑址 1992 年清理简报》,《考古》1999 年第 3 期。

24 洛阳市文物工作队 :《隋唐东都洛阳城外廓城砖瓦窑址 1992 年清理简报》,《考古》1999 年第 3 期。

25 秦俑考古队 :《秦代陶窑遗址清理简报》,《考古与文物》1985 年第 5 期。

26 冯冕 :《景德镇葫芦窑技术源流的考古学观察》,《东南文化》2020 年第 6 期。

二、北宋中期窑业技术的几乎全盘转变为北方系统

虽然与北方保持较为紧密的技术联系，在北宋初期以前，川渝地区的窑业技术还是南北兼具，但到北宋中期开始就几乎全面改变为北方馒头窑技术系统，表现最为明显是窑炉技术。

川渝地区宋代窑址共探明窑炉90座，馒头窑共有85座。剩余四座分别是唐代至北宋江油市青莲镇方水窑的龙窑一座、金凤窑未发掘的龙窑一座、晚唐至宋灌县玉堂公社龙窑一座以及广元窑阶级窑一座。相比馒头窑而言比例极小。而此时期占绝对优势的馒头窑与宋以前最大的不同则是采用煤作为燃料。

金凤窑瓦岗坝窑发掘13座馒头窑，时间从北宋早中期延续到南宋中晚期，发掘报告描述"窑炉共有13座……火膛为半月形和半圆形，其中大多发现有覆盖的排列整齐的匣钵柱，在火膛底部都发现有炭渣"，只是不清楚这里面的大多发现具体是否包括处于北宋早中期地层的3座窑炉。堆叠的匣钵应是作为炉栅的作用。彭县磁峰窑1977年试掘一座馒头窑，火膛有炭渣和堆叠的匣钵柱[27]；2000年发掘出馒头窑5座，其中瓷窑3座、预烧窑2座，时间为北宋中期到南宋早期。发掘报告并未提及火膛内是否有炭渣，但仍然能看到有匣钵柱作为燃料的支撑[28]。金凤窑时间为北宋晚期到元代，探明窑炉33座，馒头窑32座，火膛中皆发现炭渣并有匣钵柱的设置。广元瓷窑铺窑为北宋晚期到南宋，在1976年到1978年的调查中发现阶级残窑一座，1996年发掘3座馒头窑，Y1、Y2被严重破坏，Y3火膛中发现炭渣炭灰，并未见炉栅装置。乐山西坝窑为南宋中期到元中期，2008年发掘6座馒头窑，Y5、Y6火膛中都有较为完整的炉箅，火膛中还有炉渣和炭灰；Y1—Y4火膛中未见有炉栅装置，但留有炉渣炭灰。重庆涂山窑为北宋末到元代，其中涂山湖窑址3座馒头窑，由于Y1叠压在Y'上，仅见Y1、Y2火膛中有炉栅装置，以及炉渣；酱园窑址发掘的17座馒头窑和小湾窑址发掘的5座馒头窑中，由于炉栅是专门为燃烧煤炭设置的通风落渣装置，因此有炉栅装置的窑炉即可以判定其燃料为煤炭。由此现发现的川渝地区宋代馒头窑都是以煤为燃料的窑炉。

三、燃料和制瓷原料决定了川渝地区的技术选择

燃料在制瓷技术系统中占有重要位置，窑炉结构与燃料特性紧密嵌合。当选择了煤作为瓷窑燃料的同时也就选择了与煤更为配适的馒头窑炉。而川渝地区煤炭资源丰富，可将其煤田以河流分为九大区域。岷江北段的成都区域，包括绵竹、彭县、什邡、灌县、邛崃、大邑等地；岷江南段的乐犍区，包括夹江、犍为、屏山、峨眉等地；扬子江西段南岸之川南区，包括古宋、江安、珙县、兴文、叙永等地；扬子江西岸北段之沱江区，包括威远、荣县、荣昌、

27 冯德安、丁祖春：《四川彭县磁峰宋代白瓷窑址试掘》，《四川古陶瓷研究（一）》，四川省社会科学院出版社，1984年。

28 成都市文物考古所、彭州市博物馆：《2000年磁峰窑发掘报告》，《成都考古发现（2000）》，科学出版社，2002年。

泸县等地；嘉陵江上游之川北区，包括广元、剑阁、昭化等地；扬子江中段与嘉陵江交汇处之重庆区，包括江北、巴县、长寿、綦江等地;渠江区，包括通江、南江、巴中、城口、万源、达县、渠县、开江等地；扬子江东段之川东区，包括万县、巫山、涪陵、彭水、武隆等地；其他不通河运各区，包括酉阳、秀山、梁山、大竹、川南等地[29]。川渝地区宋代瓷窑主要分布岷江北段的成都区域、嘉陵江上游的广元，以及扬子江中段与嘉陵江交汇处之重庆区。

同时，作为陶瓷原料的沉积型高岭土中有一种产于含煤碎屑岩系中的由沉积作用形成的高岭土矿床。此类矿床的矿层有时为煤层的顶底板，有时产于煤层附近，有时还在铝土矿层中呈夹层产出并相互过渡[30],简单说就是这类高岭土矿与煤矿伴生。煤系沉积型高岭土在北方分布很广，包括山西大同、陕西铜川、河北三河、唐山、山东淄博等地，我国南方云南、贵州也有产出。四川以叙永的沉积型高岭为著，但实际上四川地区的煤矿的顶板或底板也伴生各种黏土岩,经测试是以伊利石为主要成分的黏土[31]。四川广元地区也探明煤系高岭土资源储量丰富[32]。重庆涂山窑黄桷垭地区,据发掘报告所述凡有煤层的地方多蕴藏瓷土，其中以凉风村红家坡社的公安厅瓷土资源储量最大且集中，坡间、田间到处可见，当地人称为“铝土”“白土”[33]。据《四川省志•建材工业志》记载,民国时期四川各地民用陶瓷厂的燃料和原材料皆就地取材[34]。可见,虽然川渝地区的煤系沉积型高岭土矿没有北方丰富，但民营窑场皆有赖于此。它的工艺性能总体与北方的制瓷原料相同，而原料的工艺性能决定了瓷器的胎釉配方、成形、装饰甚至装烧工艺以及烧成制度。但川渝地区原料工艺性能与北方相同时也就意味着选择北方的制瓷技术系统。

由此可见，煤作燃料决定了制瓷需采用配适的馒头窑，而原料则决定了需使用北方制瓷技术，宋代中期以后，川渝地区窑炉技术的转变是由燃料和制瓷原料同时决定的。

四、结论

在古代制瓷业中，燃料是制瓷技术系统的核心之一，窑炉结构的设计是围绕燃料特性展开的。煤的燃烧特性决定了它只与馒头窑技术配适，而不适合在龙窑和改良龙窑中使用。川渝地区窑炉技术从唐代南北兼容到宋中期以后的几乎全盘使用北方馒头窑技术的根本原因是由川渝地区的燃料和原料决定的。

---

29 何高：《四川之工矿业》，四川大学西南社会科学研究处经济研究部初步报告之一，四川省档案馆藏，第8页。

30 国家建筑材料工业局地质公司：《中国高岭土矿床地质学》，上海科学技术文献出版社，1984年。

31 朱军、张春祥、戈定夷：《四川省小煤矿顶底板黏土岩的物质成分和应用前景初探》，《全国工业矿物原料深加工及综合开发利用学术研讨会论文集》，重庆大学出版社，1993年。

32 刘玉海、李海明：《四川某煤系高岭土工艺矿物学研究》，《矿产综合利用》2019年第4期。

33 重庆市文物考古所：《重庆涂山窑》，科学出版社，2006年。

34 四川省地方志编纂委员会：《四川省志・建材工业志》，四川科学技术出版社，1999年。

川渝地区窑址考古与研究论述

吕东亮　袁胜文（南开大学历史学院）

摘要：川渝地区的窑址考古工作大约开始于20世纪30年代，近百年来，川渝地区的陶瓷窑址考古工作经历了起步、发展和兴盛三个阶段后，取得了一定的成就。伴随着窑址考古工作的不断发展和相关考古报告的不断出版，川渝地区的陶瓷研究工作也取得了突破。

关键词：川渝地区　陶瓷　窑址考古

在20世纪80年代以前，研究者们对川渝地区的古陶瓷生产状况鲜有了解，川渝地区古陶瓷的记载与研究极度缺乏。其实早在东汉时期，川渝地区就已经开始生产瓷器，东晋至南朝时期是其瓷器生产的探索期，开始出现了一定数量的小规模窑场。隋唐时期是其成长期，区域内的重要窑址在此时期内逐步发展成熟，并形成了较大规模的窑址群。宋元时期是川渝地区瓷器生产的兴盛期，著名的邛窑、琉璃厂窑和磁峰窑等都在这一时期达到了生产的顶峰。元代之后，伴随着生产技术的停滞和自然资源的枯竭，川渝地区的瓷器生产逐步衰落。截至目前，川渝地区共发现有一百余处窑址，数量巨大，蕴含着极其丰富的历史信息。与江西、福建、浙江等省份相比，川渝地区的窑址考古工作虽然起步较晚，但是百年来仍然取得了相当大的成就。

一、古窑址的调查与发掘

川渝地区的相关窑址调查工作约开始于20世纪30年代，近一百年来可以将川渝地区的窑址考古工作分为三个阶段。

1. 第一阶段

第一阶段约从20世纪30年代初到70年代末。时任华西协合大学古物博物馆馆长的美国学者葛维汉是川渝地区窑址调查与考古的先行者，1933年他与副馆长林名均等人开始收集四川琉璃厂窑的相关遗物与文献资料，并对窑址进行了短期发掘[1]，开启了川渝地区窑

1 〔美〕葛维汉著，成恩元译：《琉璃厂窑址》，《四川古陶瓷研究（一）》，四川省社会科学院出版社，1984年，第154—168页。

址考古的历史序幕。1936 年 9 月，葛维汉馆长与贝福德教授、杨枝高医生以及化学专家高毓灵等前往邛崃十方堂窑址进行调查[2]，这也是首次对邛窑遗址进行的科学调查，并在调查完成后发表了相关论著。之后不久，黄希成、魏尧西、杨啃谷、严实甫、卫聚贤等也前往邛窑进行调查，并同时发表了相关研究成果[3]。1938 年 4 月，葛维汉馆长又开始对重庆涂山窑址的考古调查[4]，他在黄桷垭附近采集了一些瓷片，并将此处窑址取名为“重庆的建窑遗址”[5]。20 世纪 40 年代由于战争的影响，川渝地区窑址调查与考古工作在这一时期陷入了停滞。直至 20 世纪 50 年代后期，伴随着国家经济发展的稳定，川渝地区的窑址调查与考古工作逐步重启，1953 年在宝成铁路修建过程中发现了大量陶瓷片和窑具，1954 年文物调查委员会对其进行了实地调查，并对相关标本进行了详细记录，初步定名为广元窑[6]。1955 年成都市文化局的同志最早发现了青羊宫窑址，四川省文管会当即对其进行勘查。同年秋，在四川省人民医院的建筑工地中暴露了大量青羊宫窑遗物，四川省文管会对青羊宫窑进行了试掘，出土了大量陶瓷器与窑具，以窑具的数量最多，这是首次对青羊宫窑进行的科学考古发掘，在试掘中初步了解了窑址的主要分布范围，同时对器物的制作方法、釉色、装饰方法等也有了初步的认识[7]。1955 年 3 月，四川省文物管理委员会傅汉良、袁明森、林坤雪一行对琉璃厂窑进行了简单调查，当时发现窑场面积近 340 亩，窑包约 21 个[8]。1955 年在原四川崇宁县进行墓葬调查时，偶然发现了一处古窑址，命名为“铁砧山古窑址”，当时进行了简单调查，采集了部分器物标本[9]。1964 年四川大学历史系师生对此窑址进行了进一步广泛调查，在周围新发现窑包 22 处[10]，同时确认此处是一处窑址群，并将其命名为“横山子窑址群”。1956 年 9 月至 10 月间，四川省文物管理委员会在邛崃进行文物普查时复查了邛窑系的十方堂窑址，同时发现了尖山子、瓦窑山、才冲土粑桥等三处新窑址，采集了窑址地面的部分器物和窑具，初步推测邛窑的年代上限可以早到隋代，对邛窑的始烧时间有了一个新认识[11]。故宫博物院于 1957 年 7 月对四川地区的部分窑址进行了考古调查，主要调查了青羊宫窑、琉璃厂窑、新津窑和邛崃窑。当时只调查了青羊宫的后院部分，初步判断青羊宫窑的烧造年代可以追溯到南朝至东晋时期。在对琉璃厂窑进行考查后认为，其

---

2 〔美〕葛维汉著，成恩元译 :《邛崃陶器》，《四川古陶瓷研究（一）》，四川省社会科学院出版社，1984 年，第 101—113 页。

3 陈丽琼、董小陈、董越 :《邛窑系古陶瓷文化新释》，四川美术出版社，2021 年，第 18—21 页。

4 〔美〕葛维汉著，熊一娣、邓桃丹译 :《四川重庆的建窑遗址》，《四川文物》2007 年第 4 期。

5 重庆市博物馆 :《重庆市涂山宋代瓷窑试掘报告》，《考古》1986 年第 10 期。

6 王家祐 :《四川广元黑釉窑初探》，《文物参考资料》1955 年第 3 期。

7 江学礼、陈建中 :《青羊宫古窑址试掘简报》，《文物参考资料》1956 年第 6 期。

8 林坤雪 :《四川华阳县琉璃厂调查记》，《文物参考资料》1956 年第 9 期。

9 支沅洪 :《四川崇宁县铁砧山的古窑址》，《文物参考资料》1956 年第 3 期。

10 林向 :《成都附近古窑址调查记略》，《文物》1966 年第 2 期。

11 徐鹏章 :《川西古代瓷器调查记》，《四川历史考古文集》，四川大学出版社，2005 年，第 64—69 页。

生产时间大约从晚唐至明代，其间一直并未停烧。在回成都的路上，调查组在四川新津县（现新津区）调查了新津窑，采集到大量叠烧的青釉碗，并且将其烧造时间定为南朝晚期[12]。20世纪70年代末，《四川陶瓷史料》编写组又先后四次对琉璃厂窑址进行了考古调查，采集到了大量实物标本，对该窑的产品类型、制作技术、装烧工艺和烧造时代等问题有了更深入的认识[13]。1976年至1981年，四川省博物馆、重庆市博物馆、四川省古陶瓷史编写组、四川大学历史系考古专业师生以及邛崃县文化馆等单位先后5次对邛窑遗址进行了考古调查，共采集约120件典型标本，在调查中还对窑址的部分区域做了小范围试掘，这几次调查所获得的新资料，为推断邛窑的烧造时间、制作工艺、装饰特点等有了新的实物证据，尤其是推断出邛窑的烧造时间下限为宋初[14]。1976年和1978年，四川省陶瓷史编写组和重庆市博物馆对广元窑进行了两次调查清理工作，出土了大量黑釉、酱釉和少量的绿釉、白釉陶瓷标本以及窑具，同时还发现了一条阶级窑遗迹，此次调查证实了广元窑的一大特点是多用化妆土，其烧造的时间上限可能早到五代晚期，下限晚至南宋末或元初[15]。四川磁峰窑于1974年4月发现，1976年重庆市博物馆对其进行了初步调查，1977年四川省陶瓷史编写组及彭县文化局和文化馆对磁峰窑进行了小规模的试掘，这也是第一次对磁峰窑进行科学的考古发掘。1978年4月，重庆市博物馆又对磁峰窑进行了再次复查。初步确认了磁峰窑主要烧造各类白瓷产品，同时对该窑的生产工艺、制作过程、装烧工艺、装饰手法和烧造历史等有了一个初步的认识[16]。1978年12月，四川省文物管理委员会与彭县文化馆，再次对磁峰窑进行考古调查，进一步证实磁峰窑所烧制的器物绝大部分是白釉瓷，也有少量黑釉和褐釉器。采集到的器物器形以碗为主，窑具有匣钵和支钉等，最重要的是发现了数件印花模具，和一定数量的白釉印花器[17]。1977年春，四川省文物管理委员会与灌县文物管理所对灌县（今都江堰市）玉堂公社的窑址进行调查，后将其命名为“玉堂窑”，同年秋，开始对窑址群内的上罗家窑包、何家窑包和马家窑包分别进行了试掘，揭露面积总共100平方米，出土了大量的瓷器和窑具标本，并在上罗家窑包清理了一座龙窑，初步推断上罗家和何家窑包的生产年代约为唐代至北宋中晚期，马家窑包的生产年代约从唐代中期至北

---

12 陈万里、冯先铭：《故宫博物院十年来对古窑址的调查》，《故宫博物院院刊》，1960年，第116、117页。

13 丁祖春：《成都胜利公社琉璃厂古窑》，《四川古陶瓷研究（一）》，四川省社会科学院出版社，1984年，第171—180页；成都文物考古研究院：《成都琉璃厂窑址——2018—2019年考古发掘报告》，文物出版社，2021年，第7页。

14 丁祖春：《四川邛崃十方堂古窑》，《四川古陶瓷研究（一）》，四川省社会科学院出版社，1984年，第120—130页；成都文物考古研究院：《邛窑出土瓷器选粹》，文物出版社，2022年，第13、14页。

15 重庆市博物馆：《四川广元瓷窑的调查收获》，《考古与文物》1982年第4期。

16 陈丽琼、魏达议、丁祖春：《四川彭县瓷峰窑调查与试掘的收获》，《中国古代窑址调查发掘报告集》，文物出版社，1984年，第292—309页。

17 四川省文物管理委员会、彭县文化馆：《四川彭县磁峰窑址调查记》，《考古》1983年第1期。

宋[18]。20世纪70年代末，重庆市博物馆与乐山市乌尤文物管理局对乐山市古窑址进行了联合调查，发现了关庙盘托寺、苏稽获坪山、西溶庙沱村3处古窑址[19]。

这一阶段是川渝地区窑址考古的起步阶段，以简单的考古调查为主，以小范围的考古试掘为辅。这一阶段虽然新发现了一定数量的窑址，但由于调查和试掘面积较小，且缺乏一定的文字资料，所以未能厘清川渝地区窑址的整体生产历史和面貌，不过本阶段的调查促进了下一阶段的窑址调查和发掘，为其奠定了实物资料基础。

2. 第二阶段

第二阶段从20世纪80年代初到20世纪90年代末期，1982年10月—1983年5月，四川省文管会、四川省博物馆和成都市文管处联合对青羊宫窑进行了全面考古调查和发掘，这次调查和发掘发现了八座隋唐时代的窑炉，形制有龙窑和馒头窑两种，找到了窑址的中心地带，大体上厘清了窑址的分布范围，出土瓷器多是隋唐青瓷，少数器物可以上溯到南北朝时代[20]。1985—1986年成都市博物馆考古队又对窑址进行了进一步的勘探和发掘工作，找到了窑址的作坊区和废品堆积场，再次印证了青羊宫窑是以烧造青釉瓷产品为主，烧造时间从南北朝时期一直到五代末期[21]。1982年2—4月，重庆市博物馆对王庄、涂山湖、航灯厂、小湾4个窑址进行试掘，发掘面积270余平方米，发现窑炉2座，采集到了大量瓷器标本。1983年3—4月，重庆市博物馆对小湾、三块田和杨家棺山窑址进行调查和试掘，发掘面积220余平方米，出土器物以黑釉瓷为主。1985—1986年，对小湾窑址进行了正式发掘，发掘面积约675平米，发现石结构馒头窑3座，出土遗物标本2000余件，根据窑炉及出土器物推断出小湾窑址的生产年代上限为北宋，下限可能到元初[22]。1982年6月，西南师范学院的师生在凉山地区进行民族综合科学考察时，兼顾对凉山州内的冕宁、西昌、昭觉、会理等县区的古陶瓷窑址调查。在冕宁县发现一处元代缸瓦窑址，在西昌复查了几处原来曾发现过的唐宋至明代的陶瓷窑址，在昭觉县发现一处明清青花瓷窑，在会理发现了宋元持续到现在仍然生产的绿釉陶瓷窑址[23]。1984—1989年，四川省文物管理委员会对十方堂窑址3号、5号及固驿瓦窑山遗址1号、2号窑包进行了多年发掘，发掘总面积约3500平方米，

18 四川省文物管理委员会、灌县文物管理所：《四川灌县古瓷窑遗址试掘简报》，《中国古代窑址调查发掘报告集》，文物出版社，1984年。

19 陈丽琼：《乐山市古窑址调查》，《古代陶瓷研究》，重庆出版社，2001年，第275—303页。

20 四川省文管会、成都市文管处：《成都青羊宫窑址发掘简报》，《四川古陶瓷研究（二）》，四川省社会科学院出版社，1984年，第113—154页；陈丽琼：《近十年重庆、四川陶瓷考古新收获》，《古代陶瓷研究》，重庆出版社，2001年，第75—101页。

21 刘雨茂：《青羊宫窑初探》，《成都考古研究（一）》，科学出版社，2009年，第528—535页。

22 重庆市博物馆：《重庆市涂山宋代瓷窑试掘报告》，《考古》1986年第10期；重庆市博物馆：《重庆涂山窑小湾瓷窑发掘报告》，《四川考古报告集》，文物出版社，1998年，第415—453页。

23 唐昌朴：《凉山州古陶瓷窑址考察记略》，《雅砻江下游考察报告》，中国西南民族研究学会，1983年。

清理出隋代至五代的窑炉9座，七座龙窑和两座马蹄窑，出土了数万件瓷器遗物残片[24]。1987年3月，在四川江油市青莲镇发现多处窑址，分为九岭窑与方水窑两个窑区，采集到大量瓷器标本，窑址的生产时间上限可能早到南朝，下限为北宋时期，以唐代器物最为丰富[25]。1988年9月—1989年1月底对锯木湾窑址进行试掘，发掘240平方米，发现马蹄形窑炉1座，生产的年代约为南宋晚期[26]。1983年考古人员对重庆市巴南区清溪乡一带的窑址进行调查核实，1987年将其命名为“清溪窑址”，并确认清溪窑址群主要包括华光村、鱼塘坡、梓桐三处窑址。1990—1992年，重庆市博物馆对华光村与梓桐窑址进行了发掘，其中华光村窑址发掘面积50平方米，出土大量窑具及黑釉器物，并且发现一定数量的白釉瓷器，年代约为南宋晚期至元代。梓桐遗址共发掘400平方米，发现馒头窑1座，出土大量窑具及黑釉和白釉瓷器，生产时间约为北宋至南宋晚期[27]。1991年5月下旬，在四川省达县复兴乡（今达州市通川区复兴镇）发现了瓷窑铺窑址，瓷器的釉色以黄褐色、褐色和黑色为主，同时发现窑具[28]。之后不久，四川省文物考古研究院、达州市通川区文化体育局和达州市通川区文物管理所联合对瓷碗铺窑址进行为期两个月发掘，发现窑炉遗迹6座，出土瓷器与窑具遗物200余件，推断其生产年代从北宋末期至元代初期，瓷碗铺窑的生产应该受到了广元窑、涂山窑和耀州窑的影响[29]。1994年1—3月，成都文物考古工作队和都江堰市文物局联合对金凤乡瓦岗坝窑进行发掘，共发掘3600平方米，清理出13座馒头窑以及作坊区等重要遗迹，并出土了大量瓷器、窑具、生产工具等，瓷器分白釉和黑釉两大类。瓦岗坝窑的生产年代约从北宋早期至南宋晚期，根据器物和生产技术的相互对比，瓦岗坝窑和金凤窑及磁峰窑的关系更为密切[30]。1999年12月—2000年5月，成都文物考古工作队和都江堰市文物局组成联合考古队对金凤窑遗址进行考古调查和发掘，确认了金凤窑的总面积，发掘面积共9195平方米，发现金凤窑共有32座为馒头窑、1座龙窑、10处作坊区以及6处废品堆积场。从地层和器型分析，金凤窑的创烧时期应当在北宋晚期，南宋中晚期是其繁荣期，大约于元代中晚期停烧[31]。1997年9月，成都文物考古工作队在配合琉璃厂镇供销

---

24 陈显双、尚崇伟：《邛窑古陶瓷简论——考古发掘简报》，《邛窑古陶瓷研究》，中国科学技术大学出版社，2002年，第123—259页。

25 黄石林：《四川省江油市青莲古瓷窑址调查》，《考古》1990年第12期。

26 重庆市博物馆、重庆市南岸区文管所：《四川重庆涂山锯木湾宋代瓷窑发掘简报》，《考古》2011年第3期。

27 重庆市文物考古所：《重庆涂山窑》，科学出版社，2006年，第14、15页；重庆市博物馆、巴县文物管理所：《重庆市巴县清溪宋代瓷窑址》，《考古学研究集刊（第13集）》，中国大百科全书出版社，2000年。

28 任超俗：《达县瓷碗铺发现宋代窑址》，《四川文物》1993年第1期。

29 四川省文物考古研究院、达州市通川区文化体育局、达州市通川区文物管理所：《四川达州市通川区瓷碗铺瓷窑遗址发掘简报》，《四川文物》2005年第4期。

30 成都文物考古研究所、都江堰市文物局：《都江堰市金凤乡瓦岗坝窑发掘报告》，《成都考古发现（2001）》，科学出版社，2003年。

31 成都文物考古研究所、都江堰市文物局：《都江堰市金凤窑发掘报告》，《成都考古发现（2000）》，科学出版社，2002年。

社的修建过程中，对琉璃厂窑进行了局部的试掘工作，但是试掘资料并未公布[32]。

这一阶段是川渝地区窑址考古的发展期，基本厘清了川渝地区窑址的基本生产状况和时空分布范围。考古调查范围进一步扩大，在偏远地区发现了少量新窑址，在前期调查资料的基础上，开始有计划地对邛窑、青羊宫窑、琉璃厂窑、涂山窑等重点窑址展开试点发掘工作，发现了一定数量的窑炉遗迹和窑具，逐步揭示了川渝地区窑址的烧造工艺和技术来源。

3. 第三阶段

第三个阶段从21世纪初至今，2002年7—8月间，成都中医药大学医史博物馆的相关人员对四川青神县的坛罐窑进行调查，从器物上分析推断此窑的生产年代上限可以早到北宋时期，下限可能到元初，以南宋器物为主，此窑的生产可能深受邛崃窑的影响[33]。重庆市考古研究所于2003年4月对酱园窑址进行了系统发掘，发掘面积705平方米；2004年4月，再次对小湾窑址进行发掘，发掘面积500平方米，发现建筑遗迹4座、窑炉2座、灰坑1座。这两次发掘为研究涂山窑窑炉形制演变及烧造工艺的发展提供了大量实物资料[34]。2004年10月，重庆市考古所对涂山窑系的慈母山窑址进行了试掘工作，出土了碗、盏、碟、钵等瓷器，釉色以黑褐和柿色为主[35]。2005年11—12月，重庆市文物考古所对荣昌县安富镇瓷窑里窑址群进行考古调查及试掘，发现宋代窑址4处，包括罗汉坟、堰口屋基、桂花屋基、松树林窑址。通过此次调查和试掘，确定了各窑址分布情况及其产品结构，烧造的时代约为南宋时期[36]。2006年四川省文物考古研究院和犍为县文物管理所联合对四川犍为县金花庵窑址进行了小规模的调查试掘工作，发现1座窑炉，清理了2个灰坑，出土了一批青瓷器和窑具，金花庵窑址的生产年代大致在唐代晚期至北宋早期，其产品与邛崃窑产品较为相似[37]。2006年成都市文物考古研究所与北京大学考古文博学院及邛崃市文物保护研究所联合对邛窑大渔村窑区进行考古调查，大渔村窑区共有1—3号窑包，从整体上看，大渔村窑区的烧造时间是邛崃窑址群内生产时代相对较早的。根据对大渔村窑区的调查，再结合十方堂和固驿山窑址的考古发掘，初步推断出隋代到唐代中期的早期邛窑生产区域是由分散的小规模窑场构成，到了晚唐到宋初邛窑的繁荣时期，邛窑窑场数量减少，生产作坊向十方堂窑场集中[38]。2007年5—7月，成都文物考古研究所联合都江堰市文物局对玉堂

32 成都文物考古研究院：《成都琉璃厂窑址——2018—2019年考古发掘报告》，文物出版社，2021年，第7页。

33 成都中医药大学医史博物馆：《四川青神县坛罐窑调查》，《四川文物》2009年第2期。

34 重庆市文物考古所：《重庆涂山窑》，科学出版社，2006年，第11页。

35 重庆市文物考古所：《重庆涂山窑》，科学出版社，2006年，第12页。

36 重庆市文化遗产研究院：《重庆市荣昌区瓷窑里宋代瓷窑址调查、试掘简报》，《四川文物》2020年第3期。

37 四川省文物考古研究院、犍为县文物管理所：《四川犍为县金花庵唐宋窑址调查试掘简报》，《四川文物》2017年第2期。

38 成都文物考古研究所、北京大学考古文博学院、邛崃市文物保护管理所：《四川省邛崃市大渔村窑区调查报告》，《成都考古发现（2005）》，科学出版社，2007年。

窑遗址进行全面的考古调查，共发现窑包 17 处。整个玉堂窑的创烧时间为唐代中期，其生产阶段可分为早晚两期，早期年代大约为唐代中期至五代，早期产品为青瓷。晚期的生产年代在北宋早中期至南宋末期，瓷器的釉色更加丰富[39]。本次的考古调查中对第 17 号窑包进行了试掘，发现了一条长条斜坡状龙窑，烧造年代约为北宋中期至南宋，此窑包所生产的器物可能受到磁峰窑、琉璃厂窑、定窑、耀州窑等影响[40]。2008 年 2—5 月，因为建设工程需要，四川省文物考古研究院联合乐山市文物保护研究所和五通桥区文物保护管理所，对乐山西坝窑进行抢救性发掘，西坝窑在过去称为“西溶窑”，共发掘探沟 3 个，清理出馒头窑 6 座，西坝窑的馒头窑技术较为先进，其中 Y1 和 Y5 可能是目前宋元时期规模较大的大型馒头窑。西坝窑的生产时间约从南宋中期至明代，衰落于清代，其中南宋晚期到元代中期是其兴盛期[41]。2009 年对四川崇州市公议镇天福窑进行了正式的考古调查，窑址内发现窑包 2 处，发现了一定数量的瓷器和窑具，烧造的时间上限可能早到隋代，最主要的生产时间为初唐和盛唐阶段[42]。2010 年 7—9 月，成都文物考古研究所对成都市针织器材厂内的窑址区进行了考古试掘，实际发掘面积 500 平方米，清理出五代至两宋时期的窑炉、挡墙、取土坑等，以及大量的瓷器和窑具标本。其文化面貌可以分为两期，第一期的年代主要为前后蜀，上限可以早到唐末；第二期的年代相当于北宋后期至南宋中期[43]。2012 年 2 月下旬至 3 月初，在四川遂宁龙凤镇发现一处古代窑场遗存的废弃堆积，四川省宋瓷博物馆立即对其进行抢救性发掘，命名为“龙凤窑”，整理出瓷器、瓷片数千片，以及大量窑具，出土瓷器主要为青釉瓷，青褐釉瓷器次之，多为素面，从器物上推断龙凤窑的生产年代当在两宋时期，最特殊的为龙凤窑，是除邛窑外生产省油灯的第二个窑址，其生产技术可能受到邛窑、青羊宫窑、琉璃厂窑等的影响[44]。2013 年 4 月，成都市文物考古研究所与邛崃市文物局联合对邛窑尖山子窑址进行了全面考古调查，发现了两座窑包，采集到大量瓷器与窑具，初步推测其生产时间应为盛唐时期，大约从 7 世纪后半叶至 8 世纪中叶[45]。2013 年 7 月，成都文物考古研究所与都江堰市文物局组成联合考古队，再次对玉堂窑遗址开展考古

---

39 成都文物考古研究所、都江堰市文物局:《2007 年玉堂窑遗址调查报告》,《成都考古发现（2007）》，科学出版社，2009 年。

40 成都文物考古研究所、都江堰市文物局:《2007 年四川都江堰玉堂窑遗址 17 号窑包试掘简报》,《南方民族考古》，科学出版社，2010 年。

41 四川省文物考古研究院、乐山市文物保护研究所、五通桥区文物保护管理所编著:《乐山西坝窑址》，文物出版社，2017 年，第 4、5、34、85—102 页。

42 成都文物考古研究所、崇州市文物管理处:《四川崇州公议镇天福窑址考古调查简报》,《成都考古发现（2008）》，科学出版社，2010 年，第 436—454 页。

43 易立:《衡山镇、均窑镇与琉璃厂窑》,《边疆考古研究（第 13 辑）》，科学出版社，2013 年；成都文物考古研究所:《成都市琉璃厂古窑址 2010 年试掘报告》,《成都考古发现（2010）》，科学出版社，2012 年。

44 四川省宋瓷博物馆 :《遂宁市船山区龙凤镇宋代窑场遗存清理简报》,《四川文物》2016 年第 2 期。

45 成都文物考古研究所、邛崃市文物局:《邛崃市尖山子窑址 2013 年调查简报》,《成都考古发现(2012）》，科学出版社，2014 年；成都文物考古研究院 :《邛窑出土瓷器选粹》，文物出版社，2022 年，第 14 页。

调查工作，重点对6号窑包进行试掘，出土了一定数量的瓷器，玉堂窑的6号窑包可以分为两期，第一期年代在北宋晚期，其产品与邛窑十方堂窑址有密切关系；第二期年代主要在南宋，其产品与都江堰金凤窑、磁峰窑和琉璃厂窑有一定的关联[46]。2014年重庆市文化遗产研究院与荣昌区文物管理所联合对荣昌区瓷窑里窑址再次进行考古调查和发掘，新发现瓷窑址3处，本次发掘主要对以石朝门为代表的Ⅰ区窑址，基本厘清了瓷窑里窑址的分布区域、生产规模、产品特征及生产年代，确认了此处是以烧造黑釉瓷为核心的遗存。石朝门窑址的生产始于北宋末期，停烧于南宋末[47]。2018年5月至2019年7月，成都文物考古研究院对琉璃厂窑址进行了大规模的发掘，共分为两个区域进行发掘，实际总发掘面积近4400平方米，此次发掘揭露出琉璃厂窑的窑炉、房屋基址、井、池、墓葬、道路、灰坑等遗迹，以及丰富的瓷器、陶器、窑具、工具等遗物。本次发掘是数十年来对琉璃厂窑进行的面积最大、时间最长的发掘，全面揭示了琉璃厂窑的整个生产时间、分布范围和制作技艺[48]。2019年成都文物考古研究院与邛崃市文物局，在邛窑遗址公园东南侧进行了全面勘探和局部试掘，清理出五代至北宋时期砖瓦窑炉12座，灰坑2个，初步判断出此区域是一处以烧造砖瓦制品为主的作坊区，以此推断邛窑内可能存在着生产功能区域划分[49]。

这一阶段是川渝地区窑址考古的兴盛期，对各个窑址进行了多轮深入的调查和发掘，对邛窑、琉璃厂窑、涂山窑、西坝窑等重点窑址进行了多次大规模的考古发掘，基本揭示了整个川渝地区的陶瓷生产历史和生产技艺。除此之外，发掘者开始注重本地瓷窑址内部与外部的相互对比，逐步探索各个窑址间技术的相互借鉴与交流。

二、主要考古报告与研究著作[50]

伴随着川渝地区陶瓷窑址考古工作的不断推进，相关的研究工作也取得了丰硕的成果：第一是出版了多部窑址考古发掘报告与图录，第二是公布了大量有关川渝窑址的研究论著与论文集，这些都极大地推进了川渝地区窑址考古的研究工作，为研究者们提供了翔实的文字资料和研究基础。

---

46 成都文物考古研究所、都江堰市文物局：《都江堰市玉堂窑遗址马家窑包（6号）2013年试掘简报》，《成都考古发现（2012）》，科学出版社，2014年。

47 重庆市文化遗产研究院、荣昌区文物管理所：《重庆市荣昌区瓷窑里宋代窑址2014年度发掘简报》，《文博》2020年第6期。

48 成都文物考古研究院：《成都琉璃厂窑址——2018—2019年考古发掘报告》，文物出版社，2021年，第7—12、373—378页。

49 成都文物考古研究院：《邛窑出土瓷器选粹》，文物出版社，2022年，第14页。

50 由于简报及研究类文章的数量较多，限于篇幅，这里讨论的著作主要为出版成册的专著和论文集。

1. 窑址考古报告与图录

21 世纪以来，共正式出版了 3 部川渝地区的窑址发掘报告。2006 年重庆市文物考古所出版了川渝地区第一本正式的窑址发掘报告《重庆涂山窑》，涂山窑是川渝地区较大且较有代表性的黑釉瓷窑址，自 20 世纪 30 年代发现以来，重庆市文物考古研究所对其进行了数次调查与发掘工作，发现了黄桷垭、巴南清溪、荣昌瓷窑里、合川炉堆子、涪陵蔺市等多处涂山窑系的窑场。此报告在前期考古调查和发掘的基础上，全面分析了涂山窑的分布范围、烧造工艺、产品特征及窑炉结构，同时将涂山窑系内的窑炉分为三期进行分析，认为涂山窑的生产深受北方磁州窑和耀州窑的影响。书中还重点介绍了黄桷垭窑、清溪窑、瓷窑里窑的考古发掘情况[51]。此书是对数十年来涂山窑考古工作的一次全面总结和分析，全面揭示了涂山窑的整个生产面貌，对川渝地区黑釉瓷器的生产、发展和起源有了一个全新的认识。《乐山西坝窑址》一书是川渝地区出版的第二本窑址类考古发掘报告，是根据 2008 年度对西坝窑考古发掘成果整理编纂而成，详细介绍了 2008 年发掘时发现的各类遗迹与遗物，重点对发现的八座窑炉进行技术分析与复原，同时对西坝窑的地理环境、窑址调查历史及窑址现状作了仔细的梳理。通过本次的发掘，基本厘清了西坝窑的烧造时间、烧造工艺、产品特征和销售市场范围。此发掘报告的出版为西坝窑的进一步研究揭开了序幕，也大大促进了西南地区宋元时期陶瓷考古的研究。2021 年成都文物考古研究院出版了《成都琉璃厂窑址——2018—2019 年考古发掘报告》[52]，这是川渝地区正式出版的第三本瓷窑址考古发掘报告，琉璃厂窑从 20 世纪 30 年代被发现以来，多次对其进行调查和试掘工作，直到 2018 年才对其进行大规模的考古发掘和勘探，此报告以 2018—2019 年对琉璃厂窑址的考古发掘资料为基础编著而成。报告详细介绍了遗址内的地层堆积、遗迹和出土遗物，以出土遗物的介绍篇幅最大，发掘者将此次发掘的遗存分为四期来分别论述其主要特点和年代，并在此基础上对整个琉璃厂窑的兴衰变迁、销售市场范围及使用阶层进行了全面的分析。琉璃厂窑考古报告的正式出版，大大促进了川渝地区陶瓷考古的研究工作，也揭示了川渝地区的部分陶瓷生产面貌，是研究者们了解川渝古陶瓷历史最重要的报告之一。

除了以上出版的窑址发掘报告外，近年来川渝地区的考古工作者们还出版了相关窑址的图录来进一步向公众展示窑址的考古发现状况。成都文物考古研究院于 2022 年出版了《邛窑出土瓷器选粹》[53] 一书，将邛崃窑址出土的器物与墓葬及其他遗址出土的邛崃窑瓷器进行了一次全面的展示。邛崃窑从 1936 年被发现以来，历经十数次的调查和发掘，发现了大量遗迹与遗物，但至今仍未出版正式的考古发掘报告，此图录一改过去“重图片轻文字”的传统模式，在书中除了展示大量瓷器图片外，对邛窑的地理环境、历史演变、考古历史、

---

51 重庆市文物考古所：《重庆涂山窑》，科学出版社，2006 年。

52 成都文物考古研究院：《成都琉璃厂窑址——2018—2019 年考古发掘报告》，文物出版社，2021 年。

53 成都文物考古研究院：《邛窑出土瓷器选粹》，文物出版社，2022 年，第 14 页。

兴衰变迁、销售范围等作了详细的介绍和论述，使读者对邛窑的整个历史和生产面貌有了全新的认识。在同一年，重庆市文物考古研究院与重庆文化遗产保护中心共同编著了《重庆涂山窑图集》[54]一书，用图片的形式直观展示了涂山窑各类瓷器的真实面貌，图录还选编了一些涂山窑研究的经典论著。这本图录的出版是对涂山窑考古报告一书的补充，是研究者们了解涂山窑瓷器釉色、器形和工艺的重要资料来源。

2. 研究著作和论文集

川渝地区从 20 世纪 30 年代开启陶瓷窑址考古工作以来，近百年的时间发表了大量的研究成果，虽然出版的正式考古报告数量不多，但是围绕着川渝窑址的相关研究论著和论文集却有着丰硕的成果。

20 世纪 70 年代以前，有关川渝地区窑址考古的论著是极少的，多是以窑址的调查和勘探为主。1978 年编纂的《四川陶瓷史资料》一书，应该是川渝地区关于陶瓷窑址考古的第一本研究著作，详细论述了川渝地区古代和近现代的窑址分布与现存状况[55]。1984 年四川省社会科学院出版社出版了《四川古陶瓷研究（一）》[56]与《四川古陶瓷研究（二）》[57]，这是首次正式出版有关川渝地区陶瓷窑址考古的研究论文集，两本论文集收录了从 1930 年以来中外研究者发表的有关川渝古陶瓷的论著和调查报告，以邛窑和成都青羊宫窑的调查报告为重点。此两本论文集是研究川渝地区早期陶瓷窑址考古的重要文献资料，是深入研究四川古代陶瓷发展不可或缺的书籍资料，具有极大的参考价值。1987 年，重庆出版社出版重庆地区著名古陶瓷学者陈丽琼所著的《四川古代陶瓷》[58]一书，书中利用最新的考古材料对川渝地区的邛窑、磁峰窑和各黑釉瓷窑址进行深入的研究，同时运用开阔的视野对川渝地区古代陶瓷的装饰与烧造工艺进行全面的论述。本著作最大的特点就是从整体的角度对整个川渝地区的陶瓷历史和陶瓷工艺进行研究，给川渝地区陶瓷史的研究工作奠定了基础。2001 年 2 月陈丽琼又出版了另一本重要的有关川渝地区窑址考古的论著《古代陶瓷研究》[59]，此书仍然以最新的考古调查与发掘资料为基础，运用最新的科学技术，对川渝地区瓷器生产的来源、装饰艺术、外销问题以及工艺问题进行了深入的论述，为研究提供了极其丰富的第一手学术资料。2002 年出版的《邛窑古陶瓷研究》[60]论文集，推动了邛窑陶瓷的研究工作，尤其是书中首次发表陈显双等人历年对邛窑进行考古调查和发掘的简报及照片，为传世的

54 重庆市文物考古研究院、重庆文化遗产保护中心：《重庆涂山窑图集》，重庆出版社，2022 年。

55 陈丽琼：《近十年重庆、四川陶瓷考古新收获》，《古代陶瓷研究》，重庆出版社，2001 年，第 75—101 页；《四川陶瓷史资料》一书并未正式出版，只是作为内部资料。

56《四川古陶瓷研究》编辑组编：《四川古陶瓷研究（一）》，四川省社会科学院出版社，1984 年。

57《四川古陶瓷研究》编辑组编：《四川古陶瓷研究（二）》，四川省社会科学院出版社，1984 年。

58 陈丽琼：《四川古代陶瓷》，重庆出版社，1987 年。

59 陈丽琼：《古代陶瓷研究》，重庆出版社，2001 年。

60 耿宝昌主编：《邛窑古陶瓷研究》，中国科学技术大学出版社，2002 年。

邛窑古陶瓷鉴定提供了最可靠的依据。本书的另一大亮点是发表了数篇有关邛窑的科技考古论文，大大促进了整个川渝地区陶瓷科技考古的研究工作。2012 年出版了《玉堂窑与羌文化》[61] 一书，这是继邛窑后，又一本以单一窑址为研究对象的论文集，书中收录了十数篇论文，详细论述了玉堂窑的艺术特色和文化特征，尤其是开拓性地探讨了玉堂窑与羌文化之间的关系，唤起了人们对玉堂窑的进一步研究。2015 年，为了进一步促进川渝地区古陶瓷的研究工作，为研究者们提供更为详细的研究资料，四川博物院编著了《四川地方窑研究论文选》[62] 一书，精选出相关论文 47 篇，这极大地提升了相关研究者们的热情，也为研究者们的研究方向和课题提供了指导性的帮助。除了以上有关川渝陶瓷历史与考古工作的有关论著外，研究者也从艺术的角度对川渝地区的陶瓷进行深入研究，2019 年出版的《邛窑器物设计的审美文化》[63] 即是从一个全新的角度对邛窑进行论述，作者从考古学的角度对邛窑的分期进行了考察，从设计学的角度对邛窑的造型进行分析，从文化的角度来探讨邛窑的美学渊源。本书不仅大大推动了邛窑陶瓷文化的研究，也为深入探索邛窑陶瓷设计审美文化的研究进行了一次有益的探索。2021 年和 2022 年，陈丽琼连续出版了两本有关川渝陶瓷的研究专著，《邛窑系古陶瓷文化新释》[64] 一书，在进一步梳理邛窑历史背景、地理环境、考古历史等基础上，对邛窑瓷器的工艺、文化和装饰等进行再次深入的探讨，重点揭示出邛窑瓷器上所展现出的异域文化。《长江上游黑釉瓷之韵》[65] 一书全面论述了川渝地区黑釉瓷的发展与演变，该书前半部分重点论述川渝地区黑釉瓷的特点和窑口的文化内涵，后半部分重点论述涂山窑的装饰工艺及与耀州窑的关系，以及各类窑变釉的形成机理和外销问题。该书是目前为止川渝地区唯一一本全面论述黑釉瓷器的著作，大大推动了黑釉瓷器历史发展与文化的研究。

近一百年来，川渝地区的窑址考古与研究工作虽然取得了一系列的成果，但是从整体数量上看，窑址考古工作仍然主要停留在调查阶段，仅对少量重要窑址进行了多次大面积发掘，所以至今仍然有许多窑址的生产面貌和窑业技术等依然不明，同时也导致了诸如川渝地区的瓷器起源、川渝地区的黑釉瓷器与建窑及吉州窑等的关系、川渝地区窑业技术在南北窑业技术交流中的作用与地位、川渝瓷器的外销以及川渝瓷器的窑口鉴定等重要的问题还未得到完全解决。

---

61 胡志金、刘大清、卞再斌：《玉堂窑与羌文化》，四川人民出版社，2012 年。

62 四川博物院编：《四川地方窑研究论文选》，巴蜀书社，2015 年。

63 詹颖：《邛窑器物设计的审美文化》，中国轻工业出版社，2019 年。

64 陈丽琼、董小陈、董越：《邛窑系古陶瓷文化新释》，四川美术出版社，2021 年。

65 陈丽琼、董小陈：《长江上游黑釉瓷之韵》，重庆出版社，2022 年。

2015、2020 年川渝地区古窑址调查纪略

黄卫文（故宫博物院窑址调查工作组）

摘要：依照2005年开始的故宫博物院新一轮全国窑址调查工作的有关规划，2015年4月和2020年10月，故宫博物院窑址调查工作小组分两次赴四川省和重庆市地区进行古窑址调查。两次调查历时共计31天，实地调查了四川、重庆地区境内共计23处（29个地点）的古陶瓷窑址，采集了丰富的窑址标本，为我院今后的古陶瓷研究和出版工作提供了新的资料。通过两次窑址调查与标本采集，结合考察地方文博机构藏品及研究交流取得的业务收获，我们对川渝地区的古陶瓷发展脉络、地理分布、产品特征及与国内其他窑场的关系等方面都有了相对全面和深入的认识。

关键词：故宫博物院　窑址调查　川渝地区

川东为巴，川西称蜀，拥有巴山蜀水的四川、重庆地区不仅物产丰富，有“天府之国”的美誉，其陶瓷生产在古代亦十分发达。为研究川渝地区的古陶瓷发展情况和厘清故宫博物院藏品的生产窑口，依照 2005 年开始的故宫博物院新一轮全国窑址调查有关工作规划，2015 年 4 月和 2020 年 10 月，由冯小琦同志带队，高晓然、赵聪月、郑宏、黄卫文、赵山等同志组成窑址调查工作组，先后两次赴四川省和重庆市进行古窑址调查。两次调查历时共计 31 天，累计行程 6000 余公里，实地调查了四川省成都市、邛崃市、都江堰市、彭州市、崇州市、江油市、广元市、眉山市、乐山市、泸州市、达州市、凉山彝族自治州和重庆市及其下辖周边县市等共计 23 处（29 个地点）的古陶瓷窑址，同时考察、观摩了多个博物馆、文管所、考古所等文博单位所藏川渝地区瓷窑藏品以及考古出土和田野调查标本。现将两次调查的有关情况简报如下。

一、两次川渝地区窑址调查的工作目标

对古窑址进行实地田野调查是当代古陶瓷研究的重要学术方法之一。自 20 世纪 50 年

代以来，以陈万里、冯先铭先生等为代表的故宫博物院众多老一辈专家学者不仅是窑址田野调查研究方法的开拓者，更是努力践行者，他们历尽艰辛进行窑址田野调查，除为努力推动故宫博物院古陶瓷研究工作之外，更重要的目标是为故宫博物院数量庞大、产地复杂的陶瓷藏品辨识生产窑口提供第一手参考资料。前辈们的辛勤付出不仅为故宫后辈学人奠定了古陶瓷研究的基础，更为充实中国古陶瓷发展史作出了巨大贡献。

近几十年来，随着中国经济文化建设的巨大发展，古窑址考古工作取得了许多新的成果，特别是第三次全国文物普查，许多新的窑址被发现，需要我们去及时了解和掌握。2005年，故宫博物院决定由冯小琦同志带领器物部陶瓷组的专家展开第二次全国窑址调查工作，至2020年四川、重庆、贵州的调查工作结束，累计走访调查了国内26个省（自治区）、市、直辖市的数百处窑址，上千个具体地点，采集的陶瓷标本更多达数万片。目前，北京、河北、河南、山东、山西、陕西、甘肃、宁夏、内蒙古、辽宁、浙江、福建、广西、广东、海南等地的调查成果已辑入《故宫博物院藏中国古代窑址标本》丛书相继出版。

川渝地区的古陶瓷发展情况一直为研究者所关注，20世纪50至80年代我院专家曾数次赴这一地区进行调查并采集了青羊宫窑、琉璃厂窑、邛崃窑、灌县窑、郫县窑、广元窑、涂山窑等窑址的标本资料。依照故宫新一轮全国窑址调查的有关工作规划，2015年4月和2020年10月，故宫窑址调查工作组先后两次赴四川省和重庆市进行古窑址调查，这两次调查是我院多年来对川渝地区窑址调查工作的进一步细化与补充。工作目标是通过实地调查川渝地区的窑址现状与采集标本，并通过与当地文博工作者的学术交流，及时了解川渝地区近年来的瓷窑考古和学术研究成果，以期能够比较全面地认识和掌握川渝地区的陶瓷发展脉络与各瓷窑的产品特征。

二、两次川渝地区窑址调查工作走访的主要窑址

两次调查历时共计31天，累计行程6000余公里，实地调查了四川省成都市的琉璃厂窑、白云渡窑、邓双窑、应天寺窑，邛崃市十方堂窑、大渔村窑、尖山子窑，都江堰市玉堂窑、横山子窑，彭州市磁峰窑，崇州市天福窑，江油市青莲窑，广元市瓷窑铺窑、窑沟里窑，眉山市青神窑，乐山市西坝窑址，会理县瓷窑里窑址、鹿厂窑址、碗厂湾窑址，泸州市营沟头窑址，达州市瓷碗铺窑；重庆市窑田沟窑、清溪窑、涂山窑、合川窑等川渝地区共计23处，29个地点的古陶瓷窑址。以下将两次调查工作中走访的主要窑址情况作一简要介绍。

1. 邛崃窑

窑址位于四川省成都市下辖邛崃市，简称“邛窑”。邛崃境内经调查发现的古代制瓷窑址有多处，主要有固驿街道（原固驿镇）的瓦窑山窑，临邛街道（原临邛镇）的十方堂窑、大渔村窑、尖山子窑等，其中位于市区南2公里南河岸边的十方堂窑址是邛崃窑诸窑址中

图 1　邛崃窑十方堂窑址标本

图 2　邛崃窑十方堂窑址标本

图 3　邛崃窑十方堂窑址标本

窑业遗存面积最大、烧造时间延续最长、器物流传最广、纹饰造型最美、出土标本最为丰富的窑址，堪称邛崃窑烧造的中心窑场。十方堂窑址于 20 世纪 30 年代被发现，已历经多次考古发掘，2015 年故宫窑址调查小组实地调查了十方堂、大渔村、尖山子等窑址，并采集了标本。

邛崃窑是四川地区最具盛名的古陶瓷生产窑场，始烧于南朝，唐、北宋时期盛烧，南宋末年衰落。生产品种以青釉、青釉褐斑、青釉褐绿斑和褐绿彩绘瓷为主，兼烧白、褐、绿、窑变、三彩等釉。隋代邛崃窑创造性地开始使用釉下彩绘装饰陶瓷，是迄今已知最早运用彩绘装饰的瓷窑之一，在我国古陶瓷发展史上占有重要的历史地位，其隋唐时期烧造的釉下彩瓷和高温三彩瓷等堪称举世闻名。邛崃窑产品造型多为各式碗、盘、罐、瓶、炉、灯盏等民间日用器皿，内含夹层的瓷灯盏即“省油灯”是邛崃窑最有特色的器物之一，而生动形象的各式玩具类小瓷塑等亦极富特色〔图 1—图 3〕。

邛崃窑不仅烧造时间长，而且影响广泛。在成都平原地区，包括成都市区及下辖市县内有不少古代瓷窑也生产邛崃窑类型的陶瓷产品，如青羊宫窑、琉璃厂窑、玉堂窑等，有研究者将这些瓷窑视为广义的“邛崃窑系”窑场。

2. 琉璃厂窑

窑址位于成都市锦江区柳江街道（原华阳县胜利乡琉璃村），明代此地曾为藩王府、寺庙等烧造琉璃构件，故称“琉璃厂窑”。唐代始烧，五代至宋代盛烧，元代烧造规模小，明代主要烧造建筑琉璃构件。琉璃厂窑是成都平原地区烧造邛崃窑类型瓷器的一处主要窑场，在生产品种、器物造型和装饰等方面与邛崃窑十分相似，可见有些产品与邛崃窑制品间的明显继承关系，但也有自身特色。烧造品种主要有青釉、黑釉、白釉、酱釉、绿釉、米黄釉、白釉褐彩、青釉褐绿彩、三彩等。造型有瓶、坛、罐、壶、炉、盆、碗、盘、碟、灯、砚、塑像等。2018 年至 2019 年，成都市考古研究院对窑址进行了考古发掘，出土资料丰富，其中作为茶器用的宋代壶、罐等出土很多，民间日用的灯、碗、盘、碟等更是常见。出土的彩绘瓷烧成温度多低于邛崃窑，胎体泛红，显得粗松。装饰有白釉刻划花、白釉印花、白釉饰褐彩、青釉饰褐绿彩、黑釉外起凸线、三彩等〔图 4—图 6〕。

图 4　琉璃厂窑窑址标本

图 5　琉璃厂窑窑址标本

图 6　琉璃厂窑窑址标本

3. 玉堂窑

窑址位于都江堰市玉堂镇凤岐村一带，唐宋时期窑址，目前尚存 17 个窑包，窑业遗存较为丰富。该窑是成都地区烧造邛崃窑类型瓷器的主要瓷窑之一，许多制品在胎质、釉色等方面与邛崃十方堂窑产品相似。胎质多较粗，胎色有灰白、灰、褐、砖红等色。品种有青釉、白釉、绿釉、酱釉、黑釉、色釉彩绘等，白釉、绿釉产品多见，器物外壁多施釉不到底。造型以各式碗、盘、碟、瓶、罐、炉、壶、灯盏等日用器为主，碗、盘类器饼形足或圈足，多用叠烧法，里外见支钉痕。本次调查工作实地调查了 2 号、6 号窑包，采集了相关标本〔图 7—图 9〕。

4. 横山子窑

窑址位于都江堰市天马镇绿凤村和崇义镇环山村的

图 7　玉堂窑窑址标本

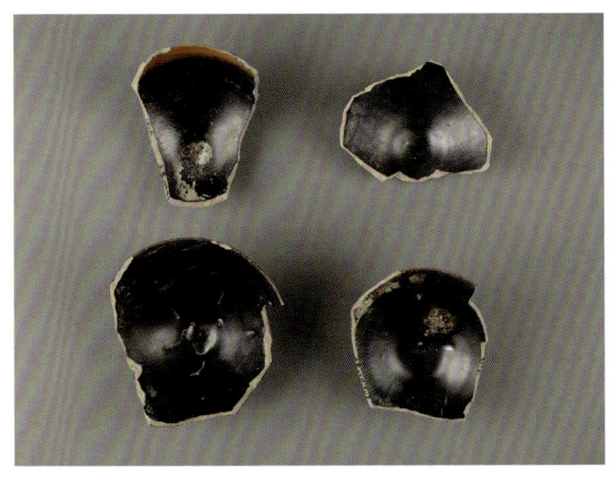

图 8　玉堂窑窑址标本

图 9　玉堂窑窑址标本

图 10　横山子窑窑址标本

图 11　横山子窑窑址标本

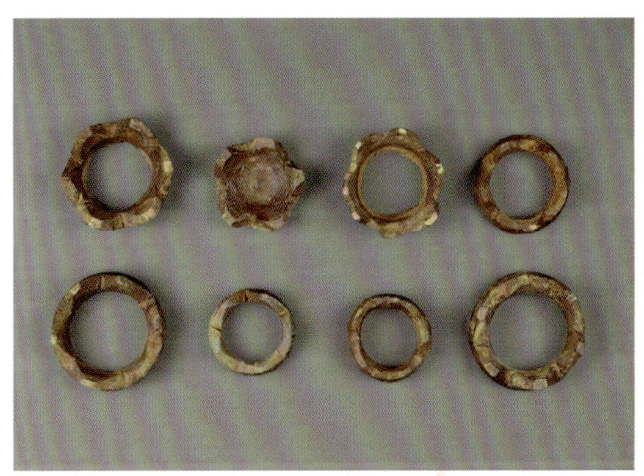
图 12　横山子窑窑具标本

横山子一带，南朝至宋代窑址，是成都平原地区烧造时间较早、烧造时间较长的瓷窑之一。从采集的标本看，胎质粗而坚硬，胎色多灰白。烧造品种多为青瓷，釉色有青、青灰、青黄等，釉面薄有玻璃质感，外壁一般施釉不到底。造型多为各式碗、盘、碟、盏、高足盘、壶、瓶、罐等，碗类器多小饼足，用支钉叠烧，碗心留有五六个支钉痕。装饰以褐、绿点彩连珠纹最具特色〔图 10—图 12〕。

5. 瓷窑铺窑

图 13　瓷窑铺窑窑址标本

窑址位于今广元市区北 3 公里处（原瓷窑铺镇附近）嘉陵江左岸的浅山台地上，两宋时期盛烧，1953 年修建宝成铁路时发现，1995 年为配合“108 国道”改扩建工程做抢救性考古发掘后回填。器物胎质较粗，胎色为灰白或黄白色。品种有黑釉、黑褐釉、绿釉、黄釉、青釉、米黄釉绿彩、白釉褐绿彩等，外壁多施釉不到底，其中黑釉器产量最大，质量最高，精者釉色漆黑光亮。造型有瓶、罐、炉、碗、盘、碟、盏、盏托和玩具

图 14　瓷窑铺窑窑址标本

图 15　瓷窑铺窑窑址标本

图 16　西坝窑窑址标本

图 17　西坝窑窑址标本

类小瓷塑等，特色器物有黑釉兔毫盏、玳瑁釉盏、玳瑁釉盘、黑釉白口碗、刻纹柳斗罐、凸线纹罐等。碗、盏类器支钉叠烧。从窑址出土资料和传世器来看，广元窑制瓷受南北方瓷窑如耀州窑、赣州窑、吉州窑、建窑等的影响〔图 13—图 15〕。

6. 西坝窑

窑址位于乐山市五通桥区西坝镇建益村、庙沱村一带的岷江支流沫溪河沿岸，约创烧于北宋中晚期，南宋、元代盛烧，延烧至明代，窑业遗存面积约 0.3 平方公里，2008 年修建乐宜高速公路时曾进行抢救性考古发掘。该窑以烧造黑釉、黑褐釉为主，白釉少见，其中许多黑釉、黑褐釉上有蓝、蓝白、乳白、兔毫、油滴、鹧鸪斑等丰富多彩的窑变。产品造型有花口瓶、玉壶春瓶、净瓶、执壶、碗、盏、盘、碟、炉等，其中以各式茶盏最为精致。盏类器胎质较粗，胎色多呈灰白、深灰或褐红色，内壁有凸起的水线；釉色有黑釉、窑变釉、玳瑁釉等，器里满釉，外壁施釉不到底；小饼足、玉璧底足及圈足均有。从窑址考古和调查结果来看，西坝窑应是四川地区一处值得研究者高度重视和深入研究的民间窑场，它不仅烧造历史长、规模大，而且产品自身的风格亦十分突出，其两宋时期烧造的黑釉、黑褐釉瓷器上丰富多彩的窑变，色彩醒目，对比强烈，风格十分独特〔图16—图18〕。

图18　西坝窑窑址标本

7. 达州窑

窑址位于达州市通川区复兴镇两路口村（旧称瓷碗铺村）附近，宋元时期瓷窑。烧造品种有青釉、黑釉、酱釉瓷等。造型以碗、盘、盏类器为主，其他还有瓶、壶、行炉等。碗、盘、盏类器采用刮圈叠烧工艺，里心常见涩圈，外壁施釉不到底，圈足。装饰以印花技法最为突出，器底心多模印朵花、钱纹，内壁模印折枝牡丹、菊花纹等，外壁多光素，风格与金代耀州窑产品风格接近，受陕西耀州窑影响明显。其他如黑釉碗、盏等也有一定特色，胎色呈灰白、深灰或褐色，胎质较粗〔图19—图21〕。

图19　瓷铺窑窑址标本

8. 涂山窑

窑址位于重庆市长江南岸的南岸区黄桷垭镇南山与涂山之间，窑场规模很大，在宋元时期主要烧造黑釉瓷器。器类有碗、盘、盏、碟、瓶、罐、炉、壶、盆、灯、水盂、瓷塑玩具等，以盏类器最为突出，品种有黑、黑褐、兔毫、玳瑁、油滴釉等。黑釉碗装饰丰富，有黑釉白口（即“白覆轮”）和印花装饰，多在碗内壁和底心压印牡丹、

图20　瓷铺窑窑址标本

图21　瓷铺窑窑址标本

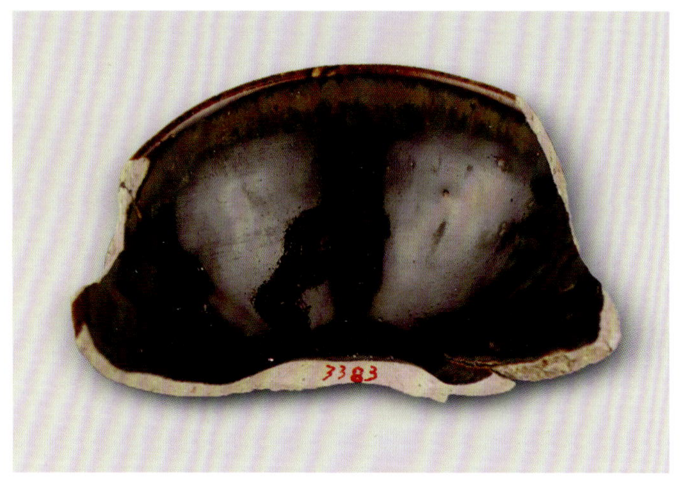

图 22　涂山窑窑址标本

图 23　涂山窑窑址标本

菊花或莲花纹。粗碗采用刮圈叠烧法，内底有涩圈。涂山窑制品的胎色主要为白色、灰白或黄白色等，不见施白色化妆土，但出土标本中有的产品在浅色胎上施一层紫黑色胎衣，以增强釉的黑色效果，使釉显得漆黑光亮，很有特色〔图 22—图 24〕。

图 24　涂山窑窑址标本

三、对川渝地区古陶瓷生产面貌的初步认识

川渝地区的古陶瓷生产面貌与当地历史、地理、文化上都有着密不可分的联系，可作为一个整体来加以考察。通过 31 天的窑址调查与标本采集，结合考察地方文博机构藏品及研究、交流取得的业务收获，我们对川渝地区的古陶瓷发展脉络、地理分布、产品特征及与国内其他窑场的关系等方面都有了进一步的认识。

多年来积累的窑址调查与考古发掘资料表明，川渝地区制瓷历史悠久，自东晋、南朝直至明清一直窑火未断，尤以隋唐到两宋时期生产最为鼎盛。迄今这一地区发现的古瓷窑址已多达 140 余处，分布在四川省 20 余个市、县、自治州及重庆市辖区，其中成都市及其周边地区窑场分布最为密集，制瓷业出现的时间也普遍较早。

川渝地区的早期瓷窑主要分布在成都平原及其周边地区，代表性窑场有青羊宫窑、琉璃厂窑、瓦窑山窑、十方堂窑、大渔村窑、尖山子窑、横山子窑、天福窑、白云渡窑、邛双窑、青莲窑等。这些窑场的始烧时间少数早至东晋或南朝时期，多为隋唐之际。多数窑场的早期以烧青釉为主，有的窑场还兼烧黑釉、酱釉等品种。器类多为各式碗、盘、罐、瓶、壶、炉等生活用器，胎体普遍厚重，胎质较粗，釉层较薄，釉面与胎的结合不太紧密，外壁施釉均不到底。窑炉有龙窑和馒头窑，基本采用裸烧法烧成，碗、盘类器支钉叠烧，支钉宽大，多为五齿或六齿。

唐宋时期是川渝地区制瓷业发展的鼎盛期，制瓷窑场众多，分布地域广泛，产品种类丰富，且在域外其他瓷窑影响下结合本地工艺特点形成了鲜明的地域风格。概括而言，我们可以把川渝地区这一时期的诸多瓷窑大致划分为以生产青瓷、黑瓷和白瓷为主的三大瓷窑体系。其中青瓷窑系以邛崃窑的中心窑场十方堂窑为代表，众多窑场广布于成都平原和周边地区，包括成都的邛崃、郫都、大邑、崇州、都江堰、双流、新津以及芦山、江油、乐山、青神、彭山等县市都有分布。这些窑场的产品在造型、装饰、工艺特征上多有着很强的相似性，各窑场制瓷原料均采用本地瓷土，胎色以灰、灰白或灰褐色为主，亦见有深褐、砖红色等，胎质一般较粗，常施白色化妆土或褐色护胎釉。器类以民间日用的各式碗、盘、碟、杯、茶盏、钵、罐、瓶、盆、灯盏、省油灯等为主，此外各种人物或动物俑、玩具类的小瓷塑等亦很流行。釉色丰富，有青、青黄、青灰、青绿、绿、黄、米黄、酱色等多种，施釉一般较薄，多数器物外壁施釉不到底。装饰方法多样，有刻花、划花、印花、贴花、彩绘等，纹样有联珠纹、花卉纹和草叶纹。而隋代开始出现并主要流行于唐代的高温青釉釉下褐、绿、黑彩装饰，开创了我国瓷器彩绘装饰工艺的先河，其与唐代长沙窑釉下彩的关系更是引起学界的广泛探讨。此外这些窑场已发现的窑炉形式有龙窑和馒头窑，装烧工艺有支钉间隔裸烧和匣钵装烧，精者一匣一器装烧，也有一匣多器叠烧，还有大小器物套烧，支钉普遍比前代瓷窑的支钉细小，为四、五、六齿不等。

黑釉是川渝地区瓷窑生产的主流品种之一，出现于南朝至隋代，盛烧于两宋至元代。调查发现专烧或主烧黑釉的窑场主要以瓷窑铺窑、金凤窑、瓦岗坝窑、西坝窑、涂山窑、荣昌窑、清溪窑等为代表。产品受吉州窑、建窑影响并具有自身地域风格。以黑瓷茶盏最为突出，品种有黑、褐、黑褐、兔毫、油滴、窑变、玳瑁等釉，外壁施釉不到底。底足有小饼足、玉璧底足、圈足等。因使用本地胎土，各窑胎质、胎色特点略有差异，如广元窑胎质稍粗，多施化妆土；都江堰窑、西坝窑的黑釉器胎质较硬，胎内多含沙粒，有施化妆土或褐色护胎釉的器物；重庆辖区瓷窑的黑釉器则胎土淘洗较细，胎色常为灰白或灰色，基本不施化妆土。

川渝地区白瓷烧造的历史可以追溯到唐代，即杜甫《又于韦处乞大邑瓷碗》诗中所云之“大邑白瓷”，但其窑址迄今尚未发现。目前已知四川烧造的白瓷多为宋代产品，其中兼烧白瓷的窑场有琉璃厂窑、十方堂窑、金凤窑、玉堂窑、瓦岗坝窑、瓷窑铺窑、坛罐窑等；而磁峰窑则是川渝地区罕见的以烧造白瓷为主的窑场，其产品质量高，精者可与定窑白瓷媲美。磁峰窑白瓷胎质细腻坚致，胎体轻薄，胎色灰白，施化妆土。里外满釉，釉面莹润，多无开片，釉色多白中略泛牙黄。装饰方法为刻划花或印花，纹样题材以各式花卉纹为主。装烧采用石英砂隔垫正烧法，器物底心内外常见沙粒，无芒口。

总之，川渝地区的瓷业生产约始于东晋南朝时期，唐至两宋发展至鼎盛，此时窑场众多，分布广泛，品种丰富，产品地域风格鲜明，许多窑场停烧于宋末元初，虽然明清时期还有瓷窑生产，但生产规模和产品质量都已大不如前。

四、结语

通过两次赴四川省、重庆市进行的窑址调查工作，我们对川渝地区的古陶瓷发展脉络和产品工艺特征有了相对全面和深入的认识。两次调查共采集了 23 处，29 个地点的窑址标本，并且获得了地方文博单位赠送的部分窑址标本和资料，不仅充实了故宫博物院藏古窑址陶瓷标本库，也为古陶瓷研究和出版工作提供了新的资料。

川渝地区陶瓷器发展特点

冯小琦（故宫博物院）

摘要： 根据窑址调查所得资料，概括介绍川渝地区古陶瓷的特点。主要从古代四川、重庆地区陶瓷器生产历史悠久，涌现出著名瓷窑、这些瓷窑博采众长，不断汲取南北方瓷器营养来丰富自己，又形成具有鲜明地方特色的瓷器。

关键词： 川渝地区　古陶瓷　特点

自 2015 年 4 月，故宫博物院器物部古窑址考察小组一行五人对四川、重庆古窑址进行考察，至 2020 年对其调查基本告一段落。这是我们从 2005 年开始对全国古窑址重新调查的第十一年，四川、重庆是我们考察的第 19、20 个省市。这是我们期盼已久的。因为对该地区的古瓷窑相对于其他地区了解较少，只是从故宫老一辈专家在 20 世纪 60 至 80 年代对四川、重庆古窑址的调查资料中，对邛崃、广元、郫县、灌县、彭县、新津、成都青羊宫、琉璃厂、重庆黄埡角等窑有一点大概的认识。其中邛崃窑，通过 2001 年 4 月的"中国邛窑古陶瓷科技考古研讨会"和 2004 年的"中国古陶瓷学会长沙年会"，才了解得比较多一些。但在总体上感觉还是比较陌生，蜀窑对我们来讲多少有些神秘感。

在 20 多天的考察中，不论窑址、博物馆、市场及私人收藏，都给我们留下了深刻的印象，不少精美的陶瓷器物给予我们强烈的视觉冲击，大大地改变了我们对四川、重庆地区古代陶瓷的认识。下文从以下几个方面加以阐述。

一、古代四川、重庆地区陶瓷器生产历史悠久

四川地区汉代陶器已很发达，陶俑特别是说唱俑已给我们留下深刻印象，其独特的造型、诙谐而夸张的表情让人过目不忘。不仅陶俑，其他器型也很精湛，例如九烛、十七烛盏陶灯〔图 1〕，堆塑的人物、动物几十个，造型之复杂，在陶瓷灯具史上是独一无二的。调查使我们对古代四川地区（含今四川省、重庆市）瓷器的生产年代有了新的认识。原来调查得知该地在南朝时期以成都青羊宫窑为代表的瓷窑已经生产青瓷器，唐宋时期是该地

区瓷器的繁荣时期。现在所见实物资料，有早到汉代的青瓷器，尽管窑址情况尚不明朗，但出土的汉代青瓷〔图 2〕数量不少且具有明显的地方特色。早期青瓷出土数量和窑址也很多，烧造地点也比我们以前了解的要多。不少瓷窑在南朝、隋、唐代时期已烧造青瓷器。如我们调查的成都横山子窑、邛崃固驿镇窑、都江堰金马窑、崇州天福窑、江油青莲窑、双流窑、新津白云渡、邛双窑等都烧造青瓷。横山子窑〔图 3〕，邛窑、崇州天福窑、郫县窑烧制的白釉褐绿点彩联珠纹、青釉白彩联珠纹罐等器物，过去我们断代为唐都觉得早，通过这次调查，随着大量出土的隋代器物，使我们确信是隋代的产品。唐宋时期，古代四川、重庆瓷业进一步发展，有些瓷窑在烧造青瓷的同时还烧制各种色釉瓷和彩瓷。宋代，由于四川经济及人口持续发展，产生了更多的瓷窑，烧制着种类繁多的瓷器，其中，黑瓷、白瓷等，已经形成系列，瓷器质量精美。还有些瓷窑延续烧造到元明时期，甚至更晚。

图 1　汉陶灯

图 2　汉青釉水波纹四系罐

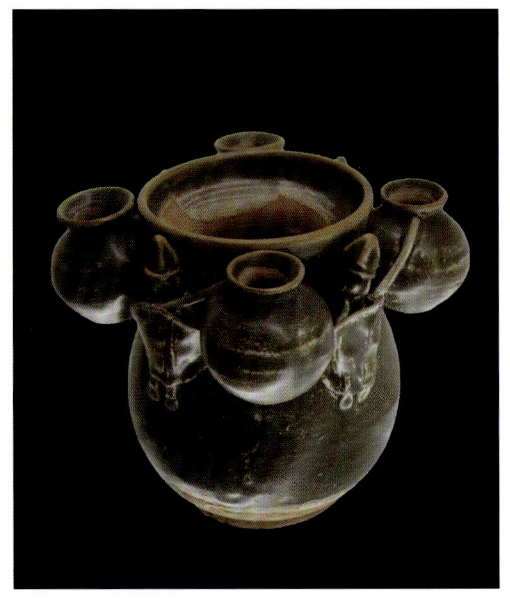

图 3　六朝青釉五联罐
重庆三峡博物馆藏

二、著名瓷窑有一定数量

唐宋时期川渝地区窑业发展，出现不少名窑。被民间誉为五朵金花的邛窑、彭县磁峰窑、广元窑、西坝窑、涂山窑各有特点。邛窑位于成都西部偏南，在四川整个窑区偏西方向。烧造历史在四川地区相对较长，历经隋唐五代到宋代，烧瓷品种丰富。该窑烧造青釉、酱釉、褐绿彩绘〔图 4〕、三彩、乳浊釉、绿釉对四川其他窑场影响很大〔图 5、图 6〕；彭县窑位于成都北部偏西，是一处主要烧造白瓷的窑场。产品有精粗之分。所烧白釉、白釉印花、白

图 4　唐邛窑褐绿彩盘口瓶
邛崃窑博物馆藏

图 5　唐邛窑黄绿釉水盂

图 6　唐邛窑青釉褐斑壶
四川省博物馆藏

图 7　宋彭县窑白釉盖碗

图 8　宋彭县窑白釉瓶
成都博物馆藏

图 9　宋广元窑黑釉双系罐
皇泽寺博物馆藏

釉划花具有定窑风格〔图 7、图 8〕，但胎料与定窑有一定差别，有些薄胎器物的造型、釉色与山西介休窑白釉非常相似，透光性均比定窑好。在支烧工艺上与定窑不同，采用支钉叠烧与沙粒垫烧。广元窑是四川最北部的一处重要的瓷窑，烧瓷品种丰富。其黑釉〔图 9〕、玳瑁釉、白釉彩绘〔图 10〕、绿釉、黄釉等都有精品存世。黑釉造型、釉色俱佳。西坝窑位于成都南部，宋代烧造的黑釉、窑变釉自成风格，窑变釉蓝白对比鲜明〔图 11〕。该窑烧造的酱釉、里白外酱釉、里白外黑釉与北方定窑等有相似风格。涂山窑位于重庆市，是该地区黑釉瓷窑的代表。所烧黑釉漆黑光亮〔图 12〕，有些施二次釉，也有窑变现象。其各窑所烧精品，代表了古代该地区瓷器生产的较高水平。除此之外，其他瓷窑也烧制了具有自身风格的器物〔图 13〕，如玉堂窑的白釉、绿釉、黑釉，清溪窑的窑变淡蓝釉〔图 14、图 15〕、乳浊釉等，地方特色鲜明。

图 10　宋广元窑白釉褐彩双系罐

图 11　宋西坝窑窑变釉碗

图 12　宋重庆涂山黄角窑碗片
故宫博物院藏

图 13　宋达州窑青釉印花碗达州考古所标本

图 14　宋清溪窑蓝釉花式碗
故宫博物院藏

图 15　宋清溪窑窑变蓝釉瓶壶炉碗

图 16　宋川窑仿吉州窑盏

图 17　宋柳斗纹罐
重庆三峡博物馆

三、博采众长，丰富川渝地区陶瓷的文化内涵

古代川窑产品风格多样，创新之作较多。各瓷窑烧造的品种丰富，与其他南方地区的瓷窑相比较，没有哪一个省或地区的瓷窑能烧造出像川窑那样风格多样的器物〔图 16—图 18〕。唐宋时期，川窑与各地瓷窑的交流较多，彼此相互学习、交流和影响。众多实物证据可以看出，川窑与河南巩义窑、湖南长沙窑、河北定窑、磁州窑、河南钧窑、陕西耀州窑、山西地区瓷窑、浙江越窑、龙泉窑、江西景德镇窑、吉州窑、赣州窑、福建建窑等瓷窑之间的联系，彼此之间或造型相近、或纹饰相似、或装饰技法相同、或支烧工艺相互借鉴，形成了多种不同的风格。同时还可以看到陶瓷器仿同时期金、银、铜器的实物。在邛窑绿釉器物上还看到在陶瓷上很少见到的飞天图案。由于四川地处南北丝绸之路起点的交会地，所以外来文化的纹饰、人物形象也出现在川窑的瓷器上。

图 18　宋川窑仿建窑兔毫盏

四、古代川渝地区瓷器产品具有本地域的鲜明特点

1. 丰富的造型

古代川窑瓷器虽然与各地瓷器的交流很多，但仍保持着本土的特点与风格。造型种类多，样式丰富而出奇。如省油灯、双耳罐、一枝花瓶、花口瓶、葫芦瓶（壶）、多角瓶、双流壶、四管瓶、五管瓶、六管瓶、五足炉、荷叶罐、瓜棱罐、灯盏等。在造型上没有定

图 19　宋褐釉双耳罐

图 20　宋黑釉花口瓶

图 21　宋邛窑乳浊青釉执壶
邛崃窑博物馆藏

图 22　宋邛窑五足炉

制与常规，随意性强，双耳罐，罐身为通常所见，而两耳大而奇特〔图 19〕，使人自然联想到三星堆的“千里眼、顺风耳”。一枝花瓶，以瓶口小只能插一枝花而得名〔图 20〕。瓶身修长纤细，而口部像打开的伞状花口，与修长的瓶身形成鲜明的对比，此类造型在其他各地瓷窑中从未见过。花口瓶，花口样式多变，身修长，高足，足上端多作凸棱装饰。方口圆腹瓶宋代其他窑也少见。其他如高足杯也饰凸弦纹。瓶的造型一般常见细长颈，长圆腹，底内收，饼足或圈足。彭县磁峰窑的瓷瓶有一种造型修长，腹部以下线条无明显变化，线条直下，造型别致。西坝窑的葫芦瓶或葫芦形执壶，束腰部分较粗，线条变化平缓，感觉很卡通。多角瓶南方较为流行，一般角向上，而川窑的多角瓶有角向下的，很别致。双流壶，陕西耀州等窑也烧制，但川窑在双流的上部作结带装饰，独一无二〔图 21〕。五足炉，陕西耀州窑也有烧制，但川窑的五足张扬，造型特别〔图 22〕。四管瓶、五管瓶、六管瓶及洗，龙泉窑也烧造，但川窑的管直而长，并向外展，为他窑所未见。再如盏托，南北方很多瓷窑都有烧造，黑釉盏托很少，川窑烧造黑釉盏托，造型有的与其他地区盏托相似；有的则是盏与托口径相若，西坝窑的黑釉盏托、广元窑的白釉绿彩盏托、绿釉盏托〔图 23〕、黄釉盏托、邛窑的绿釉盏托都是如此，与其他地区的盏小托大的造型不同。广元窑、西坝窑的荷叶盖罐造型特别，盖子为高式，像一三角形把上面一角平切，荷叶边与其他窑波浪式卷边也不同〔图 24〕。瓜棱罐，瓜棱为旋转式〔图 25〕，也较为少见。唐宋时期流行的净瓶，带柄的也只见于川窑，实属难得。还有一种厚胎灯盏，在灯盏边缘，塑一类似胡人的半身像，也是首次见到。带提梁的器物很多，如提梁罐、提梁篮等。诸如此类造型奇特的器物很多，不一一叙述。

图 23　宋广元窑绿釉盏托
利州区文馆所藏

图 24　宋玳广元窑瑁釉荷叶盖罐
广元皇泽寺博物馆藏

图 25　宋青釉瓜棱罐

图 26　宋绿釉线条花卉纹执壶
故宫博物院藏

2. 古代四川地区瓷窑烧瓷品种丰富

从广泛调查来看，南方瓷窑多烧单一品种，多的也就烧两三个品种，吉州窑较为特殊，既烧南方的青白釉、黑釉系列，也烧北方的白釉、绿釉、白地黑花等品种，这是极为少见的。而川窑，一个窑口烧多品种瓷器是很普遍的现象，很多窑既烧北方品种，同时也烧南方和本地品种。概括起来：古代川窑所烧品种，计有素胎黑釉彩绘、二彩、三彩、青釉、青釉褐彩、青釉褐绿彩、窑变红釉、花釉、钧釉、乳浊釉、花釉、洒釉、白釉、白釉线纹装饰、里白外酱釉、黑釉、里白外黑釉、黑釉凸线纹装饰、黑釉白口、酱釉、酱釉线纹装饰、绿釉〔图 26〕、绿釉剔花、绿釉绘花等等。其中的黑釉窑变花釉（拍鼓）、黑釉金彩（碗）、乳浊釉印花（碗、盘）青绿釉划花篦划纹（碗）等品种在该地区则是首次见到。

3. 川窑瓷器纹饰内容丰富

图 27　唐邛窑印花飞天纹盒

川窑瓷器纹饰丰富，有人物纹，包括飞天、胡人形象、面具贴塑、花卉、花草、动物、文字等几大类。飞天形象在其他瓷窑瓷器上很少见到，而邛窑三彩盒子上有此图案〔图 27〕。川窑瓷器纹饰一般较为简洁率性，除彭县磁峰窑的印花装饰与定窑相似，花纹较为繁密以外，邛窑、广元窑等褐绿彩绘或其他彩绘纹饰潇洒、飘逸、任性，写意风格突出，简单几笔即成纹饰，在构图上比较简洁；多折枝花，一枝或二枝花即构成画面，如广元窑的玉壶春瓶上，极少见到辅助纹饰或边饰。玉堂窑碗内的绘画装饰也很简单，画三组既像字又像花的图案。

4. 装饰方法多样

有印花、刻花、划花、剔花、划花、篦划、贴塑、堆塑、绘画、点彩、绞胎等。最令人印象深刻的是黑釉凸线纹装饰，这种是北方地区流行的，河北、河南、山东等常见。南方地区使用这种装饰有四川、重庆几处，此次调查古代川窑得知巴蜀地区也广泛使用这种装饰，除广元窑以外，琉璃厂窑、西坝窑、荣昌窑、涂山窑等都有。这些瓷窑的黑釉凸线纹装饰丰富，分满线、二线一组、三线一组、四线一组、五线一组〔图 28〕，以四线一组为多，而且不仅装饰在壶、罐、瓶等器物上，在炉、碗、盘、缸等器物上也有，部分瓷器不仅装饰在器物外部，还有装饰在口颈以内。此外，在青釉、窑变釉〔图 29〕、酱釉、白釉上也有类似装饰，更有趣的是在碗盘上，这种直线纹变成了曲线纹。这是其他窑少见的，琉璃厂窑更见不是竖向排列的凸线纹，而是斜向交叉排列凸线纹〔图 30〕。在这里才体会到线纹装饰的魅力，川窑把线纹装饰做到极致。

划花篦划纹是宋代南、北方窑场产品最流行的装饰，或作主题纹饰，或作辅助纹饰。川窑这类装饰虽然不多，玉堂窑的这类装饰却特点突出，在划花纹时，用力的方向略有变化，故而

图 28　宋川窑黑釉凸线纹执壶

图 29　宋西坝窑窑变釉瓶

图 30　宋琉璃厂窑线纹双耳罐
故宫博物院藏

图 31　宋玉堂窑绿釉划花篦划纹碗片
故宫博物院藏

划出的成组线条有粗、细变化，使线条更具有灵动感，比其他窑的同类装饰更生动耐看〔图 31〕。

5. 川窑瓷器款识多样

有画押款、工匠款、纪年款、吉语款等。其中宋代琉璃厂窑的瓷器碗盘等的画押款〔图 32〕较有特色，数量较多，与湖南地区瓷窑有相似特征。

6. 川窑的烧造工艺，既有北方特点，也有南方的特点

在器物上既可见北方常见的小支钉痕，沙粒垫烧痕〔图 33〕，也有南方多个支痕的做法。

图 32　宋琉璃厂窑
故宫博物院藏

图 33　宋彭县窑白釉印花碗
四川省博物院藏

窑具比较丰富，是我们调查各地瓷窑中见到窑具比较多的地区。有规格大小不同的匣钵，有筒形大匣钵、漏斗形匣钵等；有圈形、碗形、喇叭支柱形、高垫圈形、矮垫圈形等各类垫具；还有式样繁多，大小高矮不等的间隔垫具，如三角形支具、五钉、六钉圈形支具等。此类隔垫具最为丰富。各窑器物的烧造分裸烧和匣钵装烧；器物有正烧和覆烧。在窑址见到了筒形垫具的上面有粘结一摞覆烧的碗。东晋时期满釉支烧的做法，在浙江临海东晋时期瓷器上也已见到，而川窑做工与之相比同样很精致。化妆土的应用在古代川窑瓷器上运用得很广泛，目前见到邛窑、金凤窑、琉璃厂窑、横山子窑、新津窑、江油窑、泸州窑、双流窑、广元窑、合川窑等，都使用过化妆土。在隋、唐、五代、宋时期白釉、绿釉、青釉，甚至黑釉的胎体上施化妆土，从而使釉面更加光洁靓丽。

总之，对古代川窑的短暂的考察，使我们倍感兴奋、激动、震惊！川窑瓷器品种多得难以置信，有些质量好得也难以置信。如西坝窑的窑变釉、广元窑的黑釉、玳瑁釉、邛崃窑的三彩、彭州窑的白釉等，如果不是亲眼所见，是绝对不会相信川窑也有如此精美的器物。不同地域的瓷器风格汇聚于四川，陶瓷工艺的交流如此的广泛、交融，古人是如何做到的？这使我们不得不置疑所谓“蜀道难，难于上青天”的说法。尽管通过调查，我们对四川、重庆地区的陶瓷有了全新的认识，对该地区的陶瓷文化产生了浓厚的兴趣，但古代四川陶瓷的发展对我们来说仍然是个谜，可研究的问题很多，我们有强烈的要进一步了解和研究它的愿望。根据我们调查资料，对故宫博物院的藏品再次进行梳理，对唐宋一些未定窑口的瓷器重新研究，划分出川渝地区窑口数十件瓷器，虽然有些在两三个窑口之间还难以判定，但范围从南方缩小到一省一市，不断解决藏品的时代与窑口问题，这正是老一辈专家调查古窑址的初衷。

四川广元窑白釉瓷胎釉 EDXRF 分析

郑奇卫（广元万安博物馆）　吴艳芳（丽水学院）　王绍强（剑阁县文管所）

摘要： 广元窑是四川烧制黑釉瓷的重要窑场之一，除烧制黑釉瓷以外，还烧制酱釉、绿釉、黄釉、白釉瓷等器物。本研究主要以广元窑采集的白釉瓷作为研究对象，采用能量色散X射线荧光光谱仪对样品胎釉的化学组成进行了测试分析。结果发现，广元窑白釉瓷胎使用了铁含量较高的本地原料，同时为了遮盖胎体颜色与质地的瑕疵，胎体上均施有含铝较高的化妆土；广元窑白釉瓷釉应是受了南方制瓷影响，采用了石灰石加草木灰的制釉方法，瓷釉多为钙釉，个别样品为钙碱釉。

关键词： 广元窑　白釉瓷　EDXRF

一、引言

广元窑是四川地区宋代时期烧造黑釉瓷的典型窑口之一，除烧造黑釉瓷外，也烧制绿釉、黄釉、白釉等[1]。广元窑窑址位于川陕交界的广元市北郊约 6 公里处的瓷窑铺，窑址依山傍水，分布在嘉陵江左岸，由山脚向山腰呈坡状阶梯形分布。瓷窑铺又名磁瑶铺或瓷陶堡[2]。

广元窑于 1953 年在修建宝成铁路时被发现[3]。1976 年与 1978 年，四川省陶瓷编写组和重庆市博物馆先后对该窑址进行了两次调查清理工作，初步厘清了广元窑基本面貌与烧造历史[4]。自此，广元窑开始受到学者们重视，并在 20 世纪 80 年代抢救性发掘中进一步揭开神秘面纱。但由于早期采集的广元窑标本资料有限，学者们多从器型、釉色及与其他窑的联系等角度进行研究[5,6]，对烧制工艺及原料配方等科技方面的系统研究甚少，因此，本文通过能量色散 X 射线荧光光谱仪（EDXRF）对四川广元窑采集的白釉瓷胎釉成分开展分析，以探讨其胎釉制瓷工艺技术的发展过程。

1　贾红丁：《追寻广元窑上》，《收藏界》2008 年第 7 期。

2　王家祐：《四川廣元黑釉窑初探》，《文物参考资料》1955 年第 3 期。

3　冯先铭：《三十年来我国陶瓷考古的收获》，《故宫博物院院刊》1980 年第 1 期。

4　四川省文物考古研究所、广元市文物保护管理所：《广元市瓷窑铺窑址发掘简报》，《四川文物》2003 年第 3 期。

5　贾红丁：《妙趣横生的广元窑瓷塑》，《收藏界》2011 年第 9 期。

6　悠然：《宋代四川广元窑瓷器的釉色与纹饰》，《收藏界》2009 年第 10 期。

二、实验

1. 样品选择

本次实验在广元市政府、皇泽寺博物馆、万安博物馆等的积极帮助和支持下开展，采集了广元窑白釉瓷标本 15 件，样品主要分为三种类型:无花纹白釉瓷、刻花白瓷釉、白底黑花风格釉下彩绘白瓷。此外，还有 3 件未知标本，单从外观我们并不能判断瓷片表面的白色是未烧熟的釉层，还是化妆土，故一并将其进行讨论研究。标本具体外观特征见表 1，部分标本见图 1。

表1　广元窑白釉瓷外观描述

1	器内施满釉，器外施釉不及底	釉下黑花	褐胎，胎质坚硬紧密，器物内外均施化妆土
2	器物内外均施满釉	釉下黑花	褐胎，胎质坚硬紧密，器物内外均施化妆土
3	器外施白釉，器内施酱釉	釉下黑花	灰胎，胎质较为坚硬紧密，器内施化妆土
4	器内有涩圈，器外施釉不及底	无	褐胎，胎质较为坚硬紧密，器内施化妆土
5	器内施釉，器外不施釉	无	灰胎，胎质较为坚硬紧密，器内施化妆土
6	器物内外均施满釉	无	灰白胎，胎质较为坚硬紧密，器表施化妆土
7	器物内外均施釉	无	黄胎，胎质坚硬紧密，器物内外均施化妆土
8	器物内外均施釉	无	灰胎，胎质坚硬紧密，器物内外均施化妆土
9	器物内外均施釉	无	灰胎，胎质坚硬紧密，器物内外均不施化妆土
10	器物内外均施釉	无	灰胎，胎质坚硬紧密，器物内外均施化妆土
11	器物内外均施满釉	无	灰胎，胎质坚硬紧密，器物内外均施化妆土
12	器物内外均施釉	无	白胎，胎质坚硬紧密，器物内外均不施化妆土
13	器物内外均施釉	无	白胎，胎质坚硬紧密，器物内外均不施化妆土
14	器内施釉，器外不施釉	刻花	灰胎，胎质较为坚硬紧密，器内施化妆土
15	器内施釉，器外不施釉	刻花	灰胎，胎质较为坚硬紧密，器物内外均施化妆土
16	未知标本	无	灰胎，胎质较为坚硬紧密
17	未知标本	无	灰白胎，胎质较为坚硬紧密
18	未知标本	无	灰胎，胎质较为坚硬紧密

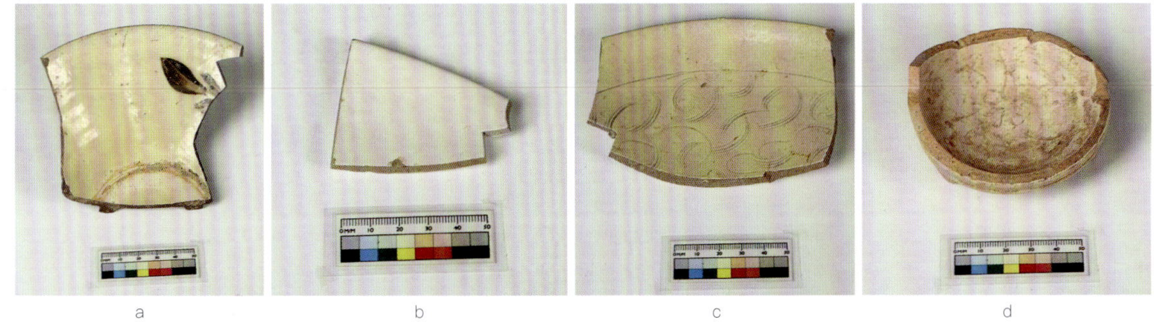
a　　b　　c　　d

图1　白釉瓷片标本
a）釉下彩绘白瓷，b）白釉瓷，c）刻花白釉瓷，d）未知瓷片

2. 测试方法

本文采用美国 EDAX 公司生产的 Eagle—Ⅲ型能量色散 X 射线荧光分析仪（EDXRF）对广元窑瓷器标本及原料进行了化学组成分析测试，测试束斑直径为 300μm，采谱时间 600s，定量分析采用校正曲线法，胎釉的化学组成数据见表 2—4。其中，原料取自广元的瓷窑铺、柏林沟、青川等 3 个区域。同时，因白釉瓷胎均施以化妆土，多数化妆土较薄，故测试了部分化妆土化学组成见表 5。其中编号 GY—BC 为白釉瓷，1—3 号为釉下彩绘白釉瓷，4—13 号为白釉瓷，14—15 为刻花白釉瓷，编号 GY—WZ 为未知标本，编号 cyp 为瓷窑铺原料，编号 blg 为柏林沟原料，编号 qc 为青川原料，编号 GY—hzt 为化妆土。

表2　四川广元窑白釉瓷胎化学组成

编号	Na_2O	MgO	Al_2O_3	SiO_2	K_2O	CaO	TiO_2	Fe_2O_3
GY-BC-1	0.36	1.13	16.58	73.45	2.44	0.69	0.57	3.77
GY-BC-2	0.57	1.32	19.87	67.83	2.73	0.61	0.92	5.16
GY-BC-3	0.03	0.95	21.05	67.79	2.65	0.57	0.97	4.99
GY-BC-4	0.87	0.72	15.98	71.48	2.45	0.43	0.59	6.48
GY-BC-5	0.73	2.09	22.81	66.01	2.99	0.41	0.77	3.19
GY-BC-6	1.10	1.46	26.16	63.01	2.46	1.05	0.60	3.16
GY-BC-7	0.74	0.95	26.38	63.73	2.41	0.84	0.73	3.22
GY-BC-8	0.81	0.89	26.85	63.44	2.39	0.76	0.78	3.07
GY-BC-9	0.45	1.01	25.24	66.33	3.36	0.23	0.74	1.64
GY-BC-10	0.41	0.78	20.33	71.48	2.57	0.21	0.83	2.39
GY-BC-11	0.34	0.72	27.31	62.97	2.15	1.06	0.77	3.67
GY-BC-12	0.63	0.24	18.58	74.37	3.17	1.17	0.04	0.80
GY-BC-13	0.30	1.10	33.67	58.39	2.17	1.17	0.41	1.79
GY-BC-14	0.56	1.11	21.09	69.38	1.97	0.41	1.02	3.46
GY-BC-15	0.65	1.27	21.97	67.53	3.30	0.51	0.73	3.06
GY-wz-1	0.63	1.52	21.82	66.95	3.80	0.78	0.72	2.79
GY-wz-2	0.75	1.19	22.20	66.99	3.88	0.41	0.69	2.88
GY-wz-3	0.33	1.09	22.73	65.82	3.31	0.51	0.70	4.50

表3　四川广元窑白釉瓷釉化学组成

编号	Na_2O	MgO	Al_2O_3	SiO_2	K_2O	CaO	TiO_2	Fe_2O_3	MnO	P_2O_5
GY-BC-1	0.03	1.91	12.64	65.75	3.61	13.44	0.14	1.48	0.10	0.28
GY-BC-2	0.55	1.14	13.50	61.30	2.07	18.41	0.18	1.85	0.12	0.41
GY-BC-3	0.88	1.91	13.76	66.39	3.74	9.54	0.16	2.62	0.09	0.19
GY-BC-4	0.58	2.49	11.99	65.62	3.22	13.56	0.14	1.40	0.12	0.31
GY-BC-5	0.93	2.16	12.12	64.83	3.41	13.86	0.17	1.52	0.14	0.29
GY-BC-6	1.85	1.63	14.30	67.80	2.78	9.30	0.14	1.19	0.08	0.30
GY-BC-7	0.91	0.81	12.93	69.88	2.59	11.28	0.06	0.55	0.05	0.15
GY-BC-8	0.99	0.74	14.48	68.47	3.20	10.61	0.06	0.45	0.07	0.17
GY-BC-9	0.79	3.64	14.39	69.10	6.34	3.47	0.20	1.07	0.09	0.36
GY-BC-10	0.97	1.22	12.34	71.20	3.63	8.18	0.11	1.34	0.12	0.20
GY-BC-11	0.81	0.70	14.34	71.67	2.73	8.08	0.10	0.56	0.05	0.11
GY-BC-12	0.79	0.32	13.26	68.82	2.36	12.89	0.04	0.52	0.06	0.08
GY-BC-13	1.65	0.65	16.86	72.39	3.53	3.07	0.11	0.73	0.03	0.18
GY-BC-14	0.72	1.93	12.95	70.19	2.78	8.55	0.18	1.70	0.10	0.20
GY-BC-15	0.71	1.73	13.32	64.91	4.02	12.69	0.19	1.43	0.07	0.25
GY-wz-1	0.26	1.38	35.06	57.43	1.29	0.64	0.49	2.45	0.03	0.23
GY-wz-2	0.04	2.27	27.59	60.89	1.60	3.68	0.38	2.56	0.03	0.13
GY-wz-3	1.30	1.43	34.63	56.71	1.92	0.61	0.36	2.05	0.03	0.17

表4　四川广元窑原料化学组成

编号	Na_2O	MgO	Al_2O_3	SiO_2	K_2O	CaO	TiO_2	Fe_2O_3
cyp-1	0.66	1.36	18.78	66.68	3.03	1.18	0.55	6.75
cyp-2	0.46	1.61	17.28	66.89	2.93	1.92	0.62	7.29
cyp-4	0.50	2.89	16.62	66.81	3.57	1.54	0.57	6.50
cyp-5	0.67	1.94	14.46	68.54	2.90	4.51	0.42	5.55
blg-3	0.24	1.02	15.55	72.92	2.29	0.52	0.57	5.87
blg-2	0.35	1.15	19.74	71.45	3.81	0.23	0.56	1.72
blg-zjt	1.37	1.19	13.84	75.02	1.82	0.41	0.60	4.74
qc-2	0.23	0.26	36.88	53.64	0.22	0.12	6.43	1.23
qc-3	0.50	1.51	21.52	50.94	5.49	0.66	0.93	17.45

表5　四川广元窑白釉瓷部分化妆土化学组成

编号	Na_2O	MgO	Al_2O_3	SiO_2	K_2O	CaO	TiO_2	Fe_2O_3
GY-hzt-4	0.51	1.07	33.40	58.98	1.85	0.43	0.49	2.28
GY-hzt-11	1.41	0.81	43.78	48.77	2.18	0.58	0.83	0.64
GY-hzt-15	0.33	0.45	44.91	48.25	1.74	1.40	0.79	1.13

三、分析与讨论

1. 广元窑白釉瓷胎化学组成分析

从表2可以看出，广元窑白釉瓷胎中Al_2O_3含量在15.98%—33.67%之间，均值为22.69%；SiO_2含量在58.39%—74.37%之间，均值为67.03%；含量分散性较大，且不具有典型的南方瓷器“高硅低铝”或北方瓷器“高铝低硅”的特征。同时，样品胎中（KNa）$_2$O含量在2%—4.98%之间，TiO_2在0.04%—1.02%之间，Fe_2O_3含量在0.8%—6.48%之间。

将其与广元本地区制瓷原料（表4）对比发现，广元窑白釉瓷胎的化学组成与本地的制瓷原料较为一致，广元本地原料因所处地区地质构造复杂、地貌类型多样，成土母岩从古生代到新生代均有出露，其硅铝含量有明显差别，也使得广元白釉瓷胎中硅铝含量变化较大。对样品元素组成进行因子分析发现（图2、图3），广元窑白釉瓷与当地原料聚为一类，不同类型的白釉瓷亦聚为一类，可知广元窑白釉瓷制胎原料应是就地取材，在制作不同类

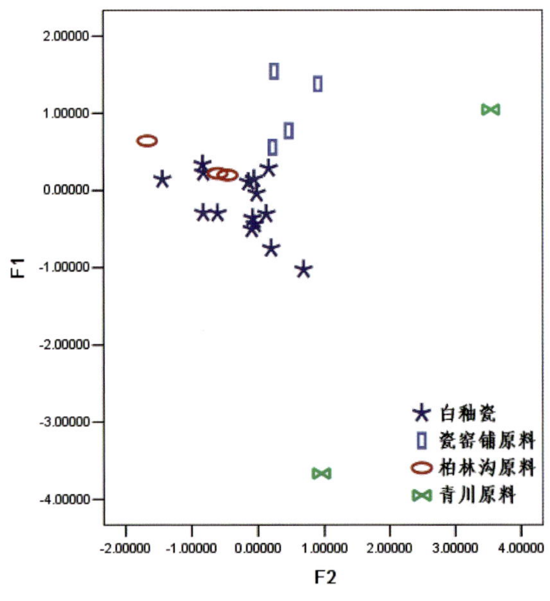

图2　白釉瓷与原料因子散点图

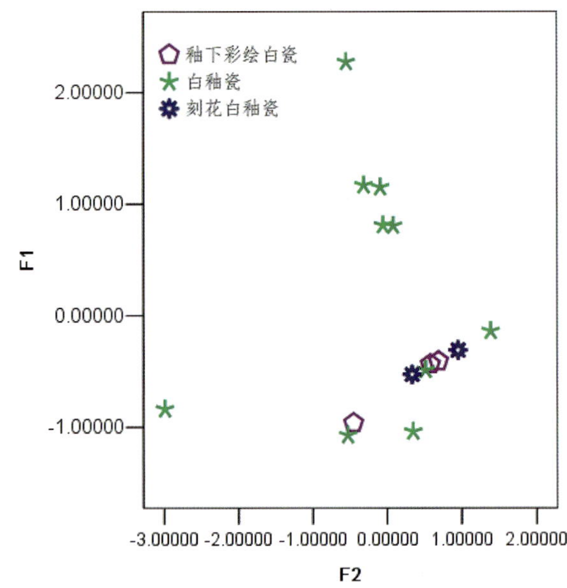

图3　不同类型白釉瓷因子散点图

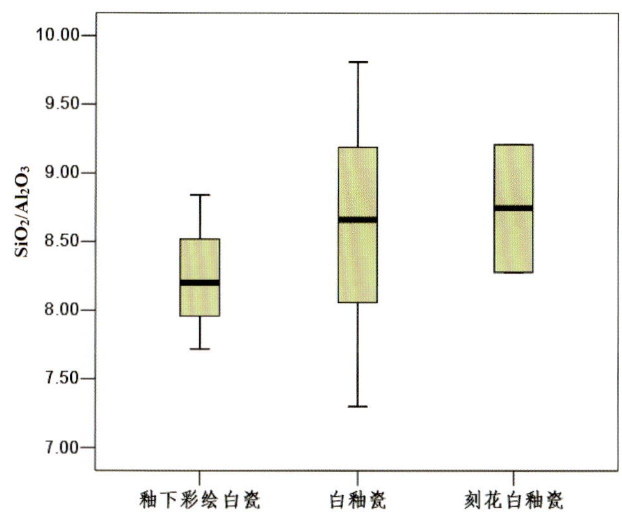

图 4　广元窑不同类型白釉瓷 SiO_2/Al_2O_3 箱形图

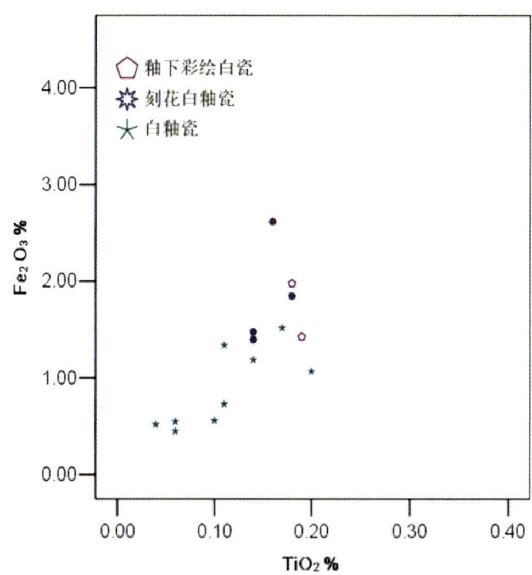

图 5　广元窑不同类型白釉瓷散点图

型的器物时并未特意选择。

广元地区原料大多具有明显的高铁高钛特征，这类原料制成的瓷胎多呈灰色或灰褐色。正因如此，广元窑工们充分利用当地原料的特征，烧制出了各种类型的黑釉产品，使得广元窑成为四川烧制黑瓷的主要窑口之一。但是广元窑的生产并未受原料的局限，窑工们充分认识到本地原料的特点，使用了当地含铁较低的化妆土施在胎上，烧制出了性能较好、品种较多的白釉瓷。通过测试分析，广元窑所使用的化妆土铝含量较高（表 5），与广元风台山高岭土的成分非常接近[7]，推测当时窑工已经认识到了这种本地产的煤系高岭土是优质的制瓷原料加以运用制成白色的化妆。

2. 广元窑白釉瓷釉化学组成分析

从表 3 可知，白釉瓷釉中 Al_2O_3 含量在 11.99%—16.86% 之间，均值为 13.49%；SiO_2 含量在 61.30%—72.39% 之间，均值为 67.52%。$(KNa)_2O$ 含量在 2.1%—8.19% 之间，CaO 含量在 3.07%—18.41% 之间，变化区间较大；TiO_2 含量变化不大，在 0.04%—0.20% 之间；Fe_2O_3 含量在 0.45%—2.62% 之间。MnO 含量范围为 0.03%—0.14%，P_2O_5 含量范围为 0.08%—0.41%。

图 4 可知，广元窑不同类型白釉瓷釉的硅铝比并未有明显差别，说明不同类型的白釉瓷原料选择上基本一致。但是不同类型的白釉瓷的 Fe、Ti 含量还是有些许差别〔图 5〕，无花纹白釉瓷釉中含铁和钛的含量明显低于其他两种类型的白釉瓷，表明在原料的处理方面，无花纹白釉瓷相对于带有纹样的白釉瓷更为精细，说明广元窑工们充分了解各类白釉瓷的表达效果。对于没有任何装饰技法的白釉瓷，其釉色纯白是白釉瓷产品的重要表现方式，

7　刘亚川：《四川广元风台山高岭土矿选矿试验研究》，《矿产综合利用》1999 年第 6 期。

因此对于釉中原料着色元素含量的控制相对更为注意，而对于有一定装饰技法的白釉瓷，其装饰技法和釉色的互相结合才是展现此类白釉瓷的重要因素。这同样从侧面反映广元窑制瓷工匠对于白瓷的制作工艺的掌握以及艺术欣赏的水平相当成熟。

众所周知，我国古代高温瓷釉主要是钙系釉，通过观察广元窑白釉化学组成表 3 发现，釉中除了含有较高的 CaO，还含有一定量的 P_2O_5，说明广元窑白釉瓷并非单纯使用了石灰石作为制釉原料，而是工匠受南方制釉工艺的影响，使用了石灰石加草木灰为原料的制釉方法的结果。为了探明广元窑白瓷釉的类型，根据《中国古瓷中钙系釉类型划分标准及其在瓷釉研究中的应用》[8] 给出的钙系釉的划分标准换算，对广元窑白瓷釉进行釉式换算得到碱土金属氧化物系数 b，大部分白釉的碱土金属氧化物系数大于 0.76，其中有 2 个白釉的碱土金属氧化物系数介于 0.52— 0.76 之间，表明大部分广元窑白釉属于钙釉，极个别样品属于钙碱釉。钙釉发展到碱钙釉是制瓷工匠们对制釉技术探索的进步，而广元窑中钙碱釉的出现说明广元窑窑工们在制釉技术也是不断摸索，并且在当时已经取得了一定的成效。

此外，本次研究中发现 3 件白釉瓷样品表面呈现白色，但从外观上难以辨别瓷片表面的白色物质是未烧熟的釉层，还是化妆土。因此为了探究这类瓷片胎体表面到底是何种物质，我们将其成分特征与白釉瓷以及已测其他白釉瓷上化妆土的化学组成进行对比分析。研究发现这 3 个瓷片胎体表面白色物质的 SiO_2 含量低于 60%，而 Al_2O_3 含量达到 35% 左右，而且 CaO 含量多低于 1%，明显与白釉瓷瓷釉成分不符，而与化妆土成分相对吻合〔图 6〕。因此，这些白色物质并非未烧熟的白釉，而应是化妆土。这也从侧面反映当时古代广元窑陶瓷的烧制技术：对于部分陶瓷可能是先施一层化妆土素烧，然后再上釉高温烧成，说明当时广元窑部分产品可能采用的是二次烧成技术，其制瓷技术可见一斑。

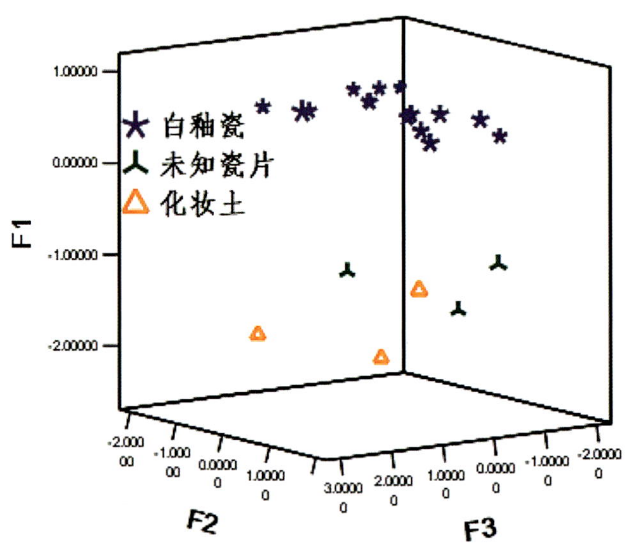

图 6　广元窑白釉瓷和未知瓷片散点图

8　罗宏杰、李家治、高力明：《中国古瓷中钙系釉类型划分标准及其在瓷釉研究中的应用》，《硅酸盐通报》1995 年第 2 期。

四、结论

广元窑白釉瓷制胎原料使用了含铁、钛量较高的本地黏土，为覆盖胎体表面颜色和质地，瓷胎上均施以含铁、钛量比胎用原料低的高铝化妆土作为护胎釉。这也充分说明广元窑工们了解当地制瓷原料特征，熟练掌握了陶瓷胎体制作的相关工艺技术。

广元窑白釉瓷釉多为钙釉，少数为钙碱釉；同时充分吸收了南方制釉的影响，使用了石灰石加草木灰为原料的制釉方法。广元窑标本中有施有化妆土并素烧的半成品，从侧面反映部分广元窑陶瓷产品可能是二次烧成。

四川广元窑技艺恢复研究

郑奇卫（广元万安博物馆）　吴艳芳（丽水学院）

摘要：广元窑是中国南方非常著名的古窑口之一，1953年，随着宝成铁路的建设，西南博物院文物考古调查队配合在沿线做文物考古调查时，对瓷窑铺古窑遗址始定名为“广元窑”。本研究通过对广元窑系列产品尤其是黑釉瓷、绿釉瓷的工艺恢复和固化为研究目标，旨在通过科技对文化的支撑作用，对恢复和发展广元窑复烧工艺关键技术进行研究与应用，从而为广元陶瓷文化、技术、艺术的传承和弘扬奠定基础。一是对古代广元窑出土瓷片进行科技分析，获得古代广元窑产品相关数据信息；二是根据广元当地地质条件寻找当地瓷土原料并对原料物理化学性能进行测试分析；三是结合出土的广元窑瓷片科技信息及广元当地原料特征进行胎、釉料原料配制实验，最终结合广元窑特征成功复烧广元窑产品。

关键词：广元窑　瓷窑铺　技艺恢复

广元窑位于广元市利州区工农镇千佛崖景区往北1公里处的瓷窑铺，窑址依山傍水，是古利州对外重要的码头和驿站，金牛道的咽喉，也是古代中原由秦入蜀的必经之地，1976年和1978年，四川省陶瓷编写组和重庆市博物馆先后对该窑址进行了两次调查清理工作，初步摸清了广元窑的基本面貌与烧造历史。广元窑创烧于隋唐时期，因战乱、朝代更迭、政局不稳定等因素，停烧于宋末元初。从窑址出土的部分瓷片广元窑与定窑、建窑、耀州窑、磁州窑等特征高度吻合，说明广元窑充分吸收南北制瓷技术的养分并在此基础上因地制宜、创新创造，进而诞生了品类极其丰富、造型独特并极具地方特色的瓷品，尤其生产的绿釉瓷器属瓷器佳品，装饰方法特色鲜明为广元窑所独有，也充分说明了广元窑当时的繁荣兴盛和开放、南北兼容的一个著名窑口。2018年4月27日，浙江省龙泉市、四川省昭化区签署《东西部扶贫协作框架协议》的背景下，由丽水学院吴艳芳博士负责对广元窑烧制技艺进行恢复研究。课题组技术团队对古代广元窑数据信息的提取、广元当地原料化学组成及物理性能测试、广元窑胎釉配制实验、广元窑烧制工艺试验等展开研究。

一、厘清广元窑历史沿革及周边窑口调查

据续《中国通史》记载："南宋瓷窑增多，规模较大者，有四川广元瓷窑铺遗址，堆积层长 250 米，有的窑址堆积广到 20 亩，高到 20 米。"[1] 从遗址分布来看广元窑依山面水，沿嘉陵江左岸紧邻古金牛道，长约 2000 米，宽约 500 米，总面积约 100 万平方米，重点集中在汤山温泉项目及 108 国道线，东靠松林坡，西临嘉陵江，南及原工农场镇，北接作坊沟，由山脚向山腰呈坡状阶梯形分布。在以前考古调查中，因受材料的限制，对广元窑的创烧年代认识不一，这里特别需要说明的是广元窑是指瓷窑铺遗址窑口，主要观点有：五代至宋或元初[2]、唐宋时期[3]、宋元时期[4]、宋至元明时期几种[5]，但宋代是广元窑烧造最鼎盛时期的共识是一致的，从《广元市瓷窑铺遗址发掘简报》表明从窑炉、作坊和探方的各文化层所出土的文化层出土的遗物初步分析，从器型的演变规律、装饰工艺和烧造技术看，各遗存之间无明显的演变规律，堆积层和窑址内出土器物大部分相似，表明窑址烧造的时间跨度不长[6]。据《宋史・续通鉴》载：理宗端平三年（1236 年）九月，蒙古阔端攻破利州，利州都统曹有闻，其弟曹友万、统领刘虎皆牺牲，全军阵亡殆尽。利州遂为蒙古军所占，民散地慌，社会动乱不休，瓷业生产停业，在未复兴[7]。

据民国《广元县志・食货志》记："清之著名陶瓷，以羊模坝之瓮罐为佳，大石之母家山，陶瓷并出，县之北门外（将军桥查家窑）炉罐为主。"[8] 说明广元羊模坝、大石柏林沟（母家山）还有原昭化县下寺窑沟村等。明清时期盛产陶器，并以质坚耐高温而闻名，产品远销甘陕及省内各地。乾隆十六年（1751 年）下寺窑沟村乡绅雇工开窑，引水作动力冲舂碎料生产瓷器，1954 年 10 月由县政府接管，定名"清江瓷厂"[9]，1962 年与工合瓷厂（大石柏林沟瓷窑户 1959 年组建改为工合瓷厂）合并建立千佛崖碗厂（广元窑瓷窑铺遗址）。在"文化大革命"期间改名为广元县碗厂，1978 年实现生产 964 万只碗，年总产值 66 万元。建市后更名为广元市建筑陶瓷厂。1979 年为搞活经济，下寺公社窑沟大队重建一陶瓷厂，赤化公社利用本土资源优势兴办一土陶制品厂，1984 年羊模坝恢复生产，厂址设原金台乡新塘村，新建梯式窑群，改柴烧为煤烧，提高了产品的数量和质量。1985 年广元县年产陶瓷制品 3.74 万件[10]。

---

1 广元市地方志编纂委员会：《广元县志》文化卷第二章第三节，四川辞书出版社，1994 年。

2 陈丽琼：《四川广元瓷窑的调查收获》，《考古与文物》1982 年第 4 期。

3 冯先铭：《四川省古瓷窑》，《故宫博物院院刊・三十年来我国陶瓷考古的收获》1980 年第 1 期。

4 王家祐：《四川广元黑釉窑初探》，《文物参考资料》1955 年第 3 期。

5 丁祖春：《广元瓷窑铺黑釉窑》，《古陶瓷研究（一）》，四川省社会科学出版社，1984 年。

6 四川省文物考古研究所：《广元市瓷窑铺窑址发掘简报》，《四川文物》2003 年第 3 期。

7 广元市地方志编纂委员会：《广元县志》文化卷第二章第三节，1994 年。

8 广元市地方志编纂委员会：《广元县志》乡镇企业卷第二章第三节，1994 年。

9 广元市地方志编纂委员会：《广元县志》工业卷第五章第四节，1994 年。

10 广元市地方志编纂委员会：《广元县志》乡镇企业卷第二章第三节，1994 年。

二、项目技术路线

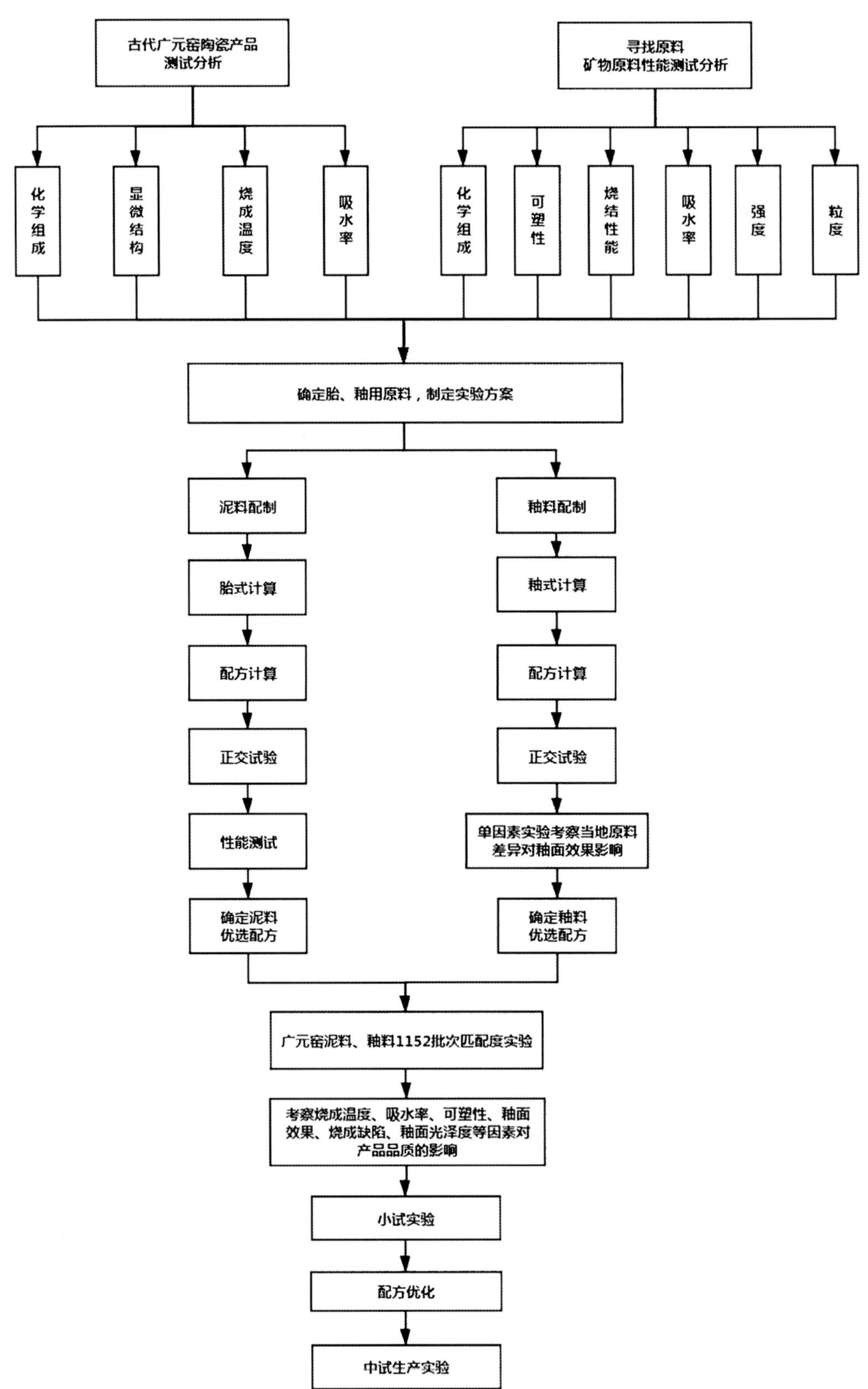

古代广元窑陶瓷产品
测试分析
寻找原料
矿物原料性能测试分析
化学组成
显微结构
烧成温度
吸水率
化学组成
可塑性
烧结性能
吸水率
强度
粒度
确定胎、釉用原料，制定实验方案
泥料配制
胎式计算
配方计算
正交试验
性能测试
确定泥料
优选配方
釉料配制
釉式计算
配方计算
正交试验
单因素实验考察当地原料
差异对釉面效果影响
确定釉料
优选配方
广元窑泥料、釉料1152批次匹配度实验
考察烧成温度、吸水率、可塑性、釉面
效果、烧成缺陷、釉面光泽度等因素对
产品品质的影响
小试实验
配方优化
中试生产实验

三、古代广元窑产品测试分析

课题组在广元窑瓷窑铺遗址采集了部分广元窑古瓷片，并使用龙泉市产业创新服务中心的德国布鲁克公司生产的能量色散X荧光光谱仪、景德镇陶瓷大学的德国耐驰公司生产的热膨胀仪、中科院上海硅酸盐研究所的日立场发射扫描电子显微镜SU8200、浙江省金宏龙泉青瓷研究院的真空吸水率测试仪对广元窑产品胎、釉、护胎釉等化学组成、烧成温度、显微结构、吸水率进行科技分析，从科学技术角度对广元窑绿釉、黑釉、酱釉、紫金釉、兔毫盏等特征产品进行了研究，初步探明了广元窑产品外观效果形成规律，为原料配置工艺提供了技术支撑。

图1 布鲁克M4能量色散X荧光光谱仪

图2 皇泽寺博物馆广元窑藏品化学组成测试

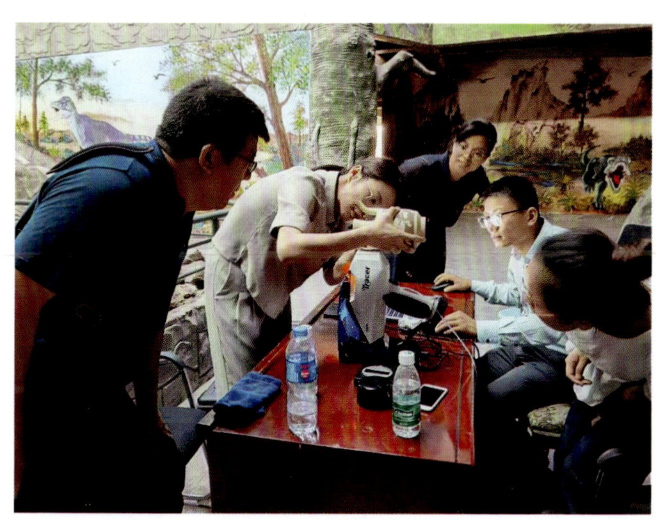
图3 万安博物馆部分藏品釉面化学组成测试

1. 胎釉化学组成测试分析

在广元窑胎釉化学组成测试分析方面，主要使用龙泉青瓷刀剑产业创新服务平台今年刚引进到位的德国布鲁克公司生产的全进口能量色散X荧光光谱仪与景德镇陶瓷大学引进的美国EDAX公司生产的能量色散X荧光光谱仪进行分析〔图1〕，给项目顺利开展奠定了基础。此外，景德镇陶瓷大学古陶瓷研究所吴军明副所长带领专家团队，带来了德国布鲁克公司生产的便携式荧光仪针对广元皇泽寺博物馆及万安博物馆馆藏文物进行测试〔图2、图3〕，为广元窑恢复工作采集到了宝贵的数据。

从广元窑藏品胎釉组成特征可以看出，广元窑黑釉、兔毫、紫金釉等产品胎釉中的铁含量极高，与此同时还含有丰富的磷和钙，铁、钙在高温烧制过程中形成了铁钙结晶釉，形成了丰富多彩的广元窑釉色。此外，通过对绿釉化学组成分析了解到绿釉中主要成分是钙、磷、铅，因此该类釉可在较低的温度烧成，确定了绿釉产品在工艺上为高温素烧，低温绿釉彩烘烧，因此绿釉出土文物绿彩腐蚀较为严重。此外，在釉料化学组成中（表 1），可明显看出绿釉中铜含量较高，根据铜在氧化气氛中烧成表面呈现绿色，在还原气氛烧成表面呈现红色，让课题组快速确定了广元窑烧成气氛为氧化烧成。

表1　古代广元窑样品胎釉化学组成

样品	SiO_2	Al_2O_3	CaO	MgO	K_2O	Na_2O	Fe_2O_3	TiO_2	MnO	ZnO	P_2O_5	SrO	Cr_2O_3	PbO	Cu_2O
黑釉亚光盏-g	57.97	17.86	10.13	1.49	4.19	0.36	4.64	0.58	0.14	0.02	1.84	0.03	---	---	---
黑釉亚光盏-b	55.08	26.98	1.67	1.37	4.35	---	6.83	1.52	0.07	0.02	1.65	0.02	---	---	0.02
兔毫-g	67.51	14.39	5.87	1.51	3.73	---	5.33	0.87	0.15	0.01	0.41	0.03	---	---	0.01
兔毫-hb	53.82	24.81	2.05	1.79	3.57	---	11.19	1.34	0.15	0.03	0.87	0.02	0.04	0.01	0.01
兔毫-b	61.35	20.14	4.05	1.58	3.19	0.36	7.15	1.23	0.09	0.02	0.57	---	0.02	---	0.02
白釉褐彩-g	69.13	13.75	7.05	0.88	4.46	0.40	2.79	0.41	0.13	0.01	0.77	0.04	---	0.01	0.01
白釉褐彩-hc	69.70	13.30	8.30	0.75	4.39	---	2.01	0.30	0.15	0.01	0.84	0.04	---	---	0.01
褐底白纹-Bw	51.01	42.71	0.48	0.37	1.21	---	2.31	0.61	0.01	0.03	0.34	---	0.01	---	---
褐底白纹-b	62.59	25.65	0.50	0.69	3.90	---	4.53	1.14	0.02	0.05	0.62	0.02	0.02	---	---
绿釉-g	5.65	1.86	7.37	0.16	---	---	0.70	0.08	0.04	0.04	21.55	---	---	49.73	1.67
绿釉-b	57.19	22.44	1.58	0.81	3.88	0.16	5.43	1.11	0.03	0.02	1.55	0.02	0.02	0.02	---
绿釉02-g	18.72	6.69	13.04	0.38	0.98	---	1.36	0.34	0.02	---	21.71	---	---	35.05	1.02
绿釉02-b	53.26	23.05	8.46	0.88	3.69	---	7.78	1.04	0.06	0.02	0.59	0.02	0.02	0.04	0.01
紫金釉-g	65.61	16.44	3.87	1.72	3.85	---	6.06	0.81	0.07	---	1.18	0.03	---		0.01

2. 烧成温度测试

项目利用景德镇陶瓷大学的热膨胀分析仪（图 4）对古瓷片进行测试分析，基本确定了古代广元窑产品的烧成温度（表 2），通过测试我们发现古代广元窑产品的烧成温度与龙泉窑有很大差异，根据已采集的广元窑样品的烧成温度测试可知，该类样品烧成温度基本在 1080—1200℃，而龙泉窑则 1280℃以上，基于以上差异性，开展了后续工艺实验。

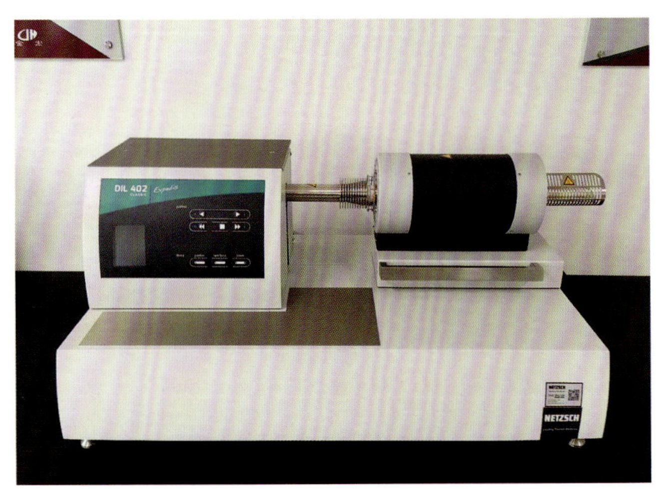

图 4　德国耐驰热膨胀测试仪

图5　日立场发射扫描电子显微镜 SU8200

表2　部分样品烧成温度测试结果

样品	烧成温度/℃
黑釉亚光盏残片	1190
白釉褐彩残片	1180
绿釉残片	1030
紫金釉残片	1205

3. 显微结构测试

为进一步探明广元窑样品胎釉结构及釉面机理，使用扫描电镜对釉面进行分析，使用中国科学院上海硅酸盐研究所的日立场发射扫描电子显微镜 SU8200〔图 5〕对古陶瓷断面进行扫描测试，并使用能量色散 X 荧光光谱仪对晶体化学组成进行分析，判断晶体微观组成信息。

通过谱图分析可知〔图 6〕，广元窑绿釉样品胎体为高硅高铝质胎，含有一定量的钾、钠、钙、镁并含有微量铁，因此胎体呈现出灰白色；此外，在胎釉之间有一层高铝状化妆土，该化妆土铁、铅含量较低，与胎体一次烧结，烧结较为致密，属于高温素烧样品；从釉料断面成分谱图可看出釉料化学组成中铝含量较低，硅、铅含量较高，并有一定量的着色金

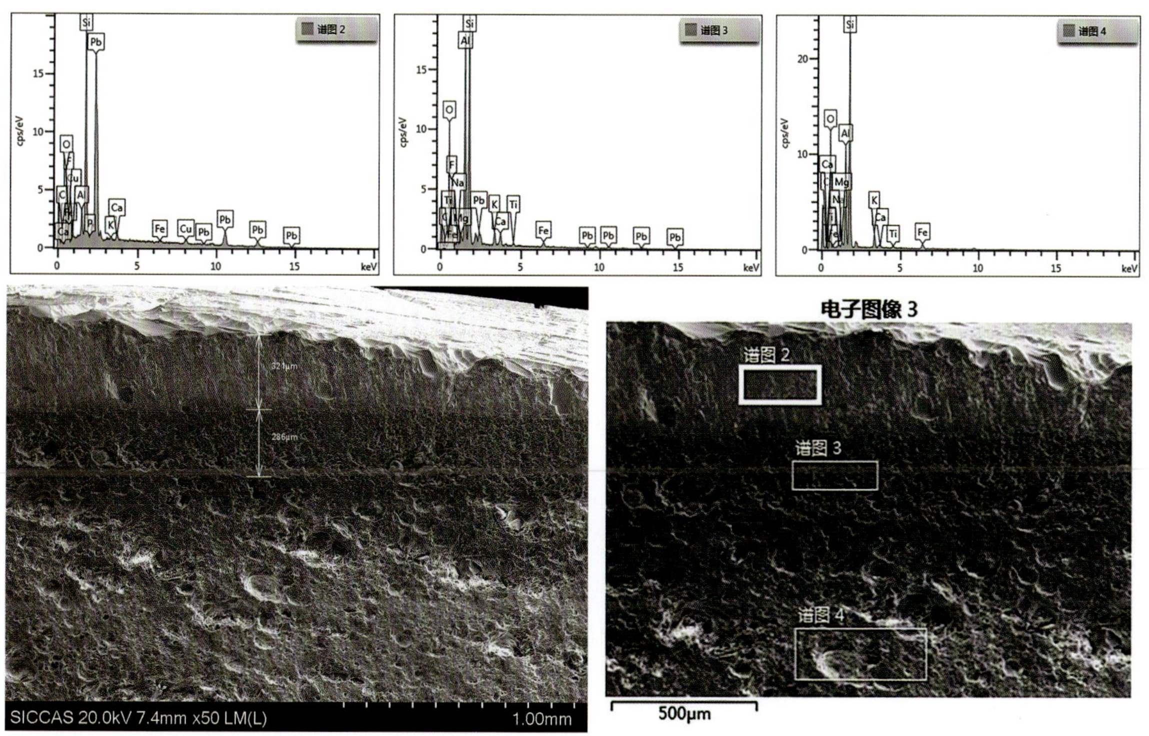

图6　绿釉残片样品显微结构信息

图 7　瓷窑铺瓷土取样现场

图 8　柏林沟紫金土取样现场

属元素氧化铜，为典型的低温铅釉绿彩。该测试结果表明，广元窑在烧制技艺过程中善于使用高铝低铁的高白化妆土进行胎质的科学改性，以使产品烧制后达到较好的釉面效果。

四、原料研究

《广元县志》记载：广元瓷土矿物资源丰富，境内有丰富的铝土矿、耐火黏土矿、石灰石矿、高岭土矿、石英砂岩矿、萤石矿、并含铁、锰和钴、铜、铅、锌等金属矿物原料。广元丰富的矿藏资源为广元窑丰富的釉色及多样化品种提供了先天优势。

目前，课题组根据广元县志记载，选取成瓷需要的主要材料，已完成瓷窑铺（图 7）、柏林沟（图 8）、青川等地原料取样研究，从化学组成、吸水率、烧成收缩率、可塑性等方面进行测试，对原料性质及性能进行分析判断。

各地原料化学组成及性能如表 3、表 4 所示。

表3　广元各地原料化学组成（wt%）

产地	SiO_2	Al_2O_3	CaO	MgO	K2O	Na_2O	Fe_2O_3	TiO_2	MnO	ZnO	Y_2O_3	ZrO_2	PbO
柏林沟紫金土	69.31	13.16	1.21	0.45	2.07	1.09	4.17	0.87	0.06	0.01	----	0.06	---
柏林沟山顶瓷石	73	18.79	---	0.27	4.29	---	2.13	1.14	0.01	0.02	0.01	0.07	---
柏林沟山顶瓷土	70.1	17.67	0.74	0.63	2.65	0.30	5.74	1.02	0.11	0.02	---	0.09	---
瓷窑铺1#瓷土	62.67	18.66	4.08	0.87	2.55	0.25	7.07	0.87	0.08	0.02	---	---	
瓷窑铺2#瓷土	66.07	19.27	1.45	0.80	2.83	0.04	7.44	0.97	0.12	0.02	---	0.07	0.01
青川1#铝矾土	48.69	43.57	0.35	---	0.56	---	4.31	2.06	---	0.01	0.01	0.09	---
青川2#铝土矿石	47.58	37.32	0.26	---	0.41	---	5.04	6.85	---	0.02	0.02	0.33	---
青川3#铁钛矿	32	31.70	0.31	---	0.67	---	33 59	1.14	---	0.01	0.03	0.06	---

表4　广元原料物理性能及烧成外观效果

产地	可塑性	吸水率	干燥收缩率	烧成收缩率	烧成外观效果
柏林沟紫金土	69.31	13.16	0.14%	6.09%	表面泛油，有一定光泽度，外观呈棕红色，胎体内部呈灰色
柏林沟山顶瓷石	73	18.79	1.08%	8.21%	表面瓷化，有部分光泽，外观呈棕黄色
柏林沟山顶瓷土	70.1	17.67	3.33%	6.09%	表面泛油，有一定光泽度，外观呈棕红色，胎体内部呈灰色
瓷窑铺1#瓷土	62.67	18.66	6.41%	熔化成釉滴	完全熔融，外观类似于紫金釉釉面
瓷窑铺2#瓷土	66.07	19.27	8.84%	4.01%	部分熔融，光泽感较强，外观呈棕红色，胎体内部为灰色
青川1#铝矾土	48.69	43.57	5.24%	5.13%	1300℃烧结性能一般，表面呈现不规则龟裂纹，呈深红棕色
青川2#铝土矿石	47.58	37.32	1.42%	7.03%	1300℃烧结性能一般，表面呈现不规则龟裂纹，呈深红棕色
青川3#铁钛矿	32	31.70	7.43%	9.05%	高温烧结易变形，烧成后，外观呈黑褐色

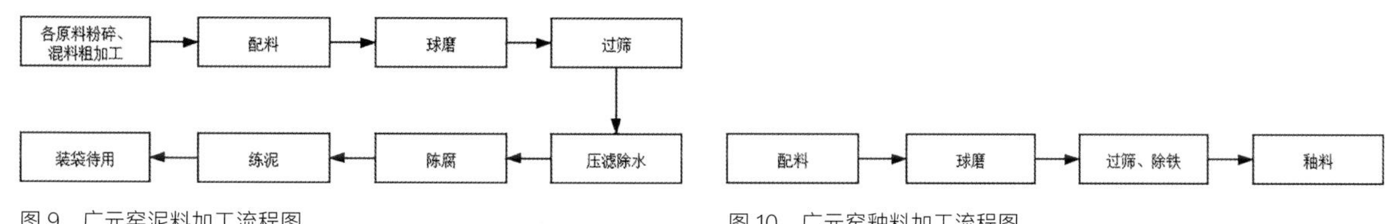

图9　广元窑泥料加工流程图

图10　广元窑釉料加工流程图

从表3、表4可知，广元当地原料储备丰富，多为高铁、高铝质黏土，符合高硅、高铝、高铁特征，并含有一定量的钾、钙、钠、镁经过配置处理后可作为良好的胎、釉用原料。尤其是青川原料，铁、铝含量极高，其中，青川3号原料硅∶铝∶铁比值接近1∶1∶1，该类原料在胎中可增强胎体强度，形成黑胎、灰胎效果，在釉中铁钙易形成铁钙结晶。在研究中还发现瓷窑铺塑性好、熔点低、呈色好、发色稳定，经过球磨过滤后，可直接用来作为护胎釉使用。除此之外，广元当地还拥有非常丰富的珊瑚玉化石资源，该类原料CaO含量高达90%以上，并含有微量的Lu_2O_3、Yb_2O_3、SrO稀土金属材料，珊瑚玉化石经煅烧淘洗后，与瓷窑铺、青川原料配合在釉中除了起到良好的熔融效果，还可形成铁钙结晶釉，是良好的熔剂性材料及结晶剂，可丰富广元窑釉色结晶效果，形成多变的广元窑产品。

在胎用原料方面，可通过各地原料的组合配制，按照泥料性能要求，配制加工成泥料。泥料釉料加工工艺如图9、图10所示。

五、胎、釉配制及阶段性成果

根据测试数据结果，开展胎釉配方初步计算，确定优选原料及优选方案，开展了1152次胎釉配制实验。

完成了广元当地采集到原料的相关数据信息建立，完成了古代广元窑黑釉、兔毫、玳

图 11　广元窑黑釉试验样品

图 12　广元窑紫金釉试验样品

图 13　广元窑兔毫釉、紫金釉试验样品

图 14　广元窑绿釉试验样品

图 15　广元窑兔毫釉试验样品

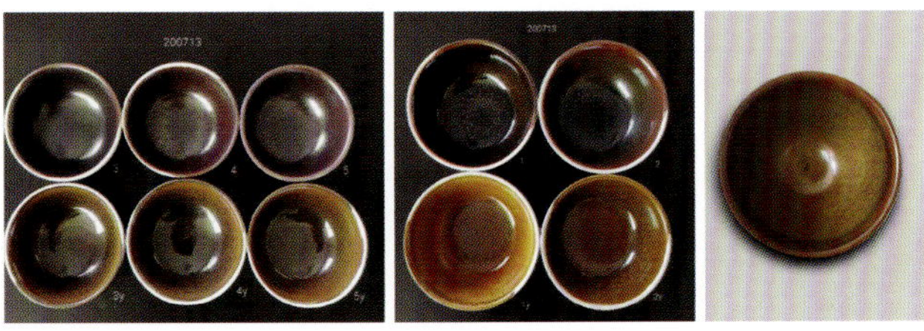

图 16　广元窑黄釉试验样品

图 17　广元窑玳瑁釉试验样品

图 18　广元窑黑釉试烧成品

瑁、绿釉、黄釉、白底褐彩等系列广元窑特色产品的分析〔图 11—图 17〕，总结了古代广元窑烧制技艺特征，形成了广元窑独特的护胎釉制作工艺、高温素烧低温加彩釉烧及氧化烧成的烧制总结。

完成了广元窑瓷窑铺瓷土、柏林沟瓷土、青川瓷土、珊瑚玉化石等地特征原料的组成及测试分析，厘清了各原料在胎釉中的作用，成功实现了广元本地原料复配，基本实现了黑釉、兔毫、绿釉、黄釉等广元窑釉色的配制，并在广元本地原料的基础上形成了新型磷分相釉及钙铁结晶釉等独具广元特色产品的烧制探索〔图 18、图 19〕。

在古瓷片数据及广元当地原料基础上，总结了现代广元窑原料加工工艺，泥料主要以配料、球磨、过筛、除铁、压滤、陈腐、练泥为主；釉料主要以配料、球磨、过筛、除铁为主；在烧制技艺方面，已形成拉坯成型、修坯、装饰（含护胎釉装饰）、低温素烧（或高温素烧）、高温氧化釉烧（或低温加彩釉烧）的科学总结。

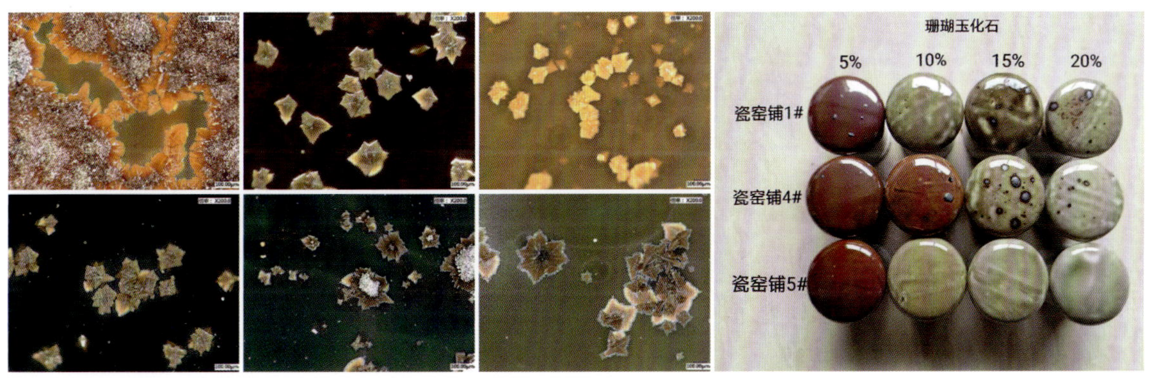

图 19　广元窑釉试烧成品

六、结语

本研究通过前期调研、各部门对接，对广元窑相关历史遗留资料进行了初步梳理，并根据广元县志对广元当地矿藏资源记录进行了矿区考察、采样，在广元窑出土标本基础上，对其胎釉化学组成、显微结构、烧成温度、吸水率等内容开展科技分析，并结合广元当地原料的化学组成、吸水率、可塑性、收缩率、烧成外观效果等方面开展了三百余次科技分析与 1152 批次胎、釉料试验，目前已初步形成了独具特色的黄釉、紫金釉、黑釉的广元窑产品釉色，产品胎体以柏林沟与青川原料为主，釉料以瓷窑铺、柏林沟、青川原料、珊瑚玉化石为主进行深度科学配置研究，实现了广元本地原料烧制广元窑产品，为广元窑烧制技艺进一步恢复提供了科学依据。

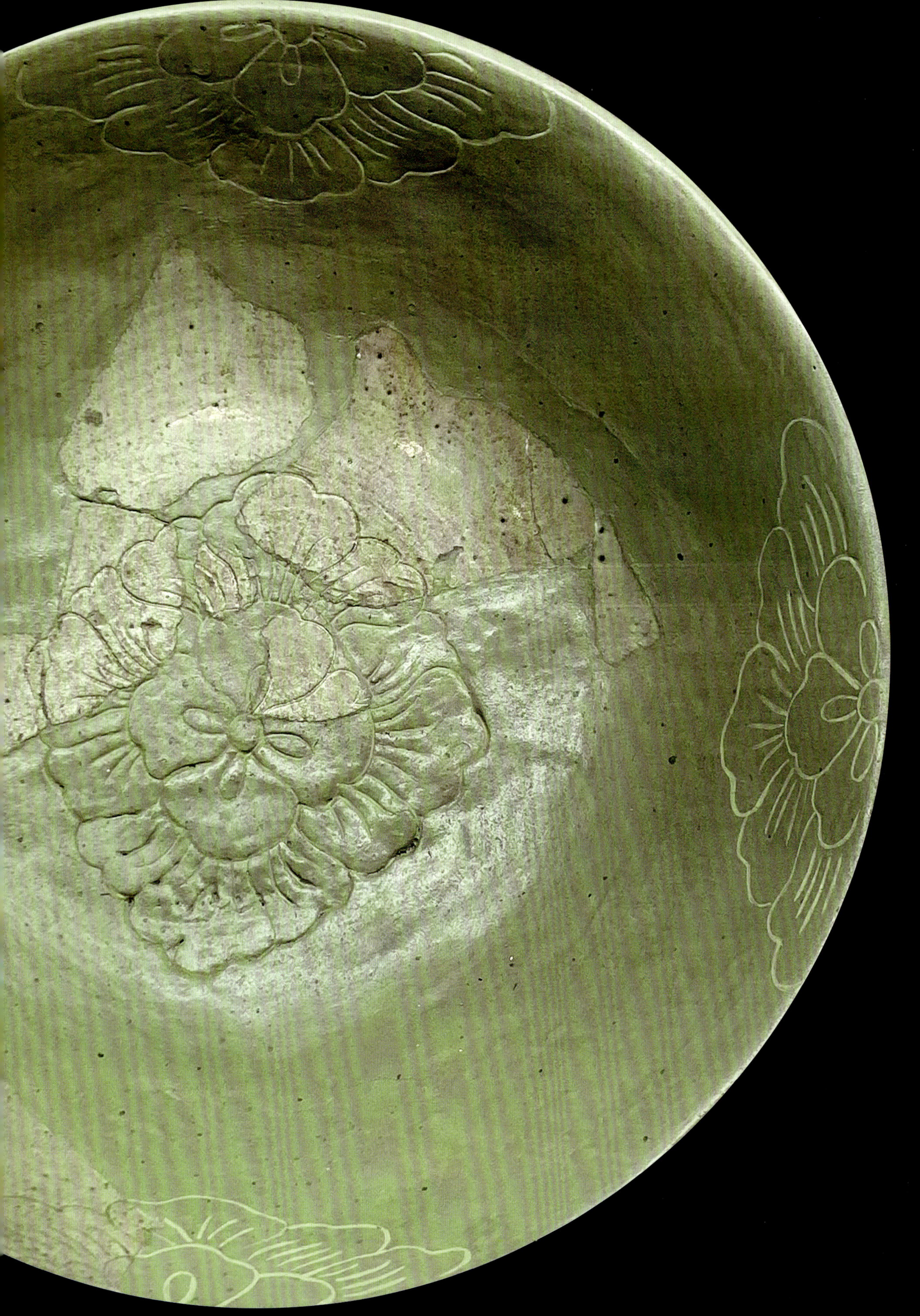

南北方瓷业
技术交流研究

广元窑与吉州窑绿釉产品的比较研究

熊振东（高安市博物馆）　金勇军（高安市博物馆）

摘要：广元窑和吉州窑同为江南地区的综合性窑场，广元窑位于长江上游的四川省广元，始烧于唐代终烧至南宋元初；吉州窑位于长江中下游的江西省吉安县永和镇，两窑都生产绿釉产品，但其器物、装饰及制作工艺各具特色，如宋代吉州窑绿釉枕是其代表产品，而广元窑中不见生产；广元窑中的绿地黑花、黑地剔刻填绿彩，以及沥粉装饰这类技法不见于吉州窑中，现择两窑绿釉产品中一些重要的器物比较分析，以期获得较为清晰的认知。

关键词：广元窑　吉州窑　绿釉产品　制作工艺

一、两窑的时代性

广元窑和吉州窑同为江南地区的综合性窑场，广元窑位于长江上游的四川省广元市，始烧唐代终烧于元初；吉州窑位于长江中下游的江西省吉安县永和镇，宋代隶属于吉州故而得名，吉州窑始烧于唐末终于元末，两窑以黑釉器为主导，同时也都烧制绿釉瓷，广元窑唐代就开始生产绿釉产品；吉州窑绿釉瓷器流行于北宋中晚期与南宋早期，元代仍有烧造。现择广元、吉州二窑绿釉产品中的一些重要器物比较分析，以期获得较为清晰的认知。

二、两窑绿釉产品釉胎、釉的比较

（一）胎的比较

广元窑瓷器的胎主要为夹砂泥胎，质地坚硬，瓷化程度高，胎体多厚重，亦有少数薄胎。胎色较杂呈色多样，有黄褐、红褐、砖红、灰白色〔图1:1、图1:2〕，其中普品以黄褐色、砖红色为多，精品则以灰白色为主，极少量的白色胎。为了克服瓷土质地粗糙、颜色深的缺点，多会在胎体表面饰以一层质地较细的白色化妆土。

吉州窑的胎质较细，胎色以粉黄和粉白色较为常见〔图1:3—图1:5〕，生烧则显示褐红色，胎挂釉前先素烧一次〔图1：6〕。

图1　广元与吉州窑胎
1. 宋代广元窑绿釉筒式炉　2. 宋代广元窑绿釉盏及盏托　3. 宋代吉州窑素烧印花纹盏
4. 宋代吉州窑狮形瓷塑　5. 宋代吉州窑兽腿三足炉　6. 宋代吉州窑印花菊瓣纹小碟

广元窑与吉州窑绿釉的胎质与胎色，除了广元窑类似“缸胎”的器物所呈现的特征外，不排除同一时代原料的共性，仅就器物本身所表现出来的现象来看两者的胎多样但又存在一定的相似性。

从烧成工艺比较，吉州窑绿釉瓷属于低温釉陶瓷，先烧素坯，再次上绿釉经过800℃左右高温二次烧造烧成；广元窑绿釉瓷器胎体表面皆施白色化妆土一次性烧成。

（二）釉质釉色

广元窑所有施釉器物往往在施釉前，以白色化妆土〔图2：1〕和黑色化妆土修饰胎面〔图2：2、图2：3〕，绿釉瓷器装饰方法特色鲜明，绿釉瓷器大多数釉色纯净，可分为绿中闪银灰色〔图2：1〕和草绿色两种〔图2：2—图2：4〕，施釉厚薄不一，有流釉现象。

吉州窑的釉质总体而言相对较细，釉层较厚，釉面光润〔图2：5—图2：8〕，常见釉面带蝇翼状开片〔图2：7〕，釉色纯正。

通过对广元窑和吉州窑的胎釉比较，差异性是客观存在的，这可能与两地的原料、加工工艺及审美需求有关系。广元窑因为制瓷原料相对稍粗，故重视釉质釉色。各地的自然条件、人文习俗乃至于消费环境、消费对象等，均对窑业产品有影响。所以，两窑所表现出来的差异性是正常的。

图 2　广元与吉州窑绿釉釉面比较

1. 宋代广元窑绿釉斗笠盏　2. 宋代广元窑黑地剔刻绿花纹罐　3. 宋代广元窑黑地剔刻绿花线条纹罐　4. 宋代广元窑绿釉瓜棱执壶　5. 宋代吉州窑绿釉钵　6. 宋代吉州窑绿釉出戟兽面三足炉　7. 宋代吉州窑绿釉贴塑铺首花瓶标本　8. 宋代吉州窑绿釉瓷塑兽头标本

三、两窑绿釉装饰手法的比较

宋代南方绿釉瓷以吉州窑为代表，与广元窑的绿釉产品中相似却有不同，吉州窑绿釉色如青山碧水，艳而不媚，主要采用素面，刻、划、模印纹饰及捏塑等胎装饰的技法；绿地黑花、黑地剔刻填绿彩并辅以沥粉装饰这两类技法是广元窑绿釉中的特色装饰，为宋金时期磁州窑的绿釉产品中装饰提供借鉴〔图 4：4〕。

素面：大多数为无花纹，如盏、执壶、钵等。〔图 2：1、图 2：4、图 2：5〕。

黑地剔刻绿彩：在器物的位置先施一层黑褐的化妆土，然后在其上施绿釉，剔刻绘出花叶纹，寥寥几笔点出轮廓，古朴自然，简约豪放〔图 2：2〕。

绿地黑花：是在绿釉上绘褐色彩绘折枝花，有牡丹纹、芍药纹及草叶纹等，然后再在上面施一层透明绿釉〔图 3：1〕。

沥粉装饰：用数道沥粉线条在黑地绿彩或绿地黑彩装饰中分割划分区块；常与彩绘花瓣相配，随意点绘成花蕊〔图 3：2〕。

印花：是制作时趁坯胎未干使用事先制好的模具印连续组合的如方块雷纹、“十”字纹、云雷纹、宝相纹作为装饰〔图 3：3〕。

图3　广元与吉州窑绿釉装饰比较

1. 宋代广元窑绿地黑彩　2. 宋代广元窑黑地绿彩辅以沥粉线条　3. 宋代吉州窑绿釉印花鱼纹盏
4. 宋代吉州窑模印花结合模印贴塑　5. 宋代吉州窑绿釉刻划花海水纹　6. 元代吉州窑深度剔刻花

图4　广元窑唐代大罐

1. 宋代广元窑黑地绿花唇口罐　2. 宋代广元窑黑地绿花唇口罐　3. 宋代广元窑黑地绿花刻花卉纹罐
4. 宋代磁州窑黑地绿花刻兔纹罐　5. 宋代广元窑绿地刻花线条纹罐　6. 宋代广元窑黑地绿彩线条罐

四、两窑绿釉产品种类比较

广元窑主要器型有罐、壶、瓶、盏托和香炉，不见瓷枕；绿釉枕头是吉州窑绿釉瓷器中代表性产品，然广元窑中的绿釉执壶、箸瓶、贯耳瓶、尊似乎不在吉州窑绿釉产品的序列中。

（一）罐

广元窑绿釉罐始烧于唐代一直延续至宋末，器型有唇口罐〔图4〕、双系罐、荷叶盖罐〔图5〕，数量以前两种居多。装饰有黑地剔刻绿花，刻竖条纹、大罐器物外壁施半釉，其黑地剔刻绿花的装饰技法在宋代的磁州窑大罐上可见；釉不及底，小罐外壁施全满釉；吉州窑的绿釉产品中暂不见罐类造型。

1　2　3

图5　广元窑荷叶盖罐带系罐

1. 宋代广元窑绿釉双系罐　2. 宋代广元窑绿地黑彩双系罐　3. 宋代绿地黑花线条双系罐

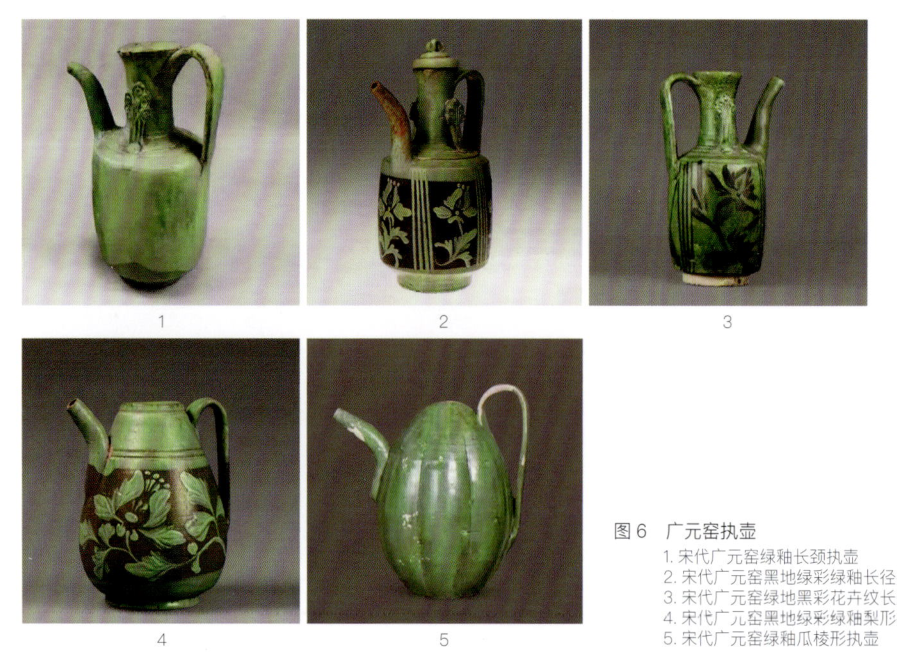

1　2　3　4　5

图6　广元窑执壶

1. 宋代广元窑绿釉长颈执壶
2. 宋代广元窑黑地绿彩绿釉长径执壶
3. 宋代广元窑绿地黑彩花卉纹长颈执壶
4. 宋代广元窑黑地绿彩绿釉梨形执壶
5. 宋代广元窑绿釉瓜棱形执壶

图 7　广元窑筒式炉
1. 宋代广元窑绿釉筒式炉　2. 宋代广元窑绿釉刻凸双弦纹筒式炉　3. 宋代广元窑绿釉刻线条纹筒式炉

图 8　广元窑绿釉香炉
1. 宋代广元窑绿釉朝天耳三足炉　2. 宋代广元窑绿釉印花立耳三足炉 3. 宋代广元窑绿釉盘口三足炉

（二）壶

广元窑绿釉壶为数不少，造型丰富有长颈执壶、梨壶、瓜棱壶、扁壶；装饰手法多样有素面无纹、绿釉印花、绿釉出筋、黑地绘绿花、绿地绘黑花辅以沥粉线条；吉州窑中暂不见绿釉壶产品〔图 6〕。

（三）香炉（香薰）

广元窑绿釉香炉造型中有筒式炉〔图 7〕、朝天耳和立耳三足炉、撇口折沿和盘口三足炉及八方乳足炉〔图 8〕，除香炉外还有香薰如狮钮筒式香薰炉、莲瓣座香薰；吉州窑绿釉香薰中也可见狻猊莲瓣座香薰、透雕“万”字筒形香薰盖〔图 9〕，香炉可见折沿乳足炉、鬲式炉、折沿出戟兽足炉〔图 10〕。

图 9　宋代广元窑绿釉狮钮香薰

图 10 吉州窑香炉

1. 宋代吉州窑绿釉敛口钵式炉 2. 宋代吉州窑绿釉鬲式三足炉 3. 宋代吉州窑绿釉深刻剔花三足炉 4. 宋代吉州窑绿釉出戟兽面三足炉

图 11 广元、吉州窑盏托

1. 宋代广元窑绿釉盏及盏托 2. 宋代广元窑绿釉盏及盏托 3. 宋代广元窑绿釉盏托
4. 宋代吉州窑绿釉盏托 5. 北宋汝窑天青釉葵瓣形茶盏托

（四）盏托及盏

广元窑绿釉茶盏是其主营产品之一，盏常见敞口深腹施半釉，釉面色泽不匀深浅不一；盏托有圆口和葵瓣口之别，盏托中间呈台凸起一周但高度较低，盏托为整底高圈足，有别宋代盏托多作中空造型者〔图 11〕；存世的吉州窑绿釉盏托所见不多，盏托中间呈台凸起一周高度较高，盏托非作中空状〔图 11〕。

1

2

图 12 广元窑、吉州窑铺首瓶
1. 宋代广元窑黑地绿彩花卉绿釉铺首瓶
2. 宋代吉州窑绿釉剔刻花卉铺首瓶

（五）铺首瓶

铺首瓶因瓶的肩腹部贴塑模印铺首衔环而得名，宋代的广元、吉州两窑皆有烧造，吉州窑的瓶腹更显丰满，圈足较宽；广元窑在造型上更显修长，圈足相较吉州更窄。广元窑的铺首瓶采用黑地绿彩装饰，其环也采用黑彩装饰，而吉州窑的则通身施绿釉，采用模印贴塑和剔刻花卉纹装饰〔图 12〕。

（六）长颈瓶

广元窑的长颈瓶是其主营产品之一，器形上存在一些细微的变化，口有唇口、撇口、直口之别〔图 13：1、图 13：3、图 13：6〕，颈有粗、细之有分〔图 13：3、图 13：4〕，腹有细长腹与鼓腹之异〔图 13：1、图 13：6〕，装饰较为丰富有光素，黑地绿彩、绿地黑彩、刻划花等〔图 13:3– 图 13:6〕。

（七）尊

广元窑的绿釉尊也是其主流产品之一，口有花口〔图 14:1– 图 14:3〕和撇口〔图 14：4〕两种，束颈，溜肩，鼓腹有瓜棱状的〔图 14：1、图

1 2 3 4 5 6

图 13 广元窑长颈瓶
1. 广元窑绿釉唇口长颈瓶 2. 广元窑绿釉唇口活环长颈瓶 3. 广元窑黑地绿花长颈瓶
4. 广元窑黑地绿花长颈瓶 5. 广元窑黑地绿花长颈瓶 6. 广元窑绿釉直口长颈瓶

1　　2　　3　　4

图 14　广元窑绿釉尊

1. 宋代广元窑绿釉花口尊　2. 宋代广元窑绿釉花口尊　3. 宋代广元窑黑地绿彩绿釉花口尊　4. 宋代广元窑绿地剔刻黑线条尊

1　　4　　7

2　　5　　8

3　　6　　9

图 15　吉州窑枕

1. 江西省九江市彭泽县博物馆藏　2. 江西省高安市博物馆藏　3. 江苏省镇江市博物馆藏　4. 丰城市博物馆藏　5. 吉安市博物馆藏　6. 私人藏品　7."严家工夫"铭文　8."谢家大枕记"铭文　9."舒家记"铭文

14：2），有剔刻竖直线条的（图 14：4），高圈足；装饰有通体施绿釉，黑地绘绿彩、绿地剔刻直线条的。

（八）枕

瓷枕为宋、元时期吉州窑的主流产品，而广元窑中瓷枕这一品种。吉州瓷枕造型多样有六方形（图 15：1– 图 15：3），腰圆形（图 15：4、图 15：5）、银锭形（图 15：6）；装饰采用胎装饰有刻花，划花、镂空雕刻；枕上模印铭文有“元祖严家工夫大枕君子请记”“谢家大枕记□”“舒家记”等字样（图 15：7– 图 15：9）。

（九）特殊器型

宋代广元窑的绿釉产品中有一些器型如塔式罐（图 16：1）、贯耳鱼尾瓶（图 16：2），在吉州窑的绿釉产品序列中皆不见这些造型。

广元窑是唐、宋时期瓷器手工业繁荣的大背景下产生的地方性民间窑场能够实现批量的烧制，烧制的绿釉器产品种类以日用器为主，也有部分陈设瓷。日用瓷做工相对粗糙装饰相对简单，但颇具地方特色，为宋金时期磁州窑的绿釉产品中的装饰提供参考和借鉴。吉州窑是宋元时期江南地区一座综合性窑厂其生产的绿釉瓷从用途分，既有日用生活瓷又有陈设瓷；其种类繁多、装饰工艺表现形式多样，其中以绿釉枕为代表并涌现出数家知名窑户，但宋代广元窑中绿釉代表产品执壶在吉州的绿釉产品体系不见生产，总体相较吉州窑比广元窑烧造绿釉历史相对较晚但其产品更丰富。

1

2

图 16　宋代广元窑特殊器型

1. 宋代广元窑绿釉塔式罐　2. 宋代广元窑绿釉贯耳鱼尾瓶

浅谈广元窑与吉州窑的联系及现代吉州窑的传承与创新

吴声乐　罗军平　刘欢（吉州窑古陶瓷研究所）

摘要： 陶瓷是中国传统文化重要组成部分，由于社会高度发展和不断前进，尘封千年的窑口文化被重新发掘展现在世人面前。在重视国家综合能力的当今时代，我们需要重新认识陶瓷作为文化承载的现实意义，在此笔者将以个人与综合的角度来分析古代广元窑与吉州窑的联系。本文将针对广元窑与吉州窑文献与文物的实际情况来分析两个窑口存在的联系，并展示现代吉州窑的传承与创新。

关键词： 吉州窑　广元窑　联系　传承　创新

本文从广元窑与吉州窑的地理、历史、人文、产品来分析这两个窑口在不同地域、时间、文化、生产技术之间的对比，分析他们之间可能存在的联系。

一、广元窑与吉州窑的历史地位

（一）广元窑的历史地位

广元窑始于唐朝，而终于宋末元初的战乱时期。该窑生产的品类丰富，造型独特，以生活实用器具居多，就目前所见有碗、盘、盏、碟、杯、瓶、罐、壶、钵、盒、洗、托、盆、炉和小动物瓷塑及鸟食罐等。广元窑位于广元瓷窑铺，以烧黑釉瓷为主，兼烧酱釉、黄釉、绿釉瓷。其装饰技法有窑变纹、压印纹、划纹、绘花纹四大类，其中以窑变的兔毫纹、虎皮斑纹、玳瑁纹等颇具特色，风格与同时期的吉州窑、建窑相似，胎釉均浑厚凝重。两宋时期，广元窑的直接叠烧、阶级窑的创造，以及成熟地掌握了“窑变”技术制作的结晶釉，是制瓷科技上的重要成就，也是四川匠师的一大贡献。广元位于甘、陕、川交会的地方，地处南北方交通要道，是女皇武则天的故里。这里有皇泽寺、千佛崖、古栈道等许多千年古迹，唐宋时期经济文化发达，商贾云集，广元窑的器物销往嘉陵江畔以及与其江河相连的各地，如四川阆中、南充、泸州、成都、重庆市区及合川等。近年来，在宝鸡、兰州、天水、西安等地施工中，广元窑瓷器也有所现身。对四川古陶瓷很有研究的陈丽琼认为，宋代广元窑制品可能远销朝鲜和日本，可见当时广元窑之兴盛。

（二）吉州窑的历史地位

吉州窑是我国古代江南地区一座举世闻名的综合性窑场，位于江西省吉安县永和镇，现保存了古窑遗址 24 处，是目前我国保存最完好、保留规模最大且最集中的古窑遗址群之一，内涵极为丰富。吉州窑创烧于晚唐，兴于五代、北宋，极盛于南宋，迄今已有 1200 多年的历史。其制瓷经验丰富，技艺高超，所烧瓷器种类繁多，釉色齐全，纹饰精美生动，丰富多彩，具有浓厚的地方风格和民族艺术色彩，尤以木叶纹、剪纸贴花更具特色，为吉州窑所独创，吉州窑的创造力在中国陶瓷史上可谓独树一帜，占有十分重要的地位，她在推动我国古代瓷业生产、积累制瓷经验、促进我国与世界各国贸易和文化交流等方面作出了不可磨灭的贡献。吉州窑开启民窑陶瓷巅峰，宋元时期，吉州窑发展并成熟了釉下彩绘技术，为青花瓷的孕育形成提供了技术支持，开辟了制瓷装饰工艺的新天地，对我国陶瓷生产影响深远，为中国陶瓷走向世界巅峰奠定基础。吉州窑与景德镇、白舍窑、七里镇窑并列为宋代江西四大窑场，是全国八大窑系之一，在中国陶瓷发展中具有十分重要的意义。它不仅将中原的制瓷工艺融于其中，还将吉州本地的人文情趣绘于瓷器之上，并在造型和瓷的肌理上有新的变化，成为中国瓷的重要品类。永和镇是一座因瓷器手工业兴旺而繁荣的商贸古镇，是中国古代工商业城镇的典型代表，是我国目前保存最完整的瓷器手工业古镇和瓷窑遗址之一，对研究中国古代经济发展史、社会史和城市建设史具有重要科学价值。

二、广元窑与吉州窑的联系

（一）广元窑与吉州窑的对比

1. 广元窑与吉州窑古代瓷器相同之处

黑釉瓷类、彩绘、绿釉等各类瓷种

广元窑黑釉瓷种类多、产量大。图 2 为玳瑁纹盏、图 4 为虎皮斑纹瓶、图 6 为窑变釉盏，广元窑有仿吉州窑玳瑁釉盏、建窑兔毫盏、赣州窑刻柳叶纹罐及北方常见的黑釉线纹罐，黑瓷产品质量优良，黑釉呈色丰富，其黑色的变化是由于釉层厚薄的不同而形成的，一般可以分为正黑、绀黑、棕黑三种。在黑釉瓷中，因独具匠心地施黄色彩斑而形成的玳瑁纹、虎皮纹以及油滴纹、兔毫纹、窑变等盘、碗、盏器物，美学价值和观赏性可与吉州窑同类器物媲美。图 8 为广元窑绿釉瓷，其器装饰方法特色鲜明，主要器型有壶、瓶、盏托和香炉。绿釉瓷器大多数釉色纯净，可分为草绿色和绿中闪银灰色两种，胎上都施有白色化妆土。绿釉瓷器大多数为素面无花纹。图 10 为广元窑褐彩瓷，其装饰手法与同时期吉州窑

图 1　吉州窑玳瑁纹盏

图 2　广元窑玳瑁纹盏

图 3　吉州窑虎皮斑纹盏

图 4　广元窑虎皮斑纹瓶

图 5　吉州窑窑变釉盏

图 6　广元窑窑变釉盏

图 7　吉州窑绿釉狮盖香薰炉

图 8　广元窑绿釉执壶

图 9　吉州窑彩绘粉盒

图 10　广元窑彩绘瓶

釉下彩绘〔图 9〕类似。

吉州窑瓷器品种多，产品精美丰富，尤以黑釉瓷（亦称天目釉瓷）产品著称，其独创的“木叶天目”、“剪纸贴花天目”和“玳瑁天目”饮誉中外，洒釉、虎皮斑等装饰也是吉州窑的标志性品种。图 1 为玳瑁纹盏、图 3 为虎皮斑纹盏、图 5 为窑变釉盏、图 7 吉州窑绿釉狮盖香薰炉与图 8 广元窑绿釉执壶对比相差不大。

吉州窑与广元窑通过五组产品对比，可见两个窑口在制瓷技艺与装饰手法上具有相互借鉴。

图 11 吉州窑木叶盏

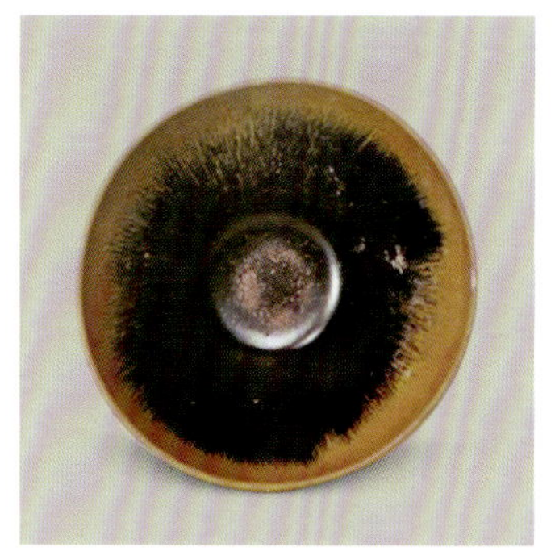

图 12 广元窑兔毫盏

图 13 吉州窑剪纸贴花天目盏

2. 广元窑与吉州窑古代生产瓷类不同之处

图 11 木叶盏、图 13 剪纸贴花天目盏是不同于广元窑的品类，其分别为吉州窑独有的木叶纹饰与剪纸贴花纹饰，在这里可以看出吉州窑窑工在生产生活中，研制创烧了色彩缤纷、璀璨夺目的黑釉木叶纹、剪纸贴花纹饰，木叶天目纹饰将自然与人工结合，极具宋代美学。吉州窑民窑特色鲜明，它博采众长，集南北各窑制瓷艺术之大成，又将民间剪纸工艺成功运用于制瓷装饰，形成了质朴、明快、生活气息浓郁的装饰风格，极大地体现了吉州窑窑工的创造力与学习力。

图 12 广元窑兔毫盏与吉州窑兔毫盏是有所不同的，在图 12 中我们可以明显看出广元窑所烧制的兔毫盏与建窑瓷器类似，兔毫盏这类瓷器与烧制温度、土质等息息相关，图 15 吉州窑兔毫盏色彩明亮，广元窑兔毫盏内敛沉稳。

图 14 广元窑绿釉褐彩瓶

图 14 广元窑绿釉褐彩瓶与吉州窑绿釉瓷也有所不同。广元窑绿釉瓷器装饰方法特色鲜明，为广元窑所独有，有的在绿釉上彩绘黑色草叶纹，或在器物的局部位置先施一层黑褐色的底釉，然后在其上用绿色绘出花叶纹。

（二）广元窑与吉州窑的地理位置

广元窑是秦岭以南、川西平原以北唯一的宋代烧造、以黑釉为大宗的瓷窑遗址。历史上，连接巴蜀和陕西、中原的道路主要是剑门道（又称金牛道、石牛道），广元是必经之地。广元在嘉陵江边，顺江而下可通长江，嘉陵江和长江又把广元与长江中下游地区联结起来。广元的特殊交通地理位

图 15 吉州窑兔毫盏

置，决定了这里是古代巴蜀与外地区人口流动、迁徙的交会点。唐宋时期，商旅云集，经济贸易文化十分发达。而面临嘉陵江，背靠山坡的广元窑，有着得天独厚的地理优势，一条溪水把窑址与黄金水道嘉陵江紧密地联系在一起，为广元窑的发展奠定了先天地理基础。四川曾是南宋抗击金、蒙古入侵的大后方和最后的根据地，其间各地曾有大量人口进入巴蜀，随之传入的陶瓷烧造技艺与巴蜀本土工艺互相交流和融合，这在广元窑黑釉瓷生产上得到了集中体现。因制作工艺独特，施撒黄彩斑而形成的珠理纹、虎皮纹及油滴纹、兔毫纹、玳瑁纹等烧成难度极大，具有极高的美学价值及观赏性，受到历代文人的大力追捧。

四川省博物馆王家佑先生根据在广元窑址上收集的品种繁多的瓷片推测，这个古窑可能烧过或交流过与四川邛窑、大邑窑、川东窑类似的产品，“甚至远远的钧窑、越窑的釉彩与技术”。重庆陈丽琼女士也专门论述过广元窑不同瓷器品种与北方陕西、山西、河南和南方福建、江西、浙江等地古瓷的相似与相同点。

吉州窑位于江西吉安市吉安县永和镇境内,北距吉安市约 8 公里。隋至宋,吉安称吉州,故名为“吉州窑”，又称为“永和窑”。在永和街南北长 2 公里、东西宽 1.5 公里的范围内的古代窑场生产地域，保存有 24 座窑岭遗址，总面积 80500 平方米，堆积 726800 立方米，文物遗迹内涵丰富，现今永和街仍保存着一条条匣钵和窑砖铺砌的长街古道，这里也是古“东昌”县县城的所在地。吉州窑地处吉安县东南隅，临赣江，上溯赣州、广东，然后从珠江出海，下达南昌、九江，然后进入长江，再可出海，浅山丛林绵亘数十里，面对瓷土基地青原山“鸡冈岭”,有丰富的原料和燃料,交通条件极为便利。吉州窑在当时“海宇清宁”的环境下，又在周边的丰城洪州窑、新干塔下窑、临川白浒窑、永丰山口窑、赣州七里镇窑及南北窑场的相互促进下得到飞速发展。据《东昌志》记载:永和镇至五代时,民聚其地,耕且陶焉。到宋时，瓷业兴旺，辟坊巷街三市、锦绣铺有几千户，百尺层楼万余家，连殿峻宇，呈现出“民物繁庶，舟车辐辏”的繁荣景象，永和镇也成为“天下三镇”之一。

（三）广元窑与吉州窑发展巅峰的时代人文背景

广元窑与吉州窑的发展鼎盛时代都在宋代，在同时期茶瓷文化已经从唐代的煎煮茶转为极具宋代特色的点茶，宋代重文轻武，宗教、文人墨客喜好茶瓷文化，斗茶文化孕育而生，各个窑口的黑釉瓷得到了极大的发展。

广元窑所在的四川经济可以说是宋代最为发达的地区，它为朝廷提供了很大一笔财政收入。四川的地理环境很好，拥有一个适合作物生长的四川盆地，四川盛产各种作物，被称为国有所资，民为视命，它每年生产的大量的茶叶，当时几乎占全国的三分之二，也为广元窑黑釉瓷的烧制提供了相互依存的条件。宋代四川在文化领域方面，出现了文学巨匠苏洵、苏轼、苏辙三父子，当然，这只是最具代表性的三苏，还有许多出自四川的文化强人，唐庚、韩驹等；在史学领域方面，李焘是蜀人史学家的优秀代表，文人墨客对广元窑影响也是巨大的。

吉州窑所在的吉安古时称庐陵，是江南富庶之地，文章锦绣之乡，一请望姑苏，二且看庐陵。宋代庐陵科举兴盛，文教繁荣。两宋时期，江西共考取进士5238名，吉州就有959名，约占江西进士总数的五分之一，全国的百分之一，而北宋时期的全国的州府单位在500个左右。吉安籍的宰相就有三位：刘沆、周必大，还有大家熟知的文天祥。科举制度诞生以来，吉安籍的进士是全国最多的，而状元数量（19名，一说21名）仅次于苏州（24名，一说54名）。吉安当地甚至流传了一些形容科举盛况的“段子”，如“一门六进士，隔河两宰相”“五里三状元，九子十知州，十里九布政，百步两尚书”“父子探花状元，叔侄榜眼探花”。庐陵形成了书院文化，出现了很多历史名人，杨万里、文天祥、解缙等。在宗教方面有禅宗祖庭青原山，在茶叶方面古时庐陵茶叶也十分出色，苏东坡的那句“巍巍城郭阔，庐陵半苏州”，应当不仅是在表示庐陵的景色可以与苏州相提并论，同时也是在赞扬庐陵文化仅次于苏州这种人文胜地吧。山清水秀，人才辈出，“金庐陵”确实名不虚传。从吉州窑大量出土的诗句瓷枕碎片、禅意十足的木叶盏中可以看出历史时代人文对吉州窑影响巨大。

三、广元窑与吉州窑分析结论

广元窑烧制年代为唐宋，是四川著名的民间古瓷窑窑址之一。早在20世纪五六十年代，此窑址就有遗物发现。后来考古调查队发现了此窑址，始定名为“广元窑”。研究广元窑，可以清晰地观察到与周边窑口文化交流融合的历史事实。四川，作为南北陶瓷业技艺的交汇之地，古陶瓷历史悠久而丰富，广元窑也是唐宋时期极具代表性的一处民窑。四川瓷窑中极少见的广元窑生产的兔毫盏、玳瑁釉器、刻纹柳斗罐、北方黑釉凸线纹罐等众多精品。

吉州窑是中国古代黑釉瓷生产中心之一，被誉为宋代八大名窑之一。著名陶瓷考古专家刘新园说：“吉州窑是12—13世纪世界上最有创新能力的窑场，其工艺之独特，其形式之精美，在近800年的窑业史上，可谓前无古人，后无来者。”它是元青花技艺的重要源头，《景德镇陶录》说，“江西瓷器，唐在洪州、宋时出吉州。景德镇元初多永和工匠”。文化巨匠郭沫若曾说，“南有吉州、北有磁州，还有景德”，这是中国古代文化历史的见证。

在分析广元窑与吉州窑历史遗存的过程中我们不难发现，这两个窑口都在对外交流学习，以自身独特的历史、地理、人文等创造出各自窑口独有的文化特色，同时两个窑口在相互交流过程中相互促进、相互影响。

四、吉州窑传承与创新

1. 利用柴烧传承古法烧制技艺

当下瓷器的烧制一般采取电窑或气窑，它们有专门的仪表设备，火候很容易掌控。为了探索和传承吉州窑古法烧制技艺，在特殊的日子举行柴烧活动，吉州窑现有龙窑一座，目前共举行四次柴烧活动。龙窑是按本觉寺龙窑遗址1:1的比例修建的，因其窑身呈长方形，坡形砌筑，烧造时似一条火龙而得名，窑床属斜式“龙窑”，平面呈船形，走向25°，倾斜12°，从火门到窑尾，斜长36.8米，宽0.42—3.95米，它一共分为三个部分：窑头、窑身及窑尾。窑头是一个火门，又叫点火口，它的横截面最小，这样便于烧窑开始时热量集中，利于燃烧；窑身两侧有许多的小孔，这些孔叫观火孔和投柴孔，窑工师傅通过这些孔观察火候以及投递松柴，左侧有两个窑门，是搬运瓷器坯体的进出口；窑尾是一个出烟口，类似于烟囱的作用。龙窑烧造的程序，先将匣钵装好的瓷坯整齐码放在窑室内，然后将窑门紧闭，从火门点火，先烧窑头，由前往后依次投柴，逐排烧成，温度最高可达1300℃，要烧72小时，将近耗费2万斤的松柴，一次可烧制6000余件瓷器（图16）。

吉州窑马蹄窑共有6座，其中东昌窑是吉州窑古陶瓷研究所2016年所建的小型柴窑，内部空间为1.8立方米，一次能烧制200余件器物。此座柴窑保留了吉州窑传统的烧瓷技艺，正面中间部分往里凹陷，是装窑、出窑口，同时也是投柴口、关火口，里面中空成拱

图16　本觉寺岭龙窑遗址

形，旁边两侧墙面向外凸出，它的正截面似马蹄状，因此也叫“马蹄窑”。窑左上方摆放温度计监测窑温，瓷坯装入窑中，经过三十多个小时1300度的高温烧制，才能浴火重生，泥土变宝。东昌窑从每年的5月份到次年的1月份每两个月烧一次，目前已烧制近50窑〔图17〕。

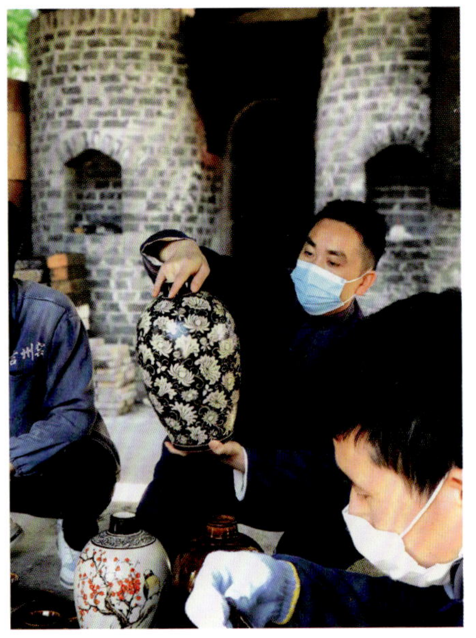
图17　东昌窑开窑

2. 从原材料入手探究古代制瓷技艺

通过对古代陶瓷器型、装饰、原料深入研究、分析，取其精华，去其糟粕，利用本地不同区域采集的原料和泥料，不断试验烧制，创作了一批本地原材料仿古瓷器，来还原和分析古代窑工烧制瓷器的技艺〔图18、图19〕。

3. 抗击新冠肺炎作品

2020年面对突如其来的新冠肺炎，吉州窑的工匠大师们虽然不能奔赴一线参与抗疫工作，大家拿起手中的笔，把疫情防控中感人的一幕幕镌刻在瓷器上，以表达我们对其间坚守一线、奋不顾身的“逆行者”的敬意〔图20、图21〕。

4. 瓷语党史传承红色基因

2021年恰逢中国共产党建党100周年，100年来中国共产党始终与时代同步伐、与人民共命运，留下了许多感人的事迹，始终激励着我们不忘初心，砥砺前行。吉州窑策划以中国共产党波澜壮阔的百年历史作为陶瓷创作题材，结合吉州窑的传统制瓷技艺，运用釉下彩绘、剪纸贴花等技术创作了一百多件作品，通过展览，以瓷为媒，传承红色基因，传播党史文化〔图22〕。

图18　泥料淘洗

图19　泥料晾干

图 20 《众志成城》彩绘盘

图 21 《出征》彩绘盘

图 22 《八角楼的灯光》彩绘盘

5. 利用贵金属装饰

在彩绘的基础上，将彩绘料换成了金粉，瓷器先施黑釉后入窑烧制一次，再以彩绘的形式画上金粉入窑二次烧成，黑釉描金也是吉州窑研发的新型装饰手法。

6. 结合传统文化创作系列作品

生肖作为悠久的民俗文化符号，历代留下了大量描绘生肖形象和象征意义的诗歌、春联、绘画、书画和民间工艺作品。为发展和传承吉州窑陶瓷技艺，吉州窑结合生肖文化研发、创作以“十二生肖”为题材的系列陶瓷作品，使用吉州窑陶瓷制作技艺，展现十二生肖生动、灵活、有趣的神态，迎合现代人的审美和需求，表达对幸福生活的向往和美好祝福，进一步推进吉州窑陶瓷的发展。

7. 剔刻工艺装饰作品

黑釉剔刻装饰工艺复杂，装饰技法极为精美，采用了剔花、刻画等工艺，通体施黑釉后刻画花纹，将纹理以外部分浅浅剔除，露出坯体衬托黑花，形成强烈的对比效果，最后施以透明釉入窑烧制而成。做工精致细腻，刀工挥洒自如，豪放大气，简洁大方，清新饱满。

8. 丰富多彩的颜色釉作品

说起吉州窑，给人印象最深的可能就是木叶盏、黑瓷、窑变和玳瑁，其实通过考古发掘，以及窑工们制釉技术的日渐成熟，吉州窑瓷器釉色非常丰富。

五、结语

传承与创新并不是一成不变的，它是一个开放的，随时代的变化而不断变化，宋元时期的广元窑与吉州窑正因为一直在学习中创新，才能在中国陶瓷史上留下浓墨重彩的一笔，所以只有创新，我们才会有强大的生命力，才能走得更远。

北京艺术博物馆藏黑釉瓷器研究
——兼谈广元窑黑釉装饰

杨俊艳（北京艺术博物馆）

摘要：黑釉瓷器，是指胎上饰以黑色或接近黑色釉的瓷器。从瓷窑考古发掘成果及实物资料分析，黑釉瓷器兴起于东汉，发展于东晋，历经南北朝、隋、唐、五代发展，至宋代更加繁盛，并一直延烧至明清及民国时期。黑釉瓷器除纯色装饰外，还以各种窑变斑或结晶釉装饰著称于世。本文在梳理北京艺术博物馆藏黑釉瓷器基础上，进一步对与广元窑相关的几种黑釉装饰进行研究。

关键词：北京艺术博物馆　黑釉瓷器　广元窑　黑釉装饰

黑釉是古代颇具代表性，也是产量大、装饰品种较为丰富的瓷器类别。其与青釉瓷器的生产工艺相似，都是以氧化铁为主要着色剂，但含氧化铁量较高，一般在8%左右，并于1120—1310℃温度下烧成。早在先秦时期，浙江的西、南部地区就烧造出了黑釉原始瓷[1]。成熟黑釉瓷器出现于东汉中晚期，窑址主要集中在德清与上虞两地。历经长期发展，黑釉瓷器烧造工艺不断进步，烧造范围持续扩展，产品逐渐遍及各地。《中国科学技术史陶瓷卷》专门论述了黑釉瓷器的地理分布、工艺成就及南北方烧制黑釉瓷器的窑场[2]。北京艺术博物馆藏黑釉瓷器，时代上起东晋，下迄民国。装饰以纯黑色为主，个别带有窑变斑或结晶釉装饰。下面在北京艺术博物馆藏品梳理基础上，兼谈一下与广元窑相关的几种黑釉装饰。

一、北京艺术博物馆藏黑釉瓷器研究

北京艺术博物馆自1987年建馆以来，多次接收了北京市文物局拨交及海关查没陶瓷文物，其中就有黑釉瓷器45件。结合窑址考察、标本对比和专家鉴定结果，烧造窑场涉

1　郑建明：《21世纪以来瓷窑址考古的新进展》，文物出版社，2019年，第132页。

2　李家治主编：《中国科学技术史陶瓷卷》，科学出版社，1997年，第182—257页。

及南北各地，较为明确的有德清窑、邢窑、长沙窑、定窑、当阳峪窑、磁州窑、建窑、吉州窑、缸瓦窑、灵武窑、淄博窑和景德镇窑等，择要介绍如下。

（一）东晋时期黑釉瓷器

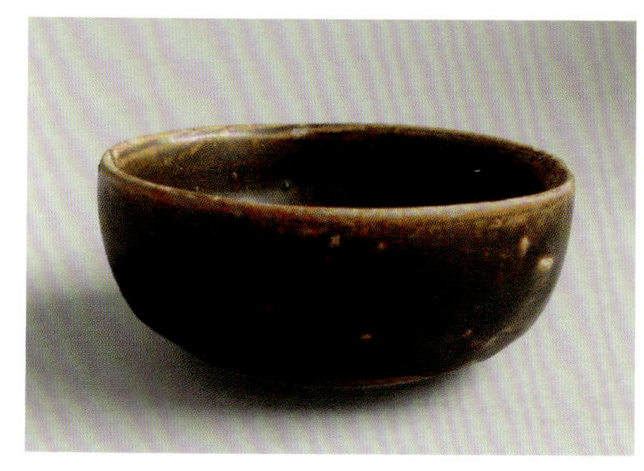

图1　东晋德清窑黑釉碗
北京艺术博物馆藏

东晋时期黑釉瓷器的烧造窑场以德清窑为代表。德清窑位于浙江德清，是最早烧造黑釉瓷器的窑场，创烧于东汉，发展于东晋，并形成瓷业生产高峰。馆藏东晋德清窑黑釉碗一件，口径 9.4 厘米，底径 4.8 厘米，高 3.8 厘米。圆唇，敞口，浅腹，小平底。碗的里外均施黑釉，釉色黑褐，较薄处呈酱色。外壁施半釉。内底、外腹下部及底部无釉露胎。胎质较粗，胎色灰黄。底部留有四块垫烧痕〔图 1〕。

（二）唐代黑釉瓷器

唐代，黑釉瓷器随着烧造工艺技术的普及，瓷业生产迅速进入了发展的又一高峰期。南北各地窑场增多，装饰种类丰富，产品质量提升。目前，馆藏唐代黑釉瓷器中能够明确烧造窑场的数量并不多，其中主要有邢窑和长沙窑两大名窑。

1. 唐代邢窑黑釉执壶

邢窑黑釉瓷器始烧自隋代，到唐代生产量已经很大[3]。除了盘、瓶、罐、炉、执壶等生活用器外，还有文房用具砚台及建筑构件如筒瓦、板瓦等。灰白色胎，胎质坚硬，釉面乌黑发亮，整体上制作精良，风格典雅。馆藏唐代邢窑黑釉执壶，口径 8.9 厘米，底径 8.6 厘米，高 24.1 厘米。圆唇，喇叭口，斜长颈，鼓肩，长圆腹，饼状实足外撇。最大直径在肩部。肩部对称置圆柱形短直流和双泥条形把柄，两侧贴附双泥条形系。通体施黑釉，施釉不及底。釉色漆黑，匀净光亮。下腹及底部无釉露胎，胎色褐黄，胎质坚实〔图 2〕。

图2　唐代邢窑黑釉执壶
北京艺术博物馆藏

2. 唐代长沙窑黑釉灯

长沙窑是长沙铜官窑的简称，窑址位于长沙市望城区铜官镇至石渚湖一带的湘江东岸，原为唐岳州窑外围

3　北京艺术博物馆编：《中国邢窑》，中国华侨出版社，2012 年，第 122 页。

窑区，安史之乱后南迁的北方窑工带来北方制瓷工艺，9世纪前中期达到鼎盛，衰落于五代。馆藏唐代长沙窑黑釉油灯，口径11.5厘米，底径4.2厘米，高4.4厘米。圆口内敛，浅腹，饼形足。胎体厚重，胎色发灰，通体施黑釉，内壁满釉，外壁釉不及底。腹内壁贴附桥形捉手〔图3〕。

图3　唐代长沙窑黑釉灯
北京艺术博物馆藏

3. 唐代黑釉双系罐

口径7.8厘米，底径9.8厘米，高22厘米。唇口，短颈，鼓腹。颈肩两侧对称贴塑双泥条状大耳，俗称"兔耳"。器身施大半截黑釉，釉色较匀，色浅处呈酱褐色。露胎处可见旋坯痕，修胎工艺娴熟率意。北方烧造此类黑釉瓷器产品的窑场虽然较多，但因掌握的窑址出土标本不足，故还尚未能准确判定其具体的烧造窑场〔图4〕。

图4　唐代黑釉双系罐
北京艺术博物馆藏

4. 唐代黑釉乳钉纹钵

口径10.6厘米，底径7厘米，高10厘米。圆唇，敛口，鼓腹，圜底，造型饱满。外口沿凸起弦纹一周并在其下贴塑乳钉纹。肩部亦分区对称贴塑倒三角形乳钉纹四组。通体施黑釉，外壁为大半截釉，下腹部的釉因垂流而形成一种特殊的自然装饰效果。近底部和外底均无釉露胎，胎色较深，胎质坚实。目前还未能准确判定其具体的烧造窑场〔图5〕。

图5　唐代黑釉乳钉纹钵
北京艺术博物馆藏

（三）宋辽金元时期黑釉瓷器

宋辽金元时期，黑釉瓷器在烧造工艺与装饰艺术上再次取得了突飞猛进的成就。全国各地烧造黑釉瓷器的窑场数量众多，产品装饰风格各异，创新佳作迭出。馆藏这一时期的黑釉瓷器，能够明确烧造窑场的数量较多，其中主要有当阳峪窑、建窑、临汾窑、定窑、吉州窑、磁州窑、缸瓦窑、灵武窑、淄博窑等窑的产品，及磁家务窑、鹤壁窑、重庆涂山窑、北京公主坟琉璃窑等窑的瓷片标本，为开展相关研究提供了珍贵实物资料。

1. 当阳峪窑黑釉折肩瓶

当阳峪窑，欧洲人称"焦作窑"，美国人叫"磁州窑"，日本人叫"修武窑"。20世纪初，由河南省文物考古研究所主持，对当阳峪瓷窑遗址进行了大规模科学考古发掘。一大批土掩千年的珍贵文物

图 6　宋代当阳峪窑黑釉折肩瓶
北京艺术博物馆藏

重见天日——当阳峪窑曾经创造的辉煌，终于为宋代瓷史又添上浓墨重彩的一笔。20 世纪 50 年代，我国著名古陶瓷专家陈万里先生实地调查当阳峪窑址后，指出：“在黄河以北的宋瓷除了曲阳之定、临汝之汝以外，没有一处能与当阳峪相媲美。”当阳峪窑烧制定窑风格的黑釉瓷器，除了胎土原料有别于定窑，其制作工艺之精湛，釉质之细腻，釉色之漆黑，竟与定窑产品难分伯仲。当阳峪窑黑釉瓷器造型主要有碗、盘、碟、盏、瓶、罐等。从质地上可分为两种，一种是精细的高档黑瓷，胎薄如纸，胎白如雪，坚致细腻，釉色如漆，一眼看去，犹如河北曲阳烧造的“黑定”；另一种是黑釉粗瓷，虽然胎体较粗，但釉质细腻，光泽较好。装饰技法多样，有的外黑釉、内白釉；有的上白釉、下黑釉；有的则带窑变兔毫、油滴等；还有的辅以剔花、跳刀纹，古朴中显灵秀，粗犷中见雅致，给单调的黑釉瓷器赋予了丰富的内涵。馆藏当阳峪窑黑釉瓷器 4 件。其中以这件宋代当阳峪窑黑釉折肩瓶为代表，口径 1.6 厘米，底径 2.6 厘米，高 5.7 厘米。圆唇，粗颈，折肩，长圆腹，浅宽圈足。器口内及外壁施黑釉，近底部露胎，胎质较粗。釉面漆黑光亮，莹润细腻〔图 6〕。

2. 建窑黑釉兔毫盏

建窑是宋代著名的黑釉瓷窑场之一。窑场位于福建省南平市建阳区水吉镇后井村一带。因历史上的水吉曾属于建州辖地，故而得名。后因行政隶属关系的变化，又有“水吉窑”“建阳窑”等称谓。1960、1978、1989—1992 年，建窑经过多次考古发掘，清理出多处窑炉遗迹，其中一条长达 135.6 米的龙窑，堪称是宋代最长的龙窑，冠绝天下。考古发掘表明，建窑创烧于晚唐五代，极盛于宋代，元代停烧。

馆藏宋代建窑黑釉盏共计 6 件，均为黑釉兔毫盏。以这件宋代建窑黑釉兔毫盏为代表，口径 10.4 厘米，底径 3.6 厘米，高 5.8 厘米。尖唇，束口，斜曲腹，矮圈足，挖足浅。足部露胎，呈灰褐色，夹细沙。碗内外壁施酱黄褐色釉。碗内心黑釉，黑色釉面下放射出道道密集的黄色兔毫状结晶斑。外壁施釉不到底，末端垂釉，局部流淌成泪痕状，颇富时代与地域特色〔图 7〕。

图 7　宋代建窑黑釉兔毫盏
北京艺术博物馆藏

3. 临汾窑黑釉油滴斑碗

宋代，山西地区的窑场所烧造的黑釉窑变油滴斑装饰较具特色。油滴斑的形成是器物在烧造过程中，温度达到 1300℃以上，釉层呈熔融状态，产生气泡，将釉料中铁质成分带到釉面，在冷却以后，富含铁质的部分则从中析出赤铁矿的小晶体，形成釉面油滴状结晶。馆藏品中以这件宋代临汾窑黑釉油滴斑碗为代表，口径 10.2 厘米，底径 3.5 厘米，高 5 厘米。圆唇，深弧腹，浅圈足。紫黑色胎，胎体厚重。釉色黑亮，釉面浮满油滴状结晶斑〔图 8〕。

图 8　宋代临汾窑黑釉油滴斑碗
北京艺术博物馆藏

4. 吉州窑黑釉玳瑁斑碗

吉州窑，位于江西省吉安县永和镇，创烧于晚唐五代，发展于北宋，鼎盛于南宋，停烧于元末，薪火相传达五百多年，是与瓷都景德镇并称姊妹花的江西又一名窑。宋代是吉州窑发展的兴盛时期，装饰技艺兼收南北，仿效自然，烧造了玳瑁斑等新颖而又独具地域特色的名品。馆藏南宋吉州窑黑釉碗 2 件，以这件南宋黑釉玳瑁斑碗为代表，口径 15.2 厘米，底径 5.3 厘米，高 8 厘米。敞口，斜壁微弧，浅圈足。造型敦厚。器内施满釉，外壁施釉不及底。无釉处可见胎骨，胎色米黄。通体釉面以黑色为地，上面为酱、黄等色交织熔融而成的玳瑁斑。呈色淡雅，变化自然，可与天然玳瑁相媲美，给人以真假难辨的自然美感〔图 9〕。

图 9　南宋黑釉玳瑁斑碗
北京艺术博物馆藏

5. 缸瓦窑黑釉鸡冠壶

辽代缸瓦窑黑釉瓷器的生产与中原陶瓷的发展关系密切，主要是学习华北地区的定窑和磁州窑，虽然不及宋瓷品种丰富，制作不及宋瓷工整精美，烧造水平亦不及宋瓷高，但造型上却独具民族风格。典型如鸡冠壶，也称皮囊壶，造型源自契丹游牧民族渔猎生活时随身携带的皮质用具。馆藏品中以这件辽代缸瓦窑黑釉鸡冠壶为代表，底径 10 厘米，高 29.8 厘米。扁体，下腹部肥硕，上腹部一端有向上直立的管式短流，余部边缘呈板平的满弓式提柄，与流连接很像公鸡的顶冠。此壶造型还保留着皮质壶的特征，尤其是器身上独特的皮囊线装饰，可谓是契丹民族由游牧到定居生活历史的真实写照〔图 10〕。

图 10　辽代缸瓦窑黑釉鸡冠壶
北京艺术博物馆藏

6. 灵武窑黑釉瓷器

西夏灵武窑黑釉瓷器的生产也是明显受到了中原陶瓷的深刻影响。从磁窑堡窑址出土瓷器标本看，其黑釉瓷

图 11　西夏灵武窑黑釉剔刻花卉纹罐
北京艺术博物馆藏

器剔刻花技法与磁州窑相似，但胎质较为粗糙。主要采用刻釉工艺，即把刻划花纹的周围黑釉剔掉，露出粗涩的胎体，图案粗犷，具有浅浮雕的艺术效果。馆藏品中以这件西夏灵武窑黑釉剔刻花卉纹罐为代表，口径 15.5 厘米，底径 18.2 厘米，高 36.9 厘米，腹径 36.6 厘米。造型为小口平沿，短直颈，溜肩，鼓腹丰满，下腹内敛，浅宽隐圈足。胎体厚重，胎质较粗糙。通体施黑釉，腹部正面剔刻缠枝牡丹花纹，背面光素无纹，充分体现了注重实用、力求成本节约的民窑生产性质。类似装饰技法粗犷豪放，在山西地区十分流行，并直接影响了西夏的灵武窑（也有专家考证此为明代器物）[4]〔图 11〕。

7. 定窑黑釉梅瓶

定窑，被誉为宋代“五大名窑”之一，窑址位于今河北省保定市曲阳县内。勃兴于五代，辉煌于宋金，衰落于元。北宋时期的定窑瓷器，开始向着含蓄、素洁、秀美、典雅的风格演进，不论是造型、胎质、釉色，也不论是工艺、装饰、图案，均自善其美，恰到好处，既合乎中国传统文化的中和之道，又传达中国古代艺术的中和之美，从而为陶瓷美学开辟了一个崭新的境界。定窑瓷器也曾经贡奉宫廷，是当时引领窑业风尚的著名瓷窑。定窑黑釉瓷器在古籍中被称为“墨定”，如明代曹昭《格古要论》中有“墨定色黑如漆”的记载。

图 12　金代定窑黑釉梅瓶
北京艺术博物馆藏

馆藏定窑黑釉瓷器 3 件，其中以这件金代定窑黑釉梅瓶为代表，口径 4.4 厘米，底径 7.2 厘米，高 34 厘米。梯形小口，短束颈，溜肩，瘦长腹，隐圈足。瓶体修长秀美。棕黄色胎，稍粗硬。瓶口施酱黄褐色釉，器身施黑釉，釉色莹润，漆黑光亮。施釉不到底，底足露胎。烧造工艺和造型皆具金代定窑产品风格特征〔图 12〕。

8. 磁州窑黑釉铁锈斑玉壶春瓶

磁州窑位于河北省邯郸市峰峰矿区的彭城镇和磁县的观台镇一带，中心窑场为漳河北岸的观台窑。自北朝创烧以来，窑火千年不熄，并在宋金元时期成为了北方代表性的民间窑场。磁州窑烧造的黑釉瓷器，因使用当地一种含铝量和铁、钛等着色剂量皆较高的高岭土制胎，故胎色呈灰白或灰褐色，胎质较疏松，多带有孔隙和铁

4　张柏主编：《中国出土瓷器全集 · 5》，科学出版社，2008 年，第Ⅲ页。

质斑点。除了纯黑釉色外，有的还装饰以铁锈花，工艺技法独特，颇具匠心。

馆藏品中以这件金代黑釉铁锈斑玉壶春瓶为代表，口径 6.7 厘米，底径 7.4 厘米，高 28.1 厘米。撇口，细长颈，溜肩，垂腹，圈足。外底无釉露胎。器身通体施黑釉，局部有铁锈斑装饰〔图 13〕。

图 13 金代黑釉铁锈斑玉壶春瓶
北京艺术博物馆藏

铁锈斑是宋金时期流行于北方的一种黑釉装饰手法。在黑釉的表面用含氧化铁的斑花石作着色剂描绘纹饰，入窑经高温烧造，便会呈现出如画般的铁锈色图案。具体的工艺方法是：先在施挂黑釉的坯胎上，用富含氧化铁的涂料绘画花纹，然后经 1300℃以上的高温烧成。在缓冷过程中，釉层表面花纹处富集的铁分，形成过饱和赤铁矿（三氧化二铁）晶体析出，由于赤铁矿呈铁锈红色，所以称为黑釉铁锈花。黑釉上点画铁锈花，是瓷器的一种彩绘装饰，静中有动，活泼自然，色彩斑斓，对比鲜明，使黑釉瓷器不再单调呆板，实用性与艺术性完美地结合，增强了瓷器的装饰效果。

9. 磁州窑黑釉双系罐

元代，磁州窑黑釉瓷器的烧造，无论规模还是产量都达到了史上又一高峰。器物种类繁多，造型以碗、盘、罐、盆、瓶、枕、炉等为主。因是以民用产品为主，高档精品不多。多数器物造型硕大，胎体厚重，胎质较粗糙，釉面施釉不及底。馆藏品中以这件元代磁州窑黑釉双系罐为代表，口径 11.5 厘米，底径 7.5 厘米，高 11.3 厘米。广口，圆腹，颈肩两侧置对称双系。内壁施满釉，外壁腹部以下无釉，露出大面积的白色胎体，并留有清晰的旋坯痕，风格粗犷〔图 14〕。

10. 淄博窑黑釉条纹罐

淄博窑是古代山东地区生产瓷器的重要基地之一。窑场范围涵盖了山东淄博淄川区的寨里、磁村、坡地和博山区的博城大街南头等地，尤以黑釉凸线纹装饰工艺著称于世。其制作方法是：在器物坯体晾干后，以白色泥条或化妆土，用类似漏粉条的方法立粉作杠，然后施釉入窑烧制而成。由于釉在高温下的流动性及白泥条高出胎面，白色凸线纹上的色釉经高温熔融流往低处露出白色粉料或黄白色的化妆土，在器物的表面便呈现出多道白色或黄褐色的突起线条。纵观多处窑址出土的凸线纹罐，其凸线纹装饰方法几乎无二，只是竖线纹的排列方式略有不同，或周围满饰或成规律分组。此外凸线纹除了具有装饰作用外，在实际使用中还兼具防滑便于拿取的作用。

馆藏品中以这件金代淄博窑黑釉条纹罐为代表，口径 7.4 厘米，底径 5.8 厘米，高 11.1

图 14　元代磁州窑黑釉双系罐
北京艺术博物馆藏

图 15　金代淄博窑黑釉条纹罐
北京艺术博物馆藏

厘米。敞口，丰肩，鼓腹，圈足。此罐凸线纹纵向竖排，在黑釉的衬托下，凸线部分呈白色。器表平整，线条较粗，与器表结合处的棱角较为明显，显然是使用沥粉方式制作而成。沥粉法起源于古代漆器生产中“堆漆”工艺的一种，它是在器胎上先作极薄的漆地，然后画上纹饰墨样，用沥粉法沿稿样作隐起的浑圆线条，干后打磨即成。沥粉工艺同时也应用于建筑壁画中〔图 15〕。

凸线纹早在北宋时期的黑釉瓷器上便已出现，盛行于金代，衰落于元代。烧造窑场以山东淄博窑、河北磁州窑、重庆昌州窑[5]为代表。淄博窑凸线纹一般饰于器身肩部至腹部，线条布局亦有满纹与分组排列两种形式。线条呈白色，亦有凸线纹线条白色微泛黄，形成了白色线条与黑色釉体不同色调的完美交织。线条刚健有力，分布匀称，立体感极强。

11. 磁家务窑黑釉高足杯（残）

磁家务窑位于今北京房山区磁家务村。始烧于辽代，金代有所发展，元代停烧。器物种类繁多，有碗、盘、盆、瓶、罐、坛、灯、小动物、玩具等。早期碗平底、宽足，中晚期多圈足。黑釉瓷器有精、粗之分。其中的精细者与定窑产品颇相似。馆藏北京磁家务窑黑釉瓷片，多属于金代制品〔图 16〕。

图 16　金代磁家务窑黑釉高足杯（残片标本）
北京艺术博物馆藏

12. 涂山窑黑釉玳瑁斑碗（残）

涂山窑是重庆地区较有代表性的黑釉瓷器烧造窑场，创烧于北宋，鼎盛于南宋，衰

5　傅裕：《重庆地区宋代黑釉瓷研究》，《长江文明（第六辑）》，河南人民出版社，2010 年，第 62 页。

落于元代。产品在造型和工艺方面吸收了建窑、吉州窑和耀州窑的一些特点，但因原料、技法的不同而在胎、釉、装饰风格上形成了自身较为鲜明的特色。馆藏重庆涂山窑采集的宋代黑釉碗残片，胎体粗厚，胎色灰白，釉面带有窑变斑纹〔图 17〕。

图 17　宋代重庆涂山窑黑釉碗（残片标本）

（四）明清及民国时期黑釉瓷器

明清及民国时期，黑釉瓷器因工艺简单、易于烧造而仍得以在民间广泛普及，且使用量极大。著名的民间窑场大多分布在北方地区，如山东淄博窑、河北彭城窑即为典型代表。民间窑场烧造的黑釉瓷器虽然产品数量大，但多数制作工艺粗糙，装饰风格朴实无华。与此同时，江西省景德镇御窑产品则品质非凡，无论烧造工艺还是装饰艺术均达到了史上最高水平。馆藏这一时期的黑釉瓷器，能够明确烧造窑场的主要是彭城窑和景德镇窑。

1. 彭城窑黑釉瓷器

明代以后，磁州窑的烧造中心转移到了滏阳河流域的彭城镇，因此这一时期的磁州窑也称彭城窑。彭城窑除了烧造白地黑花瓷器外，也烧造有黑釉瓷器。藏品中以这件清代彭城窑黑釉瓶为代表。口径 4.4 厘米，底径 9.4 厘米，高 20.1 厘米。圆唇，小口，平肩，长圆腹。通体施黑釉，底部无釉露胎〔图 18〕。

2. 景德镇窑黑釉瓷器

景德镇窑黑釉瓷器也是以铁为主要呈色剂，并加微量的锰、钴、铜、铬等氧化着色剂，在还原气氛 1280—1300℃左右温度下烧成。釉色漆黑光亮，有的带有描金装饰。馆藏景德镇窑黑釉瓷器较多，选择两件介绍如下。

（1）清光绪景德镇窑黑釉描金花卉纹观音瓶

口径 14.4 厘米，底径 14.2 厘米，高 44.2 厘米，侈口，颈部较粗，丰肩，肩下弧线内收，深腹，胫部以下外撇，瓶体修长，曲线优美。圈足，外底无釉露胎〔图 19〕。

（2）民国景德镇窑黑釉瓶

口径 2.8 厘米，底径 3.3 厘米，高 8.7 厘米。撇口，长颈，圆腹，高圈足。胎薄体轻。器内和外底施白釉，外壁施黑釉，釉面匀润，漆黑光亮。外底画青花双圈，无款〔图 20〕。

图 18　清代彭城窑黑釉瓶
北京艺术博物馆藏

图 19　清光绪景德镇窑黑釉描金花卉纹观音瓶
北京艺术博物馆藏

图 20　民国景德镇窑黑釉瓶
北京艺术博物馆藏

二、与广元窑相关的几种黑釉装饰

宋代是黑釉瓷器发展史上的一个繁盛时期，涌现出了许多独特装饰工艺新技法。窑变斑纹与结晶釉装饰即为其中典型代表，技术传播范围较为广泛，在南方的福建建窑、江西吉州窑、四川广元窑及北方的河北定窑与磁州窑、河南当阳峪窑、山西临汾窑、陕西耀州窑、内蒙古自治区缸瓦窑等窑场都有所见。其中，广元窑是宋代四川黑釉瓷窑口的典型代表[6]，瓷窑铺窑址始烧于五代、兴盛于两宋、衰于元[7]。黑釉装饰也颇具地方特色，在中国陶瓷发展史上占有重要地位。下面结合广元窑相关产品情况，重点谈一下与之有关的兔毫纹、油滴斑、鹧鸪斑、玳瑁斑和虎皮斑装饰。

（一）兔毫纹

兔毫纹，是指黑色的釉面上透出竖向排列的黄棕色或铁锈色条纹，因纹样细如兔毛，故而得名。条状结晶釉自然垂流，和谐明朗，颜色分黄、白、灰等，故有金兔毫、银兔毫和灰兔毫等称谓。显微镜下的兔毫纹，一般呈鱼鳞状结构。

兔毫纹创烧于宋代福建建窑，以兔毫纹盏闻名于世。建窑是宋代著名的黑釉瓷窑场之一。北宋时期，建窑以烧造黑釉盏为主，采用匣钵装烧法。而因窑变而产生的兔毫、油滴、鹧鸪斑、曜变等各种美丽的纹理，更是建窑黑釉盏的最大特色。建窑黑釉盏的流行，在很

6　四川省文物考古研究所等 :《广元市瓷窑铺窑址发掘简报》,《四川文物》2003 年第 3 期。

7　郑建明 :《21 世纪以来瓷窑址考古的新进展》，文物出版社，2019 年，第 143 页。

大程度上与宋代饮茶方式息息相关。宋代饮茶方式以煎茶和点茶为主。点茶法首先将茶饼碾成碎末，再将茶末与调膏放进茶碗，然后注入沸水，同时用茶匙搅和调成茶汤，茶汤表面泛起一层白色的泡沫。然后，斗茶者就茶汤的形、色、香、味进行点评。斗茶之法起源于晚唐五代时期，北宋中期蔚然成风，并在宫廷和士大夫阶层广为传播，形成颇具情趣的文人会聚活动。斗茶胜负评判规则是，先斗色，茶色贵白，以青白胜黄白。其次斗水痕，以茶汤先在茶盏周围沾染一圈水痕者为负，后者为胜。为了便于观色和验水痕自然是以黑色茶盏最适合，建窑兔毫、油滴、鹧鸪斑、曜变等黑釉茶盏均为斗茶佳器，备受推崇，得到了当时士大夫、文人们的喜爱。宋徽宗曾盛赞其“最为要用”，并在《大观茶论》中称“盏色贵青黑”。福建水吉建窑窑址出土的少量盏底及窑具垫饼上，有的印刻“供御”“进盏”等款识，说明其是专为宫廷烧造的御用之物。同时，建窑黑釉盏也曾远销东亚，并对日本茶道的形成产生了深远影响。

其他各地窑场所烧造兔毫纹瓷器虽仿自建窑，但产品风格各异，地域特色鲜明。磁州窑仿建窑兔毫纹瓷器的器物造型也以盏为主，胎色灰白[8]〔图 21〕。从胎体即可识别出其非建窑产品。河北省定窑兔毫纹碗胎质洁白，碗口圆唇微内敛，腹壁斜，微有弧度，下收成小圈足底，釉色漆黑明亮，口沿附近釉色黑中透棕红酱色[9]〔图 22〕。陕西省耀州窑兔毫纹盏，敞口，斜弧腹，小平底，浅圈足，底心微鼓。银白色结晶兔毫纹呈金属光泽。外黑釉不及底，呈酱黑色，有垂釉现象。外沿下刻弦纹一周。胫以下露胎。胎色土黄，质较粗[10]〔图 23〕。河南省当阳峪窑兔毫纹与定窑产品类似，胎色洁白，但坚致细腻程度不如定窑产品。

图 21　北宋至金磁州窑黑釉兔毫斑纹盏
1987 年观台窑遗址出土，现藏于磁州窑博物馆

图 22　北宋定窑黑釉兔毫斑纹碗
1985 年河北省曲阳县涧磁村定窑遗址发掘出土，现藏于河北省曲阳县定窑遗址文物保管所

图 23　北宋耀州窑黑釉兔毫纹盏
1986 年陕西省铜川市黄堡镇耀州窑遗址出土，现藏于耀州窑博物馆

8　北京艺术博物馆编：《中国古瓷窑大系 · 中国磁州窑》，中国华侨出版社，2017 年，第 128 页。

9　北京艺术博物馆编：《中国古瓷窑大系 · 中国定窑》，中国华侨出版社，2012 年，第 143 页。

10　北京艺术博物馆编：《中国古瓷窑大系 · 中国耀州窑》，中国华侨出版社，2014 年，第 184 页。

江西省景德镇湖田窑在南宋时期也烧造有兔毫纹盏，口沿有垂釉，胎质呈铁灰色，与建窑兔毫盏极为相似，显然是湖田窑生产的仿建窑产品，但其产量极少[11]。四川省金凤窑黑釉兔毫盏，红胎粗硬[12]。广元窑兔毫纹盏外壁釉下往往施有白色化妆土[13]。

（二）油滴斑

油滴斑是指在黑釉地上形成的银灰色的圆点，犹如油滴浮在水面上，故而得名。油滴斑属于黑釉结晶釉的一种，其形成原因是器物在烧造过程中，温度达到1300℃以上，釉层呈熔融状态，产生气泡，将釉料中铁质成分带到釉面，在冷却以后，富含铁质的部分则从中析出赤铁矿的小晶体，在釉面形成油滴状的结晶。

油滴斑兴起于北宋福建建窑，其他地方的许多窑场也有烧造，有的一直延续至金代。如陕西省耀州窑，河南省鹤壁窑、当阳峪窑，河北省定窑和磁州窑，山西省临汾窑，内蒙古自治区缸瓦窑[14]及四川省广元窑等。耀州窑油滴斑盏上的油滴斑大小不一，飘逸晕散，多呈银灰色光泽，也有闪红色光泽的[15]。当阳峪窑黑釉油滴斑斗笠碗[16]〔图24〕，属于精细高档黑瓷，敞口，深斜腹，圈足微外撇。胎薄如纸，胎白如雪，坚致细腻，釉色如漆，釉面细润，光泽度高，与定窑所烧造的“黑定”难分伯仲。磁州窑油滴斑盏[17]〔图25〕，圆唇，侈口，

图24　北宋当阳峪窑黑釉油滴斑纹斗笠碗
2003年当阳峪窑址出土，现藏于河南省文物考古研究所

图25　北宋磁州窑油滴斑盏标本
1987年观台窑遗址出土，现藏于磁州窑博物馆

11 赵曰斌：《景德镇湖田窑的黑釉瓷》，《景德镇陶瓷》1981年总第21期。

12 张柏主编：《中国出土瓷器全集·10》，科学出版社，2008年，第145页。

13 黄晓枫：《四川地区宋代的黑瓷生产》，《中国古代黑釉瓷器暨吉州窑国际学术研讨会论文集》，文物出版社，2019年，第207页。

14 北京艺术博物馆编：《中国古瓷窑大系·中国缸瓦窑》，中国华侨出版社，2022年，第294页。

15 禚振西：《黑釉耀瓷装饰艺术》，《中国古代黑釉瓷器暨吉州窑国际学术研讨会论文集》，文物出版社，2019年，第168页。

16 北京艺术博物馆编：《中国古瓷窑大系·中国当阳峪窑》，中国华侨出版社，2010年，第63页。

17 北京艺术博物馆编：《中国古瓷窑大系·中国磁州窑》，中国华侨出版社，2017年，第130页。

折沿，斜腹，圈足。盏内施黑釉，内壁布满大小不等的油滴斑点，外壁施釉至足，胎色灰白。广元窑黑釉油滴斑纹装饰的产品也以盏为代表，圈足均无釉。

图 26　宋代吉州窑黑釉窑变鹧鸪斑盏
1975 年江西省吉安县永和窑出土，现藏于江西省博物馆

（三）鹧鸪斑

鹧鸪斑是指在黑釉地上形成的黄色、白色或银灰色的斑点纹饰。因酷似鹧鸪鸟羽毛而得名。

鹧鸪斑兴起于宋代福建建窑[18]，以鹧鸪斑盏最为著名。宋初陶谷《清异录》中已有相关的记述，如“闽中造盏，花纹鹧鸪斑点，试茶家珍之”。黄庭坚《满庭芳·茶》词曰：“纤纤捧，研膏溅乳，金缕鹧鸪斑。”南宋惠洪诗有“鹧鸪斑中吸春露”“玉瓯绞刷鹧鸪斑”。建窑鹧鸪斑纹主要施在带有“供御”款的黑釉盏上。除了白色斑点外，也有以毛笔蘸赭石釉料装饰的黄色斑点。但黄色斑点鹧鸪斑盏一般都没有款，也非建窑所独有。鹧鸪斑多饰于黑釉茶盏，与宋人饮茶生活可谓相得益彰，并赋予了茶文化无限的文雅意趣与艺术情调。依据窑址考古发掘所获得的资料可知，除了福建省建窑，江西省吉州窑[19]〔图 26〕、陕西省耀州窑[20]、河北省定窑[21]〔图 27〕、四川广元窑[22]、重庆涂山窑等也烧造黑釉鹧鸪斑瓷器。当时的黑釉窑变鹧鸪斑装饰不仅工艺成熟，且纹饰精美，仿生效果逼真，惟妙惟肖。广元窑烧造的鹧鸪斑纹也颇具特色，装饰效果可与吉州窑产品相媲美。

图 27　北宋定窑黑釉鹧鸪斑碗（残片标本）
2009 年河北省曲阳县定窑遗址出土，现藏于河北省文物研究

（四）玳瑁斑

玳瑁斑是以黑釉为基础形成黄或赭、黑等色相间的斑状纹饰。因酷似海龟科动物玳瑁的背甲而得名。

---

18 郑建明：《21 世纪以来瓷窑址考古的新进展》，文物出版社，2019 年，第 136 页。

19 北京艺术博物馆编：《中国古瓷窑大系·中国吉州窑》，中国华侨出版社，2013 年，第 42 页。

20 禚振西：《黑釉耀瓷装饰艺术》，《中国古代黑釉瓷器暨吉州窑国际学术研讨会论文集》，文物出版社，2019 年，第 166 页。

21 北京艺术博物馆编：《中国古瓷窑大系·中国定窑》，中国华侨出版社，2012 年，第 146 页。

22 黄晓枫：《四川地区宋代的黑瓷生产》，《中国古代黑釉瓷器暨吉州窑国际学术研讨会论文集》，文物出版社，2019 年，第 207 页。

图 28　南宋吉州窑黑釉玳瑁纹罐
1975 年江西省吉安县永和窑址出土，现藏于江西省博物馆

图 29　北宋磁州窑黑釉玳瑁斑双耳罐
1987 年观台窑遗址出土，现藏于磁州窑博物馆

图 30　南宋广元窑黑釉鹧鸪斑盖罐
广元市博物馆

图 31　南宋广元窑黑釉玳瑁斑碗
1991 年四川省遂宁市金鱼村窖藏出土，现藏于四川宋瓷博物馆

玳瑁斑是宋代吉州窑著名的窑变纹饰之一[23]。装饰工艺为：先以含铁量较低的瓷土做坯，再施一层黑釉作为底釉，然后涂洒以羼入了不同金属原料作呈色剂的釉料，最后入窑经高温烧成。釉面在烧成过程中通过流淌、渗透、交融及液相分离等一系列物理化学反应而呈现各种斑纹，形状各异，大小不一。色调以乳浊不透明黄色或透明黄赭色为主，与黑、酱等色底釉交织，相互映衬，纹饰酷似玳瑁背甲壳上的斑痕。器物造型有盏、碟、碗、罐

23 北京艺术博物馆编：《中国古瓷窑大系·中国吉州窑》，中国华侨出版社，2013 年，第 18—32 页。

〔图 28〕、壶、炉和瓶等，其中以盏的数量最多。烧造窑场除了江西省吉州窑，还有河北省磁州窑[24]〔图 29〕、河南省当阳峪窑、陕西省耀州窑、重庆涂山窑及四川省广元窑、西坝窑等。广西壮族自治区一些地区亦曾发现仿吉州窑标本，但数量不多。其中，广元窑产品以瓷窑铺窑出土的南宋广元窑黑釉玳瑁斑盖罐，原定名酱釉鹧鸪斑盖罐[25]〔图 30〕；1991 年四川省遂宁市金鱼村窖藏出土的南宋黑釉玳瑁斑碗，原定名黑釉玳瑁斑兔毫盏[26]〔图 31〕。据专家总结，广元窑黑釉玳瑁斑碗，造型与江西吉州窑碗相似，釉色黑酱色，有浅黄色条纹[27]。

（五）虎皮斑

虎皮斑是以黑色釉为基础形成黄、褐等色相间的长条状纹样。因酷似老虎身上的纹饰，故而得名。

虎皮斑是宋代吉州窑创烧的黑釉窑变品种之一[28]。装饰工艺为先以含铁量较低的瓷土做坯，再施一层黑釉作为底釉，然后涂洒以羼入了不同金属原料作呈色剂的釉料，最后入窑经高温烧成。釉面在烧成过程中通过流淌、渗透、交融及液相分离等一系列物理化学反应而呈现各种纵向排列的条状斑纹。色调以乳浊不透明的黄色为主，釉薄处呈棕红色，窑温过高处呈褐色。纹理变化丰富，长短不一，与黑色的地釉交错相融，浑然一体。器物造型有盏、钵、盘、瓶〔图 32〕、罐、盆等，其中以盏的数量最多。器物普遍施釉不及底，釉面有流釉现象。底足露胎，胎呈灰白色，因淘洗欠精而含沙量较大。烧造窑场除了江西省吉州窑外，还有陕西省耀州窑、河南省当阳峪窑、四川省涂山窑（有的产品被定名为菊花纹，如黑釉菊花纹盏[29]）、广元窑与西坝窑等。其中，耀州窑产品以 1986 年黄堡镇耀州窑遗址出土的黑釉虎皮斑纹碗[30]为代表〔图 33〕，现藏于耀州窑博物馆。厚圆唇，敞口，斜曲腹，圈足。灰白胎，胎体较厚，质细坚硬。乌黑色釉，光亮，内壁黑釉釉面上有不规则的酱色条斑，呈放射状，木光。内外施釉，外至足外墙，有流釉现象。当阳峪窑产品以 2004 年当阳峪窑址出土的黑釉虎皮斑纹斗笠碗为代表，现藏于河南省文物考古研究所。敞口，深斜腹，覆扣呈斗笠状。白胎，胎质细密。圈足残。器表施黑釉，釉色漆黑光亮。内壁布满长条形放射状酱釉斑。〔图 34〕广元窑产品以虎皮斑三供器〔图 35〕为代表，三供器由一件炉和两件瓶组成，造型古雅，装饰精致，虎皮斑彩是以黄釉为地，黑彩装饰，呈现出与吉州窑产品不同的艺术效果。

---

24 北京艺术博物馆编：《中国古瓷窑大系·中国磁州窑》，中国华侨出版社，2017 年，第 122 页。

25 陶瓷文化：《中国大百科全书》第三版网络版，https://www.zgbk.com/ecph/sublibrary?SiteID=1&ID=864。

26 中国国家博物馆：《宋韵：四川窖藏文物辑粹》，中国社会科学出版社，2006 年，第 92、93 页。

27 冯小琦：《四川遂宁窖藏出土的瓷器》，《宋韵：四川窖藏文物辑粹》，中国社会科学出版社，2006 年，第 275 页。

28 北京艺术博物馆编：《中国古瓷窑大系·中国吉州窑》，中国华侨出版社，2013 年，第 33—38 页。

29 张柏主编：《中国出土瓷器全集·10》，科学出版社，2008 年，第 201 页。

30 北京艺术博物馆编：《中国古瓷窑大系·中国耀州窑》，中国华侨出版社，2014 年，第 183 页。

图 32　南宋吉州窑黑釉虎皮纹长颈瓶
1980 年江西省吉安县永和窑址出土，
现藏于江西省博物馆

图 33　北宋耀州窑黑釉虎皮斑纹碗
1986 年黄堡镇耀州窑遗址出土，现藏于耀州窑博物馆

图 34　北宋当阳峪窑黑釉虎皮斑纹盏
2003 年当阳峪窑址出土，现藏于河南省文物考古研究所

图 35　广元窑虎皮斑纹三供器
广元市博物馆藏

三、结语

宋代黑釉瓷器上的窑变斑纹或结晶釉装饰，由于烧造窑场所处的独特地理位置及其选用原料的差别，产品风格面貌也略有不同，需要仔细观察与综合鉴定。吉州窑产品主要有鹧鸪斑、玳瑁斑、虎皮纹、兔毫纹，胎质较粗松，呈灰白或米黄色，含细沙粒[31]。耀州窑产品主要有兔毫纹、油滴斑、鹧鸪斑、玳瑁斑。其中鹧鸪斑、玳瑁斑采用的是黑釉地绘酱斑、

31 张文江：《近几年吉州窑遗址考古调查发掘的主要收获》，《中国古代黑釉瓷器暨吉州窑国际学术研讨会论文集》，文物出版社，2019 年，第 23、24 页。

两次施釉的复色釉装饰；兔毫和油滴则为结晶黑釉装饰[32]。广元窑产品主要有兔毫纹、油滴斑、玳瑁斑、鹧鸪斑和虎皮斑，精美之作可与建窑、吉州窑产品相媲美，但最大区别在于广元窑产品的胎上多施有化妆土。

总之，宋代黑釉瓷器上的斑纹或结晶，多以效法自然为旨趣，模仿动物皮毛花纹或天然珍贵材质而烧造出来的非人为的装饰效果。既有具象纹饰，又富含抽象意境，充分体现了自然天成的瓷器装饰之美，也从一个侧面反映了古代各大名窑之间技术交流、模仿与创新的盛况。

32 禚振西：《黑釉耀瓷装饰艺术》，《中国古代黑釉瓷器暨吉州窑国际学术研讨会论文集》，文物出版社，2019 年，第 166—168 页。

星雨流光缀夜空
——论宋代南北黑瓷建盏文化的审美意象

沈芯屿（杭州博物馆研究馆员）

摘要：黑瓷，在魏晋东汉时期的南方越窑开始烧造成功。它是陶瓷史上伴随着青瓷、彩瓷、白瓷等绵延数千年的一种独具特色的瓷器。每个民族有自己的色彩符号，各种颜色表述不同的寓意。一些传统色彩的起源，很可能是和这个族群原始宗教、风俗和情绪相关的语言表述。宋代黑瓷以建盏“斗茶”的形式进入高峰期，人们更多的关注点集中于各类黑釉窑变绚丽神秘的油滴、兔毫、鹧鸪斑纹的建盏上。器物是人做出来的，每种器物的造型与色彩包含了一个族群的思想、情感和审美意向。本文试图从黑瓷的缘起、艺术特点和黑炫之美几个方面，从南北黑釉瓷器的釉色、造型和功能几个方面阐释建盏与茶文化及审美意向。

关键词：宋代　南北黑瓷　建盏　审美意象

黑色，与白色相对。白色象征明亮，黑色象征幽暗。然而，黑与白象征天地之间周而复始的轮回。在古代的陶瓷器中，青瓷、白瓷都曾经成为单色釉的主流色彩。如唐代时期，有“南青北白”之说，却没有黑白瓷器的对应之说。然而我们发现黑瓷从汉代开始，始终伴随着其他色彩的瓷器并行绵延数千年。说明黑与白是相依相生的存在，黑色的瓷器在族群生活中包含了深沉的文化意向。每个民族有自己的色彩符号，各种颜色表述不同的寓意。一些传统色彩的起源，很可能是和这个族群原始宗教、风俗和情绪相关的语言表述。比如道家文化中所说的阴阳五行，就包括“金木水火土”。也应对“东西中南北”五个方位[1]。这五行分别涵盖了五种不同的颜色。我们一般都会把黑色与白色形成对比，实际上，从阴阳五行的分类学去看，黑色与红色两者才具有内在的对抗与平衡的哲理性。因为从陶器起源开始，就有红地黑彩两种颜色构成的图画。在后来的黑瓷中，亦常见黑色与酱色、铁锈色纹展现的神秘幽远的艺术意境。笔者认为，瓷器中的各种不同的颜色的起源，与一个民族远古时期的原始崇拜有关。这也就是黑色陶瓷器始终伴随其他颜色并行的一个重要的因素。

---

1 〔法〕爱弥尔·涂尔干、马赛尔·莫斯：《原始分类》，商务印书馆，2012 年，第 82 页。

宋代，是我国窑业进入高度发达时期。南方长江流域有岳州窑、涂山窑、广元窑、繁昌窑、越窑、龙泉窑、南宋官窑、景德镇窑、建窑、遇林亭窑、吉州窑等。北方黄河流域有汝窑、钧窑、扒村窑、登封窑、耀州窑、介休窑、八义窑、河津窑、定窑、磁州窑等。有青瓷、白瓷、黑瓷，纹样装饰手法有彩瓷、刻花、镂雕、剔花、印花、贴塑等，呈现出一个百花齐放，争奇斗艳的态势。北宋时期，因为南方福建地区“斗茶”习俗的流传，受到皇帝的青睐与推崇，在宫廷上下，商人，文人，普通百姓之间，形成了高潮。于是对黑釉盏的需求量大增，同时也赋予黑釉盏以特殊的茶文化意义。随之原本北方地区烧造有黑瓷的陕西耀州窑、河南巩县窑、河北定窑、山西浑源窑、介休窑等，在以往烧造黑瓷的基础上，烧造出了和福建黑釉建盏相似的黑釉兔毫、油滴、铁锈斑等茶盏。这个时期长江中游地区的广元窑，也烧造黑瓷的壶、罐，和黑釉兔毫、铁锈纹等茶盏。当时的南方地区，以福建建窑，遇林亭窑为中心的周边江西吉州窑、浙江临安天目窑等，可能都是以建盏“斗茶”的形式进入高峰期。人们更多的关注点集中于各类绚丽神秘的油滴、兔毫、鹧鸪斑纹的建盏上。这些釉面的不可把控性，使窑工和使用者产生更多的神秘感。器物的造型与色彩包含了一个族群自如流露的思想、情感和审美意向。我们的研究需要介入文化人类学、美学等理论来阐述黑瓷的色彩、器形的文化内涵和审美意向，这里面涉及族群与物之间的生存形态的关系。

本文试图从黑瓷的缘起与绵延、艺术特点和玄色之美几个方面，通过南北黑釉瓷器、建盏的艺术特点，进行审美意向的阐释。

一、缘起与绵延

陶瓷尚黑，源于史前文明。早在20世纪二三十年代，考古人员在浙江的良渚文化、山东龙山文化和大汶口文化等遗址中均有发现精美的黑陶。大汶口文化黑陶与屈家岭文化有绵延关系。良渚人用泥条盘筑等多样制作手法使器物成为他们认为美的形状。把灰陶或其他颜色的陶外壁涂上漆黑的涂层，并且打磨得细致光滑，在椭圆形高足盘的两头分别刻有日月纹，在大罐上刻有鱼骨纹，镂空纹把杯等等〔图1〕。还有部分器物上刻有精美细密的蟠螭纹、禽鸟纹、鱼纹等，这样的造型和纹样说明黑陶在当时拥有重要的祭祀功能。湖北天门谭家岭大溪文化遗址出土的黑彩底，土胎菱形、横线断点、圆圈中心黑点涡纹等纹样的陶碗。长江中游的楚蜀地区，在西周时期开始，出现黑衣陶上先以白为底色，上绘黑、白、红彩绘纹，色彩显得格外鲜艳。这

图1　良渚文化黑陶刻符纹罐
良渚博物院藏

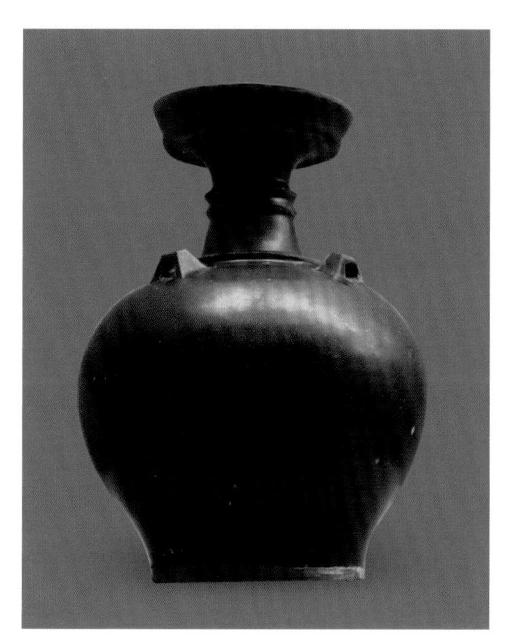

图 2 东晋德清窑黑釉盘口壶
上海博物馆藏

种黑衣陶彩绘，一直延续到西汉。浙江、福建、江西地区主要生产原始瓷与印纹陶。西周时期德清独昌山土墩墓有出土黑褐釉的原始瓷托盘、尊、罐等器型[2]，总之，这个时期有一些黑褐，或者深褐釉原始瓷出现，并不能明确属于黑釉陶瓷器。但是，可以说明的是，早在史前至先秦时期黑色陶器已经受到崇尚。

东汉，在上虞地区的越窑烧造出成熟的青瓷，同时也出现了少量的黑瓷。比较有特点的器形是五管瓶、鸡首壶、罐等。但是越窑的黑瓷大多为酱褐色，偏黑，并不是纯黑色。时间最早，最具鲜明特色的黑瓷出自东晋时期的浙江德清窑。这是一个青瓷窑系，东晋时期器型丰富，造型风格与越窑很相似。也许是当地土质含铁量高，他们烧造的青瓷用化妆土。该窑以精美的黑瓷闻名遐迩。东晋时期主要器型有盘口壶、鸡首壶、四系罐等黑瓷。一些精致的器物釉面光滑滋润，色泽漆黑。造型规制，大气。早年冯先铭先生曾经指出："它是目前已知最早烧造黑瓷的窑。"[3]〔图 2〕冯先生在后面的叙述中也提到了其他在江苏宜兴，安徽等地相继也有黑瓷出土。

进入隋唐五代，黑瓷的烧造已经很成熟了。器物的造型丰富，色彩更加夺目光彩。主要有北方地区的河北定窑、河南段店窑、巩县窑，陕西耀州窑等瓷窑。其中鲁山段店窑以刷釉、甩釉等装饰手法，展现出黑底斑彩的具有写意几何画面的效果，表现出黑瓷特有的装饰风格。主要器型有罐、瓶、碗、盆、鼓等，成为北方地区颇具特色的瓷窑。陕西耀州窑有黑瓷塔式罐、钵，白底黑花碗、盘，还烧造出白色涩底黑色釉圆斑状纹样的瓷罐。河南巩县窑有专门的黑瓷，同时也有黑釉剔花露胎装饰花纹的装饰。主要器型有瓶、罐、三足炉、钵、盆壶等等，线条简洁流畅，圆润。黑瓷的器型和不同地域的装饰手法，给人以含蓄而高贵的神秘幽境之美。与唐代白瓷、青瓷、彩瓷以及三彩器的雍容华贵，斑斓绚丽色彩风格形成了一种强烈的反差。使瓷器的颜色达到了更加完美演绎。五代黑瓷，延续唐代的风格。上述窑址均有烧造。

宋代、南北窑口林立，呈现百花齐放的态势。黑瓷发展进入高峰期，它的代表器型主要是黑釉建盏。建窑始烧于晚唐五代，初以青瓷为主。宋代进入鼎盛期，专门烧造黑瓷碗。元代开始烧造青白瓷，走向衰落。20 世纪 50 年代开始，华东文物考古工作队在福建省建

2 朱建明：《探索中国瓷之源：德清窑》，西泠印社出版社，2009 年，第 37 页。

3 冯先铭：《中国陶瓷》，中国古籍出版社，1994 年，第 269 页。

阳境内水吉进行窑址调查。发现了大片的窑址，窑具和堆积层[4]。厦门大学人类学博物馆于 1960 年在芦花坪水吉池墩村进行了考古发掘，出土大量大、中、小黑釉盏[5]。1998 年，考古人员对位于武夷山风景区北侧群山之中的遇林亭窑进行发掘，发现了大量的黑釉瓷盏。栗建安先生指出："遇林亭窑址出土的黑釉茶碗以束口、撇口和敛口等三种为主要形式，这与建窑遗址中从芦花坪窑址、大路后门山窑址以至营长墘窑址的黑釉茶碗种类相同……。"[6] 随着朝廷上下，文人雅士以及商贾、民间"斗茶"仪式的风行，黑釉瓷器在陶瓷史上翻开了新的篇章〔图 3〕。

图 3　宋建窑兔毫纹漆托盏
大英博物馆藏

考古研究发现，宋代黑瓷的迅速发展，以南方黑釉建盏最明显。一些北方瓷窑，主要沿袭了唐代黑瓷。如河南鲁山段店窑、巩县窑等，虽然在宋代衰落，但是对周围瓷窑依然产生影响。因此，北方地区的黑釉盏，是在各地窑业黑瓷技术的成熟的基础上，由南方福建地区的黑釉建窑盏的供需骤增，然后影响到整个北方地区。逐步向长江中游的四川广元窑、江西吉州窑、杭州临安的天目窑辐射开来。发掘报告中说广元窑地处川陕交界地，沿嘉陵江左岸分布。河流，山坡和地理位置的原因，形成了一个颇具特色瓷窑[7]。吉州窑地处江西省吉安县永和镇，亦称永和窑。发掘报告指出："吉州窑遗址的分布范围，东至赣江西岸，西到现永和中学东侧，南止塔里前村，北在林家园朱家村南面。"[8] 这是一个带有北方磁州窑等彩绘风格的窑系，它的到来，成为江南地区颇具特色的一个瓷窑。北方河南、陕西、山西等地区的黑瓷建盏是在建窑斗茶仪式的影响下形成风气。并且影响到当地黑瓷的瓶、罐等其他器型。如黑瓷油滴、兔毫、褐色斑彩等。

长江中游地区有重庆涂山窑、四川广元窑等。北方地区可以明确的瓷窑主要有河南扒村窑、当阳峪窑等，河北定窑、磁州窑等，陕西耀州窑，山西河津窑、浑源窑、介休窑、西夏灵武窑等。有一点我们清楚，在南北的窑业中唯有建阳窑和遇林亭窑是专门烧造黑瓷的，而且以盏为单一的器型。没有更多的其他造型。其他的南北瓷窑，黑瓷只是各个品种中的一个部分。如北方定窑、介休窑、巩县窑、扒村窑、河津窑磁州窑、西夏灵武窑等，南方江西吉州窑、涂山窑、广元窑都展现出各地特有的装饰风采。

4　华东文物工作队福建组：《建窑调查记》，《文物》1955 年第 3 期。

5　厦门大学人类学博物馆：《福建建阳水吉宋建窑发掘简报》，《考古》1964 年第 4 期。

6　栗建安：《福建的建窑系黑釉茶碗》，《唐物天目》，福建省博物馆、日本茶道资料馆，第 272 页。

7　四川省文物考古研究所、广元市文物保护管理所：《广元市瓷窑铺窑址发掘简报》，《四川文物》2003 年第 3 期。

8　江西省文物考古研究所：《吉简吉美：吉州窑遗址出土瓷器集萃》，文物出版社，2020 年，第 43 页。

二、艺术特点

图4 北宋黑釉铁锈点彩盏
大英博物馆藏

山西、河北、河南、陕西地区，因为太行山脉绵延，和黄河的逶迤曲回，所以使这些地区展现出特有的地理风貌。不同的地区有不同的生活习俗，不同的习俗会产生不同器物和装饰纹样。同样的黑瓷，在这些地区所表现出来的有相似的时代风格，亦有较大的差异。这是不同民族地理环境带给人群不同性情，审美情趣的表现。两宋时期，河北定窑以烧造白瓷闻名遐迩。实际上定窑的品种很多，有酱釉、绿釉、白底黑花、绿釉下黑花等等。器物胎体洁白，细腻而坚致。亦有烧造黑釉的盏、瓶、罐、花鼓、枕、太白尊、围棋子等。碗的造型变化比较多，有斗笠形碗、深腹碗等〔图4〕。瓶有梅瓶，双耳瓶等。有平口、短颈内束，溜肩鼓腹，胫部斜收，矮圈足。施黑釉，釉面光亮，有玻璃质感。器物的装饰手法主要有铁锈斑彩、印花、划花、剔花、出筋白线等。河北省曲阳县定窑遗址出土的一件定窑黑釉剔花瓷腰鼓，体型长圆形，两端粗，中间束腰。施黑釉，釉面光亮。两端以“剔地”手法，刻以弦纹与缠枝花卉纹组成的装饰带。这样的装饰手法，使黑釉与胎体颜色，把纹饰鲜明地凸显出来[9]。同样还有一件黑釉酱斑碗，敞口，弧腹、圈足。施黑釉，内外壁釉面有不规则散点状酱釉斑点，宛如自然天成，给人以神秘幽静之美。

磁州窑瓷器，以彩绘瓷器独树一帜。其影响扩大至山西、河南、山东，包括江西等地区。单色黑瓷的器形与数量相对少，主要器型有瓶、罐、碗等。邯郸市博物馆藏的一件金代黑釉贴线纹双耳罐，平唇、短直颈、溜肩、圆鼓腹、矮圈足。施黑釉，腹下部施酱色釉。腹部贴双线竖条纹，将罐体分割约八个间区。肩部塑对称带状系。这种造型看似平常，实则显示的是一种古雅之美。因为在我们史前远古的陶罐就有类似的造型[10]。用白底黑彩装饰纹样的器物，是该窑的主要风格。研究发现，在河南地区的鹤壁、扒村窑、新密窑、登封窑，甚至江西吉州窑，均有磁州窑装饰风格的元素。这类器物题材极为丰富，有人物、动物、花卉、花鸟、诗文等，纹饰笔触自如，奔放的，也有细腻委婉的，表现出一个族群的丰富细腻的情感，这些瓷画，犹如这个时期北方民俗风情生动画卷。这类纹样风格手法相似，业界称之为磁州窑系。

河南地区的黑瓷，目前发现的主要有当阳峪窑、段店窑、扒村窑、鹤壁集窑等，都有烧造黑瓷。其中的段店窑是前朝的延续。但是在纹饰上有了变化，唐代的抹釉和甩釉似乎

9 北京艺术博物馆编：《中国定窑》，中国华侨出版社，2012年，第214页。

10 邯郸市博物馆编：《赵都风韵：邯郸市博物馆陈列与藏品》，科学出版社，2007年，第93页。

一夜之间消失了。其他瓷窑的出现，是不是前朝窑址的迁徙？比如巩县窑。目前考古发现的主要器型有花口瓶、碗、双耳罐、盖罐、香炉、钵、梅瓶等。装饰手法主要表现在釉面的铁锈斑彩、兔毫纹、褐彩花叶、褐彩团花，和出筋白线等。郑州博物馆藏的一件宋代黑釉暗花花卉纹盏，斗笠形，撇口，斜腹、小圈足。施黑釉，碗壁内饰银光色花卉纹，纹饰较暗〔图5〕。另有一件鹤壁市四矿工人新村出土的鹤壁集窑黑釉凸线纹褐彩斑双耳罐〔图6〕，圆唇、矮颈、溜肩、弧腹、圈足。施黑釉，不及底。釉面光亮如漆。腹壁饰三条线组成的凸线纹，六道竖排，呈等距离间隔。每个间隔内饰酱色斑彩，不规则状[11]。

图5　宋黑釉暗花瓷盏
郑州市博物馆藏

图6　金鹤壁集窑黑釉凸线纹斑彩双系罐
河南省博物院藏

山西地区的瓷窑比较复杂，相信有部分还在发现中。我们知道的有介休窑、浑源窑、大同窑、河津窑、怀仁窑，都有烧造黑瓷。主要器型有碗、罐、香炉、瓶、枕、壶等。装饰手法有黑釉剔花，划花、刻花、油滴、兔毫纹、铁锈花等。纹样有花卉，婴戏、花鸟等。瓷枕有白底黑花，黑底白花的诗文花卉作纹饰，表现方式多样，题材极为生动有趣。山西博物院藏的一件金代大同青瓷窑黑釉剔花卷草纹小口坛，小圆口、束颈、宽肩、鼓腹、胫部斜收、卧足。施黑釉，颈部剔出黑花瓣纹，肩部至腹部，剔花卷草纹与弦纹组成的装饰纹。腹部以下为素面，展现釉色纯黑，釉面光亮，有气泡孔形成稀疏橘皮状。造型规制，纹饰大气，给人以北方民族特有的豪情和凝重之美[12]。

陕西耀州窑，是北方青瓷名窑。唐代时期，就有烧造黑釉瓷，主要典型器有塔式罐、黑白相间的花卉纹盘等。两宋期间以烧造青瓷为主，兼烧少量黑瓷。主要器型有黑釉建盏、罐、钵、杯、盏托、瓶、花口尊等。近几年西安市蓝田吕氏家族墓出土大量的瓷器中，黑釉瓷器的占比并不低，并且有些器型表现出高端的规格。黑釉瓜棱腹盖罐〔图7〕，塔式盖，边缘上翘，花口。罐圆唇、直口微敛、溜肩、瓜棱腹、圈足外撇。通体施黑釉，釉面均匀光亮。制作精良，造型古朴端庄，不失灵巧感。还有一件黑釉洒酱彩盏〔图8〕，撇口、斜

11　运城博物馆编：《山河相依 窑火辉映：晋陕豫冀宋辽金元瓷艺》，山西人民出版社，2018年，第152、252、253、255、256页。

12　运城博物馆编：《山河相依 窑火辉映：晋陕豫冀宋辽金元瓷艺》，山西人民出版社，2018年，第152、252、253、255、256页。

腹、圈足。施黑釉，通体釉层呈现酱红色不规则小斑彩。造型简洁，纹饰沉静，宛如夜空飘动的彩云，有隐隐的动感[13]。还有双系罐，有瓜棱的，也有素面的。茶具的数量也比较多，有银毫、金毫、玳瑁〔图 9〕、油滴等各种黑釉盏。还有盏托和白盏、黑釉盏托相配合的茶盏托。表现出墓主人非凡的生活形态。特别是诸多形式的黑釉盏，印证了当时斗茶文化对北方产生较多的影响。

图 7　北宋耀州窑黑釉瓜棱腹盖罐
陕西考古研究院藏

图 8　北宋耀州窑黑釉洒酱斑纹瓷盏
陕西考古研究院藏

图 9　北宋耀州窑玳瑁釉盏
陕西省考古研究院藏

其他还有西夏瓷，在黑瓷的烧造方面表现出鲜明的民族特色。西夏，是我国西北部的一个军事、文化、经济方面强盛的国家。早期称大夏，因为地理位置在西北部而称西夏。这是一个以党项族为主，有汉族、回鹘和吐蕃等多民族融合的国家。他们有自己的政治体系，文字、经济和灿烂的文化。西夏瓷器吸收了北方地区山西、河南等地的窑业风格，并融入自身的民族特点。黑釉器型有扁壶、盏、梅瓶、执壶、碗、腰鼓、砚、唾壶、罐等等。装饰手法黑釉剔花、划花等，纹饰主要以花卉为主。胎体较细致，坚硬。扁壶是西夏瓷特有的一种器型，国家博物馆藏的一件黑釉剔花开光牡丹折纸纹扁壶，圆唇外翻、短束颈、圆形腹，腹部正背面中央置矮圈足。侧面饰折叠纹，侧肩部置对称双系。施黑釉，釉面均匀光亮。腹部正面，圈足周围剔出一花一叶牡丹花纹，以不规则排竖纹填补空白。边缘饰一道剔花单线黑色弦纹。纹饰俊朗挺拔，给人以奔放有力之美。相同造型还有整体素面的黑釉扁壶，造型圆润柔和，同样颇具特色。西夏博物馆藏的一件黑釉四系剔花牡丹花叶纹罐[14]，口沿外翻、束颈、溜肩、鼓腹，胫部斜收。施黑釉，不及底，釉面滋润。颈肩部塑带状四系，呈等距离分布。腹壁剔一枝牡丹花，花朵向上。两边饰弧线花叶纹。纹样粗放，大气。西夏瓷中有黑釉碗，没有发现建盏类的兔毫纹、油滴、玳瑁釉茶盏。是否说明斗茶文化没有影响到这里，或者烧造不成功？有待进一步发现。

下面谈长江流域的黑釉瓷器，先谈四川广元窑和重庆涂山窑。广元窑，以烧造黑瓷为主，主要器型有碗、盏、盘、瓶、炉、罐、执壶、盏托等。早在 20 世纪 50 年代，王家祐先生就曾对窑址进行过

13 运城博物馆编：《山河相依窑火辉映：晋陕豫冀宋辽金元瓷艺》，山西人民出版社，2018 年，第 152、252、253、255、256 页。
14 杭天：《西夏瓷器》，文物出版社，2010 年，第 193、209 页。

考察，他指出:“黑釉系……又可分为正黑色发光釉，酱边黑釉，兔毫纹黑釉、酱斑花黑釉，紫色霞光花黑釉，黄色霞光花黑釉等色釉。凡兔毫纹、油滴斑、流霞云等小盏，皆用匣钵烧成，色彩精美，制作工细……”[15]1996年，四川省文物考古所联合广元市文物保护管理所，对广元窑瓷窑铺窑址进行考古发掘。出土了大量各种精美的瓷器碎片。报告指出：“广元窑的釉色以褐色黑褐色釉瓷为主……其黑釉窑变所产生的有兔毫、油滴、玳瑁、鹧鸪等现象，说明烧造技术相当稳定。”[16]生产时间主要主要在北宋早期至南宋。

涂山窑分布于四川、重庆南岸黄桷垭、巴南清溪、姜家场、荣昌瓷窑里、合川炉堆子、涪陵蔺市一带。分布面广，烧造时间不长，主要在两宋时期。以烧造黑瓷为主，主要器型比较丰富，有碗、盘、瓶、壶、罐、盏托等。因为发现兔毫、玳瑁、铁锈斑、鹧鸪斑纹盏等，曾被称为“重庆的建窑遗址”[17]。四川广安窑和重庆涂山窑遗址因其特殊的地理位置，在窑炉结构和装烧风格上有较多北方元素，比如马蹄形窑炉，使用当地煤矿作为燃料。两个窑的兔毫、铁锈斑、鹧鸪斑等窑变纹，比福建建窑黑釉盏的变化出现不一样的迷幻感。宛如夜空天边变幻莫测的霞光。这是因为模仿中，不同地域的原材料，窑炉结构，使得火焰的还原气氛亦不同所出现的一种现象。广元窑和涂山窑的出现，对南北黑瓷窑址形成了一条连接黑瓷的纽带。

江西吉州窑，是南宋时期江南地区颇具特色的黑瓷窑址。它的品种非常丰富，有瓶、罐、碗、盏、炉、壶、盏托等，装饰以黑釉剪纸贴花、木叶纹、釉漏花、玳瑁、鹧鸪斑、兔毫纹等。还有白底黑花彩绘小鹿、花草纹，黑地甩釉斑纹等。吉州窑在装饰手法上有河北磁州窑的画风，亦有河南段店窑的斑彩纹；同时仿烧福建建窑黑瓷的风貌。它的白地黑花瓷，乳白色地，以黑彩绘画花卉、海水、动物等，器形相对小巧，装饰纹样细腻柔和，有温婉之美〔图10〕。这是一个汲取了南北制瓷优秀工艺基础上，又有创新的黑瓷窑址。饰有剪纸贴花纹和木叶纹的盏，敞口、斜腹、圈足，通体施黑釉，盏中心饰一乳白色木叶纹〔图11〕。窑工先将盏施满黑釉，然后在釉面贴上木叶，入窑一次烧成。张文江先生指出：木叶纹不是釉下，是釉上。吉州窑瓷器遍布世界各大博物馆，成为中国瓷器中的一朵奇葩。

南方福建建阳水吉和遇林亭窑的建窑遗址，是两宋时期烧造黑釉盏的中心。造型主要是盏，没有其他供应于日常生活的壶、罐、瓶、炉等之类的器物大量出现，专烧黑釉盏、兔毫、油滴、鹧鸪斑茶盏。这是进入宋代以后，窑业得到迅速发展的一个标志。如曾凡先生所描述的：“从芦花坪经后井村，至大路后门，过营长境，到源头坑……长于十余里的山边地带，废窑累累，如山似岗，起伏连绵。沿途瓷片、匣钵、垫饼等遗物俯拾皆是……”[18]

---

15 王家祐：《四川广元黑釉窑初探》，《文物参考资料》1955年第3期。

16 四川省文物考古研究所、广元市文物保护管理所：《广元市瓷窑铺窑址发掘简报》，《四川文物》2003年第3期。

17 重庆市文物考古所编：《重庆涂山窑》，科学出版社，2006年，第1页。

18 曾凡：《关于建窑的研究》，《唐物天目》，福建省博物馆、日本茶道资料馆，1994年，第261页。

图 10　南宋吉州窑白底黑彩花卉纹小盖罐
杭州博物馆藏

图 11　宋吉州窑木叶纹盏
台北故宫博物院藏

这么大地区的窑址，专门烧造一种器型，应该说是瓷器史上所罕见的。

通过以上北方的瓷窑部分器物的展示，我认为其一，北方以及川蜀、江西吉州窑地区的瓷窑烧造的黑瓷有各种器型，黑釉建盏只是其中的一种。其二，装饰方面，除了福建建窑，其他瓷窑都不是专门烧造黑瓷。这些黑瓷中有很多不同的黑白相间的装饰纹样和各种不同颜色的瓷器。其三，广元窑、涂山窑采用的是马蹄形窑和以煤作燃料，说明在窑炉结构和燃料上更多受到北方的影响。其四，窑炉结构和燃料的不同，使窑炉火焰和还原气氛不同，烧成的瓷器在光泽和窑变方面产生的效果亦完全不同。其五，吉州窑装饰手法和北方磁州窑、段店窑等色彩有相似，但是在窑炉结构上采用的是南方的龙窑。木叶纹和剪纸贴花装饰纹样，是吉州窑在黑釉瓷器上的创新。其六，以上的瓷窑都有黑釉，兔毫、铁锈斑、酱釉斑彩纹等盏。这些黑釉盏是对福建水吉、遇林亭窑的黑釉建盏的模仿。这些窑口黑釉盏的出现，一是受到茶文化的影响而蔓延开来的，也与经济效益有关。

三、玄色之美

玄，是一种赤黑色。说文："玄，幽远也。黑而有赤色者，玄也。"玄色，在古代阴阳五行中承载着黑色与红色的寓意。我们前面说过，在金木水火土中，黑色对应的是水；红色对应的颜色是火。水火不容，却是人类生存不可或缺的两种物质。黑色最早出现在史前文明的陶器上，有黑陶，也有在赤色陶器表面以黑色彩绘各种纹饰。至宋代，黑瓷作为斗茶中的特殊器皿的出现，在南北瓷窑烧造成功的黑釉铁锈斑、油滴、兔毫等，应该是黑瓷展现玄色之美的最高艺术境界。是一个族群对生存环境的感受所产生的情绪的自然流露。即"所有的艺术作品，都是由心境和四周的习俗所造成的一般条件所决定的"[19]。他们的黑

19〔德〕格罗塞：《艺术的起源》，商务印书馆，1984 年，第 11 页。

色陶器，是他们的喜爱或者对自然的一种表述。我们今天遥望远古人们创造的器物，所见到的是古人目光看到的日月星辰。那是人类学家称之为“遥远的目光”，古人墓葬出土的器物是一个文化的序列，是远古人的生存景象。我们看古人的生存形态，就为了看到我们的今天，也可以延伸到我们的未来。

宋代是一个汉文化高度发达时期。宋徽宗好风雅，善书画，爱诗文，在书画方面有极高的艺术造诣。他精于茶艺，曾多次为下属点茶，撰有《大观茶录》。在他的影响下，朝廷上下，追随其中。福建地方官员在吸收了建州地区的民间斗茶习俗后，他们保持茶文化原有的精神，把诗词、书法和绘画艺术与宋代福建茶文化融为一体。他们吟茶诗，书茶帖，绘茶画，使中国茶文化的内涵得到新的高峰。如黄庭坚《满庭芳·茶》词的上阕：“北苑春风，方圭圆璧，万里名动京关。碎身粉骨，功合上凌烟。尊俎风流战胜，降春睡、开拓愁边，纤纤棒，研膏溅乳，金镂鹧鸪斑……”[20]以奇妙的笔法描绘了当时风靡朝野上下的斗茶场景。“金镂鹧鸪斑”，印证了福建水吉和遇林亭窑址烧造黑釉建盏的出处。另外，北苑茶的兴起，也映射出当地官员对朝廷的纳贡有关。据顾祖禹《方兴纪要》载：“凤凰山之麓名北苑。广二十里旧经云伪名龙启中，里人张廷晖以所居北苑地宜茶，献之官，其地始著。”[21]蔡襄为主的福建当地官员，将斗茶产生的胜者茶和建盏向朝廷纳贡，为自己带来好的官运仕途，也是福建茶文化兴起的一个重要因素。

黑釉建盏的烧制，需要窑工具有相应的科学技术。否则，烧出来的有可能是青瓷、白瓷或其他釉色的瓷盏，而不是黑釉的兔毫、鹧鸪斑〔图12〕、油滴或者耀变〔图13〕等令人魂牵梦绕的奇幻茶盏。经科学检测，建窑烧造的这些茶盏，所用原料中含铁量较高。兔毫的形成是因釉中较大的铁颗粒随着釉层从器口向器底流动时留下了痕迹。冷却时，铁因饱和而产生结晶，形成兔毫纹。油滴的形成，则与釉层中的气泡有关，气泡周围吸附一些铁的氧化物，当气泡升到釉的表面，形成一个个小圆圈，就是我们肉眼所见的油滴。建盏中较多的是兔毫纹，还有部分乌黑无纹。鹧鸪斑、油滴和耀变釉相对比较少或者极少。其中耀变釉存世极少，有半件杭州出土。说明这些釉面成品率很低。笔者考虑，掌握这门技术的窑工并不多。在前面我们谈到北方和四川的耀州窑、大同窑、介休窑、鹤壁集窑、定窑、淄博窑、西夏窑等等，诸多烧造的黑釉建盏，有兔毫、油滴、铁锈斑等窑变纹与福建相比，有较大的差别。首先是窑炉结构，马蹄形窑炉为倒焰，在封闭式环境中还原气氛与长窑不同，出现瓷器釉面光泽度明亮，有玻璃质感。同时，假如采用与建窑同样的配方烧造，釉面也会出现不同或者完全不一样的斑纹。相似的斑纹在古代文人的眼中，就会产生如梦如幻，犹如来自夜空神秘流动的光影。

---

20 唐圭璋编：《全宋词》，中华书局，1995年，第386页。

21（宋）熊番撰，熊克增补，（清）汪继壕按校：《宣和北苑贡茶录》，《中国古代茶书集成》，上海文化出版社，2021年，第133页。

图 12　宋建窑鹧鸪斑
图片来源：福建省博物馆、日本茶道资料馆：《唐物天目》，1994 年

图 13　南宋建窑耀变釉盏
方孝鸣先生藏

宋代文人对建盏的赞美更加具有艺术化，在中国陶瓷史中，作者引述了宋代词人的作品有曾洪："点茶三味须饶汝，鹧鸪斑中吸春露。"杨万里："鹰爪新茶蟹眼汤，松风鸣雪兔毫霜。"陈蹇叔："鹧斑碗面云萦字，兔褐瓯心雪作泓。"黄庭坚："兔褐金丝宝碗，松风蟹眼新汤。"[22] 都把建盏的几种黑釉盏在白色的茶汤中加以诗化的描绘，给人以美的遐想。这些描绘，让我们感受到建盏与"斗茶"之间互相辉映的关系。这种美感不仅仅表现在色彩与趣味性方面，更主要的是文人们从"斗茶"习俗的仪式中感受到一种民间茶文化的愉悦和快感。茶和茶盏，是斗茶仪式中主要的物与器。这种活动也被称为是一种岁时庆典。在仪式中，"不同物品先后出现的次序、庆典的时间、地点，以及各项活动的程序，所有这一切的庆典中都被赋予了特殊的'指称'或象征意义。"[23] 因此，时至今日当我们看到建盏，马上就会联想到宋代的"斗茶"，并称它为"建盏"，而不会去指称它"酒盏""饭碗"，或者其他的餐具。建盏，是发端于福建民间茶文化的，具有符号意义的器皿。

图 14　宋建窑油滴纹盏
图片来源：福建省博物馆、日本茶道资料馆：《唐物天目》，1994 年

黑釉建盏，是一个多地域族群与茶道融合，形成的一种文化结构。是古人以行为表现出来的艺术，是带有人的情感和思维的。建盏釉色的制瓷技艺、以简洁的造型、线条，变幻莫测的窑变色泽，有的如夜晚在天空的流星雨陨落时留下的神秘幽远之美〔图 14〕，古人把这种美感自然而然地融入了优雅生活的趣味。

22 中国硅酸盐学会编：《中国陶瓷史》，文物出版社，1982 年，第 278 页。
23〔美〕维克多·特纳：《庆典》，上海文艺出版社，1993 年，第 10、28 页。

宋金元时期南北方几种黑釉瓷器之比较研究

刘渤（天津文博院研究馆员）

摘要：宋金元时期是中国黑釉瓷器生产的高峰，南北窑场均有烧制。由于茶文化和酒文化在当时的广泛传播，黑釉兔毫盏、油滴盏、玳瑁盏、双耳葫芦瓶、嘟噜瓶等品种，以及剪纸贴花、木叶贴花；铁锈花、凸线纹、黑釉剔花等工艺层出不穷，极大地丰富了黑釉瓷器的种类。本文以博物馆收藏品为主和部分出土的宋金元黑釉瓷器进行对比研究，说明南北窑场生产的黑釉瓷共同促进了中国陶瓷的发展。

关键词：黑釉瓷器　兔毫盏　剪纸贴花　铁锈花　凸线纹

四川的宋代广元窑黑釉产品兼有南方福建建窑、江西吉州窑和北方黑釉窑场产品的工艺特色，作为当时的茶具和生活用具颇受人们喜爱。本文以博物馆收藏品为主和出土的部分南北窑场生产的宋金元黑釉瓷器进行对比研究，说明南北窑业不同的工艺技法异彩纷呈，共同促进了中国陶瓷的发展，使宋金元黑釉瓷器的生产达到历史上又一个高峰。

黑釉瓷器是在青釉瓷器的基础上发展的新品种，由于氧化铁的含量高，就烧成了黑釉瓷器。烧成于东汉，到东晋时烧造技术更加成熟。以浙江德清窑的黑釉瓷为代表，施釉较厚，色黑如漆。唐代的安徽寿州窑、陕西铜川的黄堡窑，以及河南的当阳峪窑都烧造很有特色的黑釉瓷器。

下面选择部分宋金元时期南北方几种黑釉瓷器进行比较研究，以天津博物馆藏品为主，比对其他博物馆藏品和出土文物。探讨南北两地黑釉瓷器的异同。

一、宋代南方的黑釉瓷器

宋金时期黑釉瓷器烧造量很大，南方地区如建窑、吉州窑生产的黑釉瓷器注重釉装饰，在光亮润泽的黑釉上装饰各种结晶斑纹或把剪纸、木叶移植到黑釉茶盏上[1]。

1　冯先铭主编：《中国古陶瓷图典》，文物出版社，1998 年，第 193 页。

宋代南方的黑釉瓷器主要是以福建建窑生产的兔毫盏为代表，宋代饮茶、斗茶风尚盛行。从皇帝、官员，到文人墨客；从公子哥，到平民百姓。无不以斗茶为乐事。北宋后期曾为宫廷烧制专供斗茶使用的黑釉盏。在绀黑发亮的釉面上，并排地闪现银色光泽的丝条纹，就像兔子的毫毛一样，故名兔毫盏。因为宋代是茶饼，需要先煎水，再调膏。先把膏饼用茶碾碾成碎末，然后用茶勺将加工好的茶末放入茶盏中，再注入沸水，调成浓膏油状，再注入第二次沸水，水面浮起一层白沫，也叫“汤花”。衡量胜负，一看茶面汤花色泽和均匀程度；二看盏的内沿与汤花相接处有无水痕。汤花面要求色泽鲜白，如“冷粥面”，像白色粟纹一样细碎均匀。汤花保持时间长而不散退，叫作“咬盏”。散退快，盏内出现水的痕迹，汤花散退早，先出现水痕的斗茶者为输家[2]。

油滴盏主要是福建建窑烧造的带油滴状斑点的黑釉茶盏，油滴盏釉面上分布许多银灰色大小不一的有金属光泽的圆点，后代称之为油滴。而当时则因其酷似鹧鸪鸟胸部羽毛的斑纹，称“鹧鸪斑”[3]。

还有江西吉州窑的黑釉剪纸贴花盏，吉州窑黑釉木叶贴花盏、黑釉黄斑碗等。此外，融合南北窑场工艺的四川广元窑也烧制黑釉茶盏、黑釉盖罐等瓷器。很有特色，主要是茶具。

（一）盏、碗、洗类

盏、碗、洗类主要选择了宋代建窑兔毫盏、油滴盏，吉州窑剪纸贴花盏、木叶贴花盏、黑釉黄花碗、黑釉彩绘碗、黑釉玳瑁纹碗；广元窑黑釉兔毫盏、黑釉窑变花口洗等瓷器。

天津博物馆藏宋建窑黑釉兔毫盏，高6.3厘米，口径12.7厘米。侈口，斜壁，小圈足。酱口，内外施黑釉，外面釉不到底，釉面有析出的兔毫纹，呈放射状排列〔图1〕。是斗茶最好的用具。宋徽宗《大观茶论》：“盏色贵青黑，玉毫条达者为上，取其焕发茶色也。”蔡襄《茶录》：“建安所造者绀黑纹如兔毫。”曾一度作为贡品进贡朝廷。有的建窑黑釉兔毫盏圈足内还刻有“供御”“进盏”字样。

图1　宋建窑兔毫盏
天津博物馆藏

天津博物馆藏宋建窑黑釉刻“天”字款兔毫盏，高7.6厘米，口径12.4厘米，足径4.1厘米。侈口，斜直壁，小的浅宽圈足。通体施黑釉，碗里施满釉，碗外釉施至近足部。圈足无釉，口部呈酱色，足底圈足内灰黑色胎上刻划一“天”字〔图2〕。黑色釉中有自然析出的毛状筋脉的结晶纹，很像兔毛，故名兔毫盏。此盏是福建建阳窑生产，胎呈灰黑色，效果为“紫口铁足”。

旧金山亚洲艺术博物馆藏宋黑釉油滴盏〔图3〕，撇口，

2　熊寥：《中国陶瓷美术史》，紫禁城出版社，1993年，第254页。

3　冯先铭主编：《中国古陶瓷图典》，文物出版社，1998年，第60页。

斜壁，小圈足。在乌黑的釉面上呈现银灰色金属光泽的小圆点，它们不规则地散布着，在灯光照耀下，闪烁出光辉，就像油滴一样晶莹透亮，使人眼花缭乱。宋建窑黑釉油滴盏是宋代黑釉茶盏的重要品种之一，当时也叫“鹧鸪斑”。此油滴盏可看作其代表。

图2 宋建窑“天”字款黑釉兔毫盏
天津博物馆藏

图3 宋黑釉油滴盏
旧金山亚洲艺术博物馆藏

宋吉州窑的黑釉剪纸贴花三凤纹盏〔图4〕，高6.2厘米，口径16厘米，足径4.6厘米。吉州窑在江西省吉安市永和镇，因此也称永和窑。在南宋时创烧出玳瑁斑、鹧鸪斑、剪纸贴花、木叶贴花等黑釉瓷器，独树一帜，此盏深腹，小圈足。盏外壁呈黑褐色釉，盏内黑色底釉上贴上剪纸凤纹后施黄色釉，三只黑色的剪纸飞凤跃然于黄色釉面，一对长长的尾羽波折有序，相互呼应，围绕盏中心一花朵图案张开翅膀顺时针飞翔，布局和谐自然。天津博物馆藏。剪纸贴花制作的过程是：先在瓷坯上施黑褐色釉为底色，贴上剪纸图样后，再上一道透明釉，取下剪纸后，则剪纸纹样留在器壁上，入窑烘烧而成。这种纹饰颇有新意，至今观赏起来亦别有一番感受。是当时斗茶的主要用具之一。

宋吉州窑黑釉剪纸贴花双凤纹盏〔图5〕，高4.8厘米，口径11.3厘米。口微侈，斜腹下收，浅圈足。通体施酱黑釉，盏内黄斑釉下有剪纸贴花逆时针飞翔的双凤纹，双凤间还有三朵六瓣花纹，外面施釉不到底，土黄色胎。

图4 宋吉州窑剪纸贴花三凤纹盏
天津博物馆藏

图5 宋吉州窑黑釉剪纸贴花双凤纹盏
天津博物馆藏

图 6　宋吉州窑黑釉木叶贴花盏
天津博物馆藏

图 7　宋吉州窑黑釉黄白花碗
天津博物馆藏

图 8　宋吉州窑黑釉彩绘月影梅纹碗
天津博物馆藏

图 9　宋吉州窑玳瑁釉碗
旧金山亚洲艺术博物馆藏

天津博物馆藏宋吉州窑黑釉木叶贴花盏〔图 6〕,高 5 厘米,口径 11.5 厘米。圆唇,浅圆腹,圈足。里外施黑釉，盏内底有一个残破的浅黄色秋叶纹，占据了内底心的大部分位置。能清晰地看到秋叶的筋脉和残破的边缘，体现了一种残缺美。这种木叶贴花是待天然木叶浸水腐烂后，将留存的叶脉贴在已施过黑釉的盏坯上，敷黄釉经高温一次烧成。烧成的桑叶呈黄色,与黑色底釉形成了鲜明的对比色,妙趣天成。追求天人合一,符合禅宗“无所矫饰，浑然天成”的最高境界，自然美和人工美达到最佳的结合。上饶市博物馆藏一件南宋开禧二年（1206 年）赵氏墓出土的宋吉州窑黑釉木叶纹盏[4],是目前唯一有确切纪年墓出土的黑釉木叶盏，可作为鉴定的标准器，具有较高的历史、艺术和科学价值。

4　黄美翠 :《宋吉州窑木叶贴花黑釉盏》,《中国文物报》1998 年 12 月 27 日。

宋吉州窑黑釉黄白花碗〔图7〕高6.6厘米，口径12.9厘米。口微敛，斜腹下收，浅圈足。通体施酱黑釉，碗里有剪纸贴花，就像酱黑釉上露出三朵盛开的黄白花，呈“品”字形排列，这种“漏花”工艺别有情趣，具有浓厚的民俗特色。外面施釉近圈足部，露土黄色胎。

宋吉州窑黑釉彩绘月影梅纹碗〔图8〕，高4.8厘米，口径11.3厘米。口微敛，斜腹下收，浅圈足。通体施酱黑釉，碗里黑釉上用黄彩绘画写意折枝梅、月亮和云气纹，这是吉州窑烧制的釉上彩绘瓷，外面施釉不到足部，胎呈土黄色。天津博物馆藏。中国国家博物馆藏有宋釉上彩月影梅纹盏[5]，笔法简洁，具有清雅脱俗的艺术效果，可作为我馆藏品的佐证。

宋吉州窑玳瑁釉碗〔图9〕，圆口，弧形腹下收，圈足。碗内外的黑釉上，散布着大小不一的黄褐色斑片与斑点，就像玳瑁的鳞片一样。花纹清晰美丽，色泽柔和明亮。旧金山亚洲艺术博物馆藏。汉代乐府诗《孔雀东南飞》中就有“足下蹑丝履，头上玳瑁光”的诗句。陕西法门寺地宫中出土有13枚用玳瑁制作的唐“开元通宝”钱币。2008年在北京首都博物馆展出一件重庆中国三峡博物馆收藏的宋吉州窑玳瑁纹碗〔图10〕。撇口，斜弧形腹下收，圈足。碗上玳瑁纹是仿海龟背部褐色和淡黄色花纹烧制的窑变结晶釉。此碗外形美观，胎质致密，釉质肥厚，晶莹滋润，色彩绚丽，1984年重庆荣昌窖藏出土。

成都博物馆藏宋广元窑黑釉兔毫盏〔图11〕[6]，高7.7厘米，口径12厘米，足径4.1厘米。口微敛，深弧腹下收，圈足，红胎。胎体较厚重，内外施黑釉，釉层较厚，光亮润泽，有兔毫纹结晶斑。显然是学习福建建窑而制作的。1975年5月成都市金牛区金牛公社七队出土。

成都博物馆藏宋广元窑黑釉窑变花口洗[7]〔图12〕，花瓣口内敛，呈9个圆弧形花瓣，里外施黑釉，漆黑铮亮，口施酱釉，外面黑釉上有兰褐色窑变釉，底为浅圈足，土黄色胎。窑变自然，造型美观。

（二）罐类

南方黑釉瓷的罐类，主要选择的是四川广元窑的宋黑釉盖罐和江西吉州窑的北宋黑釉四系罐。

宋广元窑黑釉盖罐〔图13〕，直口，溜肩，圆腹下收，口上有圆形凸起的器盖，钮为扁蝶形。器形规整，通体施黑釉，漆黑光亮。广元窑是四川烧制黑釉瓷器的主要窑址，它的发现填补了四川黑釉瓷器的历史。

广元皇泽寺博物馆也藏有一件宋广元窑黑釉带盖双耳罐〔图14〕，通高18.1厘米，口径11厘米，底径7.7厘米，腹径15.6厘米，盖高3.2厘米，盖直径12.4厘米。造型略有不同，盖像铜锣洗，钮亦为扁蝶形。罐直口，短颈，双扁耳，圆腹，圈足。内外施黑釉，釉下有

5 彭明瀚：《雅俗之间·吉州窑》，文物出版社，2007年，第100页。

6 四川省文化厅、四川省文物管理局:《天府藏珍——四川馆藏文物精华》，四川科学技术出版社，2009年，第184页。

7 成都博物馆官网，http://www.cd3000y.com/views/CulturalRelics/Movablerelics.aspx#。

图 10　宋吉州窑玳瑁纹碗
重庆中国三峡博物馆藏

图 11　宋广元窑黑釉兔毫盏
成都博物馆藏

图 12　宋广元窑黑釉窑变花口洗
成都博物馆藏

图 13　宋广元窑黑釉盖罐
四川博物院藏

图 14　宋广元窑黑釉带盖双耳罐
四川广元皇泽寺博物馆藏

图 15　北宋吉州窑黑釉四系罐
江西省博物馆藏

化妆土。1975年广元红星大队出土[8]。

北宋吉州窑黑釉四系罐〔图15〕[9]，高19.5厘米，口径10.4厘米，底径8.4厘米。贮器，敞口圆唇，短颈，深圆腹，圈足。肩部贴塑4个圆形耳，通体施黑釉。釉色乌黑，外面施釉不及底，胎色灰白，釉面较薄。

二、宋金元时期北方窑场的黑釉瓷器

北方一些窑场的黑釉瓷器多以胎釉装饰为主，如剔花、印花、凸线纹及跳刀法，给单调的黑釉瓷器赋予了丰富的内涵。宋金元时期北方生产黑釉瓷器的窑场比较多，有河北的定窑、井陉窑、磁州窑，山东的淄博窑，河南的当阳峪窑、鹤壁集窑、禹县扒村窑、鲁山段店窑，陕西的耀州窑，山西的大同窑、临汾窑、吕梁地区窑场也生产黑釉瓷器。北方的黑釉瓷器不仅仅是茶具，还有酒具、陈设器等。既有仿建窑的盏、碗，也有黑釉盘和大量的黑釉瓶、罐等。

（一）碗、盏、盘类

北方的黑釉碗、盏主要是仿建窑的黑釉油滴盏、兔毫盏，也有独自特色的纯黑釉盘，和黑釉铁锈花的装饰。

金磁州窑系黑釉油滴碗〔图16〕，高5.6厘米，口径11.6厘米，足径5厘米。口微敛，深圆腹下收，圈足较高，露胎呈土黄色。碗内外乌黑的釉上有银白色的小圆斑点，好似油滴一样。从造型、胎质和装饰方法看是北方磁州窑系仿建窑产品。

宋定窑酱釉油滴碗〔图17〕，侈口，圆唇，深弧形腹下收，圈足。通体酱黑釉上，布满了圆形的、银白色油滴斑。显然是仿宋建窑黑釉油滴盏产品。北京故宫陶瓷馆展出一件金怀仁窑黑釉油滴斑碗〔图18〕。造型、釉色、黑釉油滴斑均与宋定窑仿建窑油滴盏有很多相似之处，说明当时河北、山西都烧造此类产品。

金黑釉葵花口碗〔图19〕。高4.7厘米，口径16.2厘米。胎质细腻，造型美观。侈口，6个葵花瓣，浅腹，高圈足，酱黑色釉，釉面光亮，碗心有一周涩圈，底足无釉。此盘造型美观，施釉规整，口沿内有酱红斑，涩圈明显，是金代北方窑产品。涩圈工艺出现于金代，流行于元代北方地区。装烧简便，节省空间，增加产量。但器物内底一圈无釉，影响美观，只能作为普通的民用瓷器[10]。元黑釉折沿盘〔图20〕，高4.4厘米，口径17.5厘米。向上的折沿口，浅腹，平底，圈足，圈足露胎呈土黄色。碗内有露胎的玉璧形涩圈。此盘胎体较厚，

8 唐志工、杨栋、夏林：《广元皇泽寺博物馆藏瓷器赏析》，《收藏界》2009年第11期。

9 彭明瀚：《雅俗之间·吉州窑》，文物出版社，2007年，第36页。

10 冯先铭主编：《中国古陶瓷图典》，文物出版社，1998年，第369页。

图 16　金磁州窑系黑釉油滴碗
天津博物馆藏

图 17　宋定窑酱釉油滴碗
河北博物院藏

图 18　金怀仁窑黑釉油滴斑碗
北京故宫藏

图 19　金黑釉葵花口碗
天津博物馆藏

图 20　元黑釉折沿盘
天津博物馆藏

图 21　宋黑釉酱斑碗
天津博物馆藏

胎质较粗，应是北方元代黑釉产品。四川广元窑也有宋黑釉涩圈碗[11]，是圆口，黑釉，漆黑光亮。说明广元窑黑釉瓷器也有涩圈制作法，应是受到北方烧瓷技法的影响。

宋黑釉酱斑碗〔图 21〕，高 7.3 厘米，口径 11.5 厘米。口微敛，深腹下收，圈足。碗内黑釉上有 5 个花瓣形酱红色彩斑。亦称“铁锈花”。碗外施黑釉不到底，圈足露胎，呈黄白色。北宋耀州窑也烧制黑釉酱斑碗，耀州窑博物馆展出三件西安市西市大街出土的北宋耀州窑黑釉酱斑碗。黑釉铁锈花是北方瓷窑生产的釉上彩品种之一，它以氧化铁或乌金土等含铁量较高的矿物质作彩料，经高温烧成。因纹饰呈酱褐色极像铁锈效果，故称“铁锈花”。在宋、金、元时期，“铁锈花”是磁州窑系的主要装饰技法之一，河北、陕西、河南、山西、山东窑口均有烧制。

（二）瓶、罐、爵类

北方窑场的瓶、罐则种类众多，其装饰特点鲜明，工艺手法多样。有黑釉双绳耳、凸线纹、铁锈斑等。造型中瓶就有黑釉花口瓶、葫芦瓶、梅瓶、嘟噜瓶等。罐有双耳罐、无耳罐、小口罐、大口罐等。

天津博物馆藏宋磁州窑黑釉双绳耳葫芦瓶〔图 22〕，高 22.4 厘米，口径 2.9 厘米，腹径 15.4 厘米，足径 8.9 厘米。瓶敛口，呈上小下大中间束腰的葫芦形。上面小球形，凸起数道弦纹，在颈肩部贴塑对称的绳形耳。通体施黑釉，外釉不到底。天津博物馆还有一件宋磁州窑黑釉双绳耳葫芦瓶〔图 23〕，高 28 厘米，口径 3.3 厘米，底径 8.7 厘米。直口，上面是球形腹，下面是长圆形。颈肩部贴塑麻花状双绳耳，圈足。通体施黑釉，外釉不到底。同样造型的

图 22　宋磁州窑黑釉双绳耳葫芦瓶
天津博物馆藏

图 23　宋磁州窑黑釉双绳耳葫芦瓶
天津博物馆藏

图 24　宋磁州窑黑釉双系葫芦瓶
河北博物院藏

11　贾红丁：《追寻广元窑（下）》，《收藏界》2008 年第 8 期。

图 25　宋磁州窑黑釉双绳系瓶
邯郸市博物馆藏

图 26　北宋磁州窑黑釉双绳耳葫芦瓶
中国磁州窑博物馆藏

图 27　金黑釉凸线纹双耳罐
甘肃省博物馆藏

图 28　磁州窑金黑釉凸线纹双耳罐
磁州窑艺术博物馆藏

图 29　北宋黑釉凸线纹双耳罐
英国维多利亚与阿尔伯特博物馆藏

图 30　宋磁州窑黑釉凸线纹双耳罐
中国磁州窑博物馆藏

图 31　金磁州窑黑釉凸线纹双系罐
1987 年磁州观台窑出土

河北博物院展出一件〔图 24〕，邯郸市博物馆展出一件〔图 25〕，中国磁州窑博物馆展出两件一大一小〔图 26〕，大的与我馆藏品尺寸相当，造型相近。说明宋代磁州窑生产此种黑釉双绳耳葫芦瓶较多。

金黑釉凸线纹双耳罐〔图 27〕，撇口，短颈，腹部均匀地排满了凸线纹，颈肩部贴塑有对称的双耳，通体施黑釉。磁州窑艺术博物馆也收藏有金磁州窑黑釉凸线纹双耳罐〔图 28〕，是直口，短颈，周身黑釉上装饰有等距的凸线纹，颈肩部有对称的双耳。与之相似的还有北宋黑釉凸线纹双耳罐〔图 29〕，英国维多利亚与阿尔伯特博物馆藏。1978 年河南省鹤壁集窑址出

图 32　宋黑釉凸线纹罐
天津博物馆藏

图 33　金淄博窑黑釉白线纹花口瓶
淄博市陶瓷博物馆藏

图 34　金淄博窑黑釉白线纹花口瓶
淄博市陶瓷博物馆藏

土一件金黑釉凸线纹罐，现藏河南博物院。鹤壁市博物馆藏一件金黑釉凸线纹罐[12]。两件均是双耳，凸线纹等距排列。中国磁州窑博物馆藏的宋磁州窑黑釉凸线纹双耳罐〔图 30〕，腹部凸线纹是四线纹分组等距排列，还有一件磁州观台窑出土的金磁州窑黑釉凸线纹双系罐〔图 31〕，腹部是双线纹分组等距排列。表明磁州窑烧制的这种黑釉凸线纹双耳罐，除了等距排列，还有四线纹分组等距和双线纹分组等距排列法。河南博物院藏一件金黑釉凸线纹彩斑罐，是双耳，三线纹分组等距排列[13]。说明河南窑口也烧造同类瓷器。四川广元窑也有黑釉凸线纹罐标本出土[14]，贾红丁认为与河南省禹县扒村窑相似，可能是源于 1964 年叶喆民先生在禹县古窑址调查，曾发现黑釉凸线纹罐标本[15]。实际磁州窑和河南其他窑场也烧制很多。

宋黑釉凸线纹罐〔图 32〕，高 11.8 厘米，口径 6.8 厘米。直口，短颈，球形腹，圈足。通体黑釉上有等距排列的凸线纹，凸线纹呈酱褐色。其装饰工艺与上述几件宋金时期黑釉凸线纹罐是一样的。施釉不到足。罐体较小，口足相当，无双耳。2019 年 7—8 月之间，河北博物院与河北省古陶瓷学会共同举办“重华窑光——定窑 井陉窑标本对比展”，展出一件北宋至金定窑黑釉线纹罐，线纹装饰与我馆藏品一样，只是罐口较大。还展出一件北

12 张柏主编：《中国出土瓷器全集・12 河南卷》，科学出版社，2008 年。
13 张柏主编：《中国出土瓷器全集・12 河南卷》，科学出版社，2008 年。
14 贾红丁：《追寻广元窑（下）》，《收藏界》2008 年第 8 期。
15 叶喆民：《河南省禹县古窑址调查记略》，《文物》1964 年第 8 期。

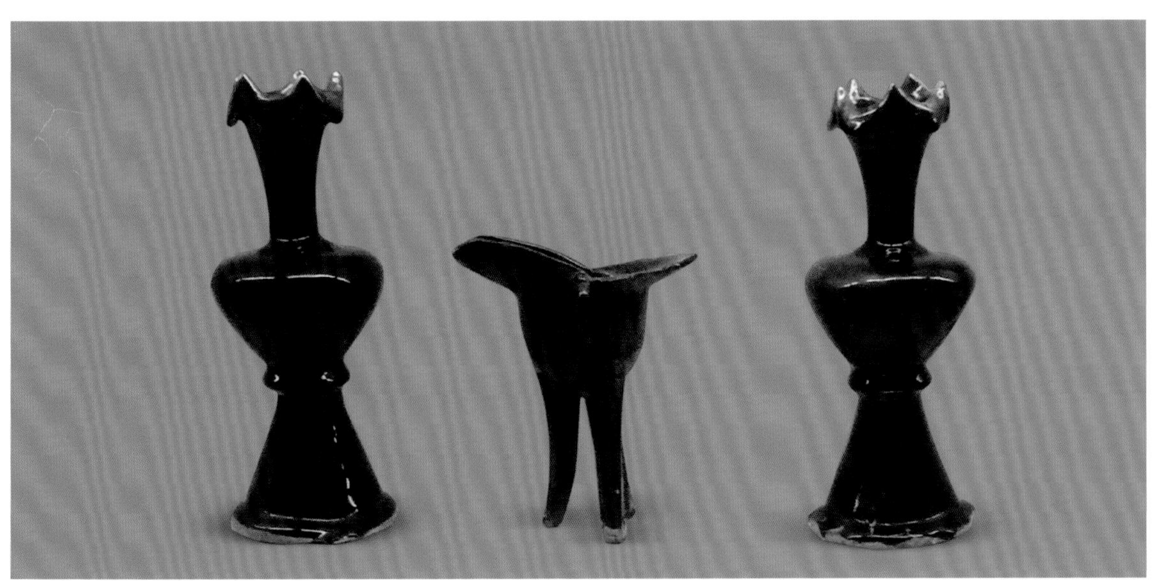

图 35　元磁州窑黑釉长颈花口瓶、三足爵
峰峰矿区文物保管所藏

图 36　宋黑釉铁锈花纹梅瓶
天津博物馆藏

图 37　金黑釉铁锈花荷花纹嘟噜瓶
天津博物馆藏

图 38　金吕梁窑黑釉黄褐彩折枝菊纹嘟噜瓶
故宫博物院藏

宋至金代井陉窑黑釉双线纹罐，双线纹是等距排列，两罐均无耳。说明定窑和井陉窑也烧制此类产品。

金淄博窑黑釉白线纹花口瓶〔图 33〕，花口外卷，喇叭形长颈，球形腹下收，大圈足。通体施黑釉，瓶体等距排列一周凸起的白线纹。淄博市陶瓷博物馆藏。类似的金黑釉凸线纹花口瓶，河南鲁山段店窑也有烧制[16]。淄博窑还烧造一种花口瓶〔图 34〕，花口更加突出，瓶体较瘦，突起白线是三线、一线分组排列。淄博窑在山东淄博磁村，汉代始烧青瓷，唐

16 河南省文物考古研究院、平顶山博物馆、鲁山县段店窑文化研究所：《鲁山段店窑遗珍》，科学出版社，2017 年。

代盛烧黑釉瓷，釉质滋润，色黑如漆。北宋金元时期是其繁荣期，注重学习模仿，逐渐形成自己的特色。北宋末期烧窑由柴烧改为煤烧，在当地得天独厚的煤炭资源条件下，窑业呈现爆发式发展，到金代达到鼎盛。黑釉白线纹器是金代最富特色的品种之一。产品质量好，釉黑而光亮，釉下沥粉形成竖直的白线纹。

元磁州窑黑釉长颈花口瓶，花口内外翻卷，长颈。折肩下收，喇叭足。通体施黑釉，漆黑铮亮。1978 年彭城墓出土了一对这样的花瓶，这种造型是金元时期流行的花器〔图 35〕。元磁州窑还烧造有黑釉单把三足爵，是饮酒器。三件组合的另一个用途可能是供器。三件黑釉瓷均收藏在河北省磁县峰峰矿区文物保管所（现中国磁州窑历史博物馆）。

宋黑釉铁锈花纹梅瓶〔图 36〕，高 17.2 厘米，口径 4.7 厘米，腹径 11.7 厘米，足径 5.5 厘米。平口微上翘，折沿，细颈，长圆腹下收，浅圈足。通体施黑釉，不到底。瓶身黑釉上有不规则的铁锈花斑纹。前述宋黑釉酱斑碗就是此种装饰，具有鲜明的北方瓷窑特征。

金黑釉铁锈花荷花纹嘟噜瓶〔图 37〕，高 33.7 厘米，口径 5.6 厘米，底径 15 厘米。小口，鼓腹，圈足，造型淳朴。通体施黑釉，腹部以黄褐彩绘荷花纹，笔法洒脱、流畅，构图简练，疏密得当，具有浓郁的民间风土气息。故宫博物院陶瓷馆展出一件金吕梁窑黑釉黄褐彩折枝菊纹嘟噜瓶〔图 38〕，造型与我馆藏品相同，装饰手法一样。不同的是天津博物馆的嘟噜瓶装饰的是荷花纹，故宫博物院的嘟噜瓶装饰的是折枝菊纹。深圳博物馆也收藏一件元吕梁地区窑场黑釉酱彩花卉纹嘟噜瓶[17]，而黑釉上的黄褐彩或酱彩就是“铁锈花”，应是山西同一个窑场所烧制。嘟噜瓶和梅瓶都是盛酒的器物。

元磁州窑酱黑釉罐〔图 39〕，高 6.5 厘米，口径 8.2 厘米。直口，修胎较规整，短颈，圆腹下收，浅宽圈足。口沿内无釉，罐内施满黑釉。口外颈部施黑釉，罐体施半釉。釉色较黑，釉面莹润。罐下部及圈足露胎，呈白色，胎质较粗，圈足修胎不规整。是北方流行

图 39　元磁州窑酱黑釉罐
天津博物馆藏

图 40　元磁州窑黑釉大口罐
磁县南开河村沉船出土

图 41　元黑釉罐
天津博物馆藏

17　深圳博物馆、深圳市文物管理办公室、深圳市文物考古鉴定所编：《玄色之美——中国历代黑釉瓷器珍品》，文物出版社，2012 年。

的瓷罐造型，器型较小。元磁州窑黑釉大口罐〔图 40〕，磁县南开河村沉船出土。也是此种造型，口部修胎不规整，短颈外部及罐体施半釉，罐内及底部露白色胎，器型较大。天津博物馆还收藏一件元黑釉罐〔图 41〕，高 24 厘米，口径 16.2 厘米，腹径 26.5 厘米，底径 10.3 厘米。口微敛，短颈，圆腹下收，浅圈足。腹部有四道微微凸起的弦纹，罐内外施满黑釉，外底也施黑釉，仅圈足底边露胎，有六个支钉痕。是黑釉瓷罐中较精细的一件。

三、小结

宋元时期茶酒之器盛行，与当时社会流行的点茶、分茶、斗茶游戏有关，上至皇室官员，中有文人墨客，僧人，下至百姓都很喜欢。所以，黑釉兔毫盏、油滴盏、木叶贴花盏、玳瑁纹盏、黑釉铁锈斑碗、茶叶罐比较流行。南北窑场均有烧制，但北方流行的黑釉双绳耳葫芦瓶、黑釉凸线纹双耳罐、黑釉铁锈斑纹瓶、黑釉铁锈花花卉纹嘟噜瓶、黑釉爵则南方少见，其实用功能不是茶具，而应是酒具。体现了南茶北酒的特色。黑釉凸线纹花口瓶、黑釉花口瓶则是陈设器或供器。

总之，本文仅选择了部分南北方的几种黑釉瓷，南方建窑的曜变天目、吉州窑的黑釉剔花、赣州窑的黑釉柳斗罐及北方磁州窑系的黑釉剔花瓷等均未涉及。但通过已选择的宋金元时期的几种黑釉瓷器的比较，就充分体现了南北方黑釉瓷各具特色，相互影响，在中国陶瓷史上占有着重要地位。

江西地区黑釉瓷窑概述 *

张文江（江西省文物考古研究院）

摘要：文章梳理了江西区域考古调查发掘的黑釉瓷窑址，依据窑址黑釉瓷的生产时间、分布区域、产品组合、造型特征、烧造技术和装饰特征，把区域内黑釉瓷窑址划分为3个发展阶段、10个类型，这些窑业类型体现了江西地区黑釉瓷窑业的生产历史悠久、阶段性发展明显、区域中心明确、黑釉瓷业面貌丰富、窑业技术独有的特征，反映了江西黑釉瓷窑址的保存状况和文化面貌。

关键词：江西　黑釉瓷窑　阶段　类型

江西地区的陶瓷烧造历史悠久，源远流长。不仅是世界陶器的发源地，见证了两万年的陶器发展史，而且是瓷器的起源地，拥有两千年瓷器生产史，更是世界瓷都所在地。自古以来先人在这片富饶的土地披荆斩棘，留下许多遗迹，保留了丰富的考古遗存，最具特色的是陶瓷遗址。根据江西省第三次全国文物普查资料，全省共登记234处窑址。近几年文物工作者新发现了不少窑址，窑址数量发生了不少变化，截至2022年，统计为251处[1]。这些窑址在不同时期的创造使用的技术促进了陶瓷业的发展进步，产生了不小影响，反映了江西古代陶瓷遗存的家底、保存状况和文化面貌。各瓷窑依据不同区域环境、资源禀赋和人文积淀生产了种类丰富、造型多样、装饰繁复的陶瓷器，产品涵盖窑业生产的种类，这些造型多样、装饰艺术独特的陶瓷器满足了不同国度、不同阶层、不同人群的需求，对具有不同文化背景的人群产生了物质和精神的影响。江西地区窑场在长期的历史发展进程中形成了以青釉、青白釉、酱釉、黑釉和青花瓷等陶瓷生产类型，每种陶瓷类型都有各自的区域范围和发展阶段特点。

调查显示，江西是我国古代黑釉瓷器的重要产区，黑釉瓷窑址遗存丰富，有48处，占全省251处窑址的19.1%，涉及吉安市青原区、吉安县、峡江县、新干县、永丰县5个县（区），赣州市大余县、章贡区、宁都县、全南县、赣县区5个县（区），上饶市余干县、铅山县、

* 本文为2021年江西省社科基金重点资助项目“景德镇青白瓷窑址考古报告整理出版”（21LS01）阶段性成果之一。

1 江西省文物局：《江西省第三次全国文物普查成果系列丛书：江西古代窑址》，红星电子音像出版社，2022年。

广信区、横峰县4个县（区），抚州市金溪县、乐安县、南丰县、南城县4个县（区），宜春市丰城市、袁州区、铜鼓区3个县（区），景德镇市乐平市、珠山区、浮梁县3个县（市区），九江市浔阳区、瑞昌市2个县（区），鹰潭市贵溪市1个县级市和萍乡芦溪县1个县（区），共9个设区市28个县（区），境内5大流域均有黑釉瓷窑址分布，赣江流域17处，抚河流域10处，信江流域9处，饶河流域8处，长江流域2处，修水和萍乡禄水流域各1处。

截至目前，多数窑址只做过简单的考古调查，开展考古发掘的窑址不多，其中洪州窑等11个窑址进行过考古发掘。依据调查发掘资料，可以知道江西窑址生产黑釉瓷器的时间上至汉晋，晚至明清，个别窑址延伸至民国时期，其中汉唐时期4处，宋元时期36处，明清时期8处。有的窑场集中在每一个时段生产，有的则不间断，呈现出黑釉瓷连续不断生产的兴旺局面。有的窑场主要烧造黑釉瓷，绝大多数窑址和其他品种同窑合烧，有的占据主流地位，多数所占分量不高。不同窑址地理位置的差异，使用的瓷土、釉料及采取工艺等生产条件各不相同，各窑生产的黑釉瓷器特色各异，在不同时期形成不同的黑釉瓷区域中心，以南窑、吉州窑、铅山盏窑、坝上窑、湖田窑、吴家窑、御窑厂烧造的黑釉瓷质量较好，当然最著名的窑场是吉州窑。这些窑址呈现出江西地区黑釉瓷窑址经过汉唐时期初步发展，宋元时期进入繁荣兴盛，明清时期逐步走向衰落的发展历程，体现了各流域黑釉瓷器的特色，见证了江西地区黑釉瓷文化的辉煌灿烂。依据黑釉瓷窑址的生产时间、分布区域、产品组合、造型特征、烧造技术和装饰特征等，把江西地区的黑釉瓷窑址划分为3个发展阶段、10个类型。

一、初步发展阶段——汉唐时期

这一时期黑釉瓷窑址不多〔图1〕，有洪州窑、南窑、黄金埠、仙鸡蓬窑4处，除仙鸡蓬窑址外，其他3处窑址进行过考古发掘，其中洪州窑是江西最早进行考古发掘的窑址。这个时期是黑釉瓷发生发展的初始阶段，全国窑业面貌整体上呈现“南青北白”格局，黑釉瓷在整个瓷业的占比不大，主要与其他产品同窑合烧，江西地区的黑釉瓷窑分为洪州窑和南窑2个黑釉窑址类型。

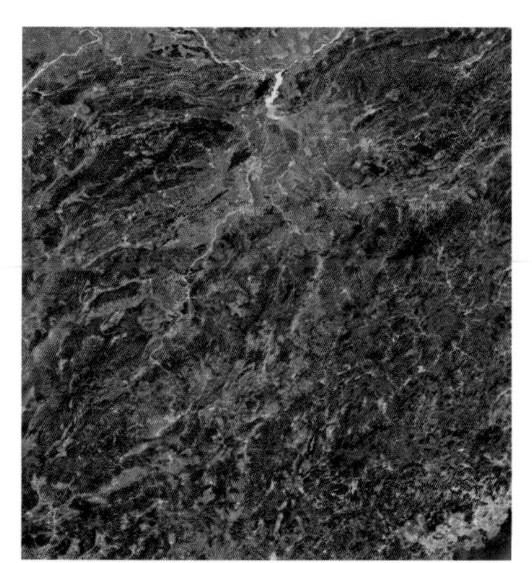

图1　江西汉唐黑釉瓷窑址分布图

（一）洪州窑类型

以丰城洪州窑为代表。窑址分布在江西省宜春丰城市境内赣江流域或与赣江流域相通的药湖岸畔的山坡、丘陵冈埠，以及清丰山溪河底〔图2〕、清丰山溪东岸的丘陵缓坡地带。洪州窑最迟在东汉晚期就能烧制成熟的青釉，历经三国吴的

图 2　洪州窑清丰河窑址远景

积累，西晋的发展，东晋、南朝进入兴盛期，盛烧时间一直延续到盛唐，晚唐、五代时期逐渐衰落，前后延续烧造瓷器的时间长达 800 年之久[2]。洪州窑虽是唐代六大青釉名窑之一，但其种类有陶器〔图 3〕、酱褐釉〔图 4〕和青釉瓷，少量生产黑釉。各品种随时代的不同而变化，两晋以后基本不生产陶器，以青釉为主。不管是酱褐釉和青釉，还是黑釉，洪州窑瓷器规整端巧，器型多样。黑釉瓷有东汉方格纹罐、东汉双耳罐〔图 5〕[3]、三国吴细方格纹四系罐〔图 6〕[4]、三国吴双系盘口壶〔图 7〕[5]、东晋双系鸡首壶、隋代带把三足釜形器〔图 8〕[6]、隋代盘托五兽足炉[7]、隋代三管花插、唐代把杯、唐代印花盏、唐代弦纹莲花纹军持〔图 9〕[8]、五代双系执壶〔图 10〕等。甚至见东晋内白釉外黑釉盖盒〔图 11〕[9]。

2　江西省文物局:《江西省第三次全国文物普查成果系列丛书:江西古代窑址》，红星电子音像出版社，2022 年。

3　江西南昌市象南广场中心东汉永元三年（91 年）墓葬出土，感谢南昌市博物馆田庄提供资料。

4　罗劲松主编 :《洪州青瓷》，江西人民出版社，2012 年，第 7 页。

5　罗劲松主编 :《洪州青瓷》，江西人民出版社，2012 年，第 26 页。

6　罗劲松主编 :《洪州青瓷》，江西人民出版社，2012 年，第 136 页。

7　罗劲松主编 :《洪州青瓷》，江西人民出版社，2012 年，第 148 页。

8　罗劲松主编 :《洪州青瓷》，江西人民出版社，2012 年，第 58、59 页。

9　罗劲松主编 :《洪州青瓷》，江西人民出版社，2012 年，第 213 页。

图 3　陈家山窑址出土印纹硬陶釜

图 4　陈家山窑址出土青褐釉瓷器标本

图 5　东汉黑釉双耳罐

图 6　三国吴黑釉细方格纹四系罐

图 7　三国吴黑釉双系盘口壶

图 8　隋代黑釉带把三足釜形器
南昌县博物馆藏

图 9　唐代黑釉弦纹莲花纹军持
南昌县博物馆展出

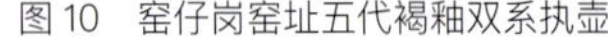
图 10　窑仔岗窑址五代褐釉双系执壶

图 11　东晋内白釉外黑釉盖盒

黑釉瓷胎多灰白色。施釉技法单调，采用荡釉、蘸釉、涮釉技法，以蘸釉为主。东汉至隋代釉层较厚，颜色较深，漆黑发亮，胎釉结合牢固，少见垂釉和脱釉现象。隋代以后釉层较薄，以黑褐色为主。晚唐五代多数为深褐、黑褐色，釉层脱落严重。表面装饰弦纹、水波纹、方格纹、莲瓣纹等，手法有刻花、划花、戳印等。

洪州窑黑釉瓷生产时间延续较长，从东汉至五代相伴始终，与陶器、酱褐釉和青釉瓷同窑合烧，占比很小。使用砖砌窄龙窑烧造黑釉瓷〔图12〕。考古调查发现 21 座龙窑遗迹[10]，横跨东汉晚期、三国至唐代，窑炉构筑技术成熟、完备，由窑前工作室、工作台、火膛、挡土墙、窑床、窑门等组成，窑床坡度相对稳定，倾斜度在 9°—23° 之间。龙窑长 6.8—23.8 米，宽 1.8—2.45 米。单个窑炉使用时间较长，多数龙窑有 2—5 层窑底，有的多达 9 层烧结层。

图 12　洪州窑寺前山窑址龙窑遗迹

各时期黑釉瓷装烧不一样，东汉至东晋前期采用裸烧，即将支座置于龙窑窑床上，然后把坯件放在支座上裸露烧造。壶罐等琢器多是单件置于支座上；碗盘类圆器使用环形、环形三足、圆形锯齿状间隔具间隔叠烧。东晋晚期开始使用匣钵装烧，促使洪州窑进入兴盛期，这类装烧方法一直延续到唐代中期，精致的高档瓷器采用一匣一器烧成；一般产品使用一匣多器的装烧方法，坯件间以圆形锯齿状、环形间隔器或细砂间隔。晚唐五代一改前期的匣钵装烧法，采用瓷土泥块间隔叠置裸露的方法，器物内底和底足边缘分别留存 5—8 个长圆形瓷土泥块痕。

10　赖金明、张文江：《中国古代名窑丛书·洪州窑》，江西美术出版社，2016 年。

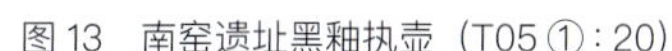

图 13　南窑遗址黑釉执壶（T05①：20）

图 14　南窑黑釉盖（T1227②：5）

图 15　南窑黑釉小罐（T05②：17）

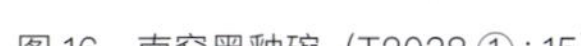

图 16　南窑黑釉碗（T2038①：15）

图 17　南窑黑釉小罐（T2036①：16）

图 18　南窑黑釉腰鼓（T1428①：1、T05②：16）

（二）南窑类型

南窑类型黑釉瓷窑业面貌较为一致，主要流行于中晚唐时期，窑址分布在鄱阳湖东岸信江、饶河支流乐安江中游一带，有南窑、黄金埠窑、仙鸡蓬窑〔图 13〕3 处窑址，黄金埠窑[11]、南窑[12]进行过考古发掘，以南窑窑址为代表。

该类型黑釉瓷胎骨坚实，以灰、深灰胎居多。釉层较厚，滋润细腻，光泽感强。大者雄浑，小者精巧，釉色精美，器型多样，有执壶〔图13〕、瓶、罐、瓮、盆、钵、炉、碗、盘、盏、灯盏、高台灯、盖〔图14〕等，罐分小罐〔图15〕、贯耳盖罐、方形耳罐；碗盘有大、中、小之别，流行圆饼足、玉璧底〔图16〕，见少量圈足碗。还发现了砚滴、穿带壶、横柄壶等器物，突出的是模印方形系罐〔图17〕、腰鼓〔图18—图21〕。装饰使用模印技法〔图22〕，多见于罐类系耳和碗内底，纹样有几何纹、变形莲瓣纹等。

这些黑釉器物多具盛唐至中晚唐的特征，显示窑址生产时代为唐代中晚期。特别是仙鸡蓬窑址发现内底褐彩“天宝十胡”铭文青釉碗标本[13]，黄金埠窑出土“贞元”纪年款青釉罐[14]，南窑发现“咸通七年八月□□□”款浅盘状匣钵[15]，为窑址生产黑釉瓷器主要流行于唐代提供更为明确的证据。

与洪州窑类型相同的是，南窑类型黑釉瓷器与青釉、青釉褐斑、青釉褐彩、月白釉、涩胎器一起使用窄龙窑烧造，南窑龙窑宽 1.6—2.4 米；不同的是南窑窑炉不使用砖材料构筑，而是使用竹藤类材料起券，用泥糊筑龙窑〔图23〕，突出的是窑炉长度，黄金埠窑龙窑长 38 米〔图24〕，南窑揭示的龙窑更是长达 78.8 米，是迄今为止我国考古发掘最长的唐代龙窑遗迹，是目前景德镇地区发现最早的、保存最完整的窑炉遗迹。产品多数采用瓷土泥块间隔明火叠烧〔图25、图26〕、瓷土泥块间隔明火套烧、瓷土泥块间隔对口扣烧的方式，

图19 南窑黑釉腰鼓（T1④：164）

图20 黄金埠窑黑釉腰鼓（T5③：1）

11 张文江、崔涛、顾志洋：《景德镇南窑遗址考古发掘的主要收获》，《景德镇南窑考古发掘与研究——2014 年南窑学术研讨会论文集》，科学出版社，2015 年，第 1—78 页。

12 张文江、崔涛、顾志洋：《景德镇南窑遗址考古发掘的主要收获》，《景德镇南窑考古发掘与研究——2014 年南窑学术研讨会论文集》，科学出版社，2015 年，第 1—78 页。

13 王立斌：《铅山县苋鸡蓬青瓷窑址考略》，《江西历史文物》1986 年第 12 期。

14 余江安等：《江西黄金埠窑址发掘获得数项省内第一——斜坡形阶梯状龙窑的发现，釉下褐彩瓷和瓷腰鼓的出土，在江西均属首次》。《中国文物报》2007 年 4 月 6 日第 5 版。

15 张文江、崔涛、顾志洋：《景德镇南窑遗址考古发掘的主要收获》，《景德镇南窑考古发掘与研究——2014 年南窑学术研讨会论文集》，科学出版社，2015 年，第 1—78 页。

图 21　仙鸡蓬窑址黑釉腰鼓标本

图 22　南窑模印方形系罐残片

图 23　南窑龙窑遗迹

图 24　黄金埠窑龙窑（由东向西）

图 25　南窑支座（T2408②：19）

图 26　黄金埠窑支烧标本

少量高档产品采用匣钵装烧。

二、繁荣兴盛时期——宋元时期

经过汉唐时期的初步发展，受宋代饮茶和斗茶社会风俗的影响，黑釉瓷备受推崇，黑釉瓷器的生产蓬勃兴盛，全国兴起了不少烧黑釉瓷器的窑场。江西地区的黑釉窑址从汉唐时期4处，历经宋代发展，犹如雨后春笋涌现，窑口林立，这些散布在江西各地的黑釉瓷窑址，烧造不同质地、样式的黑釉瓷，满足不同的人群，各有千秋。宋元时期的黑釉瓷窑36处〔图27〕，分吉州窑、铅山盏窑、小陂窑、湖田窑4个黑釉窑址类型。

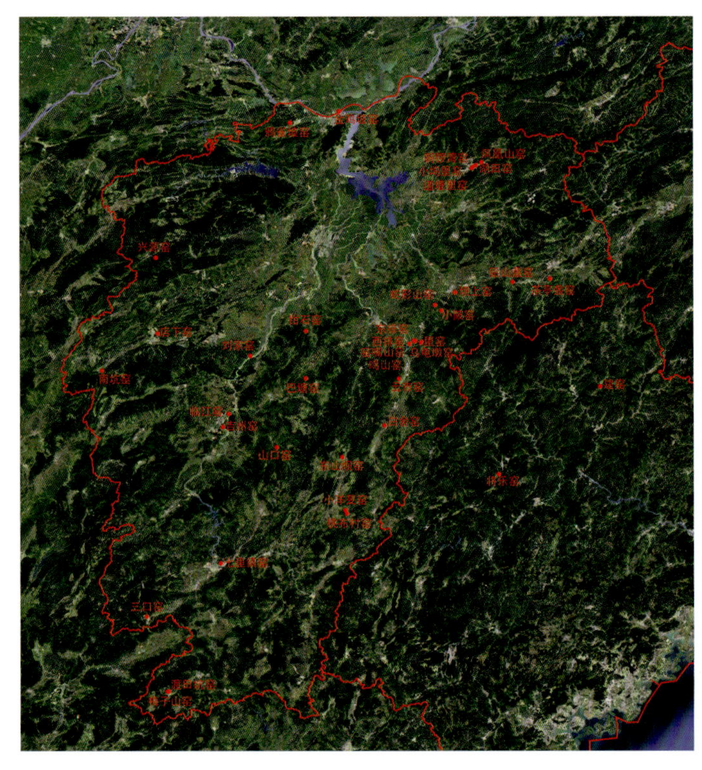

图27　江西宋元黑釉瓷窑址分布图

（一）吉州窑类型

吉州窑黑釉瓷类型窑址17处，以吉州窑为代表。主要分布在赣江流域，修水、禄水、长江南岸也有分布。生产从北宋发展，南宋鼎盛，元代走向衰落，有的窑场延续到明清时期。本类型黑釉瓷窑又可分为3个发展阶段。

1. 第一阶段：北宋时期

窑址有店下窑、三口窑、鸦雀坡窑、吉州窑、七里镇窑5处黑釉窑址，分布在赣江、赣江支流袁水、章江以及长江南岸，集中在赣江中上游。吉州窑[16]、七里镇窑[17]、三口窑中的滩头窑[18]进行过考古发掘。

吉州窑自北宋中晚期开始烧造黑釉瓷，目前所见最早的吉州窑黑釉纪年瓷是江西省博物馆藏江西永新三门前村北宋嘉祐五年（1060）刘沆夫妇合葬墓出土的黑釉盒[19]。本阶段黑釉瓷造型基本与青白釉、酱釉相类似，有执壶〔图28〕、束颈罐、壶形砚滴、碗、盏〔图29〕、盏托、莲瓣炉、枕、腰鼓、狗等，胎质细腻，胎体较薄，胎色较浅，以灰白、灰白

---

16 江西省文物考古研究院编：《吉简吉美：吉州窑遗址出土瓷器集萃》，文物出版社，2020年，第1—306页。

17 江西省文物考古研究院：《赣州七里镇窑址考古发掘报告（1985—2018）》，科学出版社，2022年。

18 江西省文物考古研究院、大余县博物馆：《大余县滩头窑址考古发掘报告》，《江西省文物考古研究院工作报告》，2019年。

19 江西省文物管理委员会：《江西永新北宋刘沆墓发掘报告》，《考古》1964年第11期。原文称小罐。

图 28　北宋吉州窑黑釉双系执壶

图 29　北宋黑釉撇口盏（T3421④：3）

图 30　北宋黑釉莲瓣炉（T12②：128）

图 31　茅庵岭龙窑遗迹

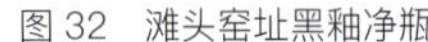

图 32　滩头窑址黑釉净瓶

图 33　滩头窑址黑釉龙首流执壶

泛红色为主，仍然保留酱釉瓷的影子。釉层较薄，釉泛酱黑色。几乎没有装饰，多为纯黑的素天目釉，仅见镂空、堆贴技法，纹样有莲瓣纹〔图 30〕。

黑釉瓷的烧造与酱釉、青白釉、青黄釉、青釉一起在砖砌宽体龙窑内烧造，吉州窑考古揭露的 7 座龙窑〔图 31〕，窑床内宽 1.1—5.5 米，使用长方形红色窑砖砌筑。采取匣钵装烧，坯件与匣钵之间采取圆环状垫圈间隔。

位于江西省赣州市大余县南安镇新余村的三口窑的黑釉瓷特色鲜明，包括滩头窑址、大山岭窑址、壶头山窑址 3 处窑址点。2019 年对滩头窑址进行抢救性考古发掘，考古出土大量丰富的五代宋代瓷器标本，其中一件外壁刻划北宋“熙宁九年”（1076 年）铭文擂钵更是窑址生产最直接的年代证据。黑釉瓷以壶、罐、擂钵多见，其次是瓮、瓶、炉、水匜、盏、钵等。瓶分长颈瓶、净瓶〔图 32〕与梅瓶，罐分无颈鼓腹、短颈鼓腹与深腹罐。炉有高足杯式、高足钵式、矮足、高足之别，壶分为长颈壶、直筒壶、短颈壶等。引人注目的是，部分执壶的流口捏塑成龙首形〔图 33〕，流口正好是龙口，栩栩如生。胎釉结合较好，釉色发色纯正。与吉州窑略有不同，黑釉瓷在砖砌窄龙窑中烧造，考古清理 2 条龙窑，Y1 残长 36.63 米、窑床内宽 1.52 米；Y2 残长 39.85 米，窑床内宽 1.46 米。采用泥团、圆形五齿圆圈间隔和支座裸烧，也有的器物采用套装。

2. 第二阶段：南宋时期

这个阶段黑釉瓷窑址数量增加，有赣江流域的临江窑、刘家窑、东山坝窑[20]、山口窑[21]、

20 薛翘、刘劲峰：《宁都县古瓷窑址调查》，《江西历史文物》1982 年第 1 期。

21 余家栋：《永丰县山口瓷窑调查记》，《江西历史文物》1983 年第 3 期。

图 34　南宋黑釉剪纸漏花束口盏（T9②：22）

图 35　南宋黑釉剪纸漏花侈口盏（F52：74）

图 36　吉州窑南宋黑釉木叶纹碗

图 37　南宋黑釉剪纸束口盏（T5①：37）

渡田坑窑[22]、梅子山窑、钳石窑[23]，以及长江南岸金鸡坡窑、修水流域兴源窑、禄水流域南坑窑[24]10 处，北宋时期赣江流域的吉州窑、七里镇窑继续生产，吉州窑开始进入兴盛时期，成为黑釉瓷生产中心。窑址主要分布在赣江中上游流域，延伸到赣江上下游，拓展到长江南岸、修水、禄水流域。本阶段新增加的临江窑也进行过考古发掘[25]。

南宋时期代表性的黑釉窑址吉州窑工匠充分利用当地丰富的天然黑色原料，运用独到

22 全南县文化馆：《全南县渡田坑古窑址的调查》，《江西历史文物》1984 年第 2 期。

23 张文江：《简论江西丰城石江钳石窑》，《中国古陶瓷研究（11）》，紫禁城出版社，2005 年，第 333—342 页。

24 陈定荣：《萍乡南坑古窑调查》，《江西历史文物》1983 年第 1 期。

25 江西省文物考古研究所、吉安地区文物研究所、吉安市博物馆：《江西吉安市临江窑遗址》，《考古学报》1995 年第 2 期。

的技法和各种装饰手法，制造出独具风格、变化万千、清新雅致的黑釉器，使吉州窑成为黑釉瓷器的生产中心。黑釉器类丰富，有执壶、梅瓶、瓶、四系筒形罐、束颈罐、盆、钵、盖碗、托碗、碗、盏、盏托、花口洗、折沿洗、碟、扑满、粉盒、杯形炉、三足鼎式炉、腰鼓及芒口碗等。与当时饮茶风习相对应，盏的烧造量最大，且尤为繁杂，分侈口盏、敛口盏、束口盏、弇口盏、撇口盏，每类盏又分圆饼足、圈足、卧足、高足。部分器物外壁下腹至足露胎处刷一层紫红色护胎浆〔图 34〕。器物胎色较浅，胎质疏松，呈灰白或米黄色，胎体中普遍含有细沙粒，这是由吉州窑的独特地理位置及原料所决定的。黑釉含铁量较其他窑口低，而钛、钾、钙、镁等含量相对较高，烧成后纯黑者少，多见黑中泛褐、泛紫、泛红等。吉州窑黑釉釉面无浮光，自然古雅，整体釉层较薄，不似福建建窑和北方诸窑的黑釉瓷器釉面光泽、色黑如漆。装饰繁多，有剪纸漏花、木叶纹、鹧鸪斑、玳瑁斑、虎皮斑、兔毫纹、剔花加彩填白釉等，剪纸漏花〔图 35〕和木叶纹〔图 36〕宛如瓷艺装饰中的两朵奇葩，最能代表吉州窑工匠聪明才智和创造才能。

这个阶段的黑釉瓷还有釉上彩绘和双色釉等品种。黑釉彩绘有瓶和碗、盏，纹样装饰在瓶外壁、碗盏内壁，纹样有如意纹、月梅纹〔图 37〕、双凤纹、双蝶纹。最为特殊的是黑釉描金银彩，用胶或其他粘胶剂调金银彩直接在黑釉上描绘纹样。南宋时期还烧制出外黑内白釉侈口碗、外白釉内黑釉灯盏等双色釉瓷器，以满足不同人群的需求。

该时期施釉技术丰富，除了常见的蘸釉、荡釉、浇釉、洒釉、刷釉等，还使用了吹釉技术，吉州窑是最早使用该技术的窑场。

南宋黑釉瓷的装烧与北宋基本相同，仍然是与白釉、酱釉、青白釉、绿釉、白地彩绘瓷一起在宽体龙窑中烧造，不同是这一时期坯件与匣钵之间的间隔具使用大于底足的紫红色垫饼〔图 38〕，而不是小于底足的垫圈。

3. 第三阶段：元代时期

元代黑釉瓷的烧造依然兴盛，并且有所拓展。前述 12 处南宋时期黑釉窑址延续烧造，赣江支流增加了小洋旻窑、桃布村窑址，黑釉窑址分布有扩大的趋势，中心区域仍然集中分布在赣江流域，吉州窑依然是黑釉瓷的生产中心。

元代吉州窑黑釉瓷生产在整个窑业中占比仍然很大。器类多，有执壶、长颈瓶、束颈罐、四系罐〔图 39〕、柳斗罐、水盂、盆、碗、带托碗、花口盏、束口盏、弇口盏、盏托、杯、折沿洗、碟等，新出现方唇盆、靶碗〔图 40〕、高足杯及涩底碗、盆、罐和涩圈折沿洗、碗、花边盘等，流行罐形炉、三足炉、鼎式炉、鬲式炉等炉类器物。器物胎质粗糙，胎体变厚，以深灰、紫灰色为主，也有灰红色、灰紫色、灰白色胎，质量远不如南宋时期。装饰简化，技法减少，仍然使用洒彩、窑变等手法，新出现贴塑技法。吉州窑独有的剪纸漏花、剔花装饰少见甚至不见。纹饰有弦纹、游鱼纹、“寿”字铭，常见玳瑁斑，流行兔毫纹，兔毫纹形式多样，有灰兔毫、银兔毫、蓝兔毫等。

图 38　南宋黑釉盏装烧标本（T23②：232）

图 39　元代黑釉四系罐（T3022Ⅱ：85）

图 40　吉州窑元代黑釉靶碗（F74①：41）

图 41　元代黑釉花边盘叠烧标本（T3620②：21）

图 42　七里镇窑乳钉罐标本

图 43　铅山盏窑窑址航拍照

图 44　茶亭盏窑地面遗物

新出现黑釉涩胎彩绘瓷，有碗、盏、盘。内底中心露胎彩绘葵花纹或“斗会”“福”“禄”铭。胎质疏松，常见灰、灰白、灰红色胎。

元代黑釉瓷依然与白地彩绘、青白釉、青釉、青灰釉、双色釉瓷一起在砖砌宽体龙窑中烧造，既有采取匣钵装烧的，也有明火裸烧的，开始流行覆烧组合支圈方法，多数采用涩圈叠烧、涩底叠烧的装烧方法〔图 41〕，以充分窑炉空间，降低成本。

七里镇窑因为区位独特和产品颇具特色，成为赣南地区最大的黑釉瓷生产中心。产品融合了南北陶瓷的优点，形成自身独特的品质，黑釉乳钉罐〔图 42〕、黑釉乳钉杯、高足杯、柳斗纹罐等代表性作品，远销日本、菲律宾等地。

（二）盏窑类型

盏窑类型黑釉窑址数量仅有 2 处，分别为铅山盏窑窑址〔图 43〕[26] 和广信区茶亭盏窑窑址〔图 44〕，当地均称为盏窑，主要是因为生产茶盏的窑场之故，特点突出。窑场区域集中，分布在赣东北信江流域的上饶市铅山县和广信区。该区域地处武夷山西侧，紧邻浙西南地区，东靠福建西北，邻近著名黑釉窑址福建建窑。古代有驿道相通，交通便利。处于建窑黑釉瓷的影响区域和销售半径，而且是建窑瓷器对外销售的主干道。这个类型窑址是受到宋代饮茶风尚影响，在信江流域兴起的仿建盏黑釉茶盏的窑场，是江西地区独特的黑釉窑址类型，是区域陶瓷文明交流融合的结晶。为研究宋代黑釉瓷器发展史，特别是闽赣两省的窑业交流史，提供了丰富的资料。

其生产的黑釉瓷有壶、罐、钵、碗、盏、碟、直口杯等，以盏为多〔图 45〕，分敛口、束口、敞口，多浅圈足。器物胎壁厚重坚硬，质地较粗，胎色较深，以黑胎为主。内外施黑釉，外壁釉不及底。釉层较厚，釉面润泽光亮。装饰简单，口沿及外壁釉面见窑变兔毫纹，兔丝有褚黄、浅灰、青绿等多种色泽。兔毫纹饰，清雅美观，惹人怜爱。虽然受建窑影响，仿烧建窑，尤其黑釉盏与建窑器物相似。但与建窑黑釉相比较，胎质整体较粗松，仍有不少差异。

图 45　铅山盏窑宋代黑釉盏（采：4）

黑釉瓷与青釉、酱釉、茶青釉、青白釉一起同在龙窑中烧造，以生产黑釉瓷为主，调查发现 2 条龙窑遗迹，长达 50 米。瓷器装烧采取匣钵单件仰烧〔图 46〕和多件叠烧的方法，器物与匣钵之间使用圆形泥饼间隔具。

（三）小陂窑类型

该类型黑釉瓷窑址数量多，有抚河流域的里窑 [27]、鸣山窑、西排窑、窑嘴山窑、乌龟墩窑、东排窑址、云市窑 [28]、白舍窑、巴塘窑址和信江流域的坝上窑 [29]、蛇形山窑、小陂窑 [30] 等 12 处，集中分布在武夷山西侧信江与抚河流域相邻区域。区域内多数窑址没有进行考古发掘，仅

26 王立斌：《江西铅山盏窑略考》，《南方文物》1997 年第 3 期。

27 金溪县政协文史馆主编，吴泉辉著：《江西金溪窑》，21 世纪出版社，2017 年。

28 霍质彬：《南城发现宋代古瓷窑址》，《江西历史文物》1985 年第 2 期。

29 陈定荣、余家栋：《贵溪坝口窑的调查》，《江西历史文物》1982 年第 1 期。

30 陈定荣、李宗宏：《金溪县的两处古瓷窑》，《江西历史文物》1982 年第 4 期。

图 46　茶亭盏窑黑釉盏标本

图 47　白舍窑考古现场

白舍窑饶家山因配合基本建设进行过抢救性考古发掘〔图 47〕[31]。从调查资料看，窑址生产为宋元时期，有的上限至晚唐，个别晚至清代，黑釉瓷的生产集中在南宋元代。以小陂窑和坝上窑为代表。

黑釉器型有执壶、罐、碗、盏、托、盅、盘、高足杯〔图 48〕、杯、灯盏，以碗、盏、高足杯为主。盏类型丰富，兔毫纹盏独具特色，出众的是口沿处施一周宽白釉或者青白釉、余为黑釉的所谓白覆轮盏〔图 49、图 50〕，还有内外分别施黑釉、青白釉的双色釉盏〔图 51〕。

黑釉胎质较为粗糙，胎体厚重，以深灰、紫红色为主。装饰风格简朴，以素面为主。黑釉釉面润泽，深黑色，有的呈酱褐色。器物采取内壁满、外壁不及底施和内、外壁施釉、口沿一周刮釉的方法，流行内底一周涩圈施釉〔图 52〕，也有内壁不及底的施釉形式。使用窑变、洒釉装饰技法，釉面兔毫纹多银兔毫。

黑釉瓷的烧造与双色釉、酱褐釉、白釉、青白釉、青釉、青黄釉一起使用砖砌窄体龙窑同窑烧造。白舍窑饶家山窑址考古揭露一条残长（斜长）33 米、宽约 1.6 米砖砌龙窑遗迹〔图 54〕；小陂窑址窑包上见平行排列、明显隆起的龙窑遗迹十多处。黑釉瓷采用芒口覆烧、涩圈叠烧〔图 53〕等方法，也有单件仰烧的。

（四）湖田窑类型

该类型黑釉窑址 5 处。区域集中，分布在昌江流域瓷都景德镇所在地附近，其黑釉瓷烧造宋代已有，历元明清各代不缀，各时期的产品质地和风格各有不同。宋元时期黑釉瓷窑分 3 个阶段。

31　江西省文物考古研究所、南丰县博物馆：《江西南丰白舍窑—饶家山窑址》，文物出版社，2008 年。

图 48　鸣山窑址元代黑釉高足杯

图 49　坝上窑址标本

图 50　小陂窑白覆轮盏（标 25）

图 51　里窑双色釉盏（标 5）

图 52　坝上窑址黑釉碗

图 53　小陂窑叠烧标本（标 100）

1. 第一阶段：北宋时期

5 处黑釉瓷窑址，分别是道塘里[32]、铜锣山[33]、凤凰山[34]、小坞里、湖田窑[35]。除小坞里窑址之外，其余 4 处窑址都进行过抢救性考古发掘，尤其是湖田窑窑址 1988 年至 2004 年之间进行了十多次考古发掘，发掘面积近万平方米。

北宋时期以道塘里窑址为代表，黑釉瓷器产量不大，少于青白釉，多于青瓷，处于次要地位，与青白瓷、青瓷同窑合烧，道塘里窑址揭露窑床斜长 18.25 米，宽 2.6—2.8 米〔图 55〕，凤凰山窑床斜长 15.75 米，宽 2.22—2.5 米。装烧主要采用一件匣钵装一件器物仰烧方法〔图 56〕，圆形垫饼间隔。器型有执壶、双系八棱瓶、净瓶、葫芦瓶、钵、碗〔图 57〕、折腰盏、花口盏〔图 58〕、盏、盘、碟，以碗、盏为主。造型与同时代的青白瓷相同。器物内外满施釉，唯足内无釉并有一圈

图 54　白舍窑饶家山窑址 Y1（东—西）

32 江西省文物考古研究所、景德镇民窑博物馆：《江西景德镇道塘里宋代窑址发掘简报》，《文物》2011 年第 10 期。

33 江西省文物考古研究所、景德镇民窑博物馆：《江西景德镇竟成镇铜锣山窑址发掘简报》，《文物》2007 年第 5 期。

34 江西省文物考古研究所、浮梁县博物馆：《江西浮梁凤凰山宋代窑址发掘简报》，《文物》2009 年第 12 期。

35 曹建文：《试论湖田窑黑釉瓷的时代问题》，《福建文博》1996 年第 2 期。

图 55　道塘里窑址宋代龙窑遗迹

图 56　道塘里窑址黑釉碗装烧标本

图 57　道塘里窑址黑釉碗

图 58　道塘里窑址黑釉花口盏（DT3③：28）

黑色粘渣痕。最大特点是与同时代的青白瓷胎骨相同，胎质细腻，胎色细白，加之黑釉釉层薄，隐隐露出胎色，黑釉釉色与细白胎色结合后呈现出一种酱紫色。口唇处常因釉面流失以及釉面较薄处露出胎色而呈酱褐色。

2. 第二阶段：南宋时期

2 处黑釉瓷窑址。南宋时期道塘里窑、铜锣山窑、凤凰山窑停止烧造，只有小坞里和湖田窑延续烧造。以湖田窑为代表，窑址分布在湖田窑的望石坞、乌泥岭、刘家坞、木鱼岭等窑场，种类有内外黑釉瓷、里黑釉外青白釉瓷、里青白外黑釉的芒口瓷、内外黑釉芒口瓷。器型以碗、盏、盘、灯盏等日用品为主。黑釉瓷粗糙，制作草率，釉色单纯，如蒋祈《陶记》载："器尚黄黑，出于湖田之窑者也。"南宋开始使用高铁瓷土作为生产黑釉瓷的原料，胎色多见瓦灰色，少量米黄色。

至于湖田窑出土的仿建窑、吉州窑黑釉制品，颇有争论。有学者认为仿建窑盏类，制作精细，造型规整，小圈足较矮，外底露胎处旋削仔细。釉层较厚，釉流动性大，从口沿至底越往下釉越厚，外壁垂流，在下腹形成一周唇边。玻璃质感强，口沿往往呈酱色。黑色胎含铁量高，瓷化好。装饰多见兔毫，这类盏与建窑有一定差异，为湖田窑南宋时期烧制的仿建窑产品[36]。有学者认为湖田窑出土的仿吉州窑盏，釉面装饰鹧鸪斑、玳瑁斑、铁绣花和窑变花斑，是湖田窑元代受吉州窑影响而生产的[37]。我们认同有关学者从理化角度和考古角度，证明湖田窑出土的仿建窑和仿吉州窑黑釉瓷分别来自南宋吉州窑和建窑的产品，是当时各窑烧制工艺的相互交流的产物[38]。

3. 第三阶段：元代时期

入元以后该区域流行黑釉瓷，其烧造有一定规模，已出现专门烧造黑釉瓷的窑场，无论造型与胎釉均有其独特风格。但是发现烧造黑釉瓷窑址较少，仅有1处，即湖田窑址〔图59〕，可能是生产大量集中的缘故。考古调查发现湖田窑刘家坞窑址、竹坞里窑址和南河沿岸窑址黑釉瓷堆积面积较大、堆积集中，有的厚度达4米以上，烧造年代为元代中晚期[39]。器型有罐、靶碗〔图60〕、敛口钵、饼足碗、芒口盏、盏，以高足杯较多。碗盏多为圆饼足，内底一周涩圈露胎。黑釉釉层较薄，釉色较淡，釉面多无光，胎质瓷化程度不高，胎色不一，白色、灰色、黑色均有。黑釉瓷胎中 Al_2O_3 和 SiO_2 的含量分别在21%和69%左右。

釉面大多光素无纹，只有少量盏内壁装饰灰白色或者白色梅花点。此外有采用所谓白覆轮装饰的口唇施一圈白釉的白唇黑釉盏。

湖田窑黑釉瓷的烧造与青白釉、酱釉、青花瓷、釉里红等瓷器一起在砖砌窄体龙窑烧

图59　湖田窑龙头山窑址航拍

图60　湖田窑黑釉靶碗

36 江建新：《略谈景德镇出土的黑釉瓷》，《中国古代黑釉瓷器暨吉州窑国际学术研讨会论文集》，文物出版社，2019年，第220—226页。

37 赵曰斌：《景德镇湖田窑的黑釉瓷》，《景德镇陶瓷》1983年第1期。

38 江西省文物考古研究所、景德镇民窑博物馆：《景德镇湖田窑址：1988至1999年考古发掘报告》，文物出版社，2007年。

39 江建新：《略谈景德镇出土的黑釉瓷》，《中国古代黑釉瓷器暨吉州窑国际学术研讨会论文集》，文物出版社，2019年，第220—226页。

造[40]。采用匣钵正烧法，也采用覆烧法和叠烧法。由于采用涩圈叠烧法烧造，碗类的内底心常见一圆环状露胎痕。

三、明清时期

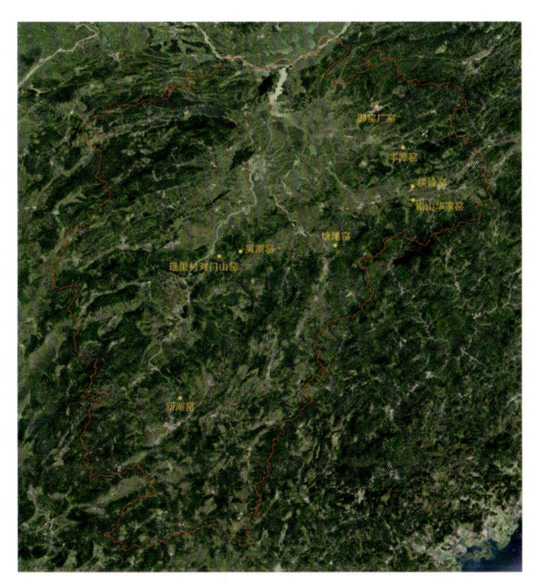

图 61　江西明清黑釉窑址分布图

明清时期江西地区窑址仍然烧造黑釉瓷，但是数量减少，有 8 处〔图 61〕，分别是吴家窑址、瑶里村对门山窑址、丰源窑址、塘尾窑址、横峰窑址、铅山华家窑址、新湖窑址、御窑厂遗址等，其中有的窑址在宋元时期大量生产青白瓷、青瓷，如吴家窑址、横峰窑址。加上原宋元时期窑址，有不少延续生产，除烧造其他釉色品种外，有的继续生产黑釉瓷器，如七里镇窑址、坝上窑址、云市窑址。同时御窑厂遗址发现生产官窑黑釉瓷，出现官民竞烧黑釉瓷的现象。这样生产黑釉瓷的窑址点，一共有 14 处。明清时期黑釉瓷生产分别集中在赣江中游、赣江上游、信江流域和饶河昌江流域，呈现中心区域移动的局面，黑釉瓷窑址分 4 个类型。

（一）吴家村窑类型

吴家村窑类型黑釉窑址 2 处，分别是吴家窑址、瑶里村对门山窑址，分布在赣江中游的新干，以吴家村窑址为代表。

该窑址位于江西省新干县城上乡吴家村窑里水库东西两岸的缓坡地带。20 世纪 80 年代初发现窑址，2009 年复查，2020 年调查。产品丰富，有青灰釉、黑釉、酱釉和青白釉，以青灰釉和黑釉最多，酱釉次之，青白釉数量最少。

黑釉瓷器型繁复，有执壶、瓶、罐、擂钵、钵、大碗、碗、盏、盏托、高足杯、鼓钉圈足炉、盘、器盖、漏斗形器等〔图 62〕，早期碗盏类流行圈足，晚期盛行圆饼足。胎质粗糙，胎泥炼制不精，厚重坚硬，烧成温度高，胎体中含铁较多，胎色较深，多数呈紫红色，也有暗红或紫灰色。釉层较厚，釉色纯正，玻璃质感较强，器沿及器身釉薄处呈棕黄色。器物口沿露胎、内底涩圈、外底足露胎处常常泛火石红，并且粘存细砂。装饰不多，贴塑装饰为其亮点，见有少量兔毫、洒彩纹饰，未发现剪纸漏花、玳瑁彩斑等技法。常见在碗盏

40　张文江：《景德镇历年瓷窑窑炉考古发掘综述》，《中国古陶瓷研究——2021 年景德镇陶瓷年会论文集》，科学出版社，2022 年，第 137—160 页。

图 62　吴家村窑址元明黑釉标本

图 63　吴家村窑址明代黑釉双耳瓶

图 64　吴家村窑址明代黑釉三足鼎式炉

类器物外底戳划“7”字符，有的多达 30 多个。觚式瓶、双耳瓶〔图 63〕、堆塑瓶、三足鼎式炉〔图 64〕等瓶炉类供器是其特色主打产品，常常与吉州窑、七里镇窑产品混淆，尤其三足炉经常戴上赣州窑的帽子，但是其坚硬的胎质、深灰色的质地、一体化较直的鼎足是其不变的身份。这类黑釉双耳瓶〔图 65〕、鬲式炉出土于上饶德兴明代正统十二年（1447 年）墓葬[41]，为相关黑釉瓷器找到明确的纪年证据。

41　孙以刚：《江西德兴明正统景泰纪年墓葬青花瓷考述》，《中国古陶瓷研究（6）》，紫禁城出版社，2006 年，第 295—298 页。

图 65　明代正统十二年蓝坤宽墓黑釉双耳瓶
德兴市博物馆藏

器物在砖砌龙窑中烧造，考古发现 3 处龙窑遗迹，其中西岸窑址 2 座并排的砖砌长条形龙窑〔图 66〕。瓷器装烧因施釉的不同而异，内壁满、外壁不及底施釉，口沿刮釉呈芒口的采用覆烧或者对口扣烧；口沿满釉，内、外壁不及底施釉的器物采取叠置装烧；内壁满、外壁不及底施釉，内底刮一周涩圈的器物，采用涩圈叠置烧造。窑址范围大，产量多，其生产受到吉州窑黑釉影响，成为明代赣江中游黑釉瓷的生产中心。

（二）横峰窑类型

该类型黑釉窑址 4 处，分别是信江流域横峰窑址、铅山华家窑址〔图 67〕和抚河流域塘尾窑址、饶河支流乐安江流域丰源窑址，加上宋元时期的坝上窑址延续烧造，共有 5 处窑址点。中心区域分布在信江流域，以横峰窑为代表。横峰窑始烧于北宋，明代烧

图 66　吴家 4 号窑址远景

图 67　铅山华家窑航拍照

图 68　横峰窑瞿家湾窑址 2 号点仿龙泉窑青釉器

图 69　丰源窑址明代黑釉瓷标本

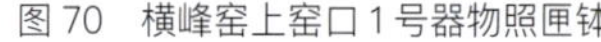

图 70　横峰窑上窑口 1 号器物照匣钵

图 71　新湖窑址黑釉标本

造规模大，窑业兴隆，中叶进入极盛时期，明代专设管窑通判管理瓷业生产，明朝后因建立了县治侵蚀原来窑场，部分窑场迁往周边地区，涵盖现今弋阳县境内的马坑、洪家塘窑。清代康熙年间因土尽而停止烧造。

该区域地处闽浙赣三省交界区，这类窑址主要仿龙泉窑青釉〔图 68〕，以烧造仿龙泉青釉、褐釉为主，黑釉次之。

黑釉器型有执壶、罐、盆、碗、盘、高足杯、盏、碟、器盖等〔图 69〕，以碗、盏、高足杯为大量。器物胎质较粗，胎色较深，以灰、深灰色为主，胎泥提炼不精。釉层肥厚，釉面晶莹，乌黑似漆，也有黑中映黄，色泽幽暗润泽。内、外壁多不及底足施釉，内底心和外底足露胎。装饰有油滴、兔毫之类。

黑釉与仿龙泉青釉、白釉瓷、酱褐釉、乳浊釉和紫青釉一起在龙窑内烧造，坯件使用叠置裸烧和匣钵仰烧等方式，也有 M 形匣钵套烧〔图 70〕，器物与窑床之间使用实心支座。

（三）新湖窑类型

清代，赣江流域黑釉瓷生产中心，从原来吉州窑转移到下游的新干吴家村窑址的基础上，再次发生转移，沿着赣江而上，由新干吴家村窑址转移到赣江上游的新湖窑址。该类型黑釉窑址 1 处，即是新湖窑址，加上宋元时期的七里镇窑址延续烧造到明代正德时期，共有 2 个窑址点。

新湖窑址位于赣州市赣县区湖江镇新湖村。产品种类多，黑釉最为出色，分为纯黑、黑褐、酱红、茶青色，纯黑釉质肥厚，晶莹可爱。器型有执壶、擂钵、碗、碟、杯、盏、灯、炉、器盖〔图 71〕。黑釉与青花瓷、青釉、黄绿釉、白釉和青白釉等一起采用阶级窑窑炉同

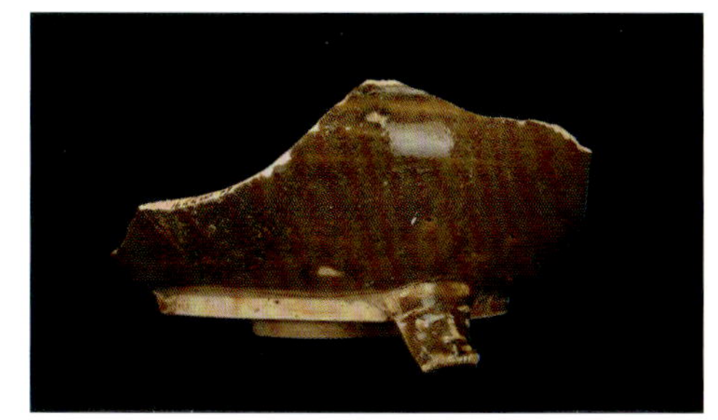

图 72　新湖窑址青褐釉三足炉

窑合烧，窑床上铺有一层厚 5 厘米的细砂，砂层下为斜坡式台阶，台阶上放置支座，支座上搁置坯件。

此外该窑制作工整、施釉匀称的青釉三足炉〔图 72〕，造型多，常见于日本群岛，是专供国际市场烧制的一种外销商品，是宋元时期赣州窑陶瓷产品行销东亚地区的历史传承[42]。

图 73　御窑厂遗址

图 74　御窑厂明代洪武建筑构件

图 75　御窑厂明代永乐黑釉双耳三足炉

图 76　御窑厂明代永乐黑釉碗

42　薛翘、罗星：《明代赣县瓷窑及其外销琉球产品的调查记略》，《江西历史文物》1983 年第 3 期。

（四）御窑厂类型

御窑厂是明清两代专为宫廷烧造和供奉瓷器的皇家瓷厂〔图 73〕，是我国烧造瓷器时间最长、规模最大、工艺最精湛的官办瓷厂[43]。1972 年考古证实了御窑厂位于景德镇市珠山区，历经 1982—1994 年、2002—2005 年、2014—2016 年的考古发掘，总面积 2543 平方米，揭示房屋建筑、匣钵残墙、窑炉、辘轳坑和练泥池等遗迹。考古发掘表明，明代洪武、永乐、宣德官窑均有黑釉瓷的烧造，并一直延续到清代官窑，历代烧造不辍，独具御窑独特风格。

洪武御窑厂黑釉瓷有圈足盘、瓷板瓦、黑釉地白釉如意形建筑构件〔图 74〕。永乐御窑厂黑釉瓷器有鼎式炉、双耳三足炉〔图 75〕、四方盖盒、碗〔图 76〕、靶盏〔图 77〕。其中双耳炉腹刻“永乐二十一年岁次癸卯……吉日喜舍湖坑大桥求……”，从该铭内容与器型来看〔图 78〕，当为祭祀用器。器物内外施黑釉，有的底足内饰白釉。宣德御窑厂仅发现黑釉碗，内外黑釉，釉面木光。明代宣德以后遗址几乎不见黑釉瓷器出土，似乎告诉我们御窑厂不再烧造黑釉瓷器。

使用葫芦形窑烧造黑釉瓷，由窑前工作区、窑门、火膛、前室、后室、护窑墙等组成，已清理 7 座，用楔形红砖砌〔图 79〕成。年代应为明洪武中期至永乐时期。有学者研究推断 2002 年发掘的这组永乐时期葫芦形窑炉是《江西省大志・陶书・建置》载：“洪武三十五年始开窑烧造，解京供用，有御厂一所，官窑二十座”的新建 20 座官窑中的 7 座。

清代御窑厂黑釉瓷器，器型有碗、盘、盏、靶盏、长颈瓶、罐、炉、烛台等，质地洁白细腻，釉色乌黑发亮，碗、盏、罐的圈足内均为白釉，有的圈足内书写青花六字朝代款，这种黑釉可能是文献记载的乌金釉。黑釉瓷的生产独具风格，进入非常成熟阶段。这时期的黑釉瓷器应当是在仅流行于景德镇的镇窑内烧造。

可以看出，江西地区的黑釉瓷生产历史悠久，延烧时间长，自东汉晚期开始，经过汉

图 77　御窑厂明代永乐黑釉靶盏

图 78　御窑厂明代永乐黑釉双耳三足炉

43　江西省文物局：《江西省第三次全国文物普查成果系列丛书：江西古代窑址》，红星电子音像出版社，2022 年。

图 79　景德镇明代御窑窑炉遗迹

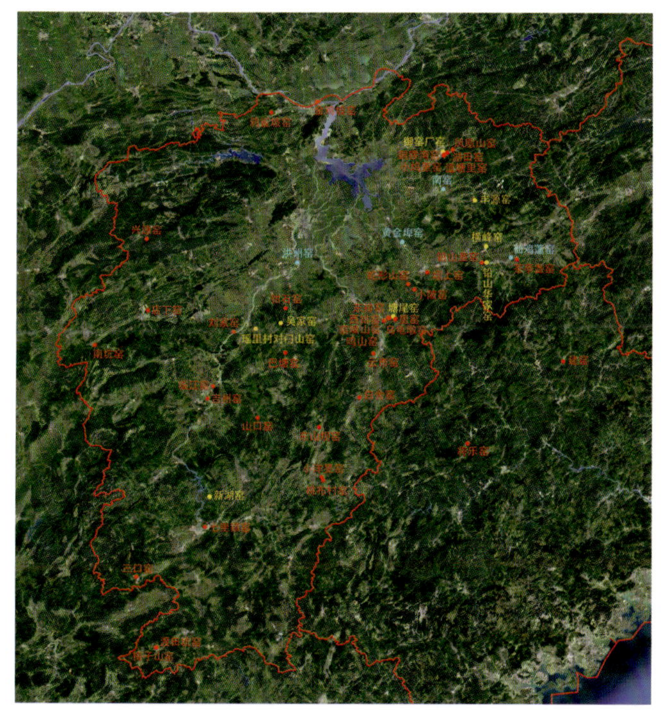

图 80　江西黑釉窑址分布图

唐洪州窑类型、南窑类型发展，宋元时期，因饮茶文化的风行，黑釉茶盏大行其道，进入繁荣鼎盛，全省形成黑釉窑址百花齐放的局面，各大流域均有黑釉瓷生产。随着生活方式的变化，虽然明清时期逐步衰落，黑釉瓷的生产不但没有退出舞台，反而产生官民窑兼备生产的格局。阶段性发展明显，呈现了江西地区黑釉瓷窑址历经汉唐时期的初步发展、宋元时期的繁荣兴盛、明清时期的官民竞备生产三个发展历程。区域中心明显，形成洪州窑类型、南窑类型、吉州窑类型、盏窑类型、小陂窑类型、湖田窑类型、吴家村窑、横峰窑、新湖窑、御窑厂遗址等不同时期不同阶段的 10 个黑釉瓷生产中心（图 80）。黑釉瓷业面貌丰富，这些窑场凭借各自的历史传统和技术优势，使用龙窑、阶级窑、葫芦窑、镇窑和各色各样的装烧窑具，制造出造型丰富、各具特点的黑釉瓷器，这些争奇斗艳黑釉瓷器，既有碗、盘、碟、洗、杯、钵、罐、盆、擂钵等日常生活用具，更多的是斗、饮茶所需的茶盏，以及壶、瓶、炉等陈设供器和各类玩具，满足大家的需求，丰富民众的生活，促进社会的发展。窑业技术独特，区域内黑釉瓷的生产以吉州窑装饰最为丰富，最具有创造性，洒釉工艺独步天下，黑釉瓷装饰工艺绚丽多彩，为同时期其他各窑所无。特别是黑釉木叶纹、剪纸漏花装饰技法堪称世界一绝。不仅使吉州窑成为黑釉窑址的典型代表，更是我国古代黑釉瓷的生产中心。

附表　江西地区黑釉窑址

序号	名称	地区	生产品种	时代	级别
汉唐时期黑釉窑址					
1	洪州窑遗址	宜春市丰城市	黑釉、陶器、酱褐釉和青釉瓷	汉—晋	全国重点文物保护单位
2	南窑遗址	景德镇市乐平市	青釉、酱黑釉、青釉褐斑、青釉褐彩以及涩胎器	唐	全国重点文物保护单位
3	黄金埠窑址	上饶市余干县	青釉、黑釉、酱褐釉、月白釉以及青釉褐斑、青釉褐彩	唐	江西省文物保护单位
4	仙鸡蓬窑址	上饶市铅山县	青釉、黑釉、青釉褐斑、青釉彩绘	唐—五代	尚未核定公布为文物保护单位的不可移动文物
宋元时期黑釉窑址					
5	店下窑址	宜春市袁州区	酱褐釉、青黄釉、黑釉、青釉	五代—宋	县（区）级文物保护单位
6	三口窑址	赣州市大余县	酱褐釉、黑釉、青釉、青白釉	五代—宋	县（区）级文物保护单位
7	鸦雀坡窑址	九江瑞昌市	酱褐釉、黑釉、青釉	五代—宋	县（区）级文物保护单位
8	吉州窑遗址	吉安市吉安县	青釉、青白釉、酱釉、黑釉、黑釉彩绘、双色釉、黄釉、绿釉、三彩、白釉、白釉彩绘、青灰釉	宋—元	全国重点文物保护单位
9	七里镇窑址	赣州市章贡区	青釉、白釉、青白釉、酱釉、褐釉、黑釉、双色釉	宋—元—明	全国重点文物保护单位
10	临江窑址	吉安市青原区	青白釉、白釉、黑釉、绿釉、青花瓷、仿龙泉青釉、青灰釉、白地彩绘瓷	宋—元	江西省文物保护单位
11	刘家窑址	吉安市峡江县	黑釉、酱釉	宋—元	江西省文物保护单位
12	东山坝窑址	赣州市宁都县	黑釉、青釉、青白釉、酱褐釉	宋—元	县（区）级文物保护单位
13	山口窑址	吉安市永丰县	青白釉、青灰釉、黑釉、酱褐釉、青绿釉、双色釉	南宋—元	县（区）级文物保护单位
14	渡田坑窑址	赣州市全南县	青釉、白釉、黑釉	宋—元	尚未核定公布为文物保护单位的不可移动文物
15	梅子山窑址	赣州全南县	青釉、黑釉	宋—元	其他类窑业遗存
16	钳石窑址	宜春丰城市	青白釉、青釉、青灰釉、黑釉	宋—元	江西省文物保护单位
17	金鸡坡窑址	九江市浔阳区	黑釉、青釉	宋—元	尚未核定公布为文物保护单位的不可移动文物
18	兴源窑址	宜春市铜鼓县	青白釉、青灰釉、黑釉	宋—元	市级文物保护单位
19	南坑窑址	萍乡市芦溪县	青白釉、青釉、青绿釉、黑釉和青花瓷	南宋、元—清	市级文物保护单位
20	小洋旻窑址	赣州市宁都县	青白釉、青黄釉、黑釉	南宋—元	县（区）级文物保护单位
21	桃布村窑址	赣州市宁都县	青白釉、青灰釉、黑釉、双色釉	元	其他类窑业遗存

（续表）

序号	名称	地区	生产品种	时代	级别
22	铅山盏窑窑址	上饶市铅山县	黑釉、酱褐釉、茶青釉、青白釉	宋	县（区）级文物保护单位
23	茶亭盏窑窑址	上饶市广信区	黑釉、青釉、酱釉	宋	其他类窑业遗存
24	里窑遗址	抚州市金溪县	青白釉、青釉、黑釉、青黄釉、双色釉	宋—元	江西省文物保护单位
25	鸣山窑址	抚州市金溪县	黑釉、青釉、青白釉、白釉	南宋—清	尚未核定公布为文物保护单位的不可移动文物
26	西排窑址	抚州市金溪县	青白釉、青釉、黑釉、青黄釉	宋—元	尚未核定公布为文物保护单位的不可移动文物
27	窑嘴山窑址	抚州市金溪县	青釉和黑釉	宋—元	尚未核定公布为文物保护单位的不可移动文物
28	乌龟墩窑址	抚州市金溪县	青白釉、青釉、黑釉	宋—元—明	尚未核定公布为文物保护单位的不可移动文物
29	东排窑址	抚州市金溪县	青釉、青白釉、黑釉	宋—元—明	尚未核定公布为文物保护单位的不可移动文物
30	云市窑址	抚州市南城县	青釉、青白釉、褐釉、黑釉以及雕塑瓷，也有酱釉、青花瓷、釉陶	晚唐—明	县（区）级文物保护单位
31	白舍窑遗址	抚州市南丰县	青白釉、青灰釉、黑釉、彩绘瓷、青花瓷	宋—元	全国重点文物保护单位
32	巴塘窑址	抚州市乐安县	青白釉、青黄釉、酱釉、黑釉、白釉、青釉	宋—元	其他类窑业遗存
33	坝上窑址	鹰潭贵溪市	青白釉、青釉、褐釉、黑釉和双色釉	宋—元—明	县（区）级文物保护单位
34	蛇形山窑址	抚州市金溪县	青白釉、青釉、黑釉	宋—元	尚未核定公布为文物保护单位的不可移动文物
35	小陂窑址	抚州市金溪县	青白釉、黑釉、酱褐釉、青釉、青黄釉、窑变釉	宋—元—明	县（区）级文物保护单位
36	道塘里窑址	景德镇市珠山区	青白釉、青釉和酱釉	五代—北宋	其他类窑业遗存
37	铜锣山窑址	景德镇市珠山区	青釉、黑釉和青白釉	北宋	其他类窑业遗存
38	凤凰山窑址	景德镇市浮梁县	青白釉、酱釉和青釉	北宋	尚未核定公布为文物保护单位的不可移动文物
39	小坞里窑址	景德镇市珠山区	青白釉、黑釉	北宋	尚未核定公布为文物保护单位的不可移动文物
40	湖田窑址	景德镇市珠山区	青釉、白釉、青白釉、黑釉、卵白釉、青花瓷、釉里红、蓝釉、红釉、仿龙泉青釉	五代—明	全国重点文物保护单位
明清时期黑釉窑址					
41	吴家窑址	吉安市新干县	青灰釉、黑釉、酱釉、青白釉	宋—元—明	江西省文物保护单位

（续表）

序号	名称	地区	生产品种	时代	级别
42	瑶里村对门山窑址	吉安市新干县	黑釉、青釉和陶器	宋—元—明	尚未核定公布为文物保护单位的不可移动文物
43	横峰窑址	上饶市横峰县	青白釉、黑釉、仿龙泉青釉	宋—明	县（区）级文物保护单位
44	塘尾窑址	抚州市金溪县	青釉、青白釉、黑釉	元—明	其他类窑业遗存
45	丰源窑址	景德镇乐平市	仿龙泉青釉、褐釉、黑釉	宋—元—明	县（区）级文物保护单位
46	铅山华家窑址	上饶市铅山县	仿龙泉青釉、黑釉、酱褐釉、乳浊釉和紫青釉	明—清	县（区）级文物保护单位
47	新湖窑址	赣州市赣县区	青花瓷、黑釉、青釉、黄绿釉、白釉和青白釉	明—近现代	县（区）级文物保护单位
48	御窑厂遗址	景德镇市珠山区	青花釉里红、釉里红、红釉、黑釉、紫金釉、白釉、黄釉、青釉、洒蓝釉、孔雀蓝釉、仿龙泉青釉、仿哥釉、仿宋官窑青釉、青花和斗彩	明—清	全国重点文物保护单位

试论宋代江南地区黑釉茶盏（碗）

董健丽（故宫博物院）

摘要：“斗茶”大约始于五代，最早流行于福建建安一带，至北宋已颇为盛行，为适应“斗茶”文化的需求，宋代以福建建阳为中心所制造的黑釉盏（碗）闻名天下，受其影响，福建多地皆有生产，同时还辐射到周边省份，如浙江、江西，甚至蔓延到四川、重庆、湖南、广西等地。这些地区生产的碗、盏类器物，以黑釉为主，仿烧建窑器，同时也烧窑变釉、花釉、剪纸贴花、木叶贴花和印花等，有着鲜明的地方特色，本文就上述地区此类文物的特征和相关问题进行论述，以便同仁对宋代江南地区流行的碗、盏类茶器有更多的认知。

关键词：斗茶　建窑　吉州窑　四川窑　窑变釉　黑色

一、各窑特征

宋代由于“斗茶”之风盛行，适宜斗茶的黑釉茶盏，受到了上至皇帝，下到达官贵人、文人骚客以及普通黎民百姓的喜爱。宋代可以说是黑釉瓷发展的极盛时代，以建盏为首的黑釉盏（碗）得以广泛传播，影响深远。当时在中国的大江南北，长城内外都有很多烧制的黑釉瓷的窑场，江南地区烧造黑釉的省份有福建、浙江、江西、湖南、广西、四川、重庆、安徽等地都有发现，各窑的产品既有相同点，也存在差异，下面依据考古出土资料和故宫博物院采集的窑址标本资料，对宋代重点瓷窑所烧造的器物，加以阐述。

（一）黑釉盏（碗）

福建地区　以闽江为中心，南北流域出现了众多生产黑釉盏的窑口，如福建武夷山遇林亭窑、建阳建窑（水吉镇芦花坪窑、水吉镇大路后门窑、南山、庙上等）、南平茶洋窑、宁德飞鸾窑、连江浦口窑、闽侯碗窑山窑和福清石坑窑。

浙江　发现专门烧造黑釉的窑址有丽水庆元潘里垄黑釉盏窑，此外永康武义窑、临安天目窑等也烧造黑釉盏。

江西　上饶和铅山有专门烧造黑釉盏的窑址，此外贵溪、吉州、赣州等也有烧造黑釉盏（碗）的窑址。

四川　黑瓷窑场在宋代的四川地区可谓异军突起，尤其是到了南宋时期，黑瓷窑场几乎遍布川峡四路，具有代表性的有位于成都平原的金凤窑、瓦缸坝窑、金马村窑，峡江地区的涂山窑，北部山区的广元窑。

湖南　衡山窑、湘乡石龙窑、湘阴百梅窑、益阳羊舞岭窑。

代表器物：福建建窑兔毫盏〔图1〕、浙江丽水庆元潘里垄黑釉盏窑黑釉盏残片〔图2〕、江西上饶县荣亭王塘窑黑釉盏残片〔图3、图4〕、江西吉州窑玳瑁盏〔图5〕、江西窑黑釉白边盏〔图6〕、四川窑黑釉盏〔图7〕、四川广元窑黑釉盏〔图8〕四川成都金凤窑黑釉兔毫盏〔图9〕、重庆荣昌窑黑釉兔毫盏〔图10〕、湖南衡山窑黑釉盏残片〔图11〕、湖南祁东窑黑釉盏残片

图1　建窑兔毫盏

图2　浙江省丽水庆元潘里垄黑釉盏窑黑釉盏残片

图3　江西省上饶县荣亭王塘窑黑釉盏残片

图4　江西省上饶县荣亭王塘窑黑釉盏残片

图5　吉州窑玳瑁盏

图6　江西窑黑釉白边盏

图 7　四川窑黑釉盏

图 8　四川广元窑黑釉盏

图 9　四川省成都金凤窑黑釉兔毫盏

图 10　重庆荣昌窑黑釉兔毫盏

图 11　湖南衡山窑黑釉盏残片

图 12　湖南祁东窑黑釉盏残片

图 13　广西兴安窑黑釉碗残片

〔图 12〕、广西兴安窑黑釉碗残片〔图 13〕。

（二）黑釉酱彩、鹧鸪斑、玳瑁、油滴釉

宋金时期山西、陕西、河北、河南，诸多窑口皆生产黑釉酱彩，其中山西窑口生产的铁锈斑、酱彩、油滴等风格多样，具有鲜明的地方特色。此类品种在南方的福建建窑、江西吉州窑、四川广元、四川西坝窑、广西容县等窑口也有烧造。

代表器物：福建建窑大路后门窑址出土黑釉酱彩盏〔图 14〕、江西吉州窑黑釉鹧鸪斑纹碗〔图 15〕、四川窑黑釉酱彩盏〔图 16〕、四川窑黑釉酱彩盏〔图 17〕、广元窑油滴碗〔图 18〕、成都金牛出土玳瑁碗〔图 19〕、重庆涂山窑黑釉玳瑁盏〔图 20〕。

（三）窑变釉

宋金时期窑变釉流行北方地区，以河南烧造的钧窑最有代表性。此外浙江、湖南、广西、四川也有烧造。四川西坝窑的窑变非常有特色，色彩浓艳，奔放自然，追求古朴而不

图 14　福建建窑大路后门窑址出土黑釉酱彩盏

图 15　江西吉州窑黑釉鹧鸪斑纹碗

图 16　四川窑黑釉酱彩盏

图 17　四川窑黑釉酱彩盏

图 18　广元窑油滴碗

图 19　成都金牛出土玳瑁碗

图 20　重庆涂山窑黑釉玳瑁盏

图 21　四川西坝窑蓝色窑变釉碗

图 22　四川西坝窑窑变釉碗

图 23　湖南石龙窑黑釉窑变釉盏

图 24　广西兴安县严关窑窑变釉盏

图 25　江西吉州窑黑釉木叶纹盏器里

图 26　江西吉州窑黑釉剪纸贴花碗器里

图 27　吉州窑黑釉剪纸贴花朵梅纹碗里
故宫博物院藏

失自由浪漫的艺术风格，把我国窑变釉的发展推到了顶峰。

代表器物：四川西坝窑蓝色窑变釉碗〔图 21〕、四川西坝窑窑变釉碗〔图 22〕、湖南石龙窑黑釉窑变釉盏〔图 23〕、广西兴安县严关窑窑变釉盏〔图 24〕。

（四）剪纸贴花、木叶纹

入宋以后，江西瓷业盛极一时。景德镇窑、吉州（永和）窑、白舍窑和赣州（七里镇）窑，号称宋元江西四大名窑，所产的青白瓷、黑釉瓷、彩绘瓷以及酱釉瓷驰名全国，享誉海外。其中吉州窑黑釉瓷独创的剪纸和木叶贴花等装饰工艺别具一格，为其他瓷窑所不见。

代表器物：江西吉州窑黑釉木叶纹盏〔图 25〕、江西吉州窑黑釉剪纸贴花碗〔图 26〕、江西吉州窑黑釉剪纸贴花朵梅纹碗〔图 27〕。

（五）褐釉印花

宋金时期黑釉、褐釉印花主要为北方地区生产，见于河北磁州窑、山西介休窑、陕西耀州窑、山东淄博窑等，这一工艺在湖南、广西等地也有生产，很有地方特色。

代表器物：湖南衡山窑黑釉印花盏残片〔图 28〕、广西兴安窑酱釉印花盏〔图 29〕、广西永福窑田岭窑酱釉印花菊瓣纹碗残片〔图 30〕、广西柳城木桐窑酱釉印“记用”铭碗残片〔图 31〕、广西柳城木桐窑酱釉刻花碗残片〔图 32〕。

图 28　湖南衡山窑黑釉印花盏残片

图 29　广西兴安窑酱釉印花盏

图 30　广西永福窑田岭窑酱釉印花菊瓣纹碗残片

图 31　广西柳城木桐窑酱釉印“记用”铭碗残片

图 32　广西柳城木桐窑酱釉刻花碗残片

二、各地窑业的区别和联系

（一）福建建窑和其他窑的关系

宋代福建建窑黑釉盏类器物，南方的很多窑口都有烧造，浙江庆元潘里垄黑釉盏窑的产品在造型、胎釉等方面与福建建阳黑釉盏几乎完全一致，应属建窑体系，探究原因，是因为该地与福建地缘相近有关，据《庆元县志》记载：“（庆元）又南起为天马，是为邑，之面山南去五十里，为白岩山，福建政和县界，西去四十里，为跪炉山，福建松溪县界。”[1]

考察江西上饶市荣亭王塘窑和上饶铅山窑两处黑釉盏窑产品，亦与建阳黑釉盏类产品类似，这是因为上饶靠近福建崇安（现指武夷山地区）的缘故，根据《崇安县志》记载：“（崇安县）南至建阳县竹湖山七十里，北至广信府上饶县岑阳关八十里。”[2]

1　（清）关学优：《（嘉庆）庆元县志》，清嘉庆六年刻本。

2　（明）陈道修，黄促昭纂：《（弘治）八闽通志 87 卷》八闽通志卷三，明弘治刻本。

《铅山县志》记载："(铅山县)抵建宁府崇安县分水关预八十里。"[3]可见两地都邻近福建崇安(现指武夷山)，通过崇安直抵建阳，便捷的交通有利于两地陶瓷技术的交流。

四川窑口生产的黑釉盏与建阳窑在器型、釉色、外底露胎采用护胎釉等方面，具备了建阳窑的显著特征，与建阳窑黑釉盏的烧造工艺极为相似。表明两地亦有窑业交流，这得益于成都有便捷的交通网络。岷江入长江，经三峡到长江中下游的水道，是四川地区对外交流的重要通道，"通西蜀之宝货，传南土之泉谷，为富国之资助经邦之略"。与其连接的众多水路、陆路构成了成都与北、南东各个方向进行物资运输、交流的交通网。

(二)南方窑口与中原窑口的关系

两宋之际，随着北方民族相继南迁，中原频遭战火，北方居民从各种途径大量南迁，例如"西北士大夫遭靖康之难，多挈家南寓武陵"，南迁的民众带来了中原的窑业技术，各窑表现出中原与当地相互杂糅的现象，比如黑釉瓷上的酱彩、窑变、印花等吸收了北方的元素。

(三)兼收并蓄，勇于创新

江西、四川、湖南、广西各窑口，深受各地重要制瓷传统影响，兼收并蓄，又有所创造，各类瓷品全面开花，产品粗细皆备，其稚拙、朴实、自然的风格，富于生活情趣和生命活力。吉州窑与建窑有着密切联系，但工艺上却又明显不同。建窑黑釉碗的花纹，多是在窑内自然烧成，即以"铁釉"结晶所形成的兔毫、油滴等装饰器物；而吉州窑黑釉碗的装饰，则多为人工装点而成。西坝窑烧制的窑变釉与河南钧窑对比，色彩浓艳，恣意奔放，充满了烂漫迷人的气息，湖南、广西的黑(褐)釉印花题材比北方的装饰题材更广泛，在烧造工艺上，采用大泥丁支烧，有别北方烧造工艺。

三、盏(碗)体现的时代风范

探究南方各类碗、盏，它的形制，纹样、流传等都和那个时代的审美、精神生活息息相关。在古代社会中，作为中华五色的黑色，属于高贵的正色，其代表性、象征性最强，既象征天色，也代表着地，在宋代特别被推崇，宋人认为黑色是宇宙的主色调，这是其他任何色彩都不能达到的地位，黑色在视觉上的美感也体现出禅宗以素简为美的精神，黑色可谓被宋人极为推崇。对宋代工艺美术产生影响，南北方皆烧黑釉器，就是证明。黑釉盏(碗)的形制浑厚古朴，线条明朗简洁，舒展自然、朴实无华，毫无造作之态，这种简素、古朴之美的

---

3 (明)费寀纂修:《(嘉靖)》铅山县志12卷》铅山县志卷之一，明嘉靖刻本。

品格生来就与禅意的境界有着一种默契。黑色的釉色朴素玄妙，使得整个器物敦厚而富有安定感，呈现出淡泊而又浑厚的特色。在黑釉基础上采用木叶纹装饰和剪纸贴花装饰黑釉器，这种装饰艺术写实性强，风格独特，探究缘由，刘涛先生认为：木叶纹其装饰有的可能与使用对象或当时流行的点茶法有关，或正是投合佛教徒而为之。剪纸贴花，其产生可能是受了当时流行的一种“漏影春”点茶法的启发[4]。黑釉瓷中的“油滴”、“兔毫”、“褐斑”、“洒釉”和“窑变”等，犹如云雾、细雨、夜空繁星、风雪中的芦花、玳瑁的甲壳，虎皮的纹斑或青、蓝、绿、紫的火焰，这些异彩纷呈、变化万千的釉面装饰，宛若天成，但又变化万千，蕴含无限的自然之美，达到了“釉”有限而意无穷的境界，从而体现意蕴之美，反映了当时人们对大自然美好景致的记忆与憧憬。

古代工艺美术发展到两宋时期，形成了比较完美的范式和境界，并集中地表现在陶瓷等各类工艺品中。发达的手工业和尚文重理的文化氛围，为保持造物与文人主体审美理想的和谐统一提供了极大的可能性，从而形成一代沉静典雅、平淡含蓄、心物化一的美学风范，宋代工艺美术充分地物化了中华民族的文化精神和审美意识。

4 刘涛：《宋辽金纪年瓷器》，文物出版社，2004年。

孔雀蓝釉器物在中国的出现、烧造及相关问题

孟耀虎

摘要：色相为孔雀蓝的色釉最早出现在西亚一带，称为青釉或绿釉。唐代中晚期西亚青釉陶器在中国多地发现。12世纪后期，为来自北方的少数民族女真人统治。在这样的政治、人文背景下陶瓷领域有了划时代的变化，孔雀蓝釉陶被成功烧造。中国低温釉陶系统又增加了新的品种，并在以后的发展中逐步融入了琉璃这一大系统中。

关键词：西亚青釉　十二世纪后期　中国　孔雀蓝釉

一、低温釉的出现、传播

北非的埃及人早在公元前5000年至公元前4500年左右已经发明了釉料，是一种玻璃釉。而将釉料用于陶器，则是在公元前1567年左右的十八王朝时期，并由此而产生了釉陶[1、2]。这种低温釉的出现与其地域有极大的关系，自从出现以后就成为北非、西亚低温釉系统中重要的色釉品种，一直备受欢迎并延续下来。这类低温釉在色相上就包括了铅作助熔剂的绿釉和以钾作助溶剂的我们称为孔雀蓝釉的色釉（西亚地区称为青釉或绿釉），它们的共同特点是都用铜作着色剂。而几乎是同一个时期的东方文明的中国，在公元前16世纪创烧出了瓷胎青釉的瓷器，并引领世界几千年。这是一个奇特的文化现象，我们无从得知它真实的历史背景。低温色釉陶与高温青瓷的烧造，形成了陶与瓷的两大基本阵营，在人类物质文明史上占据了极其重要的地位。

在陶器上施加低温釉最早出现于北非埃及一带，这是学界普遍的共识。叶喆民《中国古陶瓷科学浅说》一书认为："这种碱金属硅酸釉埃及早已发明，但长时期没有传到埃及国外。自从混入含铅物质变成容易熔化的釉后，再逐渐扩散到美索不达米亚、波斯和西亚

1　陈进海：《世界陶瓷·第一卷》，万卷出版公司，2006年。

2　山西博物院编：《古埃及文明》，山西人民出版社，2018年。

图 1　后期埃及（前 664- 前 332 年）釉陶托特神护身符

图 2　1-3 世纪伊朗绿釉双耳壶

图 3　东汉三彩釉陶器

一带。”[3] 我国的铅釉可能是经西域传来的。

日本三上次男认为："后汉时期，出现了和前期毫无关系的以铜和铁作为呈色料的铅绿釉、褐色釉陶器，这是与前面叙述过的产生于罗马领地东地中海沿岸的绿色、褐色罗马系陶器一样，当考虑到在中国制造出这一类的陶器时，那时以印度洋作为中继站的西方罗马领地和东方中国之间已经有了通商关系，中国绿褐釉的技术可能是由罗马领地传入的结果。”[4] 埃及在公元前 16 世纪就生产出碱釉釉陶〔图 1〕，这种釉和我们称为孔雀蓝釉的色釉在化学组成上有一定区别[5]，但色相上却非常相近。公元 2 世纪，地中海沿岸在陶器上以铅为助熔剂的铅釉陶器流行，铜绿、铅褐、锰紫色釉的陶器为罗马人所喜爱[6]。事实上，在丝绸之路开通后，来自西亚和西域的文化对汉代产生了一定影响，不可否认，西汉时期突然大量出现的釉陶技艺与西亚釉陶工艺应该有某种程度上的关联〔图 2〕。

我国铅釉（琉璃）的出现最早在战国时期，以往陶瓷史认知的西汉一说，已经被新的发现所替代。山东出土两件青釉罍，存放在齐国故城遗址博物馆，发掘者简报认为是青釉瓷罍。经北京大学用能量色散 X 荧光光谱仪对青釉瓷罍釉面成分测定，确认青釉罍为铅釉

3　叶喆民编：《中国古陶瓷科学浅说》，轻工业出版社，1982 年。

4　〔日〕三上次男：《陶瓷之路》，文物出版社，1984 年。

5　张福康：《中国古陶瓷的科学》，上海人民美术出版社，2000 年。该作者在其著作中将孔雀蓝釉称为孔雀绿釉，并以高温碱釉条目表述。在表述文字中又说“烧成温度介于高温釉和低温釉之间，所以称为‘中温釉’，但也有人称为低温釉”。

6　陈进海：《世界陶瓷艺术史》，黑龙江美术出版社，1995 年。

陶器，着色剂主要为氧化铁（Fe_2O_3）[7]。到西汉时，这样的釉色在我国并不普遍。因为比较特殊，还需要以后考古发现与科技考古来作综合的研判。

关于铅釉陶起源于战国之说，主要为欧美、日本一些研究者的观点，并非北京大学山东临淄青黄釉罍的测试依据。如 1949 年以前流传到国外的数件铅釉陶器可能属于战国时期作品，如收藏于美国纳尔逊艾特金斯美术馆的绿褐釉蟠螭纹盖壶、瑞士玫茵堂收藏的铅釉陶、韩国私人收藏家收藏的釉陶单耳杯。这几件铅釉陶器传说出土于洛阳金村和安徽寿县战国时期的墓葬，国外学者据此并根据其风格判定为战国时期作品。由于这几件器物属于非正式考古发掘品，其年代缺乏可靠的科学依据。持铅釉陶西汉起源的观点的主要为国内学者，主要依据 20 世纪 50 年代以来大量的考古发掘资料，早期观点认为铅釉陶出现于关中地区西汉中晚期墓葬。随着考古发掘资料的不断丰富，铅釉陶不仅在西汉中晚期黄河流域两京地区墓葬大量出现，而且在西汉早期墓葬也有出土。由此可确认，铅釉陶的出现年代可前推至西汉早期。

西汉时期釉陶色彩以绿、褐黄等单色者多见，也有几种釉色施于一器者。新莽时期出现绿、黄、褐黄或酱红等多彩组合的复色釉，有人称之为“汉三彩”，这是一种以线条或斑点的色釉装饰的陶器。东汉的釉陶特别发达，器型众多，有壶、樽、罐、洗、勺、灶、瓶等器皿类以及坞壁、望楼建筑模型和人、猴、鸡、鸭、狗、羊等明器〔图 3〕。

魏晋以降，低温釉一直使用并随时代变迁而有所改良。北朝时期出现瓷胎低温釉的工艺（此前皆陶胎低温釉），北齐出现有别于汉代三彩的二彩施于一器的唐三彩早期风格作品，唐代时三彩发展到了极其兴盛发达的阶段。

唐代开始，三彩陶器大流行。唐代晚期山西泽州窑烧造的三彩器物，质量较高，是否有外销的现象，目前还不能确证。德国人在印度尼西亚的海域，曾发现“黑石号沉船”，出水有白釉绿斑器物，虽不能明确烧造窑场，但生产于耀州—豫北—泽州—邢州一带的北方地区似乎没有太大疑问。9 世纪泽州—邢州一带斜腹敞口碗在色釉的外貌特征上与伊朗一带 9—10 世纪“多彩釉刻线纹钵”（碗式）有极其相像的地方，表明两地有一定行业上的来往和交流[8]。

唐代巩县窑曾烧造低温铅釉系统的蓝釉器物，唐恭陵出土一批[9]〔图 4〕。蓝釉为钴着色，而钴料来源于西亚一带，学术界并无太大疑问。由此可以观察到西亚低温釉陶系统对中国釉陶的直接影响。

宋金时期，三彩釉的使用已经不同于唐三彩的表现手法，唐代流淌变幻的三彩釉特征

7　临淄市临淄区文物管理局：《山东临淄发现战国时期铅釉陶罍》，《中国文物报》2016 年 8 月 16 日第 6 版。

8　中国古陶瓷学会等编：《唐三彩窑研究》，科学出版社，2021 年；愛知県陶磁資料館企画展：《ペルシアのやきもの——8000 年の美と伝統》，2007 年。

9　郭洪涛：《唐恭陵哀皇后墓部分出土文物》，《考古与文物》2002 年第 4 期。

图 4　唐恭陵出土蓝釉陶

已经不再见到，以涂染施釉的装饰手法形成，并一直延续至今。两米多高的琉璃鸱吻，可以充分表达北宋、辽时琉璃技术的成熟。

二、中国发现的西亚孔雀蓝釉及影响

2000 多年前的南越国公署遗址出土了青釉带钉板瓦、青釉筒瓦、青釉菱形四叶纹长方砖、青釉“万岁”瓦当，这些青釉砖瓦的釉呈青灰色，玻璃质感强，有细碎开片，反映了建筑构件的大幅进步。这些建筑釉陶之釉与中国常见的高钙灰釉和以铁、铜等着色的铅釉不同，属于极为罕见的碱釉，釉的钠钾等碱金属氧化物含量达到了 14% 左右，其成分与西方钠钙玻璃接近。其制作技术可能是经海外引进发展的[10]。笔者认为，这些青釉建筑构件，并不排除制作于西亚并经由海上贸易到达广州的可能。

图 5　广西合浦汉墓出土波斯陶壶

中国广西合浦出土有汉代西亚釉陶壶（图 5），胎、釉及器型等多方面都表明了其域外特征。可以清楚了解到它来源于海上贸易的“丝绸之路”[11]。

唐代中晚期，中国境内出现西亚伊斯兰孔雀蓝釉陶器较多[12]，在色相上与我国金代烧造的孔雀蓝釉接近，但可以确认为西亚产品。从这些出土地点分析，此类西亚釉陶（国际陶瓷学界称为青釉或绿釉），基本可以肯定是

10　袁春霞：《中国最早的带釉砖瓦——南越国宫署遗址出土的带釉砖瓦研究》，《中国文物报》2014 年 1 月 3 日第 6 版。

11《中国首现东汉时期波斯绿釉陶瓶出土于合浦汉墓》，《兰台世界》2010 年第 13 期。

12　汪勃：《再谈中国出土唐代中晚期至五代的西亚孔雀蓝釉陶器》，《考古》2012 年第 3 期。

图 6　福建刘华墓出土伊斯兰孔雀蓝釉陶瓶

通过当时兴盛的中西文化交流的海上丝绸之路来到中国。

1965 年扬州唐城遗址出土一件“翠绿釉大陶罐”。1990、1991 年扬州文化宫遗址出土西亚伊斯兰孔雀蓝釉一百多片，有壶、罐两种器型。2004 年，扬州唐宋古城东门遗址唐代晚期地层中出土有孔雀蓝釉陶片[13]。

宁波唐宋子城遗址出土唐代晚期孔雀蓝釉壶片[14]。

广西桂林、容县出土唐代中晚期孔雀蓝釉陶片[15]。

广州南越国公署遗址中出土，晚唐、南汉遗址出土孔雀蓝釉陶片[16]。

福建刘华墓出土五代闽国时期孔雀蓝釉陶瓶三件〔图 6〕。三件陶瓶形体高大（高 74.5—78 厘米），通体施釉[17]。刘华是南汉国南平王之女，后唐长兴元年（930）卒于闽。这是中国境内出现的西亚伊斯兰孔雀蓝釉器物完整且有确切埋葬纪年的器物。

所见考古报道或者会受时空的局限，未及报道或尚待发现者应当还有不少。据说，北京出土有同时期的波斯陶器。

这一时期，中国境内，唐代晚期长沙窑创烧的“蓝釉”瓷器[18]〔图 7、图 8〕，与南方流行的青瓷体系中的色相完全不同，这可能正是受西亚伊斯兰世界流行的釉水以铜为着色剂的

图 7　唐代长沙窑蓝釉枕
湖南省博物馆藏

图 8　唐代长沙窑蓝釉渣斗
华菱石渚博物馆藏

13 周长源：《扬州出土古代波斯釉陶器》，《考古》1985 年第 2 期。
14 付亦民：《唐代明州与西亚波斯地区的交往——从出土波斯陶谈起》，《海交史研究》2000 年第 2 期。
15 李铧、冯绍柱、周华：《广西出土的波斯陶及相关问题探讨》，《文物》2003 年第 11 期。
16 南越王宫博物馆筹建处、广州市考古研究所：《南越宫苑遗址 1995、1997 年考古发掘报告》，文物出版社，2008 年。
17 福建省博物馆：《五代闽国刘华墓发掘报告》，《文物》1975 年第 1 期。
18 长沙窑编辑委员会：《长沙窑》，湖南美术出版社，2004 年。对于长沙窑蓝釉器物的表述同样比较混乱，就《长沙窑》大型图册而言，也是“绿釉”“青釉”并存。

"青釉"陶（色相为孔雀蓝）的影响而产生的。主要用来外销的长沙窑，所烧"蓝釉"也是以铜着色的，但属于高温系统，与12世纪后期北方地区出现的孔雀蓝低温釉系统完全不同。笔者理解为这是长沙窑窑工尝试仿烧西亚"青釉"（孔雀蓝釉）的举措，意欲依托自己外销瓷烧造的优势，销售给西亚一带，因为那里流行这种色釉的陶器。但这次尝试并不成功，因此长沙窑的"蓝釉"瓷器并没有得到很好的发展，在发达的中国陶瓷领域，成为了昙花一现的奇葩。在相关研究中，这类器物常常被描述为绿釉，有时候也称为蓝釉，表明对其认知及背景存在模糊的概念。至于当时是否有"蓝釉"产品销售到西亚一带，由于笔者缺少相关资料，不能展开进一步的讨论。

三、中国烧造的孔雀蓝釉

伊斯兰早期及更早，西亚青釉陶（孔雀蓝色釉）已经出现。伊斯兰中期（800—1000年），西亚的青釉陶器开始大流行。如前述，产品远远流通到了中国。伊斯兰后期（1000—1550年）青釉陶器在西亚同样十分发达。正是这一时期，中国出现孔雀蓝釉并一直延续下来。推测创烧自西亚一带的青釉（孔雀蓝釉）装饰手法可能正是这个时期，伴随着女真人对北部中国的占领和统治，对中国陶瓷产生了巨大影响。在文化传播过程中，中国窑工融入了本土

图9　孔雀蓝釉"铁流砂"纹玉壶春瓶
闫源德墓出土

图10　孔雀蓝釉"铁流砂"纹玉壶春瓶
闫源德墓出土

图11　孔雀蓝釉"铁流砂"纹玉壶春瓶
长治上党区八义窑博物馆藏

图 12　金代孔雀蓝釉黑画花枕

图 13　金代孔雀蓝釉盏托

图 14　金代孔雀蓝釉“铁流砂”纹炉

图 15　西亚单色釉、彩绘碗
河西走廊一带出土

图 16　西亚彩绘碗
河西走廊一带出土

图 17　金代当阳峪窑标本

图 18　金代当阳峪窑标本

图 19　金代当阳峪窑标本

早已成熟的釉陶体系制作手法，烧造成功了属于自己的孔雀蓝釉。

金代，中国境内的窑场生产出了孔雀蓝釉器物。从陶瓷史的发展研究来看可能这种事件在 12 世纪中期以后（大体在 1153 年海陵王迁都燕京以后）。目前所见有确切纪年的器物为辽宁朝阳马令夫妇合葬墓（大定二十四年，1184 年）出土的一件长颈瓶[19]（原报告：翠绿釉长颈陶瓶），大同金代闫德源墓[20]（大定二十九年，1189 年）出土的两件“铁流砂”装

19　辽宁省博物馆：《辽宁朝阳金代壁画墓》，《考古》1962 年第 4 期。

20　解廷琦：《大同金代闫德源墓发掘简报》，《文物》1978 年第 8 期。

饰的孔雀蓝釉玉壶春瓶（原报告：豆青暗纹长颈瓶）〔图 9、图 10〕。早年时，报告编写者并没有使用孔雀蓝釉这一名称，而可能是参考了同样釉色的西亚“青釉、绿釉”概念并力图更确切的表述，所以便有了“翠绿、豆青”的报告表述内容〔图 11〕。

图 20　金代当阳峪窑标本

流散文物所见还有炉、枕、盏、托等，应当还有其他式样〔图 12—图 16〕。

目前所知，12 世纪后期中国北方出现孔雀蓝釉器物，笔者认为是中国窑工第二次学习西亚的低温青釉（孔雀蓝釉）烧造，这次成功了。此类低温色釉是明确以“牙硝”为助熔剂的。可能直接受到西亚工匠的指导或者釉料配方。然而，还是融入了中国本土低温釉装饰的手段，或者豫北当阳峪一带特色〔图 17—图 20〕，釉下采用铁流砂或黑画花装饰，并使用了白色化妆土，导致了它易于剥釉的特征。就前述纪年资料所见遗物，已经较为成熟，推测最初能够烧造此类物品的时间可能还会早一些。

孔雀蓝釉器物在中国的烧造成功是在女真族所建国家的地域之内。与前述汉代、唐代中晚期来源于海上的贸易现象不同。这次，文化交流的路线可能直接来源于北方。其路径不外乎两条，一条是北方的大草原，一条是河西走廊。事实上，我们还没有确凿的证据，供给了解这种文化传播的路线。就笔者所见流散文物而言，武威—天水一带的河西走廊，经常出土西亚的釉陶器物，有单色釉的，有彩绘花卉或人物的，其中就有孔雀蓝釉器物〔图 21〕。而这些器物的时代，大体都在 12 至 13 世纪[21]，处在女真人及蒙古人统治北方的这一时间段。这或者表明河西走廊正是西亚青釉向中国传播的主要路径。北宋覆灭后，来自北方草原以及西亚的文化融入了汉域的文化体系，陶瓷领域开始了一个崭新的时代。

图 21　12–13 世纪伊朗青釉钵

21《东洋陶磁第 4 卷イラン国立考古博物館》，講談社，1981 年。

金代出现的孔雀蓝釉器物有瓶、炉、枕、盏、托等，属于北方陶瓷文化中常见品类，与中国式样保持了完全一致的面貌。釉下挂化妆土、铁流砂、釉下黑画花等装饰手法，也完全是中国式低温釉系统惯用的手法。由此可以看到，12 世纪后期，中国一千多年来流行的低温铅釉系统外，又出现了一个低温碱釉系统。这种来自于伊斯兰世界的孔雀蓝釉陶，在以后的发展中，逐步显现出与宗教有关的姿态。

孔雀蓝釉也有人称为孔雀绿釉。“宋代磁州窑发明的孔雀绿釉是中国最早的高碱釉”“中东地区古代的高碱釉历史也很早，但中国的高碱釉在化学组成上和它完全不同，说明宋代的高碱釉是中国陶工们自己发明的”[22]。硅酸盐方面的科技工作者对孔雀蓝釉的解释对我们有重要的参考价值，然则，也需要审视对待。就孔雀绿釉的称谓而言，表达似乎并不确切。孔雀毛有绿色者艳丽活泼，但其毛也有蓝色秀雅者。笔者曾请教过相关科技工作者，表示是一种习惯上的称呼。孔雀蓝釉可能由于成色矿物铜在釉料中的多少或者烧成气氛的不同有关，釉色有时候介于蓝、绿之间，或偏于绿色、或偏于蓝色，这可能也是导致不同称呼的主要原因，而这类器物的典型代表是孔雀蓝而非孔雀绿。西亚一些青釉陶器有偏向绿色者，称为绿釉，而偏于蓝色者则普遍称为青釉。据目前考古资料显示，中国孔雀蓝釉最初烧造窑场也不是磁州窑，更不在汉文化政治体系背景的宋代。中国和西亚一带高碱釉的化学组成因地域的不同而可能不尽一致，但有共同的视觉上的外貌特征。西亚碱釉和中国碱釉都无一例外地使用了铜做呈色物[23]。

孔雀蓝釉以“牙硝”（硫酸钠：主要成分为氧化钾）为助熔剂，与传统低温釉以铅做助熔剂不同，属于一种新型色釉。在当阳峪等地窑址发现有孔雀蓝釉器物，初步推测河南地区至迟在金代晚期已开始烧造这类产品[24]。

综观世界四大文化体系可以看到[25]，中国文化体系中的瓷胎高温釉和阿拉伯—伊斯兰文化体系中的陶胎低温釉对陶、瓷两大体系的发展作出了重要贡献。中国文化体系在瓷胎高温釉的发展过程中，接纳了来自西亚的低温釉陶的制作技术，形成了陶与瓷两脉并举的文化系统。在不断交流和融合过程中，北齐时出现了瓷胎、低温釉于一器生产的陶瓷新产品，完成了自己的合璧组合，并一直延续下来，成为陶瓷家族中的另一特殊品种。而西亚一直维持着陶胎、低温釉的釉陶体系。这些现象，展示出了两者不同的文化个性。

---

22 张福康：《中国古陶瓷的科学》，上海人民美术出版社，2009 年。

23 愛知県陶磁資料館企画展：《ペルシアのやきもの——8000 年の美と伝統》，2007 年；张福康：《中国古陶瓷的科学》，上海人民美术出版社，2009 年。

24 卢华堂：《焦作当阳峪窑古陶瓷标本》，中州古籍出版社，2019 年。

25 季羡林：《只有东方文化能拯救人类》，《季羡林散文集》，浙江文艺出版社，2008 年。

图 22　元代孔雀蓝釉龙纹罐
北方磁州窑 –《白と黒的竞演》

图 23　元代孔雀蓝釉黑画花罐
北方磁州窑，东京国立博物馆藏 –《白と黒的竞演》

四、孔雀蓝釉的传播、兴盛

元代时，琉璃技术相对成熟起来，孔雀蓝釉的使用主要还停留在器皿类物件上〔图 22、图 23〕。北方河南、河北、山西都有烧造，似乎并以晋东南、豫西北、冀西南一带漳河流域这一古老发达的陶瓷产区为中心而生产。成熟的建筑琉璃系列中似乎并不见孔雀蓝釉的使用。有资料表明，元代景德镇已经能够烧造非常成熟的孔雀蓝釉器物[26]。元代孔雀蓝釉是否使用于建筑构件上，没有确凿的资料。"沥粉"技法，在金元壁画中常常见到，和孔雀蓝釉出现于同一器物上，可能不会早于 14 世纪后期的元代晚期。而元代的景德镇，在高温瓷器上已经成功使用了沥粉描金的二次装饰手法。

明代时，孔雀蓝釉在使用对象上出现了南、北方一些不同的发展脉络。

北方地区，明代初期，孔雀蓝釉融入琉璃釉系统中，成为铅釉与碱釉组合的低温釉系统。用于建筑构件与器皿的生产。同时，珐华器物的烧造发达起来，作为珐华器物使用的孔雀蓝釉、茄皮紫釉，更加成熟，这类器物可能倾向于宗教用器。

驰名中外的大同九龙壁〔图 24〕，建于明代洪武末年，是明太祖朱元璋第十三子代王朱桂府前的照壁。在我国现存最享盛名的三座九龙壁中（北海一座，双面。故宫一座，宁寿宫皇极门外），是建筑年代最早、尺度最大、而又最富艺术魅力的一座。大同九龙壁壁面的海水、龙身已经成熟应用了孔雀蓝釉和茄皮紫的色釉，也即我们通常认知的珐华釉。

26《中国历代景德镇瓷器・五代宋元卷》，中国摄影出版社，1998 年。该书收录一件景德镇珠山北麓出土的孔雀蓝釉金彩盒砚。曾见流散器物中的"至正八年（1348 年）三月造"铭的三兽足带耳鼎式孔雀蓝釉炉。

图 24　大同九龙壁局部

图 25　明代龙纹琉璃
大英博物馆收藏

我们有实物依据，诠释珐华釉与琉璃釉结合的时间节点[27]。或许就是皇家或朱明王子，有经济实力并在大规模宫殿、庙宇、影壁等的宏大工程中，率先把多种色釉使用于同一组建筑构件上，这是一个划时代的开始。

北方的孔雀蓝釉从金代最初只使用于器皿并经元代，到明代初年应用于建筑琉璃，完全融入了中国陶瓷文化中。明代开始，孔雀蓝釉似乎也更多地使用在庙宇构建和宗教有关的器皿上。我们或者可以理解为孔雀蓝釉的历史定位与分野的成熟。而作为珐华釉的茄皮紫釉，似乎并没有孔雀蓝釉的华丽，在使用中常常以“配角”的身份出现。

南方地区，景德镇元代开始烧造的孔雀蓝釉器物在以后的发展中，并没有出现太大变化，主要延续了器皿类物品的烧造传统，在以后的发展中并没有体现出如山西珐华偏向宗教器皿的趋向。在建筑构件的烧造方面，我们还缺少相应的资料。其有仿山西珐华一事，区别在于使用了不同于山西陶胎的瓷质胎体。同时，以景德镇为中心，明代初期，孔雀蓝釉融入五彩瓷器的色釉体系中，作为一种釉彩常常被使用。目前所知，明代中期以后，景德镇继续生产的有孔雀蓝釉彩的五彩瓷器向外传播，影响了漳州窑场、安南，以及日本的五彩瓷器生产。

明代时，琉璃烧造十分发达，艺术表现达到了历史最高水平，应当与孔雀蓝釉及茄皮紫等色釉这一低温釉系统地融入有关。大英博物馆收藏的一组孔雀蓝釉与其他色釉装饰的龙纹建筑构件，曾是山西某大型建筑上的重要构件，清末民国时被盗卖〔图 25〕。由此，我们可以看到低温色釉成熟发达时期的优秀作品〔图 26—图 28〕。

孔雀蓝釉与珐华有不可割舍的联系，但在出现时间和表达内容方面并不一致。珐华一词出现很晚，晚至民国时期，况且在表述用字上也不尽相同。珐华是一种特定名称，或因“粉花”“沥粉”“法华”而名，并无确切的采信依据。因此，古陶瓷研究者、科技人员

27　柴泽俊：《山西琉璃》，文物出版社，2012 年。

一般依助溶剂的不同来讨论琉璃釉与珐华釉。珐华一词所表达的并非釉水一项，可能包括了陶胎、立粉装饰、以牙硝作助溶剂的低温色釉等一个完整的工艺体系。孔雀蓝釉只是珐华体系中主要的色釉品种。因此，我国古陶瓷研究者、科技人员一般依助溶剂的不同来讨论琉璃釉与珐华釉。从色釉上观察，通常理解孔雀蓝釉、茄皮紫釉等为珐华釉。

清代以来，孔雀蓝釉伴随其他低温色釉的存在，一直兴盛发达，但并无特别之处，在艺术表现上也无超越明代辉煌时期的个性特征，且逐渐出现衰落的趋势。

图 26　明代孔雀蓝釉“龙天庙”铭供盘
流散文物

图 27　明代孔雀蓝釉黑画花梅瓶
郑州大象陶瓷博物馆藏

图 28　明代孔雀蓝釉黑画花炉
郑州大象陶瓷博物馆藏

北宋龙泉窑"制样须索"考 *

周雪妍　沈岳明（复旦大学文物与博物馆学系）

摘要：宋人庄绰有记，宣和年间，龙泉窑曾按"制样须索"的方式为宫廷烧造瓷器，印证龙泉青瓷在北宋晚期即已进入宫廷的同时，也成为了现今无实物证据的情况下，探索北宋宫廷用瓷具体面貌的重要线索。本文以此为切入点，以定窑、汝窑、南宋官窑、越窑、高丽青瓷等，曾为两宋宫廷供应瓷器的窑场材料为比较对象，同时参考两宋时期具有官方背景的他类手工业制品，认为龙泉窑北宋晚期的产品中存在着宫廷制"样"。今大窑、金村地区发现的一批制作极其精美，胎釉、造型、装饰均不与北宋晚期普通翠青釉产品同的标本，或正为"制样须索"的器物。

关键词：龙泉窑　宫廷用瓷　官样

宋人庄绰撰《鸡肋编》中有述："处州龙泉县多佳树……又出青瓷器，谓之秘色。钱氏所贡，盖取于此。宣和中，禁庭制样须索，益加工巧。"[1]此条文献佐证了宋时叶寘、顾文荐所记"本朝以定州白磁器有芒不堪用"[2]一事的同时，又成为了龙泉窑研究中，探究北宋宫廷用瓷具体面貌的重要线索——既有"制样"，龙泉窑又与汝、唐、邓、耀州等窑口并列，两相比对之下，北宋宫廷究竟在使用着如何的龙泉青瓷，或可稍有头绪。

一、螭纹的启示：龙泉青瓷与定窑宫廷用瓷的比对

龙泉大窑地区，作为两宋时期的窑业中心，近年曾发现一批年代约在北宋晚期，器物特征与此时主流的翠青釉产品迥然有别、尤为精致的产品。调查者称这类器物"釉色青中泛白，与越窑秘色瓷釉色更为接近""施釉线极其整齐""不是普通的商品用瓷"，提出这

* 本文为2019年度国家社科基金重大项目"龙泉窑考古学研究"（项目批准号:19ZDA230）阶段性成果。

1 虽在庄绰笔下，龙泉青瓷被识作钱氏所贡"秘色"一事仍有争议，然宣和中，禁庭制样须索与当时社会背景、撰者生平均无矛盾之处，应为事实。且庄绰将龙泉窑错认为越州秘色，实际上正意味着秘色瓷概念在当时社会中的混淆与泛化，与北宋越窑衰落的情况相符。

2 （宋）叶寘:《坦斋笔衡》,《南村辍耕录》卷二九，上海古籍出版社，2012年，第325页;（宋）顾文荐:《负暄杂录》,《说郛》第4册，北京书店，1986年，第20页。

图1 龙泉窑大窑岙底 Y39 出土螭纹器底残件

类标本或与"禁庭制样须索"相关[3]。其中，Y39 出两件标本颇为典型，一为螭纹与底残件〔图1〕，一为凤鸟纹盏托残件。

螭纹标本，口、腹部残，仅余部分下腹与底，隐圈足，足径宽大而足墙低矮、细窄。灰白胎，胎质细腻坚致。通体施青釉，釉色润泽浅淡，仅器外底心留有饼状未施釉区域，呈橙红色，施釉线极为平整。腹外壁见划花而成的仰莲纹一周，花瓣间填充篦纹，器内心刻划头尾相衔的双螭纹，螭头呈三角状，圆弧形爪，身弯曲蜿蜒，由斜刀深刻而成，脊背以平行双线强调，主体纹样外的空隙处又填充有象征卷草或卷云的抽象图案。器外底烧成痕迹呈环状。

残器外壁所见仰莲篦划纹，为龙泉窑北宋晚期至南宋早期的典型辅纹，纪年材料见龙泉兰巨乡独田村墓出土"庚戌十二月十一日太原王记"墨书五管瓶[4]、龙泉塔石乡秋畈村元丰元年（1078 年）墓出土五管瓶[5]、江苏镇江市宝盖山政和二年（1112 年）墓出土莲瓣纹杯[6]、南宋淳熙五年（1178 年）河偁墓出土梅瓶盖[7]、"绍熙五年"（1194 年）刻铭残碗标本〔图2〕等。再按龙泉窑核心区域的技术发展脉络，北宋早中期淡青釉产品，与北宋晚期至南宋初的翠青釉产品的装烧方式并不相同。前者以瓷质垫圈支烧，垫圈与器底间以泥点间隔，后者器底多不施釉以泥饼填烧。本件标本器底痕迹似乎并非泥饼填烧，而由某种间隔具直接

3 浙江省文物考古研究所、龙泉青瓷博物馆编:《龙泉金村窑址群 2013—2014 年调查试掘报告》,文物出版社,2019 年,第 451 页。

4 兰巨乡五管瓶瓶盖内墨书的"庚戌"多被认为指北宋熙宁三年（1070 年），沈岳明、冯泽州等学者曾以日本奈良大和文华馆藏"元丰三年"五管瓶与大维德基金会藏"元丰三年"铭盘口瓶为参照，推测此干支纪年的判断有误，应再晚一个甲子，为宋高宗建炎四年，即 1130 年。器物出处见浙江省博物馆编：《青色流年——全国出土浙江纪年瓷图集》，文物出版社，2000 年，图版 200。

5 浙江省博物馆编：《青色流年——全国出土浙江纪年瓷图集》，文物出版社，2000 年，图版 201、202。

6 白炜：《青翠之间——宋代龙泉窑瓷器风格嬗变》，《紫禁城》2019 年第 7 期；浙江省博物馆编：《青色流年——全国出土浙江纪年瓷图集》，文物出版社，2000 年，图版 257。

7 浙江省博物馆编：《青色流年——全国出土浙江纪年瓷图集》，文物出版社，2000 年，图版 208。

1　2　3　4

图 2　篦划莲瓣纹纪年材料
1. 龙泉兰巨乡独田村墓出土"庚戌十二月十一日太原王记"墨书五管瓶　2. 龙泉塔石乡秋畈村元丰元年（1078 年）墓出土五管瓶
3. 南宋淳熙五年（1178 年）河偁墓出土梅瓶盖　4."绍熙五年"（1194 年）刻铭残碗标本

图 3　定窑刻划螭纹线图

接触器物，形成了环形的装烧痕迹。因此，按纹样与装烧情况，此件标本的生产年代定在北宋晚期较为稳妥。需要注意的是，若将此标本视作官器考虑，所应用的窑业技术或存在工艺创新的可能。

同一时期，北方曲阳县定窑窑场中制作的部分碗、盘、洗、瓶、盏托类器，也开始出现了状貌相似的螭纹。瓶器、盏托及极少数碗器将螭纹饰于器物外壁，盘、洗等器型多以刻划花技法饰于内心中央。螭首正、侧均有，宽鼻圆眼，方耳后卷立于脑后，头顶中央立角状物，因其形态蜷曲，也可能为翎毛或龙须。头部与修长的躯体相连，四爪拳握似涡旋，脊背与龙泉螭纹标本一致，使用了篦子一类的器具装饰平行线条[8]（图 3）。因之纹样布

8　笔者绘，原件来源为博物馆官网及出版物，见故宫博物院编：《定瓷雅集——故宫博物院珍藏及出土定窑瓷器荟萃》，故宫出版社，2012 年，第 118 页，图版 45、47；台北故宫博物院藏故瓷 013032、故瓷 002480、中瓷 005525、故瓷 007718、故瓷 007714；英国不列颠博物院藏 PDF.114、PDF.116；美国克利夫兰美术馆藏 1957.50。

局、形态、细节皆与龙泉残件相仿，龙泉线条虽更加简略，但定窑螭纹繁密者、疏朗者[9]〔图4〕皆有，不免联想两者是否源自同一粉本。另，南宋越窑、景德镇窑中也偶见以“螭”为饰的标本，但其形态更似走兽，可作“螭虎”一想，头顶无翎毛状凸起，背脊也无双线强调，与前两者相异，可反证“样”的存在[10]〔图5〕。

图4　定窑刻花螭纹洗
故宫博物院藏

关于此类刻划花定器年代，之所以将其上限同样断为北宋晚期[11]，窑址依据为2009年定窑遗址涧磁岭A区的发掘结果。报告显示，北宋晚期为定窑刻划花装饰出现的高峰时期，该期新见一类纹样组合，即器内心饰螭纹，外壁刻三重莲瓣的固定装饰[12]。同时，江苏夏港北宋末年墓[13]、浙江杭州水晶山一号南宋初年墓[14]均出土有刻划花螭纹器，后者墓葬虽为南宋初年，然随葬瓷器均显示出了两宋之交的特征，上限应在北宋。

纹样之外，龙泉、定窑螭纹器在造型上也保持着不同寻常的一致性。尽管龙泉残件仅余器底而无法辨认器型，但残留部分的制法也并不常见，首先浅挖足以形成卧足，足上似再浅划旋纹一周塑成极为细窄、低矮的足墙，在釉层覆盖之下近隐圈足状，而按尺寸、造型却能在定窑螭纹器中找到对应的产品，典型器见后文所举之刻款平口折沿盘。

因此，由于这批螭纹材料无一例外，都显示着高超的制作水准，且牵涉窑口跨越南北，不免推测，此“样”的来源与古代社会中至高级别的赞助者宫廷相关。

需要铺陈的是，曲阳定窑向来是北宋宫廷用瓷的供应地——吴越国纳土归宋之初，在太平兴国五年（980年）曾有于崇德殿上贡金装定器两千事的记录[15]；宫廷于太宗淳化元年（990年）之前设于建隆坊纳诸州瓷器的瓷器库，便收有定州瓷器[16]；又，入葬于咸平三年

9　故宫博物院编：《定瓷雅集——故宫博物院珍藏及出土定窑瓷器荟萃》，故宫出版社，2012年，第118页，图版44。

10　浙江省文物考古研究所、北京大学考古文博学院、慈溪市文物管理委员会：《寺龙口越窑址》，文物出版社，2002年，第263页，彩图382；岑伯明：《上林湖唐宋越窑青瓷纹饰》，宁波出版社，2018年，第199页；罗伯健总主编：《中国民间收藏陶瓷大系·北京、天津卷》，河北美术出版社，2019年，第46、47页。

11　定窑白瓷中，施有螭纹而整体模印者普遍被归于金代，一则是过去总结而得的时代特征使然，二则是由于曲阳县北村出土“甲辰正月望日造”铭款螭纹印模的存在。模印所得的螭纹，形态未见明显差异，仅线条更加硬朗，且几乎均为阳文印花。

12　值得商榷的是，报告称窑址出螭纹莲瓣纹的器内心图案为戳印而成，但从传世品细查同类器物，却几乎均由刻划花技法饰成。

13　高振卫、邬红梅：《江苏江阴夏港宋墓清理简报》，《文物》2001年第6期。

14　刘毅、梁宝华：《杭州市半山镇水晶山一号宋墓》，《考古》2014年第9期。

15（宋）范坰、林禹撰：《吴越备史》卷第四，上海书店出版社，1934年，第1124页。“太平兴国五年九月十一日王进朝谢于崇敬殿，复上金装定器二千事”。

16（清）徐松辑，刘琳等点校：《宋会要辑稿12》食货五二“瓷器库”，上海古籍出版社，2014年，第7190、7191页。

1

2

3

图5 北宋越窑刻划螭纹标本
1. 寺龙口越窑窑址出土 2. 寺龙口越窑窑址出土 3. 景德镇窑青白釉螭纹斗笠盏

(1000年)的宋真宗母元德李后，其墓出土随葬瓷数量以定窑为最，可辨器型的37件中有16件圈足内刻“官”字款[17]，被普遍视为定窑在宋初入宫的实物证据[18]；据邵伯温《闻见录》载，宋仁宗曾因臣属王拱辰献上的定州红瓷器而对张贵妃发怒[19]，侧面说明定瓷可作献物，非凡品。

定窑供应宋廷的历史争议在于，南宋人记定器有芒而不堪使用，故都时，定器不入禁中。然而，过去已有诸多证据说明“定器有芒”恐怕只是官方借口，最直观者即六尚局罢贡史料[20]与涧磁岭窑址北宋晚期地层出土“尚药局”“尚食局”款器物的相互印证，确认直到北宋末年，定瓷仍为地方供品。明人曹昭、谷应泰称古定窑器“宋宣和、政和间窑最好”[21]“以宣和、政和年造者为佳，时为御府烧造”[22]，实非虚言。

另外，2009年杭州东南化工厂曾出土一批年代下限被判断为南宋早期的瓷器标本[23]，其

---

17 河南省文物研究所、巩县文物保管所：《宋太宗元德李后陵发掘报告》，《华夏考古》1988年第3期。

18 孙新民：《宋陵出土的定窑贡瓷试析》，《文物春秋》1994年第3期。

19（宋）邵伯温撰，李剑雄等点校：《邵氏闻见录》卷第二，中华书局，1983年，第13页。“仁宗一日幸张贵妃阁，见定州红瓷器。帝坚问曰：‘安得此物？’妃以“王拱辰所献”为对。帝怒曰：尝皆汝勿通臣僚馈送，不听，何也？因以所持柱斧碎之。妃愧谢久之乃已”。

20（清）徐松辑，刘琳等点校：《宋会要辑稿5》崇儒七“罢贡”，上海古籍出版社，2014年，第1916页。“徽宗大观三年十月二十二日诏：诸路州军见贡六尚局供奉物多不急之用，兼闻拣选科配劳民费财，可令殿中省并提举六尚局同共相度具的确合用名色外余停贡……熙宁诏书首罢四方岁贡，明训具在，抵若先猷蔽自联躬理宜损益，应殿中省六尚局诸路贡物可止，依今来裁定施行……尚食局……中山府瓷中样矮足裹拨盘、龙汤盏十一双”。

21（明）曹昭撰，（明）王佐增：《新增格古要论》卷七，商务印书馆，1939年，第155、156页。“古定器俱出北直隶定州，土脉细，色白而滋润者贵，质粗而色黄者价低，外有泪痕者是镇，画花者最佳，素者亦好，已有绣花者次之。宋宣和、政和间窑最好，但难得成队者”。

22（清）谷应泰撰：《博物要览》卷二，商务印书馆，1939年，第14页。“定窑器皿以宣和、政和年造者佳，时为御府烧造”。

23 邓禾颖：《南宋早期宫廷用瓷及相关问题探析：从原杭州东南化工厂出土瓷器谈起》，《东方博物》2012年第1期。

地理位置经文献、地图比对，应为旧时临安城都亭驿所在，即宋廷接待、安置外交使臣的驿馆机构[24]，其中不乏议和之后的金国使团。出土瓷器标本越、定、建、汝、吉州窑与高丽青瓷均有，有见定窑刻划花螭纹瓶一例，式样仿古，可在汝窑、南宋官窑早期产品中寻到相同器形，说明南宋宫廷仍在沿用该类螭纹器。是以，窑址、城址材料，似乎都能以出土环境一项，证实定窑刻划花螭纹器具备一定的官方属性。

更直接的线索在于，这类刻划螭纹器中，又见三例自铭器可自证与宫廷之联系。

两例刻宫殿名，均为平口折沿盘，覆烧包金属扣。一刻“寿成殿”，藏于大英博物馆。沿面刻回纹一周，盘心刻划盘螭。一刻“奉华”款，台北国立故宫博物院藏，沿面饰卷草，盘内心见双螭〔图6:1、图6:2〕。

“寿成殿”系南宋孝宗成肃皇后谢氏的居所，两岸故宫另见“寿成殿皇后阁”款汝窑器，过去杭州城中刻此款的残件也并不限于定、汝二窑口。

“奉华”款具体所指，过去曾见两说，一说为北宋宫殿名，依据为各类烧前刻“奉华”款的北宋瓷器或残片，但这类产品无一例刊布，且北宋宫殿名中，至今未寻得“奉华”的记录而难以成立。一说为南宋高宗后妃刘氏的居所，曰奉华堂[25]。由于刘妃貌美[26]而富有才情，其人、其事在正史、文人笔记中均有迹可循，此说颇为可信。

《宋史》有载，刘贵妃，临安人，以“红霞帔”这一低等妃阶入宫，后累迁才人、婕妤、婉容，至绍兴二十四年（1154年）进贤妃，薨于淳熙十四年（1187年）[27]。周密《武林旧事》记，乾道三年（1167年）三月初十，太后曾邀彼时已是太上皇的宋高宗一同，至时为婉容的刘妃处听阮，其居所正是奉华堂[28]。且各类文人笔墨下的刘妃，师法古人，善画人物，有“奉华”款大小二印，画作用奉华堂印[29]。据说，高宗对刘妃甚眷，“所得珍秘悉令掌之”，并用“奉华”印钤识，若非极品并不轻易使用[30]。而刘妃奉华印，在画史中确实曾出现在黄筌《牡丹图》[31]、

24（元）脱脱等撰：《宋史》第32册卷一百一十九礼志第七十二，商务印书馆，1934年，第66页。“中兴，仍旧制。凡宰相、枢密、执政、使相、节度、外国使见辞及来朝，皆赐宴内殿或都亭驿，或赐茶酒，并如仪”。

25 李仲谋：《“奉华”铭瓷器研究》，《上海博物馆集刊》2002年第00期。

26（元）脱脱等撰：《金史》第31册卷一百二十九列传六十七，商务印书馆，1935年，第115页。“海陵喜曰，向者梁珫尝为朕言，宋有刘贵妃者姿质艳美，蜀之华蕊、吴之西施所不及也”。

27（元）脱脱等撰：《宋史》第73册卷二百四十三列传第二，商务印书馆，1934年，第84、85页。“刘贵妃，临安人。入宫为红霞帔，迁才人，累迁婕妤、婉容，绍兴二十四年（1154年）进贤妃。颇恃宠骄侈，尝因盛夏以水晶饰脚踏，帝见之，命取为枕，妃惧，撤去之。淳熙十四年（1187年）薨”。

28（宋）周密撰：《武林旧事》卷之六，《景印文渊阁四库全书》第五九〇册，台湾商务印书馆，1986年，第254页。“乾道三年（1167年）三月初十日……太后邀太皇官家，同到刘婉容位奉华堂”。

29（元）夏文彦撰：《图绘宝鉴》卷四，商务印书馆，1934年，第87页。“刘夫人，希，字号夫人。建炎年掌内翰文字，善画人物，师古人笔法，及写宸翰字、高宗甚爱之，画上用奉华堂印”。

30（清）孙承泽等撰：《庚子销夏记（外三种）》卷一，上海古籍出版社，1991年，第5页。“及内府图书奉华宝藏诸印尚存，奉华堂乃宋高宗内侍刘夫人所居之室也，高宗所得珍秘悉令掌之，用此因钤识，然非极品不轻用也”。

31（宋）周密撰：《云烟过眼录》卷二，《景印文渊阁四库全书》第八七一册，台湾商务印书馆，1986年，第58页。“黄筌牡丹一轴后有奉华二印，刘贵妃之物也”。

图 6　刻宫殿名款定窑螭纹器

李公麟《临卢鸿草堂十志图》[32]、宋迪《巩洛小景》[33]、宋高宗《临黄庭经》[34]等作之上。索察刘妃钤印至清代，乾隆帝曾引吴焯《南宋杂事诗》，作诗吟咏汝窑奉华盘与汝窑瓶，称刘妃为“风

32（清）厉鹗等撰，虞万里校点：《南宋杂事诗》卷二，浙江古籍出版社，1987 年，第 58 页。“（吴焯诗）汉祖关前兵有垒，刘伶台下酒如池。闭关颂酒斯何意，知是风流女画师。《志雅堂杂钞》：李伯时卢鸿草堂图，曾收入高庙刘娘子位者，有奉华大小二印，又有闭閤颂酒之斋一印，此刘家事，然以妇人用之恐不类也，《画法年纪》：刘妃工画人物”；（清）厉鹗撰：《玉台书史》，《中国历代书画艺术论著丛编》，中国大百科全书出版社，1997 年，第 19 页。“刘夫人，字希，号夫人，建炎间掌内翰文字及写宸翰字，高宗甚眷之亦善画上用奉华堂印，书史会要三子庆于毗陵得李伯时画草堂十志前有奉华大小印，向曾收入刘娘子位者后有闭关颂酒之斋一印，此虽用刘伯伦事然于妇人恐不类耳”。

33（明）汪砢玉撰：《珊瑚网》卷二十五，《景印文渊阁四库全书》第八一八册，台湾商务印书馆，1986 年，第 518 页。“……复有刘宸妃宝藏之印……今图后有奉华瑶晖堂印，信为真玩也”。

34（明）孙凤撰：《孙氏书画钞》卷上法书“光尧御笔临黄庭经”，《续修四库全书》第 1065 册，上海古籍出版社，2002 年，第 12 页。“前有奉华堂邑钤缝……后有奉华堂印，乃刘贵嫔阁所藏”；（清）高士奇撰：《独旦集》卷四，《清代诗文集汇编 166》，上海古籍出版社，2010 年，第 135 页。“题唐摹黄素黄庭内景经……宋高宗书画皆奉华，刘夫人收掌有奉华堂印”。

流女画师”[35]，并以奉华指代刘妃，德寿代高宗，述二人故事[36]，可见“奉华”与“刘妃”之链接流传之有序。另外，“奉华”印既含高宗、刘妃收藏之义，定窑、汝窑中后刻的奉华款器，是否也有书画收藏中“钤印”之效，用作流传递藏的“信物”，犹有可追。

两例铭款均为烧成后于釉上錾刻而成，刻名又属南宋宫殿，汝、定二窑是宋廷偏安东南后失去实际控制权的窑口，因而按常理想，二者多半为宋室南迁时从北方携带的物品。

第三例物证与北宋宫廷的联系更加真切，为一杭州城出土的“乔位”款刻划花螭纹平底敞口盘〔图 6:3〕[37]。“乔位”经考[38]，意为“乔娘子位”，“乔娘子”指徽宗赵佶贵妃乔氏，“位”为后妃居所之称，皇后处则呼为殿[39]。因此，此例应为乔贵妃居所所用的器皿。经观察，这一件敞口盘器底的“乔位”二字应为烧前形成，也能证明其年代必为宋时南渡之前。公私收藏中刻“乔位”款的定窑器也几乎都为烧前刻款[40]，与南宋时大量定器烧后刻款的情况形成了鲜明对比，以宋廷失去了对定窑的控制之故。大约撰写于南宋，汇编有百条宝货辨疑的《百宝总珍集》[41]也有述，“古定从来数十样，东京乔位最为良”[42]。文中评价绍兴年物为“不甚旧”，而将京师乔娘子位者唤作“古定”，证其年代的同时，又言器物底有蚩（螭）虎者为好，也与器物特征相合。因而，这件螭纹“乔位”款白瓷盘属北宋徽宗朝宫廷用器，应毋庸置疑，时间又正与文献中“制样须索”发生的“宣和中”这一节点对应。

另以社会背景论，这类以螭为题的样，似乎也只有北宋晚期的宫廷，尤其是徽宗朝可做。

在宋人眼中，螭纹并非当世新作的图式，乃为古意的象征。螭，纹样之原型，为现实中不存的动物，东汉许慎《说文》中有释：“螭，若龙而黄，北方谓之地蝼。从虫，离声。或云无角为螭。”《后汉书 · 扬雄传》写至“驷苍螭兮六素虬”时补注引韦昭曰“螭似虎而

---

35 故宫博物院编：《故宫博物院藏御制诗陶瓷器》，故宫出版社，2016 年，第 326 页。“（题汝窑奉华盘）为阁为宫不可知，奉华两字底镌之，尺凫集里传名氏，见说风流女画师”。

36 故宫博物院编：《故宫博物院藏御制诗陶瓷器》，故宫出版社，2016 年，第 326 页。“（咏汝窑瓶）定州白恶有芒形，特命汝州陶嫩青，口欲其坚铜以锁，底完而旧铁余钉，合因点笔意为静，便不簪花鼻亦馨，当日奉华陪德寿，可曾五国忆留停”。

37 胡云法：《北宋定窑“子瞻”铭文白瓷碟刍议》，《收藏》2018 年第 2 期。

38 李仲谋：《上海博物馆藏宋金定窑白瓷及相关问题》，《中国古代白瓷国际学术研讨会论文集》，上海书画出版社，2005 年，第 396、397 页。

39（宋）佚名：《西湖老人繁胜录》，《西湖文献集成（第 2 册）》，杭州出版社，2004 年，第 7 页。“缉熙殿、垂拱殿、睿思殿、资政殿、观文殿、皇后殿、贵妃位、淑妃位、婉容位、美人位、才人位、婕妤位、后苑阁下”。

40 沙家栃：《定窑瓷器探索与鉴赏（上）》，湖南美术出版社，2017 年，第 214 页。

41《四库全书总目》以为此书为“南宋临安市贾”所编，不过元代佚名类书《居家必用事类备要》戊集“宝货辨疑”条，有同源关系，而后者署“掌公帑者”，见董岑仕：《论宋代谱录著述的历史变迁》，《新宋学（第七辑）》，复旦大学出版社，2018 年。

42 佚名撰、李音翰等整理校点：《百宝总珍集：外四种》，上海书店出版社，2015 年，第 60 页。“古定从来数十样，东京乔位最为良。近者粉色皆不好，旧者多是不圆全。古定土脉好，唯京师乔娘子位最好，底朱红，或碾或烧乔字者是也，器物底有蚩虎者多好。如有泪痕者，多是绍兴年器物，不甚旧”。

麟”。因本为想象中的山泽之兽，身长似龙，而首足多呈虎形，向来便有“螭龙”[43]“螭虎”一类的模糊概念。其化形于纹样后创见、兴起于春秋战国时期，早期最多见于青铜器之上，铜镜、玉器、建筑亦有，唐五代时已渐趋消弭。

因此，宋人眼中“螭”的意象，大多源自古器，其再现的原因也普遍被归因于其时由上至下的复古运动。

由于北宋宫廷、士大夫群体之间共同的“三代理想”逐步发展成形，制礼作乐及古器物学研究、鉴赏的需求从政治、文化生活中驱动着宋朝器作的发展。所谓三代理想，即超越汉唐，回到、复归圣人所出的夏、商、周三代，具象于器物造作之上，便呈现为模仿铜器的古样。

然而，不论是思想上帝王与士大夫阶层政治诉求的统一，还是器作中三代意象的再现，均非一蹴而就。以礼器制作为例，太祖即位朝太庙时，仍不识笾豆簠簋等礼器，命侍臣撤去[44]，至建隆三年（962年）下诏，遂采用聂崇义基于汉唐经典注疏，“尊文绎器”而撰成的《新定三礼图集注》为礼器范本[45]。此后，虽宋廷多次更定礼制，然祭器规式几乎未变，仍主要由《三礼图》指导[46]。直到大观初年，徽宗置议礼局，诏求天下古器，将墟墓所出纳入宫闱，以备稽考[47]，尚才尝试新订礼器以合古意。东京宣和殿在大观二年（1108年）修葺后便成为徽宗专藏铜器、印玺与书画的地方，后因藏量过剩，至政和间数目已至万余，便再辟保和殿以贮。搜罗、研究之下，政和间多番制作“新成礼器”，修成《政和五礼新仪》，再成“宣

43（南北朝）范晔撰：《后汉书 22》卷五十九张衡列传第四十九，上海涵芬楼百衲本，商务印书馆，1931年，第128页。“亘螭龙之飞梁……（注）广雅曰：无角曰螭龙也”。

44（宋）邵伯温：《邵氏闻见录》卷一，中华书局，1983年，第5页。“太祖初即位，朝太庙，见其所陈笾豆簠簋，则曰：此等何物也。侍臣以礼器为对。帝曰：我之祖宗宁曾识此？命撤去。亟令进常膳，亲享必，顾近臣曰：令设向来礼器，俾儒士辈行事”。

45（元）脱脱等撰：《宋史》第120册卷四百三十一列传第一百九十，商务印书馆，1934年，第121页。“崇义因取三礼图再加考正，建隆三年四月表上之，俨为序。太祖览而嘉之，诏曰：礼器，相承传用，浸历年祀，宁免差违”。

46（清）徐松辑，刘琳等点校：《宋会要辑稿 2》礼二四，上海古籍出版社，2014年，第1143页。“（宋仁宗皇祐二年）并各择嘉玉，准《三礼图》，参按周礼义疏制造”；仁宗皇祐五年（1053年），阮逸与胡瑗上《皇祐新乐图记》，仁宗下诏“图其形制，刊校颁之天下”，牛鼎、羊鼎、豕鼎以及扃、幂、毕的制度皆出自三礼图，见朱顺龙、郭芷彤：《北宋文治之风对朝廷祭器制度的影响——再论〈三礼图〉的意义与局限》，《辽宁师范大学学报（社会科学版）》2021年第4期；（宋）欧阳修：《太常因革礼》卷一五，《续修四库全书》第821册，上海古籍出版社，2002年，第407页。“（宋英宗二年）（1065）今约《三礼图》所说，画到匕样，已送修制造。……阮逸等所造三牲鼎样与《三礼图》并同”；哲宗朝新用陈祥道《礼书》与聂崇义图并用，但书中祭器风格仍与三礼图一致，见（宋）李焘：《续资治通鉴长编》卷四百五十，《景印文渊阁四库全书》第321册，台湾商务印书馆，1986年，第769页。“（宋哲宗元祐五年十一月）给事中范祖禹言，太祖时，以聂崇义所撰三礼图，画于国子监讲堂，伏见太常博士陈祥道专以礼学所进礼书一百五十卷，比之聂崇义图尤为精审该洽，乞送学士院及两制或经筵看详如何施行，请付太常寺，与聂崇义图参用”。

47（元）脱脱等撰：《宋史》第28册卷九十八礼志第五十一，商务印书馆，1934年，第6页。“议礼局之置也，诏求天下古器，更制尊、爵、鼎、彝之属，其后又置礼制局于编类御笔所，于是郊庙禋祀之器多更其旧”；董逌：《广川书跋》卷一，《景印文渊阁四库全书》第八一三册，台湾商务印书馆，1986年，第339页。“政和三年（1113年），诏尽出器，俾儒官考定，盖朝廷讲礼既备，将大革器物，以合三代”。

和博古图”[48]。是以，宣和元年（1119年）后，礼器局才可绘新样颁降诸州，依图制造[49]。

礼器改制的发生，契机虽为大观二年议礼局详议官薛昂上呈的札子，称有司所用礼器与大夫家所藏古器不同，可遍访士大夫及民间有藏古礼器者，“图其形象，点检无差误”，以此为博考礼器的依据[50]，然而，其根本前提在于疑古思潮的弥漫与古器物学的发展。

“宋代古器物出，而有金石学。”[51]

宋真宗咸平三年（1000年）同州（今陕西大荔县）、乾州（今陕西永寿县）先后发现先秦铜器，此后百年间三代古物的出土愈发多见，士大夫阶层间逐步形成了收藏、研究、著录的风尚[52]。皇室力量的介入、参与则更晚，例见真宗朝间，刘敞、欧阳修于嘉祐年间撰成《先秦考古图》与《集古录》两部开金石学研究先河的图谱，然此时他们侍奉的帝王“秘阁”“太常”所藏古器也不过在十一件而已，且之中邢州所上瑞鼎被认为“怪而不典”，可能为伪器，收藏、研究不可谓盛。

宫廷大量入藏三代古器的阶段应始于哲宗，所谓“元祐以竣，地不爱宝，颓堤废墓，堙鼎藏敦，所触呈露，由是考古博古之书生焉”[53]这一阶段，吕大临已撰成《考古图》十卷，已为后来金石图谱的编纂者提供了一套成熟的范本。皇家收藏、著录正如上文已示，至徽宗朝才达到鼎盛，宣和间士大夫所藏无敢隐者，悉献于上。宣和殿中万千古器罗列，尚有《宣和博古图》问世[54]。

螭纹的再现脉络自然也依附于复古运动的背景之下。宋代金石学对古铜器纹样的辨识、

48（宋）蔡絛撰，李梦生校点：《铁围山丛谈》卷四，上海古籍出版社，2012年，第54页。“太上皇帝即位，宪章古始，眇然追唐虞之思，因大崇尚。及大观初，乃倣公麟之考古，作宣和殿博古图，凡所藏者，为大小礼器，则已五百有几。世既知其所以贵爱，故有得一器，其直为钱数十万，后动至百万不翅者。于是天下冢墓，破伐殆尽。独政和间为最盛，尚方所贮至六千余，数百器遂尽。……及宣和后则咸蒙贮录，且累数至万余……而宣和殿后，又创立保和殿者，左右有稽古、博古、尚古等诸阁，咸以贮古玉印玺，诸鼎彝礼器，法书图画尽在”。

49（宋）王应麟撰：《玉海》卷五十六，《景印文渊阁四库全书》第九四四册，台湾商务印书馆，1986年，第339页。“政和五年六月丁巳，校书郎贾安宅言：崇义图皆诸儒臆说，于经无据。国子监三礼堂实存图绘，下至郡县学间亦有之，不足示学者。宜诏儒臣编次方今礼乐新制，器用宜绘于图，著其义具，为成书颁焉。诏《三礼图》及郡县学绘画图像并改正，旧所绘两壁《三礼图》并毁去。宣和元年五月二十七日，诏诸州祀祭器，令礼制局绘图，颁降依图制造”。

50（宋）郑居中等奉敕撰：《政和五礼新仪》，《景印文渊阁四库全书》第六四七册，台湾商务印书馆，1986年，第10页。“大观二年十一月，承尚书省札子朝议大夫试，兵部尚书兼侍郎充，议礼局详议官薛昂札子奏：臣窃见有司所用礼器，如尊、爵、簠、簋之类与大夫家所藏古器不同，该古器多出于墟墓之间，无虑千数百年，其规制必有所受，非伪为也……今朝廷订正礼文，则苟可以备稽考者，宜博访而取资焉。臣愚，欲乞下州县，委守令访问士大夫或民间有收藏古礼器者，遣人往诣所藏之家，图其形象，点检无差误，申送尚书省议礼局，其彩绘物料，并从官给，不得令人供借及有骚扰”。

51 王国维：《最近二三十年中中国新发现之学问》，《海宁王静安先生遗书》第4册，商务印书馆，1940年，第1875页。

52 李零：《铄古铸今：考古发现和复古艺术》，生活·读书·新知三联书店，2007年，第53页。

53（宋）曾机：《啸堂集古录·跋》，《景印文渊阁四库全书》第八四〇册，台湾商务印书馆，1986年，第339页。

54（宋）叶梦得：《避暑录话》卷下，《景印文渊阁四库全书》第八六三册，台湾商务印书馆，1986年，第682页。“士大夫家所藏三代秦汉遗物无感隐者，悉献于上。好事者复争寻求，不较重价，一器有直千絸者，利之所趋，人竞搜剔山泽发掘冢墓，无所不至”。

定名、断代与分析也始于哲宗朝之《考古图》与徽宗朝之《宣和博古图》。前者录有与“螭”这一意象相关的器物有四，为“螭耳敦”“玉蟠螭”“螭首平底斗”“螭首平底三足铛”，仍止步于器物造型的识别与描述。而后者已在三代古器器表繁复的纹样中辨识出一类固定的图式，定名为“螭纹”，以纹样命名青铜器之外强调图像的分类功能外，也溯纹样内涵，以螭“少仁多威”“取其制节”之义装饰饮食器，且形成了螭纹为古铜器常见纹样的这一总结性观点。

> “凡鼎彝之属，莫不有文，或饰以雷□，或镕以夔龙蟠螭之类。”
>
> “凡三代之器，或象饕餮，或著蟠夔，或龙或虎，或螭或虬，类皆不一。”
>
> “夫云雷螭龙之物，昔人每以为钟鼎之饰，盖不独是器有也。”

图 7　博古图中所示意的螭纹
纹样取自泊如斋本《宣和博古图》中的“周蛟螭盉”

定窑所见螭纹，与《博古图》所定者特征相差无几〔图 7〕，佐证前者图式取自宋人眼中的“三代古器”外，也说明其于北宋晚期转移至宫廷用瓷之上，极有可能是徽宗朝制礼作乐与古器物学“崇古”与“好古”之风激荡下的学术成果。且《三礼图》祭器图样皆以名称所画，装饰通常由名推定，多仅见名称中出现的物象、特征。实难想象，在三礼图指导的时期，宋宫廷能够从三代铜器中提取螭纹，化为时新的装饰纹样。

徽宗宫廷也确见螭纹在手工制品之上的流行，所用材料、制作均极其精细。清姜绍书《韵石斋笔谈》有“宣和玉杯记”一则，言宋宣和御府藏三枚玉杯，“其一内外莹洁，绝无纤瑕，杯口耸出螭头，小螭乘云而起，夭矫如生，名教子升天，真神物也”“三则单螭作把，外多花纹，钩碾精工，莹白过于教子，而神彩稍逊”[55]。北宋郑望之撰《靖康城下奉使录》也记，靖康年间为救战局，将内廷珍玩被列于宣和殿前等待赴军，其中便有一件玉盏，“外碾成螭龙形”，工钱便值几千缗[56]，可谓罕物。

因而，直至北宋晚期哲宗、徽宗朝时，螭纹才拥有了由古铜器移植至瓷器之上的最佳土壤。此后，螭纹再次开始流传、繁盛于不同的手工业品类之间，直至明清[57]〔图 8〕。

55（清）姜绍书：《韵石斋笔谈》卷上，商务印书馆，1937 年，第 6 页。

56（宋）郑望之：《三朝北盟会编·靖康城下奉使录》卷三十三，《景印文渊阁四库全书》第三五〇册，台湾商务印书馆，1986 年，第 256 页。“内官梁师成举起一玉杯，外碾成螭龙行，云此盏只碾作工价钱几千缗”。

57　李经泽：《漆缘汇观录》，青岛出版社，2014 年，第 22 页，图版 11；周必素、彭万：《贵州遵义市新蒲播州杨氏土司墓地》，《考古》2015 年第 7 期；郑幼林、李力：《四川蓬安县西拱桥村宋墓简述》，《中国隋唐至清代玉器学术研讨会论文集》，上海古籍出版社，2002 年，第 31 页；图片源于官网，藏品号 1946-41-1。

1 2 3 4

图 8　宋元手工制品中的各式螭纹

1. 宋剔黑螭龙纹圆盒　纽约大都会艺术博物馆藏　2. 双螭纹金盘盏　贵州遵义南宋晚期杨价夫妇墓出土
3. 三螭纹玉璧　四川蓬安南宋夫妻合葬墓出土　4. 元龙泉窑青釉露胎贴花螭纹盘　美国费城艺术博物馆藏

二、仙人龟鹤图式的遐想：龙泉青瓷与两宋铜镜之间的异工互效

金村地区，也发现有风格与奓底螭纹器相近的北宋晚期产品，胎釉特征、器底形态尤为一致，且不与普通产品同[58]〔图 9〕。这类标本多为碗、盘类器，圈足足墙较常见者格外细窄低矮，修足规整。灰胎，胎体细腻坚致，施青釉，釉层间偶见开片，透明度高而玻璃质感稍强，隐隐透出浅淡的胎体，与釉面共同呈现出清丽淡雅的色泽，釉色与同时期龙泉青瓷相异，反与青白釉相近。器表装饰简约，以刻划花为主，饰仙道主题的纹样，典型者如仙人龟鹤纹，图案将器内心三分，分别立一仙鹤，鹤下栖一昂首小龟，同与一盘坐仙人相

58　器底照片由项宏金先生提供，另见项宏金：《龙泉青瓷装饰纹样》，西泠印社出版社，2014 年，第 22、24 页。

图 9　金村出土龙泉窑仙人龟鹤纹标本

对，空白处再添卷云、绶带填充隙地。

同样的图式也常见于宋代铜镜与压胜钱币的装饰图像之中，以前者更为典型。

饰有“仙人龟鹤”图式的铜镜为宋金时期所常见，其数量众多、流行地域广大、图式变化最为多样、复杂。20 世纪 50 年代，洛阳市涧西区矿山机械厂宋墓曾出土一件采用这类图式为饰的带柄铜镜，自铭“龟鹤齐寿”[59]，大约便是时人对此类图像的定名。其中，被识作宋镜、而非金代制品的器物按图式显然与龙泉器的纹样更为相近，按细节不同可暂分作三类。

表1　“仙人龟鹤”图式菱口铜镜一览表　（单位：厘米）

收藏/出土地	北京故宫博物院[60]	浙江省衢州龙游[61]	江西省鹰潭市博物馆[62]
尺寸	直径23.5	直径19.4	直径17.3
图像（1-3）			

59 洛阳博物馆：《洛阳出土铜镜》，文物出版社，1988 年，图版 192；霍宏伟、史家珍：《洛镜铜华・洛阳铜镜发现与研究》，科学出版社，2013 年，第 265 页。

60 郭玉海：《故宫藏镜》，紫禁城出版社，1996 年，图版 138。

61 王士伦：《浙江出土铜镜》，文物出版社，1987 年，图版 147。

62 鹰潭市博物馆编：《鹰潭市博物馆文物藏品》，江西美术出版社，2014 年，第 184 页。

（续表） （单位：厘米）

收藏/出土地	中国国家博物馆[63]	江苏省常州市博物馆[64]	浙江省湖州安吉/梅溪采集[65]
尺寸	直径26	约20	直径19.5
图像（4-6）			
收藏/出土地	上海博物馆[66]	湖南省博物馆	江苏省无锡博物院[67]
尺寸	直径21	直径20	直径22.5
图像（7-9）			
收藏/出土地	浙江省杭州市见仁里[68]	浙江省金华市博物馆[69]	
尺寸	直径21.9	不明	
图像（10-11）			

63 展于中国国家博物馆“镜里千秋：中国古代铜镜文化展”。

64 王惠莹：《再释仙人龟鹤镜——以上海博物馆藏镜为例》，《形象史学》2020年第2期。

65 安吉县博物馆编：《清质·昭明》，浙江摄影出版社，2012年，第126页。

66 荷叶莲花框内见“湖州孙家造”铭，见陈燮君主编：《炼形神冶，莹质良工——上海博物馆藏铜镜精品》，上海书画出版社，2005年，图版126。

67 无锡博物院编：《无锡文博论丛第2辑》，陕西人民美术出版社，2017年，第184页。

68 附“长城孙家造”铭文，见杭州博物馆编：《钱唐古物志》，文物出版社，2021年。

69 展于金华市博物馆“无穷·镜——古代铜镜中的微观世界”。

表2 “仙人龟鹤”图式圆口铜镜一览表　　（单位：厘米）

收藏/出土地	王玺家族墓/报恩寺博物馆藏[70]	湖北省丹江口市博物馆[71]	山东省廊坊地区文物商店[72]
尺寸	直径20	直径19.2	直径17.5
图像（1-3）			
收藏/出土地	山西省晋祠博物馆[73]	郴州市文物处[74]	陕西省宝鸡市博物馆[75]
尺寸	直径19.5	直径23.7	直径20.5
图像（4-6）			

第一类图式为四分式构图，仙人坐右，侍女在左，上有仙鹤盘飞，下有地龟伏草，图案作阳线，有菱口、圆口铜镜两类，菱口中又可再作七出、八出之分（表1）。八出者，仅故宫博物院藏、中国国家博物馆藏二例，后者附“湖州杨家造”铭。七出为多，且镜背中央偶有一莲叶莲花框，框内附“湖州孙家造”“长城孙家造”等铭文，说明这类器物原属“湖州镜”范畴。然七出菱口却不是湖州镜的常见形制，甚至几不见于宋镜，经考极有概率是一类由宋镜翻制的后代仿品，原模即故宫博物院藏八出菱口镜一类的宋代器物。圆镜同理，原先这类器物统一作宋镜判断，实际上大多也是明代器，仅图式源自宋（表2）。

此处之“湖州镜”，是指两宋时期产自湖州府、多有自铭的铜镜，八出菱口这一造型，曾在罗田

---

70 展于深圳市博物馆“土司遗珍——四川平武明代土司家族文物精品展”，竹枝旁有铭文“湖州府仪凤桥南孙家造”。

71 胡文魁主编：《鄂西北考古与研究》，长江出版社，2009年，第287页。

72 陈卓然：《廊坊市出土的汉唐至辽金时期铜镜》，《文物世界》2002年第2期。

73 铭文“湖州府仪凤桥南孙家造”，见李娜：《鉴于岁月——晋祠博物馆馆藏历代铜镜赏析》，《文物鉴定与鉴赏》2018年第11期。

74 郴州市文物事业管理处、郴州市博物馆：《郴镜文化·郴州古镜精粹》，广西师范大学出版社，2018年，第77页。

75 昭明、洪海：《古代铜镜》，中国书店，1997年，第149页。

县汪家桥宋墓[76]、浙江新昌县拔茅镇蓝沿村宋墓[77]等墓葬出土。同时，造型相同、但产地不明的纪年镜材料又见于安徽合肥政和八年（1118）马绍庭墓随葬品[78]、修水县博物馆藏“宣和四年六月日”铭八出菱口镜[79]，部分金代墓葬随葬镜也见此型。由此可见，八出菱口这一形制的流行年代大约在北宋晚期至南宋中期[80]。其中，广西藤县麻纺厂所出八出菱口镜铭“湖州照子局官□□”，直径在24厘米左右，尺寸远大于平均值，推测为官铸之故。出于两宋铜禁等原因，此时铜镜多轻薄小巧。因此，仙人龟鹤八出菱口镜的年代大约也在此期，且因其镜面阔大，不同常物，亦有可能是官方制品。

龟、鹤、仙人三者的符号组合入宋已成为稳定的图像制式，寓意长寿，多出现于祝寿、贺寿的场景之中。北宋时期，晏殊作《木兰花（玉楼春）》一词中便有“红衫仕女频倾酒，龟鹤仙人来献寿”一句。毕仲游《希鲁奉议四兄生日》一诗颂所见寿星，画面应如诗云：“辽鹤俯不啄，下有龟如綦。丈人坐中间，白发衣帔帙。”主要生活在北宋末年的何薳在他的笔记《春渚纪闻》中也曾记录有仁宗朝“宣义郎万延之”拥有的一件奇异瓦缶，缶中水遇天寒地冻之日，常结冰现各时之景，万氏生辰之时则现寿星图，“一山石上坐一老人，龟鹤在侧，如所画寿星之像”[81]。相似的轶事也见于南宋洪迈撰《夷坚丙志》之中[82]，加之石孝友“龟鹤仙人献长寿”、史浩“龟翻鹤舞，却是寿星图”等文人诗词，可知仙人龟鹤图式稳定，长久而程式化地与寿数绵长的祈佑相连。

在上文所揭之仙人龟鹤纹中，龟、鹤状貌并无特别之处，仅象征“寿星”的仙人作道君形象值得再作讨论。之所以称其为“道君”，首先在于如意莲花冠等衣着特征、头顶背光及动作神态与《三才定位图》《白描道君像图卷》〔图10〕等宋代道教绘画中所见人物如出一辙。《三才定位图》为北宋张商英创作于大观四年（1110年）、

图10 《白描道君像图卷》与铜镜装饰中的道君形象

76 罗田县文管所：《罗田县汪家桥宋墓发掘记》，《江汉考古》1985年第2期。

77 王士伦：《浙江出土铜镜》，文物出版社，1987年，图版156。

78 合肥市文物管理处：《合肥北宋马绍庭夫妇合葬墓》，《文物》1991年第3期；程红：《合肥出土、征集的部分古代铜镜》，《文物》1998年第10期。

79 陈定荣：《近年出土古镜及有关问题》，《江西文物》1990年第1期。

80 沈如春：《湖州镜及两宋官民铸镜业的互动》，《东方博物》2009年第1期。

81（宋）何薳撰：《春渚纪闻》卷二，上海古籍出版社，2012年，第77、78页。

82（宋）洪迈撰：《夷坚丙志》卷一四“锡盆冰花”，《续修四库全书》第1265册，上海古籍出版社，2002年，第220页。“家人取常用大锡盆洗涤，倾浊水未尽，盆内凝结成冰，如雕镂者。细视之，一寿星坐磐石上，长松覆之，一龟一鹤分立左右，宛如世所图画然”。

呈奉宋徽宗的道教神谱图像[83]，目前的常见版本收于明《正统道藏》之中。《白描道君像图卷》由南宋画家梁楷所绘[84]，主题、定名暂未有定论，画像中央主尊的身份也仍有争议，有天师张道陵、圣祖赵玄朗、救苦天尊、元始天尊等多种观点，然无一例外均指道教高阶尊神[85]。其次在于道君头顶有三星相连的图像。据查，此类图形在道符中作“三台星”解，且三台星在两宋时期的思想中确多与寿星、老人星等概念相合，有延寿之用[86]。另外，宋“本命星官”“本命元神”铭压胜钱中，道君图像之上也常有此类三点相连的图案，或也有本命星神的含义。而上述内涵均属道教文化系统。

第二类图式常被称为气功镜（表 3），构成元素同为一人、一鹤、一龟。器物造型却更加多样，见八出菱口镜、六出葵口镜、钟形镜、方形镜、桃形镜等。其生产年代，按八出菱口、六出葵口造型的流行年代，应也在北宋晚至南宋中期。这类图式中又有附“老彭真鉴”铭，该铭款曾见靖康元年（1126 年）纪年器[87]，因此，这一图式的年代可能更集中在两宋之交。

因图像内容、铭文的存在，这一图式往往被视为道教文化因素在两宋视觉艺术中的体现。其一，这类器物气功镜之名，便得于镜背图像，似乎描绘了一人练习气功养生之法时的情形——左侧有一束髻长服者直立微仰，抬手屈肢，翘望星月，仙鹤展翅于一侧，灵龟亦呈昂首状，伏于虬枝之中。宋时道教类书《云笈七笺》中曾记有“噏月精”一法[88]，所述与图像中人望云月、呈吐纳炼气状的姿态相类。后世《遵生八笺》中又称为“服月精法”[89]。身侧龟鹤，也与《云芨》一书中“长生之道在于行气，灵龟以长存，服气故也”等记述相合。且“龟咽日气而寿”等龟息一说向来流传已久[90]。故在文献印证之下，“观星望月”“龟咽鹤息”式气功图一说就此产生[91]。

其二，如前所言，湖南省出土六出葵口镜镜背图像中央曾见“老彭真鉴”铭。“真鉴”易懂，强调鉴之品质，申其功用、效力为真。“老彭”一名，一说为宋末湖南一地铸镜师

83（宋）杨仲良撰：《皇宋通鉴长编纪事本末》卷百三十一，《续修四库全书》第 387 册，上海古籍出版社，2002 年，第 392 页。“十二月戊戌，宰相张商英言：臣少也贱，刻苦力学。穷天地之所以终始，三光之所以运行，五行之所以消长，人神之所以隐显，潜心研思垂四十年，而后著成《三才定位图》。今绘为巨轴上进。如有可采，愿得巨石刊刻，垂之永久”。

84 Wan-go H.C. Wang 夫妇收藏《道君像收卷》，见黄士珊：《图像与灵应：宋代佛教和道教绘画艺术》，《美成在久》2015 年第 3 期。

85 张建宇：《何为道君——翁同龢藏梁楷款道教绘画之主题》，《世界宗教文化》2022 年第 1 期。

86 廉萍：《宋代出土文物中‘寿星图’的辨识》，《中国国家博物馆馆刊》2020 年第 8 期。

87 铭文应为“伴安楚姬，永不分离，初改靖康元年，日月铸”，该八出菱口镜藏于湖南省文物商店，见陈定荣：《近年出土古镜及有关问题》，《江西文物》1990 年第 1 期。

88（宋）张君房：《云笈七笺》卷之三十四“噏月精法”，《景印文渊阁四库全书》第一〇六〇册，台湾商务印书馆，1986 年，第 375 页。

89（明）高濂撰：《遵生八笺》卷之九，《景印文渊阁四库全书》第八七一册，台湾商务印书馆，1986 年，第 569、570 页。

90 抱朴子中曾提到幼女在墓冢中三年未死，为模仿冢中大龟伸颈吞气之故。

91 崔乐泉：《噏月华法式与龟咽鹤息式气功图铜镜》，《体育文史》1994 年第 2 期；王牧：《试论宋代铜镜纹饰》，《南方文物》1995 年第 1 期。

的名字，一说为道教系统中以长寿著称的“老彭”。前者证据为湖南省文物商品曾收购一枚钟形气功镜，上铭“老彭造”三字[92]。而若聚焦人、龟、鹤的视觉组合，东晋葛洪所著道教典籍《抱朴子》卷三在论述神仙之存在时，均围绕老彭、龟、鹤三者为例而展开，以三者为长寿之典型，所谓“人中之有老彭，犹木中之有松柏”“知龟鹤之遐寿，故效其道引以增年”“人有明哲，能修彭老之道，则可与之同功矣”。是以，后一说法似乎更加贴合图像。

其三，湖南曾出土一例附“潭州官坊造”铭款的气功镜，镜缘饰宽边卷草纹样带，内里同样见人、龟、鹤之组合。其中，伏龟形象却与他者不同，龟背之上又缠绕一蛇，因此便脱离了单纯的灵龟范畴，而实指道教灵兽“玄武”。玄武在道教系统中为四象之一，自汉后的形象由黑色巨龟演化为龟蛇。《云笈七签》载：“夫四象者，乃青龙、白虎、朱雀、玄武也。……玄武者，北方壬癸水。”大中祥符五年（1012年），为避圣祖赵玄朗讳[93]，改称真武。原先在道教神仙系统中神格并不高，如《两浙金石志》所言，玄武在汉唐以来无专祀，入宋后“遂专崇祀，遍寰宇焉。”[94]据考，专祀一事或从真宗天禧元年（1017年）始，这一年，拱圣营卒见龟蛇而建真武堂，次年，堂侧涌出泉水，且于解渴、疗愈处有奇效，故建祥源观[95]。其崇信风潮大约也是从真宗始，后徽宗、钦宗及南宋诸帝对玄武不断诏增尊号[96]。除道教在“上有所好”的引导下不断兴盛的缘由之外，南宋赵彦卫《云麓漫钞》中也点明，宋室见龟蛇、兴醴泉观（即祥符观）之后，道士们将玄武视为北方之神，此后奉祀愈严，“或以为金虏之谶”[97]。且《宋史》中确有载：“宣和四年（1122年），北方用兵，雄州大震，玄武见于州之正寝，有龟大如钱。蛇若朱漆筋，相逐而行。”[98]不难想见，饱受金人抢掠之苦的宋人对玄武镇北之力的向往与崇拜。

---

92 王瑞芝：《三件罕见的宋代铜镜》，《湖南考古辑刊》1987年第00辑。

93 真宗梦赵氏先祖，自称曾转世为轩辕皇帝，名曰九天司命保生天尊赵玄朗，为道教神仙。

94（清）阮元编，（清）阮福撰：《两浙金石志》卷十四，《续修四库全书》第911册，上海古籍出版社，2002年，第154页。“元（玄）武本是天象，见于礼经，汉唐以来无专祀。宋初有佐命应见之事，遂专崇祀，遍寰宇焉”。

95（宋）高承撰，许沛藻点校：《事物纪原》卷七“醴泉观”引《东京记》，中华书局，1989年，第367页。“（天禧元年），（拱圣）营卒有见龟蛇者，军士因建真武堂。二年（1018）闰四月，泉涌堂侧，汲不竭，民疾疫者饮之多愈，乃就其地建观，十月观成，名祥源”。（清）徐松辑，刘琳等点校：《宋会要辑稿2》，上海古籍出版社，2014年，第570页。“是年泉涌堂侧，真宗天禧二年闰四月，诏拱圣醴泉所宜，度地立观，以祥源为名……诏加真武号曰真武灵应真君”。

96 曾召南：《宋元明皇室崇信真武缘由刍议》，《宗教学研究》1996年第2期。

97（宋）赵彦卫撰，傅根清点校：《云麓漫钞》卷第九，古典文学出版社，1957年，第121页。“后兴醴泉观，得龟蛇，道士以为真武现，绘其像为北方之神，被发黑衣仗剑、蹈龟蛇，从者执黑旗，自后奉祀益严，加号镇天□圣、或以为金虏之谶”。

98（元）脱脱等撰：《宋史》第18册卷六十七五行志第二十，商务印书馆，1934年，第184页。

表3 “仙人龟鹤”图式气功镜一览表 （单位：厘米）

收藏/出土地	湖南省博物馆[99]	湖南省[100]	湖南出土[101]
尺寸	直径12.8	不明	通高12
图像（1-3）			
收藏/出土地	湖南省[102]	湖南省[103]	
尺寸	高9.1	直径11.9	
图像（4-5）			

此外，“潭州官坊造”五字也显示了此图式的官府背景。

宋代官方铸镜机构主要有文思院、后苑造作所、铸钱监等，南宋据铜镜铭文或另有小作院、铸鉴局等。潭州官坊，应为上述机构之外的官营铸镜作坊，目前仅见湖南出土钟形气功镜这一实例。因史料未载，“官坊”是否真实存在、存续时间等方面均存在商榷的空间。

铜为宋朝铸钱的重要原料，因而向来被明确定为“榷货”[104]，由政府垄断、监督其买卖与流通，仅神宗熙丰年间曾放松管控。潭州一地便有一处铜场，即永兴场，为北宋后期至南宋前期的三大场之一[105]。《宋会要辑稿》载其无祖额，元丰元年（1078年）收

99 中国青铜器全集编辑委员会编：《中国青铜器全集16》，文物出版社，1998年，第181页，图版178。

100 周能：《湖南出土宋镜选记》，《南方文物》1994年第3期。

101 周世荣：《铜镜图案——湖南出土历代铜镜》，湖南美术出版社，1987年，第193页，图版171。

102 周世荣：《铜镜图案——湖南出土历代铜镜》，湖南美术出版社，1987年，第193页，图版172。

103 长沙市博物馆编：《楚风汉韵——长沙市博物馆藏镜》，文物出版社，2010年，第204页，图154。

104 （宋）谢深甫撰：《庆元条法事类》卷二十八榷禁门，中国书店，1990年，第202页。“诸称禁物者，榷货同。称榷货者，谓盐、矾、茶、乳香、酒、铜、铅、锡、铜矿、鍮石”。

105 汪圣铎：《宋代对铸钱业影响最大的几个铜场》，《中国钱币》2003年第3期。

一百七万八千二百五十斤，铜产量仅次于排名第一的韶州[106]。《续资治通鉴长编》又载元丰元年（1078年），提点坑冶铸钱钱昌武奏言，“潭州浏阳县永兴银场自去年银、铜兴发，乞下诸路转运司应副本司收买铜、银增铸钱。”[107]说明潭州产铜大约始于熙宁十年（1077年），为一处新兴的大型铜场，然至绍兴末年，其产铜仅余三千余斤。因此，潭州既为铜料的重要产地，制镜官场有较大概率存在，其存续时间以原料论也最有可能是在北宋晚期至南宋初。

两大类之外，“仙人龟鹤”图式又见一方形倭角镜的孤例[108]，因其铭文特殊而需额外列出〔图11〕。

图11 “长寿仙”铭仙人龟鹤齐寿镜

此镜造型又可称为亚字镜，多流行于北宋晚期的南方地区，而不见于南宋。墓葬材料见浙江兰溪市元祐六年（1091年）杜氏墓[109]、江西九江庐山市元祐七年（1092年）墓[110]、安徽黄山宣和三年（1121年）沈格妻包氏墓[111]、湖北浠水元祐三年（1088年）墓[112]、湖南桂阳刘家岭北宋壁画墓[113]、湖北荆州北宋墓[114]等。福建邵武沿山北宋墓出土镜又附“湖州仪凤桥石家真正一色青铜镜”，表明湖州府也有此造型的产品[115]。

究其镜背图式，左侧见一执杖老人，高额长眉，广袖长袍，仙鹤直立于右侧，龟伏二者间，亦呈昂首状。三者之外近缘处，环绕十六字铭文“致圣云烟，炁静神全，意迴真天，魅迸麟迁”，圆纽下再铭“长寿仙”三字，人、鹤两侧对称又铭两组小字，分别为“杨家”“应奉”。铭文内容描述了道教修习之法，全文大意即焚香导信达于神明，气、身入静，神思上升至仙境，除精魅而得祥瑞。其中，“炁”在道教中指构成万物的物质，也指人体内的真气。魅为精魅，为道教中使人“不能自安”的恶的存在。北宋时期，已有道书为各路精魅细致划分，《太清金阙玉华仙书八极神章三皇内秘文》记录有七十二种精魅的名、形、危害与治

---

106 （清）徐松辑，刘琳等点校：《宋会要辑稿11》食货三三，上海古籍出版社，2014年，第6723页。

107（宋）李焘撰：《续资治通鉴长编》卷二百九十，《景印文渊阁四库全书》第319册，台湾商务印书馆，1986年，第55页。

108 浙江省博物馆编：《古镜今照——中国铜镜研究会成员藏镜精粹（下册）》，文物出版社，2012年，第497、498页。

109 金华地区文管会：《浙江兰溪县北宋石室墓》，《考古》1985年第2期。

110 吴水存：《九江出土铜镜》，文物出版社，1993年，图版80。

111 程先通：《安徽黄山发现宋墓》，《考古》1997年第3期。

112 浠水宋墓考古发掘队：《浠水县城关镇北宋石室墓发掘简报》，《江汉考古》1989年第3期。

113 墓葬年代推测为北宋晚期，见湖南省文物考古研究所：《湖南桂阳刘家岭宋代壁画墓发掘简报》，文物出版社，2012年，第47页。

114 墓葬年代约在唐末至北宋间，见沙市市博物馆：《沙市西郊荆沙村一座宋墓的清理》，《江汉考古》1992年第3期。

115 福建省博物馆：《福建邵武沿山宋墓》，《考古》1981年第5期。

魅之术[116]。而“镜”便是道家中可以治魅，令魅奔离逃散的法器之一。宋曾慥编辑《道枢》中提到了镜可伐精魅[117]。《云笈七签》引《修真历险妙图》有述，将还丹或如意珠一粒“磨凡铜铁镜”，可以辨别一切精魅魍魉，与古藏之物[118]。同书甚而记录有以镜为具的各类修行秘法，如卷四十八所载“明照法”“宝照法”“摩照法”，所言镜之功用诸如延年不死、分身散形、令人聪明，知将来事，见天上诸真等。且宋镜中确实见许多“道人”铭文[119]，显示当时确有许多道士参与铸镜。是而，以铭文见，该镜除日常所用外，或赋有修习法器的功用，以达益寿延年、长生不死的目的，与“仙人龟鹤”图式内涵与“长寿仙”铭相合。

小字“杨家”“应奉”，则揭示了这类图式可能入宫，为徽宗所用的事实，恰与龙泉窑“宣和中，禁庭制样须索”的记录吻合。

应奉局，为崇宁四年（1105年）于苏、杭所设机构，专为徽宗搜罗珍奇巧物，最著名者即花石纲，以东南各地奇异的花石木果，纲运至京[120]。在朱勔、王黼[121]等官员的领导下，应奉局扰害百姓，强取豪夺，以致方腊起义，因而也曾短暂停罢[122]，后于宣和三年（1121年）复置[123]。

宋徽宗笃信道教是宋史中反复确证的事实。其曾授意道箓院自封“教主道君皇帝”，在全国范围内建宫观，塑圣像，求仙经，编《道藏》，设道阶二十六级、道职八等、道官二十六等，除在京师设学外，命各州县招收道生，中举即授宫观官或补以道职。加之徽宗此时强烈的复古意求，据《宣和重修博古图录》，可知宣和殿内收藏有百余面古代铜镜，

---

116 张悦：《魅与治魅：道教文献中的精魅思想》，《云南社会科学》2013年第3期。

117（宋）曾慥编：《道枢》卷三十二，上海古籍出版社，1990年，第323页。“吾试言九转之法象，吾尝为之图焉……以之为杖，刑戮自如，以之为镜，可伐精魅”。

118（宋）张君房：《云笈七笺》卷之七二“金丹部十”，《景印文渊阁四库全书》第一〇六〇册，台湾商务印书馆，1986年，第784页。

119 附“道人”铭的铜镜或许有两种含义，一指道人所铸，一仅为突出镜子的宗教色彩与效能而声称为道人所炼，如湖州镜中石道人、李道人、严道人铭的产品，隆兴府韦家也有“韦道人造”等铭。个别可能确为道士所铸之例见。“吉州李道人工夫镜”铭，见陈柏泉：《宋代铜镜简论》，《江西历史文物》1983年第3期；“夏道人”，见陈定荣：《南丰县桑田宋墓》，《江西历史文物》1986年第1期。

120（元）脱脱等撰：《宋史》第130册卷四百七十列传第二百二十九，商务印书馆，1934年，第70页。“舳舻相衔于淮、汴，‘号花石纲’。置应奉局于苏，指取内帑如囊中之物，每取以数十百万计。……所贡物豪夺渔取于民，毛发不少偿。民豫是役者，中家悉破产，或鬻卖子女以供其须”。

121（元）脱脱等撰：《宋史》第130册卷四百七十列传第二百二十九，商务印书馆，1934年，第65页。“（王黼）请置应奉局，自兼提领，中外名钱，皆许擅用，竭天下财力以供费。官吏承望风旨，凡四方水土珍异之物，悉苛取于民，进帝所者不能什一，余皆入其家”。

122（元）脱脱等撰：《宋史》第130册卷四百六十八列传第二百二十七，商务印书馆，1934年，第23页。“（宣和二年）徽宗始大惊……谕（童）贯使作诏，罢应奉局”。（宋）陈均撰：《宋九朝编年备要》卷第二十九，《景印文渊阁四库全书》第三二八册，台湾商务印书馆，1986年，第78页。“初方腊之乱，黼承上意，罢苏杭造作局及诸所局，而内侍复以言动黼，黼大悔悟，且惧失权势。乃乞创应奉局于私第，而自领之”。

123（元）脱脱等撰：《宋史》第6册卷二十二本纪第二十二，商务印书馆，1934年，第82页。“（宣和三年）复应奉司，命王黼及内侍梁师成领之”。

而此前并未有皇帝对镜子进行过如此大规模的收藏活动[124]。另外，存世有徽宗瘦金体“龟鹤齐寿”四字款大型宫钱，传为徽宗朝祝寿所贮。由此，虽此方形倭角镜为一孤例，应奉局为徽宗搜罗民间制作的“仙人龟鹤”道教铭文镜似乎也符合当时背景。

综上，以铜镜为载体，针对与龙泉残件相近“仙人龟鹤”图式，可总结出三点信息：其一，这类图式的主要流行时间大约在北宋晚期至南宋早期；其二，具有明确的道教文化因素，与其时宫廷氛围相符；其三，曾由官铸或由官府监造，且极有可能进入过徽宗宫廷。由是，当这类图式转移至北宋晚期的龙泉青瓷之上，恰与文献中存在的“制样”相合的同时，其载体的胎釉特征、器物品质又远优于此时龙泉窑制造的多数产品，与前述螭纹器相近，或许正暗示着，这类产品为禁庭须索而成。

三、莲房盏的巧合：兼论景德镇窑“制样”存在的可能

温岭市博物馆近年曾征集到，龙泉窑青釉刻划荷叶荷花纹带盖屈卮一枚〔图12〕，器形敞口微侈，尖唇，弧腹微垂，腹侧接一纤细环柄，圈足，足墙低矮而窄。平盖，口沿处下垂，盖面由中心向外，凸起圆点三层，盏身仿生作莲蓬状。灰白胎，胎色浅，通体施青釉，釉色浅淡，釉面略厚处色泽渐浓。盏外壁口、腹部刻划莲纹，近足端装饰双线弦纹一周，弦纹内填充双线莲瓣。圈足内露胎，呈橙红色。

由于存世有造型、装饰相近的龙泉窑青釉把杯，杯内心钤印“河滨遗范”印章式款识，而“河滨遗范”款纪年器又有安徽博物院藏“庚戌年元美宅立”墨书碗一件，多被断为建炎四年（1130年）时的器物，因此这类器型上限大约也在两宋之际。另外，龙泉窑黑胎产

图12　龙泉窑青釉荷叶荷花纹带盖屈卮
温岭市博物馆藏

124 Patricia Buckley Ebrey. Accumulating Culture: The Collections of Emperor Huizong. University of Washington Press, 2008: 198。

1

2

3

图 13　龙泉黑胎青釉屈卮（把杯）
1. 香港艺术馆藏（C1994.0060）　2. 小梅瓦窑路窑址出土　3. 瑞士玫茵堂 / 莱特博格博物馆藏

品中也偶见相近器形，然器物特征已存变化——垂腹形态更加明显，足墙略高且垂直，甚至偶有外侈，杯把粗短，且足端普遍刮釉，应由垫饼垫烧[125]〔图 13〕。加之温岭所藏屈卮胎釉、造型特征与上述螭纹、仙人龟寿纹标本相近，年代应与此相距不远，为北宋晚期物。

屈卮，酒器也，宋人以此名呼一侧有环柄的酒杯。吕大临《考古图》卷十录“一耳卮”，旁注：“此器傍一耳，乃古酒卮”[126]。《东京梦华录》记徽宗生辰“天宁节”事，十二日赐宴宰执、亲王、宗室与百官，所用酒盏皆屈卮，“如菜碗样，而有手把子”[127]。至南宋度宗时，《梦梁录》也有一致的记述[128]，说明宫廷大宴中，饮酒用屈卮或为常规。

此类仿生莲房的造型，也曾出现在龙泉窑所制的盖盏之上，附葵口平沿盘，成一套盘盏。盘盏与屈卮一般，属宋代饮器的基本样式之一，为承盘与盏的合称。《东京梦华录》中曾述“会仙酒楼”内的往来奢侈事情，称“凡酒店中，不问何人，止两人对坐饮酒，亦须用注碗一副，盘盏两副，果菜楪各五片，水菜碗三五只，即银近百两矣”[129]。北宋高承撰《事物纪原》专记事物原始之属，将“今世所用盘盏”溯及周人舟彝之制与汉世承盘[130]，可见当时除常见的台盏外，低矮的盘盏也是当时常用的酒器。北宋宫廷中亦惯见此物，靖康元年（1126 年），金人攻下汴梁，从大宋库藏中掠走的金玉货赂中便有“金盘盏八百副，金注碗二十副”[131]。

---

125 吴有武：《官哥器——吴甲堂藏龙泉黑胎系列之荟萃》，西泠印社出版社，2018 年，第 52 页；浙江省文物考古研究所：《浙江龙泉小梅瓦窑路南宋窑址发掘简报》，《文物》2022 年第 7 期。

126（宋）吕大临撰：《考古图》卷十，《景印文渊阁四库全书》第八四〇册，台湾商务印书馆，1986 年，第 260 页。

127（宋）孟元老撰、伊永文笺注：《东京梦华录笺注》卷之九，中华书局，2006 年，第 835 页。

128（宋）吴自牧撰：《丛书集成初编·梦粱录（一）》卷三，商务印书馆，1960 年，第 19 页。

129（宋）孟元老撰，伊永文笺注：《东京梦华录笺注》卷之四“会仙酒楼”条，中华书局，2006 年，第 420、421 页。

130（宋）高承撰，许沛藻点校：《事物纪原》卷八什物器用部“盘盏”条，中华书局，1989 年，第 418 页。“《周官》司尊彝之职曰：六彝皆有舟，郑司农云：舟，尊下台，若今承盘，盖今世所用盘盏之象，其事已略见于汉世，则盘盏之起，亦法周人舟彝之制，而为汉世承盘之遗事也”。

131（宋）李心传撰：《建炎以来系年要录》卷二，《景印文渊阁四库全书》第三二五册，台湾商务印书馆，1986 年，第 53、54 页。

盘盏，又可与屈卮并用。南宋周密撰《武林旧事》中记录道，皇帝在郊祭大典后的恭谢礼礼毕后将对御赐宴，“前三盏用盘盏，后二盏屈卮”[132]。《清波杂记》亦记，“徽宗尝出玉盏玉卮，以示辅臣曰，欲用此于大宴，恐人以为太华”[133]。因此，龙泉窑莲房形盘盏、屈卮或为成套酒具也未可知。

景德镇窑青白瓷中亦见一类产品造型、装饰与之相仿，从传世、存留情况而言，同属罕见（表 4；图 14）。其同为承盘、盖盏组合，盏敞口尖唇，斜弧腹，窄圈足，足径小而足墙低矮。外壁近口沿处，以细密、凸起的圆点勾勒分层线条，或作弦纹，或描绘莲瓣外廓，腹部刻划莲瓣或竖直的平行线条。平盖，口沿部下垂，盖面也作三层凸起的尖锥状圆点，点外还模仿莲蓬再绘圆圈一周。承盘花口、窄沿外折，斜弧腹，盏内心中央下凹，圈足，足墙低矮，内心刻划荷叶荷花纹，内外壁均刻划莲瓣或叶脉。盘盏整体釉面薄而色泽青白，釉层积聚处泛青，承盘圈足内及足端不施釉，曾见支钉烧痕。盏则足端不施釉。

表4　景德镇窑青白釉莲房盏一览表

序号	收藏/出土地点	编号	尺寸（厘米）
1	景德镇湖田窑址[134]	99H・T1②:5	（托)高3.5、口径17.8、足径5.3
2	景德镇湖田窑址[135]	99H补・H7:430	（托)高4、口径20、足径8.2
3	日本静嘉堂[136]	/	（盏)高4.5、口径10.3； （托)高3.3、口径18
4	瑞士玫茵堂[137]	/	（盏)直径12.8；（托)直径20.8
5	香港颂德堂[138]	/	（盏)高6.7、宽11.3、足径3.6
6	江西[139]	/	（盏)口径10；（托)口径16

湖田窑窑址 1999 年的发掘工作中，曾出此类承盘标本两例，报告中定为 B 型 Ⅳ 式盘属第四期，年代为南宋前期。然细察其出土环境，99H 区、99H 补区的堆积年代多在北宋中晚期，且因扰乱，地层信息并不可靠。类型学分析中，又将功能不同、内心下凹的盏托与盘类同列，单独作一式也并不合理，因此这一年代判断似乎值得再行检视。

132（宋）周密撰：《武林旧事》卷一，《景印文渊阁四库全书》第五九〇册，台湾商务印书馆，1986 年，第 181 页。

133（宋）周煇撰：《清波杂志》卷二，上海书店出版社，1985 年，第 53、54 页。

134 报告中的此器的器物描述与线图并不对应，应和标本 2 对调，见江西文物考古研究所、景德镇民窑博物馆编：《景德镇湖田窑址：1988—1999 年考古发掘报告》，文物出版社，2007 年，第 113 页，图九二：11，彩版三二：6。

135 江西文物考古研究所、景德镇民窑博物馆编：《景德镇湖田窑址：1988—1999 年考古发掘报告》，文物出版社，2007 年，第 113 页，图九二：12。

136 静嘉堂美术馆：《静嘉堂宋元图鉴》，静嘉堂美术馆，2002 年，图版 26。

137 康蕊君：《瑞士玫茵堂藏中国陶瓷：第一卷》，Azimuth Editions，1994—2010 年，第 316 页，图版 591。

138 香港大学美术博物馆：《大繁若简：宋金元朝的单色釉瓷》，文物出版社，2012 年，第 49 页。

139 罗伯健：《中国民间收藏陶瓷大系：江西福建卷》，河北美术出版社，2019 年，第 67 页。

图 14　景德镇青白釉莲蓬盘盏
1. 景德镇湖田窑窑址出土　2. 瑞士玫茵堂藏　3. 静嘉堂文库美术馆藏　4. 瑞士玫茵堂藏盏承盘　5. 江西藏　6. 香港颂德堂藏

湖田窑窑址的发现之外，传世品中此类莲房盏被断为北宋者虽有，但因圈足低矮等特征，多被判定为南宋初期的产品。为回应这一观点，从器形演变的常规逻辑来看，这一花口、窄折沿、斜弧腹、圈足低矮、足墙细窄的造型，在北宋中期便已出现，延续、演变至北宋晚期也属合理，因此无法仅凭造型一说来进行宽泛断代。另外，窑址出土的标本圈足似见支钉痕，而湖田窑这种装烧方式主要流行北宋早中期，晚期已转变为垫饼填烧。

因此，这类莲房盏的生产上限似乎也可达北宋晚期，流行时间应在两宋之际，与龙泉窑式样相仿者年代相近。

另，以玫茵堂所藏为例，盏腹外壁刻划的双重莲瓣纹，在内层莲瓣外缘又见细密的点状突起，为景德镇地区产品中所少见。但几近一致的器表装饰却出现在高丽青瓷之上[140]〔图15〕，仅凸起者由镶嵌工艺制成。后者器底见支钉痕，满釉支烧，为11世纪后半叶至12世纪期间的典型特征。这一时段内，能为窑场间互动、模仿提供和平外交环境的最有可能在神宗至徽宗朝，两国交往前后分别由辽、金阻挠[141]。则，此例高丽青瓷是为一旁证，一证

140　韩国国立中央博物馆编：《天下第一翡色青磁》，韩国国立中央博物馆，2012年，第272页。

141　李仲谋：《汝窑与高丽青瓷》，《文化遗产研究集刊2》，上海古籍出版社，2001年，第271页。

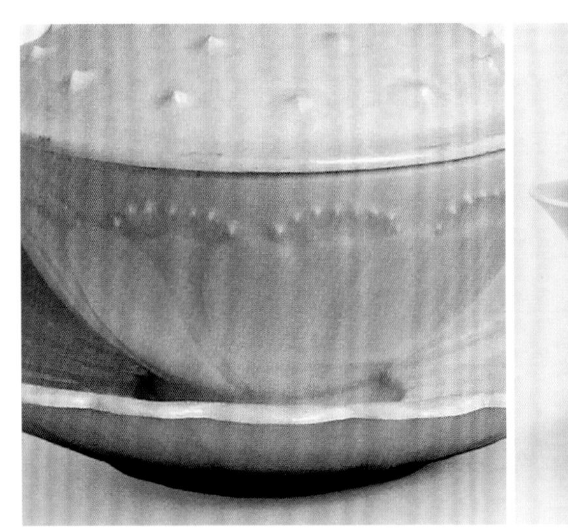

图 15 高丽青瓷腹外壁双重莲瓣纹与景德镇青白釉器的比对

青白釉莲房盏的上限，二证此盏应非普通民众所用，与高丽青瓷存在相互仿效现象的，均为汝窑、定窑、耀州窑、龙泉窑等窑场中的高档产品。

如此不免又回到了此前有关“宣和中禁庭制样须索”的讨论——下颁龙泉的“样”，是否也曾送至浮梁，用以制作一致的宫廷用瓷？

景德镇窑与定窑、汝窑、耀州窑、龙泉窑一般，为北宋宫廷用瓷的供应窑场之一，产品也曾收纳于前文提到的建隆坊瓷器库。其“景德”一名，正因其镇置于真宗景德元年（1004年）[142]，以“民不聚成县而有税课”[143]之故。清蓝浦于《景德镇陶录》中又补充道，以年号为镇名一事，或与“真宗命进御瓷器”[144]有关。另光绪间《江西通志》也提及“景德中置镇，如遣官制瓷贡京师，应官府之需，命陶工书建年景德于器”。然此说法源头不明，真伪难辨。至仁宗朝，江西婺源《嵩峡齐氏宗谱》载有景德镇窑丞齐宗蠖护送御器一事，也被视作景德镇曾供御用窑器的依据之一。

> 护公（齐宗蠖），字成英，生于宋真宗咸平元年（998）……初任景德镇窑丞，九载无失，庆历五年（1045）乙酉八月十五，因部御器经婺源下槎，土名金村段，行从

142（清）徐松辑，刘琳等点校：《宋会要辑稿 16》方域一二“江南东西路市镇”，上海古籍出版社，2014 年，第 9526 页。“饶州浮梁县景德镇，景德元年（1004）置”。

143（宋）高承撰，许沛藻点校：《事物纪原》卷七“库务职局”，中华书局，1989 年，第 358 页。“民聚不成县而有税课者，则为镇，或以官监之”。

144（清）蓝浦撰，郑廷桂补辑：《景德镇陶录》卷五“景德窑”，《续修四库全书》第 1111 册，上海古籍出版社，2002 年，第 383 页。“景德窑，宋景德年间烧造……真宗命进御瓷器，底书‘景德年制’四字”。

1

2

3

图 16 南宋官窑莲房形器
1. 南宋官窑莲蓬形器盖 郊坛下官窑窑址出土 2. 南宋官窑莲蓬形水滴 鸿禧美术馆藏 3. 南宋官窑月白釉莲房水注 台北故宫博物院藏

误毁御器。护叹曰：余奉命，愿死，从这何辜，即吞器亡。[145]

熙丰新法推行之后，景德镇窑的窑业规模迅速扩大——《宋史》记熙宁十年（1077 年）景德镇的商税已是定窑所在地，曲阳县龙泉镇的十倍；元丰五年（1082 年）八月，朝廷在景德镇置瓷窑博易务，于一般税务机构外独立管理瓷窑业生产[146]；浮梁人程筠在崇宁四年（1105 年）为河南修武当阳峪窑窑神庙撰写碑文时，曾述及景德镇窑业，称“番君之国善陶冶，运以□□遍天下”[147]，足见浮梁一地生产、流通之盛。窑址考古工作及墓葬出土材料的发现、研究结果也证实了碑文内容：北宋中后期景德镇青白瓷的生产规模、流通区域丝毫不逊于此，甚至超越同时代的许多名窑。是以，据常理断，即便实物证据暂缺，景德镇窑在王安石变法后曾为宫廷烧造瓷器，也是完全可以想见的。

1997 年，景德镇湖田窑豪猪岭窑址出土瓷器器底残件，圈足内模印“迪功郎浮梁县丞臣张昂措置监造”等字样。因铭文内容，如“臣”之自称，至此多被认为，是景德镇北宋贡瓷的实证，也指示了此时景德镇区域内具官府背景的窑场存在。经考，此器应是张昂以浮梁县丞兼监造官的身份，在政和六年（1116 年）至重和元年（1118 年）[148]间制作、烧造的。这一结论恰与“制样须索”发生的宣和间相距不远。

以上为景德镇窑供瓷于宋廷之背景。

巧合的是，南宋官窑郊坛下窑址中，也曾出土相似造型的器盖，传世品中也有莲蓬式

145 婺源县《嵩峡齐氏宗谱》，藏景德镇市图书馆，见肖发标：《北宋景德镇窑的贡瓷问题》，《中国古陶瓷研究》第 7 辑，故宫出版社，2010 年，第 257 页。

146（宋）李焘撰：《续资治通鉴长编》卷三百二十九，《景印文渊阁四库全书》第 319 册，台湾商务印书馆，1986 年，第 538 页。“（元丰五年八月甲寅）饶州景德镇置瓷窑博易务，从宣义郎都提举市易司勾当公事余尧臣请也”。

147（宋）程筠：《怀州修武县当阳村出土德应侯百灵庙记》，《谈当阳峪窑》，《文物参考资料》1954 年第 4 期。

148 肖发标：《再论“张昂监造”贡瓷的烧造年代：兼与李放先生商榷》，《故宫博物院院刊》2006 年第 6 期；另有绍兴八年（1138 年）至二十五年（1155 年）一说，见李放：《张昂监陶小考》，《文物》2001 年第 1 期。

1

2

3

图 17　南宋官窑、北汝窑、高丽青瓷中见莲子造型的器物
1. 南宋官窑熏炉盖　郊坛下官窑窑址出土　2. 北汝窑鸳鸯熏炉盖　汝窑清凉寺窑址出土　3. 高丽青瓷鸳鸯熏炉盖　韩国国立中央博物馆藏

样的水滴，在证样制存在的同时，也说明南宋宫廷对这一式样也颇为喜爱〔图 16〕[149]。南宋官窑、北宋汝窑、高丽青瓷“狻猊出香”类熏炉器盖，表面也常模拟莲子膨起于莲房的形态，其上再塑禽鸟蹲兽，如鸳鸯、卧鸭、盘龙、蹲狮等，徐兢《奉使高丽图经》称此物最为精绝，又与《营造法式》所载“雕木作”的图样相合，应也具官方背景[150]〔图 17〕。

综上，即便景德镇在徽宗时代曾具有着贡瓷的事实，其生产组织形式是否也是“制样须索”并无文献支持，所制作的贡瓷是否是这类莲房盏也需要更多直接、明确的证据。然而，其一，比对龙泉窑、景德镇窑莲房盏，二者式样相仿，又与南宋官窑等窑场为宫廷制作的瓷器存在相似之处，或许意味着此类莲房装饰或为官式；其二，就制作年代而言，二窑莲房盏均为两宋之际的产物，与文献所载之“宣和中”合；其三，制作、装烧技法不与普通产品同，精美程度也绝非凡品；其四，窑场均具有为北宋宫廷，尤其是徽宗朝烧制器物的背景。是以，此类产品，应存在着入宫的可能。

四、余论

由蒋祁所撰，约成书于南宋时之《陶记》[151]，开篇即述，“景德陶，昔三百余座。埏埴之器，洁白不疵，故鬻于他所，皆有饶玉之称。其视真定红磁、龙泉青秘相竞奇矣”，

149 邓禾颖：《南宋官窑》，浙江摄影出版社，2009 年，第 33 页，图版 30；张秀政：《中国历代陶瓷选集》，鸿禧艺术文教基金会，1990 年，第 126 页，图版 44；台北故宫博物院编辑委员会：《宋官窑特展》，台北故宫博物院，1996 年，第 97 页，图版 59。

150 故宫博物院编：《官窑瓷器》，故宫出版社，2016 年，第 223 页；宝丰县清凉寺汝官窑遗址管理处、宝丰汝窑博物馆：《汝窑为魁——宝丰清凉寺汝官窑遗址出土文物展》，科学出版社，2022 年，第 140 页；韩国国立中央博物馆编：《天下第一翡色青磁》，韩国国立中央博物馆，2012 年，第 196 页。

151 有关于陶记的成书时间，刘新园、熊寥先生等学者曾有论战，见马文宽：《评〈蒋祁陶记著作时代考辨——与刘新园先生商榷〉》，《考古学报》2008 年第 3 期。

谈及之定窑、景德镇窑、龙泉窑恰恰为本文主角，饶玉、红磁、青秘各色釉面在相互映衬间灼烁古今，因其精美而为两宋宫廷所重。

然而，出于产量原本稀少、宫廷用瓷大多毁于战乱、窑址考古所见为废品堆积难与宫廷所用成品对应等诸多原因，为北宋宫廷所制的龙泉青瓷于今却徒留文人笔墨，无任何实例以窥其面貌。也正因实物证据的缺位，本文并不能陡下结论，仅能在遍查所见后，以“制样须索”为线索，举出一类“不合常规”“多有巧合”的器物，以其为现阶段最有可能为“禁庭制样须索”的产品——所列标本俱拥有超乎平常的质量、一反常态的造型纹样、不符规律的装烧方式，同时相关窑场在两宋之际出现了几近一致的式样，且都可以找到与宫廷直接、间接的联系。其近似青白的淡雅釉色，低矮细窄的圈足为一类比较显著的器物特征，或可为后续标本的确定、研究的推进略作提示。

南宋官窑与汝窑的关系 *

——南宋官窑郊坛下窑早期产品再认识

沈洁如（杭州西湖博物馆总馆）

摘要：本文通过对杭州西湖博物馆总馆南宋官窑馆区馆藏南宋官窑郊坛下窑出土器物的梳理，从胎色、工艺、器型、文献记载几方面进行论述，认为郊坛下窑早期产品是有意模仿汝官窑，郊坛下窑建窑初衷是为南宋宫廷烧制仿汝窑产品，它与老虎洞窑有一段共生期，建窑时间下限不会晚于公元1187年，存在宋孝宗时期建立的可能。

关键词：南宋官窑郊坛下窑　早期产品　模仿汝窑　建窑时间

南宋官窑郊坛下窑址位于杭州上城区乌龟山西麓，1985 年 10 月至 1986 年 1 月由中国社会科学院考古研究所、浙江省文物考古研究所、杭州市园林文物局组成的南宋临安城考古队对它进行了考古发掘，1988 年又补充发掘，共发现窑炉一座，作坊遗址一处，出土瓷片三万余片。根据出土器物的演变规律以及胎釉厚薄、装烧工艺等推断，发掘者认为乌龟山官窑先后生产厚胎薄釉和薄胎厚釉两类产品。厚胎薄釉者，釉色以米黄、淡黄或灰青为主，碗盘类圈足外撇支烧较多，胎色以灰为主色调，大多呈灰色或浅灰色，传承了汝官窑（本文所指汝窑产品均指此类产品）和北宋官窑的传统，符合袭“故京遗制”设立官窑的记载。而晚期官窑产品薄胎厚釉，色泽粉青、制作精致，达到青瓷生产的巅峰。

1996 年老虎洞窑址在杭州凤凰山麓被发现，其产品釉色有灰青、青黄、粉青等，胎色以深灰色为主，部分器物明显可见多次上釉烧成，造型涵盖盘、碗、瓶、盆、炉、觚等日常用器和礼仪用器，采用支烧、垫烧、支垫烧等多种装烧方法，根据考古发掘的情况，大多数专家认为这就是南宋官窑修内司窑。根据宋人叶寘《坦斋笔衡》记载南宋官窑先建窑于修内司，后郊坛下别立新窑[1]。从郊坛下和老虎洞两处窑址出土器物的情况看与记载吻合。

* 本研究获得浙江省文物局文物保护科技项目资助。

1 （宋）叶寘:《坦斋笔衡》，辍耕录本，卷第二十九《窑器》。“中兴渡江，有邵成章提举后苑，号邵局，袭故京遗制，置窑于修内司，造青器，名内窑，澄泥为范，极其精致，油色莹彻，为世所珍。后郊坛下别立新窑，比旧窑大不侔矣”。

对两处窑址出土瓷片的科技测试数据也支持郊坛下窑是在老虎洞窑建立之后发展起来的这一观点[2]。

老虎洞窑址的发现解决了修内司窑是否存在的争议，但郊坛下窑址早期产品却因为它的出现而需要重新有一个合理的解释，因为很明显这批早期产品从外观看并不是老虎洞窑址产品的延续，基本可以认为是两类产品。那么在老虎洞窑产品已达到一定水准时，是什么原因，需要重新建窑开始生产一种新产品。两窑处于同一片山系，相距约 2.5 公里，根据对两窑胎料的科技测试，使用的原料构成基本是在同一区间[3]，我们现在对两处窑址周边原材料的采集测试也表明，两处窑址周边可以成瓷的胎料成分差异并不大。所以易地搬迁，因为材料发生变化而使产品有了不同面貌，这个解释不能成立，应该另有原因。笔者在对馆藏郊坛下窑址出土瓷片标本的梳理过程中，对这个问题有了新的认识和进一步的思考。

一

郊坛下窑址出土瓷片，薄釉产品占 49%[4]，这些在窑址中发现的产品釉色大多呈灰青、青黄、棕黄或炒米色，胎色呈灰或淡灰色，胎体厚度一般超过釉层，但也有薄胎产品，与郊坛下的粉青薄胎厚釉产品有明显区别。同时由于它部分器型与汝窑产品类似，具有支烧、撇足等北宋特征，被认为是南宋郊坛下官窑前期产品，典型类汝窑器型基本都在这一类产品中。在对馆藏郊坛下窑出土瓷片的观察中，我们认为这些特征并不仅仅只说明它与汝窑的承袭关系。虽然有部分瓷片支钉痕较大，釉层有玻化、流釉、缩釉等现象，表现出工艺上的探索，但这类瓷片中也不乏制作相当精致的，如图 1 所示，这些圈足支烧产品，釉色

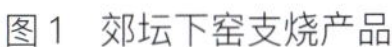

图 1　郊坛下窑支烧产品

图 2　郊坛下窑垫烧产品

2　李家治、张志刚、邓泽群，等：《杭州凤凰山麓老虎洞窑出土瓷片的工艺研究》，《建筑材料学报》2000 年第 4 期。

3　邓禾颖、唐俊杰：《南宋官窑》，杭州出版社，2008 年，第 92—96 页。

4　中国社会科学院考古研究所等：《南宋官窑》，中国大百科全书出版社，1996 年，第 64 页。

呈糙米黄或黄绿色，胎薄，釉细，圈足外撇，支钉支烧，制作精细，支钉痕规整，部分细小如米粒。垫烧产品〔图2〕足端刮釉、胎釉交界边缘清晰分明、修足精致、制作规整。类似产品不在少数，完全是属于精工细作一类，精致程度非一般民窑能及。釉色虽然多为糙米黄、青黄、灰青等色泽，但釉色平和、釉面平整、施釉均匀，胎体对釉的吸附匀称，呈色稳定，胎釉结合良好，工艺水准很高。

这些早期产品，胎色基本以灰色、浅灰色为主，而被认为是后期的薄胎厚釉产品，胎色大多为黑灰或深灰色，釉色以粉青为主。老虎洞窑出土产品胎色普遍为深灰色泽，有些可以达到灰黑色，釉色以灰青、粉青为主，产品有厚胎厚釉、薄胎薄釉、薄胎厚釉等。据统计，郊坛下出土器物深灰色胎（包括黑灰或褐灰色）占40%左右，灰色、浅灰或黄灰色占60%左右。[5]作为南宋皇室在同一个山系先后建立的两座窑场，原材料使用基本一致，以官窑工匠的技术，不需要太长的新窑适应期，然而郊坛下窑址出现了大量灰胎薄釉产品，这些产品很明显与老虎洞窑产品缺乏连续性。虽然釉色以灰青、青黄、棕黄、米黄为多，但结合器型、灰胎，釉层透明度低，施釉质量良好，支烧、撇足以及制作工艺精湛等特点，笔者推测，这是南宋官窑模仿汝窑生产的产品。

二

郊坛下窑器物种类丰富，笔者选取了部分通过图表的形式与汝窑器型进行对比（表1），但由于出土瓷片比较细碎，部分器型没有修复完整的器物可以对比，故直接采用了出土瓷片标本。

表1　郊坛下窑与汝窑器型对比表[6]

序号	器型	清凉寺汝窑	南宋官窑郊坛下窑	说明
1	撇口圈足碗			此类碗汝窑归入盏类，同样的器型，两窑都采用圈足足端平切的垫烧方法

5　邓禾颖、唐俊杰：《南宋官窑》，杭州出版社，2008年，第73、74页。

6　本表所用汝窑图片仅“刻花瓶”来源于河南省文物考古研究所编著的《汝窑与张公巷窑出土瓷器》一书，其余均来自河南省文物考古研究所编著的《宝丰清凉寺汝窑》一书，所用南宋官窑郊坛下窑器物仅“折肩瓶口沿”图片来源中国社会科学院考古研究所等编著的《南宋官窑》一书，其余均为杭州西湖博物馆总馆南宋官窑馆区收藏。

（续表）

序号	器型	清凉寺汝窑	南宋官窑郊坛下窑	说明
2	三足盘			此器型是郊坛下窑与汝窑特有的产品，并且不同形制的蹄形足都有发现。足部模制，裹足，满釉，与盘身粘接而成，大小均有
3	圈足洗			器物形制类似，圈足外撇，均采用支烧的方法
4	花口平底洗	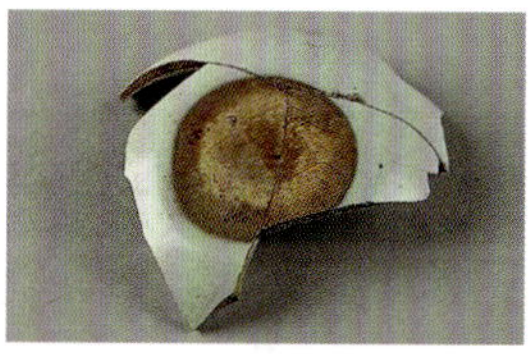	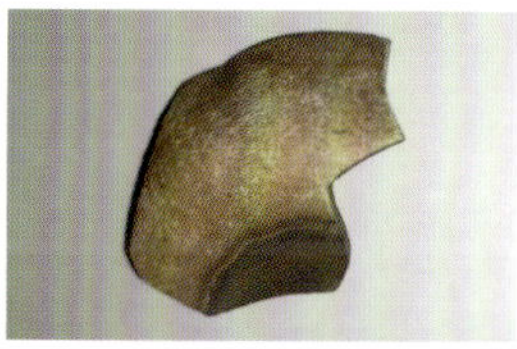	花口、平底、底部垫饼垫烧，老虎洞窑未见此器型
5	唇口盆			汝窑的唇口盆，郊坛下窑归为洗，应属同一品种，一样是深腹折收、矮圈足，圈足刮釉垫烧
6	刻花瓶			郊坛下窑址曾发现过一件刻花瓶腹，本次整理中又发现了一件刻花瓶腹，釉色青中泛蓝，釉面光亮并刻有花卉纹，圈足略外撇、垫烧，上半部分缺失，推测与汝窑的刻花鹅颈瓶类似
7	玉壶春瓶			郊坛下窑玉壶春瓶以口、颈部残片为多，根据整体辨识推断与汝窑的鹅颈瓶、细颈瓶相类。郊坛下瓶大部分刮釉垫烧，有部分圈足足端平切，与汝窑器物类似

（续表）

序号	器型	清凉寺汝窑	南宋官窑郊坛下窑	说明
8	折肩瓶			汝窑折肩瓶折沿唇部微凸、平底支烧的，郊坛下窑同样有类似产品，而老虎洞窑折肩瓶均为隐圈足，没有平底
9	弦纹瓶			弦纹瓶不见于郊坛下窑发掘报告，为本次整理中发现，从残片可见，器物圈足外撇、足部有一圈弦纹，器身下部饰两周弦纹，这些装饰特点与汝窑一致
10	樽式炉			二处窑址产品形制基本一致，支烧
11	熏炉		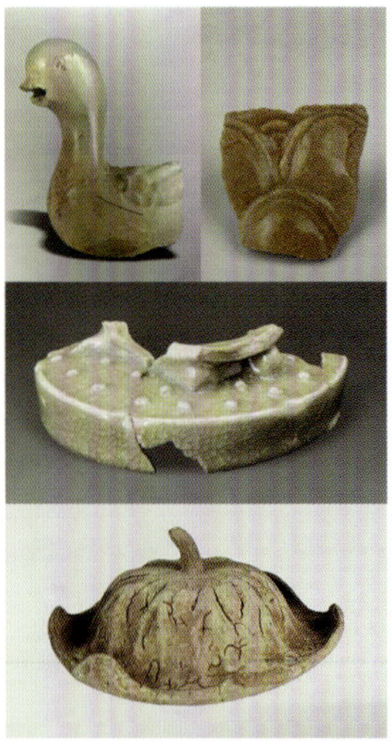	汝窑出土器能拼补完整，郊坛下窑虽均为残片，但鸭首残件、莲子蹲兽形器盖、荷花纹炉腹、荷叶形器座均有发现，证明同样生产此类产品

（续表）

序号	器型	清凉寺汝窑	南宋官窑郊坛下窑	说明
12	高圈足杯			形制一致，足端刮釉垫烧。器型仅见汝窑和郊坛下窑

表中所展示的大部分器型都是郊坛下窑和汝窑特有的器型，不仅形似，连支烧、垫烧方式的选择也几乎一样。此外，郊坛下有较多大圈足、圈足外撇、支钉支烧的器物底部残片，从施釉情况、胎体厚度推测，其中大部分应是洗或盘的底部。老虎洞窑早期有撇足支烧产品，但从对24个瓷片坑出土器物的观察，老虎洞窑已经完成从撇足支烧到圈足垫烧的工艺改进，后期除少数品种外几乎看不见支烧、撇足产品。正常情况下，郊坛下窑应该延续老虎洞的工艺。但它却使用了支烧、圈足外撇的方法，辅以器型、器物装饰的角度看可以说是对汝窑刻意的模仿，以满足皇室对汝窑向往。出土的折肩瓶和弦纹瓶残片特别能说明这一情况，折肩瓶老虎洞窑、郊坛下窑、汝窑都有，但老虎洞窑的折肩瓶折沿平整，隐圈足、圈足垫烧。郊坛下折肩瓶与老虎洞窑址的不一样，而是保持了汝窑的风格，折沿唇部微凸，平底、支烧；弦纹瓶不见于发掘报告，是在本次整理中发现的，从残片可见，器物圈足外撇、足部有一圈弦纹，器身上部饰四周弦纹、下部饰两周弦纹，这些装饰特点与汝窑一致，同样采用垫烧，足端一样平切，而老虎洞窑的弦纹瓶足部没有弦纹，腹部弦纹主要在上部，与郊坛下窑不一致。同一类器物，郊坛下窑不参照老虎洞窑已有的产品形制及装烧方法，而以汝窑的形制和方法进行制作，很明显就是要烧制像汝窑一样的器物。此外，莲叶座熏炉的口腹部残片，口沿为锯齿状、母口，腹部堆贴两至三层圆头仰莲纹，配以动物形器盖（郊坛下窑发现覆罩形，顶饰莲子纹蹲兽形中空钮器盖），以及出土的鸭首形残件，再配以莲叶状底座，与汝窑同类产品风格一致，该器型仅见于郊坛下窑址，老虎洞窑址没有生产。此类熏炉生产难度高，必须有成熟稳定的生产技术和能力，这也证明郊坛下窑址并不属于南宋官窑的初创期。同样三足盘、花口平底洗、高圈足杯等不仅器型，支、垫方法也一致，老虎洞窑没有发现这些种类。

老虎洞窑部分产品也明显表现出受到汝窑器型、工艺的影响，但并没有要求进行原样模仿。为了产品的成功率，可以进行工艺调整，进行支烧、支垫烧、垫烧、撇足、圈足直立等多种尝试，器型上也并不追求极高的相似度，而是以保证产品成品率为第一，首先满足功能上的需求，再考虑审美偏好。如撇足敞口碗，从圈足外撇，到直立垫烧，明显后一种方式使产品质量更好；樽式炉，使用了支烧、垫烧不同的方法，应该就是为了找到最佳的烧制方法，这一点在折沿盆上也明显可见，采用矮圈足支垫烧的产品质量明显好于平底垫烧产品。而汝窑采用的均是满釉支烧的方法。

三

在南宋所有皇帝中，宋高宗是唯一经历了北宋至南宋的跨越。他是南宋的开国之君也是北宋的康王，因此对汝瓷的喜爱除了个人审美倾向外，还有着故国旧物的情结，这种情结在其后的帝王之中逐渐淡化，故而如果要设窑烧制仿汝窑产品，在宋高宗在世时是最有可能的。南宋文献中有关汝窑记录，从时间和内容来看也多与宋高宗有一定联系或所处时代比较接近。如周密的《武林旧事》卷七“乾淳奉亲”条记载“淳熙六年（1179年）三月十五日，车驾过宫，恭请太上、太后幸聚景园。次日……遂至锦壁赏大花，三面漫坡，牡丹约千余丛，各有牙牌金字，上张大样碧油绢幕。又别翦好色样一千朵，安顿花架，并是水晶玻璃天青汝窑金瓶”，卷九“高宗幸张府节次略”条中提到绍兴二十一年（1151年）十月，宋高宗赵构临幸清河郡王张俊宅第，张俊进奉汝窑一十六件。都说明了高宗对汝瓷的喜爱以及汝瓷的珍贵[7]。南宋周辉《清波杂志》记载：“汝窑宫中禁烧，内有玛瑙末为釉，唯供御拣退，方许出卖，近尤难得。”[8]寥寥数语，信息丰富，既说明了汝窑供瓷的性质，又显示了它的珍贵。作者周辉生于公元1126年，卒于1198年，经历了整个高宗时代，《清波杂志》成书于其晚年。“近尤难得”说明汝窑在宋高宗时期就相当少见。成书于南宋时期的《百宝总珍集》，被认为是南宋临安市贾所编，其中的“青器“条专门有诗写道“汝窑上脉偏滋媚，高丽新窑皆相类。高庙在日煞直钱，今时押眼看价例”[9]。一句“高庙在日煞直钱”告诉我们汝窑在高宗时期不仅是皇室，而且在社会层面上同样非常受青睐。接下来说到“汝窑土脉滋媚与高丽器物相类。有鸡爪纹者认真，无纹者尤好。此物出北地。新窑，修内司自烧者。自后伪者皆是龙泉烧造者”。对如何辨识汝窑进行讲解。并指出，汝窑产自北方，新窑，则是由修内司烧制，此后仿烧的产品都出自龙泉。表明南宋官窑确有对汝窑进行模仿制作。有学者曾进行考证，认为《百宝总珍集》成书大约在1203年至1207年之间[10]，由此可推测，

7 （宋）周密、周峰点校：《东京梦华录》（外四种），文化艺术出版社，1998年，第426页，第443页。

8 （宋）周煇、刘永翔校注：《清波杂志校注》，中华书局，1994年。

9 《四库全书存目丛书》、子部第78册，齐鲁书社，1995年。

10 李仲谋：《汝窑与高丽青瓷》，《文化遗产研究集刊》2，上海古籍出版社，2001年。

此时郊坛下窑已建立。

笔者以为郊坛下窑建窑时间的下限不会晚于1187年宋高宗去世这一年。鉴于高宗的“勤劳恭俭”，以及孝宗对高宗的“极尽孝养”笃行孝道，笔者更倾向于孝宗时建立。而此时老虎洞窑址应该仍然继续在烧制，以保持皇家用瓷的供应。而郊坛下窑则主要负责生产仿汝窑产品，满足皇室对汝窑器物的向往。两处窑址产品在这一时期各有任务，并各自保持发展，此后两窑慢慢融合，郊坛下窑接替了老虎洞窑的生产。我们在老虎洞窑出土器中发现有薄胎厚釉产品，胎薄不到1毫米，厚釉，属“夹心饼干”类，说明老虎洞窑曾尝试烧制这类产品，郊坛下薄胎厚釉工艺与它应该有承接。杭州南宋恭圣仁烈杨皇后宅出土有90片南宋官窑瓷片，以老虎洞窑产品居多，但也有少量郊坛下官窑产品[11]。说明此时郊坛下窑已在生产，但老虎洞窑产品不少，杨皇后为宋宁宗皇后，1202年立为皇后，于1232年去世。从杭州中河南段、梅花碑、卷烟厂、中河高架路等临安城遗址发现的南宋官窑器来看老虎洞窑产品多于郊坛下窑产品[12]，也表明老虎洞窑生产时间不短。

综上所述，笔者认为，其一，郊坛下窑早期产品不是简单的受汝窑影响生产的产品，而是直接对汝窑进行原样模仿制作。郊坛下窑建窑的初衷是为了烧制与汝窑一样的产品，故而这批产品与老虎洞窑产品有明显的区别，也就是叶寘所说的“比旧窑大不侔矣”。它和郊坛下窑薄胎厚釉产品是不同的两类产品。其二，在郊坛下窑烧制仿汝窑产品这一时期，老虎洞窑和郊坛下窑是共生的，既两窑同时存在，老虎洞窑停烧后，它的生产任务由郊坛下窑接过，生产工艺在郊坛下窑得到了继承和发展。其三，郊坛下窑在宋高宗在世时建立，建窑时间下限不会晚于1187年，极可能在宋孝宗时期建立。

---

11 杭州市文物考古所：《南宋恭圣仁烈皇后宅遗址》，文物出版社，2008年，第90页。

12 唐俊杰：《关于修内司窑的几个问题》，《文物》2008年第12期。

中国古陶瓷窑址时空分布特征研究

陈昀（中国文物交流中心副研究馆员）

摘要：根据第三次全国文物普查的数据分析，全国古窑址共有5630处（共有单体数量8046个）。截至2019年10月，国务院先后公布八批次国保单位总共5058处，其中古窑址有76处。宋代是古窑址国保数量最多的时期，达25处，若加上几乎并立的政权——辽、金时代的窑址，总数有29处，占比超过了38%。其次，是唐代，有20处。按照统计年代分析，宋元（含辽、金）和隋唐五代时期古窑址最多，分别为31处和25处，占古窑址国保的74%。虽是一管之窥，但反映了我国古代陶瓷遗址在时空上的分布特点，即陶瓷生产最繁荣的时期是宋元和隋唐五代。古窑址国保单位中，有6片区域分布较为集中，包含52处古窑址，占比68%，主要分布于6个省份的江河水系附近。

关键词：古窑址　古陶瓷　国保单位　窑业　时空分布

我国古代在陶瓷生产方面取得令人瞩目成就，中国人发明的瓷器改变了世界人民的生活，为人类社会的进步和发展作出了卓越的贡献。古代陶瓷窑址是古代陶瓷生产经营过程中遗留下来的手工业遗存，蕴涵着丰富的历史信息，反映当时的科技水平、文化交流情况、艺术审美情趣等情况，具有极高的文物价值和社会价值。

根据第三次全国文物普查（以下简称“三普”）的数据分析，全国古窑址共有 5630 处（共有单体数量 8046 个）。截至 2019 年 10 月，国务院先后公布八批次国保单位总共 5058 处，其中古窑址有 76 处。

我国现存的众多窑址是古代窑业昌盛的证明，是当时制瓷工艺成就非凡、技艺精湛的体现。我国古代陶瓷业在发展过程中逐渐形成了独树一帜的手工制瓷工艺生产体系，其行业分工之细、专业化强度之高，也是其他手工行业所无法比拟的。我国的古代窑业伴随着民族成长在不断发展进步，在新石器晚期出现印纹硬陶，商、周时期生产出原始瓷，汉、晋时期创烧出青釉瓷，隋、唐时期提升了白瓷生产技术，宋至清代各种颜色釉瓷、彩绘瓷和雕塑陶瓷争奇斗艳。在技术上，南朝晚期发明了匣钵，引起了窑炉技术的一场革命。元代景德镇采用瓷石加高岭土的“二元配方”法，提高了烧成温度，减少了器物变形，因而能烧造大型器物。我国古代陶瓷史是陶瓷生产技术水平不断进步，生产规模逐渐扩大，分工日益细化的发展史。

需要指出的是76处古窑址，其中板厂峪窑址群遗址和大窑路窑群遗址是砖瓦窑遗址，不是陶瓷窑址。

一、国保各批次古窑址分析

从第二批国保单位公布时，国保中才开始有古窑址文物类型，并且只有一个，即湖田古瓷窑址。该窑址位于江西省景德镇市昌江区。湖田窑兴起于五代，经宋、元至明中叶结束，历时六百余年。窑址分布在北起南河、南至狮子山、东起豪猪岭、西至龙头山约40万平方米的台地上。五代窑在村东，宋、元窑在村南，元、明窑在南河沿岸。五代产品以白釉器为最精，两宋以影青刻印花器物为主，元代以黄黑枢府器为多，举世闻名的元青花亦在这里烧造，明代以民用青花为主。遗址、遗物相当丰富，反映了景德镇制瓷工艺由低级向高级的发展过程。另外，第五批公布的国保高岭瓷土矿遗址也归并入第二批国保湖田古瓷窑址。之后国保公布时皆有陶瓷窑址，其中第七国保陶瓷窑址最多，达27处（表1）。

另外，国保公布时，有8处国保与现有国保单位合并，其中第六批国保公布时，有7处被合并（表2）。

表1　各批次国保古窑址国保数量统计表

国保批次	古窑址国保数量
第一批	0
第二批	1
第三批	8
第四批	4
第五批	10
第六批	17
第七批	27
第八批	9
合计	76

表2　古窑址与现有国保单位合并统计表

国保批次	被合并国保	归并国保	地区
第五批	高岭瓷土矿遗址	归并入第二批全国重点文物保护单位湖田古瓷窑址	江西省
第六批	寺龙口和开刀山窑遗址	归并入第三批全国重点文物保护单位上林湖越窑遗址	浙江省
第六批	遇林亭窑址	归并入第五批全国重点文物保护单位建窑遗址	福建省
第六批	南坑窑址	归并入第三批全国重点文物保护单位屈斗宫德化窑遗址	福建省
第六批	神垕钧窑址	归并入第三批全国重点文物保护单位 禹县钧窑址（钧台钧窑遗址）。	河南省
第六批	巩义窑址	归并入第五批全国重点文物保护单位 巩义窑址（黄冶三彩窑址）	河南省
第六批	大渔村和瓦窑山窑址	归并入第三批全国重点文物保护单位什邡堂邛窑遗址	四川省
第六批	陈炉窑址	归并入第三批全国重点文物保护单位黄堡镇耀州窑遗址	陕西省

二、古窑址时代分布分析

宋代是古窑址国保数量最多的时期，达25处，若加上几乎并立的政权——辽、金时代的窑址，总数有29处，占比超过了38%。其次，是唐代，有20处。按照统计年代分析，宋元（含辽、金）和隋唐五代时期古窑址最多，分别为31处和25处，占古窑址国保的74%。虽是一管之窥，但反映了我国古代陶瓷遗址在时空上的分布特点，即陶瓷生产最繁荣的时期是宋元和隋唐五代。这时期窑口多、产量大、品种多、对外贸易频繁，主要集中在东南和中原地区。这些地方社会环境和自然环境有利于窑业发展（表3）。

另外，夏、战国、十六国、清、民国和中华人民共和国这6个时期没有古窑址国保单位。

表3　各时期国保古窑址数量统计表

时代	国保古窑址数量
旧石器时代	0
新石器时代	0
夏	0
商	3
周	2
战国	0
秦	0
汉	3
三国	1
晋	1

（续表）

时代	国保古窑址数量
十六国	0
南北朝	4
隋	3
唐	20
五代	2
宋	25
辽	2
金	2
元	2
明	6
清	0
民国	0
中华人民共和国	0

（一）宋元时期的古窑址

宋代是古窑址国保最多的时期，达25处，占比达33%。宋代是我国陶瓷发展史上空前繁荣的时期，瓷器已深入社会各个阶层，并且成为国内外贸易的大宗商品，因而不仅出现了制瓷手工业作坊和城镇，各地窑业间的竞争日趋激烈〔图1〕。宋瓷以器形优雅、釉色纯净、图案清秀著称。宋人在制瓷上达到了一个新的美学境界，其中最能反映此时最高审美情趣

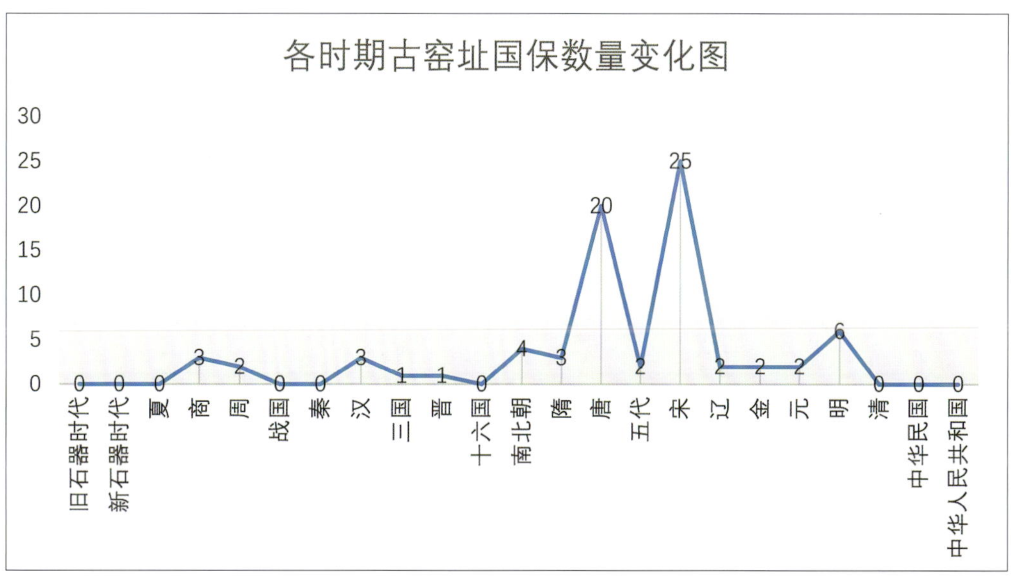

图1　各时期古窑址国保数量统计图

的是哥、官、钧、汝、定等窑口烧制的贡瓷。陶瓷史家通常将宋代陶瓷窑大致概括为6个瓷窑系，它们分别是：北方地区的定窑系、耀州窑系、钧窑系和磁州窑系；南方地区的龙泉青瓷系和景德镇的青白瓷系。这些窑系一方面受其所在地区原材料的影响而具有特殊性，另一方面又受帝国时代的政治理念、文化习俗、工艺水平制约而具有的共同性。另外，辽、金时期的国保古窑址，也各有2处，即辽代的缸瓦窑遗址和江官屯窑址，金代的张公巷窑址和东沟窑遗址。元代国保古窑址有2处，即丽阳窑址和玉溪窑。元代是中国陶瓷史发展的转折点，为了发展瓷业，元代统治者实施了多种管理手段，除设立行政机构外，对具有一定技术的工匠也很重视，规定免去工匠的一切差科，对他们的技艺实行"世袭制"，即使生产专门化，又使得特殊技艺后继有人。这个时期传统窑场的生产并没有完全停顿，但产品质量较粗犷，钧窑、磁州窑、霍窑、龙泉窑、德化窑等主要窑场，仍然继续烧造传统品种。另外，因为外销瓷的增加，生产规模普遍扩大，大型器物增多，烧造技术也更加成熟。景德镇在这时崛起，以生产的青花、釉里红和卵白釉瓷闻名天下。其中青花瓷成为后来明清的主流瓷器，改变了中国瓷器的生产面貌，具有划时代的意义。

（二）隋唐五代时期的古窑址

隋唐时期，中国古代政治、经济、文化、商业贸易空前繁荣，推动了制瓷业的进步和瓷器市场的扩大，瓷器的制作与使用更为普及，瓷器的品种与造型新颖多样，其精细程度远远超越前代。自隋代开始，我国结束分裂状态，全国统一。随着南北方经济、文化的合流和交融，以及隋末时期沟通南北方的大运河的开凿建设，瓷业发展进入一个新的时期，隋代古窑址国保有3处。北方地区的瓷业也有了新发展。唐代全国各地名窑遍布，古窑址国保有20处。此时商业手工业有了长足进步，以"丝绸之路"为代表的海上及陆上交通发达，我国陶瓷工艺进入大发展大繁荣时期，开始出现了"南青北白"的局面，青瓷白瓷交相辉映。五代、十国的纷争，使陶瓷在内的手工业之间的交流带来阻隔，根据统计的古遗址国保2处，陶瓷业短暂沉寂，新的发展有待于北宋的一统全国。

三、古窑址空间分布分析

国保单位古窑址中，有6片区域分布较为集中，包含52处古窑址，占比68%，主要分布于6个省份的江河水系附近（表4）。河流是陶瓷烧造的生命线，古人利用江河运输开采瓷土矿石，利用河流淘洗炼制瓷土，利用水流动能粉碎加工瓷土。陶瓷生产离不开河流，陶瓷贸易离不开河流，陶瓷技术交流也离不开河流，有河流的地方不一定有窑址，但有窑址的地方一定有河流。如曹娥江及其支流两岸的汉至宋代越窑陶瓷窑址成群分布，数量众多；洞庭湖湘江流域分布有湘阴窑、长沙窑、衡阳窑等著名窑址；闽江上游及其支流的建阳、建瓯、浦城、崇安、光泽、松溪、政和、将乐、泰宁、建宁一带窑口十分密集；景德镇昌江及其支流沿岸宋、元、明、清代窑址遍布；赣江沿岸吉州窑、七里镇窑等接续发展。河流作为技术传播和交流的通道，隋唐五代时以越窑系为中心的青瓷产业从浙北钱塘江南岸地区迅速扩张，沿江、沿河发展到浙西、浙南山地，在海洋市场的拉动下，仿越窑的青瓷业还广泛分布于闽江、晋江、九龙江流域及岭南地区。中国陶瓷备受海外市场推崇，贸易陶瓷生产大多集中在南方通江达海的河流沿岸，闽江、昌江、湘江、珠江、晋江、瓯江、九龙江等河流直通港口，方便出口[1]。以港口为纽带，相连接河流两岸的瓷窑也往往生产艺术风格相似的产品，形成巨大的瓷窑体系：

1. 浙江省钱塘江南北水系沿岸

是我国古陶瓷遗址最为集中的区域，烧造时代早，持续时间长，留存了新石器时代至宋元的众多窑址。如慈溪市上林湖越窑遗址、龙泉市大窑龙泉窑遗址、金华市铁店窑遗址、杭州市茅湾里窑址、绍兴市富盛窑址、绍兴市小仙坛窑址、杭州市郊坛下和老虎洞窑址、湖州市德清县原始瓷窑址、上虞市凤凰山窑址群、杭州市天目窑遗址群等。

2. 河南省中西部，黄河、淮河水系附近

这里临近当时的都城，陶瓷需求量大，品质要求高，集中分布着唐宋时期的窑址，如禹州市钧台钧窑遗址、巩义市黄冶三彩窑址、宝丰县清凉寺汝官窑遗址、鲁山县段店窑址、焦作市当阳峪窑址、汝州市张公巷窑址、南阳市邓窑遗址、新密市密县瓷窑遗址、汝州市严和店窑址等。

3. 江西省长江支流沿岸

赣江、昌江、抚河等长江支流沿岸分布着唐宋元明清各时期的窑址，如景德镇市湖田古瓷窑址、丰城市洪州窑遗址、吉安市吉州窑遗址、景德镇市御窑厂窑址、赣州市七里镇窑址、抚州市白舍窑遗址、景德镇市丽阳窑址等。

4. 湖南省洞庭湖、湘江水系沿岸

这里交通便利、资源丰富，集中了不少唐宋以来著名遗址，如长沙市铜官窑遗址、衡阳市衡州窑遗址、衡阳市云集窑遗址、永州市允山玉井古窑址、益阳市羊舞岭古窑址、醴陵市醴陵窑窑址等。

5. 福建省闽江、晋江、九龙江水系沿岸

宋元时期主要生产外销瓷，如德化县屈斗宫德化窑遗址、南平市建窑遗址、晋江市磁灶窑址、漳州市南胜窑址、三明市中村窑遗址等。

6. 河北省中南部，大清河、子牙河、漳河水系周围

唐宋时期这里生产的白瓷在我国瓷器发展史上占有重要地位，如定窑、磁州窑、邢窑、

1　陈昀：《古代陶瓷窑址遗产特征分析与研学线路设计研究》，《新时代文物保护与旅游融合发展研讨文集》，文物出版社，2020年，第129—147页。

井陉窑等。

表4　省级行政区划古窑址国保信息统计表

省级行政区划	古窑址国保数量	国保古窑址名称
河北省	5	涧磁村定窑遗址、磁州窑遗址、邢窑遗址、井陉窑遗址、板厂峪窑址群遗址
山西省	2	霍州窑址、洪山窑址
内蒙古自治区	1	缸瓦窑遗址
辽宁省	1	江官屯窑址
江苏省	3	宜兴窑址、大窑路窑群遗址、蜀山窑群
浙江省	12	上林湖越窑遗址（寺龙口和开刀山窑遗址）、大窑龙泉窑遗址、铁店窑遗址、茅湾里窑址、富盛窑址、小仙坛窑址、郊坛下和老虎洞窑址、德清原始瓷窑址、凤凰山窑址群、天目窑遗址、坦头窑遗址、沙埠窑遗址
安徽省	2	寿州窑遗址、繁昌窑遗址
福建省	7	屈斗宫德化窑遗址（南坑窑址）、建窑遗址（遇林亭窑址）、磁灶窑址、南胜窑址、中村窑遗址、苦寨坑窑遗址、东溪窑遗址
江西省	9	湖田古瓷窑址（高岭瓷土矿遗址）、洪州窑遗址、吉州窑遗址、御窑厂窑址、角山板栗山遗址、七里镇窑址、白舍窑遗址、丽阳窑址、南窑遗址
山东省	3	中陈郝窑址、寨里窑址、磁村瓷窑址
河南省	11	禹县钧窑址（钧台钧窑遗址、神垕钧窑址）、巩义窑址（黄冶三彩窑址）、清凉寺汝官窑遗址、段店窑址、扒村窑址、当阳峪窑址、张公巷窑址、邓窑遗址、密县瓷窑遗址、严和店窑址、东沟窑遗址
湖北省	1	湖泗瓷窑址群
湖南省	8	长沙铜官窑遗址、衡州窑、云集窑、允山玉井古窑址、羊舞岭古窑址、醴陵窑、岳州窑遗址、衡山窑遗址
广东省	1	笔架山潮州窑遗址
广西壮族自治区	2	草鞋村遗址、中和窑址
四川省	2	什邡堂邛窑遗址（大渔村和瓦窑山窑址）、玉堂窑址
云南省	1	玉溪窑址
陕西省	3	黄堡镇耀州窑遗址（陈炉窑址）、尧头窑遗址、安仁瓷窑遗址
甘肃省	1	小川瓷窑遗址
宁夏回族自治区	1	灵武窑址
北京市、天津市、吉林省、黑龙江省、上海市、海南省、重庆市、贵州省、西藏自治区、青海省、新疆维吾尔自治区	0	

总之，我国古代陶瓷业在发展过程中逐渐形成了独树一帜的制瓷工艺生产体系，其行业分工之细，专业化强度之高，也是其他手工行业所无法比拟的。根据第三次全国文物普查数据显示，全国古窑址共有5630处，国务院先后公布的八批次全国重点文物保护单位

中有古窑址 76 处。我国现存的众多古窑址是古代窑业昌盛、制瓷技艺非凡、陶瓷贸易繁荣的证明，是民族艺术与科学漫长的发展史之缩影，也是当时社会生活及文化交流乃至政治、经济的真实反映。

唐宋时期南北方的瓷业技术交流 *
——以装饰工艺为中心

史秋童　袁胜文（南开大学历史学院考古学与博物馆学系）

摘要：本文以装饰工艺为切入点，在前人研究基础上，梳理了唐宋时期南北方瓷器装饰技术交流的主要表现，总结了交流的阶段性特征，分析了交流形成的动因。文章认为，唐宋时期南北方瓷器装饰技术在碗盘模印花、半刀泥剔刻花等胎装饰、白釉、青釉、黑釉、绿釉等釉装饰，白地黑花等彩装饰上具有明显交流，而且呈现晚唐五代宋初、北宋中晚期、北宋末南宋初、南宋中晚期四个阶段性，其中以北宋中晚期交流内容最为丰富。形成这种交流的原因，以仿制畅销商品占领市场牟利为主，也有因人员流动而导致技术交流的现象。

关键词：唐宋　南北方　瓷业技术　装饰　交流

唐宋时期南北方瓷业间存在广泛的技术交流。以往的研究除窑炉和装烧技术方面外[1]，也对因装饰工艺交流而出现的产品外观特征等现象进行过不少探讨[2]，其中关于"窑系"的讨论就是对这种技术交流规律的探讨[3]。上述研究为对唐宋时期南北方瓷业装饰技术交流过

---

* 本研究是2020年度国家社会科学基金一般项目《吉州窑瓷器研究》（项目号：20BKG042）和2019年度天津社会科学基金一般项目《吉安永和镇东昌路吉州窑址发掘资料整理与研究》（项目号：TJZL10-002）的阶段性成果。

1　熊海堂：《东亚窑业技术发展与交流史研究》，南京大学出版社1990年；李钰：《唐宋时期南北方窑业技术交流刍议——以窑炉为中心》，《中国古陶瓷研究》第16辑，紫禁城出版社，2010年，第533—546页；袁胜文：《南方地区唐宋时期制瓷馒头窑研究》，《中国国家博物馆馆刊》2015年第2期；胡雪琪：《宋元人口迁移与瓷器支圈覆烧技术南传》，《陶瓷科学与艺术》2015年第11期。

2　庄良有：《越窑对其他瓷窑在造型与装饰上的影响》，《文博》1995年第6期；李铧：《也谈宋代广西仿耀青瓷与耀州窑的关系》，《文博》1999年第4期；康煜、曾琼：《刍议磁州窑和吉州窑釉下白地彩绘装饰纹样》，《中国陶瓷》2008年第9期；袁俊、李铧：《宋代广西绿釉印花瓷的诞生及与耀州窑的比较》，《广西博物馆文集》第十二辑，广西人民出版社，2015年，第98—107页；丁雨：《宋元时期瓷器裹足支烧工艺浅析》，《文物》2016年第10期；秦大树：《瓷器化妆土工艺的产生与发展》，《华夏考古》2018年第1期；吴辉、何安益：《宋代耀州窑青瓷印花装饰工艺对岭南及其周边地区的影响》，《湖南考古辑刊》，科学出版社，2015年，第220—234页；王静雪：《汝窑与南宋官窑制作工艺对比》，《中原文物》2021年第6期。

3　中国硅酸盐学会编：《中国陶瓷史》，文物出版社，1982年，第232—284页；刘毅：《论窑系》，《中国古陶瓷研究》第8辑，紫禁城出版社，2002年，第155—166页；秦大树：《论"窑系"概念的形成、意义及其局限性》，《文物》2007年第5期。

程及得以实现的路径等方面进行深入探讨奠定了基础。本文将在前人研究基础上，就此进行初步探索，以求教于方家。

一、唐宋时期南北方瓷业装饰技术交流的表现

唐宋时期瓷器装饰大致分为胎装饰、釉装饰和彩装饰三大类。

唐宋时期，南北方瓷业间装饰技术交流表现较明显的有，胎装饰中的碗盘类模印花、半刀泥剔刻；釉装饰中的青釉、白釉、黑釉、绿釉等装饰技术；彩装饰中的白地黑花装饰等等。

1. 胎装饰

以定窑白釉碗盘印花工艺、耀州窑青釉模印花、半刀泥剔刻装饰工艺的南北交流较为明显。

碗盘模印花工艺。这种装饰工艺是先制作印模，然后将拉好的碗、盘坯件扣置其上，进行反复拍打，使模具上的纹样印在碗盘内壁。模具上的阳文在碗盘上留下阴线、阴线则形成阳线。这种工艺装饰瓷器，可以极大地节约纹饰制作时间，提升生产效率。所装饰的纹样图案、效果完全一致，能够很好地保证装饰质量。印花装饰工艺可以制作内容繁缛的纹样，纹样线条边缘齐整，有一定的立体感。碗盘模印花装饰工艺最早源于唐宋时期北方地区，以定窑最具代表性[4]。另外陕西耀州窑[5]、旬邑安仁窑址[6]、河南宝丰清凉寺汝窑[7]、山西浑源界庄窑[8]等窑场也生产这种装饰的产品。南方窑场中，也有不少受这种装饰技术影响，生产印花装饰的碗盘，主要有江西景德镇窑、吉州窑、四川彭县磁峰窑、达州瓷碗铺窑、广西容县窑、永福窑、岭垌窑等。其中，景德镇窑青白瓷在北宋中晚期开始使用模印花技术[9]。吉州窑则在白釉碗盘上使用该项装饰技法，时间在南宋中晚期[10]。磁峰窑在北宋晚期[11]、达州瓷碗铺窑在北宋晚期至南宋初[12]、广西容县窑在北宋晚期[13]、永福窑和岭垌窑都在北宋中

---

4 河北省文化局文物工作队：《河北曲阳县涧磁村定窑遗址调查与试掘》，《考古》1965年第8期；北京大学考古文博学院、河北省文物考古研究所：《河北曲阳县涧磁岭定窑遗址A区发掘简报》，《考古》2014年第2期；李辉柄：《论定窑烧瓷工艺的发展与历史分期》，《考古》1987年第12期。

5 陕西省文物考古研究所：《宋代耀州窑址》，文物出版社，1998年，第547—548页。

6 陕西省文物考古研究所：《旬邑安仁古瓷窑遗址发掘简报》，《考古与文物》1980年第3期。

7 河南省文物研究所：《宝丰清凉寺汝窑址第二、三次发掘简报》，《华夏考古》1992年第3期。

8 李知宴：《山西浑源县界庄窑》，《考古》1985年第10期。

9 刘新园：《景德镇宋、元芒口瓷器与覆烧工艺初步研究》，《考古》1974年第6期。

10 张文江等：《吉州窑遗址近几年考古调查发掘的主要收获》，《中国国家博物馆馆刊》2014年第6期。

11 四川省文物管理委员会、彭县文化馆：《四川彭县磁峰窑址调查记》，《考古》1983年第1期。

12 蔡革等：《四川达州市通川区瓷碗铺瓷窑遗址发掘简报》，《四川文物》2005年第4期。

13 李铧：《也谈宋代广西仿耀青瓷与耀州窑的关系》，《文博》，1999年第4期。

晚期使用这种装饰工艺[14]。

半刀泥剔刻。这是源于剔花工艺的一种装饰技法，一般先用尖利的工具从垂直方向入刀在胎体表面划出纹样的双线轮廓，线条要具有一定深度，再从外侧以45° 左右的坡刀将轮廓线外侧的胎泥剔去，然后施釉入窑烧造，烧造过程中，由于釉的熔融流淌，冷却后，在纹样两边外侧形成由外向内、由浅入深的釉色，如阴影一般衬托出纹样，具有浅浮雕的效果。这种装饰工艺以耀州窑为代表，出现在北宋中期。南方地区的广东西村窑[15]、江西吉州窑[16]也发现过此种风格的产品。

2. 釉装饰

晚唐五代越窑青釉、定窑白釉，北宋早中期定窑绿釉、北宋晚期汝官窑天青釉、北宋中晚期建窑黑釉结晶装饰等在南北方的瓷器装饰技术交流中较为突出。

最早的青瓷起源于南方，唐代青瓷窑场主要在南方，以越窑为代表。晚唐五代越窑生产出质量很高的秘色瓷，对北方青瓷产生了影响。北方的黄堡窑在晚唐五代时，明显有模仿越窑产品的现象[17]。北宋晚期汝官窑生产的天青釉及支烧技术，也被南宋修内司官窑和乌龟山官窑继承。[18]

白釉是北方窑场在北朝晚期创烧的一个新的瓷器品种。唐代瓷业形成的“南青北白”生产格局中，北方白瓷窑口代表是邢窑和定窑。邢窑在唐代晚期衰落，定窑兴起，对南方窑场影响较大。晚唐、五代南方仿定窑白瓷的窑场主要有景德镇黄泥头、石虎湾、胜梅亭[19]、兰田窑[20]，湖南长沙窑[21]，安徽繁昌窑[22]等。

唐宋时期南北方都生产黑釉瓷器，宋代形成了以南方建窑为核心窑场的黑釉瓷窑系，主要流行以结晶釉装饰的兔毫、油滴等结晶釉装饰，器型以适合斗茶的盏为主[23]。北方的定窑、磁州窑、耀州窑、鹤壁集窑等也有仿烧建盏的现象[24]。

低温绿釉源于汉代铅釉陶。主要成色剂是铜。绿釉瓷器一般二次烧成，先将胎进行素

---

14 广西文物保护与考古研究所、桂林市文物工作队、永福县博物馆：《广西永福县窑田岭Ⅲ区宋代窑址2010年发掘简报》，《考古》2014年第2期；杨李：《简论广西北流岭垌窑出土的印模》，《文物世界》2014年第4期。

15 广州市文物管理委员会、香港中文大学文物馆：《广州西村窑》，（香港）鲍思高印刷公司，1987年，第33—40页。

16 张文江等：《吉州窑遗址近几年考古调查发掘的主要收获》，《中国国家博物馆馆刊》2014年第6期。

17 王小蒙、加藤瑛二：《黄堡窑装烧工艺的发展演变—兼谈黄堡窑与越窑、汝窑及高丽青瓷的关系》，《古陶瓷科学技术》第6集，上海科学技术文献出版社，2005年，第199—209页。

18 刘毅：《从汝官窑到郊坛官窑的传递》，《南宋官窑文集》，文物出版社，2004年，第123—139页。

19 中国硅酸盐学会编：《中国陶瓷史》，文物出版社，1982年，第207页。

20 北京大学考古文博学院、景德镇市陶瓷考古研究所、景德镇陶瓷大学陶瓷美术学院：《景德镇市兰田村柏树下窑址调查与试掘》，《华夏考古》2018年第4期。

21 高至喜：《长沙出土唐五代白瓷器的研究》，《考古》1984年第1期。

22 刘毅：《瓷器鉴定三十讲》，万卷出版社，2005年，第45页。

23 中国硅酸盐学会编：《中国陶瓷史》，文物出版社，1982年，第228—229页。

24 刘毅：《瓷器鉴定三十讲》，万卷出版社，2005年，第89—90页。

烧，然后施釉再二次烧成。唐宋时期北方生产低温绿釉瓷器的窑场主要分布在河北和河南地区，以定窑和磁州窑为代表。晚唐定窑即开始烧制低温绿釉陶器[25]，北宋早期定窑烧制出的绿釉瓷器质量就颇高[26]，磁州窑在北宋中后期开始模仿生产[27]。南方地区吉州窑也受北方技术影响烧造这类器物，以枕、盘、碗、炉、绣墩、建筑模型等为主，也有板瓦、瓦当等建筑材料[28]。

3. 彩装饰

磁州窑白地黑花装饰工艺向南方地区的技术扩散较有代表性。

白地黑花是一种在白色瓷胎或化妆土上，采用黑色赭石颜料进行彩绘，然后罩透明釉，高温下一次烧成呈白色地子黑色花纹瓷器的装饰工艺，该技术发源于北宋晚期的河北南部和河南北部一带，以观台磁州窑为代表[29]。吉州窑在南宋中期也仿烧这种装饰，烧出了白地褐彩瓷器[30]。

二、唐宋时期南北方瓷业装饰工艺交流的阶段性

唐宋时期南北间瓷业装饰工艺的交流具有一定的阶段性特征。大致分为晚唐五代宋初，北宋中晚期、北宋末南宋初、南宋中晚期四期。

第一期，晚唐五代宋初。以南方越窑青瓷对北方耀州窑、北方定窑白瓷对南方景德镇、岳州窑等窑口的釉装饰工艺影响为代表。

越窑晚唐五代时期正处于鼎盛期，生产出著名的秘色瓷，造型多仿金银器做花口、瓜棱、圈足外撇，除素面外，还流行细线划花装饰。五代时期黄堡窑生产出一种类似淡青、天青釉色的产品，器型以碗、杯、盘、粉盒等为主[31]，明显有越窑青瓷的风格。

景德镇晚唐五代时期的黄泥头、胜梅亭、石虎湾、兰田柏树下窑开始生产白釉瓷器。其中，兰田村柏树下窑白瓷器型以盘为主，采用泥条间隔摞烧，个别采用匣钵单件正烧[32]；长沙窑也在五代时期开始生产白瓷，釉色乳白，造型主要有碗、盘等[33]。

---

25 北京大学考古文博学院、河北省文物考古研究院、曲阳县定窑遗址文保所：《河北曲阳北镇定窑遗址发掘简报》，《文物》2021年第1期。

26 定县博物馆：《河北定县发现两座宋代塔基》，《考古》1972年第8期。

27 秦大树：《论磁州窑与定窑的联系与相互影响》，《故宫博物院院刊》1999年第4期。

28 江西省文物考古研究院：《吉简吉美：吉州窑遗址出土瓷器集萃》，文物出版社，2020年，第64页。

29 秦大树：《磁州窑白地黑花装饰的产生与发展》，《文物》1994年第10期。

30 江西省文物考古研究院：《吉简吉美：吉州窑遗址出土瓷器集萃》，文物出版社，2020年，第127页。也有学者认为始于南宋晚期，见吴水存《江西吉州窑彩绘瓷器的研究》，《故宫博物院院刊》2001年第5期。

31 陕西省文物考古研究所：《五代黄堡窑址》，文物出版社，1997年，第244—252页。

32 北京大学考古文博学院、景德镇市陶瓷考古研究所、景德镇陶瓷大学陶瓷美术学院：《景德镇市兰田村柏树下窑址调查与试掘》，《华夏考古》2018年第4期。

33 高至喜：《长沙出土唐五代白瓷器的研究》，《考古》1984年第1期。

本期南北方间瓷业在装饰技术上的交流尚处于初级阶段。一方面，交流的面不广泛，仅是南方青瓷的代表越窑青瓷和北方白瓷的代表定窑白瓷，各自作为一个瓷器品种，被对方区域的窑场模仿；另一方面，装饰技术的交流内容简单，仅涉及定窑白釉、越窑青釉，以及越窑的细线划花装饰[34]。这些交流的实现，也存在一定差异。五代越窑青瓷之所以对耀州窑产生影响，主要是由于越窑青瓷当时属于最高水平，即便在晚唐五代这种动荡的历史条件下，依然能作为商品输出，并被输入地的窑工仿制，形成技术交流。定窑白瓷技术能在晚唐、五代对南方窑场产生影响，除了产品质量高外，北方窑工向南方的流动可能也是一个因素。

第二期，北宋中晚期。南北方瓷器装饰工艺交流更为广泛，随着商品销售，以仿制名窑优质产品的商业行为普遍，窑系的特征开始显现，以定窑白釉碗盘印花装饰、绿釉装饰、耀州窑青釉半刀泥剔刻花装饰，建窑黑釉结晶釉装饰等为代表，主要是北方窑场产品对南方窑场的影响。

定窑白釉碗盘模印花出现在北宋中期，造型以碗、盘为主，早期采用单件匣钵正烧，之后采用钵状匣钵覆烧、组合支圈覆烧，有芒口特征；彭县磁峰窑的白釉印花碗盘出现在北宋晚期，也采用支圈覆烧，纹样有水波双雁缠枝莲花等[35]；景德镇青白瓷在北宋中晚期也采用碗盘模印花装饰工艺，使用与定窑一样的装烧方法；广西容县窑青釉印花技术出现在北宋晚期，其纹样特征与耀州窑相似，尤其是缠枝菊花一类纹样，一般认为受耀州窑青釉碗盘印花技术影响[36]。也有学者认为二者没有关系[37]。

耀州窑青釉半刀泥剔刻装饰在北宋中期出现，器型多样，有瓶、壶、罐、碗、盘、盏、炉等等器形，所饰纹样有花卉、人物、动物、瑞兽等，以牡丹纹最具代表性[38]。广东西村窑的剔刻花装饰出现在北宋晚期，器型以碗、杯、盘、盂、盆等为主，纹样以牡丹花卉为代表[39]。

定窑绿釉瓷器出现在晚唐，北宋早期进一步发展，以枕、碗、盘、瓶等器形为主。吉州窑在北宋中期开始生产绿釉瓷器，器型有枕、碗、盘、炉、筒瓦等[40]。

---

34 有学者认为，河南鲁山段店窑的花瓷腰鼓影响了景德镇乐平南窑，见张文江等：《景德镇南窑遗址考古发掘的主要收获》，《景德镇南窑考古发掘与研究：2104年南窑学术研讨会论文集》，科学出版社，2015年，第1—78页，我们认为二者没有技术上的交流（见同书第308—320页，袁胜文：《南窑出土腰鼓及相关问题》）。

35 四川省文物管理委员会、彭县文化馆：《四川彭县磁峰窑址调查记》，《考古》1983年第1期。

36 王小蒙：《试析南方的仿耀瓷器》，《远望集：陕西省考古研究所华诞四十周年纪年文集》，陕西人民美术出版社，1998年，第872—883页。

37 袁俊、李铧：《宋代广西绿釉印花瓷的诞生及与耀州窑的比较》，《广西博物馆文集》第十二辑，广西人民出版社，2015年，第98—107页。

38 陕西省文物考古研究所：《宋代耀州窑址》，文物出版社，1998年，第544—546页。

39 广州市文物管理委员会、香港中文大学文物馆：《广州西村窑》，（香港）鲍思高印刷公司，1987年，第33—40页。

40 张文江等：《吉州窑遗址近几年考古调查发掘的主要收获》，《中国国家博物馆馆刊》2014年第6期。

建窑在北宋初期开始生产黑釉瓷器，北宋早中期形成特色，以兔毫、油滴、鹧鸪斑等装饰的茶盏为特色，胎质较粗、色黑[41]。定窑、磁州窑、鹤壁集窑和耀州窑等在北宋晚期也生产建窑风格的黑釉盏，以油滴和兔毫纹为主。几处北方窑场所仿建盏胎色都较浅。

本期处于北宋政治稳定、经济繁荣时期，南北方商品流通渠道通畅，商贸频繁。上述优质产品被其销售区域的窑场加以仿制，达成了南北方瓷业装饰技术的交流。

第三期，北宋末南宋初。本期南北方瓷业装饰技术交流出现波动，以商品流通为形式的主动技术交流减少。未出现因人员流动而带来的南北方装饰工艺交流。主要是汝官窑开片乳浊青釉技术的南传。修内司官窑的产品在釉的特征和烧造技术上都带有明显的汝官窑印记，虽然釉色和开片特征不完全相同，但乳浊青釉及部分存在的细碎开片以及满釉裹足支钉烧的装烧特征与汝官窑技术关系密切[42]。这是特殊历史背景下的产物。

第四期，南宋中晚期。除磁州窑白地黑花装饰的南传外，本期基本见不到新的瓷器装饰技术交流内容。磁州窑在北宋晚期金初开始烧造白地黑花器物，主要器型有瓶、罐、壶、碗、盘、炉、枕等，尤以枕的装饰极具特点，颇具艺术造诣[43]。吉州窑在此期开始生产白地褐彩瓷器，器型有梅瓶、壶、罐、玉壶春瓶、炉、枕等。茅庵岭窑址还出土过磁州窑白地黑花盆[44]。

本期南北方瓷器在装饰技术上的交流主要是上一期的延续，如源于北宋汝官窑青釉装饰的修内司官窑和乌龟山开片青釉对南宋龙泉窑的影响[45],北宋中晚期景德镇从定窑产品学习来的碗盘模印花技术对吉州窑的影响等。其他，如第二期定窑传入吉州窑的绿釉技术、建窑传入定窑和磁州窑的黑釉结晶装饰技术等，在本期都继续发展。可以说，第二、三期的交流成果在本期得以巩固，产品窑系特征更加明确。

这主要是宋金南北对峙的客观历史情况导致，南北方间的商品流通减少。但这一现象，一方面反映出第二期南北方间瓷器装饰技术广泛交流后的成果固定，即窑系特征的巩固与鲜明。另一方面也反映出这些典型特征商品在市场占有方面的稳定。南方地区两种极具竞争力的优质瓷器，景德镇窑的青白瓷和龙泉窑的青瓷，虽然本期也广泛流布至北方地区，但北方地区窑场并未对这两种商品进行仿制，也从一个侧面说明了其强大的市场占有能力。

需要指出的是，体现在釉色、纹饰特征上的南北方瓷业装饰技术交流，在政局稳定、社会经济繁荣时期表现得最为频繁，尤其在第二期表现突出。这与唐宋时期南北方窑炉技

41 中国社科院考古研究所、福建省博物馆建窑考古队：《福建建阳县水吉北宋建窑遗址发掘简报》，《考古》1990年第12期。

42 刘毅：《从汝官窑到郊坛官窑的传递》，《南宋官窑文集》，文物出版社，2004年，第123—139页。

43 秦大树：《磁州窑白地黑花装饰的产生与发展》，《文物》1994年第10期。

44 资料尚未发表。

45 关于龙泉仿官问题，学术界进行过不少讨论。目前学术界越来越倾向龙泉窑受南宋官窑影响烧制的厚釉青瓷、尤其是黑胎青瓷，是仿南宋官窑的产品。

术交流的阶段特征并不完全一致，窑炉技术交流更多出现在社会动荡时期，如晚唐五代、北宋末南宋初。

三、唐宋时期南北方瓷业装饰工艺交流的动因

唐宋时期南北方瓷业装饰工艺的交流存在主动交流和被动交流两个层面。

主动层面的交流是商品流动的结果，是优质产品输入到技术相对落后的瓷业产区、产品特征被接受、模仿的结果，这种现象随着产品销售区域的扩大，仿制窑场的增加，就形成所谓的窑系现象。这实质上是一种经济现象，其根本原因是输入地瓷业生产者希望通过仿烧畅销商品谋取更大商业利益。晚唐五代宋初，定窑白瓷和越窑青瓷分别是北方和南方高质量瓷器的代表。北宋中晚期的定窑白釉印花、耀州窑青釉印花产品、绿釉产品，建窑黑釉茶盏，北宋末的磁州窑白地黑花也都是当时的优质商品。这些高质量瓷器大量被销售地的窑场仿烧，以获取类似的商业利益。不少仿烧窑场还出土过被仿烧窑口的产品，如前揭吉州窑址出土磁州窑白地黑花盆。但同时也从根本上体现了制瓷技术的进步，以及瓷器在日常生活中的普及。

被动层面的技术交流往往是因为人员流动，北方制瓷匠人因战乱等原因南迁，在当地重操旧业，生产自己习惯制作的产品。其中，晚唐五代南方地区的白瓷技术来源，除商品流动外，也可能存在这种情形，有可能有北方的窑工来到了景德镇地区。南宋修内司和郊坛官窑生产开片乳浊青釉产品，则是对北宋汝官窑技术传承基础上的创新，源头应该与汝官窑工匠随皇室南迁有关，属于一类特殊的被动层面装饰工艺交流，其中也暗含着主动的成分，其动因在于服务皇室的儒家审美。

四、结语

需要指出的是，从产品外观角度对另一窑口产品特征进行模仿的装饰工艺交流，正如熊海堂先生所说属于瓷业技术交流中第一、二层次的交流，一般不需要人员流动就能实现，这种交流比窑炉技术的交流更容易实现且普遍[46]。唐宋时期，这种技术交流较为活跃，与当时南北方制瓷技术水平相对均衡，且均各有所长有关。及至元代，随着景德镇制瓷技术的发展和全国制瓷中心地位的逐步确立、龙泉窑的继续繁荣，北方除磁州窑和钧窑外，已经没有其他有影响力的窑场，南北间瓷器装饰工艺的交流也因此衰退。

---

46 熊海堂：《东亚窑业技术发展与交流史研究》，南京大学出版社，1990年，第10—16页。

中国晚唐五代的窑业技术对日本平安时代前期施釉陶器的影响 *

张睿帆（名古屋大学）

摘要： 提及中日之间的陶瓷交流，每每当先映入眼帘的便是盛唐三彩的华章与宋元青瓷的瑰丽。但在这二者之间的晚唐至宋初的9、10世纪的两百年间，却如高峰间的峡谷一样鲜少受到关注。事实上，恰是在这一时期，许多中国的窑业技术传入日本并在当地得到了应用与继承，从而奠定了此后数百年间日本窑业发展的基础格局。因此毫无疑问，这一时期是日本窑业史研究及中日交流史研究中一个十分重要的阶段，只是至今为止受到中国学者们的关注还很少。本文主要从中日交流的视角，考察晚唐五代时期东亚间窑业技术的扩散与影响，力图辨明其规模、方式及路径。

关键词： 中日交流　绿釉　灰釉

古代中原王朝作为彼时东亚世界的核心，长期通过物品、技术、文化等的单方向输出维持着对周边民族与政权的影响力。关于这三种层面的输出，在文化交流层次论的概念下，其达成难度与影响的深度和广度，呈逐级递增趋势[1]。就本文所讨论的陶瓷器而言，其交流与传播主要体现在第一层级与第二层级、即物品交流及技术交流的范畴之内。其第三层级的文化交流，虽然在某种意义上也能通过陶瓷器得到一定的体现，但与考古研究相比、更多地偏向于文化史与思想史的研究范围，故而不将之列入本文的探讨范围之内。

在古代东亚陶瓷史上，作为技术落后区域的日本，直到陶瓷施釉技术由大陆传入之前，整个列岛上被普遍使用的陶瓷制品只有低温烧成的软质陶器(日文中大致细分为“土器”“土师器”两类）及在中高温中烧成的硬质陶器（日文中称为“须惠器”）两种。随着与大陆王朝交流的不断深入，至平安时代（794—1192年）的日本，先后发展出了三彩、二彩、白釉绿彩、黄釉、褐釉、绿釉、灰釉等施釉陶器，但除了最后二者外，余者都未曾进行过

* 本文所指的“晚唐”，并非严密的通常意义上的“初盛中晚”四分期法中的晚唐，而是为了叙事方便，故将9世纪之后的唐朝历史统称为“晚唐”。

1 熊海堂：《东亚窑业技术发展与交流史研究》，南京大学出版社，1995年。

大规模的量产。因此本文主要针对这两种延烧时间几乎贯穿整个平安时代、在考古学意义上对当时的日本社会层面产生过重大而又深远影响的绿釉陶器与灰釉陶器展开探讨。

一、日本平安时代前期的施釉陶器

（一）绿釉陶器

绿釉陶器是在当时日本通用的半地下式窖窑中经过素烧，施釉后再在绿釉陶器专烧窑或窖窑中以800℃左右的中低温二次烧成的铅釉系陶器。呈色多为翠绿，前期的产品多通身施釉、后期也有部分施半釉者。在平安时代的日本，是公认的仅次于由中国输入的“唐瓷”之外的本国产最高档的陶瓷制品。

绿釉陶器在日本的起源时间很早，根据现有的考古发掘资料，至迟在7世纪下半叶，已有与中国以及朝鲜半岛的绿釉陶器风格样貌完全不同的遗物出土，只是可惜未曾发现此时期明确的窑址遗迹。因此在传统的认为平安时代的绿釉陶器技术来源于对唐三彩及奈良三彩技术的部分继承的观点之外，近年来也有一部分学者认为日本的绿釉陶器技术直接来源于7世纪中期朝鲜半岛西南部的百济国[2]。

平安时代日本的绿釉陶器的产地特征呈现出区域上的分散化与远隔化、及区域内的集中化的特点，主要产地有当时作为国都的平安京周边地区、京都东面的琵琶湖沿岸的近江地区、沟通日本东西部的东海地区及本州岛最西端的防长地区〔图1〕。目前，除防长地区外，在其他三个区域内均有明确的绿釉陶器窑址被确认并发掘。其中以各类阴刻划花纹器〔图2〕和平安宫丰乐殿迹出土的绿釉陶瓦〔图3〕最有特色。

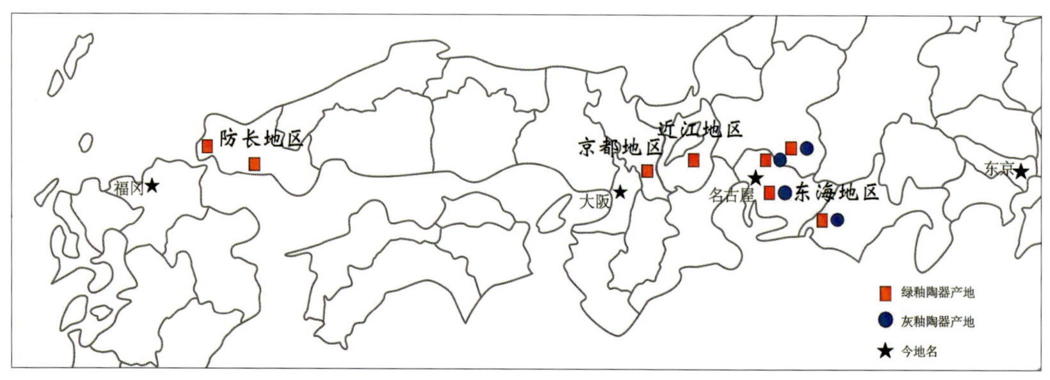

图1　日本平安时代绿釉、灰釉陶器产地分布图

2　高橋照彦:《日本古代における三彩・緑釉陶の歴史的特質》,《国立歴史民俗博物館研究報告》第94集，2002年，第371—407頁。

图 2　猿投窑绿釉阴刻划花纹皿素地
爱知县陶瓷美术馆藏

图 3　平安宫丰乐殿迹出土绿釉鸱尾
京都市考古资料馆藏

图 4　猿投窑灰釉短颈壶
爱知县陶瓷美术馆藏

图 5　猿投窑灰釉长颈瓶
爱知县陶瓷美术馆藏

（二）灰釉陶器

灰釉陶器，指以草木灰为主要釉料来源、在窖窑中以 1100℃以上的高温一次烧成的石灰碱釉系陶瓷器。釉面呈色多以灰色、青绿色为主，大多施釉不到底〔图 4、图 5〕。

关于灰釉陶器的性质，目前学界仍有争议。一种观点是比照平安时代的日本人将本国产的绿釉陶器称为“青瓷”的习惯，认为灰釉陶器即是在日本古代文献中屡有出现的“白瓷”；另一种则认为灰釉陶器只是绿釉陶器的替代品，即由于绿釉陶器的工艺繁杂、成本高昂而以草木灰釉代替铅釉，生产出的品质较为低劣的仿绿釉陶器，而将文献中的“白瓷”比照为白釉绿彩瓷[3]。

至于灰釉陶器的产地则非常单一，无论技术谱系还是生产地域分布，整个平安时代的日本，几乎都只有以猿投山西南麓为首的东海地区可以生产，因此灰釉陶器往往也被统称为“猿投窑”（其他如京都附近也有个别灰釉陶器窑存在，但其技术谱系明显源自猿投窑，且产量极小，因此此处不作单独讨论）。其烧造规模远较绿釉陶器为盛，至今已被确认的窑址多达千余处，产品的分布范围也遍及当时的日本全国，无论同时代的宫苑、官衙、寺院还是集落遗址，大多都伴随有灰釉陶器的出土。

猿投窑自20世纪50年代由时任名古屋大学助理教授的楢崎彰一主持的窑址分布调查及考古发掘以来，经过半个多世纪众多学者的研究与讨论，已经形成了相对较为完善的考古学意义上的器物编年体系。就灰釉陶器而言，可分为断代为9世纪前期的黑笹14号（K—14）窑式期、9世纪后期的黑笹90号（K—90）窑式期、10世纪前期的折户53号（O—53）窑式期、10世纪后期的东山72号（H—72）窑式期及11世纪的百代寺窑式期这五大窑式期，并针对各时期的产品特点及器形细节等特征进行了细致分类与总结，是现今考古发掘活动中遗迹年代判定的重要参考佐证之一。

此外，在灰釉陶器出现之前，于8世纪后半叶的半个世纪间，猿投窑已有生产一种表面由自然落灰形成的瓷化程度较高的产品，被称为“原始灰釉陶器”。由于虽然是人为将器物放置在窑内较易落灰的位置而刻意形成的顶部大面积落灰釉产品，但鉴于其时尚未掌握稳定的施釉技术，且器形与同时代的日本国产硬质陶器相同，而与此后的灰釉陶器器形有所差别[4]，因此一般不被认为是灰釉陶器的组成部分。但其胎土则呈现出了有意识地区别于同时期的本土陶器而开始刻意选择含铁量较低的胎土的特点[5]，因此笔者认为应属于日本本土陶器向施釉陶瓷器发展过程中的中间位置。其形态与性质在一定程度上与我国的原始瓷比较类似。

二、唐代中日间陶瓷交流的渠道

（一）通过官方遣唐使的交流

区别于7世纪中期以前主要通过朝鲜半岛的陆路与中原王朝进行文化与技术交流的路线，由于东北亚国际局势的恶化，7世纪中期以后，中日之间的交流沟通主要依靠以遣唐使为代表的海路。根据现有的资料，日本大部分地区都有以盛唐三彩为代表的唐代前期陶

3 井上喜久男：《尾張の瓷器》，《愛知県史　別編　窯業1　古代猿投系》，2014年，第681—692頁。

4 坂野和信：《日本古代施釉陶器の再検討（1）》，《考古学雑誌》第65卷第2号，1979年，第23—72頁。

5 池谷信之：《須恵器/灰釉陶器移行期における黏土の選択性について　—黒笹40、89号窯跡の胎土分析にもとづいて—》，《古代文化》第67卷第2号，2015年，第22—33頁。

瓷器残片出土[6]。这些器物中的绝大部分应非来自遣唐使中的高级官员，而是船夫、丁役等遣唐使船团的中下层成员在中国购置并携带回国后进献给当地神社、寺院、豪族的（当然，也可能是事先受到了本地上层人士关于在中国购买唐三彩带回的请托而进行的有目的的主动性采购），因此才具有如此广泛的分布范围。鉴于这些被带到日本的唐三彩几乎都为小型器，因此笔者认为这些器物应当是遣唐使团的随员们从长安、洛阳、扬州等沿途经过的大城市或唐三彩生产地附近购得，而非是在登陆地的登州、明州等港口城市购得。也只有如此方才能解释为何几乎没有大中型的三彩器传入日本。遣唐使的派遣虽然主要集中于9世纪以前的唐代前中期，但这些通过遣唐使及其随员等带回日本的各种各样的陶瓷器，却对日本当时及之后的窑业发展都产生了巨大影响[7]。为区别于9世纪以后通过大规模航海贸易传入日本的陶瓷器，这一时期由中国传入日本的陶瓷器也被称为"请来陶瓷"[8]。伴随着唐朝中央权力的衰弱与东亚大规模海上贸易的兴起，透过遣唐使展开的陶瓷交流趋于消亡。此外，虽然日本的石灰碱釉系陶器的发生时间及传入路径尚不明确，但结合现有的出土资料和器物编年，笔者推测其与752年到806年的第12次到第18次之间的遣唐使有关。

（二）通过民间航海贸易的交流

与7、8世纪主要靠遣唐使船进行的小规模中日间文化技术交流不同，9世纪以后随着航海技术的飞速发展，以中国商人为主导的远洋贸易，开始向日本输出大量的中国产陶瓷器[9]。其中以九州岛北部的博多津与太宰府遗迹出土的器物种类最为丰富、年代连续性最强。目前一般将这两处遗迹出土的唐代陶瓷器的年代上限定位到9世纪中期，即公元850年或稍早[10]。但由于其中不少器物的产地年代等问题日本学者难以明确，因此不能排除未来在对这部分目前尚未界定的中国产陶瓷器的年代再判断后，将博多津与大宰府出土的器物编年整体前移的可能性。

1. 中国南方系瓷器向日本的输出

中国南方系瓷窑产品向日本的输出，最具代表性的自然是越窑。由于地理位置上的近便，晚唐五代时期直到宋初，越窑及其周边窑场生产的瓷器一直都是对日输出的主流产品[11]。此外如长沙窑等内地沿江窑场生产的产品，也有通过长江航路外销日本的现象。这些

6　亀井明德：《日本出土唐代鉛釉陶の研究》，《日本考古学》，第16号，2003年，第129—157頁。

7　弓場紀知：《東アジアの鉛釉陶器の意義と陶磁史上の位置づけ》，《国立歴史民俗博物館研究報告》第94集，2013年，第353—369頁。

8　亀井明德：《日本貿易陶磁史の研究》，同朋舍，1986年。

9　蔡凤书：《中日交流的考古研究》，齐鲁书社，1999年。

10　横田賢次郎、森田勉：《大宰府出土の輸入中国陶磁器について　—型式分類と編年を中心にして—》，《九州歴史資料館研究論集》第4号，1978年，第1—26頁。

11　叶文程：《唐代陶瓷器的生产和对外输出》，《河北陶瓷》1987年第3期。

长沙窑的产品虽然只占同时期日本出土的中国陶瓷总量的不过 3%[12]，但似乎颇受当时日本社会的喜爱，甚至有专门模仿长沙窑执壶器形制作出的日本国产无釉陶器出现[13]。

2. 中国北方系瓷器向日本的输出

与宋代以后在日本出土的瓷器以中国东南沿海各窑场产品为绝对主流不同，晚唐五代时期，有相当数量的中国北方窑场产瓷器在日本出土。其中产地明确的器物以邢窑和定窑为主。至于这些器物是先通过运河运抵扬州等南方港口，再横跨东海抵达日本，还是沿用此前的中日交流中使用过的北方航线，即从登州渡过黄海而后沿朝鲜半岛西海岸直达日本的九州岛，根据现有的出土资料，尚难以定论。目前仅能通过日本入唐僧圆仁的《入唐求法巡行礼记》等文献得知，在 9 世纪的上半叶，这条航线主要由新罗人主导的航海集团运营。

三、中日交流视角下的日本平安时代施釉陶器的窑业技术起源

（一）从中国陶瓷中习得的窑业技术

与仅对器形进行仿造这种最初阶的窑业交流不同，日本平安时代前期的施釉陶器中，能够看到很多更深层次的与中国的技术层面的交流痕迹。

如窑具方面，以从三彩器中继承下来的三叉支钉最具代表性。这种支钉不仅在奈良三彩的器物上能找到明确的痕迹，在奈良三彩消亡后的平安时代的施釉陶器窑址发掘中，也时有发现，是在古代日本得到长时间沿用的一种窑具。与中国的单面三叉支钉不同，在日本施釉陶器中普遍使用的是两面均有三叉的支钉，且型号有大有小，以应对不同的器形。一般认为，这是为了方便叠烧而进行的工艺改良。且为了能够更好地起到支撑作用，这种三叉支钉，一般都直接使用与施釉陶器相同的胎土制作。但值得注意的是，囿于自身技术层面的不足，从窑址发掘出的日本施釉陶器，经常会出现支钉三叉交接的中心部位与器体粘连，即支钉中心部由于应力原因而出现了频繁的塌陷现象。此外，与三叉支钉一样，匣钵的使用也是在同时期日本的绿釉陶器和灰釉陶器烧造中都能找到的中国窑业技术的元素。如猿投地区的栈敷窑出土的 9 世纪后期的“淳和院”铭匣钵，就被认为是平安时代为了烧造专供天皇、上皇的私邸的施釉陶器而使用的窑具[14]。从同窑中还出土了一种与该匣钵口径完全一致的盖状匣钵，虽然有这种盖状匣钵单独承烧陶瓷器的例子，但笔者还是倾向于认为，不能排除该窑在高级别的施釉陶器烧造中有采用与同时代中国瓷窑类似的两个匣钵扣合的方式进行烧制的可能性。

12 土橋理子：《日本出土の古代中国陶磁》，《貿易陶磁　—奈良・平安の中国陶磁—》，1993 年，第 211—249 頁。

13 伊野近富：《長沙銅官窯模倣須恵器について》，《京都府埋蔵文化財情報》第 34 号，1989 年，第 24—32 頁。

14 尾野善裕：《平安時代における緑釉陶器の生産・流通と消費》，《国立歴史民俗博物館研究報告》第 92 集，2002 年，第 35—57 頁。

图 6　日本窖窑复原模型
丰桥市教育委员会文化财中心制作

窑体构造方面，中国窑业元素对平安时代日本窑业最大的影响，便是在燃烧部与烧成部之间的分焰柱的出现。日本此前的窖窑〔图 6〕，是 5 世纪时从朝鲜半岛南部传来的。这种窖窑属半地下式窑，筑造方式是先在斜坡上向下掘出一条隧道形的长条状坑，然后再用黏土等构筑窑顶部。其长度 3—7 米，窑宽 1—2 米不等，坡度多在 20°—30°，虽然形态上与中国南方的龙窑非常相似，但不论从技术难度、窑体长度、倾斜角度等来看，都与同时期的中国瓷窑有很大差异。

平安时代的灰釉陶器及部分绿釉陶器虽然仍旧在传统的窖窑中烧成，但这种窖窑明显受到了来自中国的窑业技术的影响。根据现有的发掘调查，日本的窖窑约在 9 世纪后期开始出现分焰柱，并很快被广泛应用。而随着分焰柱的出现与流行，原有的在日本陶窑中非常盛行的从燃烧部向下再掘出一个椭圆形的舟底形坑从而均匀的增强火力的做法在很短的时间内消失无踪[15]，截至目前的考古发掘中，几乎没有发现过在一条窑中同时使用分焰柱和舟底形坑的情况，可见二者之间应存在某种因果关系。

由于 7 世纪后期的绿釉陶器和奈良时代的奈良三彩窑址至今未曾发现，因而难以确定其窑炉形态是否曾短暂采用了与旧有窖窑不同的从中国传入的新式窑炉。不过结合该类传世及出土器的稳定釉色等特性，应不能完全排除这种可能性。但目前主流的观点，依旧认为这一时期中国的窑业技术只是对日本传统窑炉的窑体构造进行了改良，而并未从根本上改变其窑炉形态。

至于施釉技法方面，在灰釉陶器中，能明显地看到从最初 9 世纪时的刷釉技法到 10 世纪时向浸釉技法转变的现象。究其原因，除了民间窑场成本方面的考量之外，也是由于早期的施釉技法不成熟导致的浸釉容易与同时叠烧的其他器物粘连在一起。此外，中国陶瓷中的底部丝切技法，也在 10 世纪前期广泛应用于日本的施釉陶器上。

因此，9 世纪后期到 10 世纪前期的一百年间，即中国的晚唐到五代十国时期，应是中日两国间在窑业技术层面展开积极、充分交流的一个重要时期。

15　城ヶ谷和広：《窯体構造の変遷》，《愛知県史　別編　窯業 1　古代猿投系》，2014 年，第 670—680 頁。

（二）对中国金银器进行的模仿

与中国唐代许多瓷器的风格一样，日本平安时代前期的施釉陶器，与其说是在器型上对中国瓷器的模仿，不如说更多时候是对中国金银器器形的仿造。这在很大程度上，也是为了因应在日本蓬勃发展的佛教法事等活动的现实需求。甚至如净瓶、棱花碗等金银器风格明显的器物，到底是仿自同时期的中国陶瓷器，还是直接对金银器的造型进行仿制，都还有待考证。如在猿投窑的绿釉陶器中盛行的阴刻划花纹装饰，便集中出现于 9 世纪前期的黑笹 14 号（K—14）窑式期，而该窑式期的年代上限，结合平城宫、平安京等处的出土资料相互印证，一般被认为不晚于 820 年[16]。考察同时期中国瓷器中划花纹装饰的翘楚越窑，其最早的划花纹纪年资料，也只能追溯到上海博物馆收藏的"大中元年"（847 年）铭青瓷划花纹执壶，且该执壶的划花纹装饰，并不及日本平安时代初期绿釉陶器上的花纹细致繁复[17]。此外虽然有传元和五年（810 年）王叔文夫人墓已有划花纹青瓷的记载[18]，但由于该事只是作者耳闻，并未亲身参与发掘、且无实物留存，故而在此不为采信。因此从上述角度考虑的话，笔者认为至少日本的绿釉陶器上的阴刻划花纹装饰，其盛行时间应早于中国的越窑。其模仿对象，也应诉诸中国的金银器，而非瓷器。

（三）刻铭习惯

与同时代的中国一样，日本平安时代亦有在陶瓷器上进行刻铭的习惯。其刻铭形式多样，主要有篦划、戳印和墨书。鉴于墨书的形式多是在瓷器烧成后进行的"性质再加工"，因此笔者不认为应当将这种形式的刻铭也纳入陶瓷窑业的范畴讨论，而篦划与戳印这类在瓷器制作过程中进行的加工，由于一定程度上可以反映出创作者的意图与窑业生产组织、生产方式等特征，故而亦应列为窑业技术的一端加以分析。

关于日本施釉陶器中篦划和戳印这两种刻铭形式，前者的范围较为广泛，诸如特殊符号、窑工姓名、地名、官衙机构名等不一而足；至于后者虽种类较少，但尤以其中的"官"字戳印最为引人注目。此类器物在施釉陶器中的代表是平安宫丰乐殿迹出土的绿釉圆瓦[19]〔图 7〕。此外，平安宫也使用过一种在中房印有"官"字铭的无釉瓦

图 7 "官"字铭绿釉瓦
京都市考古资料馆藏

16 前川要：《平安時代における施釉陶磁器の様式論的研究（下）》，《古代文化》第 41 卷第 10 号，1989 年，第 28—43 頁。

17 吉田恵二：《唐の金属器と日本の陰刻花文》，《國學院大學考古学資料館紀要》第 5 輯，1989 年，第 138—154 頁。

18 陈万里：《唐代越器专集引言》，《陈万里陶瓷考古论文集》，紫禁城出版社，1990 年。

19 古代学協会：《西賀茂瓦窯跡》，《平安京跡研究調査報告》第 4 輯，1978 年。

当[20]。鉴于晚唐至五代时期的中国，南及广东、北抵河北，亦皆有“官”字款的瓷器出土，因而这二者之间是否有什么联系，也是今后值得探讨的一个课题。

四、小结

平安时代的日本施釉陶器的窑业技术，与同时代的中国有着较深层次的交流。这种技术的借鉴与模仿，呈现出模仿对象的时代分布范围广、模仿对象选择的偶然性强的特点。至于该时期两国窑业技术交流的高峰期，当为9世纪后半至10世纪前半的约100年间，也即中国的晚唐到五代十国时期。由于这一时期恰好是东亚大规模航海贸易开始的阶段，且中日两国在这一时期内的官方层面交流几近断绝，因此笔者认为这一时期应当被看作以民间力量为主导的窑业技术交流，这也是该时期两国间交流的具象显著区别于此前奈良时代的一大特征。

谢辞：本研究受到日本科学技术振兴机构（JST）的“次世代研究者挑战研究项目”（项目编号：JPMJSP2125）的支援与资助，在此特表谢意。

20 古閑正浩：《平安京初期の造瓦組織》，《考古学雑誌》第99巻第1号，2017年，第50—100頁。

浙江宋元时期的黑釉瓷窑址及其技术来源

郑诚一　郑建明

摘要： 浙江是瓷器的故乡，其主流为青瓷，浙江青瓷在瓷器的起源与发展中扮演了重要的角色。但同样浙江也是黑釉瓷器的最重要起源地与主要分布中心，尤其是进入宋元时期，分布范围广、数量多，与早期窑业技术源于本土不同的是，这一时期的窑业技术主要受福建建窑系影响，产品主要是盏类茶器，其兴起的原因，与两宋以后饮茶方式的转变以及斗茶风气的兴起紧密相关。

关键词： 浙江　宋元　黑釉瓷

浙江是瓷器的故乡，原始瓷与成熟瓷器的起源地，在整个中国制瓷史上扮演着重要的角色。浙江的制瓷业以青瓷占绝对的主流，包括以先秦时期原始瓷、汉六朝早期越窑青瓷、唐宋越窑青瓷以及宋元明龙泉窑青瓷四个发展的高峰，此外还有婺州窑、德清窑以及瓯窑等，其窑业主流亦为青瓷。因此浙江青瓷是中国制瓷史上极具影响的一个窑业门类。

然后，除了青瓷外，浙江地区亦是黑釉瓷的主要烧造地，尤其是早期的黑釉瓷发展史上，具有重要地位。黑釉瓷是施以富含氧化铁及少量或微量锰、钴、铜、铬等的氧化剂为呈色剂的釉料，在 1200℃左右的氧化焰中烧成的釉面呈黑色或黑褐色的一种瓷器。

从目前的考古材料来看，浙江地区是黑釉瓷器的最重要起源地，包括先秦时期的原始瓷黑釉瓷以及东汉时期成熟黑釉瓷，在浙江均可以找到完整的起源与发展轨迹。原始瓷黑釉瓷最早源于浙闽赣三省交界一带的着黑陶[1]，约在晚商西周时期温度提升，表面玻璃化，从而由着黑陶完成向原始黑釉瓷的转变，并成为一个全新的窑业类型。到了东汉时期，浙江德清、上虞一带，完成了由原始黑釉瓷向成熟黑釉瓷的转变，尤其在德清地区，窑址数量多，产品质量高，是成熟黑釉瓷器的重要起源地，并且东晋时期德清窑生产的乌黑精致鸡首壶、盘口四系壶、四系罐等黑釉瓷，代表了汉六朝时期早期黑釉瓷的最高发展水平。

进入到宋元时期，伴随着越窑、德清窑的衰落并最终停烧，浙江的窑业中心从浙北、浙东地区到西南的龙泉山区，而浙中西部金衢盆地婺州窑地区窑业则得到了进一步发展，

1　李家治：《浙江青瓷釉的形成和发展》，《硅酸盐学报》1983 年第 1 期。

由此，与闽赣交界的浙江整个中西部地区成了宋元时期的窑业主要烧造区。而在福建地区，饮茶方式的转变与斗茶文化的盛行刺激和带动了黑釉瓷的发展与繁荣，以建窑为代表的黑釉瓷开始登上历史舞台并迅速影响全国。浙江在已有的烧制黑釉瓷的经验基础上吸收建窑技术，形成了新的黑釉制瓷业传统。

本文拟对浙江地区宋元时期的黑釉瓷窑址进行一个全面的梳理，以此为基础探索其窑业技术的来源以及形成与发展的文化因素。

但是由于两宋时期浙江地区传统的青瓷制造业极度发达，因此在浙江地区烧制的黑瓷大多是与青白瓷或青瓷同烧，是零散的、不成气候的。直到元代以后，由于饮茶习惯和统治者审美风格的改变，以及景德镇窑业的兴起，黑釉瓷烧造逐渐衰弱，其在浙江地区也仅仅只是受福建建窑影响而派生出的小众产品，是青瓷的附属产品，远不及其在全国范围内的影响。但由于黑釉瓷取材容易、制作简单、成本低廉，故始终在民用瓷器中占到一定地位。

随着我国瓷窑址考古工作不断的深入，学界对于黑釉瓷的关注也随之提高，并出现了一些专门针对宋元时期浙江地区黑釉瓷的整理和研究。本文以此为线索，同时结合近几年有关瓷窑址的调查和发掘工作，对宋元时期浙江地区黑釉瓷的烧造情况和其所受文化影响进行初步梳理与介绍。

一、宋元时期浙江地区的黑釉瓷窑址

宋元时期浙江的黑釉瓷窑业主要是受到福建建窑的影响而出现的，以建窑所在闽北地区为中心向北辐射，因此依次可以划分成三个层级。

（一）第一层级宋元时期黑釉瓷窑址

第一层级主要集中在紧邻福建的庆元县境内，产品面貌与建窑基本一致，纯烧建盏系列的黑釉瓷器，窑址数量不多，代表为潘里垄 2 号窑址、黄田窑址。

1. 潘里垄 2 号窑址[2]

潘里垄 2 号窑址位于庆元县竹口镇上，竹口溪畔。竹口溪发源于庆元县西部山区，过竹口镇进入福建的松溪县而称松溪，在建瓯市汇入建溪，建溪南流，在南平汇入闽江，因此竹口溪是闽江在东北上游的重要支流，属于闽江水系。

2011 年 9—12 月进行了正式考古发掘。清理出龙窑窑炉 1 条，出土大量瓷器和窑具。龙窑保存不好，残长 26 米，宽 1.42—1.56 米，残高 0.3—0.75 米，坡度 15°。出土窑具以匣钵、垫饼为主，少量的支烧具等。匣钵包括 M 形〔图 1〕与漏斗形〔图 2〕两种，器型普遍都不大，

2　刘建安：《庆元县潘里垄宋代窑址出土茶器考论》，《东方博物》（第四十八辑），浙江大学出版社，2013 年。

图 1　庆元潘里垄 Y2M 型匣钵与装烧的黑釉盏

图 2　庆元潘里垄 Y2 漏斗型匣钵

图 3　庆元潘里垄 Y2 陶质垫饼与黑釉盏

图 4　庆元潘里垄 Y2 出土黑釉盏

图 5　庆元潘里垄 Y2 出土黑釉盏内腹

图 6　庆元潘里垄 Y2 出土黑釉盏外底

M 形的顶面下凹较为厉害。垫饼均为粗耐火泥质，胎质粗糙，制作较为随意。从残存的痕迹以及粘结的情况来看，均为单件装烧，一匣一器，匣钵与器物之间使用垫饼垫烧，垫饼垫于器物的圈足端〔图 3〕。

该窑产品以黑釉瓷盏占绝大多数，兼烧极少量刻槽器、执壶、罐、盆、缸、青瓷碗等。

盏为尖圆唇，束口，深弧腹，小平底，矮圈足。胎体厚重，尤其是近底足处，圈足极圈，整体胎厚而沉；胎色均呈黑色，胎质极硬，火候高，但气孔较多。通体施釉，内施满釉，外腹施釉不及底，釉色乌黑。釉的流动性极强，口沿及上腹部釉最薄，由上至下逐渐加厚，并在内底及外下腹施釉处形成很厚的积釉圈与流釉泪痕；口沿处因釉基本流失露出胎的颜色而呈黄褐色，外底露胎处则为黑色胎的颜色或紫褐色氧化色。均为素面，部分器物因窑变而呈现出金黄色的兔毫等〔图 4—图 6〕。

2. 黄田窑址

位于庆元县黄田镇。黄田镇位于竹口镇北边不足 9 公里处，窑址位于一处朝西的山岙中，为调查新发现。窑址保存较好，地面仅散落少量的窑具与瓷片标本以及烧结块。从山坡走势以及浙江窑业的传统来看，当为龙窑炉。窑具主要是匣钵与垫饼。匣钵亦包括 M 形与漏斗形两种，垫饼则为粗陶质，制作随意，垫于器物的外底部圈足上〔图 7〕。采集到

图7 黄田窑址现场

的产品均为黑釉盏类器物，应该与潘里垄Y2基本一致：黑釉，黑釉，内外均施釉，内腹满釉，外腹施釉不及底，流釉较为严重，口沿及上腹部釉极薄，内底及外下腹形成较厚的积釉。素面，有窑变的金黄色兔毫毛。从采集的标本与窑具来看，均为匣钵一匣一器装烧，同时使用M形与漏斗形匣钵，器物与匣钵之间使用垫饼垫烧。

这两个窑址的时代均为南宋时期。

（二）第二层宋元时期黑釉瓷窑址

第二层级窑址主要集中在庆元北边的龙泉东区，南至庆元竹口镇，包括潘里垄1号窑址；北达武义一带。时代主要是南宋时期。其产品主要以青瓷为主，兼烧少量的黑釉瓷器。黑釉器物与第一层级器物极其相似，主要是建窑系茶盏，胎釉特征、器型与建窑产品非常接近。

1. 潘里垄1号窑址

紧邻潘里垄2号窑址，均位于庆元县竹口镇上。窑业规模与分布与2号窑址基本相近，当为龙窑烧造。地表采集到的窑具有匣钵与垫饼〔图8〕。匣钵仍旧包括M形与漏斗形两种。垫饼除了与潘里垄2号窑址相同的陶质外〔图9〕，亦发现大量的瓷质垫饼〔图10〕：近圆饼形或近T形，瓷胎，胎质洁白细腻，制作规整，质量极高。另外在地面还采集到大量的填

图 8　庆元潘里垅 Y1

图 9　庆元潘里垅 Y1 黑釉盏与匣钵

图 10　庆元潘里垅 Y1 瓷质垫饼

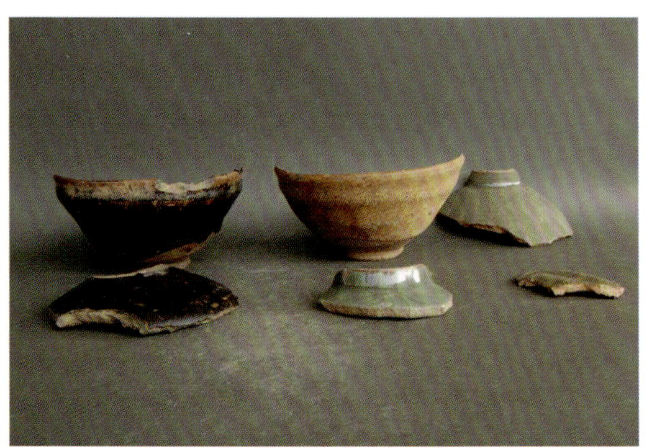

图 11　庆元潘里垅 Y1 采集的标本

充块，均为粗陶质。采集到的瓷器标本包括两种：龙泉窑青瓷与黑釉瓷〔图 11〕。

龙泉窑青瓷采集到少量的碗类标本，敞口，深弧腹，矮圈足。灰白色胎质较致密；施青色乳浊厚釉，釉面玉质感强。外腹普遍装饰凸莲瓣纹。足端刮釉以垫烧。

黑釉均为盏类器物，器型、胎釉特征、装饰以及产品质量与潘里垄 2 号窑址同类型器物基本相同。

从采集标本的装烧工艺上看，均使用匣钵一匣一器装烧：龙泉窑青瓷主要使用 M 形匣钵，用瓷质垫饼垫烧；黑釉瓷器则使用 M 形或漏斗形匣钵，以陶质垫饼垫烧。

2. 龙泉东区

我们在龙泉东区调查时发现了多个兼黑釉盏类器物的窑址，以 BY48 为例。

该窑址位于紧水滩水库的近中部，称窑墩窑址群，共有三处，这里是龙泉窑区 B 片区的最东南一个窑址群，北边为英溪窑址群，东南边的安福口窑址群已进入 C 片区。因紧水滩水库的建设，该窑址大部分已被水库所淹没，仅少量的堆积位于岸上〔图 12〕。

采集到的标本包括窑具与瓷器产品。窑具包括匣钵与垫饼两种，匣钵以 M 形占绝大

图 12　龙泉东区 BY48

图 13　龙泉东区 BY48 采集的标本

多数，少量的筒形。垫饼主要是陶质，制作较随意，但较厚而小，与潘里垄窑址大而薄的陶质垫饼不同〔图 13〕。

青瓷产品包括南宋与元代两个时期，以碗为器物为主，包括盘、高柄杯等。白胎，乳浊厚釉，釉色青绿或青灰色。外底不施釉。南宋时期流行外腹装饰凸莲瓣纹，元代则流行各种刻划花装饰。

黑釉产品均为束口盏，尖圆唇，深弧腹，矮圈足。胎色青灰或灰黑色，潘里垄窑址同类产品明显胎色浅而胎质更细密。内外均施黑釉，釉层明显较潘里垄窑址同类产品更薄，釉的流动性更差而施釉更均匀，玻璃质量更弱，不见毫毛等窑变装饰。时代均为南宋时期。

从装烧工艺上看，均使用 M 形匣钵一匣一器装烧，外底使用垫饼垫烧。与潘里垄窑址黑釉产品垫于圈足上不同的是，这一时期无论是青瓷还是黑瓷，均垫于外圈足内，因此垫饼厚而小。这是传统龙泉窑典型的装烧工艺之一。

第二层级黑釉瓷器的时代均为南宋时期。

（三）第三层宋元时期黑釉瓷窑址

第三层级黑釉瓷窑址分布于龙泉更北、更西的金衢盆地到杭州西边的临安一带，这一地区是传统的婺州窑分布区，以烧造青瓷、青白瓷或者乳浊釉瓷器为主，兼烧一定数量的黑釉瓷器。重要并典型的窑址有武义乌石岗脚和缸窑口、金华铁店、江山碗窑、应家山、东阳歌山、浦江前王山等，其中武义的乌石岗脚和缸窑口、江山应家山与碗窑等窑址经过正式发掘。另外，江山碗窑、临安天目窑等烧造青白瓷的窑址亦兼烧黑釉产品。

1. 武义乌石岗脚窑址 [3]

武义乌石岗脚窑址是武义县泉溪镇陈大塘坑窑址群中的一处，位于赵宅村西南乌石岗

3　浙江省文物考古研究所：《武义陈大塘坑婺州窑址》，文物出版社，2014 年。

山东坡，南距蜈蚣形山窑址约300米，北距缸窑口窑址约200米，地势西高东低。清理窑炉两条。

图14　乌石岗脚窑址分室龙窑

Y1为全倒焰阶级式分室龙窑，保存较为完好，由火膛、排烟坑、侧壁、窑门、火弄柱等组成。通斜长33.25米，宽1.6—3.4米，坡度10°，方向105°。火膛呈半圆形，火门尚存。窑室侧壁用土坯砖错缝平砌而成，保存最高处1米。窑室由挡火墙分隔成11间窑室，各窑室呈梯形或长方形，由窑头至窑尾渐宽。每室一处窑门，南向7处，北向4处。窑尾利用山岩凿成排烟坑〔图14〕。

Y2窑尾方向的6个窑室为Y1和Y2共存的关系，窑头方向的5个窑室为Y1在Y2内侧重筑而成。Y2残长为34米。

出土瓷器包括青釉、酱黑釉（黑釉）、酱黄釉、乳浊釉等。从T1统计来看，如果除去生烧产品，青釉瓷则有66%之多，酱黄釉瓷和酱黑釉瓷合计有25%左右，而乳浊釉瓷10%不到。瓷胎多为灰胎，胎质较粗糙。多数器物外腹施釉不到底。主要器型有碗、盏、盘、碟、洗、壶、瓶、罐、钵、盆、缸、灯、花盆、扑满、炉、盂、碾钵等。其中碗为大宗，占出土器类总数的74.6%，其次是壶类，占出土器类总数的10.6%，钵类约占4.6%，盏约占3.6%，盘约占2.5%。纹饰较少。

盏以束口型占绝大多数，少量的直口直腹盏。束口盏尖圆唇，深弧腹，矮圈足。胎体较薄，胎质较粗。外腹施釉不及底。釉色变化极大，以酱黑釉为主〔图15、图16〕，包括酱黄釉、灰白色乳浊釉等〔图17〕。常见白覆轮等装饰技法。

窑具发现极少，基本为明火叠烧。

2. 江山应家山窑址

江山应家山窑址位于江山市碗窑乡前村南面的应家山东坡。发掘揭露窑炉两条，以及出土大量的瓷器标本。

图15　乌石岗脚窑址白覆轮黑釉盏

图16　乌石岗脚窑址白覆轮黑釉盏外腹

图17　乌石岗脚窑址酱黄加乳浊釉盏

图18　应家山窑址龙窑炉

图19　应家山窑址出土酱黑釉盏

窑炉基本为正东西向，坐西朝东，共两条，其中Y1叠压在Y2之上。Y1保存较佳，长近24米，宽2—4米不等，为分室龙窑，前后共分为六室，窑室中间宽两头窄，中间两室最宽，两头四室较窄，两室之间有两道挡火墙间隔。窑壁为砖坯平砌，残高近50厘米，在顶部已开始起券。窑床底部斜坡状，铺近10厘米的细砂，保留极少量的喇叭形垫具。Y2仅保留窑头与窑尾，其余部分已被Y1所破坏，长不足20米，是否为分室已无法分辨〔图18〕。

瓷器种类主要以碗与盏为主，其次是碟、罐、壶，此外还有少量的盘、花盆等。釉色较为丰富，以青瓷为主，还有酱黑釉、酱黄釉、乳浊釉等。窑具发现极少，主要是少量的喇叭形支烧具。装烧方法主要是明火裸烧。装饰较为简单，以素面为主，仅在少量的碗与罐的外腹部刻划莲瓣纹，少量青釉的口沿部位往往作一圈酱色釉带，形成双色釉的装饰风格。

盏均为束口盏，尖圆唇、深弧腹，矮圈足。胎体较薄，器形较小，胎呈土黄、灰等，颗粒较粗。内外施釉，外腹施釉不及底，釉色以酱黑釉为主，亦有深酱黄色釉以及乳浊釉等〔图19〕。

3. 临安天目窑址群[4]

天目窑遗址群位于杭州临安区於潜镇凌口、绍鲁和西天目乡境内，这里是天目山脉的南麓，东苕溪的上游地带，山脉较深、山势较为陡峻。天目窑因天目山脉而得名。窑址分布在天目溪上游南北向的东关溪北岸和丰陵溪南岸，以敖干水库为界，可分为东（绍鲁）、西（凌口）两个窑区。时代为宋元时期，以元代为主。天目窑产品面貌相当地复杂多样，主要生产青白釉瓷为主，也包括黑釉瓷和青釉瓷产品，青白釉瓷多泛青色。一般胎质细腻坚致，胎色较浅，以白色或灰白色为主。器型丰富多样，有碗、盏、盆、盘、瓶、碟、盅、杯、钵、罐、炉、盒、盂、灯、注、托、瓷饰品等几十种。装饰工艺有花口、出筋或出菱、刻花、

4　杭州市文物考古研究所等：《杭州市临安天目窑址2013年度考古调查简报》，《东方博物》2014年第4期。

划花、印花、点彩、文字等。装烧方法以叠烧为主，也有以碗、盘合覆作匣钵烧制。

黑釉器物均为束口盏，一般放置于多件叠烧青釉瓷或青白釉瓷器的最上面，除纯黑釉外，口沿常作一圈青白或青灰、酱褐色，质量与制作明显比其他器物讲究〔图 20〕。

图 20　天目窑产品

发掘的窑炉主要为分室龙窑。基本为明火叠烧。

第三层级的黑釉盏类器物时代主要为元代。

二、浙江地区宋元时期黑釉瓷窑址窑业技术来源

浙江地区自成熟瓷器诞生起，始终以烧造青瓷为主，伴随着瓷器的诞生，这一地区同时也发明了龙窑炉。从目前的考古材料来看，自夏商原始瓷开始，延及明代龙泉窑，浙江青瓷的窑炉均为斜坡状的龙窑。

第一第二层级窑业的窑炉，为典型的斜坡状龙窑。此类龙窑除了在浙江有广泛分布外，建窑两宋时期窑炉亦与此基本相似。可以看成是浙江系统的窑炉技术。

从窑具上看，浙江在隋唐时期正式出现匣钵，主要有两种造型：M 形与钵形或筒形，以 M 形为主，M 形匣钵是浙江地区最具特色的窑业技术之一，主要分布于以浙江为中心的窑业区，兼及与浙江相邻的赣东以及闽北地区。其他地区相对比较少。

而漏斗形匣钵自唐代邢窑与定窑发明以来，在两宋时期迅速影响到了江西、福建等地区，并形成了新的窑业技术传统。福建的建窑最主要使用该匣钵烧造〔图 21〕。

图 21　建窑漏斗形匣钵

图 22　建窑黑釉盏与底部垫饼

由此 M 形匣钵与漏斗形匣钵形成了中国制瓷史上最具特色的两个窑业技术传统。

第一层级的两个窑址以及第二层级的竹口潘里垄 1 号窑址同时使用 M 形匣钵与漏斗形匣钵，说明这些窑场同时受浙江以及福建窑业技术的影响。

从垫饼的使用上亦可说明这两种技术的共存关系。

建窑系黑釉盏类器物使用薄而大的陶质垫饼垫于圈足端烧造，这种技术不见于传统的浙江窑业系统中〔图 22〕。南宋至元代的龙泉窑青瓷有两种垫烧方式：一种是使用瓷质垫饼垫于圈足端；另外一种是使用陶质垫饼垫于外圈足内。前者主要烧造高质量的青瓷，后者则烧造较粗的龙泉窑瓷器。

第一层级的两个窑址以及第二层级的竹口潘里垄 1 号窑址黑釉盏类器物主要使用漏斗形匣钵、以大而薄的垫饼垫于圈足端烧造，体现了典型的建窑装烧工艺。而第二层级的竹口潘里垄 1 号窑址龙泉窑青瓷则使用瓷质垫饼垫于圈足端烧造，是典型的高档龙泉窑青瓷烧造工艺。

第二层级龙泉东窑的黑釉盏类器物与同窑烧造的龙泉窑青瓷一样，均使用龙窑炉，以 M 形匣钵使用厚而小的陶质垫饼垫于外底圈足内烧造，属于典型的龙泉窑烧造技术，而不再见漏斗形匣钵与大而薄的垫饼等建窑技术。

可见随着与建窑中心区距离的增大，建窑的窑业技术影响在不断减弱，而龙泉窑的技术成了唯一的来源。龙泉东区的黑釉盏类器物无论是胎还是釉均与潘里垄黑釉盏有较大区别，整体上胎色更浅、胎质更细腻，施釉更均匀而流动性更弱，玻璃质感不强且不见兔毫，与建窑黑釉盏类器物存在较大的区别，也反映了建窑技术影响的减弱。

进入元代，伴随着建窑的衰落，浙江地区黑釉盏类器物的烧造亦迎来了极大的蜕变。

首先表现在器物上，这一时期胎色普遍较浅，胎体轻薄。黑釉本身变浅、变薄，并且出现了酱黄釉、乳浊釉等不同的釉色。酱黄釉可以看成是黑釉在本地区的变异，而乳浊釉则是元代婺州窑特色产品，其窑业技术应该来自钧窑。

因此这一时期浙江地区的黑釉盏类瓷器应该是延续自宋代以来的建窑系盏，但存在着明显的蜕变与衰落。

从窑炉上看，第三层级发掘的几处窑址均为分室龙窑，这是一种新的外来窑业技术传统。

第三层级窑炉与第一与第二层级大相径庭。原因在于第三层级的窑址大部分聚集于金衢盆地一带，金衢盆地自出现窑业以来就一直处于相对弱势的地位，面对激烈的市场竞争，在强势窑区的夹缝下积极模仿借鉴，根据窑业格局的变化不断进行调整，形成了“见风使舵”的特点。秦汉时期的金衢盆地是浙江原始瓷生产的次级中心，与中心窑区杭嘉湖、宁绍平原相比质量较差；唐宋时期，对一家独大的越窑积极模仿；宋元之际，随着越窑的衰落、龙泉窑的崛起，在本地传统类型产品的基础上，又转而烧造龙泉青瓷；同时又由于独特的地理优势，还烧造青白瓷等产品，窑业面貌呈现出了复杂多元的特点。此时的学习模仿不止于产品的器型、装饰和釉色，同时对窑炉和窑具等为代表的深层窑业技术也进行了吸收。如武义陈大塘坑—乌石岗角窑址采用分室龙窑烧造青瓷、酱黑釉瓷、酱黄釉瓷、乳浊釉瓷等产品。江山碗窑龙头山窑址接受了“分室龙窑 + 伞状支烧具”模式，烧造青白瓷、青瓷、酱釉瓷等产品。江山应家山窑址则采用横室阶级窑，产品类型除典型婺州窑的豆青釉、酱黑釉、酱黄釉、乳浊釉外，还烧造龙泉窑系统青瓷；窑具主要为少量的喇叭形垫具及盆形匣钵，装烧方法有涩圈叠烧、泥点叠烧和芒口覆烧法，龙泉系统青瓷多采用匣钵装烧，质量较高。以上同时也揭示了浙江地区分室龙窑和阶级窑主要分布在浙西的金衢盆地一带，而不是与闽北更为接近但是为龙泉窑系统的浙南地区。

此类分室龙窑，在福建与江西地区均有分布，其中福建地区应该是核心分布区。因此浙江第三层级、主要是元代的黑釉盏类器物的窑业技术，来自于福建地区，但不排除江西的影响。

三、浙江地区黑釉盏类瓷窑址兴衰的文化因素

建窑系黑釉盏类瓷器的大规模生产主要集中在两宋时期，尤以南宋时期为甚。这与两宋时期饮茶方式的转变密切相关。

我国饮茶法的演变过程可分为三个阶段：第一阶段是西汉至六朝的粥茶法；第二阶段是唐至元代前期的抹茶法；第三阶段是元代后期以来的散茶法。

在粥茶阶段中，煮茶和煮菜粥差不多，有时还把茶和葱、姜、枣、橘皮、茱萸、薄荷等物煮在一起，也就是唐皮日休《茶经·序》所说：“季疵以前，称茗饮者，必浑以烹之，与夫瀹蔬而啜者无异也”。明代的陆树声《茶寮记》所说:“晋宋以降,吴人采叶煮之,日茗粥”之浑烹的茶粥。唐以后，此种较原始的饮法渐为世所不取，饮茶法进而变得十分讲究。这时贵用茶苗（籽下种后萌发的幼芽）、茶芽（茶枝上的芽），春间采下，蒸炙捣揉，和以香料，压成茶饼。饮时，则须将茶饼碾末。但碾末以后的处理方法在唐代又有两种。一种以陆羽《茶经》为代表，他是将茶末下在茶釜内的滚水中。另一种以苏廙《十六汤品》为代表，是将茶末撮入茶盏，然后用装着开水的有咀（管状流）茶瓶向盏中注水，一面注水，一面用茶筅在盏中环回击拂；其操作过程叫“点茶”。宋代评价茶的优劣与否，一在于汤花的色泽；二在于汤花泛起后的效果，即“白乳浮盏面，如疏星淡月”之境。这一时期的茶色以白为贵，因此在各色茶盏之中，黑釉茶盏无疑是最优选。由于需要热水点注，因此盏的隔热功能是很重要的需求。在点茶之风盛行的时代背景下，粗厚胎、隔热效果极佳的建盏系窑址得以迅猛发展，除了福建地区以外，两宋尤其是南宋（金代）生产建窑黑釉盏类器物的窑址北及山西的雁门关一带，西至四川广元、重庆，南及广东、广西，从而形成了中国制瓷史上举足轻重的窑业门类。

图 23　宋建窑盏与元代婺州窑盏（右下两件）的对比

浙江第一、第二两层级黑釉瓷器窑场，正是在这种全国性的窑业海啸中出现。因点茶的需要，这一时期的产品胎体厚重、胎中气孔较多，可以有效地起到点茶时隔热的作用。而玻璃质感极强的黑釉，对于白色茶汤起了极好的衬托作用。

进入元代，伴随着饮茶方式从点茶向散茶的转变，尤其是斗茶习俗的衰落，以厚重见长的强玻璃质感黑釉盏类器物亦不再适应时代的发展而逐渐退出历史舞台，而转变成胎体更为轻薄、使用更为方便的浅色细密胎质盏，不仅黑釉变薄变浅，且出现了多种类型的釉色，同时器形亦较两宋时期的建盏明显为小〔图 23〕。这一时期的盏，可能只是一个普通的水器，而不再是点茶的工具了。

浙江地区唐代制瓷业的区域性与阶段性研究*

谢西营（浙江省文物考古研究所）　陈佳佳（嘉兴博物馆）

摘要：浙江地区制瓷业在唐代获得巨大发展。受陆羽《茶经》的影响，在以往的研究中多数学者习惯于按照窑址所处地域对窑址进行性质划分，将浙江地区唐代制瓷业简单地划分到越窑、婺州窑、瓯窑、德清窑等具体窑口。然而，瓷窑址作为一类考古遗址，对其命名及性质判定应按照考古学文化的原则，而不能仅限于其地域。有鉴于此，本文拟对浙江地区唐代制瓷业进行区域性研究，并在此基础上进行阶段性研究，以了解浙江地区不同地域内的窑业生产面貌、窑业技术交流与互动等方面问题。

关键词：浙江地区　唐代　制瓷业　区域性　阶段性

唐代是中国制瓷业获得巨大发展的重要时期。学术界常以“南青北白”来概括这一时期制瓷业的发展格局，其中浙江地区就是“南青”的重要分布区域。但是长期以来，受唐代陆羽《茶经》的影响，人们习惯于以窑址所处地域位置来将各窑址进行性质划分，从而将所发现的各处窑址划分到越窑、婺州窑乃至瓯窑、德清窑等具体窑口。瓷窑址作为一类考古遗址，对其性质界定应按照考古学文化命名原则来进行，应该从时间、地点、文化内涵三个维度对其综合定性，而不应该简单地以地点进行区分。有鉴于此，本文试图以浙江地区唐代制瓷业作为个案，对其进行区域性研究，并在此基础上将各个地区的窑业置于同一时间框架下进行横向对比，以探究各区域内窑业技术发展、交流等问题。

一、浙江地区唐代制瓷业的区域性格局

从地理区块来看，基于自然和人文资源等方面因素上的相似性，浙江地区可分为六区，即宁绍地区、杭嘉湖地区、金衢地区、温州地区、台州地区和丽水地区。早于六朝时期，

* 本项研究为国家社科基金青年项目“浙江慈溪上林湖后司岙窑址发掘资料整理与研究”（项目批准号：19CKG013）成果之一。

图 1　上林湖窑区航拍照

浙江地区的窑业生产面貌已呈现出此种区域性布局，对此有学者曾进行过详细论述[1]。此种区域性格局自六朝时期发端，至唐代继续发展，区域性特征更趋明显。

（一）宁绍地区

这一区域是传统意义上的越窑分布区域，窑业渊源可上溯至东汉晚期。据统计，这一区域内共有唐代窑址 122 处[2]。其中宁波地区 101 处，包括慈溪 95 处、镇海 3 处、鄞州 2 处和象山 1 处。慈溪地区的唐代窑址分布以上林湖窑区〔图 1〕为主，计有 64 处，时代从初唐至晚唐时期均有；此外白洋湖窑区有 5 处，里杜湖窑区有 8 处、古银锭湖窑区有 10 处以及外围地区有 8 处。绍兴地区共计 24 处，包括上虞区 18 处[3]、柯桥区 2 处和诸暨市 4 处。窑址产品主要为青瓷〔图 2〕，并有一定数量的釉下褐彩青瓷〔图 3〕，产品种类丰富。

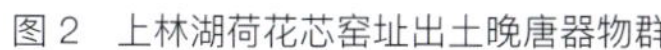

图 2　上林湖荷花芯窑址出土晚唐器物群

图 3　临安水丘氏墓出土青釉褐彩熏炉

1　施文博：《浙江地区六朝时期制瓷手工业遗存初步研究》，北京大学硕士学位论文，2008 年。

2　金祖明：《浙江余姚青瓷窑址调查报告》，《考古学报》1959 年第 3 期；林士民、俞敏敏：《上林湖窑场杜湖窑区调查与研究》，《东方博物》1998 年总第 2 期，杭州大学出版社，第 317—330 页；徐定宝主编：《越窑青瓷文化史》，人民出版社，2001 年，第 113—116 页；慈溪市博物馆编：《上林湖越窑》，科学出版社，2002 年；任世龙、谢纯龙：《中国古代名窑系列丛书：越窑》，江西美术出版社，2016 年，第 17、18 页。

3　杜伟：《上虞越窑之址调查》，《东方博物》第 24 辑，浙江大学出版社，2007 年。

图 4　青釉执壶

图 5　唐元和五年黑釉瓷壶

图 6　德清墅元头窑址出土青釉褐色点彩钵

（二）杭嘉湖地区

这一区域是传统意义上的德清窑分布区域，窑业渊源可上溯至夏商时期。据统计，这一区域内共有唐代窑址 15 处[4]。窑址主要分布在杭嘉湖平原西部的低山丘陵处，处东苕溪下游沿岸，分布于德清县城以北 7 公里处的洛舍、龙山两乡约 7 平方公里范围内，如洛舍乡境内的何家坝村墅元头、张家湾村下东山、砂村东山、塘头、大圣堂[5]、章家桥村龙头山、乾山、宅前[6]和龙山乡境内的漾口村东山、窑田里、施宅村窑墩[7]、王母山及东坡牧场周围的南山窑址等。窑址主要产品有青瓷〔图 4〕和黑釉瓷器〔图 5〕两种，并有一定数量的褐色点彩青瓷〔图 6〕，产品种类较丰富。该类窑址在湖州地区也有少量分布，如摇岭山和何家埠窑址。

（三）金衢地区

这一区域是传统意义上的婺州窑分布区域，窑业渊源可上溯至商周时期。据统计，这

4　朱建明：《隋唐德清瓷窑址初探》，《中国古陶瓷研究》第三辑，紫禁城出版社，1990 年，第 72—78 页；任大根、陈兴吾：《浙江湖州古窑址调查》，《中国古陶瓷研究》第三辑，紫禁城出版社，1990 年，第 63—72 页；朱建明：《探索中国瓷之源：德清窑》，西泠印社出版社，2009 年；德清县博物馆编：《玄翠孑霓：德清窑馆藏精品与瓷窑址考古成果展》，西泠印社出版社，2012 年。

5　浙江省文物考古研究所、德清县博物馆：《浙江省德清县大圣堂青瓷窑址发掘简报》，《东南文化》2016 年第 1 期。

6　郑建明：《浙江德清窑历年考古工作与德清窑的基本特征》，《陶瓷考古通讯》2014 年第 1 期。

7　周建忠：《浙江德清发掘唐代窑墩窑址》，《陶瓷考古通讯》2014 年第 2 期。

图 7　青釉多角瓶
衢州地区出土

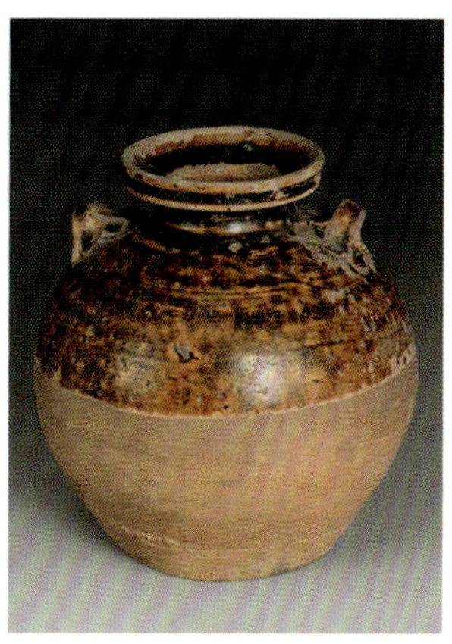

图 8　褐釉双系盘口壶
衢州市衢江区出土

图 9　青釉褐彩双系盘口壶
衢州市衢江区石梁童家后余出土

图 10　乳浊釉褐彩四系盘口壶
龙游县詹家镇浦山村出土

一区域内共有唐代窑址 27 处[8]。窑址分布较为分散，主要分布在金华市婺城区雅畈镇石楠塘、孟宅、箭龙山、南干、下塘西、汉灶、汤溪镇王村、华南乡粮站、东阳市歌山镇歌山、马龙山、湖溪镇塘头山背、武义县桐琴镇陈大塘坑、兰溪市香溪镇香溪和衢州市柯城区沟溪乡上叶、小山、航埠镇孙家村、万田乡姚家、江山市峡口镇达垄、鹿来、碗窑乡坟坂、凤林镇季垄、新塘边镇白马泉、龙游县龙游镇方坦、虎山街道里坞、荷塘、老板山坞、后山顶等地。窑址产品多样，除烧造青瓷〔图 7〕外，还兼烧褐釉〔图 8〕、褐色点彩〔图 9〕和乳浊釉瓷器〔图 10〕，产品种类丰富。

（四）温州地区

这一区域是传统意义上瓯窑产区，窑业渊源可上溯至东汉时期。据统计，这一区域内唐代窑址有 10 处[9]。窑址主要集中在永嘉地区，如罗东乡箬岙村后背山、三江街道坦头村后小坟山、坦头、启灶、黄田镇黄田岙村南湖山、新寿湾村龙夏山、龙下窑址和乌牛镇牛园头山窑址。此外鹿城区正和堂窑址也属于这一时期。窑址产品较为丰富〔图 11〕，除烧造

8　贡昌：《唐代婺州窑概况》，《婺州古瓷》，紫禁城出版社，1988 年，第 54—63 页；贡昌：《浙江龙游、衢县两处唐代古窑址调查》，《考古》1989 年第 7 期；国家文物局主编：《中国文物地图集：浙江分册（下）》，文物出版社，2009 年；雷国强、邵文礼、陈新华：《婺州窑韵》，中国书店，2010 年，第 23 页；柴福有：《衢州古陶瓷探秘》，浙江人民美术出版社，2012 年，第 380—384 页；浙江省文物考古研究所：《武义陈大塘坑婺州窑址》，文物出版社，2014 年；衢州市文化广电新闻出版局编：《三衢遗珍：衢州市文物保护单位集萃》，内部资料，2017 年，第 58、59 页；贡昌：《浙江龙游、衢县两处唐代古窑址调查》，《考古》1989 年第 7 期。

9　永嘉县政协文史资料委员会、永嘉县文化馆：《永嘉县政协文史资料第九辑永嘉文物》，2001 年，第 10—39 页；林鞍钢：《永嘉县古窑址调查》，《东方博物》，浙江大学出版社，2003 年；国家文物局主编：《中国文物地图集：浙江分册（下）》，文物出版社，2009 年，第 191 页；浙江省文物考古研究所等：《浙江永嘉龙下唐代青瓷窑址发掘简报》，《文物》2012 年第 11 期；郑嘉励、周圣玉、楼泽鸣：《浙江永嘉乌牛溪流域古窑址的调查与发掘》，《陶瓷考古通讯》2015 年第 1 期。

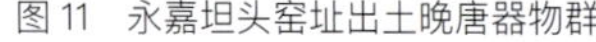

图 11　永嘉坦头窑址出土晚唐器物群

图 12　温岭下圆山窑址调查器物

青瓷外，还较为流行褐色点彩装饰。

（五）台州地区

这一区域是传统意义上的越窑和瓯窑产区的过渡地带，窑业渊源可上溯至战国时期。据统计，这一区域唐代窑址有 7 处[10]。窑址分布较为分散，主要分布在黄岩区沙埠镇金家岙堂、窑坦、临海市大洋街道五孔岙、古城街道王安山、西洋里、城关镇许市窑、温岭市山市镇下圆山等地。窑址产品主要为青瓷（图 12），产品质量较高。

（六）丽水地区

这一区域是浙江窑业边缘地区，这一地区的窑业生产渊源于六朝时期。据统计，这一区域内唐代窑址有 3 处[11]。窑址分布较为分散，主要分布在莲都区吕步坑、庆元县黄坛和松阳县水井岭头。窑业生产面貌较为一致，产品以青褐釉器物（图 13）为主，质量较差，窑业技术较为滞后。其面貌与同处浙闽赣交界地区

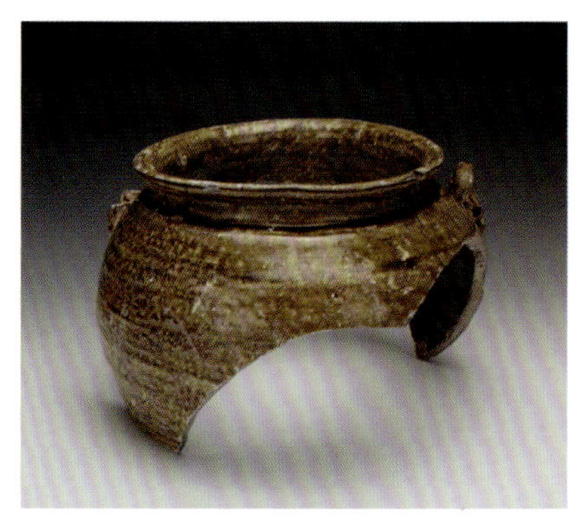

图 13　庆元黄坛窑址出土青褐釉罐

10　金祖明：《台州窑新论》，《东南文化》1990 年第 6 期；汤苏婴：《临海许市窑产品及相关问题》，《东方博物》第 2 辑，杭州大学出版社，1998 年，第 107—112 页；宋梁：《简析浙江黄岩古窑址分布及其发展状况》，《东方博物》第 2 辑，杭州大学出版社，1998 年，第 113—121 页；国家文物局主编：《中国文物地图集：浙江分册（下）》，文物出版社，2009 年；黄岩博物馆编：《黄岩博物馆馆藏精品图录》，西泠印社出版社，2017 年。

11　浙江省文物考古研究所、庆元县文物管理委员会办公室：《浙江省庆元县唐代黄坛窑址发掘简报》，《东方博物》2016 年第 3 期；浙江省文物考古研究所、丽水市文化局：《浙江省丽水县吕步坑窑址发掘简报》，《浙江省文物考古研究所学刊》第七辑，科学出版社，2005 年，第 538—558 页；丽水市文化广电新闻出版局：《河滨遗范》，浙江古籍出版社，2011 年。

的江西东部乐平市南窑[12]、浮梁县大金坞、万窑坞[13]、江西南部赣州七里镇及福建北部的建阳将口[14]、武夷山鱼网山、仙店、南岸、苦竹垅、母猪山[15]等窑址较为一致，应该属于同一窑业生产区域。

二、浙江地区唐代制瓷业的阶段性特征

就目前来看，上述六个区域唐代制瓷业的分期研究，仅宁绍地区所作工作较为充分，其他地区诸如杭嘉湖地区、金衢地区、温州地区、台州地区和丽水地区则较为薄弱。而这主要是受限于各地瓷窑址考古调查与发掘工作的进展情况。关于宁绍地区越窑的分期，不同学者从各自材料和侧重出发形成了多种分期意见[16]。本文拟整合唐炜先生与金英美女士的分期意见，并参照慈溪上林湖寺龙口窑址的分期，将唐代越窑瓷器分为三期，即唐代早期、唐代中期和唐代晚期（表1）。在此基础之上，以宁绍地区越窑制瓷业的分期方案作为轴线，对浙江地区唐代制瓷业的阶段性特征进行归纳总结。

表1　唐代越窑瓷器分期意见表

序号	分期者	分期意见			
1	谢纯龙[17]	隋唐初期	盛唐	中唐	晚唐
2	唐炜[18]	唐高祖武德元年至玄宗天宝十四年（618—755年）	唐肃宗至德元年至宪宗元和十五年（756—820年）	唐穆宗长庆元年至唐昭宗乾宁二年（821—895年）	唐昭宗乾宁三年至后周世祖显德七年（896—960年）
3	金英美[19]	唐高祖武德元年至玄宗天宝十五年（618—756年）	唐肃宗至德二年至宪宗元和十五年（757—820年）	唐穆宗长庆元年至唐昭宗乾宁五年（821—898年）	唐昭宗光化二年至后周世祖显德七年（899—960年）

（一）唐代早期

时代相当于唐高祖武德元年至唐玄宗天宝十四年（618—755年）。这一时期，宁绍地区越窑瓷业生产尚处于低谷时期。窑址数量很少，尚未形成可观的窑址群，在慈溪上林湖

---

12 张文江、崔涛、顾志洋：《景德镇南窑遗址考古发掘的主要收获》，《景德镇南窑考古发掘与研究——2014南窑学术研讨会论文集》，科学出版社，2015年，第1—78页。

13 秦大树、李颖翀、李军强：《景德镇湘湖地区早期窑业调查与试掘的主要收获》，《景德镇南窑考古发掘与研究—2014南窑学术研讨会论文集》，科学出版社，2015年，第128—130页。

14 福建省博物馆：《建阳将口唐窑发掘简报》，《东南文化》1990年第3期。

15 中国国家博物馆水下考古研究中心等编：《武夷山古窑址》，科学出版社，2015年。

16 谢西营：《唐境内越窑瓷器流布的阶段性及相关问题研究》，《中国柯桥：越瓷文化研讨会论文集》，中国文联出版社，2018年，第119—157页。

17 谢纯龙：《上林湖地区的青瓷分期》，《东方博物》总第4辑，浙江大学出版社，1999年，第88—107页。

18 唐炜：《唐宋越窑初步研究》，北京大学硕士学位论文，2000年。

19 金英美：《越窑研究》，北京大学博士学位论文，2002年。

地区的木勺湾[20]、黄家庵、吴石岭、横塘山、沈家山、狗颈山、后司岙、施家斗等地有分布，据统计仅13处[21]。此外，慈溪上岙湖[22]、上虞地区的窑山、黄蛇山[23]以及宁波象山鲁家岙[24]等地也有零星分布。产品以日常生活用瓷为主，器类有碗、盏、杯、钵、罐（图14）、罂、鸡首壶（图15）、葫芦瓶、灯等。瓷器胎质较粗，釉色多呈青黄、青灰色，釉层薄，大多无光泽感。胎釉结合不紧密，容易脱落。装饰方面，此期瓷器绝大多数为素面，装饰简朴单调，偶见点彩、刻划、镂空等。装烧方法上，沿袭了东晋南朝旧制，仍采用明火裸烧，又可细分为明火叠烧和坯件对口合烧两种。前者是在支柱上放置垫饼，在垫饼上叠装坯件；后者多适用于圆唇、方唇的碗钵类器物，有的还将小件器物内置套烧，既增加了装烧量，又起到了类似匣钵的功能。坯件用较大的泥点间隔，泥点多为不规则的三角形和椭圆形。

图14　嵊州唐垂拱三年（687年）墓出土青釉四系罐

图15　嵊州唐垂拱三年（687年）墓出土青釉鸡首壶

与此同时，杭嘉湖地区的窑业生产却呈现出窑址数量增多、窑场规模不断扩大的迹象，其中心窑场在德清洛舍镇一带，窑址遍及整个东苕溪流域，宅前和大圣堂窑址即为这一时期的窑址。尽管窑场规模扩大，但产品质量较前一时期明显下降，产品种类更加单一，制作粗糙。产品有青釉和黑釉两种，以青釉产品为主。胎质粗疏，胎色有土黄色、紫红色、青灰色等，施半釉，器物下腹及底不施釉。青釉产品不施化妆土，釉层薄，釉色以豆青色为主，少量器物的釉色呈青黄、青灰色。黑釉产品的釉层亦较薄，釉色多呈酱黄色。器形较单一，以碗为主。另有少量的碟、盆、盘、盘口壶、多足砚、高柄豆、鸡首壶等。器物多素面，仅少量青釉器物有褐彩装饰。窑具有支烧具和间隔具两种。支烧具多低矮，呈饼形或矮柱形；间隔具是粗陶质的小泥饼，制作粗糙，多有开裂现象[25]。

这一时期金衢地区的制瓷业也呈现出较为繁荣的迹象。金华地区唐代早期窑址有婺城区孟宅、金华县南塘、王村、华南粮站、东阳市马龙山、兰溪市香溪窑址等；衢州地区唐

20 金祖明：《浙江余姚青瓷窑址调查报告》，《考古学报》1959年第3期。

21 谢纯龙：《隋唐早期上林湖越窑》，《东南文化》1999年第4期。

22 金祖明：《浙江余姚青瓷窑址调查报告》，《考古学报》1959年第3期。

23 章金焕：《上虞窑山、黄蛇山古窑址》，《南方文物》1990年第4期。

24 李知宴：《浙江象山唐代青瓷窑址调查》，《考古》1979年第5期。

25 郑建明：《德清窑略论》，《文物》2011年第7期。

代早期窑址有衢县姚家、上叶、柯城区孙家、江山市达垄、鹿来、季垄窑址等。产品种类丰富，釉色多样，形态各异。这些窑址主要产品为青釉器物，但也专烧或兼烧褐彩瓷、褐釉瓷、乳浊釉瓷等，如兰溪市香溪窑生产褐彩瓷，在青瓷碗类器物口沿下以褐釉彩短直线纹作为装饰；龙游县方坦窑[26]和衢县上叶窑生产乳浊釉瓷，瓷胎粗厚，呈紫灰色或灰白色，釉色以乳浊釉为主，呈月白、天青，少量呈天蓝色；龙游县方坦、衢县姚家和上叶窑生产褐釉瓷，以褐色釉作为主要釉面色彩。

与上述三个区域相比，丽水地区仅吕步坑窑址有唐代早期产品的生产，产品质量较差，而温州和台州地区尚未发现这一时期的窑址。

（二）唐代中期

时代相当于唐肃宗至德元年至唐宪宗元和十五年（756—820 年）。从这一时期开始，越窑生产进入到了恢复发展的新时期。窑址数量增加，在上林湖窑区除了上述 13 处仍继续延烧以外[27]，又新出现了数十处窑址[28]。以上林湖为中心的瓷业迅速扩展，在其周围的白洋湖、里杜湖、古银锭湖、上岙湖、烛溪湖以及上虞龙浦[29]、镇海小洞岙[30]、诸暨、鄞县等地相继设立窑场，规模宏大，窑场林立[31]。产品种类增多，除碗〔图 16〕、盘、钵、罐等普通日用瓷器之外，各式茶具如碗、瓯、杯、盏托、钵、执壶〔图 17〕、茶碾、盒等大量出现。瓷器质量明显提高，胎质灰白细腻，釉色以青黄为主，青灰次之，釉层均匀、润泽，有玻璃质感，多为满釉。装饰方面，与唐代早期相似，以素面为主，并少量使用印花、刻划花和堆塑贴花等。其中印花多见于碗内底，有双鱼纹、秋葵纹、龙纹等；刻划花多见于盒盖、碗内底，多为荷花纹饰；堆塑贴花多见于罂上，以龙纹为主。在装烧方法上，这一时期取得了重大突破——匣钵开始大量使用。本期一般为一匣内叠装多件坯件。此外，明火裸烧仍占相当

图 16　象山县唐元和十一年（816 年）墓出土青釉玉环底碗

图 17　绍兴唐元和五年（810 年）北海王府君夫人墓出土青釉执壶

26　衢州市文化广电新闻出版局编：《三衢遗珍：衢州市文物保护单位集萃》，内部资料，2017 年，第 58、59 页。

27　谢纯龙：《隋唐早期上林湖越窑》，《东南文化》1999 年第 4 期。

28　林士民：《青瓷与越窑》，上海古籍出版社，1999 年，第 132—135 页。

29　章金焕：《上虞龙浦唐代窑址》，《东南文化》1992 年 Z1 期；章金焕：《瓷之源——上虞越窑》，浙江大学出版社，2007 年，第 115 页。

30　林士民：《勘察浙江宁波唐代古窑的收获》，《中国古代窑址调查发掘报告集》，文物出版社，1984 年，第 15—21 页。

31　任世龙、谢纯龙：《中国古代名窑系列丛书：越窑》，江西美术出版社，2016 年，第 19 页。

比例，但是叠烧的坯件数量增加，坯件间以泥点间隔。

与之相对，这一时期杭嘉湖地区的窑业生产陷于衰落，窑址数量减少，窑场规模缩小，目前仅窑墩、乾山、宅前等少数几个窑址仍在延烧，其他窑址均已停烧。产品质量仍较高，但与前一阶段相比，已见衰落迹象。与杭嘉湖地区类似，金衢地区的窑业生产也呈现出衰落的迹象，据初步调查，明确为这一时期的窑址有金华县华南粮站、南干、下塘西、汉灶等窑址。温州地区、台州地区和丽水地区尚未发现这一时期的窑址，窑业生产尚未兴起。

（三）唐代晚期

时代相当于唐穆宗长庆元年至唐哀帝天祐四年（821—907年）。这一时期是越窑生产的继续发展时期。窑址分布更加广泛。这一时期，慈溪白洋湖、古银锭湖[32]和绍兴上灶官山[33]等地都有分布。产品种类丰富，新出现海棠杯、委角方盘等器物。釉色多见青中泛黄的艾色釉，少量精品呈湖绿色。釉层均匀、滋润而不透明。装饰方面，多为素面，其他如印花、刻划花和堆塑贴花也有少量使用。印花见于杯内底，纹样有牡丹纹、云鹤纹等；刻划花见于碗、盏、杯、盘内底和盒盖上，纹样有荷花纹、荷叶纹、鸟纹、摩羯纹等；堆塑贴花仍见于罂类器物上。装烧方法上，匣钵装烧已经占据主要地位，一般为一匣叠装多件坯件。本期新出现一种瓷质匣钵，一个匣钵内仅装一个坯件，并在装坯时用釉汁密封上下匣钵的接缝口。此外，罂〔图18〕、罐等大型器物和体形较大的敞口碗多采用明火裸烧。坯件间以泥点间隔，大型器物有时有两圈泥点。

图18　嵊州甘霖镇蛟镇茶场唐太和八年（834年）墓出土青釉罂

与此同时，这一时期杭嘉湖地区的窑业生产已经绝迹。金衢地区仍延续着前一阶段的状态，金华县华南粮站、南干、下塘西、汉灶等窑址仍在生产，但规模缩小。与之相对，温州地区和台州地区的窑业兴起，窑址凸显且数量及规模呈现出不断扩大的态势，其中温州地区表现最为明显，前述永嘉县后背山、小坟山、坦头、启灶、南湖山、龙夏山、龙下、牛园头山及鹿城区正和堂窑址均为这一时期的窑址，产品质量高超。作为过渡地带的台州地区，前述黄岩区金家岙堂、窑坦、临海市五孔岙、王安山、西洋里及温岭市下圆山等窑址均属这一时期。丽水地区的庆元县黄坛和松阳县水井岭头窑址也属于这一时期的窑址。

32　林士民：《青瓷与越窑》，上海古籍出版社，1999年。

33　绍兴市文物管理委员会：《浙江鄞县古瓷窑址调查纪要》，《考古》1964年第4期；李辉柄：《调查浙江鄞县窑址的收获》，《文物》1973年第5期。

三、相关问题讨论

（一）浙江地区唐代瓷业格局阶段性变化原因初探

唐代早期，宁绍地区瓷业生产仍延续着自东晋以来的低迷状态，窑业生产还处于摸索阶段，表现为窑址数量很少、生产规模很小、窑业生产技术落后的面貌。在当时像洪州窑早已开始使用先进的匣钵装烧方法，而越窑仍然延续着明火裸烧的装烧方法，产量很低且质量普遍不高。杭嘉湖地区和金衢地区这一时期的窑业生产却呈现出较为繁荣的局面。在以往的研究中，多数学者都将这种格局的影响因素归结为宁绍地区越窑的衰落给予其他地区瓷业发展的契机[34]，并认为这种局面肇始于东晋时期。但从窑址调查来看，这一时期宁绍地区窑址有 17 处、杭嘉湖地区 15 处、金衢地区 12 处、丽水地区 1 处，从中我们可以看出唐代早期浙江地区整个窑业面貌均处于低潮时期。宁绍地区窑业生产的低迷以及杭嘉湖地区和金衢地区窑业的繁荣，仅仅是这一地区相对于其他时期所呈现出来的表面印象。

唐代中期，宁绍地区窑业生产复苏，窑址数量显著增多，分布地域不断扩展，窑场规模扩大。这一时期宁绍地区窑业的兴起，在很大程度上是源起于其先进的窑业技术，一方面是由于匣钵开始大量使用，另一方面是由于瓷土淘洗、釉料配比以及装饰技法等方面取得的重要突破。这一窑业生产技术的革新，收到了良好的效果，也引起了世人的关注。据相关学者研究，唐代陆羽《茶经》一书作于上元初年（760—761 年）[35]，恰好处于唐代中期。“碗，越州上，鼎州次，婺州次，岳州次，寿州、洪州次。”[36]一语将越窑排在了鼎州窑、婺州窑、岳州窑、寿州、洪州窑之上。尽管陆羽是从饮茶角度对越窑瓷器作出的高度评价，但是这在一定程度反映出这一时期越窑瓷器品质高超，而这也在无形中对越窑瓷器起到了宣传作用。而与此同时，杭嘉湖地区和金衢地区仍延续着早期的发展状况，无甚创新，前者窑业生产陷于衰落，生产萎缩，后者缓慢发展，动力不足。

图 19　陕西扶风法门寺地宫出土青釉八棱净水瓶

唐代晚期，宁绍地区窑业生产继续繁荣，产品种类增多，质量进一步提升，窑址分布范围和数量持续增长。在这一时期越窑创造性地使用瓷质匣钵并用釉汁密封匣钵接缝口，使得秘色瓷〔图 19〕

34 郑建明：《德清窑略论》，《文物》2011 年第 7 期。

35 厉祖浩：《唐五代越窑文献资料考索》，《东方博物》2012 年第 2 期。

36（唐）陆羽：《茶经》卷中《四之器》“碗”条，《丛书集成》初编本，中华书局，1991 年，第 9 页。

诞生。这一时期越窑瓷器更是凭借其高超的质量打开了皇家市场[37]。《新唐书》卷四十一《地理五》“越州会稽郡”条有记载：“越州会稽郡，中都督府。土贡：宝花、花纹等罗，白编、交梭、十样花纹等绫，轻容、生谷、花纱，吴绢，丹沙，石密，橘，葛粉，瓷器、纸、笔。”[38]这条文献是目前最早的关于越瓷上贡中央王朝的记载，据王永兴教授考证，这次土贡发生在唐长庆年间（821—824年），即所谓“长庆贡”[39]。此外，这一时期南北方茶叶消费差异逐渐缩小，饮茶风习不再局限于上流社会，开始向乡村僻野弥漫[40]，越窑瓷器中的茶器得到普遍认可，广泛出现在文人的诗歌当中，扩大了越窑瓷器的销售市场。与此同时，自晚唐以来，中国瓷器开始通过海路大规模外销，并在9—10世纪达到第一次高峰，不论是输出范围、到达地点，还是规模，都达到了较高水平。在此期间，越窑青瓷成为其中最主要的外销瓷之一，位列早期瓷器输出品“四组合”之一[41]，印度尼西亚黑石号沉船出水的200余件越窑青瓷即是明证[42]。与宁绍地区相比，杭嘉湖地区的窑业生产已经绝迹。温州地区和台州地区由于具备窑业生产的资源条件，在外销刺激之下也开始进行窑业生产，从窑业技术来看，应直接来源于宁绍地区。此外，丽水地区窑业生产也开始起步，为宋元时期龙泉窑瓷业的兴起奠定了基础。

（二）浙江地区唐代窑业文化和窑业类型

古代制瓷业作为一种资源密集型产业，它的生产需要一定的原料（瓷土、釉料等）、燃料和水源条件。基于地缘因素，在一定区域内窑业生产具备相同的资源条件，因而会生产出胎釉风格较为一致的器物群。此外，邻近地区在经济、文化、民俗及日常生活习惯方面具有一定的相似性，具备近距离窑业技术交流的便利条件。故而，在资源近似和窑业技术交流双重作用下，在同一时间、同一地域内会产生一个产品风格近似的窑业集群，或者可以称之为某一种窑业文化或地方类型[43]。

基于上述因素，浙江地区作为一个大的地理单元，在其内部便形成了多个窑业集群，正如上述的宁绍、杭嘉湖、金衢、温州、台州和丽水地区。但是正如任世龙先生谈到，“古

---

37 谢西营：《唐两京都城遗址出土越窑瓷器及相关问题研究》，《中原文物》2018年第2期。

38（宋）欧阳修、宋祁撰：《新唐书》卷四十一《地理五》“越州会稽郡”条，中华书局，1975年，第1060页。

39 王永兴：《唐代土贡资料系年——唐代土贡研究之一》，《北京大学学报（哲学社会科学版）》1982年第4期。

40 王洪军：《唐代的饮茶风习——唐代茶业史研究之三》，《中国农史》1989年第4期；孙洪升：《唐宋茶叶经济》，社会科学文献出版社，2001年，第219、220页。

41 早期外销瓷的“四组合”指9—10世纪外销的四种瓷器，是比较老的观点，但仍然具有一定的代表性，指长沙窑瓷器、越窑青瓷、邢窑白瓷和广东地区的青瓷，见马文宽：《长沙窑瓷装饰艺术中的某些伊斯兰风格》，《文物》1993年第5期，第87—94页。现在可知，所谓的邢窑白瓷、越窑青瓷在实际的发现中都有更广泛的代表。

42 谢明良：《记黑石号（BatuHituam）沉船中的中国陶瓷器》，《美术史研究集刊》2002年第13期。

43 浙江省文物考古研究所、庆元县文物管理委员会办公室：《浙江省庆元县唐代黄坛窑址发掘简报》，2016年总第60辑，浙江大学出版社，第61—72页。

代瓷业遗存分布，依其地理区划划分的诸瓷业遗存区块所呈现的序列形式，并不都始终一贯地表现为各自范围内的纵向连续，相反地显示为不同发展谱系在若干地域范围内的错综复杂和相互交叉的联系；又在文化内涵和层次结构上展现出阶段特征变异的互动与协变现象[44]。”故而在某一地理单元内其窑业面貌是相当复杂的，这一点在金衢地区表现得最为明显。如前所述，唐代金衢地区窑业产品种类多样，类型丰富，除烧造青瓷外，还有褐釉、褐色点彩和乳浊釉瓷器。在早期研究过程中，很多学者在对陆羽《茶经》中提到的婺州窑瓷器特征进行归纳时，将上述器物均包含进去，以致产生了“古婺州地区的窑址都是婺州窑窑址”的模糊概念。

瓷窑址作为一类考古遗址，对其性质及内涵的界定应该遵循考古学文化的命名原则，时间、地域及文化属性都是其考量的重要标准。在时间、地域条件一定的情况下，对其文化属性的判定，应按照文化因素分析的方法来进行。若按照文化因素分析法来对唐代金衢地区制瓷业进行研究，这一地区至少可以分为多个类型，如越窑系类型（青釉）、地方传统类型（褐釉）和地方创新类型（褐色点彩和乳浊釉）。如果将这一方法运用至整个浙江地区的唐代制瓷业，则可明确区分为越窑系类型（青釉）、地方传统类型（杭嘉湖地区黑釉、金衢地区褐釉、丽水地区青褐釉）和地方创新类型（宁绍地区褐彩、杭嘉湖地区褐色点彩、金衢地区褐色点彩和乳浊釉、温州地区褐色点彩）三类。

四、结语

浙江地区唐代制瓷业可分为六区，即宁绍地区、杭嘉湖地区、金衢地区、温州地区、台州地区和丽水地区。从横向来看，六区内窑业各自发展，各具特色。各区窑业生产在以青瓷作为主要产品之外，还兼烧其他类产品如宁绍地区的褐彩、杭嘉湖地区的黑釉和褐色点彩、金衢地区的褐釉、褐色点彩和乳浊釉及温州地区褐色点彩等。从纵向来看，六区内窑业生产面貌极不平衡，发展轨迹各异。宁绍地区窑业生产序列较为完整，唐代早期窑业生产低迷，唐代中期复苏，至唐代晚期繁荣。杭嘉湖地区和金衢地区窑业生产在唐代早期较为繁荣，唐代中期前者陷于衰落，后者缓慢发展，至唐代晚期前者绝迹，后者仍缓慢发展。温州地区和台州地区至今尚未发现唐代早期和中期的窑址，而从已发现的唐代晚期窑址来看，产品质量和窑业技术已达到相当高度，技术明显来自于宁绍地区。丽水地区窑业在唐代始终处于窑业边缘地带，至唐代晚期才真正起步，产品质量和窑业技术落后。当然，上述诸多区域内的窑业都是采用龙窑进行烧造。

---

44 任世龙：《审其名实慎其所谓——“越窑”考古学定位思考》，《2007中国·越窑高峰论坛论文集》，文物出版社，2008年，第11页。

浙江地区唐代制瓷业的上述时空格局，与当地资源、窑业技术、社会需求等多种因素有关。古代制瓷业作为一种资源密集型产业，需要基于当地资源进行生产，因而胎釉特征是不同地域内窑业面貌差异最为明显的标志。器物造型、装饰技法和装烧工艺等窑业技术则是可以通过人员流动来进行近距离和远距离传播与扩散[45]。瓷器作为一种商品，与社会需求存在着莫大关联，国内需求和国外需求都会对瓷业生产产生重要影响。

纵观浙江地区唐代制瓷业，从技术体系来看，各地区窑业生产以青瓷为主要品种，以造型和釉色取胜，均可归入越窑窑业文化技术体系之内。在青瓷产品之外，各地区还结合当地资源与社会需求生产诸如黑釉、褐釉、褐色点彩、乳浊釉等产品。瓷窑址作为一类考古遗址，对其定性应该结合考古学文化的命名原则来进行，时间、空间及文化内涵都是对其进行考量的重要指标，文化因素分析方法应在其中发挥重要作用。

45 谢西营：《北宋中期越窑瓷业技术传播及相关问题研究——兼论核心区越窑瓷业衰落原因》，《东南文化》2018年第6期。

唐宋之际定窑白瓷工艺的南传及相关问题研究

李凯（四川省文物考古研究院、四川大学考古文博学院）

摘要：晚唐五代时期定窑成为北方白瓷生产的中心。同时期定窑白瓷工艺开始向南方传播，在江西景德镇窑、永和吉州窑、赣州七里镇窑，以及安徽繁昌窑、湖北梁子湖窑等窑址均有白瓷生产。梳理近年来上述窑址考古资料，对比定窑与南方各大白瓷窑址生产工艺上的异同，可知南方地区白瓷窑址，并非一成不变使用定窑工艺，而是有诸多改进。正是由于白瓷工艺在南方地区表现出的复杂性，因此无法将南方白瓷的产生，完全归因于北方移民的南迁。此时长江中游地区商贸受阻，在缺少白瓷输入的情况下，本地区开始基于自身窑业体系，选择性使用定窑白瓷工艺，创烧出南方白瓷这一新的釉色品种，由此深刻改变了本地区窑业格局，为青白瓷的产生奠定基础。

关键词：定窑白瓷　南方白瓷　晚唐五代　窑业技术传播

唐宋之际随着邢窑的衰落，定窑逐渐成为北方地区白瓷生产的中心。也正是在这一时期，定窑白瓷工艺开始向南方传播，在江西景德镇窑、永和吉州窑、赣州七里镇窑，以及安徽繁昌窑、湖北梁子湖窑等窑址均有白瓷生产，开创了南方白瓷这一新的釉色品种，为后世青白瓷的繁荣奠定了基础。本文通过梳理近年来上述窑址考古资料，横向对比这一时期定窑与南方白瓷窑址，辨析两者在生产工艺上的异同，从而对唐宋之际定窑白瓷工艺南传方式及原因产生新的思考。

本文梳理了晚唐至宋初定窑的生产情况，包括唐五代前期、五代后期以及北宋初三个时期，定窑白瓷生产规模不断扩大，细白瓷比重不断增加，生产日趋专门化与商品化。南方白瓷的兴起几乎与之同步，并在工艺上有明显的相似性。南方白瓷生产从无到有，并非直接照搬定窑白瓷生产工艺，在具体方面有很大的不同。这既是因为南方各大白瓷窑场，在生产白瓷之前，就具有极强的青瓷生产传统；也是因为南方白瓷对定窑工艺有诸多改进，定窑白瓷工艺是选择性地融入已有的南方青瓷生产体系之中。

正是由于白瓷工艺在南方地区表现出的复杂性，因此无法将定窑工艺的南传，直接归因于北方移民的南迁。北方移民的南迁，提供了白瓷工艺南传的可能途径，并且提供了对于白瓷消费的市场需求；南方诸国相对远离战乱，工商业的繁荣发展，为制瓷业的发展与工艺革新提供了基础；再结合对同时期定窑白瓷流布情况及白瓷窑址分布的观察，可知唐宋之际生产南方白瓷的窑场，主要集中于杨吴与南唐故地，而定窑白瓷于此地较少发现。结合历史文献记载可知，此时杨吴、南唐与周边国家交恶，再加之战乱导致本地区运通南北、交流东西的交通优势丧失。在缺少白瓷输入的情况下，为满足国内白瓷需求，南唐等国开始基于自身窑业体系，选择性地使用定窑白瓷工艺，在各大窑场烧造白瓷，由此深刻改变了本地区窑业生产格局，创烧出了南方白瓷这一新的釉色品种，并最终为青白瓷的产生奠定了基础。

一、定窑晚唐至宋初的白瓷生产

晚唐五代时期，随着邢窑的衰落，定窑逐渐成为北方地区白瓷生产的中心。2009—2011 年北京大学考古文博学院、河北省文物考古研究所、曲阳县定窑遗址文物保管所对定窑北镇[1]、涧磁岭[2]的发掘，发现了窑炉、灰坑以及唐五代时期地层堆积，出土了丰富的瓷器、窑具等遗物。根据定窑考古资料可知，定窑白瓷生产可分为三个阶段，每一阶段在釉色品种、器类器型以及制作工艺上都有新的变化。以下基于考古资料，对定窑晚唐至宋初的各阶段白瓷生产情况加以简介。

唐末至五代前期，定窑白瓷产区主要集中在北镇，生产的产品包括白瓷、青黄釉瓷、黑釉瓷及低温釉陶等，其中白瓷和青黄釉瓷各占据近一半比重。白瓷根据制作的精细程度和生产工艺的不同，可分为精细白瓷、细白瓷、中白瓷和化妆白瓷几种，以细白瓷为主。精细白瓷与细白瓷均不施化妆土，依靠质优色白的瓷土作为胎料；而精细白瓷质量比细白瓷更高，胎体极薄，胎质细密，釉面也更为均匀明亮，多数足心施满釉，在选料和制作上更加精工，目前仅在北镇区发现。中白瓷与化妆白瓷均为使用化妆土工艺生产的白瓷。精细白瓷与细白瓷的器类主要有碗、钵、盘、杯、碟、瓶、罐、执壶、盒、盏托、枕等，精细白瓷代表性器物有敞口斜直腹碗、五曲花口深腹大碗、印花方形碟、贴塑纹罐等；细白瓷有唇口玉璧足碗、侈口斜直腹圈足碗、折腹圈足盒、花口盘形盏托等。精细白瓷与细白瓷装饰技法，主要为仿金属器造型的花口与凸线纹，少量器物上有模仿金属器的锤揲与錾刻工艺的印花与细线划花。精细白瓷与细白瓷装烧工艺以漏斗形匣钵单烧为主，部分瓶、

1　北京大学考古文博学院、河北省文物考古研究院、曲阳县定窑遗址文物保管所：《河北曲阳北镇定窑遗址发掘简报》，《文物》2021 年第 1 期。

2　河北省文物研究所、北京大学考古文博学院、曲阳县定窑遗址文保所：《河北曲阳县涧磁岭定窑遗址 A 区发掘简报》，《考古》2014 年第 2 期。

执壶、罐类器物使用筒形匣钵单烧，器物与匣钵之间采用垫砂间隔。

到了五代后期，定窑白瓷迎来大发展时期。与前段相比，釉色品种上原来占据近一半的青黄釉瓷逐渐消失，白瓷生产上精细白瓷、中白瓷比重降低，最终形成了以细白瓷生产为主，包含少量化妆白瓷生产的传统定窑白瓷产品结构。器类也更加丰富，细白瓷代表性器物有敞口五花口圈足碗、敛口平沿鼓腹钵、敛口花边鼓腹钵、侈口五花口圈足盘、四瓣壶门形花口盘等，装饰上仿金属器造型与装饰工艺的器物比重进一步增加。装烧仍延续前段匣钵单烧工艺，采用垫砂间隔，精细白瓷生产的减少，意味着绝大多数器物皆施釉不到底，外底无釉[3]。

北宋初期，定窑的生产中心由北镇转移至涧磁岭区域，从釉色上看青黄釉瓷数量锐减，细白瓷在产品上占据绝对优势，根据地层统计达 90% 以上。器类包括碗、盏、杯、钵、水盂、盘、碟、盏托、盒、器盖、香炉、注壶、瓶、罐、枕、瓷塑等，代表性器物有六曲花口的直口深腹碗、侈口五曲花口斜曲腹圈足碗、竹节形长颈瓶等。装饰技法除仿金属器的花口造型外，细线划花、刻划花工艺也得到进一步发展。装烧工艺仍以漏斗形匣钵为主[4]。

通过上述梳理可知，定窑在白瓷生产之初即以细白瓷为主要产品，但质量相对较差的青黄釉瓷也占据了一定的比重，白瓷类型丰富，产品层次区分明显。此后定窑白瓷逐渐以细白瓷为主，器型与装饰工艺也都更加丰富。总体上看是从多种白瓷产品并举，到专一生产细白瓷；从主要生产数种日用器，到同时生产多种器类产品；从仿高档金属器造型装饰，到多种装饰工艺共同使用，白瓷生产日趋专门化与商品化。

二、晚唐至宋初南方地区的白瓷生产

在定窑白瓷兴烧的同时，南方地区也开始了白瓷生产，窑址主要集中在长江中游的景德镇、繁昌窑、梁子湖窑、七里镇窑、吉州窑等地，以及闽北区域的水吉窑，而在南方其他窑业生产区域诸如四川、重庆、湖南、浙江、广东、广西等地，虽然在唐代窑业十分兴盛，但晚唐至北宋初的白瓷窑址考古发现较少。因此可知这一时期的南方白瓷的生产，主要集中在长江中游以景德镇为中心的安徽、江西、湖北以及闽北地区，除闽北地区以外，这些窑场在北宋时期皆成为青白瓷生产的主要区域，尤其以景德镇生产规模与工艺水平最高。

从窑业分布上看，这一时期白瓷窑址主要位于长江主要支流附近，且多为平原地区边缘的低山丘陵地区，景德镇窑临近鄱阳湖平原，繁昌窑临近江淮平原，梁子湖窑临近江汉平原，吉州窑临近吉泰盆地，七里镇窑临近赣州盆地，以上区域皆适宜人居，其所在的州

3　秦大树、吴闻达、李鑫：《早期定窑研究》，《文物》2021 年第 1 期。

4　秦大树、高美京、李鑫：《定窑涧磁岭窑区发展阶段初探》，《考古》2014 年第 3 期。

府饶州、宣州、鄂州、吉州、赣州均为晚唐五代移民分布最为密集的区域[5]，同时上述窑址均位于商贸发达的市镇附近，为白瓷在本地区的产生提供了良好的条件。

上述窑址都经过较为系统的考古工作，以下将按照不同窑址，基于考古资料，对南方白瓷生产情况进行说明。

景德镇目前可知生产白瓷最早的窑址为兰田窑。根据2012—2013年对景德镇兰田窑的考古发掘可知，晚唐至五代早期，青绿釉瓷占比约80%，仿越窑的青灰釉瓷占约10%，白瓷占比约10%，并呈现出不断增加趋势。白瓷皆不施化妆土，也可以分为精细白瓷和普通白瓷两类。精细白瓷制作精细，通体施釉，仅在足端数处刮釉用以放置支钉；而普通白瓷多施釉不及底，器型有碗、盘、盏、钵、执壶、罐、盒、器盖、水盂等，代表性器物有深斜曲腹大碗、敞口盘斜曲腹盘、折沿侈口盘等。装饰上以仿金属器造型的花口与凸线纹装饰为主。装烧工艺上包括明火裸烧、漏斗形匣钵单烧、筒形匣钵单烧、筒形匣钵叠烧等，采用支钉间隔，放置于器物外底或足端。五代后期，青绿釉瓷占比约60%，仿越窑青灰釉瓷占比约20%，白瓷占比上升至20%，器型与前段变化不大，代表性器物有直腹圈足大碗、精细白瓷花口侈口圈足盘等。装烧工艺漏斗形匣钵单烧逐渐占据主流[6]。

五代末至北宋初，景德镇白瓷生产区域开始向西扩展至湘湖、南河、小南河、湖田、银坑坞等地区。这一时期景德镇白瓷生产一跃成为主流，根据调查统计可知超过80%，上一时期的主要产品青绿釉瓷消失，仿越窑青灰釉瓷比重也下降明显。主要器类以碗为主，同时还有盘、盏、钵、壶、盒、盏托等，单一器型内部细分明显，如碗类新增斗笠碗、温碗、盖碗等，执壶有喇叭口长颈执壶等。造型装饰包括仿金属器的花口、压棱等，胎体装饰包括在碗盘类器物外壁粗略刻划蕉叶纹、莲瓣纹等简单纹样，内壁带装饰器物较少。这一时期的装烧方式较为丰富，主要使用漏斗形匣钵单烧，同时使用细小的支钉环绕粘接在下腹与足端支撑；也出现了使用垫饼（或垫圈），垫于圈足内的装烧方式。

繁昌窑基于新世纪以来对骆冲窑[7]、柯家冲窑[8]的考古发掘，可知繁昌窑在五代至北宋初期已开始白瓷生产。这一时期繁昌窑主要生产碗类器物，另有少量执壶、平底盘、花口盘及折肩钵等，装饰上花口装饰发达，在碗盘类器物内壁出现划花装饰，图案包括缠枝花卉、龙纹等，刻花工艺刚刚流行，碗盘类器物外壁有宽莲瓣纹，制作较为简单。装烧工艺以漏斗形匣钵单烧为主，多采用支圈或垫饼加以间隔。

梁子湖窑同时期以生产白瓷为主，除此之外也有部分青绿釉瓷、酱釉瓷生产，装饰以

---

5 黄义军：《宋代青白瓷的历史地理研究》，文物出版社，2010年，第96页。

6 秦大树、刘静、江小民、李颖翀：《景德镇早期窑业的探索——兰田窑发掘的主要收获》，《南方文物》2015年第2期。

7 安徽省文物考古研究所、繁昌县文物局：《安徽繁昌骆冲窑遗址2014年发掘简报》，《文物》2016年第3期。

8 杨玉璋、张居中、李广宁，等：《安徽繁昌窑遗址发掘与研究》，中国社会科学出版社，2012年；安徽省文物考古研究所、繁昌县文物局：《安徽繁昌柯家冲窑遗址2013-2014年发掘简报》，《文物》2016年第3期。

素面为主，部分器物有模仿金属器造型的花口、压棱装饰，并有少量器物带刻划花装饰，外壁见有剔刻窄莲瓣纹，内底带纹饰器物较少，与同时期景德镇对比明显。装烧方式上，梁子湖窑在创烧之初，就采用漏斗形匣钵单烧，且主要采用垫饼、垫圈加以间隔[9]。

七里镇窑这一时期以生产青绿釉瓷为主，白瓷生产仅占一部分。根据2014—2016年赖屋岭窑址的发掘，赖屋岭T1⑤层发现青绿釉瓷、白瓷和青白瓷共同烧造，青绿釉瓷与白瓷与景德镇兰田窑面貌相似，器型以碗、盘类产品为主，装饰有外壁压棱装饰以及刻划窄莲瓣纹，装烧方法包括支钉叠烧与匣钵单烧两种[10]。而吉州窑在这一时期以生产青绿釉瓷为主，仅少量烧造白瓷，白瓷器以碗盘类为主，造型与装饰与同时期七里镇窑一致[11]。

除了上述长江中游的窑址之外，在闽北地区水吉牛皮仑窑址也有白瓷的生产。牛皮仑窑址为宋代建窑的前身，1989年曾对该窑址进行考古调查，釉色包括青釉瓷、黑釉瓷以及白瓷，其中白瓷数量极少，器型以碗为主，并在烧造时与以上两种瓷器存在重叠粘连现象。装饰主要是仿金属器造型装饰的花口与压棱装饰。装烧工艺以明火叠烧为主，并有少量碗、盏类器物采用漏斗形匣钵单烧[12]。

综上所述可知，南方地区早期白瓷生产，在釉色比重上从青绿釉为主，逐渐演变为以白瓷为主，同时并有青灰釉、酱釉等其他品种同时生产，越远离北方的窑址，白瓷生产比重越低。器型上也主要以碗盘类日用器为主，装饰工艺上采用仿金属器的花口、压棱装饰外，亦有少量刻划、划花装饰，图案多较为简略。装烧工艺上以使用明火叠烧为主，部分高质量产品采用匣钵单烧。总体上看是以大规模生产商品日用瓷为主，高档产品相对较少。

三、定窑白瓷技术南传的表现

通过上述对定窑以及南方白瓷窑业发展情况的梳理，可以看到定窑作为当时白瓷生产的中心区域，其生产规模与技术工艺在当时领先全国；而南方白瓷生产从无到有，生产年代与生产工艺均落后于定窑，因此不可避免地受到定窑白瓷技术的影响。以下将通过在胎釉工艺、造型装饰以及装烧方式等多个方面，分析定窑白瓷与南方白瓷在工艺上的异同，从而探究定窑白瓷技术南传的表现。

9　黄义军：《湖北梁子湖地区宋代青白瓷的分期研究》，《考古》2006年第3期。

10　江西省文物考古研究院：《赣州七里镇窑址考古发掘报告（1985—2018）》，科学出版社，2022年。

11　江西省文物考古研究院：《吉简吉美——吉州窑遗址出土瓷器集萃》，文物出版社，2020年。

12　傅宋良、张家、林忠干：《福建建阳牛皮仑唐代窑址调查》，《江西文物》1990年第4期。

四、胎釉工艺

根据北京大学考古文博学院对定窑考古出土白瓷的检测分析可知，晚唐五代时期的定窑，胎体 Al_2O_3 含量在 30% 左右，Fe_2O_3 含量均值不到 1%。这种高铝低铁原料使得胎色洁白，胎质细腻，但却不易烧结，为此加入了石灰石和草木灰原料作为助熔剂，因此使得 CaO 的含量超过 1.5%；釉料上定窑五代时期样品釉料中的 CaO 含量均值超过 5%，但并不是很稳定，同时 P_2O_5 含量极低，大部分测试瓷片为 0%，推测此时定窑主要使用石灰石等无机灰料配釉[13]。

而作为南方白瓷代表的景德镇兰田窑，胎体 Al_2O_3 含量在 17% 左右，Fe_2O_3 含量均值不到 1%，CaO 的含量超过 1.2%，相比较于定窑，兰田窑无须添加助熔剂即可烧结。景德镇与定窑瓷胎 TiO_2、Fe_2O_3 含量类似表明，两者从胎色上白度较为一致，推测兰田窑白瓷应当使用的是高铝低铁的瓷石；而仿越窑青灰釉瓷、青绿釉瓷使用的是就近采掘的二次沉积黏土，据此有学者认为兰田窑白瓷在整个南方地区，是最早使用瓷石作为胎体原料的产品[14]。而在釉料方面，兰田窑 CaO 含量均值超过 12%，同时 P_2O_5 含量为 0.4%，TiO_2、Fe_2O_3 含量均值分别为 0.04% 和 0.74%，依次低于仿越窑青灰釉与青绿釉瓷。有学者认为景德镇兰田窑白瓷也使用了石质原料配釉，其制釉技术是来源于北方白釉技术南传[15]，但同时我们也看到兰田窑白瓷制釉并非完全使用了定窑白瓷技术，通过在配釉加入了不同比重的草木灰，从而生产出不同釉色产品。

繁昌窑五代至宋初时期的胎釉成分，根据对 1996 年骆冲窑址发掘出土五代时期瓷片分析可知[16]，其胎体 CaO 含量低于 0.7%，Al_2O_3 含量普遍大于 20%。以往学者认为这是添加了富铝黏土类原料如高岭土，是最早使用“二元配方”工艺的体现[17]。而在釉料使用上，繁昌窑的 CaO 含量在 10% 左右，P_2O_5 含量超过同时期景德镇白瓷，介于兰田窑仿越窑青灰釉与青绿釉之间，推测在釉料添加了更多草木灰，也说明繁昌窑的釉料配方也并非直接来自北方。

七里镇窑胎釉成分，根据景德镇陶瓷大学的科技分析，其胎体 CaO 含量均值在 1.7% 以上，Al_2O_3 含量亦普遍超过 25%；釉料中 P_2O_5 含量均值在 0.09%，说明引入含锰磷较高的

13 Cui, Jianfeng , et al. Chemical analysis of white porcelains from the Ding Kiln site, Hebei Province.China.Journal of Archaeological Science 39.4（2012):818-827; 崔剑锋、秦大树、李鑫，等：《定窑、邢窑和巩义窑部分白瓷的成分分析及比较研究》，《文物保护与考古科学》2012 年第 4 期。

14 张茂林、李其江、吴军明，等：《从模仿到创新——景德镇中晚唐、五代至宋代瓷器胎釉配方的演变》，《故宫博物院院刊》2020 年第 9 期。

15 吴军明：《景德镇唐至元瓷釉技术研究》，北京科技大学博士学位论文，2020 年。

16 崔名芳、朱建华：《安徽骆冲窑青白瓷化学组成的 EDXRF 分析研究》，《中国科学技术大学学报》2015 年第 2 期。

17 杨玉璋、张居中：《从繁昌窑青白瓷制作看“二元配方”工艺的产生》，《考古与文物》2006 年第 2 期。

草木灰等原料制釉[18]。吉州窑根据 2018 年景德镇陶瓷大学的检测，可知吉州窑瓷胎 Al_2O_3 含量绝大多数为 16%—29%，瓷土 Al_2O_3 含量普遍超过 20%，部分样本甚至可以达到 30%，变化幅度较大[19]。根据 20 世纪 80 年代敖镜秋对吉州窑制瓷原料的考察，在猪母岭地点发现的上层灰泥和下层白泥，Al_2O_3 含量分别为 31.88% 和 28.03%[20]。说明吉州窑本地原料可用于生产白瓷。吉州窑瓷釉中 P_2O_5 含量主要在 650 μg/g—3850μg/g 之间，主要来自于草木灰，推测釉料是以制胎原料为釉果，配以植物灰制成。

由此可知相较于定窑白瓷，南方白瓷在瓷胎同样使用了高铝低铁原料，但基本上使用瓷石单一原料，而并未加入其他助熔剂成分；瓷釉同样使用制胎原料配釉，但可能基于南方青瓷传统生产工艺，加入了更多的草木灰成分。

五、器型装饰

从器型装饰上看，在一般碗盘类日用器上，定窑与兰田窑、繁昌窑在众多器型上基本一致，例如北镇出土细白瓷唇口碗 BZT5 ⑤∶9[21]〔图 1-1〕，与兰田窑柏树下窑址出土白瓷唇口碗 JLBT2 ⑤∶81[22]〔图 1-2〕造型一致；细白瓷花口盘 BZT5 ④∶9[23]〔图 1-3〕，与兰田窑白釉碟 JLAT4 ③—致[24]〔图 1-4〕。而晚唐至宋初时期定窑的部分高档产品，在兰田窑、繁昌窑等窑场也均能找到类似器物。例如北镇出土定窑精细白瓷钵 BZT5 ④∶166[25]〔图 2-1〕，在兰田窑也有同样的精细白瓷产品[26]〔图 2-2〕。再比如长沙国防科大 30 号墓出土定窑“官”款花口碟[27]，在兰田窑和繁昌窑[28]中都有同样产品〔图 2-3〕。此类仿金属器工艺，在繁昌窑相对更为常见，除模仿定窑造型外，甚至还开发出超过十口的变体形式[29]〔图 2-4〕，说明南方白瓷

18 汤敏丽、吴隽、肖发标，等：《赣州七里镇窑出土宋代青白瓷胎釉化学组成的 EDXRF 分析研究》，《陶瓷学报》2017 年第 3 期。

19 徐李碧芸、李其江、张茂林，等：《宋代吉州窑青白瓷胎釉化学组成及原料分析》，《陶瓷学报》2018 年第 6 期。

20 敖镜秋：《吉州窑瓷用原料考察》，《景德镇陶瓷学院学报》1989 年第 2 期。

21 北京大学考古文博学院、河北省文物考古研究院、曲阳县定窑遗址文物保管所：《河北曲阳北镇定窑遗址发掘简报》，《文物》2021 年第 1 期。

22 北京大学考古文博学院、景德镇市陶瓷考古研究所、景德镇陶瓷大学陶瓷美术学院：《景德镇市兰田村柏树下窑址调查与试掘》，《华夏考古》2018 年第 4 期。

23 北京大学考古文博学院、河北省文物考古研究院、曲阳县定窑遗址文物保管所：《河北曲阳北镇定窑遗址发掘简报》，《文物》2021 年第 1 期。

24 秦大树、刘静、江小民、李颖翀：《景德镇早期窑业的探索——兰田窑发掘的主要收获》，《南方文物》2015 年第 2 期。

25 北京大学考古文博学院、河北省文物考古研究院、曲阳县定窑遗址文物保管所：《河北曲阳北镇定窑遗址发掘简报》，《文物》2021 年第 1 期。

26 秦大树、刘静、江小民、李颖翀：《景德镇早期窑业的探索——兰田窑发掘的主要收获》，《南方文物》2015 年第 2 期。

27 张柏主编：《中国出土瓷器全集 13 湖北 湖南》，科学出版社，2008 年，第 187 页。

28 王承旭：《繁昌窑》，江苏美术出版社，2014 年，第 91 页。

29 杨玉璋、张居中、李广宁，等：《安徽繁昌窑遗址发掘与研究》，中国社会科学出版社，2012 年，彩版七七。

图1　定窑白瓷与南方白瓷日用器对比

图2　定窑白瓷与南方白瓷高档瓷器对比

图 3　定窑白瓷与南方白瓷装烧工艺对比

窑址在接受定窑装饰工艺的同时，又进行了创造性的改进。而除了碗盘类日用器之外，定窑其他类型的高档精细白瓷器，在南方地区白瓷窑场却少有发现。

六、装烧工艺

在装烧工艺上，晚唐五代定窑白瓷主要采用漏斗形匣钵烧造，此类装烧工艺在各大南方白瓷窑场也都普遍使用。但是定窑白瓷在使用漏斗形匣钵装烧时，坯体和匣钵采用垫砂进行间隔，例如漏斗形匣钵 BZT4 ③：115 内底[30]〔图 3-1〕，精细白瓷碗 BZT5 ⑦：6 外底[31]即有沾砂痕迹〔图 3-2〕。这在南方地区白瓷窑场都未曾使用。兰田窑生产的白瓷，除了匣钵单烧之外，还主要使用明火叠烧，与青绿釉瓷、仿越窑青灰釉瓷共同放置于垫柱上进行烧造，与同时期的越窑较为接近[32]〔图 3-3〕。景德镇其他窑址采用匣钵装烧的器物，也使用支

30　秦大树、吴闻达、李鑫：《早期定窑研究》，《文物》2021 年第 1 期。

31　秦大树、吴闻达、李鑫：《早期定窑研究》，《文物》2021 年第 1 期。

32　秦大树、刘静、江小民、李颖翀：《景德镇早期窑业的探索——兰田窑发掘的主要收获》，《南方文物》2015 年第 2 期。

钉、垫圈、垫饼等加以间隔，支钉包括放置在足端一周的细密支钉[33]〔图 3-4〕，也包括放置在足端四分、五分的椭圆形支钉[34]〔图 3-5〕，还包括放置在外底的块状支钉等[35]〔图 3-6〕。

图 4　繁昌窑柯家冲窑址出土 M 形匣钵 T140①:1

繁昌窑也主要采用漏斗形匣钵装烧，但也发现有使用类似越窑的 M 形匣钵装烧[36]〔图 4〕，间隔具主要使用垫圈和垫饼，也发现少量使用支钉。梁子湖窑主要使用漏斗形匣钵单烧，并使用垫圈、垫饼加以间隔，根据已刊布的资料，似乎并未使用支钉。而吉州窑同样也使用漏斗形匣钵单烧，并用垫圈间隔。赣州七里镇窑则与景德镇类似，使用漏斗形匣钵单烧，主要使用支钉间隔

1

2

图 5　七里镇窑白瓷装烧方式举例

33 北京大学考古文博学院、景德镇市陶瓷考古研究所：《景德镇南河流域三步园、焦坑坞、白虎湾窑址调查试掘简报》，《华夏考古》2018 年第 5 期。

34 江西省文物考古研究院、中国人民大学历史学院、北京大学考古文博学院：《银坑坞：景德镇南河流域窑址考古调查报告之一》，文物出版社，2020 年，彩版 2-1。

35 秦大树、刘静、江小民，等：《景德镇早期窑业的探索——兰田窑发掘的主要收获》，《南方文物》2015 年第 2 期。

36 杨玉璋、张居中、李广宁，等：《安徽繁昌窑遗址发掘与研究》，中国社会科学出版社，2012 年，彩版一四一。

〔图 5-1〕以及垫圈、垫饼间隔〔图 5-2〕[37]。

综上所述，我们可知定窑白瓷工艺在向南传播的过程中，对南方地区各大白瓷窑场均产生了重要影响。这表现在高铝低铁型瓷石原料制胎与配釉，高档日用器器型的模仿，仿金属器造型装饰的借鉴，以及漏斗形匣钵单烧工艺的使用等多个方面。然而我们还应该看到，南方各地在生产白瓷时，并非一成不变地使用定窑所有工艺，在诸多细微之处有很大的不同。既是因为南方各大白瓷窑场，在生产白瓷之前，具有十分兴盛的越窑、洪州窑、长沙窑等青瓷生产传统，因此受到周边青瓷生产工艺，尤其是越窑工艺十分明显；另外南方窑址在生产白瓷时，对定窑工艺有诸多改进，例如对白瓷制釉工艺的改进，对仿金属器造型装饰的创新，以及匣钵间隔具的多样化使用等。

七、定窑白瓷技术南传原因思考

通过对晚唐至宋初定窑与同时期南方白瓷工艺进行对比，我们可以发现南方地区是选择性地使用了定窑白瓷工艺，而这也启发我们重新思考定窑工艺南传的原因。以往学者认为南方地区直接接受以定窑为代表的北方白瓷工艺传播，背后是北方移民的涌入。这种说法虽然指明了南方白瓷的出现，是来源于北方地区，但却无法进一步解释为何北方白瓷工艺在南方地区表现如此复杂。秦大树等学者在梳理兰田窑生产工艺时，发现兰田窑分别同时受到了定窑、洪州窑、越窑甚至长沙窑的影响，认为这种技术的复杂性，可能是源于不同生产体系工匠的深层次分工与交流，例如窑户可能来自越窑，或主要接受越窑的影响；而坯户可能来自不同地区，包括受到了北方地区的影响，甚至有北方的工匠直接参与了生产[38]。说明不同地区的移民，按照窑业体系的不同，从事生产的各个环节。来自定窑的白瓷工艺在传入南方以后，并非定窑生产体系的直接复制，而是融入已有的南方青瓷生产体系之中，南方地区的白瓷窑场，是选择性地接受了定窑白瓷工艺。

定窑白瓷技术南传的原因，可从以下几个方面加以思考。

首先是统治者采用保境安民的政策，积极招抚北方移民南渡归附本国，以增强割据势力。徐知诰（李昪）主政杨吴期间，“宽刑法，推恩信，起延宾亭以待四方之士”[39]。对于北方上层贵族“使人于淮上赀以厚帑，既至，縻之爵禄，故北土士人闻风至者无虚日”[40]。而李昪在登基后对于北方下层民众也“有司计口给食，若愿耕植者授予土田，复三年租役。[41]”

37 江西省文物考古研究院：《赣州七里镇窑址出土瓷器》，科学出版社，2020 年，第 31、32 页。

38 秦大树、刘静、江小民、李颖翀：《景德镇早期窑业的探索——兰田窑发掘的主要收获》，《南方文物》2015 年第 2 期。

39（宋）欧阳修：《新五代史》卷六十二，中华书局，1974 年，第 766 页。

40（清）吴任臣撰，徐敏霞、周莹点校：《十国春秋》卷十五，中华书局，1983 年，第 186 页。

41（南唐）李昪：《恤农诏》，《全唐文》卷一百二十八，中华书局，1982 年，第 1278 页。

在北方地区政局更迭，战火连绵的情况下，南唐成了北方民众集中迁徙的地区。根据吴松弟的归纳分析[42]，包括地方军阀兼并、契丹南下劫掠、中原王朝南征等多种原因，北人迁出地区包括江淮、河南以及河北[43]、契丹[44]地区。在如此大规模移民南下的过程中，一方面造成了无论是统治集团还是普通民众之中，北人的比例迅速增加，一些源自北方的器用习惯得以南传，例如使用白瓷作为日用器；另一方面使得北方的制瓷技术，很可能在河朔三镇战乱、契丹南下袭扰之中，由移民带至南方。

其次，统治集团为增加税赋，除传统农业外，鼓励发展手工业和商业，对于制瓷业的发展起促进作用。五代十国时期鄂、赣、湘三地在发展粮食、蚕桑麻生产的同时，扩大茶叶、水果、药材等经济作物生产。郑学檬认为唐五代长江中游农业经济商品化明显，是商品经济发展的重要表现[45]。制茶业之中，饶州与歙州是当时著名产茶区，白居易《琵琶行》中就曾描写琵琶女之夫"前月浮梁买茶去"[46]。晚唐时期本地区"山且植茗高下无遗土。千里之内，业于茶者七八矣"[47]。到了南唐时期，饶、歙二州茶叶产量巨大，成为统治者的重要财源，当时人记"以婺源、浮梁、祁门、德兴四县，茶货实多，兵甲且众"[48]。矿冶业也有了进一步发展，饶州、信州、虔州出产铜、铁、铅、锡，饶州永平监铸造的铜钱，成为入宋后铜钱铸造的定式[49]。同时期制瓷业也为统治者重视，派遣专人进行管理。如《东昌志序》记载吉州窑在五代时期设立"高唐乡临江里磁窑团，有团军将主之"[50]。乾隆二十年撰修的《赣县志·食货志序》载"唐末常官设瓷窑于七里镇"[51]。通过派遣官员，组织监督瓷业生产并收取赋税，选取高档产品贡御使用，客观促进了制瓷工艺水平的进步。

最后，晚唐至宋初生产南方白瓷的窑场，主要集中在湖北、皖南以及江西地区，在历史上这一区域属于杨吴与南唐故地。而定窑瓷器在这一时期较少发现于此地，甚至在南唐二陵中所见也是本地白瓷产品。但无论在马楚的江陵（长沙）、吴越的西府（杭州），甚至闽国的长乐府（福州），都有众多定窑瓷器发现，其中不乏高档产品。由于黄巢起义以来

---

42 吴松弟：《中国移民史》第三卷，福建人民出版社，1997年，第263页。

43 如幽州潘处常在刘守光叛乱中逃往南唐。参见《十国春秋》卷二十七，中华书局，1983年，第377页。

44 如自契丹叛逃的后唐安远节度使卢文进率部南奔吴国。参见（宋）司马光编，（元）胡三省注：《资治通鉴》卷二百八十，北京：中华书局，1956年，第9166页。

45 郑学檬：《唐五代长江中游经济发展的新动向》，《中国古代经济重心南移和唐宋江南经济研究》，岳麓书社，2003年，第257页。

46（唐）白居易：《琵琶引》，《白居易诗集校注》卷第十二，中华书局，2006年，第962页。

47（唐）张途：《祁门县新修阊门溪记》，《全唐文》卷八百二，中华书局，1982年，第8430页。

48（南唐）刘津：《婺源诸县都制置新城记》，《全唐文》卷八百七十一，中华书局，1982年，第926页。

49（元）脱脱等撰：《宋史》卷二百六十五，中华书局，1985年，第9152页。

50（明）钟彦彰：《东昌志序》，《东昌志》，江西省博物馆藏清抄本，转引自刘景会、黄庆文：《手抄孤本永乐〈东昌志〉价值考论》，《南方文物》2018年第4期。

51（清）沈均安修，黄世成、冯渠纂：《赣县志》卷六，《中国方志丛书·华中地方·第963册》，台北成文出版社，1989年。

的战乱破坏，再加之南唐与中原五代王朝、马楚、吴越等国相互敌对割据，使得南唐地区不再具有沟通南北、横跨东西的交通优势，运河的停运，失去了北方的主要商贸通道；与马楚、吴越的相互封锁，又堵塞了江南地区的商业交流。

早在后梁开平三年（909 年），后梁派司马邺出使吴越国，由于杨吴与后梁的敌对关系，封锁了运河航道，只能沿用当时的驿道“迂回万里，陆行则出荆、襄、潭、桂入岭，自番禺泛海至闽中，达于杭、越。复命则备舟楫，出东海至于登莱……扬州诸步多贼船，过者不敢循岸”[52]。由于杨吴与后梁的对抗，拥梁的马楚政权也与杨吴断绝经济往来[53]。杨吴与吴越两国同样关系紧张，后唐同光三年（925 年），吴国规定“戒境上无得通吴越使者及商旅”[54]。由此造成了南唐在五代时期来自北、东、西三个方向的商路中断，限制了来自上述三个地区的产品流入。很可能是在这样缺少白瓷输入的情况下，为满足本地区庞大的白瓷消费需求，南唐开始基于自身窑业体系，选择性使用定窑白瓷工艺，在各大窑场仿烧北方白瓷，并最终深刻改变了本地区窑业生产格局，创烧出了南方白瓷这一新的釉色品种。

以上基于考古资料对定窑及南方白瓷窑址生产工艺展开比较分析，对唐宋之际定窑白瓷工艺南传情况加以认识。定窑白瓷工艺的南传，并非简单的技术复制，而是在基于南方传统青瓷生产技术，选择性地技术吸收，有意识地工艺创新，使得定窑白瓷工艺融入南方制瓷工艺体系之中。而这种技术南传背后的原因，在于北方移民的涌入，提供了技术来源与白瓷使用需求；南方诸国工商业的发展，为陶瓷业的革新提供了物质基础；最后南唐被周边国家的商业封锁，为白瓷生产提供了直接动因。对于定窑白瓷技术南传，在不同阶段与不同区域的具体表现，白瓷技术又如何向青白瓷技术转变，还有待于通过更多考古工作，进行更加深入的研究。

52（宋）薛居正：《旧五代史》卷二十，中华书局，1976 年，第 270、271 页。

53 郑学檬：《五代十国商品经济的初步考察》，《中国古代经济重心南移和唐宋江南经济研究》，岳麓书社，2003 年，第 318 页。

54（宋）司马光编，（元）胡三省注：《资治通鉴》卷二百七十四，中华书局，1956 年，第 8954 页。